JN063356

東弁協叢書

税務調査ハンドブック

―納税者権利憲章―
―租税公正基準―

行政手続学会
税務調査研究会

代表
事業創造大学特任教授
山下 清兵衛

税理士
田代 浩誠

立正大学教授
長島 弘

税理士
西潟 理深

税理士
松嶋 洋

税理士
丸地 英明

税理士
山下 功一郎

税理士
今川 正顕

推薦のことば

　税務調査における納税者の権利は，憲法が認める重要な基本的人権です。

　立憲政治は，国の課税に対する国民の承認という財政問題を契機に発展しました。

　また，古来，「人権保障の歴史は適正手続保障の歴史と同じである」と言われて参りました。

　我が国において，国民に対し，適正手続の保障をなすのは，究極的には裁判所ですが，実際には，法律家が，国民の代理人として具体的な権利実現のための手続を代理することになります。救済人である法律家がいなければ，国民の権利は実現されないことが多いといえましょう。したがって，適正手続の保障とは，救済人である法律家が存在することであるといっても過言ではありません。本書は，税務調査手続を解説し，法律家が代理するべきビジネスモデルを紹介するものです。

　日本弁護士連合会弁護士業務改革委員会は，法律家の行政手続関与の活動（行政弁護センター設置活動）が必要であることに気付き，かかる事業促進のために，全国に向けて租税・医療保険の分野に絞って，全国における研修を実施して参りました。

　本書は，かかる行政弁護センター事業の推進テキストとして，税務調査手続の解説をなすものです。第1部は，税務調査手続に法律家が関与することが適正手続の保障であることを解説し，第2部は，専門的な各種の税務調査手続を説明し，解決方針（租税公正基準）を示しています。

　法律家は，本書によってこれらの税務調査手続の内容を理解し，ビジネスモデルを構築することができます。また，企業や国民は，本書の解説を読み，自ら権利の保全をなし，また，税務調査手続における弁明方法を知ることができます。

　本書が基本的人権の擁護に資することを祈念致します。

令和 5 年 3 月吉日

東京弁護士会
　会長　伊井　和彦
第一東京弁護士会
　会長　松村　眞理子
第二東京弁護士会
　会長　菅沼　友子

発刊によせて

　日本弁護士連合会弁護士業務改革委員会は，3年前に，弁護士の行政手続関与のシステム作りを提言しました。

　この提案を受けて，同連合会税制委員会は，当番弁護士制度の業務範囲を拡大し，税務当番弁護士制度を確立するため，具体的な行動を開始しました。

　同委員会の主要なメンバーらから成る租税訴訟学会では，これに対応して税務当番弁護士名簿を作成することになりました。

　本書は，税務当番弁護士の行動ノウハウ本として上梓するものです。

　本書は，弁護士が税務調査に関与するにあたり，関与方法を説明し，税務調査官に示して交渉に有利な判例を紹介しています。

　また，弁護士は，税務調査手続において，調査結果説明会に出席することが最も大切であり，そこにおける交渉の仕方について，教示するものです。

　「民事弁護」及び「刑事弁護」のみならず，行政手続における弁護（「行政弁護」）も，弁護士の重要な人権擁護の活動領域として不可欠です。

　行政手続における弁護は，今日まで軽視されてきましたが，本書によって，弁護士の行政手続関与が一層推進され，弁護士の業務範囲の拡大によって，人権擁護の質的・量的向上がなされることを祈念する次第です。

令和5年3月吉日

東京都弁護士協同組合
理事長　太田　治夫

租税公正基準（本書の利用方法）

　資源がなく，経済大国でもない日本が，世界で尊敬されるには，公正な正義ある国家になる以外にない。そのためには，日本の裁判所が公正基準に従って判決することが不可欠である。

　本書は，行政手続学会の税務調査研究会及び租税訴訟学会アミカスブリーフ委員会の開催したシンポジウム，並びに，弁護士会の租税判例研究会において議論された成果をまとめたものである。具体的な事件を紹介するとともに，そこからあるべき租税公正基準を抽出し，公表した。

　多くの弁護士や税理士，研究者らの議論を経たものであり，いわば民間通達として機能することが期待される。本書において公表された租税公正基準は，課税庁がこれを遵守して税務行政を行い，かつ裁判所には，かかる租税公正基準に従って，判決をされることを求めたい。

　これまで行政機関が定める行政通達や行政指導指針などが存在するが，民間機関が法律解釈の基準を公表することはなかった。近代民主主義国家においては，国家や公的機関が公正基準を制定するものではなく，公的機関から独立した民間機関だけが公正基準を策定できる存在であると認識されている。例えば，国際会計基準審議会の参加資格は，民間機関とされ，金融庁の企業会計審議会は参加できず，民間機関である企業会計基準委員会の参加のみが認められている。納税者権利憲章は，納税者の権利を制度的に保障する基本法であるが，これがない国家であることは，世界に恥ずべきことである。憲法31条から40条までの規定と国税通則法第7章の2や過去の判例を参照し，民間機関が憲法解釈として，租税公正基準を策定すれば良い。

　本書は，税務調査，または，租税訴訟において，弁護士，税理士，または，課税庁職員および裁判所が，依拠されるべき租税公正基準（民間通達）をまとめたものである。

2023年3月吉日

行政手続学会　税務調査研究会

代表　山下　清兵衛

研究員　長島　弘

同　　　松嶋　洋

同　山下　功一郎

同　　西潟　理深

同　　丸地　英明

同　　今川　正顕

目　次

はしがき

総　論

第1章　適正手続保障と行政事件当番弁護士制度 ·········· 2

第1　法律家関与と適正手続保障 ································· 2
第2　刑事当番弁護士 ·· 2
第3　税務当番弁護士・税理士の必要性 ······················ 7
第4　税務当番弁護人制度 ·· 9
第5　税務当番弁護人制度の具体的な推進方法について ······ 12
第6　弁護士法72条と法律事件 ·································· 12
第7　税務調査における協議・和解と告知弁明機会付与 ········ 19
第8　課税目的行政指導による任意調査 ······················ 20
第9　アメリカの税務調査 ·· 27
第10　アミカスキュリィとアミカス・ブリーフ ·············· 30
第11　弁護士の行政手続き関与基本論 ························· 36
第12　租税法における義務履行確保 ··························· 46
第13　弁護士依頼人間通信の秘匿特権 ························· 50

第2章　行政調査と行政強制 ································ 54

第1　行政調査と間接強制主義 ·································· 54

第2　行政調査と行政強制 ………………………………… 70
第3　行政制裁と行政刑罰 ………………………………… 74
第4　行政強制と経済的誘因 ……………………………… 75
第5　行政調査と行政制裁 ………………………………… 79

第3章　課税要件 …………………………………………… 86

第1　要件事実と課税要件 ………………………………… 86
第2　租税訴訟における課税要件と法選択の準拠法 ……… 90
第3　法選択基準論（法律の衝突と準拠法選択）………… 94
第4　租税訴訟の立証責任 ………………………………… 98

第4章　課税実体要件と課税手続要件 ………………… 104

第1　法の支配 ……………………………………………… 104
第2　租税訴訟と租税法律主義 …………………………… 112
第3　「裁判を受ける権利」の実効的保障
　　　―行政立法と解釈改憲― …………………………… 115
第4　政令への委任の限界の事例 ………………………… 125
第5　税法領域における行政立法や解釈通達による憲法改正 ……… 127
第6　財産評価基本通達の外部効力について …………… 136

第5章　税務調査の結果説明 …………………………… 138
　　　　―具体的事前警告の法理―
　　　　―合意による租税債権の確定―

第1　調査結果説明会の重要性 …………………………… 138
第2　本件更正処分の違法性 ……………………………… 150

第3 説明を聞く機会の事前放棄という判断による著しい
人権侵害··156
第4 本件における理由提示の不備と推計課税···················158
第5 比例原則違反と最判平成16年12月16日及び
最判同年12月20日の射程範囲と歯止めの必要性···········161
第6 おわりに···162

第6章　未実現利益・不確実価値に対する課税について
·········166
（総則6項増税の違憲性）

第1 未実現の不確実価値··166
第2 総則6項に関する判例と公正基準··························173
第3 長崎年金事件···175
第4 みなし贈与課税財産と所得課税財産·····················178
第5 不確実資産と不確定利益への課税·······················180

第7章　事実認定と手続要件解釈の濫用による課税
········188

第1 事実認定濫用の制限（武富士事件）
（最高裁平成23年2月18日判決）··························188
第2 当初申告要件と特例適用選択意思
（最二小判平成21年7月10日）····························191

第8章　行政調査と犯則調査
···············196

第9章　租税刑事弁護
··············204

第10章　国税犯則調査 ······················232

第 1　国税犯則調査手続総論 ································232
第 2　W社犯則調査事件の成功事例 ··················242

第11章　弁護士の守秘義務と情報収集 ···············246

第 1　守秘義務 ··246
第 2　弁護士法23条の 2 照会手続 ····················248
第 3　文書送付嘱託申立 ····································249
第 4　文書提出命令申立 ····································252
第 5　行政事件訴訟法23条の 2 ··························255
第 6　提訴前証拠収集 ·······································255

第12章　徴収調査 ························360

（260）

第13章　税務調査における和解 ·······················270

第 1　租税法における行政裁量処分の取消について ··············270
第 2　租税争訟における協議・和解方式による紛争解決（和解で正義
　　を実現できるか）································271

各 論

第1章　相続税調査事件 ·········286

第1　分割・申告・調査・争訟の概略 ·········286
第2　相続財産の確定と相続税額の確定 ·········288
第3　国税調査事務運営指針 ·········298
第4　第1ケース（小規模宅地評価事件） ·········299
第5　第2ケース（貸付金貸倒事件） ·········301
第6　相続税に関する査察調査及び税務調査 ·········305

第2章　生前贈与・死因贈与事件 ·········312

第1　生前贈与 ·········312
第2　死因贈与契約 ·········314
第3　死因贈与と遺贈 ·········315
第4　みなし贈与課税財産と所得課税財産 ·········318

第3章　売主死亡相続事件 ·········322
（売買契約後・引渡前の売主の相続）

第1　相続財産の判定 ·········322
第2　薬局チェーン店売却事件（仙台北税務署平成31年1月25日再
調査請求決定） ·········324

第4章　相続税小規模宅地評価減事件 ·····················328

第1　事案の概要（東京地裁平成28年7月22日判決）·····················328
第2　関係法令·····················330
第3　争　点·····················331
第4　一審裁判所の判断
　　（東京地方裁判所平成28年7月22日判決）·····················331
第5　法的分析とCの主張·····················332
第6　第一審判決要旨　東京地方裁判所
　　（平成28年7月22日判決）·····················333
第7　第二審判決要旨（東京高等裁判所平成29年1月26日判決）····334
第8　遺産分割協議後の更正の請求·····················335
第9　特例法適用上の問題·····················335

第5章　評価額減額事件 ·····················338
（相続財産の評価額の減額となる土地活用等）

第1　相続財産の評価額の減額となる土地活用法·····················338
第2　寄付金の税金·····················340
第3　飼い主死後のペット保護·····················343
第4　貸付金債権税務調査·····················344
第5　貸倒れの意義―興銀事件（最高裁平成16年12月24日第二小法廷
　　判決）―·····················349
第6　海外子会社への貸付金の貸倒·····················350

第6章 更正予知加算税事件 ……………………………352

第1 東京地方裁判所平成24年9月25日判決（本判決）……………352
第2 最判平成7年4月28日（重加算等税賦課要件）………………356
第3 東京地裁令和3年2月26日判決（犯則調査による重加算税賦課
　　決定を容認）……………………………………………………357
第4 税務申告と加算税………………………………………………358

第7章 家族信託事件 ……………………………364

第1 家族信託………………………………………………………364
第2 弁護士業務と信託……………………………………………372
第3 事業承継と公益財団法人への寄付…………………………375
第4 寄付金の税金…………………………………………………378
第5 キーエンスの事業承継の例…………………………………380
第6 家族信託と節税対策…………………………………………382

第8章 輸出免税調査事件 ……………………………392

第1 事案の概要……………………………………………………392
第2 争点1（本件各商品に係る仕入金額が，T社の「課税仕入れに
　　係る支払対価の額」に該当するか否か）について………………393
第3 争点2（T社が，通則法68条1項に規定する事実の仮装をした
　　と認められるか否か）について…………………………………401
第4 東京地方裁判所令和4年7月15日判決……………………402

第9章　仮想通貨交換取引課税事件 ···········404
（不確実資産への課税）

第1　仮想通貨取引の概要 ·······························404
第2　不確実な資産··································404
第3　仮想通貨の資産性について ··················405
第4　法定通貨と仮想通貨の同種変換について ·······405
第5　仮想通貨同士の変換について·················406
第6　ドバイ法人事件 ······························406

第10章　馬券インターネット副業事件 ···········432

第1　本件（X事件）事案の概要··························432
第2　インターネット投票による大規模な馬券購入により得た払戻
　　金に係る所得は一時所得に該当しないこと ···········433
第3　最高裁判所判決の判示する判断枠組みのもとにおいても，平成
　　27年分及び平成28年分の本件競馬収入に係る所得は一時所得に該
　　当しないこと ··································436
第4　平成27年分及び平成28年分の本件競馬収入に係る所得は事業
　　所得に該当すること ···························451
第5　担税力という観点からしても，本件各更正処分は違法であるこ
　　と ··452
第6　結　語·····································453

第11章　電子取引ディベロッパー査察調査事件 ····· 456

第1　事案の概要·································456
第2　東京国税局査察部門へ出頭（2018年3月27日）·········458

第 3　日本Ｇ社の費用説明 ……………………………………459
第 4　日本Ｇ社の弁明（2018年 4 月12日）………………………460
第 5　査察部上席総括官Ｋ氏面会（2018年 6 月14日）…………461
第 6　日本Ｇ社査察事件の結末（2018年 6 月14日）……………462
第 7　査察部修正申告協議（2018年 7 月13日）…………………463
第 8　国境を越えた労務の提供に係る消費税の課税……………464
第 9　徴収共助………………………………………………………464
第10　人質司法………………………………………………………465

第12章　同族会社の行為計算否認事件 ……………468
（全株式取得後の吸収合併の否認）

第13章　東西通商事件 ……………472
（資産の低額譲渡と法人税法22条 2 項）

第 1　最高裁判所平成 7 年12月19日判決（南西通商事件）…………472
第 2　最高裁令和 2 年 4 月24日判決（株式評価15％基準事件）……475

第14章　役員報酬調査事件 ……………480

第 1　法人の所得……………………………………………………480
第 2　役員報酬………………………………………………………486
第 3　不相当に高額な役員給与に関する判決例 …………………493
第 4　東京地裁平成29年10月13日過大役員退職給与事件（1.5倍事件）
　　　判決について …………………………………………………509
第 5　従業員賞与事件（東京地判平成27年 1 月22日，東京高判平成27
　　　年10月15日，最高裁決定平成29年 2 月 3 日）………………512

第 6　京醍醐味噌事件（東京地判令和 5 年 3 月23日）‥‥‥‥‥‥‥515

第15章　老朽化建物建替事件
（老朽化建物の建替えと都市再開発）‥‥‥‥518

第 1　民間事業者による市街地再開発事業‥‥‥‥‥‥‥‥‥‥518
第 2　タワーマンションの資産価値について‥‥‥‥‥‥‥‥‥522
第 3　事例紹介‥‥‥‥‥‥‥‥‥‥‥‥‥‥‥‥‥‥‥‥‥‥523
第 4　中銀カプセルタワービル建替計画について‥‥‥‥‥‥‥525
第 5　土地区画整理事業の事前協議について‥‥‥‥‥‥‥‥‥528
第 6　事業用資産の買換特例‥‥‥‥‥‥‥‥‥‥‥‥‥‥‥‥532
第 7　都市再開発事業の税務問題の事例‥‥‥‥‥‥‥‥‥‥‥534

第16章　日本美装事件（損害賠償請求権の年度帰属）‥‥538

第 1　日本美装事件（東京地方裁判所平成20年 2 月15日判決，東京高
　　　等裁判所平成21年 2 月18日判決）‥‥‥‥‥‥‥‥‥‥‥‥538
第 2　一部貸倒認容判決（最高裁平成30年 9 月25日）
　　　（差戻上告審）‥‥‥‥‥‥‥‥‥‥‥‥‥‥‥‥‥‥‥‥541
第 3　ビックカメラ事件（東京高裁平成25年 7 月19日判決）‥‥‥543
第 4　クラヴィス事件（最高裁令和 2 年 7 月 2 日第一小法廷判決）
　　　‥‥‥‥‥‥‥‥‥‥‥‥‥‥‥‥‥‥‥‥‥‥‥‥‥‥544

第17章　親子会社間取引訴訟事件
（継続的下請け取引における適正な価格と
税務調査）‥‥‥‥‥‥‥‥‥‥‥548

第18章 事前照会事件 (塩野義製薬事件) ·················572

第 1 事案の概要 ·····································572
第 2 判決主文 ·······································573
第 3 関係法令等の定め ·····························573
第 4 法的検討 ·······································574

第19章 当初申告要件 (特例適用選択意思) ···············578

第 1 南九州コカコーラ・ボトリング事件 ·············578
第 2 当初申告要件 ···································582

第20章 土地低額譲渡事件 ·····························586

第21章 質問検査権虚偽回答罪事件 ·····················592

第22章 輸入事後調査事件 ·····························606

第 1 関税の課税価格 ·································606
第 2 輸入事後調査と帳簿書類の保存等について ·······607
第 3 関税等の額の計算方法 ···························609
第 4 輸入 (納税) 申告に誤りがあった場合の手続き ·····611
第 5 加算税制度の概要について ·······················611

第 6　輸入事後調査における是正ポイント ……………………………612
第 7　事後調査手続 ……………………………………………………613

第23章　差額関税事件（関税事後調査） ……………………614

第 1　差額関税事件の問題点 ……………………………………………614
第 2　事件の概要
　（東京地方裁判所令和 2 年 3 月30日刑事事件判決）………………615
第 3　関税額の確定（課税要件）と犯罪構成要件 ……………………618
第 4　WTO 農業協定 4 条 2 項 …………………………………………620
第 5　直接適用可能性（自動執行可能性）と国内的効力…………………622
第 6　一審判決と憲法判例 ………………………………………………624
第 7　過去の類似事例 ……………………………………………………628
第 8　直接適用論 …………………………………………………………629
第 9　韓国慰安婦事件判決（2021年 1 月 8 日）………………………630
第10　一審判決における弁護人の主張 …………………………………631
第11　一審判決と国際公法 ………………………………………………633
第12　インターネットを利用し，役務提供する外国法人への消費税
　課税 ……………………………………………………………………634
第13　各意見書の引用 ……………………………………………………635
第14　参考判例 ……………………………………………………………635
第15　参考文献等 …………………………………………………………636

第24章　税理士懲戒事件 ……………640

第 1　本件事件の概要 ……………………………………………………640
第 2　本件申告と査察立件 ………………………………………………645
第 3　懲戒理由 ……………………………………………………………646

第4　関係法令の定め ……………………………………………650
第5　東京地裁令和4年6月3日判決（本件一審判決）……………652
第6　争点に関する法的分析……………………………………656
第7　最判令和2年3月6日……………………………………664
第8　東京地裁平成25年1月22日………………………………664
第9　税理士の調査義務の結論…………………………………665

総　論

第1章　適正手続保障と行政事件当番弁護士制度

第1　法律家関与と適正手続保障

　最高裁判所大法廷判決（最大判昭和37年11月28日）は，第三者所有物没収事件において憲法31条の法律に定める手続とは，「不利益の事前告知と弁明防禦の機会を与えること」であると宣言した。これは，刑事事件に準ずるような制裁に対しても，適用されることを認めたものであり，画期的な判決とされている。その後，最高裁判所は，成田新法事件において，行政手続にも憲法の適正手続保障が及ぶことを認めたが，「具体的には，行政手続における公益とそれによって侵害される私益の比較衡量によって具体的にどの程度の手続保障が行政手続に及ぶかは，一様ではない」と判決した次第である。近代国家においては，適正手続の保障とは，①告知・弁明・防禦の機会付与②理由の提示③処分資料の開示④処分基準の策定及び公表を4原則としている。しかしながら，国民や納税者の権利は専門性を有する法律家が関与して初めて実現できる場合が多いことを考慮すれば，第5原則として「行政手続における法律家の関与」もまた，適正手続保障の重要な内容というべきである。その後，行政手続法第三章は，「不利益処分一般」について，適正手続保障の4原則を導入するに至った。

　更に，平成23年国税通則法が改正され，同法7章の2が追加制定されたが，その74条の11第2項及び第3項は税務調査の結果説明手続を法定した。調査結果の説明の際，「更正金額と更正の理由」を開示し，その際，修正申告の勧奨をなすことができるものとし，修正申告をなしても，後日「更正の請求」が可能であることを文書で教示しなければならないとしている。これは，「不利益処分前の告知と弁明・防禦の機会を付与」（同条2項）するもので，かつ，「合意による租税債権と確定する制度」（同条3項）を法律で確立したものである。

第2　刑事当番弁護士

1　刑事当番弁護士制度の概要

　弁護とは，依頼者の利益となる主張をして，依頼者の正当な利益を保護し，

または，依頼者のために弁明して，その立場を守ることである。刑事当番弁護士は，身近な大切な人が逮捕されたときに直ぐ駆けつけてくれる弁護士のことである。

　身柄を拘束された被疑者は，無罪が推定され，弁護人の責務として冤罪を防止しなければならない。被疑者が仮に罪を犯したとしても，更生の道を歩ませるため，弁護人は，被害弁償を行い，環境改善等を勧めることによって，弁護活動を行うから，被疑者段階における弁護人の役割は非常に大きい。

　逮捕された被疑者の身体的拘束期間ができるだけ短くなるよう，検察官や裁判所に働きかけ，被害者へ謝罪したり被害弁償をしたりすることも行う。

　また，厳しい取調べに耐え兼ね，自暴自棄になり，犯してもいない罪を認めたりすることのないよう，被疑者を励まし，人質司法が行われないよう活動する。

　1980年代，免田，松山，財田川，島田事件という 4 つの死刑冤罪事件の再審において，無罪判決が言い渡された。これらの事件は，被疑者段階で弁護人がついていれば，そもそも死刑判決が出されることを防げた可能性が高いといわれている。

　刑事当番弁護士制度は，弁護士が自ら費用を負担して，かかる制度が国民に受け入れられた結果，一部重大事件の被疑者弁護が国費で賄われる被疑者国選弁護制度が創設されるに至った。2018年には，勾留全事件が，被疑者国選弁護制度の対象となった。

2　刑事当番弁護士制度と刑事司法

　以前は，刑事訴訟法39条 3 項に基づいて，検察官が起訴前の被疑者に対して私選弁護人が面会をする場合には，具体的な指定書がないと被疑者と接見することはできなかった。このような面会切符制度は，刑事手続全体を覆っていた自白偏重傾向や，身柄に関する緩やかな令状実務によって，被疑者は捜査官が支配する代用監獄に長期に渡って勾留され，その結果，問題のある調書が量産された。

　法廷では，裁判官は，捜査官に対する過度の信頼をなし，調書の任意性や信用性について厳格な審査がなされず，証拠採用され，そのため，書面中心の審理，事実認定となっていた。自白偏重主義の下で，「人質司法（身柄の長期拘束によって自白を得ようとする捜査）」と「調書裁判（裁判外で捜査官が作成した調書を信頼し

て裁判が行われること）」によって，刑事司法は形骸化していった。

3　刑事当番弁護士の必要性

1990年日弁連刑事弁護センターが設立され，その下部組織として各単位弁護士会に刑事弁護の質の向上を目的とする刑事弁護委員会が設立された。

刑事当番弁護士のイメージは，現場にかけつける救急車であり，その後をサポートする病院乃至診療所が，日弁連刑事弁護センター及び単位会の刑事弁護委員会である。

刑事当番弁護士制度が，無償を強制するボランティア制度では，先細りとなることが予想されていたところ，法律扶助協会が刑事被疑者弁護人援助制度を創設し，日弁連が刑事当番弁護士緊急財政基金の創設を提案して，全会員から特別会費を徴収するに至った。

イギリスでは，1984年，警察刑事証拠法によって，警察当番弁護士制度が国家制度となった。当番弁護士制度には，「当番弁護士待機システム」と「名簿登録システム」の二つがある。

4　被疑者弁護マニュアル

現在，「刑事弁護マニュアル」や「接見交通マニュアル」などが作成され，警察や検察の強圧的な取調べに対する監視と，不要な身体的拘束からの解放及び弁護側の反証活動など多様な弁護活動をすることによって，不起訴処分を得たり，より軽い罪での起訴，または，起訴後の早期保釈を得る成果を挙げたりすることができる。

取調べの可視化や司法取引という新しい制度の導入によって，「被疑者段階の弁護」は，一層重大な意味を持つことになる。

5　マスコミ報道と冤罪防止

NHKのテレビ番組「ドキュメント冤罪」がオンエアされた。

同番組では，イギリスにおいて，一晩中待機するソリスターが，警察に逮捕された被疑者から直接電話がかかってくる様子が描かれている。

我が国においては，勾留されたまま判決の日を迎える被告人の割合は7割を超える。先進諸外国では，そのようなことはなく，勾留されずに判決を迎える被告人が多い制度運用がなされている。

刑事当番弁護士制度は，被疑者の関係者から，被疑者段階で弁護人就任の要請があれば，直ちに被疑者弁護に駆けつける制度である。

　1991年11月21日朝日新聞は，当番弁護士制度について，最高裁判所が協力する方針であることを大々的に報道した。その後，日弁連は，最高裁に働きかけて，両者間の協議が始まり，裁判所は，当番弁護士告知システムを開始するに至った。当番弁護士制度は，日弁連の戦後最大のヒット商品であると云われている。

6　刑事裁判の目標

　適正手続保障こそ，裁判の生命線である。適正手続保障がなければ，何のための迅速化と問われる。自白に依存しない事実認定を徹底することが重要である。

　日弁連内部では，当番弁護士制度の抵抗勢力としては，警察をバックとした法務省であると認識されており，当初は裁判所も必ずしも協力はしていなかった。現在は，裁判所が勾留質問の前の部屋で，壁に添付して被疑者に弁護人を選任することができる旨を掲示している。

7　当番弁護士制度に必要な条件

　当番弁護士の職務を行うためには，それを担う弁護士が存在しなければならない。また，当番弁護士が職務を行うには，報酬財源が必要である。当番弁護士制度は，会員の総意で作り上げられた制度として確立されることによって，長く運用されるシステムとして成長した。「人的資源確保」，「財政的資源確保」及び「制度運営の構築」の三つが必要である。

8　当番弁護士と法テラス

　法テラスは，法務省傘下にあり，法務省は警察捜査を追認するだけの存在であるという認識が弁護士会側にあったので，当番弁護士制度は，法テラス事業や法律相談事業とは全く別の制度として発展していった。これにより，報道機関も，容疑者の言分も取材することが必要だという認識を持つに至った。

　刑事弁護は，弁護士しかできないが，国が被疑者弁護制度を作ることを待っていたら，いつまでも被疑者段階における弁護はスタートしない。弁護士自ら立ち上がって当番弁護士制度を構築したから実現化したといえよう。

　現在，当番弁護士制度がスタートして25年以上が経過し，当番弁護士が起訴前に接見に行くのが当たり前の時代となった。

　当番弁護士は，弁護士会への報告書提出が義務付けられていることにより，一般的な刑事弁護のレベルを上げることができた。警察や検察も，弁護士が被

6

疑者段階に存在するということを意識した取調べに変化していった。行政手続弁護もまた，国家の補助金で運営されている法テラスで行う事業とすることは困難であるから，弁護士会が自ら立ち上がらなければ実現しない。

9　被疑者弁護を支える理論

被疑者・被告人には，弁護人依頼権が保障されている（憲法34条，憲法37条3項）。

この権利は，実質的な権利，すなわち，「有効な弁護を受ける権利」でなければならない。被疑者・被告人と弁護人との間は，信頼関係，特に主観的な信頼関係が保持されなければならない。そのためには，常に自由かつ秘密の交通が両者の間に保障されていることが必要である。被疑者・被告人の話したことが，第三者に漏れるようなことがあれば，本人は，信頼して弁護人にすべてを話すことをしなくなる。

黙秘権が保障されていても，秘密性を侵害されるようなことが発生すれば，黙秘権は事実上否定されたに等しいことになる。

自白追求の捜査手続は，被疑者取調べにあるから，当番弁護士の役割は極めて重要である。

我が国の刑事訴訟法39条1項は，被疑者・被告人が弁護人と接見する接見交通権を保障している。最高裁判所は1978年，「捜査機関は，弁護人から被疑者との接見の申出があったときは，原則として何時でも接見の機会を与えなければならない」とした。逮捕直後の初回の接見は極めて重要であり，弁護人の選任を目的とし，最初の助言を得る最初の機会であって，「直ちに弁護人を依頼する権利を与えなければ，抑留または拘禁されない」とする憲法上の保障の出発点をなすものである。

アメリカ合衆国では，修正憲法6条の「弁護人の援助を受ける権利」の保障を根拠として，制度的保障として公的弁護制度の整備が確立されてきた。

連邦最高裁判所は，正式起訴・予備尋問・アライメント等の司法手続が開始されたときに，自己負罪拒否の特権が発生するとしている。

我が国の場合，身柄が拘束されている被疑者を対象に，被疑者国選弁護制度が保障されることになったが，それ以外の場を保障対象にしていない。しかしながら，捜査機関から供述を求められる場面は，身柄が拘束されていない場面もあり得るから，そのような場合にも弁護人による弁護の必要性がある。

　2016年の改正法によって，検察官独自捜査事件と裁判員裁判対象事件における被疑者取調べによる録音録画が義務化されることになった。

第3　税務当番弁護士・税理士の必要性

1　適正手続保障と行政手続弁護

　日弁連弁護士業務改革委員会は，弁護士の行政手続関与を進めるため，行政弁護センター構想を提唱し，2020年6月から日弁連の中に，新しく行政問題対応センターがスタートした。これは，日弁連が推進する民事弁護と刑事弁護に続く，人権保障活動の三本目の柱を作る運動である。我が国においては，民事弁護と刑事弁護の活動を日弁連が支援してきた歴史があるが，行政弁護については，人権擁護活動は必ずしも十分に行われてこなかった。

　また，司法研修所においては，「民事弁護」と「刑事弁護」のテキストが配布され研修が行われるが，「行政弁護」のテキストはなく，司法研修所においても行政弁護の教育は行われていない。

　然るところ，人権侵害は，不利益処分を行う行政によるものが最多であり，行政手続に弁護士が関与し，人権擁護活動を行うことは，極めて重要でかつ必要である。刑事弁護における指針は「告知・弁明機会付与」，「推定無罪」，「疑わしきは罰せず」，「自白偏重主義の排除」，「調書裁判の排除」であるが，行政不利益処分がなされる調査手続においても同様の指針が必要である。行政事件当番弁護士制度は，刑事当番弁護士制度と同様に，人権擁護活動のシステムであるといえる。司法研修所や法テラスは，国家機関が強く関与し，財政支援を受けるシステムであるが故に，国家を訴える弁護士を教育することが困難である。行政弁護は，弁護士と弁護士会が自らの手で制度を構築しなければならない。税務調査手続は，税理士が立会い進行するのが常態であるから，当番制度の運営は，税理士と弁護士が協働して行うことになろう。

2　当番制度の概要と根拠法

　捜査が開始すれば，逮捕前でも弁護の必要性が生まれる。同様に，行政調査の開始があれば，弁護士による弁護の必要性が発生する。刑事当番弁護士制度は，被疑者が逮捕されたときに駆けつける制度であった。

　行政事件においても，行政法違反が刑事事件とされている特別刑法が多いので，逮捕されることはあり得るが，基本的に行政手続弁護は，「逮捕されない

8

弁護」である。

　そして，行政事件当番弁護士が行うべきは，「違法な不利益処分の回避」である。したがって，刑事当番弁護士とは異なり，行政事件当番弁護士は，不利益処分前の弁護活動を行う。処分前の不利益処分回避の行政弁護活動を支える理論としては，憲法31条があげられる。

　行政弁護の不利益処分前の活動を支える理論は，適正手続保障であり，その直接的な根拠法は，一般法としては行政手続法である。税の世界では，国税通則法がある。その他の個別行政法においては，独自の手続法が制定されており，それが不利益処分回避の根拠法といえる。また，憲法32条は，国民の裁判を受ける権利を認めるが，裁判を受ける権利は，不利益処分前においても当然に認められ，むしろ，不利益処分前にこそ，より効果的である。憲法34条は，「弁護士に依頼する権利」を定め，憲法37条3項は，「資格を有する弁護人を依頼する権利」を認める。これらは，いずれも，刑事被告人について認められたものであるが，行政不利益処分についても，刑事手続と同様に必要な権利である。

3　弁護士の行政手続関与

　弁護士の行政手続関与は，憲法の適正手続保障の中核的なものといわなければならない。国民の権利が法律によって定められていても，これを実現する専門家がいなければ，絵に描いた餅である。その意味において，弁護士の行政手続関与は，公法における国民の権利の実現に資する適正手続保障の一環である。

　刑事当番弁護士制度に倣って，行政事件当番弁護士制度を推進するためには，不利益処分回避の弁護活動をするための行政手続弁護マニュアルを公表し，多くの弁護士がこれに従って活動することが有益であろう。

　また，多くの成功事例を集め，これもまた研修テキストとして配布されなければならない。また，多くの法科大学院にも働きかけ，行政弁護の研修を法科大学院等と共に行う必要がある。更にまた，日本の行政手続は，第一次的には，税理士，行政書士，社会保険労務士等，他の士業が関与しており，これらの他の士業との連携が不可欠といえよう。場合によっては，他の士業から弁護士に行政法律相談をなすルートの確保作りも有用であると思われる。

4　行政手続弁護（不利益処分回避弁護）

　行政手続に弁護士が関与するのは，不利益処分を回避（行政手続弁護）をするためである。行政不利益処分についても，行政法違反刑事手続へ移行すれば，

「人質司法」（不利益を告知して，自白させる手続）や「調書裁判」（公務員の調査記録書を信用してなされる裁判）は，当然に行なわれている。また，行政指導論において，不当連結の禁止が議論されるのは，任意の要請を求めながら，これに応じないときは，不利益扱いすることが行政実務の現場で頻繁に行なわれているからである（行政手続法32条2項）。行政事件においても，裁判所は，公務員作成の質問応答記録書を盲目的に信用する傾向がある。

　「行政事件弁護」は，民事事件弁護と刑事事件弁護と並ぶ，人権擁護活動の三本目の柱である。

　法律事件（紛争）は，民事事件，刑事事件，行政事件の三種類があり，行政手続弁護は，刑事事件の「被疑者弁護」に相当するものである。冤罪的課税処分を回避するためには，税理士の協働を得て，弁護士の行政手続関与が不可欠といえよう。

第4　税務当番弁護人制度
1　税務当番弁護人制度と民間通達の必要性
　日弁連税制委員会は，日弁連弁護士業務改革委員会の「行政弁護活動」の呼びかけに応じ議論を重ねた結果，課税処分は典型的な不利益処分であり，租税法実務において，刑事当番弁護士制度と同様の税務当番弁護人制度を構築することが必要であると認識するに至った。そして，税務当番弁護士は，補佐人税理士からの依頼によって活動することになるから，税理士と協働する税務当番弁護人制度として運営されるべきである。

　課税手続や徴収手続において，憲法31条が定める適正手続保障は不十分であり，国税通則法（租税手続法）は，納税者の弁明聴取手続が欠落しており，また，査察調査手続まで集録し，税務調査手続の一環である扱いをして，人権保障への配慮が欠落している。一刻も早く，行政調査公正基準や税務調査公正基準を作成公表し，裁判所，国税庁，検察庁，弁護士会，税理士会などに配布しなければならない。

　更にこれらの民間通達を起案するため，分野毎に専門研究会を設立する必要がある。

①　不利益処分前の告知と弁明・防禦の機会付与
　最大判昭和37年11月28日は，不利益処分前に不利益を受ける者に対し，「不

利益の告知と弁明・防禦の機会を付与しなければならない」とした。これは，刑事事件に準ずる様々な不利益制裁を与えるときは，必ず「告知と弁明・防禦の機会を与えなければならない」とするものである。

② 行政手続と適正手続保障

現在では，憲法31条以下の規定が，行政手続にも，その性質に応じて適用乃至準用されるという学説が一般的である（芦部憲法第7版2019年発行254及び255頁参照）。

また，成田新法事件判決（最大判平成4年7月1日）が，同様の立場を示したので，最近は行政分野毎に，行政手続における適正手続保障の適用要件を巡る各論の議論が開始されている。

③ 川崎民商事件

税務調査に適正手続保障である憲法35条や38条が適用されるかについては，川崎民商事件において，最高裁判所は，「刑事目的の手続であるかどうか」，また，「間接強制に留まっているかどうか」を重視して，間接強制に留まるから徴税確保の高度の必要性が質問検査権制度にあるとして，公益性と強制性のバランス，即ち，目的と手段の均衡を総合判断して判断している（最高裁昭和47年11月22日大法廷判決）。考慮要素は，「刑事目的かどうか」，「間接強制に留まるかどうか」，「質問検査権制度の高度の必要性」，「目的と手段の均衡があるかどうか」等を総合的に判断して判決がなされた。

租税債権債務関係における課税庁と納税者との協力協同関係があること，また，強制手段が納税者の自由意思を尊重した間接強制に留まっていることを重視して，憲法35条や38条の適用を税務調査に適用することを大幅に制限するのが最高裁の考え方である。

④ 行政指導調査

国税通則法第7章の2は，「国税の調査」を定め，課税庁の質問検査権について規定する。この質問検査権行使に対して不当弁や偽りの答弁等をなした者は，1年以下の懲役，または50万円以下の罰金に処することとされている（国税通則法第128条2号）。しかしながら，実際に実施されている調査は，行政指導調査であり，個々の質問毎に，質問検査権行使であることが事前に告知されておらず，行政指導による調査が実施されている。

⑤　犯則調査

　かつての国税犯則取締法 1 条 1 項は，質問検査を任意調査と捉え，同法 2 条は，強制的な臨検，捜索，または差押については，裁判所の許可を義務付けていた。しかしながら，2017年国税通則法の改正で，国税査察調査は国税通則法に編入されることになった。国税査察調査は，刑事事件の捜査手続であるから，憲法35条（令状主義）及び38条 1 項（供述拒否権）の保障が及ぶというべきである。

⑥　調査拒否罪の犯罪構成要件

　調査拒否罪は，その犯罪構成要件として，「必要があるとき」との要件があるが，合理的な限定解釈で，不明確性が除去されない限り，文面上違憲無効である（高橋和之体系憲法訴訟2017年発行161〜164頁参照）。したがって，罰則による間接強制の対象となる質問検査権行使は，「客観的に必要性があるとき」として限定解釈が必要である。

　一般の税務調査で証拠採取した資料は，刑事手続においては，証拠能力が否定される（ジュリスト憲法判例百選 7 版114事件253頁参照）。

　平成23年国税通則法改正において，税務調査手続の適正化がなされたが，間接強制の要件の不明確性は除去されていない。

2　納税者の同意による租税債権の確定

　租税債権は，税務調査において，ほとんどが修正申告の勧奨手続を利用して，合意により確定されている。

　国税通則法74条の11第 2 項は，調査結果の説明を納税義務者本人にしなければならず，その際，更正金額と更正理由を納税義務者本人へ告知することを求める。また，一般的に，課税庁はかかる説明と同時に，納税義務者へ修正申告の勧奨をなし，納税義務者の同意を得て，租税債権を確定している。

3　弁護士法72条と他士業との協働

　行政事件は，弁護士法72条が定める法律事件である。法律事件処理が原則として弁護士にのみ許されるのは，弁護士制度が国家から独立した民間機関であり，利益相反行為を禁止され，行政機関の活動を補助するシステムとして構築されていない，からである。弁護士は，依頼者との秘密交流が保障され，かつ，秘密保持義務が課されている者でなければならない（弁護士法23条，刑法134条 1 項）。他士業は，行政事件について，処理権限がないから，弁護士と協働して，行政事件を取扱わなければならない。

第5 税務当番弁護人制度の具体的な推進方法について

1 税務当番弁護士と税理士の登録

専門分野ごとに税務当番弁護任に参加する者の届け出を受けて，各専門分野ごとの当番弁護士・税理士登録名簿を作成する。当番弁護人制度は，待機システムと登録システムが考えられるが，待機システムは労務負担が大きいので，スタートにおいては登録名簿システムで行うものとした。

2 税務当番弁護人マニュアル

税務当番弁護人マニュアルを作成し，一定の品質保証を行う。これは，刑事当番弁護士制度を参考にして作成される。

3 税務当番弁護人制度推進機関

税務当番弁護人制度は，各地区の各単位会弁護士会の業務改革委員会が推進するものとし，他の士業，すなわち税理士会などに働きかけ，弁護士が一方的に業務提供を持ち掛けるのではなくて，税務申告業務は税理士に依頼するものとし，租税法における法律事件は弁護士に依頼する相互協力業務とすれば協働が実現される。

4 民間通達の作成

税務当番弁護人制度を機能させるためには，その活動指針として民間通達を作成する必要がある。特に税務調査における指針は，国税庁が国税通則法に依拠し，指針及びQ＆Aその他関係通達を発しているが，これらを参考にしつつ主要なものをピックアップして，納税者目線で必要な適正手続保障条項を付加して民間通達を制定し，税務当番弁護士・税理士自身の指針としつつも，これを税務調査官に対して遵守することを要求する。民間通達に最も必要なものは，「不利益処分に関する告知と弁明防禦機会の付与」条項である。

第6 弁護士法72条と法律事件

1 法律事件規制要件

弁護士法72条は，非弁護士が報酬を得る目的で法律事件に関する法律事務を取り扱うことを禁止し，「弁護士または弁護士法人でないものは，報酬を得る目的で，訴訟事件，非訟事件，及び審査請求，異議申立，再審査請求など行政庁に対する不服申立事件，その他の法律事件を取扱い，または，これらの周旋をすることを業とすることができない」としている。

「ただし，この法律または他の法律に別段の定めがある場合は，この限りではない」としている。

この条文による規制の構成要件は，

① 　報酬を得る目的であること

② 　法律事件に関する法律事務が禁止されていること

③ 　その法律事件に関する法律事務とは，訴訟事件，非訟事件，審査請求，異議申立，再審査請求など行政庁に対する不服申立事件，その他の法律事件であること

④ 　禁止される行為態様は，鑑定，代理，仲裁，もしくは和解，その他の法律事務を取扱うことと，これらの周旋をすること

⑤ 　業として，活動することも要件とされている。

2　立法趣旨

弁護士が基本的人権の擁護と社会正義の実現を使命とし，厳格な資格要件が設けられて，職務の誠実な執行のために必要な規律に服すべき存在とされ，非弁護士によるときは市民や企業の利益を損なう。学説としては，弁護士法72条の目的について，弁護士制度の維持確立であると説く弁護士制度維持説と，弁護士制度を包含した法秩序全体の維持確立が目的と説く法秩序維持説の2つがある。しかし，弁護士制度の目的は，国民の権利・利益を保護することであるから，国民保護説が正しいと思われる。

3　弁護士法72条違反の要件について

①　報酬を得る目的及び業としてなされること

報酬を得る目的で，反復継続の意思が認められることが要件である。従って，反復継続の意思がなく，偶々，一回限りの報酬を得たとしても72条に違反するわけではない。

②　法律事件要件（事件性要件）

法律事件とは，法律上の権利義務に関し争いがある，または，新たな権利義務関係の発生をさせる紛争をいうものである。このような法律事件の要件は，事件性要件といわれる。72条に関して，事件性要件必要説と事件性要件不必要説がある。

事件性要件必要説は，法的紛争状態になっている案件でなければ，72条の禁止範囲には入らないとするものである。

事件性要件不必要説は，事件性要件が不明確であることや不明確な要件は罪刑法定主義に違反することなどを理由とする。その他，法的判断を必要とするものが72条によって禁止されるとする法的判断基準説などがある。過去の判例は，72条違反の要件は，事件性要件必要説をとっている。法治国家においては，一般市民も等しく，法律を解釈する権限があるというべきであり，行政庁のみが，あるいは，裁判，行政，公務員，行政官もしくは裁判官のみが法律解釈ができるというものではないから，法的判断基準説は必ずしも説得的ではない。従前行なわれてきた事件性要件必要説が妥当であると思われる。

③　法律事務

法律事務とは，法律上の効果を発生，変更する事項の処理をすることである。我が国弁護士は，裁判関係の職務を処理する割合が多い。

アメリカ合衆国弁護士の職務は多岐に及び，裁判関係の職務は全体の1割程度と言われている。イギリスなど一部の英米法諸国において，法廷での弁論や証拠調べ等について，法定弁護士（barrister）が職務を独占する。これらの国では，法廷弁護士（barrister）と事務弁護士（soliciter）との間で分業が行われている。

4　事件性要件について

憲法上の司法概念において，事件性要件について多く議論されている。法律事件とは，法律関係に関する争いであり，単なる暴力事件であるとか，口論はこれに含まれないし，芸術論争などもこれに含まれない。法律関係に関する争いが，法律事件である。これまでに問題となった業務は，債権取立業務，隣接士業の扱う業務，コンサルティング業務などである。アメリカ合衆国においては，州毎で，隣接士業含めて広く非弁活動が禁止されている。アメリカ合衆国のみならず，欧州や中国は，弁護士一元主義をとっている。

5　弁護士法72条違反による刑事罰

弁護士法77条3項の刑事罰は，行政罰であり，自然犯とは異なる。即ち，固有の刑法に対して，行政刑法であり，行政的な取締目的のために行政刑罰の手段を使用するものである。弁護士法72条は，法律秩序という社会的法益を守るための社会立法であり，自然犯に対する法定犯の範疇に入ると考えられる。従って，法定犯はその目的が法律秩序の維持にあるから，まず，民事訴訟によって被害を解消された場合には必ずしも刑事罰を科す必要性はないといえよう。

　また，弁護士法72条違反の行為があったとしても，当該業務委託契約を無効にして，報酬請求を認めなければ，刑罰を用いる必要性がない場合もある。近時は，かかる業務委託契約に基づく報酬請求を否定する判決などが出されている。

6　弁護士法72条とサービス業

①　コンサルタント業と隣接士業

　近時，金融及びサービス業務が発展する社会となり，コンサルタント業，ブローカー業，書類作成代行業などのサービス業の活動が飛躍的に拡大した。また，税理士，司法書士，弁理士，行政書士，社会保険労務士などの隣接士業が，その本来の業務の垣根を越えて，弁護士法72条に違反するケースが多い。

　弁護士法72条は，事件屋や暴力団の金銭請求や明渡請求を禁止し，コンサルタント業や隣接士業にも適用していく時代が来たといえる。そもそも，隣接士業は，本来の法律事務を行うものとしては，弁護士業と同じであり，弁護士との違いは法律事件を扱えるかどうかだけである。市民や企業が，法律家に依頼せず，紛争を解決することは自由である。しかしながら，近代国家においては，自力救済は厳しく禁止されており，法的手続きは，弁護士，警察，裁判所などにゆだねるものとされている。しかしながら，依頼すべき法律家が存在しなければ，泣き寝入りしなくてはならない。弁護士が扱わない法律事務は，隣接士業が扱う必要性がある。

②　弁護士法72条の違反業務

　弁護士は，人権擁護，法秩序維持，社会正義の実現を目的とするものであり，これを前提に弁護士法72条を解釈するべきである。判例は，72条の射程範囲は，事件性が必要であるとし，判例によると，「実定法上事件と呼ばれている案件及び，これと同視しうる程度に法律関係に争いがあって，事件と表現されうる案件，また，弁護士法72条に列挙されている訴訟事件，その他の具体的例示に準ずる程度に法律上の権利義務に関して争いがあり，あるいは疑義を有するものであること，言い換えれば，事件というに相応しい程度に争いが成熟したものであることを要する」としている。判例は，処罰や適応の範囲を限定的に解釈する態度である。弁護士法72条の解釈については，集金代行業務，不動産管理業務，債権取り立て業務，明渡交渉業務，隣接士業業務，コンサルタント業務，サービサー業務などについて問題となる。

　弁護士法72条違反の業務としては，以下のものがある。

ロ　金銭請求業務

　債権取り立て示談交渉行為で，典型的な弁護士法72条違反行為である。

ロ　サービサー業務

　サービサー法があり，不良債権の処理等を促進するために制定され，債権
管理回収業が許可されたサービサー会社の設立がなされている。

7　弁護士法72条が適用されない法律事務

　判例によれば，法律事件に該当しない法律事務は，72条の射程範囲外である。
また，事実行為に過ぎず，法律判断を要せず小額性，定型性，大量性，明確性，
相当性などがあり，法的事件性に至らない事務は72条の事件性はないといえる。
また，警備会社が，万引きや不正駐車などの違法行為の取締を行うのは，弁護
士法72条違反となるかが問題となる。

8　法律事務の意義

　法律相談や契約書作成など未だ紛争に至っていないものであっても，潜在的
な事件性があるものとして，法的事件性を有する法的事務であると考えられる。
しかしながら，隣接士業の業務は特別法によって，弁護士法違反でないとされ
ている。M＆Aや事業譲渡，企業の経営指導や再建などで多額のコンサル料を
受領するコンサルタント業務は，契約書の書類作成をなし，弁護士や隣接士業
の紹介など行うものであるが，弁護士法違反の可能性が高い。事実行為の紛争
と法的紛争の区別は困難であり，いずれ法的紛争となることが予想されるもの
は全て法律事件というべきであろう。

9　非弁提携の禁止

　弁護士法72条は，弁護士が72条ないし74条に違反する非弁活動する者から事
件のあっせんを受けることを禁止している。債権取り立ての示談業務や地上げ
業務の斡旋を受けたり，共同して業務を行ったり，報酬を分配することを禁止
している。非弁活動を助長することも禁止されている。弁護士が依頼者と直接
契約をなし，非弁護士に報酬分配をせず，非弁活動と協働しないことや，非弁
活動を抑制防止することは人権擁護，法秩序の維持，社会正義の実現のため必
要である。東京弁護士会は，2020年3月12日，司法書士法人新宿事務所から過
払金返済請求の紹介を受けて，対価を支払っていたとして，弁護士法人ベーリ
ーベスト法律事務所を業務停止6ヵ月の懲戒処分とした。東京司法書士会は，
2019年4月，新宿事務所を処分しない決定を下した。

10　駐車場管理業

平成30年 3 月 8 日京都地方裁判所判決は，駐車場管理会社が，違約金罰金債権が駐車場運営会社に帰属するものとして，駐車場管理会社が同債権に関する他人の法律事務を取扱ったものとして，弁護士法72条違反の適用を肯定した。

11　サービサー法による特定金銭債権の処理

特定金銭債権とは，サービサー法 2 条に列記されたもので，「金融機関などが有する貸付債権」，「リースクレジット債権」，「資産の流動化に関する金銭債権」，「ファクタリング業者が有する金銭債権」，「法的倒産手続中のものが有する金銭債権」，「保証契約に基づく債権」，「これらの債権に類するものとして，政令で定める金銭債権」に限定されている。

サービサー会社は，特定金銭債権について，回収業務が許されている。

12　交通事故損害賠償請求

昭和48年 9 月 1 日，日弁連は損保協会との間で覚書を交わし，被害者自身が保険会社に賠償金を直接できることを保険契約約款に明記すること等について，合意した。昭和49年 3 月より示談代行サービス付きの保険商品が販売されるようになり，現在では，示談代行なしの自動車賠償保険は廃止されている。

13　インターネット上の記事削除代行業務

平成29年 2 月21日，東京地裁判例は，インターネット上の記事削除代行業務依頼に業務を受ける旨の契約について，非弁行為として弁護士法72条違反とし，請負代金約50万円の返還を命じた。

14　隣接士業との関係について

隣接士業は，行政に協力し，行政規則に縛られることが多いので，国民の権利を守る立場に徹しえない場合がある。弁護士自治に基づいて，弁護士は独立性を有するので，行政庁への訴訟提起も可能な存在である。この点が，隣接士業とは根本的に異なる。以下，他の士業と弁護士法72条の関係を説明する。

①　司法書士業務（認定司法書士制度）

司法書士法 3 条 1 項 7 号は，「認定司法書士制度」を認めており，裁判内外の法律事件処理が司法書士に認められることとなっている。ただし，制限される紛争の目的の価格は，債権額説と受益説の対立があるが，債務整理の場合などは総額説と個別説が対立していた。平成28年の判例は，総額説を排斥し，債権額説及び個別説を採用したものである。大阪高裁平成26年 5 月29日は，弁護

18

士法72条の趣旨を潜脱する暴利行為として，報酬契約は無効であるとした。

②　税理士業務（補佐人税理士制度）

税理士法第2条の2は，租税に関する事項について，裁判所において税理士は補佐人として弁護士である訴訟代理人とともに出頭し，陳述することができるとしている。これは民事訴訟法60条が定める補佐人制度の特則である。

税理士が，納税者本人または，その代理人である弁護士の補佐人として裁判所に出頭し，陳述する限りにおいては非弁行為とはならない。税理士が遺産分割行為の交渉，折衝を行うことは非弁行為に該当する。税務調査は，関与税理士が既に立ち会うから，弁護士の税務調査手続関与は，税理士からの依頼によって実現することが多い。

③　弁理士業務（附記弁理士制度）

弁理士は，特許庁における審判などに関して，訴訟代理人となることができる（弁理士法6条）。さらに，弁理士は，特許侵害訴訟代理業務試験に合格し，かつ，その旨の附記を受けたときは，特許侵害訴訟に関して，弁護士が同一の依頼者から受任している事件に限り，その訴訟代理人となることができる（弁理士6条2）。限定付きではあるが，弁理士に特許侵害訴訟の訴訟代理権が付与されることとなったものである。ただし，この訴訟代理権は，あくまで弁護士との共同代理が義務付けられているほか，信頼性の高い，能力担保措置を要件としている。

④　行政書士業務（特定行政書士制度）

行政書士は，官公庁に提出する書類その他権利義務または事実証明に関する書類を作成すること業務とする（行政書士法第1条2第1項）。また，これらの書類を代理人として作成することや書類の作成について，相談に応じることをなすことができる（行政書士法第1条3第1項3号，同4号）。また，行政書士は，権利義務に関する書類を作成する権限がある。注解行政書士法によれば，各種契約書，示談書，遺産分割協議書などがこれにあたると考えられている。書類作成に付随する行為の範疇を越えて法的紛争について，相手方との交渉に及んだ場合は，弁護士法72条違反となる。国民生活センターは，行政書士が，不当請求を行うアダルトサイトに対して，返還請求や解約交渉を行うことは弁護士法違反となる可能性が高いと公表している。大阪高裁平成26年6月12日，判例時報2252号61頁は，交通事故の保険金請求に関する書類作成及びこれに付随する業

務を行った行政書士について，弁護士法72条違反を認めた。しかし，行政書士法第１条の３第１項第２号は，「行政書士が作成した官公署に提出する書類に係る許認可等に関する審査請求，再調査の請求，再審査請求等，行政庁に対する不服申立ての手続について代理し，及びその手続について官公署に提出する書類を作成する事務について，他人の依頼を受けて報酬を得て業とすることができるとしている。ただし，かかる業務は，日本行政書士会連合会が会則で定める研修課程を修了した行政書士に限り行うことができるものとされ，特定行政書士と呼ばれている。

第7　税務調査における協議・和解と告知弁明機会付与

　国税通則法74条の11第２項は，税務調査終了段階において，調査結果を納税義務者に説明しなければならないこととしている。その際，更正金額と更正の理由を開示しなければならないとしている。また，同条第３項は，かかる説明の際に，修正申告の勧奨をなし，同時に文書で修正申告した場合に更正の請求ができることを教示しなければならないとしている。この段階において，税務調査手続においては，調査庁と納税義務者が協議をなし，和解をして99％修正申告で完了している。租税債権の確定は，「更正金額・更正理由の事前説明制度」と「修正申告勧奨制度」によって，国税庁長官は，「調査手続の実施に当たっての基本的な考え方等について（以下「事務運営指針」という）を公表し，平成25年１月１日以降は，これにより適切な運営を図ることを各国税局長に求めている。事務運営指針第２章４の（2）は，「調査の結果の内容の説明等」を規定し，「更正額と更正理由を説明」し，「その際には資料を示すなどし，納税義務者から質問等があった場合には，分かりやすい回答をするよう努める」と規定する。また，（3）において，「原則として修正申告等を勧奨する」とし，修正申告を勧奨する場合には，更正の請求をすることができる旨を確実に説明するとともに，その旨を記載した書面を交付しなければならないとしている。かかる「更正金額・理由説明義務」と「修正申告勧奨」，「更正請求文書教示義務」の三点が法定されたことにより，課税庁と納税義務者の合意によって租税債権が確定するシステムが確立されたものといえる（税務大学校論叢91号「国税通則法改正（平成23年12月）と税務行政」参照）。

第8　課税目的行政指導による任意調査

1　国税通則法の改正と行政指導調査の強化

　平成23年度税制改正によって，これまで税務調査が調査担当者の裁量に委ねられていたものが，多くの部分において法定化されることになった。「事前通知の原則化」や，「行政指導と税務調査の区分明確化」，「調査終了手続の明確化」，また，「不利益処分に対する理由付記の実現」，また，「更正の請求の期間の延長」などが改正内容の骨子である。税務調査を含め，すべての調査は，行政指導の要請による資料収集がメインとして実施されてきたが，質問検査権行使の要件が明確化されて，適正な手続の下で調査が行われることになった。ところが，国税調査通達により，税務調査は，質問検査権行使とされたので，殆どの税務調査における資料収集は，事実上行政指導によって行われるようになった。しかし，更正処分などの不利益処分をなす場合は，国税通則法第74条の11第2項に従って，「調査結果の説明会」が開催されている。資料収集は，質問検査権行使をしないで，行政指導で行い，調査結果説明は国税通則法に従ってなされている。平成23年度税制改正による国通法7章の2は，殆ど適用されずに税務調査が実施されるが，国税通則法第74条の11第2項だけでは，厳格に適用され，脱法のそしりを免れている。行政指導調査に関する規制立法が平成23年税制改正から抜け落ちた結果である。

2　行政手続法と国税通則法の関係

　国税通則法は，行政手続法の特別法としての意味がある。行政手続法の多くは，国税通則法及び行政手続法によって適用除外とされているが，国税通則法において行政手続法の国民の権利・利益の保護の基準以上のものを税務の特色を考慮しながら個別法規を作るという意味であって，行政手続法は手続保障の最低基準を定めたものである。

　また，憲法31条以下の適正手続保障は，行政手続法によって全て実現化されているのではなくて，行政手続法が多くの場合に適用除外とされていることに鑑み，憲法の適正手続保障は，なお，行政手続法とは別に厳しく税務調査においても保障されているというべきである。

3　調査手続法定化

　調査手続が法定化されても，具体的なものは関連通達及びQ&Aにおいて具体化されている。課税は，財産権の侵害であり，その手続が法律に基づかず，

課税庁の裁量に委ねられているということはありえない。納税者は，申告が義務であるが，税務調査手続に関する規制は，課税庁側に課せられた義務である。かかる税務調査に関する適正手続の保障は，憲法31条のみならず，憲法84条の租税法律主義の中にも含まれていると考えられる。

4　任意調査と間接強制調査

税務調査における質問検査権の行使は，間接強制であって，直接強制の制度ではない。質問検査の拒否に関しては，国税通則法において罰則規定が設けられているが，これは質問検査の拒否に対する罰則であって，税務調査拒否に対する罰則規定ではない。現在，このような質問検査権拒否に対する罰則規定を適用した例は報告されていない。現実には，行政指導による要請（任意調査）の方法で資料収集は行われている。しかし，行政指導調査から，質問検査権行使（間接強制調査）への切り換えを明確にすることが適正手続保障である。

5　税務調査拒否に対する制裁

罰則規定の適用は行われていないが，税務調査拒否に対して帳簿書類の作成・保存・備付がないものとして青色申告の承認取消がなされている。

もう一つの税務調査拒否の制裁は，帳簿書類等の提示を拒否が「帳簿書類等の不保存」に該当するものとして，消費税の仕入税額控除を否認することが横行している。

6　更正の要件としての税務調査

国税通則法は，24条において，調査は更正の要件，すなわち，課税標準及び税額などを変更する国の権利（更正権）を行使するために行う不可欠の要件だとされている。すなわち，税務調査は，課税標準及び税額などを変更するために行われる不可欠の手続だとされている。これは，国税通則法25条の決定，また，国税通則法26条の再更正の要件でもある。

7　税務調査の範囲

① 税務調査は，国税に関する法律に基づき，課税標準または税額などを確定する目的で行う行為である（更正）。
② 税務調査は，国税に関する法律に基づく処分を行う目的で行う一連の行為も含む（決定など）。
③ 税務調査は，不服申立等の審査のために行う一連の行為，すなわち，青色申告の承認，更正の請求の可否，欠損繰戻還付請求に対する可否を判断

するためにも行われる。

8　税務調査の種類

国税通則法の24条，25条及び26条は，「調査により」課税処分をなすとしている。また，国税通則法74条の２は，「調査について必要があるときは」質問検査権行使ができるとする。税務調査事務運営指針第２章の１は，「税額等を認定する目的で行う行為に至らないものは，調査には該当しないことに留意する」としている。また，国税調査関係通達第１章1-1は調査を定義しており，「税額等を認定する目的その他国税に関する法律に基づく処分を行う目的で，当該職員が行う一連の行為（証拠資料の収集要件事実の認定・法令の解釈適用などをいう）としている。資料収集の事務手続には，「質問検査権を行使する事務」と，「質問検査権を行使しない事務」の二種類あることがわかる。また，行政指導と質問検査権行使が区別されていることは重要なことである。

9　質問検査権の目的外質問

質問検査権は，更正の要件であり，課税標準や税額などを変更するためになされる質問等である。したがって，課税標準や税額などを変更する目的のためでない質問などは，質問検査権の行使ではない。

質問検査権の中身は，「質問・検査・提示・提出」だけであって，「捜索・立入」に関する権限行使は含まれていない。

10　質問検査権行使に該当しない調査

国税調査通達１の２は，課税標準など，または税額などを認定する目的で行う行為のみが質問検査権の行使であって，これが税務調査だとしている。納税申告書の自発的な見直しを要請する行為や，修正申告書などの自発的な提出を要請する行為は，質問検査権の行使ではないとしている。単なる資料収集の要請は，質問検査権の行使ではないことが条文及び通達によって明確にされている。また，文書による照会や内部の調査は，当然，質問検査権の行使ではない。

11　提出と提示

提示とは，手続通達の１の６において，職員の求めに応じ，職員が確認し得る状態にして物件を示すこととされている。提出とは，職員の求めに応じ，物件の占有を移転することと定義されている（手続通達１の６）。

12　留置き

国税通則法74条の７は，調査において提出された物件を留置くことができる

と規定する。手続通達2の1において，留置きとは，提出をうけた物件について，職員が税務署などの庁舎において占有する状態をいうと定義されている。留置きは，コピーなども対象としている。コピーも留置きの対象となる。

　提出は，税務職員が占有状態におくことであるから，持ち帰りを許すことではない。もし，コピーを税務署に持ち帰るのであれば，留置きとして預り手続をなし，後日の返還対象になると考えるべきである。

13　調査と行政指導の関係

　平成23年12月2日の通則法改正において，調査と行政指導の区分が，その事務運営指針（24年9月12日付）において明示された。調査とは，国税に関する法律に基づく処分を行う目的で職員が行う一連の行為であり，その目的は，課税標準など，または税額などを認定することであるとされている。そして，行為の内容は，証拠資料の収集・要件事実の認定・法令の解釈適用などとされている。そして，事務運営指針は，課税標準など，または税額などを認定する目的で行う行為に至らないものは，調査に該当しないと明示している。

14　行政指導による資料収集

　行政指導は，濫りに強制できないものであり，拒否したとしても受け入れた人との差別的な待遇はできないものと把握されている。

　行政指導は，質問検査権行使の事前段階として行われる。行政指導は，濫りに強制してはならないものであり，更に，具体的な資料の提出を命令したければ，行政指導を打ち切って，質問検査権の行使に移行しなければならないことになる。平成23年税制改正で，不利益処分について，事前通知と弁明の機会の付与が，行政庁に対して義務付けられた意義は大きい。

　平成23年12月2日の国税通則法の改正により，適用除外の中で，不利益処分に対する理由の提示が除かれ，白色申告者にも更正処分をなす場合には，理由の提示をしなければならなくなった。

15　資料収集の方法としての行政指導（行政手続法32条2項）

　行政指導は，特定の者に，作為または不作為を求める指導・勧告・助言・その他の行為で，処分に該当しないものとされている。

　行政指導の一般原則として，行政手続法32条は，行政指導の内容があくまでも相手方の任意の協力によってのみ実現されるものであることに留意しなければならないとし，2項において，行政指導に携わる者は，その相手方が，行政

24

指導に従わなかったことを理由として，不利益な取り扱いをしてはならないと
定めている。この一般原則は，行政手続法2条6号が行政指導を定義し，協力
要請行為の当然の限界，また，過去の判例や学説に従って確認的に述べたもの
と考えられている。相手方が協力要請に協力するか否かは任意である以上，不
協力を理由として行政がとり得る措置が限界づけられるからである。行政手続
法32条2項は，行政指導を行う者が，相手方の協力を得るために威圧的な態度
をとり，事実上の強制を加えることによって，相手方の権利・利益を不当に制
限する例が少なくなかったことに鑑みて，法的限界を明示し，もって濫用禁止
を確認したものである。

　行政指導に従わなかったことを理由として，不利益な扱いをしないことにな
っているが，行政指導に協力するか否かは，元々，相手方の任意であり，「行政
指導に従わなかったことを理由として」とは，行政指導への不協力を固有の理
由として，不利益な取り扱いをしてはならないという意味である。行政指導が，
相手方の任意の協力によって行政目的を達する行為である以上，不協力を理由
として，法律の根拠なく，相手方の権利義務に関わる不利益行為を行うことは，
当然のことながら，違法行為となることは，法治主義の原則からして当然のこ
とである。

16　行政手続法の適用除外

　国税通則法は，74条の14の1項から3項において，行政手続法の適用が除外
される「処分・行政指導・届出」を定めているが，これを以下の通り整理する。

①　行政手続法により適用除外とされる処分及び行政指導

　イ　査察調査に基づいて行われる処分及び行政指導

　ロ　質問検査権の行使，情報の収集を目的とする処分及び行政指導

　　　など

②　国税通則法により適用除外とされる処分

　国税に関する法律に基づき行われる処分については，許認可拒否処分（行政
手続法8条）と不利益処分（行政手続法14条）については，理由の提示が必要とさ
れることになった（国税通則法74条の14第1項）。

③　国税に関する行政指導の適用除外

　国税に関する法律に基づく納税義務の適正な実現を図るために行われる行政
指導については，「書面の交付」と「複数のものを対象とする行政指導」の規定

は適用されない（国税通則法74条の14第２項）。

④　国税調査に適用される行政手続法の一般規定

　行政手続法１条は，税務手続に適用除外とされておらず，同１条１項は，行政手続法は処分や行政指導の「共通する事項」を定めるものとし，また，同条２項は他の法律に定めがあればそれによるが，定めがなければ行政手続法を適用するものとしている。行政手続法の適用除外規定と国税通則法の適用除外規定は憲法の適正手続保障の排除を許すものではなく，国税通則法に規定がなければ，行政手続法の規定を可能な限り適用しなければならないことは，憲法31条以下の適正手続保障条項が命ずるからである。このことは，税務大学校が公表する税務大学講本（国税通則法解説第８章参照）もこれを認めている。国税調査手続において，適正手続保障（不利益の告知と弁明の機会付与）は，憲法31条の要請であるから，当然のことと言えよう。

　イ　行政指導の一般原則（行政手続法32条）

　ロ　申請に関する行政指導規定（行政手続法33条）

　ハ　許認可の権限に関する行政指導規定（行政手続法34条）

　ニ　行政指導は，その内容・責任者などを明らかにして行わなければならないとする旨の規定（行政手続法35条１項）

17　行政手続法33条，34条

　行政手続法33条は，行政指導に従う意思のない旨を表明したにもかかわらず，当該指導を継続することなどにより，申請者の権利の行使を妨げるようなことはしてはならないとしている。

　また，行政手続法34条は，行政指導に携わる者は，当該権利を行使する旨を殊更に示すことにより，相手方に行政指導に従うことを余儀なくさせるようなことをしてはならないと定めている。33条も34条も，32条の行政指導の法的性質からくる実態的一般原則を，許認可などに則して具体化する確認規定である。33条は，申請に際しての行政指導について，一定の状況下での相手方の不協力意思の表明に指導の限界を定めたものである。34条は，行政指導とその背景のなす許認可などに関連する権限の存否，または，これを行使する意思の存否との関わりに限界を求める規定である。

　現在，税務署長から，様々な要請文書が納税者に届くが，当該文書には「この文書の責任者は税務署長です」と記載されている。課税当局も，行政指導に

関する一般的なルールが適用されることを認識し，これを遵守していることがわかる。

18　租税実務における行政指導の範囲及び内容

税務署から，「不動産取得資金のお尋ね」などの問い合わせ文書が届くことが多い。これらの文書を出す行為は，公権力の行使たる質問検査権行使ではない。

行政指導は，行政手続法の多くが適用除外されているが，一般の行政指導と税務行政指導は区分して分析されなければならない。行政指導は，法令施行の円滑化，法令の補完的機能，権力性の緩和，利害の調整機能，新規施策の実験機能，臨時応急対策機能などが，その一般機能とされている。

税務署から届く照会文書などは，質問検査権の行使であると明示され，提出命令と読み取れる場合は，質問検査権の行使であるが，そうでなければ行政指導と解される。電話連絡などは，通常税務署職員による単なる内容の確認程度と認められるので，質問検査権の行使にはあたらない。税務署内の内部調査から，行政指導に繋がっていき，行政指導で対応できなくなれば，質問検査権の行使になる。机上調査は，質問検査権の行使ではありえないし，日程調整・文書照会も行政指導の範疇に該当する。

19　質問検査の相手方

質問検査権は，課税要件事実（私法取引）の調査のためになされるのであるから，納税義務者とその取引相手になされる。税務代理は，民法上の代理と異なり，税理士業務に関する代理に限定されており，私法上の取引について，代理して報告する権限はないから，税務代理人に対しては質問検査権の行使はできない。民法上の代理は包括的なもので，民法上の代理人に対しては，質問検査権の行使ができる。

20　調査結果説明手続と適正手続保障（国税通則法74条の11第2項及び第3項）

納税者に対して，調査の終了時において直接，調査結果の内容を説明しなければならないことになった（国税通則法74条の11第2項）。そして，その内容には，特筆すべきことであるが，「更正金額」及び「更正の理由」も説明しなければいけないことになっている。納税者は，更正金額や更正理由を聞いてから，修正申告を提出するかどうか判断することになる。憲法31条が求める適正手続保障は，「不利益の事前通知」と「弁明の機会の付与」であるが，国税通則法74条の

11第２項は，これらの憲法上の適正手続保障を具体的に法文化したもので，<u>行政手続法13条１項２号の特則を定めるものである。</u>

　税務調査の立会をなす税務代理人（弁護士・税理士）は，国税通則法74条の11第２項による「調査結果の説明会」において，課税回避，課税軽減の弁明・防禦活動ができることになった。そして，調査結果の説明の際，同条第３項の修正申告勧奨を受け，納税義務者と課税庁は，合意によって租税債権を確定する制度が確立された（税務大學校論叢第91号「国税通則法改正（平成23年12月）と税務行政」参照）。

第9　アメリカの税務調査

1　アメリカの税務調査（IRS 調査）

　アメリカの税務調査（IRS 調査）は，内国歳入庁（Internal Revenue Service）が行うものであり，税務調査は，召喚状（査問）制度を基本として実施されている。
　適正，公平な課税の実現と，被調査者の権利，利益の保護をいかに調整するかがアメリカにおいても議論されている。

2　IRS 調査の種別

　内国歳入法7601条は，IRS に対し，納税義務ありと思われるすべての者や，何らかの課税物件を所有，保管，管理する者に対して，調査をなす権限が付与されている。また，同法7602条は，IRS に対し，申告書の正確さを確かめるため，無申告の場合の申告書の作成のため，また，内国歳入税の納税義務を確定するため，また，納付税額を徴収するため，召喚状を発して，説明及び文書提出を求める権限を認めている。召喚状は，一般の任意調査に協力しない場合に発せられる。
　7601条は，一般的な調査授権規定であり，7602条は，強制調査手段としての召喚状発給権の規定である。召喚状発給権は，同条に規定する発給目的との関係でのみ授権されるものであり，7601条の一般的な調査権限の全範囲をカバーするものではない。7602条でカバーされない調査は多くあり，むしろそれが原則であり，任意調査として行われている。IRS は，任意調査の推進を原則としつつ，任意調査が拒否された場合に，召喚状発給の可否を決定している（任意調査優先原則）。

3　刑事調査と行政調査

IRS の調査は，租税犯訴追を目的とする刑事調査と，課税徴収を目的とする行政調査に分けられる。刑事調査は，IRS の査察部の特別査察官が担当し，行政調査は，調査局または徴収局の歳入官が担当する。

調査局の行政調査の過程で，脱税等の租税犯の疑いが生じた場合，事案は査察部に送付され，特別査察官による調査が行われる。刑事訴追が妥当と判断されれば，IRS は刑事訴追勧告を行って，事案が司法省に送付される。司法省における刑事訴追は，大陪審によって行われる。

4　召喚状発給権と強制調査権

IRS は，強制調査手段として，召喚状発給権とその他の強制調査権を有する。

IRS は，先ず，立入検査権（7606条）を有し，しかしながら，立入拒否の場合には罰金刑を科し得るのみで，実力による強制立入は許されないとされている。租税法違反の調査手段として多くは，IRS は召喚状を利用している。

5　召喚状による強制調査

IRS は，納税義務者などに対して，また，関連する第三者に対しても，召喚状を発令することができる。召喚状を発する場合，関連性及び重要性が要件として求められている。召喚状には，出頭すべき日時や場所を明記し，帳簿書類などの提出を要求するもので，合理的な明確さが求められ，特定されていなければならない。

6　召喚状の強制方法

①　三つの方法

召喚状による命令を強制する方法として，内国歳入法は，「執行訴訟（7604条）」と「逮捕状と法廷侮辱罪」と「刑事罰」の三つの方法を定めている。

②　執行訴訟

IRS が司法裁判所に召喚状の執行を求めて提訴し，裁判所が，召喚状が適法と認めた場合，執行命令を発する方法である。被調査人は，法廷で召喚状の適用性を争うことができる。裁判所による執行命令が確定すれば，それに対する不服従は，裁判所侮辱罪となる。最終的な強制までに，執行訴訟手続と裁判所侮辱罪の処罰訴訟手続が介在するので，二段階訴訟手続が存在することになる。

③　法廷侮辱罪

IRS の申請に基づいて，司法裁判所が，召喚状に不服従の者に逮捕状を発し，

召喚状の適用性についての審査をなしたうえで，適用すべきと判断すれば，直ちに法廷侮辱罪を科す方法がある。これは，執行訴訟手続を省略する強制方法である。

④　刑罰の威嚇

召喚状に対する不服従に対して，罰金もしくは禁錮またはこれらの併科を定めるもので，刑罰の威嚇によって召喚状に対する服従を確保しようとする間接強制方法である。

⑤　アメリカ合衆国最高裁判決は，IRS の召喚状を強制する基本的な手段は，執行訴訟の方法であり，逮捕状や法廷侮辱罪の適用は，召喚状を正当な理由なく無視し，あるいは反抗的に拒否した場合にのみ発動される例外的な強制方法であるとした。最高裁判所は，IRS の召喚状が，司法的執行の原則の下で，運用されるべきことを確認したといえる。納税者は，執行訴訟の段階で，調査の違法を原則的に争えばよいことになる。

7　我が国との比較

我が国は，行政指導による資料収集が功を奏しなかった場合，刑事罰による間接強制を背景とする実地調査を原則としている（間接強制の原則）。しかし，アメリカの IRS は，任意調査が拒否された場合，司法的執行を原則とし，召喚状による調査を基本とし，その拒否に対しては，執行訴訟があり司法の関与が早期になされる。いずれの国においても，任意調査で資料収集される場合が多い。

ただし，IRS 調査権の場合，調査が実行される前にその適法性について法廷で争うことができる。

IRS の召喚状による調査を強制する方法として，執行訴訟は，最終的には，裁判所の侮辱罪処罰権を基礎とするため，調査実現方法としては強力なものである。

アメリカにおいては，行政調査段階での手続保障が厳格に遵守されているので，行政調査と刑事調査との区別が相対化されている。

	第一段階 （要請）	第二段階 （調査命令）	第三段階 （調査拒否対策）
IRS 調査	任意調査	召喚状発付	執行訴訟
日本税務調査	行政指導要請	質問検査権行使	罰金または懲役刑

8 調査段階及び行政不服審査段階の和解

納税者が調査官の更正案に同意しないときは，IRS 不服審査局へ不服申立することができる。不服審査局は，裁決する権限がないので，和解の成立か不成立のいずれかで終結する。調査段階においても，担当調査官のチーフマネージャーは調査和解権限（Examination Settlement Authority）を有する。

第10 アミカスキュリィとアミカス・ブリーフ

1 第三者情報提供制度

アミカスキュリィ（amicus curiae）は，英米法系の裁判所における，「立法事実の適正な認定の担保」，及び「裁判所による認定の正統性確保」に寄与する制度である。アミカスキュリィは，「裁判所の友」と訳される。アミカスキュリィは，「裁判所に係属する事件について裁判所に情報または意見を提出する第三者」のことで，「第三者情報提供制度」である。アメリカやカナダのみならず，大陸法系のドイツおよびフランスでも，憲法裁判や公共的争点を含む訴訟について，アミカスキュリィ，あるいは，第三者情報提供制度が活用されている。

2 立法事実と司法事実

立法事実とは，「法律を制定する場合の基礎を形成し，かつその合理性を支える一般的事実，すなわち社会的，経済的，政治的もしくは科学的な事実」をいう。司法事実は，「誰が，何を，どこで，いつ，いかに，いかなる動機・意図で行ったか，という直接の当事者に関する事実」である。司法事実は，「特定の事件の中で発生した特定の事実で，裁判所によって訴訟上認定される事実」のことであるが，立法事実は法律の基礎にある合理性を証明する事実である。

3 アミカスキュリィの必要性

時の経過により，制定時には合憲であった法律が違憲となる可能性がある。

アメリカやカナダの英米法系国だけでなく，憲法裁判所型をとるドイツおよびフランスでも，アミカスキュリィに類似する「専門知識のある第三者」による情報提供制度がある。

「裁判をする場合に資料不足で裁判所が大いに困る。」

法律問題のみであれば，理論上当事者の主張に制約はされないものの，それで当事者が主張していない法律解釈を採用して結論を出すことには，それをめぐって当事者間で議論がないまま判断することになる。

　立法事実そのものではなくて，それに関する国民の意識とか，もっと広い層からの意見や情報や新しい法改正のときのパブリックコメントのようなものも収集したいと裁判所が思うこともある。

　当事者以外の第三者からの意見を聴取することが良い結果をもたらすような事案は少なくない。

4　諸外国の例

①　アミカスキュリィは，英米法由来のものである。しかし，現在は，大陸法系の憲法裁判所で，即ち，ドイツ連邦憲法裁判所及びフランス憲法院においても，アミカスキュリィと同様の機能を持つ手続が採用されている。

②　アメリカ

　　社会的，政治的，経済的影響が大きい個別事件について，連邦及び州のいずれの裁判所においても利用されている。連邦及び州の裁判所規則で第三者の意見書提出条件が定められている。

③　カナダ

　　アミカスキュリィよりも訴訟参加という言い回しが多い。

　　憲法裁判所法26条は「連邦憲法裁判所は，真実究明のため必要な証拠を取り調べる」と規定している。

　　1998年の連邦憲法裁判所法改正により，「連邦憲法裁判所は，専門的知識を有する第三者に意見表明の機会を与えることができる」（同法27a条）と明文化される。

④　フランス

　　行政裁判におけるアミカスキュリィの活用が2010の行政訴訟法典改正で実現し，さらに，「司法裁判所にアミカスキュリィを法廷に参加させることは，2016年の司法組織法改正で明文化された。2008年の憲法改正で導入された事後審査制は，当事者に直接憲法院に異議を申立てることを認めず，司法系統の頂点にある破毀院か，行政裁判所系の頂点にあるコンセイユ・デタを経由する仕組みを採用している。事後審査制における第三者の参加については，2010年の憲法院内部規則の改正によって手続が整備された。

5　アミカス・ブリーフの提出権者

　政府機関だけでなく，団体や個人も情報提供を行っている。「アミカスキュリィとなる私的な主体としては，アメリカ自由人権協会などいわゆる利益団体

が多くなってきている。

　政府機関等の「公的アミカスキュリィ」の意見提出に制約は見られない。問題はそれ以外の「第三者」である。アメリカにおいては，合衆国や州などの公的な主体ではなく私的な主体がアミカス・ブリーフを提出するためには，両当事者の合意が必要であり，同意が得られない場合には合衆国最高裁の許可が必要となる。

　ほとんどの提出許可の申立てが認められている。

　「手続の公正，中立性の保障が損なわれるおそれ」および「当事者主義や弁論主義に反するおそれ」の課題を克服しなければならない。

6　訴訟参加制度

① 　カナダでは，裁判所が「事案に利害・関心をもつ当事者以外の者の訴訟参加を許可する」私人の訴訟参加制度がある。「特に，制定法の合憲性が争われている事案では，判決は当事者以外の者に影響を及ぼしうるため，多くの訴訟参加が認められやすい。

② 　フランス憲法院の場合，事後審査制における第三者の参加については，「特別の利益を有するとの主張に理由のある者」について，「報告担当裁判官」が訴訟参加を許可する。当事者の同意は不要とされている。

　　訴訟当事者の同意を要件とするのはアメリカ連邦最高裁判所にみられるだけで，同意がなくとも連邦最高裁判所の許可があればアミカス・ブリーフの提出は認められる。他の国では，第三者の意見表明は，最高裁判所あるいは憲法裁判所・憲法院の裁量に委ねられている。

③ 　ドイツ連邦憲法裁判所における「専門知識のある第三者」(連邦憲法裁判所27a条) として，連邦議会，連邦参議院，連邦政府，そしてラント議会及びラント政府，さらに連邦や州の憲法機関等に「特別の見解表明権」が与えられている。これらはアメリカにおける「公的アミカス」に準ずるものである。

　　比例原則及び平等原則による法律審査のため，あるいは，規範の構成要件上の前提を明らかにするため，あるいは社会的，政治的，文化的，及び経済的データの入手が必要な場合，古典的な証拠調べは適切ではなく，27a条に基づく第三者の意見聴取が必要である。

7　公共的争点を含む訴訟

「第三者」の意見について，当事者に反論の機会を付与されることが必要である。

立法事実は，その後の事件に適用され，あるいは影響を与える判例法や先例の形成の合理的根拠となりうるものであるから，当該訴訟の当事者の処分権の外にあるというべきで，立法事実については，当事者の自白の拘束力は否定される。

公共的争点は，既存の法律構成要件との関係が存在しないか，または希薄である。法規の憲法適合性においては，当該実体法規自体の効力がそもそも審査対象とされるのであるから，「既存の構成要件上の事実について，当事者間で存在・不存在について二元的立場から争われることを前提」とする弁論主義では，本来取り上げるべき公共的争点が抜け落ちることがある。

立法事実が特に議論の対象となるのは，事実であるにもかかわらず，法適用の対象ではなく，むしろ適用されるべき法の内容・解釈にかかわる性質をもつためである。立法事実も，第一次的には，当事者による証明に委ねられるが，通常の事実と異なり，弁論主義の適用が制限され，自白の拘束力も排除される。弁論主義の適用が制限されることで裁判所が「適宜の方法」で証拠収集する途が許容される。

アミカスキュリィではなく，アドヴァーサリー・システムも存在する。

我が国における裁判所調査官は，裁判所法57条に基づき，知的財産及び租税事件に限って設置されている。

8　第三者の訴訟関与

アミカスキュリィは，当事者以外の第三者の訴訟関与のシステムである。

アドヴァーサリー・システムは，裁判所が「社会的な広がりをもった事実であってかつ専門技術的な内容を有する事実（立法事実）」を，両当事者だけから収集することは著しく困難であるとして，専門家の意見を求める制度である。

公共的争点を含む訴訟，とりわけ憲法裁判において，「立法事実」についてアミカスキュリィを導入することは，弁論主義の限界を克服するものである。

アドヴァーサリー・システムでは，訴訟当事者の同意を要件とすることになる。しかし，公的側面を含む訴訟は，当事者に限定されることはなく，訴訟当事者の同意は，アメリカ連邦最高裁判所を除き，カナダ最高裁判所，ドイツ連

邦憲法裁判所，そしてフランス憲法院では，第三者の意見提供を利用するにあたって，アミカスキュリィの要件とはされていない。

9　情報等を提供できる者の範囲

第三者の自主的参加に基づく場合，団体個人を問わず制限は必要ない。

「潜在的当事者」の存在は，および客観的憲法秩序への配慮という憲法裁判のもつ特性から出てくるものである。我が国で導入する場合も，訴訟当事者の同意を要件とするべきではない。

第三者が提供した情報に対し，当事者には反論の機会が保障されなければならず，これは，裁判を受ける権利からも要請されるものである。

憲法裁判所型か司法裁判所型かを越えて，憲法裁判と公共争点を含む訴訟にとってアミカスキュリィおよび第三者情報の活用が不可欠といえよう。

10　知財事件とアミカスキュリィ

特許権侵害事件（知財高判平24.1.27判時2144号51頁）で，知的財産高等裁判所が我が国で初めて「アミカスキュリィ」を導入した。

裁判所が，質が高く，信頼される判断をするためには，一般ユーザー，同一製品を扱う競合他社，他の分野の製品を扱う企業，研究者，公的団体等からの幅広い意見を聴くことが必要となる（最判平27.6.5民集69巻4号700頁）。

この観点は，社会的に影響が大きい憲法訴訟や公益訴訟にも共通する。

11　ALS患者選挙権事件

「ALS患者選挙権国家賠償請求訴訟」（東京地判平14.11.28判タ1114号93頁）において，「外国の投票制度についての情報をどう収集するか」が問題となった。在外公館に対する調査嘱託（民訴186条）を行う等して，12か国の投票制度を参考とすることができた。

多様な当事者や多様な見解，多様な利害が裁判手続に参加することを可能にすることによって，裁判手続の民主的正統性を高める機能を果たすことができる。

12　アミカス・ブリーフ

(1)　アミカス・ブリーフとは，裁判所に対して，第三者（アミカスキュリィ）が有用な意見や資料を提出する制度である。

アミカスキュリィの起源は，英国に遡るが，アメリカ合衆国は英国法を継受して，合衆国連邦最高裁に係属する95％以上は，第三者から意見書が提出され

ている。

　(2)　アミカス・ブリーフの内容について

　アミカス・ブリーフは，弁護士，学者，企業，業界団体，行政機関など特段の制限が無く提出がされている。いずれかの当事者を支持するものもあれば，中立的な立場からの情報提供もある。アミカス・ブリーフ提出の根拠は，アメリカ合衆国最高裁規則ルール37，連邦控訴手続規則のルール29及び連邦巡回控訴裁判所規則のルール29などに根拠規定がある。当事者の同意がない場合があっても，裁判所から要求または許可があった場合，アミカスキュリィが連邦訟務官や行政機関である場合には提出できる旨の規定がある。連邦巡回控訴裁判所規則は，当事者の書面による同意または裁判所の許可を得れば，アミカスキュリィはアミカス・ブリーフを提出することができるとされている。また，連邦政府や州など特定のアミカスキュリィは，当事者の同意または裁判所の許可なしに，アミカス・ブリーフの提出を可能とされている。

　(3)　アミカス・ブリーフの効用

　専門的知識が裁判所に提供されることが期待され，また，判決によって影響を受けるものが何らかの形で訴訟参加が可能となる。また，社会的利益を法形成に反映することも可能である。

　(4)　特許事件における活用

　特許事件においても，アミカス・ブリーフが利用されている。

　①　apple 対サムソン事件知財高裁平成26年5月16日判決

　　　争点について国際的観点から技術開発から技術の活用のあり方，企業活動，社会生活などに与える影響が大きいことに鑑み，意見募集が行われた。裁判所と両当事者は，意見書の送付を受付し，提出された意見書を書証として裁判所に提出することが合意された。世界8か国から，合計58通の意見が寄せられ，適正な判断を示すための貴重かつ有益な資料が収集できた。また，最判平成27年6月5日，プロダクト・バイ・プロセス・クレーム事件について，当事者以外の第三者から意見聴取することが望ましいとの意見が，元知財高裁所長であった飯村俊明弁護士から表明されている。

　②　特許法180条の2

　　　特許法180条の2第1項は，裁判所が179条但書に規程する訴えの提起があったときは，特許庁長官に対し，当該事件に関するこの法律の適用その

他の必要な事項について，意見を求めることができるとの規程がある。実際に，知財高裁平成18年11月29日判決ひよこ立体商標事件，知財高裁平成24年1月27日プラバス事件控訴事件判決について，意見が求められた。

⑸　法務大臣権限法第4条

法務大臣権限法4条によると，法務大臣は，国の利害，公共の福祉に重大な関係がある訴訟において，裁判所の許可を得て，裁判所に対し，自ら意見を述べ，また，その指定する担当部の職員に意見を述べさせることができるとされている。

⑹　独禁法84条（公取委の意見書）

独禁法25条の規程による損害賠償に関する訴えが提起されたときは，裁判所は公正取引委員会に対し，同条に規程する違反行為によって生じた損害の額について意見を述べることができるものとする。前項の規程は，25条の規程による損害賠償の請求が相殺のために，裁判上主張された場合にこれを準用する。

⑺　民事訴訟法186条（調査嘱託）

調査嘱託の規程であり，裁判所は官庁もしくは公署，外国の官庁もしくは公署または学校，商工会議所，取引所，その他の団体に嘱託することができる。

上記4〜7記載の制度は，いずれも第三者から広く意見を求める制度ではない。

⑻　日本弁理士会アミカス・ブリーフ委員会

日本弁理士会は，平成23年度，アミカス・ブリーフ委員会を設置した。

同委員会は，その後，アミカス・ブリーフを作成し，意見書として公開している。

日本弁理士会は，民事訴訟法310条の2を改正し，知財高裁大合議部継続の事件に限り，日本版アミカス・ブリーフ制度を正面から導入するような立法措置を講じることが望ましいとの意見書を作成し，公表している。

日本版のアミカス・ブリーフ制度は，知財高裁事件や公共的利益が争点となる訴訟事件において，利用する必要性がある。

第11　弁護士の行政手続き関与基本論
1　弁護士の行政手続関与の目的
国民が実体法上権利を有していても，これが実現されなければ，無いのと同

じで,「救済機関なければ,権利なし」といえよう。法律家の行政手続関与によって法治国家が実現される。日弁連は,今日まで,民事事件と刑事事件に関し,人権侵害による被害者を救済してきた。しかし,行政による人権侵害について,被害者を救済することを怠ってきた。日本国が,真に正義ある民主主義国家になるためには,行政被害者救済をなし,真の法治国家を実現しなければならない。三権分立は,国民に対する人権侵害を防止するシステムであるが,国民が国政の三権を監視しなければ機能しない。日弁連は,国民の代理人として,国政の三権を監視する役割を果たすべきである。そのためには,行政事件解決を通じて行政を監視しなければならない。行政は,公共サービスを給付する面と,違法処分など人権侵害をする面がある。前者では,円滑な公共サービスの給付を求め,かつ,違法な給付申請拒否の是正を求め,後者では,違法課税の取消しなどを求めなければならない。いずれの領域においても,法律家の関与が必要である。

　行政手続において法律家が関与するということは,法的三段論法を使って,行政を説得するということである。弁護士が国や自治体の行政に関与するのは,違法行政を是正・防止し,法律による行政の原理を実現するためである。

　行政訴訟事件は,死滅に近い状況であり,弁護士の行政手続関与によって,危機的状況を克服しなければならない。

2　行政手続と行政活動統制

（1）　行政手続法

　行政活動を規制する手続法を広義の行政手続法という。広義の行政手続法は,行政調査・行政処分・行政執行・行政指導・苦情処理・不服申立・行政審判・行政訴訟などに関する手続法が広く含まれる。狭義には,1994年10月1日施行の行政手続法のことである。

（2）　適正手続保障と成田新法事件

　歴史的には,行政庁の違法処分を防止するため「告知・聴聞の法理」（アメリカ憲法修正5条及び修正14条の適正手続条項）と法治国家原理（ドイツ基本法20条3項）が確立されてきた。我が国の最高裁も成田新法事件において,行政手続に憲法31条の適用があることを認めたが,我が国は,法治国家でありながら,国民の公法上の権利実現に対する意欲に乏しく,法治主義は形骸化している。

　弁護士の行政手続関与は,国民の公法上の権利を実現し,行政活動を法的に

コントロールすることになるから，法治行政を実現することになる。

(3) 事前統制の必要性

　行政活動に対する統制は，事後的統制だけでは不十分であり，事前統制が確立されることによって万全となる。行政事件は，裁判所の外に多く存在する。事前手続において，違法または不当な行政処分を抑止することが効果的である。行政が高度専門化，複雑化する傾向にあり，司法が行政裁量を統制することが困難となっており，弁護士が事前手続に関与して行政を統制する意味は大きい。

(4) 告知・聴聞手続

　告知・聴聞の法理は，法治行政を実現するための不可欠のフェアプレイ原則である。少なくとも法的不利益を与える処分について告知・聴聞の機会が与えられなければならない。告知・聴聞手続において，法律家が代理人として出席することが有益である。

(5) 行政手続法の適用除外

　行政手続法は，行政処分・行政指導・届出・行政立法制度などに関する手続を定めている。行政運営における「公正の確保」と「透明性の向上」を図る法律である。しかしながら，個別行政法において，行政手続法の適用除外が定められていることが多い。国税通則法74条の14は，「納税義務実現行政指導」について，行政手続法の適用除外を定めるが，国税通則法は，行政手続法の公正基準以上の基準を，個別法の特殊事情に応じて定めるという趣旨である。地方公共団体においては，行政手続条例がそれぞれ制定されている。

3　法律家の行政手続関与の必要性

(1) 救済機関の必要性

　権利が存在しても，これを実現してくれる代理人がいなければ，権利は実現されないことが多い。国民の権利は，殆んどが裁判外手続で実現されている。また，弁護士が業務として行政手続に関与することは，国民の公法上の権利を，より実現することになるから，法治国家実現の不可欠の要素であり，これにより市民や企業の正当な権利を擁護することができる。従って，法律家の行政手続関与は必要，かつ，有益である。

(2) 普及可能性と障害の克服

　行政手続は，処分前手続と処分後手続がある。行政法領域における法律事件は，処分前の方が圧倒的に多い。行政処分後の法律事件の数は少ない。裁判所

が取扱う行政事件は処分後が殆どであり，極めて少ない。我が国において，殆どの行政事件の解決は，裁判所の外で行われているが，その数は大量にあり，また，殆んど法律家が関与しておらず，法律家関与の普及可能性は極めて高い。但し，法律家の行政手続関与には，行政機関による妨害が障害として予想されるので，これを克服しなければならない。

(3)　処分前の行政手続関与の必要性

法律家が，行政処分前に行政手続に立ち会い，あるいは，そこで行政との協議に参加することは，極めて必要である。行政処分は，処分がなされてからよりも，処分がなされる前の行政調査等の段階で，法律家が被調査者と共に立会い，代理・弁護活動を行うことが人権擁護活動に有効である。法律家が，行政手続，特に処分前の税務調査等の段階で代理人として関与する必要性は，極めて高い。

(4)　裁判所外における公正な事件解決

法律事件の解決は，裁判所内におけるよりも裁判所外において，訴訟提起前に行われる方が，効果的であり，国民の負担は少なくて済む。行政庁も，行政訴訟手続に対応するよりも，訴訟前に解決する方が，費用の節約となる。我が国において，行政訴訟の件数が少ないのは，行政事件の大半が裁判所外で解決されているからである。行政事件の裁判所外手続に法律家が関与することにより，公正な事件解決を実現することに資すると思われる。

4　行政手続と法律家の関与

(1)　法律家が関与するべき行政手続

①　事前照会制度の利用

私法取引等に行政法がどの様に適用されるかについて，各省庁の事前照会制度を利用することができる。例えば，国税局の事前照会制度（国税庁 HP 参照）がある。

②　処分前の行政手続関与

イ　申請に対する処分の事前対応

申請前・後の事前協議及び申請却下や申請棄却処分の回避業務がある。

ロ　不利益処分の事前対応

不利益処分前における弁明業務と回避業務がある。

ハ　行政調査の立会

行政処分前の事実上の調査に立会業務。

　ニ　質問検査権行使への対応・立会

　正式な質問検査権の行使に対し，応答拒否すれば罰金等の制裁が課せられる。違法な質問検査権行使の防止をする業務がある。

　ホ　行政指導による調査・資料収集に対する対応

　行政指導による資料収集は，一般に広く実施されている。違法な行政指導を是正する業務がある。

　③　処分後の行政手続関与

　イ　不服申立手続代理

　ロ　審判官や審理官による調査立会

　④　訴訟提起後の行政調査への対応

　行政訴訟提起後も行政調査は実施されている。

　⑤　行政執行への対応

　租税債権等について，行政執行（自力執行）がなされる。

　(2)　不利益処分が予定される被調査者の弁護

　①　立会権か代理権か弁護権か。

　行政手続において，立会権行使は監視行為（本人に付き添い違法行政の排除をする行為）であり，代理権行使は交渉行為（本人に代わって，権利主張する行為）であり，弁護権行使は人権侵害の排除行為（弁明をなし，不利益処分を回避する）のニュアンスが強い。

　②　間接強制調査と行政指導調査

　質問検査権行使は，応じるかどうかは任意とされるが，拒否に対し，罰金刑が課される。殆どの行政調査は第一段階で，行政指導による任意調査が実施され，調査拒否者に対し，質問検査権行使がなされている。

　③　直接強制調査における立会権と面会権

　現状では，刑事事件において，捜査機関による逮捕後の尋問に弁護士の立会は認められないが，接見する権利は認められている。

　④　補佐人

　税理士法は，税理士に対し，裁判所において，訴訟代理人を補佐する権利を付与している。

⑤　税務代理と民法の委任代理

税務代理は，税理士法に定められた狭い範囲の業務代理である。また，税理士法は，納税者本人に通知等を直接しなければならないとする事項を別途定めている（国通法74条の11参照）。民法の委任契約に基づく代理は，包括的な代理権限の付与を内容とすることができる。税務代理は限定された税理士業務としてなされるものであり，税理士は，質問検査権行使の相手方となりえない。

(3)　関与すべき行政手続

法律家が関与するべき行政手続には，下記の通りの段階がある。

①　事前照会

②　事前協議

③　許認可申請手続

④　不利益処分前弁明手続

⑤　行政調査

⑥　行政相談

⑦　行政不服申立

⑧　行政訴訟

⑨　行政執行

5　行政調査

(1)　行政機関の行為形式

行政調査は，行政機関の行為類型あるいは行為形式として分類できる。

即時強制は，私人の身体，財産への実力行使を認めるものであるが，行政調査は原則として，拒否に対して，罰則による間接強制が認められるに過ぎない。また，即時強制は，直接行政目的を実現する最終行為であるが，質問検査権は，後続する行政処分などの前提資料を収集する間接的な行政目的に利用される活動である。我が国において，行政調査は間接目的性及び間接強制性が特色的な行為類型として考えられている。

(2)　任意調査（行政指導）優先原則

行政機関の情報収集活動は，多くの場合被調査者の任意の協力を得て行われ，これは行政指導による情報収集といえる。しかしながら，間接強制や即時強制（直接強制調査）としてなされる行政調査もあるが，任意調査が優先されている。

行政指導は，行政機関が一定の行政目的を達成するため特定者になす指導・

42

勧告・助言などで，処分に該当しないものである（行政手続法第2条6号）。

	強制執行	事後制裁
任意調査	×	×
間接強制調査	×	○
直接強制調査	○	×

(3) 行政手続と行政調査

　行政調査は，行政手続の一段階である。行政調査は，行政処分決定の事前手続として位置づけられる。行政手続法はその第3条第1項14号において，「報告または物件の提出を命ずる処分その他その職務の遂行上必要な情報の収集を直接目的としてされる処分及び行政指導」には，第2章から第4章の二までの規定を適用除外としており，行政手続法の主要部分は行政調査に適用されない。

(4) 納税義務実現行政指導

① 行政指導への適用除外

　行政手続法は，行政指導について次の適用除外を定める。

イ　行手法3条1項14号（情報収集行政指導への適用除外）

ロ　行手法4条1項（国の機関に対する行政指導への適用除外）

ハ　行手法35条4項の適用除外

　　　　　　1号（その場完了行為）

　　　　　　2号（既通知事項）

② 国通74条の14第2項による行政指導への適用除外

　納税義務の適正な実現を図るために行われる行政指導について，国税通則法は，次のへの適用除外を定める。

イ　35条3項（書面提示）

ロ　36条（複数者を対象とする行政指導）

③ 行手法3条1項14号（情報収集行政指導）

　行政手続法は，情報収集行政指導には，第2章（5条から11条）から3章（12条から31条）第4章（32条から36条の2），第4章の2（36条の3）までを適用しないとする。

④ 行手法2条6号（一般行政指導）

　行政指導（行手法2条6号）は，行手法と国通報を総合して分類すると，「情

報収集行政指導」と「納税義務実現行政指導」と「その他の行政指導」があることになる。

⑤　国通74条の14第2項（納税者義務実現行政指導）

「納税義務実現行政指導」については，「行手法35条3項と36条を適用しない」としている。

⑥　一般条項

行手法32条から35条1項までの一般条項は，納税義務実現行政指導にも適用されると解釈されている（税務大学校「国税通則法講本」参照）。

税務実務では，行政指導の責任者明示（行手法35条1項）は実行されている。

⑸　情報収集活動

行政機関による情報収集活動と行政調査を把握すれば，行政機関が収集した情報の開示とその制限が問題となる。適切な行政処分は，その前提となる情報の適正性により保障されるものであり，法治主義にとって不可欠のものといえる。また，行政情報を法的にコントロールする必要があり，国民の知る権利の保障，また，逆にプライバシーの保護の視点も検討されなければならない。

⑹　法的統制

行政調査の法的統制は，違法な行政調査から，調査対象者の権利利益を保護することが最大目的でなくてはならない。行政調査を論ずる場合は，その法的根拠，調査の要件手続，令状主義，調査範囲の合理性などが論じられなければならない。

⑺　令状主義と強制調査

行政機関は行政調査を行う場合，任意調査によるべきか強制調査によるべきかの選択を迫られる。

現行法は，立入検査の強制手段として，刑罰による間接強制に依拠している。令状による裁判所の許可状を要求する行政調査は，国税犯則調査や違法入国調査などで，極めて例外的に認められているにすぎない。最高裁判所昭和47年11月22日大法廷判決は，行政調査手続に令状主義が適用される可能性を認めた。しかし，所得税法上の質問検査権は，間接強制に留まっているから，総合的に調査の必要性や強制の合理性を総合的に判断して，令状なき質問検査権の行使を合憲であると判示した。我が国においては，判例は現在のところ，刑事手続と強い一時的関連性がある場合のみ令状主義の適用を限定適用する立場である。

44

我が国において，税務調査に令状が不要とする根拠は，強制手段が間接強制に留まっているからである。

(8) 違法な調査命令の救済方法

強制立入検査に対しては，権力的事実行為として調査実施の差止を求める無名抗告訴訟が考えられる。証人出頭命令や文書提出命令は，かかる命令は行政行為と一般的には考えられており，取消訴訟の対象としての行政処分取消訴訟が可能と考えられる。

ただし，静岡地裁昭和56年12月4日判決は，拒否に対する罰則を科す刑事手続で，調査の違法性を争えるから，調査対象者の裁判を受ける権利は保障されているとし，取消訴訟を不適法と判示した。

(9) 間接強制の質問検査について

間接強制の質問検査の適法性を争う場合，拒否罪の成立を争う刑事訴訟で行うのが原則である。税務調査の拒否に対しては，刑罰による間接強制に留まるのであるから，違法調査は拒否すればよいのであって，プライバシーの利益が直ちに損なわれるわけではない。しかし，間接強制の場合も，質問検査命令に対して刑罰により強制されるから取消訴訟を認めてよいのではないかと考えられる。

6 質問検査権行使の要件

① 質問検査権行使の法的性格

「行政行為は，国民の権利・義務を形成し，その範囲を確定する行為」であり（最高裁判所平成21年11月26日横浜市立保育園廃止事件判決），質問検査権行使は，それ自体で国民の権利・義務を形成するものではなく，事実行為とされている。

② 行政指導による資料収集

質問検査権行使による資料収集は，行政指導による資料収集とは区別されている。税務調査は，質問検査権の行使とされ，必要性要件と合理性要件があるので，質問検査権行使ではなく，行政指導による資料収集が行われる傾向にある。行政指導による資料提出要請が優先されている。

③ 質問検査権行使拒否と制裁

質問検査権行使の拒否は，重大な不利益が予定されることがある。罰金賦課や懲役刑の科刑のみならず，消費税法上，仕入税額控除の否認がなされ，所得税法や法人税法上，青色申告承認の取消などがなされる。国税通則法74条の9

は，税務署長による事前通知を必要としている。

④　質問検査権行使と行政指導調査

国税庁は，国税調査通達を発し，税務調査と行政指導による調査を区別しており，前者は質問検査権の行使であると説明している。税務署による調査には，更正処分等を予定しない一般調査もある。また，行政指導による証拠収集も実施されている。企業活動の国際化に伴い，条約により外国政府に対する調査要請も行われる。

⑤　報告提出命令と実地調査開始通知

報告を求める調査と現場等に臨場する実地調査の二種類があり，根拠条文が異なることがある。長野地裁平成23年4月1日判決は，報告要請の根拠条文を提示して，実地調査開始通知をするのは違法であるとした。実地調査の日程調整要請は，行政指導とされており，この拒否に対して，不利益を科してはいけない（国税調査通達「調査の意義」，行政手続法32条2項）。

⑥　弁護士の立会権・代理権

弁護士の法律事件に関する立会権や代理権について，下記の法令等がある。

(1)　憲法31条（適正手続保障）

(2)　憲法34条前段（身柄拘束者の弁護人選任権）

(3)　憲法第37条3項（被告人の弁護人選任権）

(4)　弁護士法第3条（弁護士の職務）

(5)　行審法12条（審問代理権）

(6)　行政手続法16条（代理人選任権）

(7)　東地判昭和49年6月27日（代理人の選任数に関するもの）

(8)　国通法107条（弁護士・税理士の代理人選任権）

(9)　刑事訴訟法39条1項（接見交通権）

(10)　刑事被疑者弁護援助制度（日弁連刑事弁護センター）

(11)　刑事訴訟法76条（国選弁護人選任権告知義務）

(12)　弁護士法3条1項（法律事件及びその他の法律事務を行う職務権限）

(13)　弁護士法72条（非弁護士の法律事務取扱いの禁止）

(14)　民事訴訟法54条1項（弁護士の訴訟代理権）

(15)　刑事訴訟法30条1項（被告人・被疑者の弁護人選任権）

(16)　刑事訴訟法31条1項（弁護士の弁護人就任権）

⑦　**行政調査における法律家の役割**

　国民の権利を実現する活動は，法治国家の実現活動とイコールであると考えられる。

　行政調査において，法律家は，次の役割を果たすべきである。

⑴　調査官の違法行為の監視

⑵　不当発言に対する反論

⑶　脅迫的言辞に対する反論

⑷　証拠を発見し，将来の訴訟に備える。

　弁護士が，行政調査等の行政手続に立会うことは，国民に対する違法行政を排除し，真実発見に貢献し，国民の権利実現の実効的確保のために，不可欠のものといえよう。また，国民の裁判を受ける権利は，弁護士の行政手続関与によって実効的となるものであるから，憲法32条の「裁判を受ける権利」の中には，国民の弁護士選任権が含まれるといわなければならない。

⑧　**行政調査拒否に対する制裁**

　行政調査立会によって，違法不当処分を防止することが実現されるが，調査拒否によって，行政制裁や刑事制裁が予定されているものがあり，これらの制裁措置を回避することも大切である。

⑴　行政制裁を課すもの

　所得税や法人税調査に対する拒否は青色申告承認の取消がなされることがあり，消費税調査の拒否は，仕入税額控除が否認されることがある。

⑵　刑事制裁を課すもの

　独禁法47条1項，94条などに刑事制裁規定がある。また，税務に関する質問検査権行使に対する拒否は，罰金等を課すことができるとされている（国通法第7章の2）。

第12　租税法における義務履行確保

1　租税法上の義務履行確保

　租税の公平負担を実現するための租税法上の義務履行確保の方法は，間接強制と行政罰と刑事罰賦課の三つが考えられる。

　我が国においては，申告納税制度がとられており，納税者の自発的な協力なしに租税債権の確定は困難である。国税通則法74条の11第2項及び第3項は，

「合意による租税債権の確定制度」を確立した。

2　任意調査優先原則

　我が国の課税庁による資料提示要請は，任意調査が優先されている。質問検査権行使は，行政指導により資料収集が困難な場合になされる。資料収集は，殆どが任意調査で完結し，質問検査権行使がなされることは少ない。

3　間接強制の原則

　間接強制税務調査（質問検査権）が行使される場合（国税通則法74条の２），その調査拒否に対しては，同法128条により，１年以下の懲役または50万円以下の罰金に処せられる。税務調査の服従義務の履行については，強制執行が認められず，間接強制が実施されるのみである。アメリカ合衆国のIRS調査では，司法的執行原則が実現されており，司法関与が早期になされるが，間接強制原則の実施される日本では，税務調査拒否罪について，告発がなされた場合に，司法が関与することになる。

4　犯則調査と強制執行

　犯則事件の調査もまた，同法131条によって質問検査権の行使がなされる。税務調査の場合と異なり，犯則調査の場合，当該職員は犯則調査のため必要があるときは，裁判所の令状により臨検，捜索または差押えをなすことができる（強制執行）。犯罪調査において質問検査権行使がなされるが，これに対する拒否は，犯罪とされておらず，国税通則法128条の適用がない。

5　追加税額・加算税・滞納税・刑事罰

　租税の公平負担と税務行政目的を実現するために，租税法は納税者に対して，多くの義務を課している。租税法は，脱税が発覚した場合には，「正当な追加税額の賦課」と「加算税の賦課」と「延滞税の賦課」を課するとともに，場合によっては「刑事罰」を加え，また，脱税額の納付が行われない場合，「強制徴収」をなすことができる。租税債権の確定については，税務調査をなし，不足金額などの賦課をなし，かつ，強制徴収をすることが予定されている。租税法上の義務不履行に対しては，別途，青色申告承認の取消や，消費税の仕入税額控除の否認が制裁として機能している。

6　重加算税と刑事罰の二重課税

　一方，脱税行為があった場合には，その租税法違反行為を対象として，行政罰としての重加算税及び逋脱罪に対する刑事罰が科される。我が国においては，

48

脱税行為があれば，行政罰と刑事罰の双方が科されるシステムとなっている。我が国の重加算税は，行政罰として位置づけられ，かつ，形式的には租税であり，アメリカにおける罰則金に類似する。一方ドイツでは，このかかる重加算税のような行政罰は，過料という形式をとっている。ドイツでは，行政罰と刑事罰が明確に機能分担している。アメリカでは，我が国と同様に，重加算税と脱税に対する刑事制裁は，並置されているので，二重処罰ではないかと批判されている。

7 逋脱罪と重加算税の要件

① 重加算税の要件

重加算税は，課税標準または税額などの計算の基礎となるべき事実の全部または一部を「隠ぺいし，または，仮装したこと」に基づいて重加算税を課すものとされている（国税通則法68条1項2項）。国税庁長官が発令した「法人税の重加算税の取扱いについて（事務運営指針）」（平成28年12月12日改正）によれば，二重帳簿の作成，売上除外，架空仕入もしくは架空経費の計上，棚卸資産の一部除外などを典型とするものとされている。最高裁平成7年4月28日判決は，重加算税賦課のために，「過少申告とは別に隠蔽仮装行為が必要」としている。

② 逋脱罪の犯罪構成要件

逋脱罪の犯罪構成要件は，「偽りその他不正の行為」により租税を免れるものとされている。「隠蔽仮装」と「偽りその他不正の行為」は重なっており，逋脱罪の対象となる行為は，重加算税の対象となる行為と同一であると思われる。逋脱の結果の範囲については，客観的な正当税額と申告額との差額のうち，逋脱行為との因果関係及び故意が及ぶ範囲が逋脱額とされる。重加算税においても，逋脱行為と逋脱の結果との因果関係及び故意が必要とされており，両者に差異はない。一方従業員等に，故意があり，納税者本人が不知であったとしても，その行為は納税者の行為と同視されるとの見解が判例学説上有力である。かかる見解を前提とすれば，重加算税は納税義務者の監督責任を問うものとなり，一定限度で逋脱罪と要件を異にすることになる。ただし，逋脱罪には両罰規定がある。また，逋脱罪は故意犯であり，重加算税も故意を必要とするのが通説である。故意の内容については，逋脱罪と同様，租税を免れる認識か，隠蔽仮装の行為の認識で足りるのか，意見が対立している。逋脱罪は，財産刑たる罰金刑の他に，懲役刑の定めがあるが，重加算税は金銭的な制裁のみである。

また，脱税請負人を含む納税義務者以外の者に，重刑や罰金刑を課する事案がみられるが，逋脱犯処罰には重加算税とは異なる独自の意義を見ることができる。

8　罰金スライド制

①　租税逋脱罪の実刑率

現在の脱税刑事裁判実務においては，租税逋脱罪に実刑が科せられることは非常に少ない。実刑が科せられるのは，詐欺的還付罪の場合であるとか，脱税額が著しく多額の場合に限定されている。大阪地裁において，平成30年1月23日，約17億円の消費税法違反事件で脱税会社代表者個人に対して，懲役7年6ヶ月の実刑と6000万円の罰金を科された者がおり，また，東京地裁において，平成31年3月29日約3億円の詐欺還付罪について，脱税会社代表者個人に4年6ヶ月の実刑が科され，かつ，1800万円の罰金刑が併科され，罰金刑は1日15万円当たりに評価され，不履行の場合は労役場留置するものとし，脱税法人は，罰金6000万円とするとの判決があった。

②　経済的利益の剥奪

脱税事件において，高額の罰金刑を可能にしているのは，罰金スライド制である。これは，情状により罰金額を逋脱額まで引き上げることを認める規定である（所得税法238条2項，法人税法159条2項，相続税法68条2項参照）。

一般の刑法犯に比べて，脱税事件においては，罰金額は極めて高額であるが，これは罰金スライド制が適用されたからである。罰金スライド制は，租税逋脱によって犯人が得た不当な利益の剥奪である。脱税が行われた場合，修正申告がなくても，逋脱罪として起訴されるまでの段階で，ほとんどの場合，更正処分等によって免れた税額は延滞税とともに賦課される。また，行政罰たる重加算税も賦課されていることが多い。任意に納付されない場合に，脱税額は滞納処分などの強制徴収手続で回復される。

また，脱税請負人に対して，懲役刑の他に高額の罰金が課されることがあり，これも罰金スライド制の結果である。租税刑事手続の実務においては，脱税者及び脱税請負人のそれぞれについて，当人らが得た経済的利益の額を基準に脱税額が賦課されている。

9　行政指導調査・質問検査権行使調査・犯則調査

税務調査は，ほとんどの場合，行政指導による調査がなされている。質問検

査権行使を行う場合，事前にその旨を拒否した場合の不利益を事前告知してなすのが，適正手続保障上必要である。更に犯則調査へ移行する場合は，税務調査から犯則調査へ移行する正当な理由を告知するのが，適正手続保障上必要である。この正当な理由としては，「明白な偽り不正の行為が認められる場合」で資料などによって納税者に説明されるべきである。

第13　弁護士依頼人間通信の秘匿特権

1　弁護士と秘匿特権

「弁護士依頼人間通信の秘匿特権」(attorney-client privilege) は，米国では古くから認められている権利である。刑事捜査や行政調査，そして裁判の証拠調べ等において，弁護士への法的相談の内容を秘密扱いにする権利が必要である。

日本国憲法38条1項は，自己負罪拒否特権を認めている。

EU法では，秘匿特権が判例上認められている。

2　米国法上の秘匿特権

米国法の弁護士依頼人間通信の秘匿特権は，

①「内密性」(in confidence) を有するものに限り

②法令に基づく開示義務 (ディスカバリ，大陪審や行政機関による提出命令など)，令状に基づく捜査押収や通信傍受等に対して，これを正当に拒絶することができる権利として保護されている。

3　法的根拠

米国法の秘匿特権は，コモンローや州法上の権利であり，証拠法 (rule of evidence) であるが，憲法上の権利ではない。しかし，捜索押収において秘匿特権が侵害されると，連邦憲法 (修正5条：不合理な捜索押収の禁止) 違反となる。

裁判所 (および刑事捜査，行政捜査) による真実発見の徹底を大前提としたうえで，依頼者の秘匿特権は，真実発見を上回る場合がある。

秘密のない相談をして，弁護士は正しい法的助言をすることができる。正しい助言による，正しい攻撃と正しい防御が，公正な裁判を成立させる。また，依頼者が，違反行為をみずから止めるという，compliance のきっかけを生み出すことにもつながる。

こうしたメリットは，法制度にとって極めて重要である。率直に話すことができる環境を確保するべく，両者間の内密のやりとりを，裁判のディスカバリ

のみならず，刑事捜査や行政調査などのあらゆる強制的な開示，相談した案件に関する裁判，刑事捜査，行政調査等に限らず，常に保護しなければならない。

　これが，秘匿特権の根拠である。

4　絶対的保護

　依頼者の安心を醸成するためには，充足する情報を，カテゴリカルに，秘匿特権の対象として保護しなければならない（絶対的保護）。その例外が，犯罪や詐欺行為をするための相談，たとえば違法な資金洗浄をする相談を弁護士にした場合である（「犯罪・詐欺の例外」）。

　「犯罪・詐欺の例外」にあたる「相談内容」は，秘匿特権の対象とならない。

5　援用手続

　秘匿特権は，これを援用した依頼者の側に立証責任がある。

　裁判所は，必要に応じて（「犯罪・詐欺の例外」の主張がされた場合など），インカメラ審理も行うべきである。

6　日本の状況

　刑事手続では，刑事訴訟法105条（弁護士の押収拒絶権），同法39条1項（身体拘束を受けた被告人や被疑者の接見交通権）などについて秘匿特権が保護されている。民事手続では，民事訴訟法197条1項2号（弁護士の証言拒絶事由）及び同法220条4号ハ（文書提出義務の例外事由）において，「黙秘すべきもの」として保護されている。

　行政手続では，行政調査の拒絶事由の立法例がほとんどない。

　しかし，行政機関に秘匿特権を認める立法例はある。

　行政手続においては，そもそも弁護士の関わり自体が少ない。

　しかるところ，公正取引委員会による独禁法の執行が積極化し，かつ高度化する（当局との交渉的要素が加わるなど）ことに対応し，弁護士が，独禁法手続の早い段階から関わるようになってきた。

　秘匿特権は行政調査にも必要である。

7　憲法32条と秘密相談権

　秘密相談権は，日本国憲法32条（裁判を受ける権利）の保障に資する制度である。

　裁判を受ける権利とは，公正な裁判を受ける権利を意味する。「裁判を受ける権利」を保障するには，質量とも豊かな法曹と質の高い司法（裁判）制度の存

在を前提とし，それへのアクセスを容易にする仕組みが必要である。

　何人にも，弁護士の法的能力を利用することを国家によって妨げられず，その利用価値が減殺もされないという意味で，弁護士依頼権が保障される必要がある。弁護士が正しく助言することによって，誤った裁判を確実に防ぐこと（防御権の行使）こそが，司法制度が正しく運営されるために必須だからである。

8　真実発見義務と調査拒否

　弁護士に対する秘密相談権が真実解明機能への支障となるかどうかの議論がある。

　秘密相談権は，司法制度の適切な運営確保に役立つものである。

　社会の法秩序は，国家権力（裁判所，捜査機関，行政機関）だけで維持されるわけではなく，私人の自発的な働きも必要である。弁護士に相談するインセンティブが上がれば，私人から違法行為を是正する可能性は相対的に高くなる。但し，当局による適正な法執行がなされることが前提である。

　行政調査については，そもそも何を理由に調査を拒絶し得るのかについての規定が法律にほとんどない。

　秘密相談権は，「裁判を受ける権利」を実質化するために必要な権利である。

　強制的調査も正当な理由があれば拒絶できる（最大判昭47.11.22刑集26巻9号554頁〔川崎民商事件〕）。

　日本では情報公開法訴訟をインカメラ審理なしで行っている（最高裁判所第一小法廷平成21年1月15日決定）。

9　秘密相談権と転用禁止など

　一定の情報を秘密にすることの重要性は，事故調査委員会が収集した情報の取扱い（法的責任追及への転用禁止），公務員の守秘義務，公益通報制度，自動虐待相談など，さまざまな場面で認められている。弁護士への秘密相談権も，こうした問題の1つに位置付けることができる。

　司法制度の適切な運用という観点にたち，日本法においても秘密相談権を認める必要性がある。

　秘密相談権は，論理的には民事，刑事，行政の全手続に妥当する。公正取引委員会は，課徴金減免を検討する場面でのみ秘密相談権を尊重する取扱いをする規則等を制定している。

第2章　行政調査と行政強制

第1　行政調査と間接強制主義

1　行政上の義務履行確保

(1)　司法的執行と行政的執行

行政上の義務履行確保は，国毎に異なった様相を示しており，大きく司法的執行と行政的執行に分かつことができる。

司法的執行とは，行政上の義務の履行確保に当たり，裁判所を介入させるものである。行政的執行とは，裁判所の助力を必要とせずに，行政主体の側に自力救済を認める方法である。司法的執行に重きを置くのがアメリカ法であり，行政的執行に重きを置くのがドイツ法である。

我が国は，一般的な行政執行法を廃止して，行政上の義務履行確保の制度としては，

① 　行政上の強制執行制度

② 　行政罰制度

③ 　公表制度など

の三制度を存続している。

行政執行法の廃止後，包括的な行政的執行制度は創設されていない。

但し，代替的作為義務に関しては，昭和23年に行政代執行法が立法化されたが，その他の義務に関しては，個別立法に委ねられている。

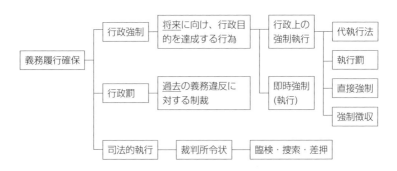

(2)　行政上の強制執行の種類

　義務者が行政上の義務の履行をしないときに，行政主体は，自らの手で義務履行の実現を計る制度が，行政上の強制執行制度である。行政上の強制執行をするには，全て法律の根拠が必要である。「行政上の強制執行」として，代執行（代替的作為義務の確保），執行罰（将来の義務履行確保），直接強制（物理的強制），行政上の強制徴収（公的債権の自力執行）がある。

　行政上の強制執行は，義務を課してなす執行であり，以下のものがある。

　①　代執行（代替的作為義務の代執行）

　②　執行罰（将来の履行を促す罰）

　③　直接強制（直接実力を加える強制執行）

　④　強制徴収（強制的金銭徴収）

(3)　直接強制

　「直接強制」とは，義務者の身体または財産に直接力を行使して，義務の履行があった状態を実現するものである。直接強制は，<u>本人にしかできない法的義務</u>について，不履行の場合になされる物理的強制のことで，<u>代替的作為義務</u>の不履行については，「代執行」がある。

　直接強制によって実現されるべき義務は，作為，不作為のいずれの義務であるかを問わない。直接強制が人権侵害に亘ったという経験に鑑みて，現行法は，直接強制を一般的手段として位置づけていない。直接強制についての一般法も存在しない。直接強制を定める法律は極めて少なく，「新東京国際空港の安全確保に関する緊急措置法3条8項」と「学校施設確保政令21条」があるに過ぎない。

　営業停止命令違反があっても，営業所の入口封鎖はできないし，製造禁止命令違反があっても，工場の機械封印ができず，刑事罰により義務履行確保をするしかない。

　直接強制が制定法上殆んど認められていないのは，人権保障の考えに由来するものである。我が国では，行政上の義務履行の確保は，専ら行政罰を科すという間接的な手法で，しかも裁判所を介入させるのが合理的であるという考え方に基づくものと解される。直接強制が行われる場合には，先行する命令があるので，これを捉えて取消訴訟を提起することが可能である。

⑷　即時強制（義務を科さないでなす執行）

「即時強制」とは，相手方に義務を科すことなく，行政機関が直接に実力を行使して，行政目的の実現を計る制度である。即時強制は，義務の履行を強制するためではなく，目前窮迫の障害を除く必要上，義務を命ずる暇のない場合，または，その性質上義務を命ずることによっては，その目的を達し難い場合に，直接に人民の身体または財産に実力を加えて，行政上必要な状態を実現する作用である。

即時強制は，義務の不履行を前提とせず，行政目的を実現するため，人または物に対して実力を行使する制度である。その意味で，私人の側の義務の存在を要件とする直接強制と異なる。例えば，違法放置車両のレッカー移動は，不作為義務の履行確保と考えると直接強制の一種となるが，道路の危険状況をとりあえず除去することを目的として行われると考えると即時執行になる。即時強制は，行政機関が実力を行使するものであるから，侵害留保原則から当然法律の根拠を必要とする。感染症予防法19条2項及び33条，食品衛生法54条，出入国管理法39条及び52条，道路交通法81条2項等，直接強制よりも即時強制を定める立法例ははるかに多い。

即時強制という方法が法定されている場合に，これを拡大解釈してはならないといえる。ここでも，適正手続保障が重要である。

⑸　間接強制主義

我が国において，行政上の義務履行確保は，行政罰を科す間接強制制度が基本的体系とされているが，行政罰は，司法によって宣告されるから，我が国も司法的執行を重視する法体系といえよう。行政側としては，間接強制主義を潜脱して，青色承認取消や仕入税額控除を否認するなど新たな罰金制度を法律の拡大解釈をなして実施する傾向がある。従って，これらは，適正手続保障が重要かつ必要な局面である。

⑹　質問検査権行使の要件

質問検査権行使の拒否は，犯罪とされているから，その行使には，明確性・具体性が確保され，適正手続の保障が必要である（国通法128条）。

① 税務署長等の名義で出状されなければならない。

② 質問検査権行使は，具体的な対象や具体的な履行義務が特定されていなければならない。

③　具体的な質問の都度，質問検査権行使であることを明示しなければならない。

④　帳簿の提示要請は，行政指導であり，質問検査権行使は，命令形式でなし，不服申立に関する教示をなさなければならない。

(7)　行政罰と間接強制主義

行政罰とは，行政上の義務の懈怠に対し，制裁を行うことである。

行政罰は，義務履行確保の機能を有し，過去の行為に対する制裁を科すものであって，行政上の強制執行とは異なるし，将来に亘る義務の実現を計る執行罰とも異なる。

行政罰は，行政法違反について罰金や懲役刑を科すもの（刑法典上の刑罰）と行政上の秩序罰（登録義務違反などについて，刑罰ではなく過料を科すもの）がある。

我が国では，行政上の義務履行の確保は，人権保障の観点から，行政罰を利用して，行政上の義務履行確保をなすのが基本で，間接強制主義が採用されている。かかる間接強制制度は，罰金や懲役刑を科すことにより，行政上の義務履行確保をなすものであるが行政罰を科すためには，裁判所の判決が必要とされるから，我が国は，司法的執行を重視する法体系であるといえよう。

しかし，現実には，行政上の義務履行確保は，行政罰を利用してなされることは少なく，行政指導（警告状や要請状など）によって督促し，行政指導の拒否に対し，行手法32条2項（不利益取扱禁止）に違反して，制裁処分がなされることが多い。行政上の義務履行確保は，間接強制主義が原則として採用されているから，間接強制の方法を回避して，制裁処分をなすのは法体系を崩すものと言えよう。

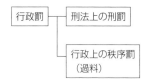

執行罰は，過料の付科を予告して，将来に向かって義務履行を強制する行政上の強制執行方法である。

2 行政手続と適正手続保障

(1) 行政手続の意義と機能

実体法上の権利の充実だけでは，国民の権利利益を実質的に保護することができない。

処分後の，事後的な裁判的救済では，以前の状態に完全に回復することはできない。裁判的救済にはコストがかかるし，行政処分により現状が変更されると，それなりの秩序が形成される。このように実体法による規律と事後的裁判的コントロールというシステムだけでは，個人の権利利益の救済という点では限界がある。実体法的規律の他に，その手続を適正なものとすることによって，法律による行政の権利，その背後にある法治国権利は実現されると考えなければならない。

(2) 行政手続法の法源

① 学 説

学説は，憲法31条説，憲法13条説及び手続法的法治国説などがある。成田新法事件（最大判平成 4 年 7 月 1 日）において，最高裁判所は，「制定法が聴聞手続に係る公聴会を内容とする諮問手続を置いているときには，公聴会を定める制定法の趣旨から諮問手続の公正確保を強調する態度」を示し（最高裁昭和50年 5 月29日判決），最高裁判所は，前記第三者所有物没収関税法違反事件も含め，適正手続の憲法上の根拠を憲法31条に求めている。塩野東大名誉教授は，憲法上の根拠として，手続的法治国の原理に求め，行政法の基本原理である「法律による行政の原理」も，実体法的な拘束として理解されてきたが，これもまた憲法の個別条文に依拠していたわけではないとし，行政活動の手続的規制についても，法治国原理の充実を意味する法治主義の手続的理解という立場から，行政手続の整備が憲法上の要請であることを導き出すことができるとしている（宇賀，大橋，高橋「対話で学ぶ行政法2003年版」111頁参照）。

② 憲法31条及び32条説（松井茂記「対話で学ぶ行政法」，山下清兵衛「租税訴訟第13号」，「行政事件実務体系」）

適正手続保障なくして，法治国の実現はなく，人権擁護もまた，これを実現するための適正手続保障が不可欠である。更に，国民に人権擁護の実現を具体的になす道具は，裁判を受ける権利であるから，憲法31条と並行して，憲法32条（裁判を受ける権利）も行政手続法の法源とされるべきであろう。32条は，裁判

を受ける権利と表現されるが，実体的権利のみならず，手続上の権利も含まれるとしないと，国民の権利の大半は事実上否定されてしまう。

(3)　適正手続の基本的内容

不利益処分に関する適正手続保障の基本的内容は，告知弁明手続の保障が最も主要な原則である。

近代国家における適正手続保障四原則といわれるのは，

①　告知弁明防御機会付与

②　証拠資料の閲覧・開示

③　理由提示・附記

④　処分基準の設定・公表

とされている。これらは，基本的に国民の権利利益の手続的保障の共通原則とするもので，行政手続法は，この四原則を採用している。

最高裁判所も第三者所有物没収関税法事件（最大判昭和37年11月28日）において，「不利益処分を受ける者に，憲法31条に従い，告知・弁明・防御の機会を付与しなければならない」とし，また，個人タクシー免許事件（最判昭和46年10月28日）において，「不利益処分前に，免許申請人に対し，主張と証拠の提出機会を与えなければならない」と判示している。

(4)　告知聴聞

行政手続法の基本原理が憲法31条に求められるということに異論はない。行政手続法における最も重要な原則は，「告知弁明防御機会の付与」である。告知聴聞は，憲法31条による適正手続保障であるから，これを省略することは，憲法違反となる。行政手続法13条1項も，不利益処分について，聴聞と弁明手続を必要としている。個別法において，不利益処分をなす場合，「告知弁明防御機会」を付与しない立法は違憲である。

(5)　適用除外と租税手続法

行政手続法の適用除外については，処分の性質上，行政手続法の適用に馴染まないものと，独自の手続法体系が形成されているからであるとされている（第128回国会衆議院内閣委員会議事録第1号2頁）。

行政手続の手続法の除外は，手続的整備が不必要で出されたわけではなく，それぞれ固有の手続の仕組が要求されたに過ぎない。行政手続における適正手続保障は一時的に行政の負担を増加させるものであるが，申請人のコストを併

せ考えると，社会的コストの軽減になる。公正な手続をとることにより，事後の紛争を防止することができるのであるから，結果的には効率的な行政の実現に奉仕する。憲法上の根拠を持つ適正手続の理念は，常に考慮・採用されなければならない。特例措置が置かれている場合には，一般法たる行政手続法と異なる定めをする合理的理由が必ずなければならない（「塩野・行政法Ⅰ」287頁参照）。

適正手続保障すなわち行政手続法の整備が最も望まれる領域は，租税手続であったが，平成23年国税通則法の改正（平成23年法律第114号）により，理由の事前開示など（国税通則法74条の11第2項）が実現された。

(6) 行政手続における処分手続の基本原則について

行政手続法は，手続原則について，次の通り整理している（「塩野・行政法Ⅰ」291頁参照）。

① 職権主義

行政手続法は，基本的には職権主義を原則としている。

② 調査義務

行政手続法は，行政庁に調査義務があることを前提としている。

③ 文書主義

行政手続法は，申請拒否処分と不利益処分について，理由の提示を要求しているのであるから，「行政決定の明確化の要請」からすると個別法の解釈運用にあたっては，「文書主義」を優先している。

(7) 不利益処分の手続

行政処分の適正手続は，侵害処分に対する国民の権利利益の手続的保護をその出発点に置いている。告知聴聞を始めとする行政手続の諸原則の適用は，正に不利益処分に典型的に見られるべきことになった。不利益処分とは，特定の者に対し，直接義務を科し，その権利を制限するものである（行政手続法2条4号）。行政手続法は，手続に軽重をつけて，聴聞と弁明の機会の付与の二つにわけている。聴聞手続については，許可・認可の取消，名宛人の資格または地位の剥奪，役員などの解任命令など，所謂不利益度の強いものについて，法定聴聞の制度を設けている（行政手続法13条1項）。行政庁が不利益処分をするかどうか，するとしてどのような処分をするかの判断をするために必要とされる処分基準を定め，これを公表するように努めなければならないとされる（行政手続法

12条）。聴聞の実施は，不利益処分の名宛人に，予定される不利益処分の内容など書面により通知し，聴聞を実施しなければならない。これにより告知聴聞制度が，一般法として制度化された。行政庁は，名宛人に対し，原則として，不利益処分をするときと同様に理由を示さなければならない。処分が書面でされるときも，理由は書面でなされなければならない。

⑻　不利益処分の名宛人の手続上の権利

侵害処分を受ける者が，処分手続において防御権行使のため，告知聴聞を受ける権利を持つ。また，当事者は聴聞に際して，行政庁に対し，調査結果に係わる調書などの資料の閲覧を求めることができる（文書閲覧権，「塩野・行政法Ⅰ」302頁参照）。

⑼　弁明手続

弁明手続の対象となるのは，聴聞手続の対象となる処分以外の不利益処分である（行政手続法13条1項2号）。弁明手続は，聴聞手続に比べ，より略式な手続である。しかしながら，弁明手続においても，処分基準の設定公表（法12条），不利益処分の理由の提示（法14条）は，等しく適用を見る。不利益処分と同趣旨の告知が予定されている（法30条）。また，不利益処分の名宛人たる当事者は，弁明書，証拠書類などの提出などにより防御権を行使することができる（法31条及び16条）。

3　行政調査

⑴　行政調査と行政処分

行政機関がある決定をする場合には，何らかの情報が必要であり，その情報はまた，何等かの方法により収集されねばならない。理由のない行政決定がないのと同様に，調査の先行しない行政決定はない。

また，法律による行政の原理を実現するため，行政庁には調査義務がある。処分目的でなされる行政調査には，質問・立入・検査・収去など，色々な方法がある。

⑵　調査の種類

これらは事実行為に属するものであるが，相手方からの関係から分類すると，

①　純粋に任意の協力を求めて行われる調査（任意調査）

②　実行性が刑罰によって担保されている調査（間接強制調査）

③　物理的実力行使が認められている調査（直接強制調査）

がある。

　個別の法律は，調査の実行性担保は，罰則を定めて間接的な履行確保を促す
のが専らであり，抵抗を排除するという意味での実力の行使を認めていない。
罰則による担保による行政調査は，任意調査ではなく，間接強制調査である。
直接強制調査は，司法的執行のみが許されている。間接強制調査の調査拒否に
対する制裁も刑事事件として立件され，司法的執行がなされる。行政調査は，
任意調査の方法が優先して実施されており，②，③の方法は，調査非協力者に
対する手段として利用される。

(3)　調査義務と処分違法

　調査の先行しない行政処分はない。調査義務は，行政調査の当然の前提とさ
れるところである。調査義務違反が問題となるのは，全く調査がされない場合
（名古屋高裁昭和48年1月31日判決）とか，法律上形式的に調査の方法が具体的に指
示されているのにこれを怠った場合とか，調査不十分が当該過程の違法性を認
定できるような場合，行政処分は違法となる。

　藤山雅行編新裁判実務体系25行政叢書278頁は，「立証責任とは別に，手続過
程における行政庁の調査義務の懈怠が，被告の敗訴をもたらす」と説明してい
る。

　最大判昭和47年11月22日判決は，行政調査手続において，実力の行使に亘る
限り，裁判官の令状を要するとする趣旨である（「塩野・行政法Ⅰ」263頁）。間接
強制調査や直接強制調査などにおいても，比例原則が厳格に及ぶと解される。
適正手続の観点から，直接調査に重大な瑕疵が存在するときは，行政調査を経
てなされた行政処分も瑕疵を帯びるものと考えるべきである（「塩野・行政法Ⅰ」
265頁，東京地判昭和61年3月31日判例参照）。これは，重大な違法性を有する調査に
よって得られた資料は，行政処分の資料として使用することができないとする
ものである。

(4)　調査手続と告知・弁明・防御の機会付与

　不利益処分は，調査完了時において具体的に予想される。従って，告知・弁
明・防御の機会付与は，調査結果の説明段階においてなされなければならない。

4　行政指導調査

(1)　行政指導

行政指導は，任意性を基本とする事実行為で，法的効力がない。この意味で，

行政指導は，権利義務に影響を与えることがない。行政指導は，国民を強制できないものであるから，行政行為とは根本的に異なる。

(2)　事実行為

私法上は，人の精神作用の表現に基づかないもので，法律効果を発生させる行為である。事務管理・加工・住所の設定などは，準法律行為とされる。行政法上は，行政機関の活動で，法律効果を発生させない行為である（行政指導，公共事業，違法デモの強制解散，人の収容，物の留置など）。

行政法上の事実行為は，法的効果を発生させるものではないから，有効・無効の対象ではなく，違法・適法の対象である。誤った行政指導をした場合に，行政指導は事実行為であるから違法であっても有効・無効と判断されることはない。

(3)　行政指導不利益取扱

行政指導が違法であっても取り消されることはない。しかし，事実上，強制されることはあるので，行政手続法32条以下は，不利益な取扱いを禁止し，強制できないとする条文をおいている。

(4)　行政指導の基本原則について

行政指導は，それが所管の範囲で行われることや，比例原則などの行政法の基本原則が及ぶべきことに学説上異論がない。行政手続法は，一般原則として，申請に関連する行政指導と，許認可の権限に関連する行政指導と一般原則（法32条）に分けて規定を置いている。行政指導は，相手方の任意の協力によってのみ実現される。行政指導に従わないことを理由にする不利益扱いの禁止があるが，この不利益については，法的取扱いと事実上の行為も含まれる。行政手続法は，行政指導の明確性の原則を定めているから，制裁目的として，不利益扱いをなすことは許されない。行政指導に対して，責任の所在の明確化，内容の明確化などが求められる（行政手続法35条）。

私人は，適正手続によってのみ処分を受けるという手続的権利がある。正しい手続によってのみ正しい決定が生み出されるというべきである。最判昭和60年 1 月22日判決，また，最判平成23年 6 月 7 日判決は，「理由附記」に関し，独立の取消事由となるとしている。「聴聞手続」の違法性についても，独立に取消理由になることを明言する大阪地判昭和55年 3 月19日判決がある。また，大阪高判平成 2 年 8 月29日判決は，法律上必要とされる聴聞手続をしなかった場

合，処分に重大な瑕疵があるとした裁判例である。

　最高裁は，昭和46年10月28日所謂個人タクシー事件，及び最高裁昭和50年5月29日群馬中央バス事件において，聴聞手続の瑕疵が結果に影響を及ぼす可能性がある場合にのみ処分の違法をもたらすとした。これは，行政庁に再度の判断を求めるという方法である。行政手続法は，適正手続の重要な内容として「告知聴聞」，「理由の提示」，「文書閲覧」，「審査基準の設定公表」としており，私人には行政庁がこれらの行為義務に従って行動することを求める手続上の権利が付与され，その権利侵害は，処分の違法事由になると解される（「塩野行政法1」321頁参照）。

　税務調査拒否に対する制裁の場合，具体的な更正予定金額を告知すれば，帳簿提示等に誰でも応じるから，告知・弁明・防御の機会付与は，決定的な影響を及ぼすといえる。

5　権力的事実行為

(1)　権力的事実行為の内容

　即時強制，直接強制，代執行は，権力的事実行為である。このような行政強制は，物理的な行為であるから，法的効力を有しないもので，事実行為といわなければならない。

　しかし，これらは権力行為であって，権利義務に大きな影響を与える。権力行為は，法律の根拠が必要である。例えば，建物除去の代執行がなされた後に，代執行を取り消すことは意味がないし，建物が復旧するわけではない。代執行による建物の除却は，行政行為ではない。このような権力的事実行為をどう救済するのかが問題となるが，違法な事実行為を予防・除去する必要性がある。

(2)　救済方法

　違法な権力的事実行為に対し，救済のための訴訟類型としては，当事者訴訟が適当である。権力的事実行為が執行された場合には，先行する除却命令などの不利益処分の取消訴訟を提起する利益はないので，それが行われる前に，差止めをすることが必要である。差止訴訟は，処分が行われる前に，違法行為を差止めることとなり，差止訴訟の対象としては，単なる違法処分の差止めだけではなくて，当該行為が違法な事実行為である場合も認められなければならない。

　特に，違法な権力的事実行為については，事前に差止めをすることは，法治

主義の要請からみて不可欠といえよう。

(3)　取消対象

権力的事実行為で，例えば，物の留置（関税法79条による貨物収容）や人の収容（精神保健法29条による入院措置）などの継続的権力行為は，違法に行われた場合，これを排除する必要があり，行政不服審査法2条1項は，これを処分の中に含めた。行政不服審査法47条1号は，事実行為について撤廃・変更することができるとしている。行政事件訴訟法3条2項は，「公権力の行使に当たる行為」も取消訴訟の対象としており，権力的事実行為をそれに含める趣旨である。

(4)　平成31年1月31日東京高裁判決（防衛出動命令事件）

陸上自衛官が「存立危機事態」で防衛出動命令に従う義務のないことの確認を求めた訴訟で，東京高裁（杉原則彦裁判官）は，「懲戒処分の差止の訴えを本件職務命令ひいては防衛出動命令に服従する義務がないことの確認を求める訴えの形式に引き直したものということができる」とし，当該訴えは無名抗告訴訟と認められるとした。差止訴訟（行政事件訴訟法37条の4第1項）は，処分の差止めを求める訴訟形式である。

(5)　最判平成28年12月8日（厚木基地第4次訴訟判決）

最高裁は，自衛隊機の運航の差止めを求める訴訟は，民事訴訟としては不適法とし，法定の処分差止訴訟によるべきことを明らかにした。法定差止訴訟として，行為規範的統制訴訟以外に権力的妨害排除訴訟を認めるものである。

6　質問検査権行使の法的性質

(1)　行政処分的事実行為

即時強制は，差し迫った人身，財産等への危険を回避するためなど，国民に命令を発して自発的に対応を待っていては目的を達することができない場合，行政が義務を課すことなく，直ちに国民の身体や財産に実力を行使して行政上必要な状態を実現することである。質問検査権行使は，法的義務の確認をなし，具体的に書類提出等を命ずる行為であり，行政処分的事実行為である。実際の税務調査では，質問検査権行使（命令）ではなく，行政指導による文書等の提出要請が非権力的事実行為としてなされる。質問検査権行使は，法律による権限のある者に，通知で，不服申立の教示も必要である。

(2)　行政指導的事実行為

裁判所は文書提出命令申立を受けて，提出命令を決定する場合と，訴訟当事

者に提出を事実上要請する場合がある。これと同様であるが，行政調査におい
て，提出命令を出すのは，権力的事実行為であり，処分とみなされる。文書の
提出を要請するのは，非権力的事実行為で行政指導と言えよう。

(3) 調査拒否者への命令

行政調査は，行政指導として事実行為による文書提示等の要請をなし，これ
に応じない者に対し，質問検査権行使による文書提出命令が発せられる。質問
検査権行使が明示されない調査要請は，行政指導としなければならない。質問
検査権行使に対する調査拒否は，犯罪とされており，適正手続保障の観点から
質問検査権行使の明示がなされていない調査要請は，行政指導であり，これに
対する調査拒否に対しては，行政手続法32条2項により，不利益取扱いはでき
ない。

(4) 具体的受忍義務の確定行為と受理・留置行為

質問検査権行使は，対象を特定して確定される具体的な請求権である。具体
的受忍義務を確定する「行政処分的事実行為」といえる。「具体的受忍義務の
確定行為」と「特定された文書等の提出命令や留置などの事実行為」という二
面性があると分析できよう。

行政調査の根拠法によって被調査者は，包括的な受忍義務を負うが，質問検
査権行使の具体的な命令によって，特定の履行義務を負担することになる。

(5) 取消訴訟と違法確認訴訟

帳簿提出命令が継続的になされた場合，取消訴訟の対象となる。しかし，実
地調査の現場で，口頭でなされた帳簿提出命令は，即時強制に近く（即時間接強
制というべきと思われる），訴訟提起の時間的余裕がないから，取消訴訟の対象と
なしえない。帳簿等提出要請が文書でなされ，訴訟提起の目的がある場合には，
行政手続法32条の2を根拠として，「行政指導の中止の申出」をなすことがで
きる。長野地判平成23年4月1日は，実地調査要請状について，違法確認判決
をなしている。これは，抗告訴訟判決ではなく，公法上の当事者訴訟判決であ
る。

文書でなされて，その是正を求める時間的余裕がある場合，不服申立の教示
が必要である。仮の差止の申立も可能と思われる。違法な質問検査権行使につ
いては，国家賠償請求も可能である。

7　調査要請・調査命令の違法是正

(1)　調査命令・調査要請

文書提示命令（質問検査権行使）の形式でなされた場合，調査命令取消訴訟の提起が可能である。調査要請に対しては，違法確認訴訟が可能である長野地判平成23年 4 月 1 日は，実地調査要請の違法確認判決をなした。

(2)　調査命令拒否

質問検査権行使に対して拒否すれば，罰則を科される場合があり，この刑事手続きにおいて調査命令の違法性を争える（静岡地判昭和56年12月 4 日）。

(3)　違法調査と国賠訴訟

調査命令や調査要請に続いて，違法調査が事実行為としてなされた場合，事後的に国家賠償請求訴訟が可能である（最判昭和63年12月20日）。

(4)　違法行政調査と後続処分

行政手続法は，憲法31条が求める適正手続保障を具体化するものであるから，不利益処分の前に，

①　不利益内容の告知・弁明・防御機会の付与

②　不利益処分の理由提示

③　不利益処分の根拠資料の開示

④　不利益処分基準の設定・公表

を適正手続保障四原則として求めている。

最高裁判所は，不利益処分に関する適正手続保障を重視する立場を確立し，適正手続保障違反があれば，後続処分も違法となるとの判例法理を形成してきた（曽和俊文著「行政調査の法的統制」同旨，最三小判平成23年 6 月 7 日）。

曽和俊文教授は，「課税処分の前提資料を収集する税務調査は，刑事訴訟法における違法収集証拠排除法則の適用が考えられる」とする（弘文堂「行政調査の法的統制」曽和俊文著304頁参照）。

(5)　違法修正申告の是正

税務調査（行政指導調査も含む）が強迫や欺罔によってなされ，強要されて修正申告をなした場合，更正の請求によって是正を求めることができるが，修正申告の無効確認を主張して，租税債務不存在確認訴訟が可能と考える。納税済みの場合，不当利得返還請求訴訟が適切である。第三者が納税義務者の同意なしに申告をなした場合も同様で，申告による租税債権の確定がないので，更正の

請求の排他性は働かないというべきである。大阪高裁平成30年10月19日判決は，過払金返還請求に関し，事後的更正の請求を認めた。

8　行政法の適用範囲

(1)　適用順序

①　一般法と特別法

行政法規には法律のみならず，その委任を受けた政省令またはそれに関連した通達，事務運営指針などがある。また，一般法としては，行政手続法，行政不服審査法，行政事件訴訟法，情報公開法などがある。

自治体行政に関しては地方自治法及び各自治体の条例，また，それに関連する規則などがある。個別の行政法規だけを見て，行政法体系を看過し，法律の適用関係を誤る行政活動が少なからず存在する。民事法において一般法に対し特別法が優先するとされているが，行政法領域の法令の適用順序としては同じである。「行政調査手続」，「調査結果説明手続」，「行政処分手続」，「不服申立手続」等は，それぞれ段階を異にし，それぞれに適正手続保障が及ぼされなければならない。

②　先決的私法法律関係

行政法の法律関係は，先決的な私法法律関係が前提とされている場合が多い。例えば，住所の概念は，民法22条「生活の本拠」を準拠法とすることになる。行政法が事後的に特段の適用を求めていないなら，先決的私法法律関係が所与のものとして取扱われる。

(2)　行政事件に適用される法令

行政法は憲法各論である。したがって，行政事件には，憲法および憲法判例また一般的な信義則や比例原則の判例法基準は，総合的にその適用順序が検討されなければならない。特別法は一般法に優先するが，地方自治については法定受託事務か，自治事務かが問われることになる。法の一般原則として，信義則などが適用されるし，行政法に規定がなければ，民法が適用される。

(3)　行政法違反の私法行為

違反態様・程度，行政目的の実現の必要性，公序良俗違反，取引の安全など総合考慮によって判断するのが判例である（東京地判平成5年12月27日など）。消費者保護法違反は，私法上公序良俗に違反するとする傾向がある。

⑷　**黒川東京高検検事長事件について**

国家公務員法と検察庁法の適用関係が問題になった事件である。いずれの定年規定について，検察庁法は国家公務員法の特別法であるから，検察庁法が優先するということになる。しかるところ，2020年1月末，閣議決定において国家公務員法を適用して黒川検事長の定年延長をなした。5月末に黒川検事長が辞任するまで給与などが支払われたが，内閣法制局が関与しながらこのような法令適用の誤りが発生し，三権分立に違反するとして大騒動となった。

9　手続要件の実体要件化

東京高裁平成7年11月28日木更津木材事件判決は，法律が租税に関し，政令以下の法令に委任することが許されるのは，

①　徴収手続きの細目を委任する場合

②　個別・具体的な場合を限定して委任する場合で，租税法律主義の本質を損なわないもの

この2点に限られるとした。

また，「仮に，手続的な課税要件を定めるのであれば，手続事項を課税要件とすること自体は法律で規定し，その上で課税要件となる手続きの細目を政令以下に委任すれば足りる」とした。

手続要件は「手続的効果」のみを有するものであり，手続要件については「実体的効果」まで発生させるとすれば，明確な法律の委任が必要となる。また，これは法律事項であると言わなければならない。手続的事項は，手続的効果しか有しないのが原則である。それを超えて手続要件を実体要件，即ち課税実体要件とするためには，租税法律主義の当然の帰結として，法律で明確な定めが必要である。

10　行政手続と適正手続保障

⑴　**行政手続**

行政処分目的の行政調査については，手続の各段階を分類すると，行政調査手続・調査結果説明手続・処分手続・不服申立手続に分かれる。

⑵　**行政調査手続**

事前通知義務，調査理由開示等の手続保障が必要とされる。行政指導と質問

検査権行使の区分明確化も必要である。行政手続法32条2項は，行政指導拒否に対し，不利益取扱を禁止しているからである。

(3) 調査結果説明手続（告知・弁明・防御の機会付与）

不利益処分回避の最終的機会付与・告知弁明防御機会付与が必要である。調査結果の説明段階において，具体的な不利益が明確化するので，告知弁明の機会付与が必要である。我が国において，行政訴訟が少ないのは，調査結果説明において，処分者と被処分者間で協議・和解がなされているからである。行政調査の後に，調査結果説明手続がなされるが，通常，助言・指導・勧告の形式でなされる。税務手続においては，国税通則法74条の11第2項及び第3項が，調査結果説明手続を定め，「合意による租税債権確定の制度」を確立したといわれている（税大論叢91号，作田隆史教授「平成23年国税通則法改正」参照）。我が国において，税務訴訟提起件数が少ないのは，調査結果説明手続において修正申告の勧奨がなされ，そこにおいて，調査結果が告知され，これについて協議し，殆ど和解がなされて，終結しているからである。

(4) 処分手続

文書による処分通知が必要で，理由の附記が求められる。

理由附記として，処分根拠法の指摘，処分根拠事実の証拠認定，処分根拠法該当の説明が必要である。

(5) 不服申立手続

口頭意見陳述の機会付与・争点整理（主張と証拠の整理）が必要である。

行政不服審査法31条1項は，審査請求人等の申立があれば，口頭意見陳述の機会を付与しなければならないとしている。

第2　行政調査と行政強制

1　行政調査と強制

即時強制では説明しきれない独立したひとつの制度が行政調査である。

相手方は，拒否でき拒否すればそれ以上は調査できない任意調査であるか，拒否できるが刑罰を科されることがある間接強制調査であるか，不本意でも拒否できず抵抗すれば公務執行妨害に問われる強制調査であるかを判断する機会を保障されなければならず，このことを文書またはその場で口頭で事前に告知されなければ，違法な調査となる。

2　強制調査

　強制執行による調査であるが，裁判所の令状を必要とするのが原則である。徴収調査は例外である。

　現行法上行政調査について強制調査を明文で定めている例は，国防法 2 条，関税法121条，122条，証取法211条，入管法31条のような犯則調査における捜索押収しかない。

　食中毒発生が予測される場合のように，例外的に強制調査が許される。

　現行法上強制調査は，犯則調査を除けば，報告者の立場では，明文で禁止されていないときに実質判断によって解釈上例外的に許される場合に限定される。

3　間接強制調査

　刑罰によって担保される法的仕組みを持つ調査をいい，相手方を心理的に威圧し調査への協力を求め，制裁は司法的法執行に委ねられる。

　現行法では，質問調査のほとんどに罰則がついている。

　犯則調査における質問は令状を要件とする捜索と強制調査が別に明文で保障されており，間接強制の必要はないとされている。

4　非権力的事実行為

　任意に止まる限りは，権利自由の侵害が法的に問題になる余地がない。

　相手の任意の協力を求める形で行われ，利用者の自由を不当に制約しない方法，態様，手段の相当性，目的と手段の比例性等について，個別に事実認定される。

5　回答拒否

　質問への回答を拒否されたときは，間接強制の手続に移行できる。しかし，罰則を適用して間接強制手続が開始されることは少ない。税務調査において，調査拒否罪の立件は，現在行われず，仕入税額控除否認，青色申告承認取消などの行政制裁措置が実施されている。

　警職法 2 条 1 項の質問にも罰則規定はない。

　罰則のない質問規定がおかれている例があるが，罰則がないことには合理性がある。

　義務を課す意味がない場合のいずれかないし両方を要件として実力行使できるとする見解が有力である。

　法治主義の下，実力を行使する強制調査は厳格に制限され，強制調査が許さ

れる場合は一義的に明文規定がおくのが望ましい。

6 令状不要の立入調査

宅地造成規制法4条や消防法4条の立入調査には、令状要件はないが事前通告・時間規制規定がある。

7 荒川民商事件

最高裁昭和48年荒川民商決定が、「質問検査制度の趣旨目的にてらし、刑が著しく不合理、不均衡であるとも認められない」といい、その一審判決は「処罰の対象とすることが不合理といえないような特段の事情が認められる場合にのみ成立するというべき」と、質問不答弁罪の適用に限定的態度を示している。

国税通則法第128条は、質問不答弁罪として懲役刑を科しうるとしているが、現在死文化している。

8 行政調査と令状主義

行政調査は行政目的実現のための補助手段であって、犯則調査と異なり、現行法上も「調査権限は犯罪捜査のために認められているものと解釈してはならない」という行政目的規定をおいているが、行政調査について、令状を要するかについては規定がみられない。

川崎民商判決、成田新法判決まで、裁判所には、一貫して行政手続における適正手続保障を極めて軽視している。

制度上、行政調査部と犯則・刑事捜査部が分離され、かつ、調査資料が刑事捜査資料に使われていた場合は証拠能力は否定されるという訴訟上の扱いが確立していなければならない。最高裁判決によれば、「犯則調査は、調査の特殊性・技術性等から専門知識経験を有する行政上の収税官吏に認められた特別の手続であるが、刑事上の捜査類似手続であるので令状が必要だ」とされている。

刑事捜査と同じ令状発給要件は必要とされず客観的合理性があればいいという程度にまで裁判官の許可状発給要件が緩和されていると思われる。

9 事前通知

平成四年成田新法判決は、事前告知は常に必ず与えられることを要しないとした。

行政調査はできるだけ相手の協力のもとに行われるのが効率的であり、制度上、任意の協力が前提とされている。

従って協力を得るためには相手方に事前に理由告知することで任意に服する

かどうか相手方が判断する資料を提供し事前準備の機会を与えるべきで，営業
活動や私生活を拘束することも考慮にいれれば，事前通知による隠匿改竄の危
険には，犯罪調査規定をおいて対抗し，本人が調査拒否の態度を鮮明にしてい
る場合と急迫性ある強制調査に限定して例外的に事前通知が不要で，不意打ち
もやむを得ないとするべきである。

　最高裁昭和48年荒川民商決定のいう「個別具体的自由に基づく客観的な必要
性」を裁判所で判断される資料として，通知と告知はその形式を問わず不可欠
であるといえよう。

10　事実行為の取消訴訟

　調査官により資料が持ち去られた場合のように違法状態が継続している行政
調査については，事実行為の取消訴訟も可能である。これに対して刑罰で担保
された間接強制調査の場合は，事後の刑事訴訟で争うことになる。

　事実行為については裁判所による事後救済は必ずしも有効とはならないこと
を考えると，調査過程で，事前に相手方を手続的に保護することが重要である。

11　通告処分制度

　通告処分制度は，国税通則法157条（間接国税），関税法138条，地方税法76条
及び701条（ゴルフ場利用税，入浴税）などで用いられている。

　最高裁昭和47年川崎民商事件判決の判断するところとは別の観点として，通
告処分に服した者は処分の違法を取消訴訟で争えるとされることが必要である。

12　行政調査の法的統制

　社会通念上相当と認められる調査の必要性があると，部内調査により，当該
職員が確信したとき，行政調査が開始される。

　しかし，調査の必要性に関する裁量が否定される場合を想定するのはかなり
難しい。

　目的に適合し，目的にとって必要で，目的と手段が均衡を失しないという，
調査権限の過大及び過少の統制法理である比例原則が厳格に妥当する。

　税務調査につき不在確認目的で「被調査者の支配・管理する家屋，事業所へ，
施錠をはずし無断で立ち入るのは，質問検査権の範囲をこえる」とする最高裁
判決もみられる（最三小判昭和63年12月20日，京都地判2000年2月25日も参考となる）。

　調査実施要項が課税当局によって公表されるのが望ましい。

　重大な違法ある場合は処分の基礎資料とすることができず，その結果，当該

調査資料以外に処分の根拠とする証拠がないときはその処分は違法になると解される。

13　推計課税

行政調査拒否者に対して，所得税法上及び法人税法上推計課税方式をとることが認められている。

14　行政調査の定義

行政調査を，行政機関による，具体的な法の執行のため若しくは法令の実施状況の把握のための情報収集活動と定義されている。

これは，「個別的な行政調査というのは，法が定める個別具体的な権限行使に資するために行われる情報収集活動であり，一般的な行政調査というのは，行政の政策立案に資するために行われる情報収集活動である」（神長勲「行政調査」現代行政法体系2312頁，313頁）にならったものである。

第3　行政制裁と行政刑罰

1　行政刑罰

行政執行法は，行政上の強制措置を司法関与のものに切り換えなければならないという観点から廃止された。

従って，行政刑罰は，裁判所の手続を経て用いることが実定法上の通例とされている。

行政法のうち，刑罰を設けたものは93.9％にも達し，行政刑罰は行政処罰法制の原則的な手段である。

日本国憲法の下において，実定法上もっとも普及した強制措置であり，法律におかれた行政制裁のなかの原則的な手段である。

しかし実際のその運用となると，行政刑罰が本来の機能を発揮するものとはなっていない。

2　行政上の秩序罰

行政上の秩序罰は，行政上の軽微な義務違反に対して，犯罪とされずに科される罰則である。権利保障上問題が多いので，不告不理の原則（検察官の公訴提起が裁判所の審理開始の要件とするもの）が適用される。

3　行政上の義務履行確保

行政上の義務履行確保するため，通告処分，反則金，過料が存在する。

行政罰及び行政上の強制執行という行政上の義務履行確保を構成する伝統的な手段が，これまで整備されてこなかった。

4　制裁金と行政刑罰の比較

行政制裁金（通告処分，反則金，過料）と比較すると，高額の罰金や科料を科せられる前科の経歴がついたりする場合や，資格の剥奪やその取得の制約の影響力の方が大きい。

5　行政制裁の創設

行政制裁制度は，日本国憲法の下で長年にわたって採用されてきた立法政策を根本的に転換するものといえる。

行政制裁金は，刑事事件訴訟から分離独立した仕組みとし，その濫用を防ぐ為に，処分数が多い場合の工夫を盛り込みつつ，行政手続の不利益処分並みの事前手続を設けたり，事後救済として抗告訴訟の途を整備したりする必要がある。

第4　行政強制と経済的誘因

1　経済的手法

自然環境保全審議会の答申（「環境基本法制のあり方について」）は，環境問題に適切に対応するために，「規制的手法」と並んで「経済的手法」も活用すべきであるとしている。

そして，「経済的手法には，何らかの負担を課し，経済的に不利なものとする措置の採用を勧告」している。逆に，好ましい行為に何らかの助成を与え，経済的に有利なものとする措置があり，経済的な誘因を与えることにより，経済的主体が環境保全に適合した行動を促そうとするものもある。

OECD は，環境法執行手段として，経済的手法は，①課徴金（税），②売買可能排出権，③デポジットシステム，④資金援助，⑤不履行に対する過料，などがあるとする。

「経済的手法」は必ずしも環境保護領域に限定されず，公共政策の実現手段として一般的に位置づけることができる。

2　行政の実効性確保

「行政の実効性確保」は，行政強制の議論の中から，その発展方向の一つとして提案されてきた。従来の行政強制論は，行政上の義務履行確保の手段とし

て，行政上の強制執行と行政罰がある。即時強制も行政の実力行使確保手段と
はいえない。義務履行確保をはかるその他の制度として，給付拒否や公表や課
徴金や加算税などの新しい強制手段がある。

　法律で一定の作為・不作為の義務付けがなされている場合に，その不履行を
是正し行政の実効性を確保する手段を統合して説明する概念として，「行政の
実効性確保」が観念されてきた。

　行政目的の達成のために，補助金等の助成的措置をとったり，私人の行為を
直接規制したり，税金で間接的に誘導したりすることができる。

　広義の法執行システムの中に，「助成」，「直接規制」，「経済的手法」の手段が
分けられ，この「経済的手法」は，規制目的の税，規制目的の課徴金，デポジ
ットシステムなどがある。

　新しい強制手段として，義務違反に対して課せられる「違反課徴金」や「経
済的利益の剥奪」などの措置がある。

3　課徴金

　法が定めた排出基準に違反した排出に対して課せられる課徴金がある。刑罰
としての罰金に類似するが，行政上の義務履行確保手段として課せられる点で
罰金と区別され従来の執行罰に近い性格をもつ。

　排出量に応じて課せられる課徴金があり，規範的な評価は伴わない。環境に
好ましくない行為に経済的な負担を課すことによって，そのような行為の抑止，
総量としての減少をはかろうとするものであるが，規範意識が希薄化する。

　伝統的な行政規制の多くはこのような直接規制であるが，直接規制方式には
限界がある。

　一律規制であるが故に柔軟性（企業の特質，時代の変化に対応する柔軟性）を欠き，
法執行コストが大きい。

4　執行強制金

　「執行強制金」は，①行政上の義務履行確保を主たる目的で，②行政上の義
務違反に対して民事・行政手続で課せられる金銭的負担をいう。我が国では，
独禁法上の課徴金，加算税，行政秩序罰としての過料，執行罰などがこれに該
当し，アメリカでは，「CIVIL PENALTY」と呼ばれている。

　簡易な手続による迅速な法執行の方法である。

　反則金が導入される最大の理由は，軽微な交通違反に対する簡易・迅速な法

執行の必要にある。

「執行強制金」に類似するものとしては，①罰金，②受益者負担金（ジェット機特別着陸料，廃棄物処理の手数料等），③民事損害賠償金，④規制目的税，規制目的の賦課金などがあげられる。

刑罰は，反社会的行為に対する制裁であって，いわば正義により正当化されるものであるのに対して，民事損害賠償は，原状回復や利害調整を目的として，いわば市場原理により正当化されるものである。

「執行強制金」の正当化根拠としては，正義の要請や法執行の必要性，市場における公平などの種々のものがある。

5　「執行強制金」賦課手続と適正手続

現行制度上の「執行強制金」の手続面について準司法手続を経て課せられる独禁法上の課徴金（審判手続き＋司法審査）があり，他方で任意の名のもとで手続保障のない道路交通法上の反則金がある。地方自治法上の過料は，知事による処分により課せられるが，処分に際しては，告知・弁明手続の保障がある。しかし，非訟事件手続法に基づく過料は，非訟事件としての裁判（非公開）を経て課せられるが，以後の司法審査の機会はない。

行政手続法の制定は，金銭的処分を一括適用除外としたために，問題は立法的には解決されなかった。金銭的処分を一括適用除外とした理由としては，大量性，事案の単純性，事後手続による回復可能性などがあげられる。

6　弁明手続

「執行強制金」賦課手続に憲法上の適正手続の法理が適用されるか否かは問題ではあるが，法違反行為に対して課せられる「執行強制金」の場合，一定の適正手続保障が憲法上の要請であると言わなければならない。

「執行強制金」が私人の財産に対する侵害であることに注目すれば，原則として行政手続法で採用されたような〈理由付記・弁明機会付与〉が適用され，さらに，法違反に対する「制裁的」執行強制金の賦課に際しては〈聴聞機会付与〉が適用される。

現行法上の加算税賦課手続は憲法違反の疑いがあり，非訟事件手続法に基づく過料は，以後の司法審査の機会を保障していない点で「裁判を受ける権利」を侵害している。

義務履行確保手段として「執行強制金」が課せられる場合には，「執行強制

金」賦課手続と刑事手続が並行して存在することがある。

7　執行強制金と二重処罰禁止

　脱税に対する罰金と追徴税（加算税）の併科や，証言拒否に対する罰金・拘留と過料の併科が憲法39条の定める二重処罰の禁止に反しないかが争われ，最高裁は両者の性格の違いを理由に併科を認めている。最高裁の論理によれば，刑罰は反社会行為に対する処罰であり，過去の行為に対する制裁であるが，追徴税は行政上の義務履行確保するために課せられる行政上の措置であって，両者は目的を異にするとされてきた。

　刑事・行政手続峻別論によれば，同一の違反事実に対して課せられるものであっても，「執行強制金」と罰金の併科は許される。

　アメリカでも，手続の目的が異なることを理由にCIVIL PENALTYと刑罰の併科が認められてきた。

　しかし，刑罰は過去の行為に対する処罰であるが，将来の違反に対する抑止効果を期待されていないわけではなく，行政上の義務履行確保の機能も有する。「執行強制金」の中には，法違反行為の抑止を目的として刑罰の対象となるのと同一の事実を基礎に課せられるものもある。

　アメリカの最近のある判決は，手続の性格論ではなく私人に対する効果の観点からこの問題を分析し，両者の併科が私人にとって余りに過酷で「処罰」的であるようなCIVIL PENALTYの賦課を違憲と判示した。両者の併科は，罪刑均衡の原則の観点から再検討すべきであるとの見解も現れている。

　私人に対するインパクトの観点から，二重処罰の禁止を考えるアプローチが必要である。

8　適正手続保障と執行強制金

　成田新法事件最高裁判例は，行政手続であるからといってこれらの手続保障が及ばないとはいえないとする。

　刑事手続への移行が予定されている行政手続，あるいは刑事手続としての性格も併せ持つものがあるが，これらの手続には憲法の適正手続保障を及ぼさなければならない。

　自己負罪情報については，将来の刑事手続での利用可能性を肯定できる限り，行政手続でも自己負罪拒否特権を援用できると解するべきである。

　行政上の必要から記帳義務ある記録について自己負罪拒否特権が及ばないと

解したりして，行政規制上の必要性と自己負罪拒否権との調和をはかっている。

　アメリカにおいては，行政目的の立ち入り検査にも原則として令状が必要と解されている。

　我が国において，国税通則法上の質問検査権を含めて多くの行政調査に令状主義が及ばないと解されるのは，当該調査権限が直接の実力強制を伴わないからと解されている。

　刑事・行政手続峻別論のもとで，証拠の相互利用は原則として禁止されていたが，行政調査で得た資料が刑事手続でも利用されることがあった。

　私人への二重調査の負担回避も必要である。

　行政手続においても原則として憲法上の手続保障が及ぶということが必要であり，自己負罪情報やプライバシー情報のようにセンシティブな情報については，各情報の性質に応じて特別の利用制限が定められるべきである。

　行政調査権が当該行政目的の範囲内で行使されるべきとするのは当然のことを定めたもので，利用の可否は別問題である。

　「執行強制金」は厳格に執行されると相当強力な行政機関の武器になるが，それが適切に執行されない可能性もある。

第5　行政調査と行政制裁

　行政調査の結果，調査対象者に対し，行政制裁が科されることが多い。行政手続に関与する弁護士は，「行政制裁弁護」をなさなければならない。

1　行政制裁の意味と範囲

① 非刑事的制裁

　過去の行政上の義務違反に対して課せられる刑罰以外の制裁で，その威嚇的効果により間接的に義務の履行を強制するものがある。「義務履行確保のための制裁」を行政制裁と定義すると，行政刑罰も行政制裁に含めることになるが，「非刑事的に課される制裁」を行政制裁として説明する。

② 違法利益剥奪

　行政制裁を，違法行為に対するペナルティのことであると考えれば，違法行為によって得た利益の剥奪は制裁には該当しないことになる。しかし，行政上の義務違反を理由として違反者に不利益な効果を及ぼし，将来の違法行為を抑止しようとする目的によるものである以上，違法行為によって得た利益の剥奪

も制裁に含める。

③　授益処分撤回

　行政上の義務違反を理由として違反者に不利益な効果を及ぼすものをすべて行政制裁であるとすると，違反行為を理由とする授益処分の撤回等も，行政制裁に該当することになる。名宛人に不利益な効果を及ぼすこと自体を直接の目的としたものではなく，名宛人を非難し懲らしめることを直接の目的としない場合であっても，行政上の義務違反に基因して名宛人に「不利益な効果」を及ぼす作用一般も行政制裁に含める。

④　制裁的公表

　公表の結果，当該企業が信用を失い甚大な経済的不利益を被って，重大な「不利益を及ぼすこと」がある。このような制裁的公表の回避は，行政弁護活動における重要な目標の一つである。

　公表の中には，情報提供を直接の目的とし，名宛人に不利益を課すこと自体を直接の目的としないものもある。

⑤　行政指導違反

　行政指導違反は，明確な法律上の義務違反ではなく，行手法32条2項は，不利益取扱を禁止している。しかし，義務違反を理由として科されるものではない場合，行政制裁に含めるかも問題となる。

　指導要綱に従わないことを理由として「不利益な取扱い」がなされる場合などがあるが，このような場合についても，行政制裁に含める。行政指導手続において，「行政法違認定」がなされ，指導・勧告・警告の通知が出されると，事実上の不利益が発生する。

2　行政犯の非刑罰的措置

①　いつかの種類の行政犯の場合，きわめて大量に発生するため，すべてを起訴して刑罰を科すことが困難であり，また，刑罰以外の制裁を受けた者については起訴しなくても社会通念上正義の観念に反しない場合がある。

　行政犯の非刑罰的処理の仕組みを設け，非刑罰的措置を制度化した例として，「間接国税通告処分」，「関税通告処分」と「道路交通法反則金制度」がある。

　地方税法のゴルフ場利用税や軽油引取税にも見られる。

②　通告処分

　通告処分は，行政犯の非刑事罰的措置である。同一事件について公訴を提起

されることはなくなる。通告処分が取消訴訟の対象になるかについては，最高裁昭和47年 4 月20日判決（民集26巻 3 号507頁）が否定説をとっている。最高裁昭和44年12月 3 日決定（刑集23巻12号1525頁）は，「通告処分は一種の行政手続」とする。

③　反則金制度

道路交通法の反則金制度も行政犯の非刑罰的措置である。

反則金を納付した者が，後に違法駐車をしたのは自分ではないとして取消訴訟を提起した事件で，最高裁昭和57年 7 月15日判決（民集36巻 6 号1169頁）は，「反則金を納付せず，後に公訴が提起されたときにこれよって開始された刑事手続きの中でこれを争い，これについて裁判所の審判を求める途を選ぶべきである」とし，また，「本来刑事手続における審判対象として予定されている事項を行政訴訟手続で審判することとなり，刑事手続と行政訴訟手続の関係について複雑困難な問題を生ずる」と述べ，刑事手続優先説を採用する。

④　通告処分と反則金

刑事司法の負担過重の解消という目的と，制裁金を確実に納付させるという目的は，高い実効性が確保されている。

通告処分や反則金制度による制裁金の納付率がきわめて高い理由は，背後に刑事訴追の脅威があり，事実上の強制が働くからである。

無罪である者も，起訴されること自体が社会的信用に大きな影響を与えかねず，取り調べや公判の時間的負担や精神的苦痛を考え，自己の意思に反して納付してしまうということはあり得るから，事前手続の整備が必要である。

刑罰に値しない行為に刑罰を科すことは，適正手続保障違反で違憲である。

「反社会性が強い行為」は行政刑罰，「単純な義務の懈怠」に対しては行政上の秩序罰というが一応の立法上の基準である。

3　秩序罰

①　行政上の秩序罰

刑法の「罪刑法定主義」，「責任主義」，「罪刑均等の原則」の原則が基本的に妥当する。100万円以下の過料を科す高額過料の例もある（会社法第440条，976条）。刑罰の対象となっている行為であっても，単純な義務の懈怠については，これを非犯罪化して，過料の対象とすることは考えられる。

② 司法上の秩序罰

最高裁昭和39年6月5日判決（刑集18巻5号189頁）の事案において，被告人らは，刑事裁判で証人として宣誓したが，裁判官により尋問された際に，正当な理由がないのに証言を拒否したため，刑事訴訟法160条により過料に処せられ，さらに，後日，刑事訴訟法161条により起訴された。刑事訴訟法160条は，証人が正当な理由なく宣誓または証言を拒んだときは過料に処する旨の規定であり，刑事訴訟法161条は，正当な理由がなく宣誓または証言を拒んだものを罰金または拘留に処する旨の規定である。

住民基本台帳法51条1項のように，刑罰を科するときは過料に処することはできないとして，刑罰と過料を併科しない旨の明文の規定を設けている例もある。

③ 刑罰と行政制裁

行政法違反を行政犯として刑罰を科し，別途，行政上の秩序罰を科すことは問題である。刑罰と行政上の秩序罰を総合的に見て，罪刑均等の原則に反しないことが必要である。刑罰と行政上の秩序罰を併科する場合，原則として，刑罰は「最後の手段」として用いられるべきである。

行政制裁としての性格を持つものは，憲法上の適正手続保障の要請を満たさなければならない。

④ 救済手続

行政上の秩序罰に対する即時抗告は，執行停止の効力を有する。対審公開の裁判を受ける権利が保障されなければ憲法違反の疑いがある。過料の裁判に対して，これを違法として争うことは法律上の争訟であり，対審公開の裁判が保障されていなければ，憲法32条，82条に違反する。最高裁昭和41年12月27日決定の少数意見においても，現行のシステムのままでは違憲になると述べられていたが，多数意見は，これを合憲としている。

4 行政上の強制徴収制度

過料については，納付を命じられても支払わない場合，罰金，科料とは異なり労役場留置という換刑処分や強制拘禁の手段も認められておらず，強制徴収のコストも大きい。

過料債権は，会計法30条により5年で時効消滅する。

行政制裁は，刑事事件のような公訴時効の制度がないため，当事者が生存す

る限りは，理論上は，いつまでも手続を開始しうることになる。

5　重加算税

重加算税は，行政制裁としての性格がある。

最高裁昭和36年 7 月 6 日判決（刑集15巻 7 号1054頁）は，重加算税と刑罰の併科についても合憲であると判示している。しかし，憲法39条の二重処罰の禁止規定も考慮されなければならない。罪刑均等の原則に反する場合には，違憲の問題が生というべきである。国税通則法74条の 2 第 1 項は，行政手続法 3 条 1 項（適用除外）に定めるもののほか，国税に関する法律に基づき行われる処分その他公権力の行使に当たる行為（酒税法 2 章の規定に基づくものを除く）については，行政手続法 2 章（申請に対する処分）， 3 章（不利益処分）の規定は適用しないと定めている。

これは課税処分には事前手続が不要であると判断したからではなく，その領域に応じた適正手続保障規定を定めなければならないとするものである。

重加算税のような制裁的性格を有する課税処分の場合には，事前手続の保障は憲法上の要請である。

6　課徴金

独禁法課徴金は，利益を剥奪するものである。東京高判平成 5 ・ 5 ・21高刑集46巻 2 号108頁は，課徴金は制裁としての刑事罰とは趣旨，目的，手続等を異にし，その併科は二重処罰を禁止する憲法39条に違反しないと判示した。最判平成10・10・13判時1662号83頁は，「不当利得制度と類似する機能を有する面があるが，損失を回復していないのに，課徴金を支払ったことだけで，不当利得返還請求権に影響を及ぼすわけではない」と判示している。

課徴金を違法行為によって得た利益の剥奪として性格づける以上，実際に不当利得が返還されている場合には，課徴金額についての調整を行うべきである。

7　制裁としての公表

公表には，情報提供を主たる目的として行われるものもあるが，違反行為に対する制裁として公表を行うことによって，間接的に違反行為を抑止しようとする場合も存在する。

制裁としての公表については，法律または条例の留保が及ぶ。

違法行為ではない行為に対して行政指導を行い，それに従わないことに対する制裁として公表をすることは，行政指導への服従を間接的に強制的に強要し

ようとするものとなり適切ではない（行手32条2項参照）。かかる場合の公表は，情報提供を主たる目的とするものに限られるべきで，事前手続の保障も必要である。

8　許認可等の授益的処分の撤回等

授益処分の撤回は，業務を継続させることによる公益への支障を排除することを目的とし，制裁自体を直接の目的とするものではない。業務停止命令等のほうが，経済的に大きな打撃となる。授益的処分の撤回等を制裁として用いられる場合もある。制裁が非難を要素とするものである以上，責任主義の原則が適用されるべきである。

事前手続保障が必要である。

9　行政サービスの拒否

行政上の義務違反に対する制裁として，行政サービス等を拒否することも，行政の実効性を高める上で，有効な方法である。納税義務を履行しない滞納者に対して，行政サービス等の拒否を認める条例を制定する例がみられる。

生存権侵害になるような行政サービス等の拒否は避けるべきである。

10　契約関係からの排除

国や地方公共団体は，公共事業の請負契約や物品の調達契約等の契約当事者として莫大な支出をしており，この契約関係からの排除は，国や地方公共団体との契約締結を希望する者にとって大きな経済的不利益となる。

現在行われている指名停止措置は，談合等の違法行為を行った業者は，違法行為を反復する可能性が高い。事実上の制裁効果を持っている。

違法行為後，経営体制を刷新し，もはや入札の不適合者といえなくなった業者であっても，違法行為を行った者に対しては，制裁として一定期間指名停止措置をとることが必要である。

指名停止の法的性格については，契約の準備段階における内部的行為であるとするのが判例および行政実務である。

指名停止は，授益的行政処分の撤回等とは別である。

行政不服審査法，行政事件訴訟法による救済の機会を確保するべきである。

公共工事の入札及び契約の適正化の促進に関する法律の解釈として，指名，指名停止を行政処分として構成するべきと考える。

11　税務調査拒否と行政制裁

① 　重加算税賦課

隠蔽仮装行為と認定して，重加算税を賦課する措置である。

② 　青色申告承認取消

青色申告承認を取り消し，赤字の繰越を否認する措置である。

③ 　仕入税額控除否認

消費税について仕入れ税額控除を否認する措置である。

④ 　簿外費用否認

　所得税や法人税について，簿外費用について，立証責任を転換して，費用計
上を否認する制裁である。

第3章　課税要件

第1　要件事実と課税要件

1　実体法と要件事実

民法・商法は，どのような場合に権利あるいは義務が発生し，どのような場合にそれが消滅するのかについて定めている法律であり，権利・義務の発生および消滅という実体関係を扱うことから実体法といわれている。

実体法である民法・商法において，権利があると定められても，債務者がその義務を果たさなければ意味をなさない。この実体法上の権利を実現させるための手続に関して定めているのが民事訴訟法である。

訴訟においては，実体法が定める権利または法律関係の発生・変更・消滅を規定する法規の要件に該当する事実の存否について主張・立証の争いになる。訴訟においては，実体法は裁判の基準として作用する。他方，私法上の権利または法律関係は，訴訟を通じて具体化，実現化され，その権利が実現されるといえる。

主要事実とは，権利の発生・変更・消滅という法律効果を判断するのに直接必要な事実をいう。

2　法律要件と要件事実

民事訴訟においては，裁判所は，原告が訴訟物として主張する一定の権利の存否について判断しなければならない。権利の存否の判断は，権利の発生が肯定されるか，権利が消滅したか，その消滅の効果の発生が妨げられたか，積極・消極のいくつかの法律効果の組合せによって導き出すことになる。

実体法（民法等）の多くは，このような法律効果の発生要件を規定したものであり，この発生要件を講学上，「法律要件」という。

権利の発生，障害，消滅等の各法律効果が肯定されるか否かは，その発生要件に該当する具体的事実の有無にかかることになるが，これを「要件事実」というが，訴訟上の事実としての「主要事実」と同義である。

3　法律要件分類説

法律効果の発生要件は，すべて実体法が規定すると考えるものである。実体

法の各規定は

① 　権利根拠規定

② 　権利障害規定

③ 　権利阻止規定

④ 　権利消滅規定

に分類される。

　しかし，法律効果の発生要件を実体法の条文の形式および文言だけで定めようとするときは，条文相互間の抵触によって不調和を生じ，あるいは不公平な立証責任を負わすことにもなる。そこで，実体法の解釈をするにあたっては，法の目的，類似または関連する法規との体系的整合性，当該要件の一般性・特別性または原則性・例外性およびその要件によって要証事実となるべきものの事実態様とその立証の難易などを総合的に考慮する必要がある。

4　主張責任と立証責任

　主張がなければ，たとえその事実が証拠によって認められるとしても，裁判所がその事実を認定して当該法律効果の判断の基礎とすることは許されない。主張責任は，要件事実について存在する。

　主張責任は，ある要件事実が弁論に現れている限り，この事実を主張した者がこれについて主張責任を負う当事者であったか否かは問わない（主張共通の原則）。

　社会通念上同一性が認められる限り，ある要件事実について主張責任を負うということは，その事実が弁論に現れなかった場合に，裁判所がその要件事実を判断の基礎とすることができず，これを要件事実とする法律効果の発生が認められないという不利益を受けることを意味する。したがって，立証責任と主張責任は，同一当事者に帰属する。

5　要件事実と主要事実

　訴訟物（たとえば，所有権に基づく建物明渡請求権）を理由付ける事実として，原告は，請求権の発生要件等に該当する主要事実すなわち要件事実を主張する。この場合の主要事実が「請求原因」である。

　請求原因に対して，被告が，かかる請求権の行使を障害，消滅あるいは阻止する要件に該当する要件事実を主張する。これを「抗弁」という。

6　抗弁・否認

抗弁とは，請求原因と両立し，請求原因から発生する法律効果を障害，消滅，阻止する事実をいう。これに対し，「否認」とは，請求原因と両立せず，単に請求原因の存在を否定しているに過ぎない主張をいう。

7　規範的要件

規範的評価に関する法律要件を規範的要件という。

規範的評価を成立させるための具体的事実を評価根拠事実という。

実務は評価根拠事実が主要事実であるとして，運用されている。故意，過失は法律上の意見の陳述であるとされる。

規範的評価根拠事実と両立するが，その評価の成立を妨げるような事実を評価障害事実という。

規範的評価の成立が請求原因となるとき，評価障害事実はこれに対する抗弁として位置付けられる。

8　社会的事実

社会的事実は，要件事実とそれ以外の事実とに分けることができる。

要件事実を特定する手段としては，一般的には事実が発生した日時の順である時系列で示すことが多いが，主体，客体，事実の態様などを組み合わせることによって要件事実を特定する。

ある要件事実をどこまで正確に特定し，どの程度まで詳細かつ精密に具体化しなければならないかは，当該訴訟において問題となる要件事実が果たす役割を考慮して，個々具体的に決められることになる。

9　行政法における法律要件

私法は，権利の発生要件や消滅要件が明示されている構成が多いが，公法は，私法のように，権利根拠規定，権利障害規定等として明確に規定されていない。

公法は，法律による行政の原則に従い，優越的地位を有する公権力の行使に対する抑止手段として成立してきたもので，行政の行為規範の形で構成されている。例えば，許可が必要とする規定において，許可要件や許可障害要件が何かは不明確で，また，許可申請者の許可申請権の内容も判然としないことが多い。

10　行政法における要件事実

行政庁は，行政処分をなすにあたり事前に証拠資料を収集し，事実認定を行

うから，事実関係が真偽不明の場合，原則として，行政庁に主張立証責任があるといえる。

　社会的事実の中から主要な事実を抽出し，審判の対象や立証するべき事項を明確にする必要性は，行政事件においても存在する。行政法において，処分基準は予め公表されていなければならず，処分基準は考慮要素たる重要な事実を定めるものであるから，これに従って，要件事実を明確にすることになる。

11　処分取消訴訟と要件事実

　すべての訴訟においては，審判の対象（訴訟物）が明示され，その請求原因において，要件事実が主張されなければならない。

　処分取消訴訟の審判の対象（訴訟物）は，通説・判例によれば，「行政処分の違法一般」であると解されている。

　処分の違法とは，処分根拠法に定められた処分要件が充足されていないことであるから，処分取消訴訟における要件事実は，処分根拠法に定められた処分要件を分析して社会的事実の中から抽出することになる。

12　課税要件

　租税法（実体法）における課税要件は，租税債権の成立，消滅を規定する規範である。私法取引から発生した利益等について，課税要件の充足を判断して租税債権の成立を判定する。

　私法取引から発生した利益等の基礎となる私法取引法律関係は，民法等の私法が準拠法として，その要件事実を分析することになる。私法取引は，先決法律関係であるが，後続的に租税法律関係が発生するが，後者の準拠法は，所得税法等の租税法である。

　租税法律関係は，私法取引法律関係を先決問題として発生する。従って，課税要件充足を判定する場合は，まず，私法上の要件事実を抽出することが必要となる。

　その後，課税要件を分析して，課税要件事実の有無を判定することになる。

13　争点整理

　国税不服審判所や裁判所では，争点整理が重視されている。要件事実論や課税要件論は，争点整理の中で議論される。争点整理は，納税者の有利な証拠と争点の連結を同時に行うことが必要である。税務調査の結果説明会においても，争点整理に有利な証拠を添付して，調査官と協議するのが有益である。

第2 租税訴訟における課税要件と法選択の準拠法

1 法選択法

(1) 法律関係を直接に規律する法を実質法という。実質法は，法律効果の発生要件を定めるもので効果法といわれる。実質法は，権利関係を具体的に定める実体法とその実現に必要な手続について定める手続法がある。実定法は人によって定められた法であり，自然法と対立する概念である。具体的事件について，関連する法が複数存在し，いかなる法を適用してよいか判然としないことがあり，これを「法の抵触」の状態と呼ぶとすれば，法が抵触する場合，適用する法を選択する法が必要となる。法が抵触する場合の指針を定める基準として，法の適用範囲を定める適用法「法適用通則法」，外国法と内国法間の選択ルールを定める「国際私法」，法の時間的適用範囲を定める「時際法」，法の人的適用範囲を定める「人際法」，一般法と特別法間の優劣を定める「体系無い選択法」がある。

(2) 公法である行政法，租税法，刑法も抵触することがある。外国の公法と内国公法が抵触する場合，内国の公益が優先されるから，内国の裁判所は内国公法を選択適用し，外国公法を直接適用することはない。

(3) 国内事件においても，国内法の適用関係が判然としないことは多い。私法間においても，公法間においても，また，私法と公法間においても法選択の基準は必要である。

(4) 租税法領域においても，国税法と地方税務条例との適用関係などが問題となることが多い（東京都銀行税条例事件や神奈川県臨時企業税条例事件など）。

2 法選択法の必要性

社会で発生する法的紛争（法律事件）は，私法だけで解決できるものは少ない。法律事件は，私法のみならず，租税法やその他の行政法が関係することが多い。

しかしながら，我が国の法律家（裁判官を含む）や研究者は，一つの法律を適用，または一つの法律の一つの条文を適用して法律事件を分析するのみで，最も適切な解決指針が他の法分野にある場合，これを看過することがある。

そこで，一つの法律事件に関係する全ての法律の中から，どのように法選択して解決するべきかについて，提言を試みたい。

民事実体法や行政実体法は，事実の存在が判明できない場合，どのように判決を下すか明確な指針を与えていない。実体法は，国民の権利の発生要件等を

示した法律で，裁判官は実体法に依拠し，これを基準として判決をなす。実体法の規定を，裁判規範として読み替えるのが要件事実論である。

　租税訴訟においても，法的争点について依拠すべき法の選択が常に問題となる。以下，要件事実論を解明した上で，租税訴訟における法選択のルール（準拠法）を検討する。

3　行為規範と裁判規範

　法規範のみならず道徳規範や宗教規範など他の社会規範も，人々が行為する場合の準則である行為規範としての性格を有する。しかし，道徳や宗教規範は，行為規範であるが，裁判を行う場合の準則である裁判規範たり得ないのに対し，法は原則として行為規範であり，かつ，裁判規範である。人々は，法に従って行動しなければならず，これに従わない者に対しては，国家権力が裁判を通じて法を強制する。道徳や慣習も行為規範に該当するが違反の場合強制されることはない。多くの法は，裁判規範であるが，一般市民の行為規範を含む二重課税である。しかし，裁判規範としてのみ意味ある規定もある（民法550条書面によらない贈与規定）。裁判規範の性質をもたない法として租税規範と政策宣言規定がある。しかし，組織規範は適法に設立された組織が権利・義務の主体となるから，権利義務と関係がある。政策宣言規定は，公務員に対する政策措置を取るべき命令としての行為規範である。憲法や行政法の政策宣言規定は当該法律の目的等の基本的立法趣旨を示していれば，個別条文の解釈枠法として取り入れなければならない。

4　構成要件・要件事実・考慮要素

　法規は，一定の条件が充足されると一定の法律効果が発生する形式で定められている。この一定条件のことを法構成要件（要件）といい，これは複数の要素（要件要素という）に分解できる。要件事実は，権利を定める規範について，要件を構成する事実に該当する主要な具体的事実（主要事実）の意味で用いられている。権利の存否は，法律効果の発生条件である構成要件が充足されているか否かを確認し，複数の事項を総合的に考慮して判断されることになるが，考慮されるべき要素は考慮要素（要素）という。

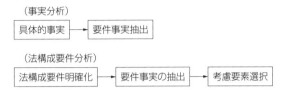

5　民事要件事実と課税要件事実

　民事要件事実は，民事法を裁判規範として解釈したもので，民事実体法の権利発生要件である。一方，課税要件事実は，租税法を裁判規範として解釈したものである。課税要件該当性の判定は，私法取引の存在を所与のもの（先決問題）として行われるから，民事要件事実の判定が先行する。民事要件事実は，私法を分析して抽出されるが，課税要件事実は，租税法を分析して抽出される。これをチャートとして以下に示す。

（貸金返還請求の要件事実）

　金銭の授受＋返還約束＋貸金返済期限の到来

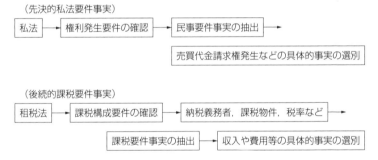

6　租税法と他の租税法との衝突

　一つの租税法は，他の租税法と衝突することは少なくない。長崎年金訴訟事件では，相続税法と所得税法の適用関係が問題となった。

　神奈川県臨時企業税条例事件では，地方税法（国法）と税務条例（自治体法）の適用関係が問題となった。また，所得税法領域の中でも，所得税法と租税特別措置法との適用関係が問題となることがある。

7　借用概念等と法選択法の必要性

　租税法において，民法などの他の法領域の概念が取り込まれていることを借用概念という。課税関係の成立は，借用概念の解釈にかかっていることが多い

から，かかる場合課税要件充足の判定は，借用概念に依存することになる。例えば，相続税法における住所の概念は，借用概念とされ，民法を準拠法として，「生活の本拠」と定義し，その実体の有無は客観的に判断すべきものとした最高裁判決がある（武富士事件平成23年2月18日最判参照）。かかる場合，住所が課税の先決問題かつ連結点（つなぎの役割をする法概念）として機能している。住所概念の発生地法は必ずしも民法ではなく，住民基本台帳法の可能性がある。一方，所得というような租税法独自の概念は固有概念と呼ばれる。固有概念である所得の範囲についても発生地法定かではない。

　一方，帳簿及び請求書等の「保存」の用語は，固有概念ではなく，一般的概念であるが，税務調査の際に提示されなければ「保存」しない場合に該当するとした最高裁判例（最判平成16年12月20日渡邉林産事件）がある。租税法における法概念には，固有概念と借用概念があるとされるが，一般概念もあり，何を準拠法として解釈されるべきか定かではない。

8　租税法への適用範囲と課税要件
　租税法の適用範囲は，課税対象の確定によって明確となる。課税対象は，課税要件の核心的要素である。所得税法における課税対象は所得であるが，それは私法取引から発生するので，租税法律関係が成立する前に，先決問題として，私法法律関係が発生する。非居住者たる個人の国外源泉所得は，課税対象ではないが，当該個人が居住者に復帰した後の国外源泉所得は課税対象となる。また，消費税の課税対象は課税取引であるが，その税額計算は，「課税売上消費税－課税仕入消費税＝納付消費税額」である。仕入税額控除は，課税要件の核心的要件であり課税仕入がある限り仕入れ税額控除は不可欠といえる。課税要件の解釈にあたり，その適用範囲は法目的によって限定され，無限定でないことを考えるべきであり，隠された課税要件といえよう。例えば，「株主が非居

住者時代における特定外国子会社の国外源泉所得」は，所得法上課税対象では
ないし，また，消費税法において，課税仕入にかかる消費税の控除は，付加価
値税の性格から不可欠である。

9 国際的公法関係に適用される法律

　国際的公法関係に適用される法律（国内法）には，国際的公法選択法と国際的
実質公法がある。関税法3条但書きは，条約（国際法）と国内関税法との関係に
ついて，法選択のルールを定めるものであるから前者に該当する。また，所得
税法5条4項は，外国人の所得税納税義務を定めるが，後者に該当する。

第3　法選択基準論（法律の衝突と準拠法選択）

　具体的租税事件に適用する法は，争点ごとに複数存在するので，以下，具体
的ケースを引用して検討する。

1 不動産取得税事件（仙台高裁平成27年6月12日判決）

① 事案の概要

　無料低額診療事業（社会福祉法2条3項9号）について，地方税法には，不動産
取得税の非課税制度があるが，不動産取得税の非課税の根拠が地方税法か県税
条例かが問題となった。また，非課税要件の加重要件として厚労省及び総務省
通達により，生計困難者患者の割合（診療数割合）が総患者数の10％以上と定め
られている。控訴人は，地方税法は枠法であり，不動産取得税の直接的課税根
拠法は自治体条例であり，通達が非課税要件について加重要件を定めている場
合，租税法律主義（租税条例主義）に違反するから，通達を選択して判決するこ
とはできないと主張した。

② 判　旨

　診療数割合は，特段に事情のない限り，控訴人が実際に行っている活動の一
要素として考慮すべきであるとした。

③ 租税法律主義（租税条例主義）と法の選択

　「無料低額診療事業」（行き倒れ者などを無料定額で診療する事業）は，社会福祉法
からの借用概念である。

　非課税要件該当性の判断がなされる前に，先決問題である借用概念の該当性
が判定されたケースである。そもそも，無料低額診療事業は，貧しい生活困窮
者に無料・低額で医療面における生存権保障制度である。社会福祉法・地方税

法・税務条例の中に10％基準はない。無料定額診療事業に関する10％基準は，社会福祉法関係通達として存在する。租税法律主義（租税条例主義）の下では，法律または条例が優先され，これから「はみ出す通達」は，無効というべきである。

地方税法と条例と通達の関係

社会福祉法 （無料低額診療事業）	通達 （10％基準）
地方税法 （枠法）	
条例 （課税根拠法）	

2　差額関税事件（東京地裁平成28年3月17日判決）

①　事案の概要

我が国において，輸入豚肉は差額関税が賦課されるが，A社は外国法人から，kgあたり524円で輸入し，国内でN社へ転売していた。しかし，関税当局から真実の輸入業者はN社であり，真実の輸入価格は約300円と認定され，差額関税約50億円を賦課された。

②　判　旨

N社は差額関税がWTO農業協定に違反するとして争ったが，上記判決は，直接適用の主観的要件と客観的要件を検討し，WTO農業協定の直接適用性を否定した。

③　条約と法律の適用関係

上記判決によれば，条約を裁判規範として直接適用可能かどうかは，単位法律関係（例えば，豚肉関税）を分析し，その連結点（例えば課税要件）について，WTO条約の個別条項毎に判定される。WTO条約のある部分は，直接適用されるが，ある部分は直接適用されないとういうような判定であった。

法律事件に適用される準拠法選択法は，私法のみならず公法（租税法やその他の行政法）においても必要であるから，単位法律関係ごとに，その適用関係の準拠法選択の基準が必要である。租税事件の場合，先決的私法法律関係の準拠法と，後続的租税法律関係の準拠法は異なる。

96

条約と租税法（関税法）

WTO 条約（W）		
関係法A条文	関係法B条文	関係法C条文
W直接適用条文	W間接適用条文	W不適用条文

④　関税法 3 条但書き

しかし，関税法 3 条但書きは，「条約中に関税について特別の規定があるときは，当該規定による」とし，関税条約が国内的効力を有することと，国内関税関係法に優先適用されることを示している。これは，公法領域における準拠法選択法である。上記東京地裁判決は，関税法 3 条但書きを失念した違法なものである。

3　不課税所得合算課税事件（東京地裁平成28年 5 月13日判決）（東京高裁平成29年 5 月25日判決）

①　事案の概要

非居住者たる個人Aは，デンマーク法人Bを100％所有していたが，B社は，2008年 1 月中に資産を約20億円で売却した。

Aは，2008年 2 月 1 日以降居住者に復帰したが，課税庁によってタックスヘイブン課税の適用を受けた。タックスヘイブン課税の課税要件は，「株主（居住者）の実働による所得が，外国子会社の所得として留保されていること」である。従って，非居住者の国外源泉所得に対し，タックスヘイブン課税はできない。

②　判　旨

租税特別措置法40条の 4 の要件に該当する限り，合算課税は適法である。

③　不課税制度とタックスヘイブン課税制度の関係

所得税法 7 条 1 項 3 号によって，非居住者の国外源泉所得は不課税所得であるから，合算課税制度によって日本国が課税することはできない。

租税特別措置法40条の 4 （タックスヘイブン課税制度）は，「株主が居住者である時」に特定外国子会社に留保された所得のみが，株主に合算できるとしており，所得税法 7 条 1 項 3 号（国内源泉所得課税）との適用関係を明示している。元来，外国法人の国外源泉所得について，日本国は課税権が及ばないが，例外的に株主が，居住者であるときに（株主居住者要件），日本国が合算課税できるとし

たものである。

　国外源泉所得を日本国が課税できるのは，「株主である個人が居住者であるとき」であり，株主たる個人が非居住者であるときの国外源泉所得には，日本国の課税権は及ばない。上記一，二審判決は，租税特別措置法40条の4「株主が居住者である時」の適用を失念したものである。

年途中に居住者に復帰した個人の確定申告

国外源泉所得	非居住者時の国外源泉所得	不課税	申告所得から除外
	居住者復帰後の国外源泉所得	課税	申告所得に含める

（国税法 HP，タックスアンサー No. 1935参照）

　日本国が課税できるのは所得Bのみであり，A所得には課税できない（所得税法7条1項3号）。

　特定外国子会社甲の株主乙に対するタックスヘイブン課税は以下の通り。

特定外国子会社甲の国外源泉所得	
株主乙が非居住者であった期間の甲社の国外源泉所得	株主乙が居住者に復帰した後の甲の国外源泉所得
合算課税　不可	合算課税　可

4　仕入税額控除否認事件（東京地裁平成25年11月12日判決）

①　事案の概要

　A社は塗料の卸売業者であったが，税務調査を拒否したとして「帳簿等を保存していない場合」に該当すると認定され，更正処分により仕入税額控除を否認された。A社は卸売業であるから，課税売上に対応する課税仕入は100％存在した。

② 判　旨

消費税法30条第7項が定める「帳簿等の保存」とは，「いつでも提示可能状態で帳簿等を保存している場合」であるとし，税務調査拒否は「保存しない場合」に該当するとした。また，原告の実額反証も認めなかった。

③　実体法と手続法の混同

消費税法の実体法（同法30条1項）によれば，課税要件は「売上にかかる消費税額－仕入れにかかる消費税額＝納付すべき消費税額」である。消費税法30条7項は税務調査拒否の制裁を定めたものではなく，仕入消費税額の証明に関する条文であるから，単なる手続法であり，これによって課税実体要件を変更することはできない。課税仕入があれば，必ず仕入税額控除は認められなければならない。手続法を適用して，納税者の実態的権利を失権させることはできない。

消費税法30条7項本文は，「帳簿及び請求書等を保存しない場合には，当該保存がない課税仕入れ等に係る課税仕入れ等の税額については，同条第1項（仕入れ税額控除）を適用しない」とするが，同条但書は，「災害その他やむを得ない事情により，当該保存をすることが出来なかったことを当該当事者において証明した場合は，この限りではない」としており，税務調査拒否が「保存しない場合」に含まれるとする文言は一切ない。「保存」概念は，一般概念であり，その解釈は社会通念に従ってなされるが，租税法律主義の下では，拡大解釈は許されない。

第4　租税訴訟の立証責任

（東京高等裁判所平成25年5月29日判決，レンタルオフィス事件）

1　レンタルオフィス事件の概要

①　シンガポール現地法人「S社」の発行済み株式総数7,800株のうち，7,799株を日本の居住者であるA氏が保有，1株をシンガポール居住者のB氏が保有していた。

②　S社は精密部品の受注発注という形態による小規模な卸売業を行っている。

③　S社はB氏が社長を務めるX社と「オフィススペースの賃貸借」「周辺事務業務（経理・総務・営業事務）の業務委託」「営業担当者の派遣」を内容

とする業務委託契約を口頭により締結した。
④　X社の提供するレンタルオフィス内に机1台分のオフィススペース（机，椅子，棚，固定電話を含む。）を賃借し，S社の営業担当者が営業活動を行うために当該オフィススペースを使用していた。
⑤　当該オフィススペースの賃借料は，S社がX社に支払っていた「業務委託料」名目の支払の中に含まれていて，財務諸表上は「賃借料」の計上はなかった。
⑥　S社は受注発注の取引であるため，滞留在庫を抱えることは稀であるが，製品が到着してから各顧客に出荷するまでの数日から1週間程度は，S社が製品を保管し製品及び顧客ごとに随時入荷または出荷をする必要があることなどから，シンガポール国内にある倉庫内にS社が取り扱う精密機械部品の保管場所を確保し，必要なスペースを賃借していた。

2　東京高等裁判所平成25年5月29日判決所得税更正処分取消請求控訴事件

①　争　点

本件の争点は，A社が措置法40条の4第4項（ただし，平成17年法律第21号による改正前は，同条3項。以下同じ。）所定の外国子会社合算税制の適用除外要件のうちの（1）特定外国子会社等が，その本店または主たる事務所の所在する国または地域において，その主たる事業を行うに必要と認められる事務所，店舗，工場その他の固定施設を有していること（以下，この適用除外要件を「実体基準」という。）を満たすか否か，及び（2）その特定外国子会社等が，その本店または主たる事務所の所在する国または地域において，その事務所の管理，支配及び運営を自ら行っていること（以下，この適用除外要件を「管理支配基準」という。）を満たすか否かである。

②　外国子会社合算税制の適用除外要件の主張立証責任について

税金訴訟では，納税者側の事情が主張立証の対象となることが多い（国の事情や純然たる第三者の事情が主張立証の対象となることは，通常は，想定されない。）のであるから，主張立証責任を決めるに当たって，証拠への近さは，あまり重視すべきではないと考えられる。シンガポール税務当局から情報を収集したように，国には，外国との間の租税条約や租税協定によって，相手国の税務当局を通じて納税者の国外の子会社等の情報を収集する手段が用意されている。課税庁にとって，国外に所在する子会社等の実態を把握することが困難であるとは言い

難い。

措置法40条の4第6項が，納税者に適用除外要件を満たしていることを明らかにする書類その他の資料の保存を要求しているとしても，そのことは，税金訴訟における主張立証責任と直接関係はない。

控訴人は，過少申告加算税を課さない旨を定めた国税通則法の規定の主張立証責任に関する裁判例及び居住用財産の譲渡所得の特別控除を定めた措置法の規定の主張立証責任に関する裁判例を挙げて，これらの裁判例では納税者に主張立証責任があるとされているから，外国子会社合算税制の適用除外要件についても，納税者に主張立証責任があると解すべきであると主張するが，前者の制度は，後者の制度とは，その趣旨，条文の構造等を異にしており，参考にできるものではない。控訴人が適用除外要件のうちの管理支配基準の解釈を明らかにするために提出した裁判例は，管理支配基準を充足していないこと（より正確にいえば，「管理支配基準を充足していないことの評価根拠事実」）の主張立証責任は国にあるとの前提で主張整理を行っている。

浅妻章如教授の意見書は，「CFC税制に関する立証責任について確定的なことは言いにくいが，規定の構造に照らしても証拠との距離に照らしても，通常の課税要件の立証責任…と比べると，本件の適用除外要件の立証責任は，幾分か納税者側に厳しい負担を配分することとなる…ものと思われる。」という感想の域を出ない。今村隆著「課税訴訟における要件事実論」170頁は，課税取消訴訟におけるタックス・ヘイブン対策税制の適用除外要件について，裁判例を基に，「適用除外要件―管理支配基準の評価根拠事実」（より正確にいえば，「適用除外要件―管理支配基準を充足していないことの評価根拠事実」）を抗弁と説明している。

実務では，国に外国子会社合算税制の適用除外要件を充足していないことの主張立証責任を課していることが明らかである。

③　適用除外要件のうちの実体基準について

「賃借権等の正当な権原に基づき固定施設を使用している」との意義につき，使用することができる場所や施設が特定され，排他的かつ独占的にその施設等を継続的に使用することができる権原を有すること等が必要であるかどうかはさておき，これらの要件が必要であるとして，控訴人が主張する上記①から③までの点について，以下，順次検討する。

B社のレンタルオフィススペースについてみると，A社各事業年度に該当す

る平成15年1月1日から平成17年12月31日までの間において，B社は，シンガポールのα Streetにあるビル（以下「旧ビル」という。）に本社及びレンタルオフィスを置き，A社は，そのレンタルオフィス内の机1台分のオフィススペースを賃借していたが，A社が賃借していたオフィススペースが特定されていなかったり，A社が排他的かつ独占的に当該スペースを使用することがなかったとの事実をうかがわせる証拠はない。

　B社は，平成19年7月頃に本社及びレンタルオフィスを旧ビルから新ビルに移転しているのであって，Cがシンガポール税務当局の調査官を示したというA社のオフィススペースの場所は，平成24年11月時点の場所（新ビルにおける場所）であると考えられる。

　特定外国子会社等の役員がほかの会社の役員を兼務すること自体は，何ら禁じられていない。当該執務室が物理的な場所としては一つの部屋であったとしても，その部屋で当該会社の業務を独立して行っているとみることができる限り，観念的には，その部屋は，各会社の個々の執務室としての性格を持つとみるべきである。Cは，その専用執務室で，A社の職務の遂行を独立して行っていたとみることができるのであるから，その限りでは，当該執務室は，他の者との関係で，排他的かつ独占的な執務室であり，A社の職務遂行のため独立して使用されているということができ，したがって，また，その使用は，その正当な権原に基づくものであるということができる。

　倉庫料の記載のある請求書があることも踏まえれば，乙67の2の上記記載は，A社がA社各事業年度においてDの倉庫を製品の保管場所として使用していたとの上記認定を左右するものではない。

　特定外国子会社等が「賃借権等の正当な権原に基づいて固定施設を使用している」との意義につき，特定性，排他性，独占性等の要件が必要であるとの控訴人の主張を前提としたとしても，A社が実体基準を満たしていないとは認められない。

④　適用除外要件のうちの管理支配基準について

　多数の販売取引があったということは，それだけ，A社の営業担当者が販売先と交渉をしていたことを意味する。A社の取扱製品について，不良品であるとのクレーム，製品の発送間違い，仕様変更の申出等，多様の非定型な事態が発生していたことが認められるから，A社の営業担当者がこれらの事態の解決

に当たったことが推認される。

　Ｃが，Ａ社の営業担当者に対する指揮監督を行い，日常的な営業活動や顧客からのクレーム対応，売掛債権の督促・回収などの業務を執行していたとの認定（引用に係る原判決「事実及び理由」の第3の2（9）イ）を十分裏付けるものである。

　銀行口座入出金明細書等，他行送金・行内振替のサマリーレポートによれば，Ｃが，Ａ社の経理や銀行取引及び為替管理を含む資金管理を行い，米ドル口座，日本円口座，SGD口座の各残高を把握しつつ，各種の支払をチェックして承認するなどし，通常の取引については，無制限の権限を有していたことも裏付けられる。

　ＣがＡ社から役員報酬を受け取っていなかったことは，上記の認定に影響を及ぼすものではない。

　Ｃについては，原審で証人尋問が行われているところ，その後に被控訴人側の立会いがないままＣから事情を聴取しても，その証拠価値は，薄いというべきである。別の会社の事情をもって，Ａ社の場合も同じであろうなどと推認することはできない。

　原判決の「Ａ社においては，経営上重要な事項に関する意思決定及び会計帳簿書類の作成・保管を含む日常的な業務の遂行は，いずれもＡ社の取締役であるＣ及びＥら営業担当者により行われていた」との認定を種々非難するが，この認定を否定する有効な証拠を，結局，提出することができなかったのである。

3　法的検討

① 　タックスヘイブン対策税制の適用除外要件

　タックスヘイブン対策税制には，適用除外要件4つがあり，これらの全てを満たせば適用除外となり合算課税はされない。ただし，資産性所得（改正後は受動的所得）がある場合は課税される可能性がある。適用除外要件を満たしているかどうかが実務的には非常に重要である。その要件の一つに『実体基準』がある。実体基準とは，『特定外国子会社等がその本店または主たる事務所の所在する国または地域に，その主たる事業を行うに必要と認められる事務所，店舗，工場，その他の固定的施設を有しなければならないこと』とされてる。

② 　レンタルオフィス

　スタートアップ企業の多くが利用している『レンタルオフィス』はこの実体基準を満たしているかが，問われた。

『レンタルオフィスが事務所等の固定施設に該当するかどうかは，自己所有であるかどうかは問題でなく，またその固定施設の規模についてはその業種・事業形態に応じて判断すべきである』と解されている。レンタルオフィスだからと言って，直ちに「実体基準」を満たさないというわけではない。

③　『実体基準』の解釈

同判例が判示した，実体基準の考え方は，次の通り整理される。

イ）『実体基準が物的な側面から独立企業としての実体があるかどうかを判断する基準であるとすれば，固定施設を有しているというためには，特定外国子会社等が賃借権等の正当な権原に基づき固定施設を使用していれば足り，固定施設を自ら所有している必要はないものと解される。』

ロ）実体基準を満たすために必要な固定施設の規模は，特定外国子会社等の行う主たる事業の業種や形態により異なると考えられるため，特定外国子会社等が使用している固定施設が必要な規模を満たしているか否かについては，特定外国子会社等の行う主たる事業の業種や形態に応じて判断されるべきである。』

ハ）『S社が小規模な卸売業であることに照らすと，必要となる事務所の規模は小さくて足り，受注発注という形態からするとシンガポールにおいて取扱製品を保管する必要がほとんどないものと考えられる。従って，S社が使用していたレンタルオフィススペースや専用執務室，倉庫スペースは事務所及び倉庫としては必要な規模と考えられ，S社は主たる事業である精密機械部品等の卸売業を行うために十分な固定施設を有していたものと認められ，実体基準を満たしているものと認められる。』

④　立証責任

前記判例は，「実務では，国に外国子会社合算税制の適用除外要件を充足していないことの主張立証責任を課していることが明らかである」とした。

第4章　課税実体要件と課税手続要件

第1　法の支配
1　法の支配と内容
　法の支配の行われる国の指標として重要なものは，①憲法の最高法規性遵守，②基本的人権の尊重，③適正実体法と適正手続法の保障，④権力の恣意的行動の統制を裁判所に行わせる制度の存在とされている。権利自由を制限する法律は，主権者である国民自身が決定するとの原理が根底にあり，「法の支配」は，民主主義と深く結びついたものである。しかし，我が国の租税法の領域においては，法の支配の定着度は極めて低い。法の支配の内容の中に，「国民の権利の迅速確実な実現」を含めて議論してこなかったからである。
　国民の権利が違法に侵害されている場合，例外なく100％救済されなければならない。国税庁統計によれば，我が国の租税訴訟は，90％以上も国民の権利を実現しないシステムである[1]。また，租税刑事訴訟事件の有罪率は100％である。課税庁による修正申告の強要がなされることと併せて分析すると，日本の納税者の救済システムは，殆ど機能していない。裁判所の租税訴訟の権利実現率の異常な低さは，法の支配の原則を実質的に否定するものである。国民は，これを是正しない限り，民主主義社会が実現しないことを知るべきである。
2　規制緩和と司法制度改革は不可分
　十数年前に，日本経済団体連合会（経団連）は，自民党に対し，規制緩和と司法制度改革を要求した。自民党はこれに従って，規制緩和を基調として自由な市場作りの政策を実行し，並行して行政指導による事前チェックを改めて，司法制度改革による事後チェックシステムを採用しようとした。
　司法制度改革によって利便性の高い司法システムの構築が開始されたが，公法領域においては，大きな変化は認められない。平成16年に行政事件訴訟法が改正され，平成17年に，その影響を受けたと思われる大法廷の判決が出された。

---

(1)　国税庁統計によれば，令和2年度における租税訴訟終結件数は180件で，納税者勝訴率（一部勝訴も含む）は7.8％（14件）である。

一つは，在外邦人の選挙権制限違憲判決で，もう一つは原告適格の拡大をなした小田急高架事件判決である。

　企業は，行政の規制を排除し，今後は自由に営業活動することを希望し，官財協働システムではなく，司法システムを利用したいというのである。

　一方，日本財政は破綻状態で，消費税の税率を引き上げることが不可避といわれている。しかし，消費税を10％以上に増税を実現するにはまだ数年かかると予想される。国税庁は，租税特別措置の大幅見直しと税務調査の強化を企図し，その結果，全国的に強引な更正処分が行われている。租税訴訟提起に追い込まれる大手企業は今後増加していくことになろう。規制緩和は，アメリカ政府が我が国政府に強く求めた政策でもあるが，規制緩和政策は公正取引委員会や証券等監視委員会の強化策ともセットで実施されることになる。これから競争法違反事件が増加するであろう。また，これらの両委員会に対し，経済規制法違反を通告する事例も増加すると予想される。規制緩和は，公正なルールを遵守する社会で実施されなければ無秩序を招来することになる。

3　国等と主権者間の訴訟における原告勝訴率

　民事訴訟において，原告が一部または全部の権利を実現する割合は，和解を含めて約80％である。しかし，国等と主権者国民との訴訟の原告勝訴率は，異常に低い。行政事件訴訟法が平成16年に改正されたが，この頃，東京地方裁判所民事第3部（行政部）における藤山雅行裁判官の法廷においては，在任後半の2年間の租税訴訟判決の原告勝訴率（一部勝訴を含む）は約50％を記録した。

　しかしながら，その後令和3年度の行政訴訟の原告勝訴率は，全国的にみると約10％であり，行政訴訟の地裁提起件数は約1799件（税務事件を含む。）となっている[2]。

　この数字は平成15年以前の統計とほぼ同様であり，司法制度改革関連法が出揃った今日でも何も変わらないことを意味する。司法制度改革の目的は，国民の権利救済の拡充，拡大であるが，法律改正だけでは不十分であることが証明された。国民や企業は，司法システム（裁判所と法運用者）が真に役立つならばこれを利用するはずであるが，これを利用価値あるものと認知していない。司法システムの利用者（ユーザー）である国民や企業が，公法領域において司法シス

---

(2)　司法統計，令和3年度最高裁ホームページ参照

テムをどれ程信頼しているかは，行政訴訟提起件数に表れ，また，裁判所が公正に判断しているかは，原告勝訴率に表現される。民事事件の原告請求の達成率（一部実現や和解も含む）は約80％であり，これと比較すれば，行政訴訟の原告勝訴率の低さは異常である。

4　行政訴訟死滅の原因

　行政訴訟が不活発な原因の直接的なものは，裁判官の自由心証主義の濫用である。行政訴訟専門弁護士から聴取したその他の意見は次の通りである。

　行政法は，「不確定概念」と「行政立法の委任」を多用しており，この結果，行政庁は裁量行為が国会によって許容されたものとし，行政立法（政省令，通達など）や行政指導の方法で，多くの行政裁量が行われることになる。行政裁量や行政立法，行政指導には司法審査を及ぼし難い（国会による裁量権の付与）。

　行政訴訟において，約90％権利実現が行われない現状をみて，国民は，裁判所には利用価値がないと考えている（行政訴訟のユーザー離れ）。

　行政訴訟において，裁判官が自由心証主義の名の下に，国民を勝たせず不公正に取り扱う（裁判官の行政追随傾向，自由心証主義の濫用）。

　国民・企業は行政庁との間で紛争が生じた場合，弁護士に相談せず，行政庁またはその職員OBに相談することが多い（弁護士離れ）。

　憲法，行政法，行政事件訴訟法を修得した裁判官や弁護士が少ない。国の訟務組織においても，非法律家が指定代理人となるので，訟務検事は軽視されている（人権感覚の不在）。

　裁判所は，行政庁と人事交流をし，裁判官が訟務検事となり，また，100人規模の裁判官が行政庁へ出向しているが，国民主権の眼線が涵養されない（判検交流）。

　行政庁から，裁判所の調査官として人材を受け入れ，判決書の作成に関与させている（国税庁職員の受け入れ）。

　最高裁の裁判官は，内閣が任命する（長官を除く）ことになっており，高等裁判所の裁判官のうち最高裁裁判官になろうとする者は，国を敗訴させる判決を書き難いシステムになっている（高裁裁判官の内閣迎合意識）。

　大学等の研究機関も行政庁職員の重要な天下り先であり，行政法の研究者の多くは，行政活動に対し，批判的意見を表明することが困難である。司法の独立，公正は，裁判官・弁護士のみならず，研究者の良心の確保も必要とする

（大学への天下りと研究者の非独立性）。

　法学教育において最も重要なのは，人権教育であるが，司法研修所や大学で
は要件事実を重視し，「保護されるべき利益」を軽視する教育を行ってきた（法
学教育の貧困）。

　これらの原因の根本的なものは，裁判官の良心の欠如である。裁判所が行政
事件において，自由心証主義を濫用して，約90％も被告を勝たせてばかりいる
ので，国民や企業は裁判所を相手にせず，行政庁から天下りの職員を受け入れ
ることを考え，法の支配が消滅してしまった。公法領域において，我が国には，
法の支配がない。公共入札にみられる官製談合や癒着談合は，「国会が行政庁
に裁量を与える法律を作ること」と，「自由心証主義を濫用する裁判所」によ
って作られているといえよう。日本の大手企業は，殆んど天下り公務員を受け
容れ，また，顧問税理士は，税務署OB職員であるが，二階建てとして就任さ
せている。企業や国民は，裁判所を信頼せず，天下り行政公務員と個別契約を
なし，ボディーガードとしているのである。そのような社会では，弱者を見殺
しにし，一部の特権階級に属する人たちのみが潤うことになる。

　裁判官も定年退官後，行政庁から公証人や行政委員会委員等のポストが付与
されるから，国民を勝訴させるとその様な天下りの機会を失うことも納税者救
済率の低さの原因と思われる。

5　行政事件における不公正な裁判所

　国民や企業が，なぜ行政訴訟を利用しないのかの答えは明確である。

　裁判所に行っても権利の実現ができないから，弁護士に相談しない。司法シ
ステムは，国民の公法上の権利実現の観点からは，殆ど役に立たない制度だか
ら利用しないし，国民の権利を実現しない制度に費用を支払いたくないと考え
る。

　行政相談は，年間約10万件もあり，行政不服申立件数は年間約5万件もある。
行政訴訟提起件数は，年間約2000件であるが，その内原告が一部でも勝訴した
のは約1割であり，行政相談件数の約0.2％，不服申立件数の約0.4％である。
全部勝訴する事件は殆どない。統計からみれば，行政訴訟は殆ど役に立たない
制度である。

　行政訴訟は，主権者と公権力行使者との間の争いであり，この提起件数と原
告勝訴率は法の支配の実現度であるから，我が国には公権力行使について，法

の支配がほとんどないことになる。民事事件は公正に行われているとの反論も
あろうが，2000年前の昔でも，また，独裁国家でも，民間の争いを公正に裁定
する機関はあった。紛争が公正に裁定されない社会では，絶望した国民は，テ
ロや暴動に走るから，為政者も公正な法によって民間の争いを裁断してきた。
しかし，「国と国民との間の争い」が，公正に行われる社会こそ，近代的な国民
主権社会であり，かつ，法の支配の社会である。我が国は，近代的な民主主義
国家として，健全な司法制度を保有していない。国家が，最大の人権侵害者で
あることは，公権力行使者としての必然であるから，違法行政を是正するシス
テムを持たない国民は，一方的に人権侵害の被害を蒙るばかりである。国家活
動を実際に行うのは国の三権に関与する公務員であるが，政財官の利権構造は，
自然に発生し，これを破壊できるのは，国民の監視ネットワークしかない。

　行政庁とそこにおける法運用者をいくら批判しても，違法行政は根絶できな
い。

　ところで，裁判所は，「行政裁量論」「反射的利益論」「特別権力関係論」「原
告適格制限論」「統治行為論」「法律上の争訟制限論」などの国民救済を否定す
る理論を使って，国民の権利実現を拒否してきた。行政事件において国民が訴
訟提起を決断するに至った段階においては，原告の請求は，特に原告代理人が
スクリーニングし，正義の実現が必要なものとして選別されており，その実現
の必要性は，民事訴訟における原告の請求と同じである。藤山雅行裁判官の原
告勝訴率は，公正・中立な判断の結果だとして多くの国民は支持しているから，
行政訴訟においても，民事事件の原告請求実現率80％並みの原告勝訴率（一部
勝訴を含む）が実現されても良いように思われる。

6　裁判官の自由心証主義の濫用と良心

　裁判官の自由心証主義の濫用を制限し，裁判官の良心に従った判決を確保す
るための社会的システムがなければ，納税者が被害を蒙る。裁判官の自由心証
主義の濫用事例は多く存在するが，その主要なものを次に指摘する。

　「政令の定めるところにより課税する」という税法規定は，誰がみても憲法
84条に違反する規定であるが，裁判官が違憲と云わない判断は異常である。

　裁判官の多くは，税法の課税要件を逸脱する通達や課税処分について，合法
化する理論を考える傾向がある。

　不利益遡及課税を合憲とするのも，憲法84条や31条に違反し，自由心証主義

の乱用である。

　課税減免要件の適用範囲を解釈によって狭くするのが正しいと誤信している裁判官が多い。

　実質課税原則を適用して，私法法律関係を破壊する事実認定をする。

　通達が認める基準よりも納税者に不利な判決も多い。

　税法解釈や憲法判断を回避し，不合理な事実認定をなして上訴を妨げる（特に高裁判断に多い）。

　課税庁を支援する解釈や尋問をなし，証人などに対し，誘導誤導質問をすることがある。

　課税庁を敗訴させると，裁判官が不利な扱いを受けると誤信している裁判官が多いように見える。しかし，違法課税による税収は，国の違法利得であり，これを国に保有させてはならない。

　公示価格を時価とする認定は，証拠に基づかない判断であり，課税庁の証明責任を安易に解除するものである。資産評価や適正な時価を争う訴訟では，盲目的に課税庁の評価を優先する裁判官が多い。

7　法の支配と弁護士・税理士の役割

　租税は，国家による公共サービスの経費を賄う源資であるが，国の課税権の行使には，違法課税が少なからず存在する。

　違法課税を放置すれば，関与公務員は，法を無視する傾向を維持するから，同様の違法課税が繰り返され，法の支配のない社会となってしまう。弁護士・税理士は違法課税の是正に，社会的責務として活動しなければならない。

　弁護士の違法課税の是正は，税務調査と租税争訟に関与して行うことになる。税務調査においては「通知弁護士」として，審査請求手続と租税訴訟手続には「弁護士」として関与することができる（国税庁は，税務調査において，弁護士の代理を認めない）。

　そして，法の支配は，納税者の権利実現が迅速かつ確実に行われることによって，社会に定着することを認識しなければならない。租税訴訟が裁判所に提起された場合，その前提として違法課税が存在する。従って，租税訴訟においては，適法課税の是正が議論されることはなく，違法課税の是正が求められている。違法課税の是正は，適正課税の増大になることはあっても，その妨げになることはない。一つの違法課税を放置したら，同様のケースについて，将来

の何万人もの納税者が違法課税によって苦しめられることになる。我が国の租税訴訟判決の多くは，原告のみならず，将来の納税者に対して，冤罪的課税を助長している。

8　法の支配の新たな構造

① 公正・中立なシステム

法の支配の実現は，国民の権利が実現されることとイコールである。法の支配を実現するためには，権利実現機関として公正・中立な司法システムが構築されていなければならない。公正な法が存在しても，裁判官がこれを無視すれば，法の支配は消えてしまう。我が国の公法領域は，そのような状態にある。

② 公正な三権を確立する方法

法律家が，主権者国民の代理人として訴訟を提起し，裁判所を道具として権利を実現することによって，「法の支配」が社会に実現される。そのためには，「公正な三権の確立」と，「法律家の公正な活動」が必要である。そして，「公正な法運用基準の存在」も必要である。

9　法運用者の独立性の確保

三権が分立していても，これをチェックする機関がなければ，公正な法運用は存在しなくなる。また，「行政執行機関と審査機関の分離」は，憲法31条から導かれる原理であるが，このような法運用の公正を実現するシステムが必要である。公正な法律の制定だけでは，社会的正義を実現できない。判決は，法律それ自体に依拠するのではなく，法律とは別に存在する「法運用の基準」に直接依拠している。公正な法運用基準とその運用の存在が必要であり，そのためには，裁判官の良心とその他の法律家の倫理が不可欠である。また，納税者の権利実現度は，原告勝訴率に反映されるから，各裁判官毎にこれを常に公表することが必要である。

10　権利の実効的保障

法の支配が社会において実効的に存在するために必要なことは，公正な法運用の存在によって国民の権利が迅速，確実に実現されることである。裁判官を含む，行政法の運用者が公正に行動しない限り，公法領域で法の支配は生まれない。国家と主権者国民間の紛争が公正に裁定されるところだけが，法の支配の国といえよう。違法行政は，少なくない。税務調査の現場では，調査官の要求が100％受け容れられることはなく，相当の部分が税理士によって拒否され

ているから，違法課税は相当多い。また，弁護士が租税訴訟の弁護を依頼され
るときは，十分吟味し，高い訴訟手数料を裁判所に納付して真に勝訴の可能性
が高い事件についてのみ，提訴しているから，あるべき原告勝訴率は100％で
ある。

11　公正基準制定第三者委員会

　成熟した民主主義国家では，国民や納税者が，国家の三権に対して常時監視
するシステムを構築している。国民は，公正で安心できる社会の実現を望むが，
これは，国民自らの活動によってのみもたらされる。国民は，公正な基準を制
定して，国家の三権に対し，公正な法運用の確保を求め，かつ，三権の監視を
行い，国民の権利が迅速かつ確実に実現されていることが常時検証されなけれ
ばならない。国民の三権に対する監視を補助するのは，法運用実務を行う法律
家及び準法律家であるこれら士業が，インターネットサイトを通じて公正基準
の議論する情報空間会議室をスタートしたので，多くの弁護士その他の士業の
参加をお願いしたい。

　士業は，約30万人存在し，これらが結束して，我が国社会における法運用の
公正を要望するなら，法の支配の定着度は，高まることであろう。法律家は，
権利を実現する者であり，権利の達成度を常に監視しなければならない。

　租税訴訟は，公益訴訟であり，ここで勝訴することは，納税者の人権を擁護
するのみならず，現在及び将来の適正課税を実現することになる。

　弁護士は，租税訴訟に関する情報を交換し，司法の独立・公正を確保する活
動が最も重要である。そのためには，より多くの弁護士が下記研究団体に，更
に自ら租税法に関する公正基準を作り，常に裁判官と租税運用者を監視し，さ
らに憲法84条の理念に反する理論を主張する研究者にも倫理を説く行動をお願
いしたい。

　また，租税法における公正な基準は，課税権力から独立した学会でのみ創出
される。更にまた，臨床的実務経験がなければ，具体的に妥当な租税法基準を
生み出すことは困難である。租税法における弁護士・税理士の協働する学会の
必要性がここにある。

　租税訴訟学会（大淵博義会長）

　入会申込先：http://sozei-soshou.jp/

第2　租税訴訟と租税法律主義
1　租税訴訟の目的

　租税訴訟は，納税者が有する各種の権利を実現することが目的である。課税実務においては，「冤罪的課税」が少なからず存在する。したがって，租税法律家（税理士を含む）は，違法な課税処分を排除し，または，過誤納金の還付請求を実現することが重要な業務である。

　租税訴訟における原告側の「具体的目標」は，

　　イ　不確定概念による課税要件の明確化

　　ロ　課税要件の行政への委任範囲の明確化

　　ハ　課税要件に関する行政の誤った法解釈の否定

　　ニ　課税要件該当事実の誤った事実認定の否定

について司法判断を求めることである。租税訴訟判決の多くはこの4つに関連した判断である。

　租税訴訟における訴訟物は，通説によると「税額の適否」である。税額は，課税対象から導かれるものであるから，つまるところ，課税対象の存否及び範囲が審理対象ということになる。

　租税訴訟における争点は，「課税要件法の解釈」と「課税要件事実の存否」のいずれかである。憲法84条から導かれる原理として，課税要件明確主義があり，また，憲法31条，同13条から侵害規範解釈の謙抑主義が導かれる。いずれも，納税者にとって租税訴訟において勝訴するために必要な原理である。しかし，ほとんどの租税訴訟判決は，法解釈と事実認定を濫用することによって原告を敗訴させている。租税法の解釈は，憲法84条の課税要件明確主義に従い，納税者の予測可能性を確保する結論を導かなければならない。また，「課税要件事実の認定」について，裁判官の恣意が許されるものではなく，厳格な証拠裁判主義の要請があり，租税債権の成立を立証するのは課税庁の責任であるから，これを証明するのに必要十分な証拠が裁判所へ提出されなければならない。

2　租税法律主義に依拠した法的分析

　租税訴訟において，裁判官に租税法律主義と私的自治の原則を認識させ，これに従って裁判させる有効な法的分析方法を下記に説明する。

| 私法法律関係の要件事実の認定 | → | 課税実体要件抽出と該当性判断 | → | 処分違法 |

①　先決問題である私法法律関係の分離

第1は，課税法律関係が発生する前に，先決問題である私法関係の要件事実を課税法律関係と分離して主張することである。課税法律関係が，多くの場合，私法法律関係を先決問題としていることを理解させる効果がある。例えば，譲渡所得の場合，所得発生原因である資産の売買契約を所得税法の法律関係と分離して分析すれば，私法法律関係との混同を防止できる。裁判官に，私的自治の原則を認識させる効果がある。

②　課税構成要件の明確化

第2は，問題の課税法律関係に関連する租税法の該当条文を分析し，課税構成要件を明確化することである。かかる方式は，特許訴訟における各特許構成要件の分析に類似し，また刑事事件の犯罪構成要件の分析にも類似する。裁判官に，通達が裁判の法源ではないことを認識させる効果がある。

③　課税実体法要件の抽出

第3は，課税要件を課税実体法要件と課税手続法要件に分離・抽出することである。租税法規は，実体法と手続法が混在していることが多い。この分離・抽出によって，税法の政省令への委任範囲を明確にできる。裁判官に，手続の未履行によって納税者の課税減免を受ける実体法上の地位を喪失させることができないことを認識させる効果がある。

④　処分違法・国賠違法・不当利得法理の適用

第4は，租税法の領域において，正義・公平の原則が強く妥当するべきことを訴える。そして，「法的に保護されるべき納税者の利益」が発見されるケースにおいては，課税処分の違法を主張する抗告訴訟だけではなく，国家賠償請求訴訟や不当利得返還請求訴訟も併合提起することが有益な場合が多い。憲法17条は，公務員の違法行為により発生した損害は賠償しなければならないとしている。租税法によってこれを否定することは憲法違反となる。また，違法な課税処分は取り消すだけでは，納税者の救済とならない。違法課税によって発生した損害や，国に発生した不当利得を調整しなければ，真の解決とならない。

⑤　納税者主権者説の主張と保護されるべき利益の発見

第5は，納税者は課税の対象ではなく，憲法によって納税者の権利を保障された主権者であり，「疑わしきは納税者の利益に」扱われるべきことを主張すれば，裁判官に憲法尊重義務を認識させる効果がある。また，人権は，法律が

114

創造するものではなく，租税訴訟において最も大切なことは，「納税者の保護されるべき利益の発見である」ことを主張する。

⑥　自由心証主義の濫用防止と裁判官の良心

違法課税と主張される租税訴訟事件が90％も救済されないのは，裁判官の良心が欠如し，自由心証主義を濫用しているからである。第6は，担当裁判官に対し，司法手続きにおいて最も重要なことは，「裁判官の良心の確保」であることを強く訴えるべきである。

これらの①〜⑥の方法は，山下方式と名付け，弁護士や税理士に公開し，租税争訟（税務調査事件を含む）において争点整理として利用することを勧めているが，租税争訟において裁判官や審判官に租税法律主義と私的自治の原則を意識させ，自由心証主義に制約を与え，公正な判断を取得することに有効であると思われる。納税者の権利が実効的に保障されるためには，租税争訟における「裁判を受ける権利」（憲法32条）が十分かつ確実に実現されなければならない。

3　課税処分の特定とその他の留意点

租税訴訟において，「是正を求める行政活動は何か」を特定しなければならない。課税処分が複数存在する場合（例えば，更正と再更正，棄却裁決など）は，そのいずれの是正を求めるかを決しなければならない。また，審査請求前置主義，原処分主義，出訴期間などを克服しなければならない。

さらに，法人税や所得税の申告額が更正された場合，消費税や地方税に連動することが多く，また，各地に支店や営業所を持つ企業の法人税額の更正がなされた場合，各地において地方税の更正処分がなされる。すべての更正処分，または賦課処分について，執行不停止原則によって，暫定的に納税を完了しなければならない。

4　司法権に対する監視

租税裁判は，法律を適用して行われていない。裁判官は，法律以外の法である政省令を探索し，また，行政庁の内部規範である通達や指導要綱やガイドライン等も参考にし，その後，経験則に従って事実を認定し，すべての関連法を参考にしつつ，最後は，当該要件における具体的に適用するべき規範を創造・定立して，判決書を作成する。したがって，裁判官が事実認定の際に依拠する経験則を間違わないよう，かつ，判決において創造・定立させる規範が公正基準に反しないよう，裁判官を監視する必要がある。

　平成21年3月10日，「行弁ネット」（http://www.gyouben.net/：行政訴訟関係弁護士ネットワーク）の招きで，行政訴訟の専門裁判官であった濱秀和氏は，日弁連会館で講演されたが，「日本の行政訴訟判決の80%は八百長であり，中東の笛である」と証言された。納税者の権利の実現のためには，裁判官の良心の確保が最も大切である。裁判官の公正性は，裁判官を批判し，監視することなしに確保できない。裁判官を監視する第三者委員会のインターネット空間における会議室を利用し，弁護士・税理士等の士業約30万人が司法を監視していることを示せば，行政訴訟判決は健全化に向かう可能性がある。

第3　「裁判を受ける権利」の実効的保障―行政立法と解釈改憲―

1　はじめに
2　「行政立法による課税」
3　税法領域における解釈による憲法改正
4　憲法判断の回避と違憲判断の回避
5　裁判を受ける権利の実効的保障と裁判の公正

1　はじめに

　裁判を受ける権利は，独立かつ公平な司法機関に対し，権利・自由の救済を求め，基本的人権の保障を確保し，法の支配を実現する上で不可欠の前提となる権利である。

　憲法は，国の最高法規であるが，法律等の下位の法規範や違憲的な権力行使によって，違憲状態が生じることがある。事後是正の憲法保障制度として重要なものは，国民の裁判を受ける権利（憲法31条）である。

　ところで，2007年5月13日午前10時から，テレビ朝日の番組において，司法の不公正問題が取り上げられた。「人質司法」「判検交流」等の存在が，不公正な判決を招来しているとの指摘であった。また，2009年5月8日，DNA鑑定の誤りが指摘され，菅谷受刑者は釈放された。科学鑑定も間違いを犯すことが判明したが，これによれば，課税庁の職員による主観的な判断で行われる課税処分には，相当数間違いのあることが推定される。

　行政の規制が緩和されるべきとする政策が政府によって採用され，数十年が経過し，これに伴い，事後規制としての司法手続の見直しもなされ，行政事件訴訟法改正などの司法改革関連法が多く成立した。規制緩和の社会は，公正な

116

社会でなければならないが，公正な基準をもたらすものは司法手続である。しかし，肝心の司法が不公正であっては，乱れた規制緩和社会となってしまう。従って，規制緩和社会においては，裁判所による司法審査が十分機能していることが必要である。司法審査制は，憲法81条に基づく制度であり，その核心は裁判所の公正性の確保である。

　そして，主権者国民が，憲法や法律によって付与された基本的人権は，公正な裁判所によって，迅速かつ確実に認められなければ，絵に描いた餅となってしまう。いかなる国家においても，民間の争いを公正に裁定する国家システムは存在する。しかし，公権力を行使する主体と国民間の紛争が公正に裁定される司法機関が機能している国家が，真の法の支配の国家である。司法制度改革の議論の中で最も重要なことは，国民の権利が実効的に救済されることである。形式的な「裁判を受ける権利」の保障ではなく，これの実効的保障がなければ，憲法32条を形骸化した違憲の状態がもたらされてしまう。主権者国民は，多くの基本的人権を有するが，これが，迅速・確実に実現されるためには，「裁判を受ける権利」の保障が最も重要であり，しかも，その実効的保障が必要である。

　しかしながら，国会は行政庁に課税要件を委任する法律を多く制定するから，課税庁や徴税庁に有利で，かつ場合によっては，憲法84条や41条に違反する租税法規が出来上がってしまう。租税法を含む行政法の多くは，重要な法律事項を行政立法に委任しており，行政による委任命令は「不文の憲法」とも呼ばれ，憲法41条（国会が唯一の立法機関とするもの）や憲法84条（租税法律主義）は形骸化している。日本国憲法は，行政による委任立法を正面から規定していない。せめて，裁判所が，憲法41条や憲法84条に照らし，行政立法を厳しく制限すればよいのであるが，裁判所の行政立法に対するコントロール度は緩やかすぎる。また，憲法73条6号は，実施命令のみを許容しているが，憲法上明文の根拠がないのに膨大な数の委任行政命令が存在し，我が国の行政は，法律によるのではなく，殆んどが，行政命令に従って行われている。受任を受けた政省令は，不確定概念を多用し，更に，不確定概念に解する税法解釈通達が尨大に存在し，事実上憲法41条や84条は，形骸化している。政省令を直接統制する訴訟は許容されておらず，裁判所も，不確定な課税要件について，違法判断を避ける傾向が強い。結果的に税法領域は，司法権の及ばないアンタッチャブルなところと

なっている。

　以下，行政立法（通達も含む）を題材として，憲法41条，73条6号，84条の「解釈改憲」の是非について論じたい。国会による授権行政法は，一般的白紙的委任をなすものが多いが，裁判所は，これを違憲と言わず，多くの行政法研究者も異議を唱えない。「政省令の定めるところにより非課税とする」，「政省令の定めるところにより減免規定を適用する」，「政省令の定める資料を添付して申告した場合に限り，減免規定を適用する」とする内容の課税要件は，我が国の税法の中に見られるものであるが，社会通念からみて，一般的・白紙的委任であり，どうみても憲法41条や84条に違反すると思われるが，多く放置されている。また，課税要件を拡大解釈し，更に課税減免要件を縮小解釈する租税法通達は多く存在する。このような違憲状態が是正されない理由を分析し，本稿は，憲法の視点から行政立法の限界を論じるものである。

2　「行政立法と通達による課税」

　現在，日本においては，行政立法や通達による課税が広く行われている。行政立法等による課税が多く見られるのは，国会による立法の怠慢である疑いもある。

　更に我が国における租税訴訟過程における救済率の低さも問題である。ドイツでは税法分野において不服申立て段階の救済率が6割を超え，租税訴訟においては実質20〜30％程度の納税者勝訴率で行政に対する司法審査が及んでいる。韓国でも不服申立て段階の救済率が3割を超える[3]。これに対し，我が国ではこの数年の平均的統計数値を計算すると，不服申立て段階の救済率が1割台であり，租税訴訟における納税者勝訴率は10％程度（一部勝訴を含む）しかない。日本の裁判所は，違憲審査においてアメリカのような「司法積極主義」の経験がなく，もっぱら「司法消極主義」的運用を行っているのが実際であり，全般的にもう少し「司法積極主義」の方向での運用がなされることが望まれる。

　国の税金の使途についても，アメリカ合衆国では納税者訴訟により司法審査が及ぶのに対し，日本では国の公金支出に対して，国民が利用できる監査制度が何も準備されていない。そこで，公金支出を監視するため，地方自治法における住民訴訟的な制度が国レベルでも必要とされる。

---

(3)　三木義一編著「世界の税金裁判」清文社42頁，267頁

　法律が与えた授権範囲を逸脱して制定された委任立法等の限界について，木更津木材事件（納税者勝訴の憲法訴訟事件であり，二審判決は，行政立法への委任基準を明確にした）判決等を紹介することによって，これを明らかにし，法律によらない課税に対し憲法上の問題点を指摘したい。

3　行政立法による憲法無視

①　法の支配の形骸化

　国民に対する課税は国民の同意無しには行使できないはずである。この憲法原理は1215年のマグナ・カルタにその萌芽を見出すとされ，日本国憲法84条でも「あらたに租税を課し，または現行の租税を変更するには，法律または法律の定める条件によることを必要とする」と規定し租税法律主義を宣明している。

　しかし，現在の日本においては法律の委任に基づくことを根拠にして，おびただしい数の政令，省令，通達等の新設及び変更がなされている。その結果，国会を通過した法律ではなく，政令等の改変により大きな増税が実施されている。問題は，このような法律によらない増税に対して，国会議員を含めた多くの国民が何の疑問も抱いていないことである。

　現在，国会議員の提出する議員提出法案は，提出される全法案の一割にも満たない。そして，その中で成立する法案は更に少ない結果，大部分の法案が内閣提出法案である。官僚の作成による内閣提出法案は，不確定概念が多用され，あいまいな表現が多く，課税要件等の重要部分が委任立法により，政令以下に委ねられている。その結果，委任立法により課税が実施されている。政省令以外でも，通達は，課税要件の重要部分（課税対象の範囲，課税減免要件の制限要件の設定，資産評価基準など）を定め，これが課税実務に決定的な影響を与えていることが多い。更に，法令だけでは，具体的な税額計算ができず，具体的税額の算出は，本来行政庁のみを拘束するはずの通達に従って行われている。

　課税実務は，法律に基づくよりは，政省令や通達に依拠して行われているのが現状であり，憲法41条や84条は無視され，法の支配は形骸化している（行政立法等が重視され，使われない税法は，「骸骨税法」と称されている）。

②　行政裁量に対する統制

　裁量行為に対する司法審査密度は，伊方原発事件最高裁判決で示された「判断過程審査方式」のように深化している。近年ではさらに一歩進めて学説が提唱してきた費用便益分析の司法審査が，小田急線高架化訴訟判決（東京地判平成

13年10月3日）でも採用され，鉄道騒音についての違法状態を前提とした場合，地下式と高架式との事業費の比較について結論が逆転する可能性等があるとし，事業認可を取り消した（同判決は，上級審で取り消されたが，行政裁量の司法審査の程度は深化しつつある）。

　警察行政の領域においては，人権尊重の見地から，法令でこと細かに行為要件を定め，これに該当する場合には，必ず定められた行為をすべきものと覊束する例が増え，行政庁の裁量の余地は狭められてきた。さらに，民事事件であるが，医師に対する医療過誤訴訟における過失責任について，裁判所は，医師などの専門職に対し，採用されるべき治療方法について，原則として自由裁量を認めない[4]。

　行政裁量に対する司法審査密度は深化し，国民の自由を統制する警察行政に対する統制は厳しくなり，また，専門職に対する責任の追及は厳しくなったのに，なぜ国民の財産から金銭を徴収する租税関係において，法律が与えた授権基準を満たさない委任立法や通達に対する統制が全く緩やかなのかが大きな疑問である。

　③　委任立法に対する司法審査

　裁判所は行政の専門性・技術性を盾にその行政立法の違法性の判断に踏み込もうとせず，国会議員の多くも法律によらない政令などの行政命令の恣意的な制定に対し，抵抗が困難である。しかし，行政立法の濫用が議会の立法権を有名無実にし，ナチの授権法に見られるごとく憲法体制の崩壊をも招来させる危険性を孕んでいることを考えると，行政立法の範囲，限界について歯止めをかけることが必要とされよう。

　租税分野については，裁判所は広い立法裁量論に依拠する司法審査の姿勢を示している[5]。

　しかし，専門性，技術性から，行政立法の必要性を認めるとしても，行政立法によって，重要な課税を行うことを許すことにはならない。

　行政事件訴訟法30条によれば，裁判所は，「裁量権の範囲をこえまたはその濫用があった場合」行政庁の裁量処分を，取り消すことができる。そして法律が多義的，概括的，不確定な概念（「正当な理由」，「正当な補償」，「不相当に高額」，

---

(4)　大野病院事件，福島地裁平成20年8月20日刑事事件　無罪判決
(5)　戸松秀典「憲法訴訟」有斐閣2005年度版251頁

120

「著しく低廉」など）を用いて，行政庁の行為要件を定めている場合，行政庁に裁量が与えられているようにみえるが，これらの概念は，いずれも経験則などの客観的な判断基準により確定可能であり完全な司法統制が及ぶとされている（判断代置可能説）。

従って，法律と同じように，不確定概念を多用した行政立法にもより強い司法統制を及ぼさなければならない。平成16年6月行政事件訴訟法の改正案が国会で承認されたが，その附帯決議で「国民の権利・利益の救済を拡大」し，「憲法で保障された裁判を受ける権利を広く実質的に保障」することが，政府と最高裁判所に要望されたことを考慮すると，法律が与えた授権基準を超え，不確定概念を多用した憲法41条，84条に違反する行政立法に対し，厳正な司法審査を及ぼすべきであろう。

現在，裁判官の多くは，新たな基準や救済を司法判断によって創造することに対しては，きわめて消極的である。しかし司法改革の目標は，日本における法の支配を確立し，国民の権利・利益を実効的に救済することである。

裁判所は，自己の権利の法的擁護を求める主権者国民の要求に応えて，積極的に司法判断を下し，公権力行使を統制しなければならない。

4 行政立法の一般的限界を示す裁判例

委任された行政機関が，委任の範囲を超えれば，委任命令自体が違法となるが，これは委任命令の内容の問題である。

委任の範囲を超えたかどうかは，委任の趣旨目的を勘案して判定することとなるが，その際，規律の対象となる私人の権利利益も重要な要素となる。最高裁判所は，14歳未満者の在監者との接見禁止を定めた監獄法施行規則120条（1991年に削除）が旧監獄法50条の委任の範囲を超えているとした[6]。これは在監者の接見の自由に対する裁判所の判断を示したものである。

この判決は，旧監獄法50条が，同法45条1項が認めている接見を全く不許可にすることを委任しているのではなく，接見の時間や手続などの制限を定めることを委任する趣旨であるとして，14歳未満の者には一切接見を認めないとする本件規則は，法律の趣旨を逸脱しているので，旧監獄法50条の委任の範囲を超え無効であるとした。

---

(6) 幼児接見不許可事件，最判平成3年7月9日民集45巻6号1049頁

　また，児童扶養手当法による委任を受けて規定された児童扶養手当法施行令
1条の2第3号が違法としたものがある。児童扶養手当の支給対象となる児童
については児童扶養手当法4条1項各号が定めているが，5号がその一部を政
令に委任している。これを受けた同法施行令1条の2第3号は，「母が婚姻（婚
姻の届出をしていないが事実上婚姻関係と同様の事情にある場合を含む。）によらないで
懐胎した児童（父から認知された児童を除く）」という括弧書が法律の委任の範囲
を超えた違法・無効なものではないかが争われたのである。

　この判決は，児童扶養手当法4条1項各号は，世帯の生計維持者としての父
による現実の扶養を期待できない児童を支給対象として類型化したものである
として，父から認知されただけで，依然として父による現実の扶養を期待でき
ない児童を除外する本件括弧書は，法の趣旨や，目的に照らし両者の間の均衡
を欠き，法律の委任の趣旨に反し，無効であるとした（本件括弧書は平成10年に削
除された）。この判決は，委任立法権の行使にも平等原則が及ぶとした[7]。

　更に農地法80条の委任に基づき政府保有農地売払いの認定基準を定めた農地
法施行令16条を無効とした最高裁判所判決がある[8]。この判決は，自創法三条
に基づく買収農地が，自作農創設等の目的に供しないことが相当と認められる
場合には，旧所有者に売却されなければならない旨を既定する農地法80条の委
任に基づき定められた同法施行令16条は，右「相当と認められる場合」を公共
等の用に供する緊急の必要があり，かつ，その用に供されることが確実な場合
に限定するが，相当と認められるのはこの場合に限られないから，同施行令16
条は，委任の範囲を超えて無効であるとした。

　これらの判決に共通するのは，委任立法の内容が法律の授権の範囲を超えて
いるとした点である。

5　委任立法の一般的授権基準について

①　授権基準

日本国憲法は，行政権による立法を全面的に排除する趣旨ではなく，一定の
範囲でそれを認めていると解されている（73条6号）。憲法73条6号の本文で，
執行命令が許容され，その但書で，委任命令が許容されるというのが，一般的
憲法解釈である。ただし，憲法が，「国会は国権の最高機関であって，国の唯一

---

(7)　児童扶養手当事件，最判平成14年1月31日
(8)　最大判昭和46年1月20日民集25巻1号1頁

の立法機関である」（41条）と定めていることからすると，行政立法で定めうる
事項の範囲と内容には，おのずから限度があり，法律の委任による命令（委任
命令）と法律の規定を執行するための命令（執行命令）のほかは許されないと解
されている。しかも国会の立法権を放棄するのに等しいような大幅な委任は許
されないと解すべきであろう。

　憲法は，「法律による行政」や「法の支配」の原則を採用し，国民の権利を制
限し，または，義務を課すには，法律の定めを要する（内閣法11条，国家行政組織
法12条3項，地方自治法14条2項参照）のであるから，国民の権利を制限し，または，
義務を課すことを内容とする法規命令には，法律による授権が必要である。ド
イツ基本法80条は，法律の委任に関して，「授権の内容，目的，程度が法律の中
に規定されていなければならない」と定め，授権基準を示している。

　行政立法に対して，法律の委任がどこまで許容されるかは，憲法30条，31条，
32条，41条，73条6号，84条，その他ドイツ基本法80条を参考にし，後に掲げ
る裁判例の中に記述された基準を総合してまとめると，概ね，次の基準が判断
の指針とされている[9]。

　イ　委任の必要性と合理性
　委任目的が法律の中に規定され，委任立法の趣旨目的からみて，委任の必要
性があり，委任方法も合理的で委任の範囲を超えていないこと。

　ロ　具体的かつ個別的要件
　委任内容が法律の中に規定されて，法治主義の見地から法律事項を委任する
ことが法の趣旨に反しないとの観点から，具体的・個別的であること。

　ハ　権利侵害性の軽微なこと
　委任の程度が法律の中に規定され，それが規律対象である私人の権利・利益
を不当に害しないとの観点から，行政機関の裁量の幅が狭いこと。

　ニ　救済方法の存在
　受任機関の裁量の濫用に対する救済方法が明瞭で，国会による委任の撤回・

---

(9)　芦部信喜「憲法」第3版272頁
　　青山武憲　別冊ジュリスト「憲法判例百選187号476頁
　　勝山教子　別冊ジュリスト「憲法判例百選」187号478頁
　　大浜啓吉「委任立法における裁量」公法55号172頁
　　宇賀克也・大橋洋一・高橋滋編「対話で学ぶ行政法」有斐閣38頁以下

修正が自由になし得る制度とされていること。

②　限定の必要性

授権の範囲は，委任立法を授権する法律の明文で指示されるのが本筋であるが，法律の明文で授権の範囲が明示されていないこともある。そうした場合には，法律の全体構造や趣旨・目的，他の法文との整合性・比例原則等を勘案して，授権の範囲を限定して解釈するほかはない。とくに国民の権利自由を制約する行政立法の場合には，条理上の諸原則（比例原則等）を厳格に適用するなどして，行政権力の濫用を招かないよう配慮しなければならない。法律の目的や全体構造を考慮しても授権の範囲を限定できない場合には，そうした委任は白紙委任というほかないから，授権法律自体が違憲無効となる。最大判昭和46年１月20日（民集25巻１号１頁）では，最高裁が，法の趣旨解釈によって行政庁に授権された委任立法権の範囲を限定的に解釈し，委任命令が法律の授権の範囲を逸脱した内容を含むときには，たとえそれが政令であっても無効となる旨を明示した。

6　罪刑法定主義，租税法律主義の適用がある領域に対する委任立法の厳格な授権基準

①　侵害規範に対する厳格な基準

行政立法を規制する規範については，侵害規範と受益規範に分けて考察する必要があり，侵害規範である刑事法・租税法領域のおいては，より厳格な規範が必要とされよう。

委任の限界確定の具体的，各論的な判断材料としては，委任の目的・対象の範囲および受任者が準拠すべき基準・要件等，考慮されるべきいくつかの要素がある。憲法上の原則としては，行政立法が規制の対象とする基本的人権の性質・対応する違憲審査基準，例えば，精神的自由の優越的地位の原則をはじめ，罪刑法定主義（31条），租税法律主義（30条・84条）の原則等があり，いずれも通常の委任に比してより厳格な基準要件が求められる。納税者の権利は，対価なく強制的に金銭を徴収される義務に対する保護権だから，財産権に対する緩やかな規制と同列に論じてはならない。

②　租税法律主義

課税の作用は国民の財産権への侵害であるから，課税要件の全てと租税の賦課・徴収の手続きは課税要件法定主義に基づき法律によって規定されなければ

ならない。いわゆる租税法律主義を規定したとされる憲法84条のもとにおいて
は，租税の種類や課税の根拠のような基本的事項のみでなく，納税義務者，課
税物件，課税標準，税率などの課税要件はもとより，賦課，納付，徴税の手続
きもまた，法律により規定すべきものとされている[10]。

③　租税法律主義と委任立法

憲法の租税法律主義の趣旨からすると，法律が租税に関し政令以下の法令に
委任することが許されるのは，徴収手続きの細目を委任するとか，あるいは，
個別的，具体的な場合を限定して委任するなど，租税法律主義の本質を損なわ
ないものに限られるものといわねばならない。すなわち，もし仮に手続的課税
要件を定めるのであれば，手続的な事項を課税要件とすること自体は法律で明
示し，その上で課税要件となる手続きの細目を政令以下に委任しなければなら
ない。

そして，租税法律主義のもとで租税法規を解釈する場合には，ある事項を課
税要件として追加するのかどうかについて法律に明文の規定がない場合，通常
はその事項は課税要件ではないと解釈すべきである。それにもかかわらず，
『政令の定めるところによる』との抽象的な委任文言があることを根拠として，
加重事項を課税要件として追加し，政令以下の命令においてその細目を規定す
ることは，租税関係法規の解釈としては，許されるべきものではない。
この点で最も問題になるのは，法律と行政立法（政令・省令等）との関係である。
課税要件法定主義の要請からして，法律の根拠無しに政令・省令等で新たに課
税要件に関する定めをなしえないことは言うまでもない（法律の留保の原則）。ま
た，法律の定めに違反する政令・省令等が効力を持たないことも明らかである
（法律の優位の原則）。

もちろん，租税法が，課税要件および租税の賦課・徴収に関する定めを政
令・省令等に委任する必要性のある場合があると解すべきであるが，課税要件
法定主義の趣旨からして，それは一般的委任基準よりも，より一層厳格な具体
的・個別的委任に限られると解すべきである。

この租税委任立法においては，より厳しい具体的・個別的委任でなければ許
容されないが，その許容条件は，委任の目的・内容及び程度が委任する法律自

---

[10]　最大判昭和30年３月23日

体の中で明確にされていなければならないと解すべきである。それゆえ，この基準に該当しない委任規定は，憲法84条違反として無効であり，したがってそれに基礎をおく政省令の規定も無効となると解される。

第 4　政令への委任の限界の事例

1　木更津木材事件[11]

　法律による政省令への委任が租税法律主義に反し違憲と判断された重要な先例的意義を有する画期的な判決として木更津木材事件を挙げることができる。租税関係の行政訴訟は勝訴率が低く，特に法令の違憲判断による勝訴確定案件は，第三者所有物没収刑事事件（最判昭和37年11月28日）とこの木更津木材事件のみである。しかも，木更津木材判決は，法令違憲判決であり，後者が適用違憲判決であったのと異なる。

　木更津木材株式会社は，土地建物の移転登記を受けるに際し通常の登録免許税を納付して登記が完了した。しかし，その登記は租税特別措置法によれば軽減税率の適用が可能なもので，もし，この軽減税率を適用すると登録免許税額は770万円あまり少なくなるはずであった。木更津木材株式会社は，登記後にこのことを知って登記官に還付を求めたが租税特別措置法施行規則によれば登記申請時に所定の要件を満たす知事の証明書が添付されるべきであるとし，登記後に証明書を取得して提示しても還付はできないとして還付を拒否された（昭和30年代ころの登記実務においては，軽減税率の適用に気付いて，登記後の還付申請をなする者に対し，還付を認めていた。）。

　同社は，登記官の「税務署長に対する還付通知をしない旨の通知」処分を争うと共に，過誤納金還付請求を求めて，国税不服審判所に審査請求をなしたが，棄却された。そこで，原告が千葉地裁に提訴した事件である。

　これ対し一審・千葉地裁（平成 7 年 2 月22日）と控訴審・東京高裁（平成 7 年11月28日）は，租税法律主義と委任立法のあり方について述べた後，租税特別措置法が登録免許税に関する法定の軽減税率を「政令の定めるところにより」適用する旨の規定は，一般的・白紙的委任であり，政令である租税特別措置法施行令が大蔵省令に再委任し，大蔵省令である租税特別措置法施行規則により登

---

(11)　東京高判平成 7 年11月28日，別冊ジュリスト「租税判例百選」第 7 版第 4 号事件

記申請書に知事の証明書を添付しなければならないとし，後に証明書を提出しても軽減税率の適用がないとする部分は，法律の有効な委任がないのに税率軽減の要件を加重したものとして無効であるとした。木更津木材事件の東京高裁判決は，委任立法の限界を明確にすることと，手続要件の失念によって，納税者の実体的権利は失権しないこと（追完が許されること）を明確にした。

2 阪神淡路大震災特例法事件[12]

阪神淡路大震災特例法事件（以下「大震災事件」という）の原告は，阪神・淡路大震災により損壊した建物の保存登記を受けるに際し通常の登録免許税を納付して登記が完了した。しかし，その登記は阪神・淡路大震災特例法によれば登録免許税の免除の適用が可能なものであった。同法37条１項によれば「阪神・淡路大震災の被災者であって政令で定める者等が，同大震災によって滅失した建物等に代わるものとして新築または取得した建物で，政令で定めるものの所有権の保存等の登記については，大蔵省令で定めるところにより……登録免許税を課さない」とされていた。原告は登記後にこのことを知って登記官に還付を求めたが，特例法の委任を受けた大蔵省令である規則によれば，登記申請時に所定の要件を満たす市町村の証明書が添付されるべきであるとし，登記後に証明書を取得して提示しても還付はできないとして還付を拒否された。

そこで原告は①国に対しては登録免許税額相当額の不当利得の返還を，②登記官に対しては還付拒否通知の取消を求めて出訴した。

一審は原告の請求を認容したが，控訴審は①については請求を棄却し②については登記官の還付拒否通知に処分性を認めず訴えを却下した。この控訴判決は，特例法が，被災者に認めた非課税の法的地位を証明書の不添付によって失権できるかについて（追完すれば良いはずである），十分な事実認識を欠くもので，抽象的に税法が省令に手続要件を委任できると考えたにすぎない。

控訴人は①については上告せず，②についてのみ上告した。最高裁は②について，その処分性を認めたが①について原告が上告しなかったので，通知処分を取り消しても原告が還付を受けられる地位にないことを理由に訴えの利益を認めず上告人の請求を棄却した。

この最高裁判決の特徴は，上告人が①についても上告していた場合には木更

津木材事件と同様に上告人の請求が認容された可能性があったということである。木更津木材事件及び本判決では登記官に対する還付請求は登録免許税法31条1項に基づく1年間の期間制限内の請求であった。このような場合，登録免許税法31条1項と別に，国税通則法に基づき登記から5年間還付金請求訴訟ができるかが問題になっていたが，同判決は，これが認められることを明らかにしたことにより，納税者の権利救済範囲を拡大した画期的な判決と評価されよう。平成19年2月に日弁連会館において金子宏先生が租税法律主義について講演をされたが，大震災事件の大阪高裁判決よりも，木更津木材事件の東京高裁平成7年判決の方が，自分の法的分析と同じで正しいと述べられた。

第5　税法領域における行政立法や解釈通達による憲法改正

　租税に関する課税要件の多くは，行政立法に委ねられている。憲法41条は，国会が唯一の立法機関としているが，我が国の国会は，憲法73条6号の本文及び但書を根拠に，課税要件を行政に委任する立法を多く制定している。同号の本文が執行命令を認め，同号但書が委任命令を許容すると解釈されている。同本文は，憲法と法律を実施するため，政令の制定を内閣の権限としているが，あくまで，実施命令を許容するものである。但書は，実施命令の許容と憲法・法律の実施に必要な罰則の制定を内閣に許容するものであり，受任行政立法には，「憲法・法律の実施」という限定がなされていることを看過してはならない。多くの憲法学者は，憲法73条6号但書を根拠に，委任行政立法が許容されると拡張解釈となすが，但書は，委任行政立法について，少しも触れていない。憲法41条や84条の例外を認めるのに，明文の根拠が必要というべきであろう。憲法の保障にとって重大な危機は，憲法規範は改正されないのに，その本来の意味が国家権力による運用や解釈通達によって変化することである。司法制度改革によって国民の意識が変化し，仮死状態にある憲法41条や84条の復活が期待される。次に，大震災事件の最高裁判決（平成17年4月14日最高裁第一小法廷判決，以下「本件判決」という）と木更津木材事件の東京高裁判決（東京高裁判決平成7年11月28日，以下「別件判決」という）を参考にして，立法の委任問題を更に分析する。

1　課税要件の分析

① 登録免許税法の課税要件

　登録免許税法（以下，「登免法」という）によると，登録免許税は，登記等を受

けることを対象として課される租税であり（法2条），その納税義務者は登記等を受ける者となっている（法3条）。

②　課税減免要件

阪神・淡路大震災の被災者等に係る国税関係法律の臨時特例に関する法律（以下，「特例法」とする。）37条1項により，「阪神・淡路大震災の被災者であって政令で定めるものまたはその者の相続人その他の政令で定める者が阪神・淡路大震災により滅失した建物または当該震災により損壊したため取り壊した建物に代わるものとして新築または取得をした建物で政令で定めるものの所有権の保存または移転の登記については，大蔵省令で定めるところにより平成7年4月1日から平成12年3月31日までの間に受けるものに限り，登録免許税を課さない。」と規定し，阪神・淡路大震災の被災者に関して登録免許税の免税措置を定めている。

また，同規定を受けて，平成7年政令第99号による改正後の阪神・淡路大震災の被災者等に係る国税関係法律の臨時特例に関する法律施行令（平成7年政令第29号。以下「特例法施行令」とする。）29条1項は，「特例法第37条第1項に規定する政令で定める被災者は，阪神・淡路大震災によりその所有する建物に被害を受けた者であることにつき，当該建物の所在地の市町村長から証明を受けた者とする。」と規定し，大蔵省令である阪神・淡路大震災の被災者等に係る国税関係法律の臨時特例に関する法律施行規則（平成7年大蔵省令第12号。以下「特例法施行規則」とする。）20条1項は，「特例法第37条第1項の規定の適用を受けようとする者は，その登記の申請書に，令第29条第1項または第2項第2号若しくは第4号の市町村長の証明に係る書類で阪神・淡路大震災によりその所有していた建物に被害を受けた者の氏名または名称及び住所または本店若しくは主たる事務所の所在地並びに当該建物の所在地の記載があるもの（当該登記に係る建物が同条第3項第2号に掲げる建物に該当する場合には，当該書類及び同号に規定する証明に係る書類）を添付しなければならない。」と規定して登記申請書に市町村長の被災証明書を添付しなければならない旨定めている。

2　法律による委任

①　憲法84条が規定する租税法律主義は，課税が国民の財産権に対する侵害であることに鑑み，課税要件の全てと租税の賦課・徴収の手続は，法律によって規定すべきことを明らかにしたものであるが，このことは，特例法37条1項

のように，通常の課税要件よりも納税者に有利な特例措置を定めるものについても，同様に妥当すると解される。

　もっとも，租税関係の立法においても，課税要件及び租税の賦課・徴収に関する定めを政令・省令等に委任することは許されるが，憲法84条の趣旨からすると，それは厳格な具体的・個別的委任に限られる。

　したがって，法律による委任は，その規定自体から委任の範囲・内容が一義的に明確でなければならないと解される。

　②　手続的課税要件の委任

　手続的課税要件として想定される事項は多様であり，手続を課税要件とするのは自由でよいとすると，行政機関の無制限の裁量を認めることと同様になり，租税法律主義の目的に反する。従って，手続要件の委任についても，自由であるとすることはできない。

　そこで，大震災事件判決を検討するに，特例法37条1項は，「阪神・淡路大震災の被災者であって政令で定めるものまたはその者の相続人その他の政令で定める者が阪神・淡路大震災により滅失した建物または当該震災により損壊したため取り壊した建物に代わるものとして新築または取得をした建物で政令で定めるものの所有権の保存または移転の登記については，大蔵省令で定めるところにより平成7年4月1日から平成12年3月31日までの間に受けるものに限り，登録免許税を課さない。」と規定している。よって，この特例法37条1項の委任文言が，何を委任したのか，また，その委任が個別・具体的であるかどうかが問題となる。

　思うに，この「大蔵省令で定めるところにより登記を受けるものに限り」という表現からすると，書面による登記手続の中では，ある一定の書面の添付を必要としたものと考えられる。そうであるならば，特例法37条1項による大蔵省令への委任は，一般的・白紙的な委任をしたものではなく，法律及び委任を受けた政令の定める免税の実体的要件を証明すべき添付書類の内容の定めに限り，大蔵省令に委任したものと解される。しかし，これは，手続事項の委任規定であるとする限定解釈をなすものであるが，上記委任文言は無限定であるから実体要件を委任していないとはいえない。

　大震災事件において，特例法施行規則20条1項により添付すべき証明書類は，特例法の定める「阪神・淡路大震災の被災者」及び特例法施行令29条1項の定

める「阪神・淡路大震災によりその所有する建物に被害を受けた者である」との要件を立証するための書面だと考えれば，同規則の定めは，法律の委任の範囲に属する合理性のある規定であるといえ，有効かつ合憲だと解することもできよう。しかし，このような白紙的・包括的委任を救済する限定解釈は，憲法保障の立場からみると大いに問題がある。特例法37条1項は，被災者の取得した建物を非課税とする実体要件を規定しており，その実体要件該当事実を証明する手続要件を委任していると解釈すれば，その手続の懈怠は，実体要件をクリアした非課税権を失権させることはできない。しかし，大震災事件において，行政立法の委任範囲の逸脱問題について上告理由とされなかったから，最高裁は，これについて判断していない。木更津木材事件における東京高裁平成7年11月28日判決は，行政立法の違法問題の点について，大震災事件の最高裁判決によって何等否定されなかった。

3　過誤納金還付請求に対する拒否通知

①　大震災事件において，判決過誤納付還付請求について，理由がない旨の拒否通知がなされたが，この拒否通知は，行政処分にあたるかが問題とされた。

ここで，行政処分とは，公権力の主体たる国または公共団体がなす行為のうち，その行為によって，直接国民の権利・義務を形成し，またはその範囲を確定することが法律上認められているものである。

これを，大震災事件における登録免許税法（以下，「法」とする）31条2項の拒否通知についてみると，仮に，登録免許税に係る過誤納付金の還付は，同条の規定によらなければならないとする手続きの排他性があると，登記機関がする拒否通知は，登記等を受けた者の過誤納付還付請求の具体化を妨げるものとなるので，上記の行政処分の要件である「直接国民の権利義務を形成し」に該当するため，行政処分にあたることとなる。

②　そこで，法31条2項の拒否通知について，手続の排他性を認めたものかどうかが問題となる。

この点，本件判決は，法31条1項及び2項制定の趣旨を，過誤納金の還付が円滑に行われるようにするために簡便な手続を設けることにあるとし，同項が上記還付請求につき1年の期間制限を定めているのも，登記等を受けた者が上記の簡便な手続きを利用するについて，その期間を画するためであり，当該期間経過後は還付請求権が存在していても一切その行使をすることができず，登録

免許税の還付を請求するには同項所定の手続によらなければならないとする手続きの排他性を定めたものではないと判断した。

　同最高裁判決は，法31条２項が，登記等を受けた者に対し，簡易迅速に還付を受けることができる手続を利用することができる地位を保障していると解するのが相当であると述べ，そうすると，上記拒否通知は，登記等を受けた者に対する手続上の地位を否定する法的効果を有することになるとした。

　したがって，結果として抗告訴訟の対象となる行政処分にあたると判断し，拒否通知の行政処分性を肯定したのである。

4　二つの還付請求権の関係

　①　登録免許税の納税義務者は，過大に登録免許税を納付して登記等を受けた場合には本来，そのことによって当然に還付請求権を取得し，国税通則法56条，74条により５年間は過誤納金の還付を受ける立場にある（登免法31条６項４号）。よって，過大に登録免許税を納付して登記等を受けた者は，その還付がなされないときは，これらの規定を排除する特別の規定がない限り，還付請求訴訟を提起できることなる。

　そこで，大震災事件最高裁判決において，法31条２項が上記の特別の規定に当たるかどうかが問題となる。

　確かに，登記等後の登録免許税をめぐる法律関係を早期に確定させようとする趣旨を根拠として，法31条２項が特別の規定に当たると解することもできる。

　②　しかし，法がそのような趣旨を達成しようとしているかどうかは，端的に決定されるわけではないので，以下のような点をどのように説明するかによって判断すべきである。

　(a)　法31条１項には，２項のような期間制限はないので，同条１項により，登記機関は，過大に登録免許税を納付して登記等を受けた事実があると判断したときは，職権により遅滞なく所轄税務署長に過誤納金の還付に対する通知をしなければならず，同条２項に期間の徒過を理由に，この通知をしないでよいということにはならない。よって，仮に同項所定の手続によらなければ過誤納金の還付を受けることが出来なくなるとしても，過大に登録免許税を納付し登記等を受けた者は，同項所定の期間である１年間を過ぎても，登記機関に対し，同条１項の通知をするように求めることができるようになると考えられること。

　(b)　仮に同条２項所定の手続によらなければ過誤納金の還付を受けることが

出来なくなるとすると，税務署長が登記等を受けた者から納付していない登録免許税の納付不足額を徴収する場合には，国税通則法72条所定の国税の徴収権の消滅時効期間である5年間はこれを行うことが出来るにもかかわらず，登録免許税の還付については，同法74条所定の還付金の消滅時効期間である5年間が経過する前に，1年の期間経過により，その還付を受けることが出来なくなること。

③　まず(a)に関して，登記機関は，常に法に適合して行政を行う職務上の義務があるから，登録免許について真実過誤納があることを発見した場合は，直ちに職権で過誤納金が還付されるようにしなければならない。

④　また，(b)に関して，過大に登録免許税を納付し登記等を受けた者が，同条2項所定の1年間の期間経過後には，過誤納金の還付を受けることが出来なくなると解するのは，納付不足額の徴収との間の権衡を失する結果となり，妥当性を欠く。

⑤　よって，専ら同項所定の手続きによらなければ，過誤納金の還付を受けることができなくなると解することはできないので，法31条2項の趣旨は，登記等後の登録免許税をめぐる法律関係を早期に確定させようとするものではないと考えられる。

登免法31条1項及び2項の趣旨は，過誤納金の還付が円滑・迅速に行われるようにするために，簡便な手続を設けたものである。そして，同項が請求につき1年の期間制限を定めているのも，登記等を受けた者が簡便な手続を利用するに当たり，その期間を画するためであると解される。

したがって，過大に登録免許税を納付して登記等を受けた者は，登録免許税法31条2項所定の請求の手続によらなくても，国税通則法56条に基づき，過誤納金の還付を請求することができ，本件最高裁判決もこのように解している。

5　木更津木材事件との比較

①　大震災事件における納税者が，上記4で説明した過誤納付還付請求権とは別に，民法上の不当利得返還請求権も保有しているといえるかどうかは，公法上の還付請求権が私法上の請求権を排除するものかどうかで決定される。

まず，木更津木材事件（以下「木更津事件」という）の東京高裁は，「登録免許税法（以下，「法」とする）31条1項の還付通知及び同条2項の還付通知請求に対する還付通知できない旨の通知も，単に還付の事務を円滑ならしめるための認識

の表示に過ぎず，過誤納税額の還付請求権者の法律的地位を変動させる法的効果を有することはない。したがって，還付通知できない旨の通知は抗告訴訟の対象となる行政処分に当たらないのであり，その取消しを求める訴えは不適法である」とし，その処分性を否定した。この見解は，自動確定方式のもとでの登録免許税が，確認行為によって公定力をもって税額を確定されるものではないことを出発点にし，法31条2項の請求に対する拒否通知が行政処分であり，それによって公定力をもって税額が確定することは，自動確定方式をとる登録免許税の性質上からして，合理的ではないと解するものである。

　よって，これによれば，拒否通知に処分性は認められないので，拒否通知に対する取消訴訟は提起できず，国に対する還付請求または，不当利得返還請求が直接認められることになる。

　②　この点，大震災事件の場合，最高裁は，「登録免許税法31条2項は，登録免許税の還付を請求するには専ら上記の請求の手続によるべきであるとする手続の排他性を規定するものということはできない。したがって，登記等を受けた者は，過大に登録免許税を納付した場合には，同項所定の請求に対する拒否通知の取消しを受けなくても，国税通則法56条に基づき，登録免許税の過誤納金の還付を請求することができるものというべきである。」とし，登録免許税法31条2項による還付請求手続の排他性を否定している。そうすると，木更津事件と同様に，国に対する不当利得返還請求権も認められることを示唆していると言えよう。

　③　しかし，大震災事件の最高裁は，拒否通知による納税者への不利益に着目し，「上記の拒否通知は，登記等を受けた者に対して上記の手続上の地位を否定する法的効果を有するものとして，抗告訴訟の対象となる行政処分に当たると解するのが相当である」旨述べ，結果として拒否通知に処分性を認めている。

　つまり，大震災事件における最高裁は，拒否通知に，税額を実質的に公定力をもって確定させるという行政処分としての性質は認められないが，当該拒否通知によって，出訴期間を徒過した場合，過大納付の納税者が法31条2項による簡易迅速な手続を利用できない状況に陥っているという点には，取消訴訟の排他性，すなわち処分性が認められるので，取消訴訟の対象となると判断したのである。大震災事件最高裁判決は，二つの還付請求権が相互に排他的ではな

いとした画期的判断をなしたが，その考え方を演繹すれば，納税者側は，税法上の還付請求権とは別に，民法上の不当利得返還請求権も有していると考えられよう。最判昭和49年3月8日（民集28巻2号186頁）は，後発的貸倒れが発生した場合についてであるが，「課税庁による是正措置がなくても，不当利得関係が成立する」と判示したことも参考となろう。

6 実体要件と手続要件の委任の範囲

木更津事件における東京高裁は，委任授権法について租税債権の実体要件を委任していると認定していない。

そもそも，憲法84条に規定されている租税法律主義においては，租税の種類や課税の根拠のような基本的事項のみではなく，納税義務者，課税物件，課税標準，税率などの課税要件はもとより，賦課，納付，徴収の手続もまた法律に規定すべきものとされ，租税の優遇措置を定める場合や，課税要件として手続的な事項を定める場合も同様に，法律により定めることが要求されている。

この憲法の趣旨を考えると，法律が租税について政令以下の法令に委任することが許されるのは，租税法律主義の本質を損なわないものに限られる。つまり，手続的な課税要件を定めるのであれば，手続事項を課税要件とすること自体を法律で明示し，その上で課税要件となる手続の細目を政令以下に委任することとなる。

そして，租税法律主義に基づいて租税法規を解釈する際，ある事項を課税要件に追加するかどうか法律に明文規定がない場合は，その事項は課税要件にはあたらないと解釈すべきである。それにもかかわらず，租税特別措置法（平成4年法律第14号による改正前のもの）の「政令の定めるところによる」との白紙的な委任文言があることを根拠とし，解釈によってある事項を課税要件として追加し，政令以下の法令でその細目を規定することは，上記租税法規の解釈としては，許されるものではない。

これを木更津事件についてみると，木更津事件の「政令の定めるところによる」との委任文言は，抽象的で限定のない文言であり，これを限定的に解釈することはできず，追加的な課税要件として手続的な事項を定めることの委任や，解釈により課税要件を追加しその細目を決定することの委任を含むものと解することはできない。

木更津事件の東京高裁判決は，同事件における委任授権法について租税債権

の実体要件を委任しているとは認められないと判断，更に，法の委任範囲を超える加重的手続要件を政省令で規定することは違法とした。

　木更津事件の東京高裁判決によれば，実体要件に比較して，手続要件の委任は，緩和されるべきということもできない。手続要件も，納税義務の範囲に直接影響するものであり，手続保障の重要性を考慮すれば，手続要件を軽視するべきではない。

7　国家賠償請求と過誤納付金還付請求と不当利得返還請求

　固定資産税や都市計画税について，過誤納付があった場合，過誤納金還付請求と国家賠償法に基づく請求は，同一内容とされるが，この二つの請求権の関係について，問題となった事件がある。一審は神戸地方裁判所で，二審は大阪高等裁判所で，一・二審判決共に，過誤納金の還付請求権と国家賠償請求権は，併存することを認めた。

　また，固定資産課税台帳の登録事項について，救済方法が，固定資産評価審査委員会に対する審査の申し出及び同委員会の審査決定の取り消しの訴えに限定されているのは，税法上の手続制限であり，国家賠償請求訴訟提起の制限ではないとした。

　前記阪神・淡路大震災事件の最高裁判決とこの大阪高裁平成18年3月24日判決の内容を総合すると，税法上の過誤納付還付請求権が，二個存在する場合，そのいずれも併存し，かつ，国家賠償請求権も併せて行使が可能であることになろう。

　また，木更津木材事件の東京高裁判決は，民法の不当利得返還請求権が，税法上の過誤納付金還付請求権とは，別に存在することを認めたものであった。

　最高裁は，「所得の過大評価が抗告訴訟上違法であることは，必ずしも国賠法上の違法を意味するものではない」としている。

　更にまた，最高裁は，租税の過大な源泉徴収納付について，時効が完成するまで，支払者は国等に対して過誤納金としてその返還を請求することができる旨判示している。そして，不当利得に関する民法703条以下の規定が，公法関係に適用されることは，一般に肯定されている。国民が法律によって付与された請求権や救済ルートは，明示の法的根拠がない限り消滅しないというべきであろう。

第6　財産評価基本通達の外部効力について

1　墓地埋葬通達事件

最高裁昭和44年12月24日判決は，裁判所は，行政機関が出した通達に，法令の解釈適用にあたって，拘束されることはないとしたものである。また，同判決は通達が法規の性質を持たないとした。しかし，その後，下級審裁判所も最高裁判所も通達の外部効力を認める方向で判例変更をなした。

2　東京地裁平成25年12月13日判決（控訴審東京高裁平成27年12月17日判決）

1審判決は，評価基本通達に定められた評価方式以外の評価方式によって，その価額を評価することは，たとえその評価方式によって算定された金額が，同条の定める時価として許容範囲内にあったとしても，租税平等主義に反するものとして許されない，とした。2審判決も，評価基本通達の外部効力を認めた。

3　最高裁平成27年3月3日判決

行政庁が行政手続法12条1項の規定により，公にしている処分基準において，先行の処分を受けたことを理由として，後行の処分に関わり，加重する旨の不利益な取り扱いの定めがある場合に，当該行政庁が，後行の処分につき，当該処分基準の定めと異なる取り扱いをするならば，裁量権の行使における公正かつ平等な取り扱いの要請や，基準の内容に関わる相手方の信頼保護などの観点から，当該処分基準の定めと異なる取り扱いをすることを相当と認めるべき特段の事情がない限り，そのような取り扱いは裁量権の範囲の逸脱またはその濫用に当たることとなるものと解される，とした。

4　財産評価基本通達の外部効力

財産評価基本通達は，相続税法22条における時価の解釈通達とされている。最高裁平成27年3月3日判決は，通達の外部効力を，平等原則のみならず，信義則からも導いている。そして，通達が公表されていることを外部効力を導く重要な要素としている。

5　租税平等原則とソフトロー

納税者にとって，財産評価基本通達を適用した評価方式による評価額を適用することは，一般的に，圧倒的に有利な取り扱いである。相続税の税務申告に当たり，ほとんどの納税者は，財産評価基本通達の評価方式に従って，相続財産を評価して，税務申告をし，納税を済ませている。

　一部の納税者に対し，この財産評価基本通達によらない取り扱いをすること
は，租税平等原則に違反すると言わなければならない。財産評価基本通達は，
租税法の解釈基準であり，かつ，これに従わない取り扱いは，租税平等原則に
違反すると共に，納税者の信頼を裏切ることになる。

　また，財産評価基本通達の評価方式による評価額は，時価を超えない価格で
あるとの推定が働くものであり，一応，合理性のある価額と推認される。

　課税処分は，直接的には，通達等のソフトローによって実行され，慣行的に
定着しているから，租税平等主義と予測可能性の保護を根拠に，具体的な定め
をなす財産評価基本通達は，外部効力を有し，裁判所を拘束する。

6　財産評価基本通達総則 6 項

　最判令和 4 年 4 月19日は，租税平等原則を根拠に財産評価基本通達の外部効
力を前提にしている。そして，「著しい価額の乖離」と「被相続人らの租税回避
行為がなされていた場合」，租税公平原則を適用して，財産評価基本通達の適
用を排除できるとした。同最判の調査官解説は，「今後，課税庁は，著しい価額
の乖離だけを主張するのは，主張自体失当となる」と分析している。

第5章　税務調査の結果説明―具体的事前警告の法理―
―合意による租税債権の確定―

　下記税務調査拒否事件（以下本件と言う）に関する一・二審判決（ヒノックス
事件）を分析し，税務調査における納税者の権利を以下解説する。
　一審　東京地方裁判所　令和元年11月21日判決
　二審　東京高等裁判所　令和2年8月26日判決

［事案の概要］

　I税務署は，H社代表に対し，連絡票を9回送付したが，H社の税務代理人
であるS弁護士は，実地調査の日程調整に応じなかった。9回目の連絡票を送
付した直後，国税局K調査担当官は，税務代理人S弁護士に電話して，調査結
果の説明会開催をしたい旨を伝えたが，S弁護士は，「H社の本店を移転して
から説明会に出席する。出席すると述べたことを記録してほしい。」旨を回答
した。しかし，I税務署は説明会を開催しないで，税務調査拒否を理由に，H
社に約40億円の更正処分をなした。H社は，税理士関与法人であり，仕入れも
あり，帳簿書類も保存していた。本件は，脱税がないのに40億円の制裁（罰金）
処分を科したケースである。

第1　調査結果説明会の重要性

(1)　事前警告の法理

　本件は，H社が40億円の不利益処分を課される前に「告知・弁明・防御の機
会」を付与されなかった事件である。約40億円の不利益処分をする前に，「告
知・弁明・防御の機会を付与しなくて良い」とする課税庁の暴走を決して許し
てはならない。警察官が刃物を持った暴漢を取り押さえるのに，無言で警告な
しに拳銃を撃つことはない。「刃物を捨てろ。さもなくば撃つぞ」と事前命令
と警告をする。本件は，無言で，40億円を奪ったケースというべき事件である。
国税通則法74条の11第2項は，事前警告（更正金額と更正理由の説明）を必ず具体
的かつ明確になすことを求めている。連絡票の記載は，適正手続保障（憲法31条，

国税通則法74条の11第2項）が求める事前警告ではない。

　税務調査の拒否に対するペナルティは，国税通則法128条で法定されており，税務調査は間接強制（不履行の場合，罰金等を科して間接的に履行を促す方法）しか認められていない。

　仮に，税務代理人に税務調査拒否があったとしても，不利益処分に対する適正手続保障がなされなければならない。不利益処分の適正手続保障は，①告知・弁明・防御の機会付与，②不利益処分の理由提示，③不利益処分の根拠となる証拠資料の開示，④不利益処分の公正な基準の制定・公表がその四原則とされ，先進国で確立された人権擁護の基本的な憲法上の規範である。行政手続法13条，14条，32条2項及びその特則である国税通則法74条の11第2項は，これを取り入れている。

(2)　事前警告と事後理由提示

　H社は，一審・二審で，「約40億円もの制裁処分を科すのに告知・弁明・防御の機会を与えなかった違法（憲法31条違反，国税通則法74条の11第2項違反，行政手続法32条2項違反）」を強く主張してきた。また，約40億円もの更正処分通知には，「課税要件と課税要件充足事実に離齬があり，課税処分の理由に欠陥がある」と主張してきた。不利益処分の「事前理由提示（国税通則法74条の11第2項「不利益処分前の理由の提示」）の瑕疵」と「事後理由提示（国税通則法74条の14第1項「不利益処分の理由提示」）の瑕疵」を主張してきたのである。即時強制がなされる場合でも，「武器を捨てろ」「自動車を停止せよ」「そこから退去して解散せよ」「応じなければ逮捕する」等の具体的な事前警告がなされる。本件処分庁は，約40億円の制裁処分を課すことを警告しないで，40億円の支払命令を発したのである。公園内の集会を禁止し，これに違反したら刑罰に処するとする条例がある場合，解散命令を発しないでいきなり逮捕するのは違法である。公園の入口に物品販売禁止の立て看板があったとしても，具体的な警告にはならない。国税通則法74条の11第2項は，必ず事前警告（更正金額と更正の理由の説明）することを求めている。広島市暴走族排除条例事件最判平成19年9月18日は，「段階的不利益処分の法理」を確立したものと評価されているが，事前警告の法理ともいえよう（行政手続実務体系・行政手続学会編第9章106頁以下，福井康佐執筆参照）。

(3)　帳簿書類不保存事件か謀略事件か

　しかし，本件原審判決は，「納税者代理人の日程調整拒否に困り抜いた調査

官がやむを得ず法に規定された本人通知をすることができないまま行った更正処分であって，やむを得ないものであり，その責任は納税者が負わねばならない」と言う感情的観点から作成されている。しかし，実態は全く違うのである。納税義務者本人への説明会の通知は，一般に「お尋ね文書」や「電話」でなされており，本件の場合は，調査官が真剣に更正金額を通知しようと思えばいとも簡単だったのである。しかし，納税義務者本人に，国税通則法74条の11第2項が定めるように「40億円の更正処分となるが，それで良いか」と説明してしまうと，あわてて帳簿を見せるのは確実なので，そうすると40億円の仕入税額控除の否認が不可能になり，40億円の人権侵害計画が実行できなくなってしまう。そこで，本件については，調査官が謀略を謀って，本人には更正金額の通知をしないようにし，連絡票を8通出して，証拠作りをなし，帳簿書類が保存されていることを百も承知しながら，仕入税額40億円を控除しない更正処分をし，企業を潰したのである。調査官は，説明会の日程調整はするが，「帳簿書類を提示しないと，40億円の更正処分となるが良いのか」という国税通則法が求める更正金額の告知を意図的になさなかった。換言すると，これは帳簿書類の不保存の拡張解釈（拡張解釈そのものが租税法律主義に違反する）をなした平成16年の最高裁判決の法理を更に乱用したものである。この点を見落とすと，最高裁判所は法治国家に於ける税務行政に対する適切な法的規制を看過し，仕入税額控除否認を無制限制裁処分として意図的に使うことを許容してしまった，と今後批判されることになる。消費税に関する平成16年最判は，そもそも租税法律主義違反なのに，更に事前警告の条文（国税通則法74条の11第2項）を完全に無視した更正処分を許したら，最高裁判所は適正手続保障（憲法31条）まで否定することになる。

(4) 法律明文による具体的事前警告義務

調査結果の説明を受ける権利は，納税義務者本人の権利であり，国税通則法74条の11第2項及び5項は，納税義務者本人へ必ず説明せよとし，その解釈通達である「国税庁調査課作成・調査に関するFAQ（職員用）問1の1-31回答」は，税務代理人から納税義務者の同意を得ているとの申立てがあった場合でも，納税義務者本人に電話確認するか，同意書面を提出させなければならないとしている。急迫不正の侵害に対しては，正当防衛が許されるが，国税通則法74条の11第2項が求める「更正金額等の説明」は，40億円の制裁処分を出す前の具

体的事前警告として電話または書面で瞬時になしうるものであった。国税通則法74条の11第２項は，更正金額と更正理由を<u>具体的に事前警告すること</u>を求めている。

　本件は，不利益処分に対する適正手続保障に関する100年に１回発生する様な重大かつ貴重な事件である。そして，課税庁は，法律が定める明文（国税通則法74条の11第２項及び行政手続法32条２項）に違反した更正処分をなした。これは，同時に憲法31条に違反する。これ程，明確に，憲法違反と法律違反の判決ができる事件はない。第三者所有物没収事件最高裁判所大法廷判決は，法律がないのに，不利益を受ける者に対して告知・弁明・防御の機会を付与しなければならないことを認定したが，本件は明白な法律（国税通則法74条の11第２項，５項及び行政手続法32条２項）違反である。裁判所の使命は，適正手続保障によって正義を実現することであるから，これを放置したら，我が国は正義のない国となってしまう。第三者所有物没収事件以外に不利益処分に関する適正手続保障の判例はない。

⑸　説明会不開催は更正処分の取消事由であること

　一審・二審判決は，本件更正処分の事前手続である調査結果の説明会が，国税通則法74条の11第２項の明文に違反していることを前提とし，しかし，納税義務者本人が「説明に関する日程調整等の依頼に応じなかったものと推認される」，「説明を受ける機会を放棄したと認定される」と判断して，申立人を敗訴させた。しかし，一審・二審判決は，既に歴史的な判決を出したのである。「同条文の明文に違反して説明会を開催しなかったら，更正処分は違法であること」を前提としているからである。本件納税義務者は，説明会開催通知を受けていないし，「説明会開催の予告」（具体的な日時指定されていない）を受けたＳ弁護士は，「説明会に出席すると述べたことを記録せよ」と要求した。調査官は，それでも，電話口で「約40億円の更正処分を出すが，それでも良いか」という説明を国税通則法74条の11第２項に違反して行わなかったのである。本件は，調査官が電話口で「40億円の更正処分をなすが，それで良いのか」という一言を，国税通則法74条の11第２項に従って，本人または税務代理人に告知していれば，発生しなかった。

⑹　納税義務者本人の手続上の保護

　課税手続においては，刑事手続と同様に不利益処分を受ける本人の手続上の

地位が保護されている。調査官は，説明会開催通知を必ず納税義務者本人にしなければならず（国税通則法74条の11第2項），また，税務代理人が納税義務者の同意を得ている旨の申立があった場合でも，納税義務者に直接電話して確認するか，同意の旨が確認できる書面の提出を求めなければならないとされている（国税庁調査課「調査手続等に関するFAQ（職員用）」問Ⅰの31参照）。国税通則法74条の2第1項3号によると，納税義務者本人が応答義務を負うものであり，拒否すれば犯罪となるのであるから，調査拒否の存否は納税義務者本人の言葉で判定されなければならない。事前警告は，納税義務者本人にしなければならない。

　更に，また，国税調査通達（第4章第3節6-4「調査結果の内容の説明後の調査の再開及び再度の説明」）は，調査結果説明会において，納税義務者の弁明が根拠ありと判定される場合，調査を再開し，再説明をしなければならないとしている。調査結果説明会は，納税義務者本人に告知・弁明の機会を付与し，協議し，合意による租税債権を確定する場である。税大論叢91号作田隆史教授「国税通則法平成23年改正解説」は同旨であり，特にその要約3，4，5は，「調査の結果の説明は，適正手続保障の四原則（告知弁明・防御機会付与・理由提示・処分証拠の開示・処分基準の公示）と同様の機能を有する。」と結論付けている。同解説は，国税通則法74条の11第2項及び第3項の立法理由を詳細に解説し，これらが憲法31条の適正手続保障を基礎としていることを説明している。

(7)　国税通則法74条の11第2項の役割

　本件更正処分は，憲法31条と29条に違反し，かつ，国税通則法74条の11第2項，5項及び行政手続法32条2項の明文に違反する。調査結果説明会は，実務では国税通則法74条の11第2項に従って，100％開催され，そこで，必ず修正申告書案（更正予定金額と簡単な勘定科目金額を記載したもの）が交付され，修正申告した場合でも更正の請求が可能とする教示文書もあわせて交付されている。この修正申告書案の提示が，同74条の11第2項の説明として実施されており，本件では，納税義務者に修正申告書案を郵送して，告知・弁明・防御の機会を付与すれば良かったのである。

　調査官は，説明会の日程調整の話をするが，国税通則法74条の11第2項が定める「更正金額と更正理由」を説明しなかったのである。同74条の11第2項は，「納税義務者本人の手続上の保護」と「更正金額等の不利益の事前告知による弁明・防御の機会付与」という二つの適正手続保障をなしている。そして，同

条第3項の「修正申告の勧奨」と併せて，租税債権を合意で確定する制度を確立したものである（前記作田論文要約参照）。

2　日程調整と調査手続

調査官は，過去の申告書や届出書をベースに，一般調査収集資料などを総合検討し，調査対象事項を明確にして，内部の許可を取得した上で，実地調査を実施する。最大の調査資料は，確定申告書であり，これは，会計帳簿を集約し，多くの別表（所得金額・純資産金額等を表示したもの）により構成された説明資料であるから，会計帳簿の提示をさせることは，同じものを見ることになり，重要なことではない。本件は，実地調査開始前に，実地調査（納税義務者本人との直接面談）の日程調整段階で発生したケースである。

実地調査の限られた時間（1～3日）の中で，調査の効果を上げるため，調査官は過去の申告書と同業他社のデータなどを比較して，質問項目を予め整理して，実地調査に臨む。実地調査とは，納税義務者（多くの場合，代表者）と面談する手続きである。本件でも，調査官は，文書・臨場・電話にて，主として税務代理人へ連絡しているが，これは，納税義務者と面談する日程調整をしただけであった。消費税だけを調査することは無く，法人税調査が優先され，先に，法人の売上と費用を調べられる。売上と費用は，消費税の課税売上と課税仕入に連動しているから，税務調査では，法人税調査が優先して実施される。法人税調査を終了した後に，消費税法上の非課税売上と非課税仕入が除外されているのかだけがチェックされる。

本件では，売上と仕入について，何一つ質問されなかった。帳簿を一括提示せよなどの要請はありえないから，個別帳簿書類（例えば，仕入帳を期間を特定してなされたもの）の提示要請がなければ，質問したことにはならない。これは，会社法の裁判実務でも帳簿書類を特定して提出が命ぜられるのと同じである。

真に実地調査する気持ちがある調査官なら，税務代理人が繰り返し求めたように，文書で(1)本業以外の売上（資産譲渡など），(2)例年にない費用，(3)売上不振の原因，(4)源泉徴収等の納税状況，(5)銀行通帳の入出金状況などを質問する。また，税理士関与法人の場合，100％帳簿書類は完備していることは公知の事実であるから，本件更正処分の理由（帳簿書類の不保存）は，悪質なでっち上げで

144

ある。連絡票9通（第1回通知は，東京国税局作成で処分理由から除外され，その他の8通は，高松国税局作成で処分理由としては8通），臨場6回，電話2回をなした（更正処分理由）というが，これは調査拒否の証拠作りの活動である。法的義務の履行遅滞は，最後の要請と，これに対応する最後の回答で判定しなければならない。Ｓ弁護士の最後の回答は，「説明会に出席する」，「説明会に出席すると言ったことを記録せよ」とする内容であった。

　納税義務者本人は，説明会のことは一度も聞かされていない。本件においては，電話で調査の日程調整の通知はあったが，調査結果の説明を受ける日程の具体的な通知は一切なかった。Ｓ弁護士は調査結果を聞く意思ありと明確に述べており，調査官は，調査手続に関するFAQ（職員用）に従わず，納税義務者本人へ直接説明会の通知を意図的に行わなかった。

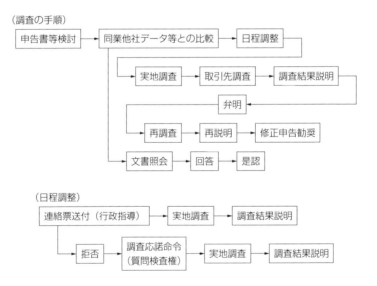

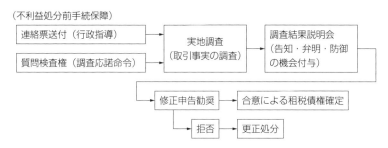

　我が国でも，先進国でも，税務調査は，純粋な任意調査（行政指導調査）が優
先して実施される。質問検査権（帳簿書類提出命令）は，調査非協力者に対して行
使されている。質問検査権は，「実地調査の現場において，課税標準などに関
する具体的な質問であり，これを拒否したら，罰金等の刑罰が科されることが
告知してなされるべきもの」であり，そうでない要請は行政指導である。行政
指導調査であるか，質問検査権調査（刑罰による間接強制調査）であるかに関わら
ず，不利益処分（更正処分）前に，必ず調査結果説明会（告知・弁明・防御の機会付
与）を開催しなければならない。国税通則法74条の11第2項は，憲法31条を具
体化したもので，行政手続法13条及び14条の特則を定めるものである。大量処
分を予定する行政法領域では，審査請求や行政訴訟における弁明手続よりも調
査結果説明会における弁明手続が大切であり，我が国のみならず，アメリカに
おいても，更正予定金額を告知して，弁明を聴取して，協議和解する制度が完
備されている。調査結果説明会において，我が国では，「修正申告案」が示され，
アメリカでは，「更正処分案」が示されているが，調査結果説明会が，協議・弁
明・合意の場であることは共通している。

146

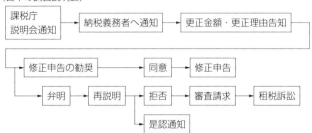

（日本の調査説明会）

　我が国において，租税訴訟が極端に少ないのは，調査結果説明会において，修正申告案（更正予定金額と更正理由を告知したもの）を示して，協議して，弁明を聴取し，合意で殆どの租税債権が確定されているからである。本件において，調査結果説明会があれば，そこで約40億円の制裁予定を示され，誰でも100％帳簿書類を提示することになる。平成16年最高裁判決は，消費税法30条７項「帳簿等の不保存」の拡張解釈を容認したが，その後，平成23年国税通則法改正で，74条の11第２項により，調査結果説明会開催義務が定められたので，不当な仕入税額控除の歯止めとなっていた。本件で，説明会不開催の違法を放置したら，我が国は課税権力の独裁国家となってしまう。

　調査結果説明会を開催したら，帳簿書類の保存が確認されてしまうから，本件では故意に説明会を開催しなかった。実務では，実地調査手続終了後，100％，調査結果説明会が開催されている。本件で，説明会を省略したのは，不保存の事実（帳簿等は保存されていた）をでっち上げるためであった。それ以外に考えられない。

（国税通則法74条の11第２項の役割）

①　納税義務者本人の保護

調査結果の説明は，必ず本人にしなければならないとする（同条第５項も同様である）。

②　告知・弁明・防禦の機会付与

更正処分前に，更正金額と更正理由を予告することを求める。

③　合意による租税債権の確定

同条３項の修正申告の勧奨制度と相まって，納税義務者と課税庁間において，協議して租税債権を確定するものである（税大論叢91号作田隆史「平成23年国税通則

法の解説・要約文」参照）。

3　脱税なき制裁と40億円の罰金（行政制裁）

　仕入のない売上はなく，本件では，「仕入が存在し，これを記載した帳簿が存在すること」に争いはない。被告国は，一審準備書面(1)21頁において，帳簿が保存されていることを認めている）。本件は，「脱税なき制裁処分」（争いのない事実）をなした，著しい人権侵害事件である。H社も法人であるが，十数店舗の従業員・その家族ら多数の個人が生計を依存しており，H社を破綻させることは，関与する個人の生活を破壊することになった。H社は，約5億円の多くの納税をなしたが，2020年9月租税債権の支払いが不能となり，破綻し，清算手続を開始した。

　脱税なき制裁は，罪刑法定主義違反かつ租税法律主義違反である。先進国として，こんなに著しい人権侵害かつ暴力的な課税はあってはならないことである。調査官は，H社が税理士関与法人で帳簿書類を保存していることを百も承知で，約40億円の課税処分をなしたのである。独裁国家でも，このような乱暴な課税はしない。不利益処分の適正手続保障に関する判決が，成田新法事件だけというでは，あまりに不十分である。

4　調査結果説明会と告知・弁明・防御機会

　「調査手続」と「説明勧奨手続」は全く異なる局面である。

　 税務調査手続 ……納税義務者や取引相手に取引経過を質問するもの。

　 説明勧奨手続 ……調査結果を説明し，更正予定額を告知し，弁明の機会を
　　　　　　　　　　与え，合意により租税債権を確定するもの。

　国税通則法74条の11第2項は，必ず調査結果の説明会を開催しなければならないとし，これは，更正予定金額と処分予定理由を予め告知させる義務を定めるもので，説明会は弁明の機会（帳簿の提示させる機会）を与える場である。誰でも，約40億円の制裁処分をなすといわれたら，帳簿の提示をする。税務代理人も同じである。調査官は，S弁護士に対し，説明会の日程調整の話はするが，国税通則法74条の11第2項が要求する「更正金額と更正理由」を意図的に説明しなかったのである。

　「帳簿の提示をしないと，約40億円の制裁処分をなす」といわれて，帳簿を提示しない者はいない。本件は，税務代理人が調査官と協議していたが具体的な質問検査権行使をしないで調査拒否をねつ造された事件である。帳簿提示の

148

要求または要請は，実地調査の現場でなされるものであるから，本件は日程調整段階であり，実地調査現場で具体的に帳簿提示を拒否した事件ではない。

同法74条の11第2項に関し，国税調査通達（第3節6-4）は，説明会において，納税義務者の弁明が根拠ありと判定される場合，調査を再開し，再説明（会）をなさなければならないとしている。

本件は，説明会（更正金額と更正理由の告知・弁明・防御の機会付与）があれば，日程調整し，現場で帳簿を提示したから，発生しなかった。調査結果説明会は，納税義務者にとって，弁明防御の，命の灯である。調査結果説明会において，租税債権を合意によって確定したいと強く願望する調査官は，説明会を数回開催する。更正処分の発令許可後の説明会は，納税義務者の弁明を聴取しないから，発令許可前の説明会に弁護士が立ち会うのが効果的である。

5 詐欺的課税と具体的事前警告の欠落

本件は，脱税は存在しないが，税務代理人が実地調査の日程調整をなさなかったことに怒った調査官が，法律が求める適正手続を怠り，脱税なき約40億円もの制裁処分をなした著しい人権侵害事件で，以下の通り，国家権力による暴力的課税・徴収事件である。本件では，連絡票送付（高松国税局による8通）の証拠作りをしたが，何等具体的な質問をしていない。そして，消費税法に基づく質問など全く存在しない。連絡票8通は，ほぼ同文で，日程調整要請であり，行政指導であることは明白である。

法的義務（調査応答義務）の履行遅滞は，最後の要請と回答で，拒否事実を判断するべきである。「最後の連絡票による日程調整要請」と「S弁護士の最終回答」によれば，調査拒否もしていないし，「説明会に出席することを記録に残せ」と強く要求している。国税通則法74条の11第2項は，更正処分前に，更正金額等を事前説明せよとしており，調査官は，S弁護士に説明会日程の話をしながら，「40億円の更正処分をすることになるが良いか」という一言を意図的に省略した。

国税通則法74条の11第2項は，更正金額と更正理由を具体的に事前警告することを命じている。

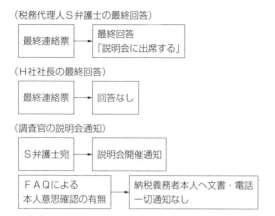

（税務代理人S弁護士の最終回答）

最終連絡票 → 最終回答「説明会に出席する」

（H社社長の最終回答）

最終連絡票 → 回答なし

（調査官の説明会通知）

S弁護士宛 → 説明会開催通知

FAQによる本人意思確認の有無 → 納税義務者本人へ文書・電話一切通知なし

6　事前理由提示と事後理由提示

　本件は，税務調査の必要性や相当性を争う裁量審査事件ではなく，国税通則法74条の11第2項（事前の処分理由提示義務）と同法74条の14第1項（事後の理由提示義務）の明文に違反する制裁処分であると主張する事件である。事前の理由提示義務（同法74条の11第2項）は，「告知・弁明・防御の機会付与」するためであり，事後の理由提示義務（同法74条の14第1項）は，「不利益処分の適法性確保」のために定められている。また，行政手続法32条2項は，行政指導拒否を理由とする不利益取扱いを禁止しているが，本件更正処分はこの明文にも違反している。法律の明文に違反する更正処分を放置したら，我が国は暗黒の暴力社会となる。事前理由提示は，処分通知書に記載される理由付記よりもはるかに重要な適正手続保障である。

7　第三者所有物没収事件と公正な国家作り

　本件は，第三者所有物没収事件（最高裁大法廷昭和37年11月28日判決）を何倍も上回る重大な事件である。本件では，納税義務者本人に告知・弁明・防御の機会が与えられず，第三者所有物没収事件では，貨物所有者に告知・弁明・防御の機会が与えられなかった。国税通則法74条の2第1項3号は，納税義務者に調査応答義務があるとし，同74条の11第2項や調査に関するFAQ（職員用）問1の1-31回答は，必ず本人に事前警告（更正金額と更正の理由説明）をすることを求めている。

　最高裁判所は，適正手続保障の最後の砦であり，最高裁判所が適正手続保障

に関して，必要不可欠な判決を出さなければ，日本は独裁国家になってしまう。最高裁判所は，日本国民のために，公正な民主主義社会を作っていく唯一の公的機関である。最高裁判所が，内閣や国会に対し，睨みを効かせ，適正手続保障を厳格に求める判決を量産しなければ，その国は不公正な暗黒の独裁的後進国となってしまう。脱税がないのに，約40億円もの制裁処分をなす国家は大盗賊国家である。

　裁判所が，「実体的公正」と「手続的公正」の追求を捨てたら，法治主義は破壊され，民主主義国家は消滅する。独裁者は，適正手続保障を嫌い，不公正な結果を求めて，最高裁人事や検察庁人事に介入するものであることは，韓国，アメリカ等の事例を見ても明らかである。法律家は，公正性（正義）を追求して適正手続保障を実現するのが使命と言える。最近，百日裁判の強行に抗議して，弁護人を解任して，公判不開催とした被告人の例が報道されているが，本件は百日裁判に抵抗する被告人に腹を立てた裁判官が証拠調べもせず，被告人に約40億円の罰金を科したのと同一のケースである。独裁国家でもこのような脱税なき制裁処分はしない。国家の信頼度は，その国の裁判所の信頼度とイコールである。本件のような著しい人権侵害を，裁判所が放置したら，諸外国は我が国を見捨てることになる。

　本件は，不利益処分の理由提示（事前告知と事後告知）に関する100年に一回発生するような貴重な事件である。不利益処分に対する適正手続保障に関する憲法判例・租税法判例の基本的公正基準を確立しなければならない。

第2　本件更正処分の違法性

本件更正処分は，次の通り明確に違法である。

1　憲法31条適正手続保障違反及び行政手続法32条2項違反

　あらゆる行政調査は，独禁法調査，空屋法調査，健康保険法調査，金融取引法による金融調査など，どれにおいても行政指導調査（自主的情報提供要請）が優先されており，強制手段である質問検査権行使（拒否したら犯罪となる）は利用されていない。実地調査要請通知自体が，質問検査権行使とする法律上の根拠はどこにもない。質問検査権行使は，実地調査の現場でなされるものである。また，拒否したら，罰金等の刑罰が科されることを告知しない帳簿等の提出要請は，行政指導である。質問検査権は，質問毎に独立したものであり，事前に，

質問毎に質問検査権行使であることが明示されなければ，行政指導である。

　国税調査通達は，納税義務者に対して，実地調査の現場における，課税標準等（課税要件）に関する文書等の提出命令が質問検査権行使であるとしている（国税調査通達「調査の意義」第1章1-2参照）。本件は，日程調整段階で終了し，実地調査が実施されなかったから，実地調査現場で納税義務者に対する質問はない。質問検査権は，実地調査現場において，納税義務者になされる「課税標準等」に関する具体的な質問で，これに具体的に対応する虚偽回答は犯罪となる。

　本件連絡票は，質問検査権行使ではない。連絡票は，将来の実地調査における「質問を予告したもの」であって，単なる日程調整を要請する文書です。これは，任意の要請をなす文書であるから，講学上行政指導に該当する（行政手続法2条6号）。

　従って，連絡票の要請に対する拒否があったからといって，制裁処分をなすのは，行政手続法32条2項（この規定は，国税通則法74条の14により国税関係では適用除外されていない）の明文に，明確に違反する。連絡票は，質問検査権行使ではないから，それ以上何もできないはずである（行政手続法32条2項）。

　質問検査権行使に対する拒否は，国税通則法128条により罰金等を科することができるが，それ以外の制裁はない。まして，行政指導に対して不利益取扱いすることは，行政手続法32条2項に違反する。

　行政指導は協議中になされるものであり，告知・弁明・防御の機会を与えずに不意打ちで制裁処分をなすのは，人権侵害であり，憲法31条に違反するから，行政手続法32条2項は，不利益取扱を禁止している。不利益処分の根拠法に基づいて，行政指導することは可能であるが，不利益処分を科す前に，告知・弁明・防御の機会を付与する必要がある。国税通則法74条の11第2項は，憲法31条を具体化し，不利益処分前の告知・弁明・防御の機会を付与する規定である。行政手続法13条及び14条（不利益処分前の適正手続保障）の特則である。国税調査通達は，模範的な行政調査通達であり，質問検査権と行政指導の区分が適正手続保障であることを認識している。本件の最後の連絡票は行政指導であり，いきなり事前警告なしに40億円の制裁処分をなすのは，憲法31条，行手法32条2項違反である。

2　調査対象者以外への質問または要請

　国税通則法74条の2第1項は，消費税について，「納税義務者を調査対象と

する」としている。調査拒否罪は，納税義務者地震の身分犯であり，税務代理人には成立しない（税務代理人は，せいぜい幇助犯が成立するだけである）。同様に，調査拒否の判定は，納税者本人の言葉でなされなければならない。本件では納税義務者本人に対して，課税標準について一度も質問も行政指導もなされていない。国税庁は，国税通則法が平成23年に改正された直後，実地調査の日程調整要請通知を行政指導であると明示していたが，連絡票による日程調整要請自体が質問検査権行使であると言ったことはない。国税調査通達の「調査に該当しない行為」1-2（2）は，「必要な基礎的情報の自発的な提供を要請したうえで，修正申告等の自発的な提出を要請する行為」は，税務調査（質問検査権行使）ではないとしている。日程調整要請は，これからみても，質問検査権行使ではない。万一，連絡票通知が質問検査権行使だとしても，更に次の4つの法律違反があり，本件制裁処分は違憲違法である。調査官の行為が行政指導か，質問検査権行使かを明確にすることが重要な適正手続保障である。「税務調査手続に関するFAQ（一般納税者向け）問2の答え」には，調査担当者は，質問検査権行使か行政指導かを明示せよとしている。質問検査権は，実地調査の現場において課税標準等に関する質問であり，日程調整のお願いは，実地調査の開始前における具体的な要請であるから行政指導である。同FAQ（一般納税者向け）問2の回答は，行政指導調査があることを認め，行政指導による修正申告書が提出されたら，過少申告加算税を課さないものとしている（行政手続法32条2項）。

実地調査は，殆どが雑談であり，時折，帳簿の一部提示要請（行政指導）がなされているのが一般である。実地調査の現場において，帳簿の提出命令（質問検査権行使）で，拒否したら犯罪とされる処分が出されることは殆どない。

拒否したら罰金等の刑罰が科されることを告知しない帳簿提出要請は，すべて行政指導である（国税通則法128条，間接強制調査の要件）。

3　結果説明勧奨会通知の欠如（憲法31条違反，国税通則法74条の11第 2 項及び第 5 項違反）

　実地調査と結果説明勧奨会は，全く別物で，実地調査は取引事実を納税義務者に質問・要請する手続きであり，結果説明勧奨会は，納税義務者本人に弁明・防御の機会を付与し，協議して，合意で租税債権を確定する手続きであり（税大論叢91号作田隆史論文），アメリカにおいても，IRS 不服審査部は全く同じ説明会を開催し，協議・弁明・合意の場としている。調査結果の説明手続と修正申告の勧奨は一体であり，結果説明勧奨会として開催されている。

　国税通則法74条の11第 2 項及び 5 項は，調査結果の説明は納税義務者本人にしなければならないとしている。税務調査における税務立会人は，「税務代理権限証書」を税務署へ提出するが，調査結果の説明を聞く権利は納税義務者本人の権利なので，税務代理人だけで説明を受けるためには，別途「説明会同意書」が必要である。国税庁調査課作成「調査手続等に関する FAQ」の問 I の1-31の回答は，「税務代理人から納税義務者の同意を得ている旨の申立があった場合でも，納税義務者に直接電話して確認するか，同意の旨が確認できる書面」をとりつける義務を調査官に課している（説明を受ける権利は納税義務者本人の固有の権利であるから，税務代理人は放棄できない）。調査官も「本人へ説明したい」，「本人が欠席するなら，同意書を出せ」と繰り返し，S弁護士に要請している。しかし，本件において，日程調整交渉終了段階において，税務代理人S弁護士に電話がなされただけであり，S弁護士は，「調査結果の説明を受けると言ったことは調書に記載せよ」と調査官に要求している。原審は，これを無視し，意図的に重大な事実誤認の判断をした。そもそも，このS弁護士の対応によれば，説明会を聞く権利を放棄していないことは明白である。しかも，説明を聞く権利は，納税義務者の権利であって，税務代理人には説明を受ける権利を放棄する権限はない。

　本件では，結果説明勧奨会開催通知は，納税義務者本人になされていない。すなわち，国税通則法74条の11第 5 項違反も明確である。

　同条第 2 項は，「納税義務者本人」に説明することを求めている。第 5 項は，本人が説明を聞かず，税務代理人に聞くことを任せると予め同意した場合，税務代理人だけで聞くことができるとするものである。実務では，同意書がない限り，調査官は必ず，納税義務者本人に説明している。税務代理権限証書は，

調査立会のフォームであり，説明会に本人が立ち会わない同意は，税務代理権限証書とは別に，同意書フォームが使用されている（国税通則法74条の11第5項が要求する本人の同意書で，日税連が公開している）。

課税手続は，刑事手続と同様に本人（刑事被疑者や納税義務者）の手続上の権利が強く保護されなければならず，税務代理人は，調査対象でもなく，調査結果を聞く権利は，本人のみ有する。税務代理人は，説明を聞く権利を放棄する権限がない。国税調査事務運営指針第2章1〜5は，書面による同意がない限り，説明は納税義務者本人にしなければならないとしている。不利益処分の事前手続は，刑事手続と同様に，不利益を受ける本人に対して，手続的権利を付与することが適正手続保障である。前記FAQ問1の1-31回答も納税義務者本人へ直接事前警告することを求めている。

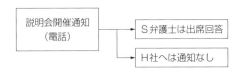

4　説明会不開催（憲法31条及び国税通則法74条の11第2項違反）

本件制裁処分をなすにあたって，国税通則法74条の11第2項は，無条件に調査結果の説明をしなければならないとしている。その際，更正予定金額と更正理由を納税義務者本人に説明しなければならないとしている。課税処分手続は，刑事処分手続と同じく，不利益を受ける者の手続上の権利が保障されている。かかる通則法74条の11第2項は，そのような立場で，納税義務者本人に，告知・弁明・防御の機会を与えることを示した条文である。74条の11第2項は，憲法31条の適正手続保障を具体化した素晴らしい条文であり，説明会の不開催は憲法31条に違反する所業と言わなければならない。本件において，説明会が開催されていれば，誰でも約40億円の制裁処分を回避し，帳簿などを提示するはずである。そもそも，消費税申告書は，帳簿の記載を基に作成されたものであり，帳簿を見せることはH社にとって何らの不利益をもたらすことはないし，容易なことだった。本件は，帳簿の提示を故意にさせないで，約40億円の制裁処分を科したもので，国家による著しい人権侵害の事件である。

本件では，納税義務者に対し，説明会開催の通知をしなかったことは争いがない（類似別件は全て，調査官は納税義務者本人に説明会開催通知をなしている）。更に，

本件では，調査結果の説明会を開催しなかったことも争いがない。本件一審・二審裁判官は，明確な国税通則法74条の11第2項及び憲法31条違反の事実の存在を，「説明を受ける機会を放棄した」と認定した。

　一審・二審裁判官は，税務代理人も納税義務者本人が説明を聞く機会を放棄していないことは，百も承知であり，苦し紛れに，「原告は，説明を受ける日程の調整することを拒否したと推認される」，だから，原告は「説明を聞く機会を放棄したと認定される」と著しい人権侵害の判断をした。刃物を持つ暴漢に対して，警告なしに拳銃を撃つ警察官はいないが，本件でも，「40億円の更正処分を出すがそれでも良いか」との事前警告は不可欠である。国税通則法74条の11第2項は，明文で必ず，更正予定金額を説明して警告せよと求めている。

　S弁護士は調査官に対し，「調査結果の説明を聞くといったことを記録せよ」と明確に述べたことが被告の提出記録の中に明示されている。説明を受ける権利は，納税義務者本人の固有の権利であり，税務代理人に尋ねることがそもそも間違いである。

　あらゆる税務調査において，調査結果の説明会を開催することが必要とされている。調査結果説明会において，告知・弁明・防御の機会を与え，行政指導がなされている。納税者の弁明が成功したら，再度説明会（国税調査通達6-4「調査再開・再説明」）が開催される。法定の説明会，口頭意見陳述手続などを省略した不利益処分は，直ちに取り消されるべきである。大阪地方裁判所平成30年6月29日判決，福島地方裁判所平成13年7月31日判決は，口頭意見陳述を欠いた課税処分は取り消されるべきものとしている。

5　連絡票の根拠条文の誤り（国税通則法128条）

　本件連絡票は，9通作成されている。第1回目の連絡票のみに，質問検査権の表示があるが，これは将来の実地調査において，質問をなすことを予告したものであって，当該連絡票自体が質問検査権行使でないことは明白である。しかも，これは東京国税局が送付したが，同局は調査を中止した。その後，高松国税局が調査し，本件処分に至ったから，第1回目の連絡票は，処分理由から除外され，高松国税局作成の連絡票8通のみが処分理由とされた。高松国税局作成の8通の連絡票には，質問検査権の表示はない。質問検査権行使は，帳簿の提出等の命令であるが，連絡票は，日程調整の要請であるから，行政指導である。一，二審裁判所は，税務調査の実態をご存じがないが故に，この事実認

定を明確に誤ったと思われる。

　そもそも，税務調査は，本件のような，連絡票の郵送（行政指導）から開始し，実地調査の現場で納税義務者本人が調査官と面談する手続である。税務立会人は，民法の代理人ではなく，調査対象者の応答に立ち会うだけである。正確に言うと，取引事実に関する質問に対する応答は，納税義務者が行うものであり，代理することはできない。税務立会人は，実地調査の現場において，立ち会うものであって，そもそも税務立会人には応答義務はない（国税通則法74条の２第１項３号による消費税調査対象者参照）。従って，調査の拒否かどうか，質問に対する拒否かどうかは，「実地調査の現場において，何年何月何日の課税標準等に関する具体的な質問で，調査対象者への質問」で，これに対する納税義務者本人の言葉（何年何月何日の具体的な回答）によって判定されなければならない。調査の大半は雑談であり，年月日が異なる会話は，別の調査だからである。国税通則法74条の２第１項３号は，調査対象者はあくまでも納税義務者本人とされている。

　本件において，連絡票である甲第５号証の１は，「質問検査権行使予告」の記載があり，その根拠条文として国税通則法127条をあげるが，127条は秘密漏洩罪の規定であり，正しくは128条３号であった。二審判決（判決書41頁下から５行目）は，第１回目の連絡票を課税処分の根拠として，この連絡票を引用するが，この第１回目の連絡票は，そもそも根拠条文を誤っているので，無効，違法なものと言わなければならない（長野地方裁判所平成23年４月１日判決同旨参照，野村創「事例に学ぶ行政訴訟入門」210頁）。また，「質問の予告」と「質問の実施」は異なり，本件では実地調査の現場（納税義務者の事務センター）で質問はなされていない。

第３　説明を聞く機会の事前放棄という判断による著しい人権侵害

　本件制裁処分の法律要件は，消費税法30条７号（実体要件）と国税通則法74条の11第２項，３項（手続要件）を総合すると次の通りとなる。

（制裁処分の法律要件）

(1)　実地調査の現場で，納税者に対し，何年何月何日に具体的な質問がなされたこと（国税通則法74条の２第１項）

(2)　納税義務者が，何年何月何日に拒否したこと（同法128条３号）

(3)　説明会を開催して，更正金額及び更正理由を告知したこと（同法74条の11
　　第2項）

(4)　修正申告の勧奨をするなどして，不利益処分回避の弁明・防御の機会を
　　与え，協議したこと（74条の11第2項及び第3項）

(5)　質問が行政指導による要請である場合には，制裁処分はできない（行政
　　手続法32条2項）。制裁処分をなしたければ，実地調査の現場において，拒否
　　が犯罪になる質問検査権であることを明示して，帳簿等の提出命令を先行
　　しなければならない。

　二審判決は，連絡票が行政指導であることに気付きながら，質問検査権行使
であると誤導的解釈を採用された（二審判決42頁）。行政指導なら，告知・弁明・
防御の機会を与えないで，いきなり，不利益取扱いをすることができない（行
政手続法32条2項）から，意図的に質問検査権行使があったと認定されたと思わ
れる。仮に，質問検査権行使であったとしても，不利益処分前には，国税通則
法74条の11第2項が求める説明会は不可欠である。国税調査通達（国税通則法第
7章の2に関する法令解釈）別冊第1章1-2は，「税務調査等に該当しない当該職員
の行為」（前文），「必要な基礎的情報の自発的な提供を要請したうえで，必要に
応じて修正申告などの自発的な提出を要請する行為」（(2)）は，質問検査権行使
ではないとしている。連絡票と架電は，行政指導であったことは明白である。
行政指導からいきなり告知弁明防禦の機会付与（事前具体的警告）をなさず，40
億円の制裁処分をなすことは，憲法31条違反，行手法32条2項違反である。

　一審・二審判決は，本件約40億円の制裁処分が，課税実体要件を無視し，更
に，国税通則法74条の11第2項及び同条5項（納税義務者本院への事前警告義務）
にも違反していることに悩み，思いついたのが，「説明を受ける機会の（事前）
放棄」という，あってはならない適正手続保障違反の理論である。一審・二審
判決は，国税通則法74条の11第2項が憲法31条を具体化したものであると気づ
かれたことを物語っており，「説明会不開催及び更正金額と更正理由不告知の
違法」を乗り越えるため，人権侵害の理論（説明を聞く機会を放棄したとみなす擬制
論）を採用された。しかし，かかる判断は，納税義務者が説明を受ける機会を
放棄していなければ，必ず納税義務者を勝訴させなければならないことを意味
する。国税通則法74条の11第2項及び同条第5項は，説明会開催通知を納税義
務者に対してなさなければならないとし，かつ，第2項は必ず説明会を開催せ

よといっている。説明会を開催して，更正予定金額と更正予定理由を説明する
義務を定めたもので，納税義務者本人に必ず説明せよとする法律条文となって
いる。これは，告知・弁明・防御の機会付与を義務付けるものである。説明会
開催を必ずせよとする条文がありながら，「説明を受ける機会の放棄を擬制す
ること」は，著しい適正手続保障違反である。日程調整の拒否の事実があろう
とも，これを考慮して，「説明を受ける機会の放棄を擬制すること」は，他事考
慮の違法を犯すものである。

　必ず，説明会を開催せよとの条文があるのに，納税義務者本人に説明会開催
通知もせず（争いのない事実），法律条文に反して，納税義務者本人と税務代理人
のいずれにも説明をしない違法を放置したら，日本は暗黒独裁国家になる。

　本件は，関与税務代理人，または，納税義務者に対し，「約40億円の更正予定
金額を事前に説明したら，誰でも帳簿を提示した」から，事件として発生しな
かったものである。これほど，適正手続保障として，国税通則法74条の11第2
項が定める説明会（更正金額と更正理由の予告）が決定的な影響を与える事件は他
にない。

　同法74条の11第2項及び第5項は，あくまで説明は本人にすることになって
いるから，説明を受ける権利は本人に帰属し，税務立会人は，説明会の機会を
放棄する権限がない。

　本件制裁処分は，消費税の課税実体要件（仕入控除または仕入税額控除）を無視
し，かつ，上記5つの明確な適正手続保障違反があり，直ちに取り消されるべ
きである。本件処分は，租税法律主義と適正手続保障違反をダブルで犯し，か
つ，5つの法律違反をなした独裁国家的制裁処分である。

第4　本件における理由提示の不備と推計課税
1　調査裁量問題と不利益処分の弁明問題は全く別であること

　一般に行政調査については必要性と相当性の要件がなければ違法とされてい
る。この様な判断は，行政裁量の問題とされている（法規裁量）。

　しかし，本件においては，仕入も帳簿もある場合に，日程調整を拒否したと
いう理由だけで，その制裁として約40億円もの制裁処分を課してよいのかが問
題とされているのである。最大の問題点は，事前に告知・弁明・防御の機会が
付与されなかったことである。本件においては，税務調査手続の違法を主張す

るものではなく，調査結果の説明手続（国税通則法74条の11第2項及び憲法31条）を省略した違法を問うものである。憲法31条は，約40億円もの制裁処分をなす前の告知・弁明・防御の機会の付与を求めているということを強く主張するものである。税務調査の大半は，雑談であり，時折，行政指導によって帳簿等に提示が要請される。税務調査の開始から終了まで，全て行政指導であることはなく，まして質問検査権が開始から終了まで行使され続けることはない。調査要請の拒否があったかどうかは，最後の要請に対する，最後の回答によって判定されなければならない。「約40億円の制裁処分を回避したければ，帳簿書類を提示せよ」と最後に説得すれば誰でも帳簿提示に応じた筋である。

2　理由の提示と適正手続保障について

本件制裁処分の根拠とされた消費税法30条7項は，「調査拒否」を仕入税額控除の否認理由としていない。本件制裁処分の根拠法による課税要件の摘示が不明であり，それだけで本件制裁処分は違法である。

不利益処分の事後理由の提示は，制裁処分の実体要件の充足性を明確にして，違法処分を回避することにある。本件では，課税要件について，次の3つの考え方が主張されている。

A　(消費税法30条7項の課税手続要件)

「帳簿書類の不保存」

B　(拡大解釈による課税手続要件)

「帳簿書類を随時提示可能な状態で保存しなかったこと」(帳簿書類の提示拒否)

C　(本件更正処分の理由による課税手続要件)

「帳簿書類の不保存」

本件更正処分の理由は，「増澤税理士が，調査理由を文書で回答しない限り，調査に応じない旨の発言があり，帳簿書類は提示されませんでした」だけである。本件更正処分Cの摘示する課税要件はAと同じものであるが，本件更正処分の理由は「帳簿書類の提示拒否」である。本件更正処分は，課税手続要件の「帳簿書類の不保存」と更正の理由（帳簿書類の提示拒否）とが不一致である。本件更正処分では，課税要件と課税要件該当事実不一致である。Bの拡大解釈は，租税法律主義の下で，到底認められない。しかし，帳簿の提示拒否は，帳簿の不保存を推認させるもので，訴訟で帳簿書類の提示を認める解釈であるとすれば，Bも適法な解釈といえる。殺人罪における「人」の中に胎児を含めるかど

うか犯罪構成要件に関する法解釈を示すことなく，胎児を殺した行為を殺人罪に該当するというのは，判決理由として不備である。

本件では，「帳簿の保存」も「仕入も存在」するから，「帳簿の不保存」を理由に本件処分はなしえなかったのである。税務調査拒否の犯罪構成要件は，国税通則法128条3号定められており，「帳簿の提示若しくは提出または報告の要求」に対し，「正当な理由なく，これに応じないこと」である。税務調査拒否に対する行政制裁処分の要件も同じであるべきである。同条を参考に，制裁処分の要件は，「実地調査の現場において，何年何月何日の帳簿書類の提示命令がなされ，これに対する納税義務者の何年何月何日の拒否がなされたこと」である。本件では，実地調査の日程調整の要請であるから，「行政指導であり」また，質問検査権行使がなされていない。「実地調査が開始されておらず」，「納税義務者は，一度も拒否していない」から制裁処分の要件に該当しない。

3　推計課税義務

消費税においても推計課税の必要性が認められ，所得税法156条におけるのと同様な合理的な推計方法による課税標準額の算出を肯定するのが裁判例の一般的な傾向である（名古屋地判平成17年3月10日，福岡地判平成21年11月16日，山口地判平成25年4月10日）。伊藤滋夫，岩崎政明編集「租税訴訟における要件事実論の展開」160及び161頁において，井上康一弁護士は，「消費税法30条7項は，立証責任を転換したものではないから，課税庁は推計額が真実の課税標準額を下回ることについての立証責任を負う」とされ，推計課税を認めた判例を前提として，課税庁は仕入税額についても立証責任を負うとの解釈を示している。

4　行政の不利益回避義務・仕入税額調査義務

紀伊長島町事件最高裁平成16年12月24日判決は，不利益処分をなす前に，多くの考慮要素を勘案して，相手方の弁明を聞いて協議し，公的利益だけではなく，私人に対する不利益の回避をなす調整をする行政庁の義務があることを認定した。不利益処分をなすにあたっては，多くの考慮要素を総合勘案して，調整する義務が行政にあるとしたものである。国税通則法74条の11第2項及び第3項は，納税者と課税庁が合意により租税債権を確定する制度を定めるもの（税大論叢91号作田隆史教授「国税通則法改正と税務行政」参照）で，説明会開催を意図的になさなかった違法は重大である。

5　処分基準と処分理由の違法

　一級建築士免許事件の最高裁平成23年6月7日判決は，「処分基準の適用関係が示されていない不利益処分は違法」であるとしたものであった。また，長野地裁平成17年2月4日判決は，医療用具回収処分事件判決であるが，「弁明の機会の付与がなされない不利益処分を違法」とした。東京高裁平成13年6月14日判決は，医師国家試験に関する事件であるが，「理由提示がないことは違法」であるとした。また，静岡地裁平成13年11月30日判決，及び，大阪高裁平成16年5月27日判決は，「処分理由を不十分」として，不利益処分を違法とした。大阪地裁平成14年6月28日判決は，保育所の事件であるが，「処分理由が不十分」として，国家賠償請求を一部認めた。阿南市水源条例事件である盛岡地判平成18年1月30日も，「処分理由の違法」を認めた。和歌山食品衛生法違反事件判決（和歌山地裁平成29年10月27日判決）も，「理由の不備による処分違法」を認定した。

　更正処分理由の違法を判決した最高裁判決として，最判昭和47年12月5日法人税事件があるが，「補償金・認定利息等が計上漏れと記載されているにすぎない場合，理由付記として不備であって，更正処分は違法である」と判断した。上記一級建築士事件は，これまでの最高裁判決をさらに発展させたもので，資格はく奪処分の様な著しい不利益を発生させる処分については，訴訟における理由の追加は不可としたものである。「処分理由の提示原則」は，憲法31条が求める「告知・弁明・防御の機会付与原則」と表裏一体であり，適正手続保障の核心である。事前の処分金額処分理由提示は，告知・弁明・防御の機会付与そのものといえるからである。上記長野地裁平成17年2月4日判決は，本件と類似しており，極めて参考となる。

第5　比例原則違反と最判平成16年12月16日及び最判同年12月20日の射程範囲と歯止めの必要性

　日程調整の拒否があったとしても，説明会を開催して，告知・弁明・防御の機会を与えることは，国税通則法74条の11第2項が求めるところであり，裁判所は法律の明文に反する判断をしてはならない。日程調整拒否があったとしても，国税通則法74条の11第2項による説明会を開催して，更正予定金額と更正理由を告知することなく，約40億円の制裁処分を課すことは，行政権の濫用で

あり，著しい人権侵害である。また，消費税に関する最判平成16年12月16日及び最判平成16年12月20日は，消費税の課税実体要件を破壊する判決ではありえないから，調査拒否から帳簿不保存を推認した判決にすぎないといえる。毎年，租税法を改正させている国税庁が「調査拒否を仕入税額控除否認の事由とする立法改正」を行わないのは，租税法の基本体系を破壊するからである。

　国税通則法128条３号は，罰金としては50万円以下しか認めていないのに，本件制裁処分で約40億円の制裁を加えることは罪刑法定主義と比例原則に違反する。

　この２つの最高裁判決は，消費税法30条７項「帳簿の不保存」の拡大解釈をしたものならば，憲法違反の判決となるが，帳簿不提示から帳簿不保存を推認しただけであるとすれば，当然の解釈を示したものである。そして，訴訟の中で，帳簿の保存が確認されたら，課税してはいけないものに課税したのだから，本件更正処分を取り消せば良いのである。約40億円の制裁処分をなす法的根拠は，どこにもない。２つの最高裁判所の射程範囲を，このように限定するか，仕入税額控除否認の前に，告知・弁明・防御の機会付与を求めるか，更正処分の理由を厳しく制限して，歯止めをかけるべきである。平成16年判決により，最高裁判所が租税法律主義に違反して，仕入税額控除否認の乱用を認めたことにより，行政指導調査の場合でも，無制限に歯止めなく，税務調査拒否や帳簿不保存が安易に認定され，多くの納税義務者が泣き寝入りしている。一刻も早く，歯止めをかける必要がある。

　本件は，不利益処分の適正手続保障に関する百年に１回の貴重な事件である。課税庁は，法律の明文（国税通則法74条の11第２項，行政手続法32条２項）と憲法31条に違反しており，本件更正処分の違法判断は，容易かつ明白である。

　広島県暴走族排除条例事件最高裁判決平成19年９月18日は，不利益処分前に警告を与えて，不利益処分を回避する機会を与えるべきとしたが，この最高裁判決に照らしても，本件更正処分は違法である。

第6　おわりに

　最判平成16年12月16日及び最判同月20日は，「帳簿書類不保存」を不当拡張した租税法律主義違反かつ，罪刑法定主義違反の判決であるから，これに依拠した一審・二審判決は，そもそもその前提において間違っている。税理士も弁

護士も，これらの判決が公正な判決と考えている者は一人もいない。最高裁の名誉のため，平成16年最高裁判所判決は，租税法律主義に違反する拡大解釈を採用したものではなく，「税務調査拒否は，帳簿書類の不保存を推認する」との判決としなければならない。

　本件において，不利益処分について告知・弁明・防御の機会を付与しないことを容認したら，もはや我が国の納税者は実体的にも，手続的にも，全く救われれない。

　裁判所が文書提出命令を出さず，当事者に文書提出を促したが応じなかった場合，文書提出命令を正式に発しない限り制裁措置はできない。そして，コロナ感染症特措法において，入院命令無しに罰則適用や措置入院をさせることができないのと同様に，日程調整協議中に帳簿書類提出命令を出さずに，かつ，告知・弁明・防御の機会付与をなさずに，約40億円の支払命令を出すことなど許されるはずがない。刃物を持った暴漢に対し，警察官は「刃物を捨てろ」と警告してから，職務執行（取り押さえなど）する。無言で拳銃を撃つ警察官はいない。適正手続保障は，不利益処分の前に告知・弁明・防御の機会を与えることであり，税務代理人が日程調整を拒否したから，本人が説明会も拒否するだろうと他事考慮の推測することこそ，憲法31条に違反する判断である。少なくとも，本人が説明会を放棄した事実はないが，本件で問題なのは国税通則法74条の11第2項が求める通り，調査官が本人または税務代理人に対し，「40億円の更正処分を出すが，それでも良いか」と告知しなかったことである。

　一審の判断は，判決書の「裁判所の判断の3の(1)」において，「原告は，…本件調査担当者による調査結果の説明に関する日程調整等の依頼に応じなかったものと推認される」「説明を受ける機会を自ら放棄したと認められる」であり，納税義務者は放棄していないことは争いのない事実であるから，かかる判断は憲法31条に違反する。憲法31条に言う不利益の告知は，具体的かつ明白な不利益の告知でなければならない。40億円の更正処分を具体的に予告せよとするのが，国税通則法74条の11第2項であり，同条項は，「更正金額と更正理由」を具体的に事前説明することを求めている。不利益処分の事前警告は，具体的かつ明白でなければならない。「税務調査手続に関するFAQ（一般納税義務者向け）」問27回答は，「納税義務者本人の説明を受ける権利を電話もしくは同意書で確かめなければならない」としている。また，「調査手続に関するFAQ（職員用）」

164

問1の1-31回答は、「納税代理人から納税義務者の同意を得ている旨の申立があった場合でも、納税義務者に直接電話して確認するか、同意の旨が確認できる書面を取りつけなければならない」としている。これが、課税庁自身が認める国税通則法74条の11第2項の適正手続保障に関する正しい法律解釈である。裁判所が国税通則法74条の11第2項及び5項の法律の明文、並びにこれらのFAQによる法律解釈を無視し、納税義務者の人権を侵害してはならない。

最判平成16年12月24日は、「不利益処分を受ける者の地位を不当に害することのないよう配慮すべき義務がある」と判示した。また、最大判昭和37年11月28日（第三者所有物没収事件）、長野地判平成17年2月4日（医療用具事件）は、「行政調査手続」と「弁明・防御・聴取手続」が全く異なることを判示している。税務大学校論叢91号作田隆史論文と上記FAQをあわせて考慮するべきである。

本件処分庁が出した連絡票には質問検査権の表示のない「お願い文書」で行政指導であること（帳簿書類の提示拒否をしたら犯罪となることを告知しない質問は、全て行政指導である）、約40億円の不利益処分をなすには、憲法31条及び国税通則法74条の11第2項に従って、告知・弁明・防御の機会を付与する必要があるという法律の明文に従った判決が不可欠である。

調査官とS弁護士との最後の会話では、調査官は、調査結果の説明会の日程調整の話しはするが、国税通則法74条の11第2項が要求する「更正金額と更正理由」を意図的に説明しなかった。本件は、調査官が「40億円の更正処分を出すことになるが、良いですか？」との一言を、税務代理人または納税義務者になしていれば、発生しなかったから、裁判所は騙されてはいけない。

本件は、国税庁の内部でも「やりすぎた」ともっぱらの噂になっている。本件においてこそ、裁判所は、国税庁から派遣されている租税調査官に、調査説明会が国税調査通達とFAQに従い必ず開催され、そこで修正申告案と更正請求教示文書が交付されていることを聴取するべきであろう。

消費税30条7項の「帳簿書類の不保存」という課税要件を不当に拡張して、「税務調査拒否」を課税要件にすることは、子供でも理解する租税法律主義違反である。ほとんどの税理士・弁護士は、平成16年最高裁判所判決が租税法律主義違反と考えている。平成16年判決の滝井裁判官の意見は、世間の多数意見である。消費税の課税要件（売上−仕入）であるから、この法体系を破壊してはいけない。「課税調査拒否は、帳簿書類の不保存を推定する」との法解釈を最

高裁判所は早く示すべきである（「消費税に関する日弁連意見書」日弁連は，2004年12月17日，調査拒否を仕入税額控除の理由とすることは，租税法律主義に違反するとの意見書を公表した）。

　本件について，令和3年2月12日最高裁判所第二小法廷は，上告棄却，上告不受理決定をなした。不利益処分に関する適正手続保障の最高裁判所判決は出されなかった。最高裁判所は，国税通則法74条の11第2項の明文を無視したが，恥ずかしいことであるが，これが我が国の法の支配のレベルである。今後は，裁判所における人権救済に期待するよりも，調査結果説明会における，「合意による租税債権確定制度」に期待したい。

第6章　未実現利益・不確実価値に対する課税について（総則6項増税の違憲性）

第1　未実現の不確実価値

1　不確実価値課税の違法

　国家の課税当局が，課税対象のないところに課税を強行すれば，国家機関の名を借りた大盗賊集団となる。消費税の仕入税額控除の否認は，帳簿記載ミスや証明書類の一部不保存や，税務調査拒否を理由に，正当な租税債権額を大幅に超過する行政制裁措置が行われており，著しい人権侵害であるが，公然の人権侵害を誰も阻止しない。課税庁は，馬券事件では継続取引の費用を全面否認して，担税力を無視した課税を強行した。ヒノックス事件（東京地裁令和元年11月21日判決）では，仕入を全面否認して，約40億円の課税を強行した。正当税額を何十倍も超える課税であった。仮想通貨の交換については，円転換した利益の実現がないのに，課税を強行し，多くの仮想通貨の保有者を破綻に追い込んだ。大阪地方裁判所平成7年10月17日判決（三年縛り事件）は，資産価値を超える課税が適用違憲であるとの判断を示している。

　このような国税当局の法律に従わない違法課税は，「法拡大解釈方法」と「評価水増方法」と「事実認定濫用方法」と「不確実価値課税方法」「当初申告手続要件の濫用」によって実施されている。財産評価基本通達総則6項の濫用的適用は，上記濫用手法を利用した違法課税（租税法律主義違反）の典型である。総則6項の濫用的適用に歯止めをかけることは喫緊の課題である。租税訴訟学会は，「自己創設のれん」相続課税事件について，シンポジウムを開催し，多くの弁護士・税理士による実務意見を聴取した。また，大淵博義税理士（中央大学名誉教授）と石割由紀人公認会計士に意見書を作成していただき，「自己創設のれん」の課税と「総則6項の歯止め」について，多くの議論がなされ，ありうべき公正基準を以下の通りまとめた。自己創設のれんへの課税は，「不確実の価値」に対する違法課税の典型であるが，幸い，総則6項の歯止めの基準について，最高裁判所が令和4年4月19日に判決を出して解釈を統一した。

2　総則 6 項制定の歴史と違憲適用

　総則 6 項は,「著しく不適当」を適用要件としているが, これは, 国税当局が
定めた通達評価額が高すぎる場合に制定されたもので, 納税者を救済する規定
であった。不動産バブルが崩壊した時に, 急激に時価が値下がりしたときの救
済の措置であった。通達評価額が高すぎたときの弊害を是正するために作られ
た措置であった。そもそも, 総則 6 項を増税の課税根拠に使うのは, 憲法84条
に違反することは明白である。

3　最高裁判所第三小法廷令和 4 年 4 月19日判決と鑑定評価額適用要件

⑴　総則 6 項は, 元来, 納税者を救済するための通達であったが, 近時, こ
　れが濫用され, 納税者が財産評価基本通達によって課税される権利を侵害
　し, 不意打ち課税であり, 納税者の予測可能性を破壊してきた。総則 6 項
　を, 納税者の不利益処分の方向で適用して, 莫大な追加課税を行うことは,
　憲法84条違反であることは明白である。

⑵　**総則 6 項適用の歯止めについて**

　最高裁判所は, 総則 6 項の歯止めについて, 令和 4 年 4 月19日以下の通り判
断した。同判決では,「本件各不動産についてみると, 本件各通達評価額と, 本
件各鑑定評価額との間には, 大きな乖離があるということができるものの, こ
のことをもって上記事情があるということはできない」と基本的規範を明示し
た。同最高裁判決の示した歯止めの基準は次の通りである。

①　評価通達による画一的評価が実質的な租税負担の公平に反するというべ
　き事情（公平負担違反事情）の存在が鑑定評価額の総論的適用要件である
　こと。

②　通達評価額と鑑定評価額との間の大きな乖離をもって公平負担違反事情
　があるということはできないことが鑑定評価額の具体的適用要件として,
　大きな乖離以外の公平負担違反事情が必要であること。

③　本件購入・借入れが, 相続税の負担を減じ, 又は免れさせるものである
　ことを知り, かつこれを期待して, あえて本件購入・借入れを企画して実
　行したというのであるから, 租税負担の軽減をも意図してこれを行ったも
　のといえるが, 総則 6 項を適用するのは,「被相続人の租税負担軽減行為
　とその意図の存在」が必要であること。

　上記最高裁判決は, つまるところ, 総則 6 項の適用要件として,「通達評価

額と鑑定評価額との間の大きな乖離」と「被相続人の租税負担軽減行為とその意図の存在」の二つが必要とした。これは、従来、課税庁が相続税課税で実施してきた方針と、下級審判例が確立した総則6項適用要件（鑑定評価額適用要件）を確認したものである。

4　相続財産評価と通常価額

相続税法22条は、「当該財産の取得の時における時価」によるとする（時価主義）。この時価については、財産評価基本通達第1章総則1の（2）において、「不特定多数の当事者間で自由な取引が行われる場合に通常成立すると認められる価額（通常価額）とし、財産評価基本通達の定めに寄って評価した価額にある」としている。第1章総則6項は、「この通達の定めによって評価することが著しく不適当と認められる財産の価額は、国税庁長官の指示を受けて評価する」としている。相続税の納税者は、原則として、財産評価基本通達が定める「通常価額」によって課税される権利が確立している。総則6項は、通常価額に関する通達であり、相続財産でないものは対象外である。自己創設のれんは、会計学において資産計上が禁止されているから、通達である総則6項で課税すれば、憲法84条違反となる。

5　自己創設のれんと買収のれん

① 　事故創設のれん

相続税対象として議論されるのれんは、「自己創設のれん」である。自己創設のれんは、優れた経営者や経営組織などのことであるが、貨幣で評価できないし、これを配当資源にできない。経営者は、明日死ぬかもしれないし、コロナ禍においては、販売ネットワークがコストを増大させた。自己創設のれんは、「同業種他社と比較して通常よりも大きな収益を上げる超過収益力」である。しかし、自己創設のれんは、不確実なものであるから資産として計上できない。自己で築き上げたのれんが、会計上認められないのは、客観的に測定することが困難であるからである。超過収益力の算定において、「超過収益額」やその「存続期間」の予測は困難であるから、自己創設のれんの計上は認められていない。日本だけではなく、世界各国の会計基準においても自己創設のれんは会計上資産計上が認められていない。

② 　M＆A

M＆Aの場合、会社が経営に行き詰まり、身売りされることが殆どであり、

従業員への給料や家賃などの固定負債を抱えて，零円で売買されることも少なくない。将来発展すると予想される会社は，M＆Aの対象となることは少ない。東芝がウエスチングハウス社を6,000億円で買収したが，失敗した。M＆Aの成功率は，20％程度である。M＆Aの買主は，自らの経営ノウハウで，買収対象企業を利用して新しい価値を創造できるから，M＆Aを行うのである。

　③　買主が買収後，新しく創造する価値を「買収のれん」と呼ぶ。そして，M＆Aにおいて，買収企業が被買収企業の株主に，純資産価額を超えて対価を支払った場合，買収によって生じたのれん（買収のれん）は，貸借対照表に計上できることは，諸外国の会計基準として認められている。自己創設のれんは，その保有会社が自ら築いて自ら利用するものであるが，それ利用しても，将来の発展を期待できないから，身売りされる。買収のれんは買主が独自に，買収対象会社を特別の方法で利用して生み出す特別の価値であり，自己創設のれんとは全く別物である。後者は買収によって発生する特別価値である。「自己創設のれん」は，同業他社と比較して把握される通常収益力を上回る超過収益力であるが，「買収のれん」は買主が買収対象企業を買収することにより発生するシナジー効果であるから，全く別物である。

　④　自己創設のれんと買収のれんとの違い

　同規模の同業他社と比べて，より高い収益を確保する超過収益力は，自己創設のれんである。M＆Aで他社の株式を買収するときに，買収対象会社を利用して，株式購入会社が自社製品を買収対象会社で販売させる利益などが買収のれんである。買収のれんは，買主が，買収対象会社を利用して獲得する超過収益力である。M＆Aの際は，買主は，「買収対象会社を利用することによって発生する利益」を予測算定するが，その超過収益力が，買収のれんである。買収のれんは，自己創設のれんが実現したものではなく，全く別物である。自己創設のれんは，資産性が認められないから，実現して価値を顕在化することはない。買収のれんは，買主が生み出す将来利益である。M＆Aの買主は，自己創設のれんに期待して，買収するのではなく，買主が買収対象会社を利用して新しく創造する価値に期待してM＆Aを行う。

　⑤　M＆A価格

　M＆Aにより企業買収がなされるのは，買収対象企業の経営者が行き詰まりを自覚した時である。M＆Aの買収価格は，過大な従業員給与や高額家賃が予

想される場合，純資産価額を大幅に下回る金額で取引されることも多い。零円取引も少なくない。コロナ禍における多店舗展開企業は，コスト削減のため店舗閉鎖活動をなした。M＆Aの買収価格が純資産評価額を大幅に上回る場合は，「買収対象企業に買主取扱商品を販売させることによって生まれる利益」と「大量仕入による仕入額の低下によって生まれる利益」を期待できるケースである。島忠やZOZOの買収は，これらのシナジー効果を期待して実施された。

6　借用概念と特段の定め

　税法は，私法に対する特段の定めである。税法に特段の定めがなければ，課税庁は私法の規定に従って行動しなければならない。相続税課税においては，自己創設のれんが課税対象と成し得るかが問われる。会社法・商法・会計学の私法分野では，自己創設のれんを資産として把握できないとし，会計帳簿に資産計上することは禁止されている。自己創設のれんは，私法からの借用概念であるから，税法の領域においても資産扱いしてはいけないし，課税対象にできない。東京高等裁判所平成11年6月21日判決（岩瀬事件）は，「課税庁は，私人間で形成された私法法律関係を変更できない」とする。自己創設のれんを資産計上してはいけないとする私法上のルールは，租税法における特段の定めがない限り変更できない。評基通165も総則6項も，法律ではないから，不確実なものに課税する根拠と成し得ない。

7　評基通165とDCF法

　自己創設のれんは，会計基準では計上が禁止されている。平成29年度税制改正では，自己創設のれんは，連結納税制度において，不計上が明確化された。自己創設のれんへの相続税課税はできないというのが正しい答えであるが，評基通165との関係が問われる。私法領域で資産計上が禁止される自己創設のれんについて，通達である評基通165を課税根拠にすることはできない。総則6項も通達だから自己創設のれんへの課税根拠と成し得ない。自己創設のれんへの課税は，「不確実な価値」に対する課税の妥当性とM＆Aで使うDCF法等による推計課税の適法性が問題となる。相続課税対象の評価について，将来のキャッシュフローなど神のみぞ知ることだから，DCF法は，財産評価基本通達において，これまで使われていないし，使ってはいけない。

　「自己創設のれん」と「買収のれん」は，課税対象として，区別して，それぞれの通常価額が解明されなければならない（評基通1）。「自己創設のれん」は，

同業他社と比較して算定される超過収益力であるが，「買収のれん」は，買収後に発生するシナジー効果（買主の商品を買収対象企業の店舗で販売できる利益など）である。相続税課税においては，「将来利益のような未確定利益」や「売買交渉で発生する交渉利益」は，課税対象ではない。所得税課税においては，値上り益は実現しない限り課税できない（所得税課税における実現所得課税原則）。同様に，相続税課税においては，確実に存在を確認できる値上り益を課税対象とし，売買交渉によって発生した特別価値は課税対象ではない（相続税課税における確実価値課税原則，交渉利益排除原則）。自己創設のれんの存在を確認する方法が評基通165方式である。評基通165方式は，平均利益金額の 2 分の 1 を指標として，自己創設のれん（同業他社の収益を上回る超過収益力）の存在を確認する方法である。

8　値上り益と自己創設のれん

　買収のれんは，M＆Aによって有償取得した時に発生する。買収のれんは，買主が売買交渉で発生した利益であると認めて，資産計上するものである。純資産評価額には，資産の値上り益も含まれているが，この値上り益とは別に自己創設のれんを取り出して課税するのは，二重課税の疑いがあり，自己創設のれんの相続税課税は，この点からも否定されるべきである。自己創設のれんは，私法領域において，資産計上できないものであるから，相続税の課税対象とならない。法律でない通達（評基通165）を課税根拠にすることが間違いである。

9　評価通達価額によって課税される権利

　総則 6 項は，元来，課税を減額して納税者を救済する通達であったが，近時，課税根拠として使われることになった。通達を課税根拠にするのは，明白な憲法84条違反である。評価通達による価額は，国税庁長官が自ら定めるものであり，これを国税庁長官は否定できないのが原則である。しかし，納税者がその行為によって借入等により意図的に価額の減少を作り上げた場合，総則 6 項が適用され，判例は，これを追認してきた。従って，通達評価額と時価（通常価額）との差額が何倍であろうとも，納税者の租税回避行為がなければ否認することはできないのが，これまでの判例法であり，最判令和 4 年 4 月19日は，これを追認して，総則 6 項適用の歯止めをかけた。「評価通達価額によって課税される納税者の権利」を，総則 6 項によって奪うことはできない。また，総則 6 項を適用しようとも，不存在価値や不確実価値について，相続税の課税はできない。

172

10　営業権の算定方法

　営業権は税法における固有概念ではない。私法領域（会計学，会社法など）における定義を利用するもので，いわゆる借用概念であり，税法解釈としては，その内容を変更することはできない。本来，自己創設のれんは，資産性がないから私法領域では，会計帳簿に計上できないものとされており，相続課税対象ではない。営業権は，法律上認められた権利ではなく，事実関係に基づく価値ある財産である。最高裁判所昭和51年7月13日判決は，「他の企業を上回る企業収益を稼得することができる無形の財産的価値を有する事実関係である」としている。会計学において，自己創設のれんは，資産として貸借対照表に計上できないが，有償取得した買収のれんは資産計上できるとされている。営業権を評価するのは困難であるが，営業権の法的性格を基礎として次の評価法がある。

　①　評基通165方式

　相続税課税の目的で，財産評価基本通達165によって，超過利益金額の10年分を営業権価額とするものである。過去の実績利益を資料として営業権を評価する方式である。

　②　収用補償評価方式

　土地収用等の場合に用いられる方式で，企業が将来創出すると予測される超過収益の現在価値を計算する方法である。

　③　DCF法

　M&Aにおいて営業権を評価するもので，将来生み出すキャッシュフローを現在価値に算定する方法である。

　④　評価倍率法

　M&Aの場合，実質利益に評価倍率をかけて算出する方法である。

　⑤　企業価値差額法

　M&Aの場合，事業価値と時価資産の差額から営業権価値を算定する方法である。

　⑥　年買法

　M&Aの場合，平均純利益に当事者間で合意した年数をかけて算定する方法である。

　③～⑥の評価方法は，いずれもM&Aにおける株式譲渡を前提とした評価額を算定するもので，自己創設のれんの評価方法ではない。①及び②は，株式譲

渡を前提としないもので，①は課税の謙抑主義を前提とし，自己創設のれんについて，税法には評価方法の定めが存在しないが，租税通達が許容する租税法領域における唯一の営業権評価方法であり，②は，収用の際に営業権の補償金額を定める方法であり，税法領域における課税対象を評価するものではない。

　税法領域における課税対象評価は，謙抑主義が最も優先されるべきであるから，上記6つの評価方法の中では，自己創設のれんの評価方法として，①のみが適合する。

　しかし，会計学において，自己創設のれんは計上が禁止されているから，評基通165方式も，法律でないから，自己創設のれんの課税根拠としては問題がある。165方式は，自己創設のれんのうち，明確に把握できる同業他社と比較して認められる超過収益力の測定方法としてのみ合理性がある。

第2　総則6項に関する判例と公正基準
1　問題の所在
総則6項の適用については，次の視点からの分析が必要である。
① 財産評価基本通達（評基通）は，それに基づき評価することで課税の公平を図ろうとするものである。課税の予測可能性の確保や課税の公平性の視点からみると，納税者は，評基通に従って課税される権利がある。

　課税庁が評基通の定めによらずに「鑑定評価」等で更正することは原則として許されない。
② 評基通総則6項は「著しく不適当と認められる財産の価額は，国税庁長官の指示を受けて評価する」としているが，この歯止めが必要である。納税者の租税回避行為があった場合にのみ，総則6項が適用されるとするような歯止めがないと，課税の予測可能性を無視することとなる。

2　主要判決の概要及びポイント
(1)　東京地裁平成4年3月11日判決
相続開始直前に被相続人が<u>借入れにより不動産を購入</u>，相続開始後に相続人が売却したケースである。
(2)　東京地裁令和元年8月27日判決
被相続人が相続開始数年前に<u>借入金により購入していたマンション</u>について，相続人らは評基通の定める評価方法（路線価）により評価して申告をしたところ，

課税庁から評基通の定めにより評価することが著しく不適当と認められたため，評基通6項にいう「特別の事情」に該当するとして，不動産鑑定評価額により更正処分等を受けたことを適法としたケースである。

(3) 東京地裁令和2年11月12日判決

被相続人が借入金により購入した相続財産について，相続税の評基通による価額は，売却価額とは3倍以上の格差，不動産鑑定評価額とは2倍以上の格差があり，課税庁は，不動産鑑定評価額により更正処分をなしたケースである。

3 総則6項適用の条件

(1) 国税庁長官が，自ら評価して決定した通達評価額や評価方法を個別のケースにおいて否定することは，納税者にとって不平等・不公正である。通達評価額と時価（通常価額）との間に，どんなに乖離があろうとも否認できないのが原則である。

(2) 上記裁判例では単に評基通評価額と実際の取引価格とに大きな差があるからという理由のみで，総則6項を適用することはできないとしている。

上記裁判例による「適用3要件」は，次の通りである。

① 評基通価額と売却価額との著しい乖離

② 通達が認める他の合理的な評価方法の存在

③ 乖離が生じるに至る納税者の行為の存在

(3) 過去の裁判例は，その乖離が生じるに至る納税者の行為の存在が，総則6項適用の重要な要件としている。

納税者に租税回避行為がある場合は，評基通評価により難しい事情があることを知りつつ，総則6項が適用される可能性を予測しているといえるとしているのである。

(4) 上記裁判例は，総則6項の適用について，租税平等原則からしても不公平であり，正に「著しく不適当であり」「特別の事情」が認められる場合に限定している。

納税者の乖離に至る行為が存在することにより，評基通6項が適用される予測可能性がある事例に限定して容認している。

(5) 上記裁判例は，租税回避の意図もなく，真に経済実体のある取引の結果，たまたま相続した不動産の売買価額と評基通評価額との間に著しい乖離が生じているような事例まで，形式的に総則6項を適用することはなしてい

ない。

⑹　上記過去の裁判例や先例では，総則6項を適用する場合でも，通達が認める評価方法を適用し，DCF 法などのM＆A評価方法を採用していない。

4　自己創設のれんと総則6項

相続税の課税対象は，自己創設のれんである。自己創設のれんは，私法領域において資産計上が禁止とされている。租税法に特段の定めがなければ，私法取引を所与のものとして課税要件該当性を検討しなければならないから，自己創設のれんは，私法上資産性がないとされている以上，課税対象と成し得ない。憲法84条を前提にすれば，総則6項（通達）を根拠に課税することはできない。

5　最判令和4年4月19日

通達評価額と鑑定評価額との間の大きな乖離だけで，総則6項の適用要件とすることはできないとする。

第3　長崎年金事件

相続税の課税対象については，参考判例として「生保年金二重課税判決」（最三小判平成22年7月6日）があるので，以下検討する。

1　事案の概要

本事案は，年金払特約付きの生命保険契約の被保険者でありその保険料を負担していた夫が死亡したことにより，同契約に基づく1回目の年金として夫の死亡日を支給日とする年金の支払いを受けた上告人が，当該年金の額を収入金額に算入せずに所得税の申告をしたところ，所轄税務署長から当該年金の額から必要経費を控除した額を上告人の雑所得の金額として総所得金額に加算することなどを内容とする更正を受けたため，上告人において，当該年金は，相続税法3条1項1号所定の保険金に該当し，いわゆるみなし相続財産に当たるから，所得税法9条1項15号（現在は17号）により所得税を課することができず，上記加算は許されない旨主張して，上記更正の一部取消しを求めた事案である。

2　裁判要旨

同判決は，所得税法9条1項17号の趣旨を「同一の経済的価値に対する相続税又は贈与税と所得税との二重課税を排除したもの」との判断を示し，本件年金に対しては，所得税を課すことは許されないと判示し，所得税と相続税・贈与税との関係について議論を惹起することとなった。

176

　争いとなっていたのは，生保年金の１回目の年金支払分のみで，同判決は，その金額については，所得税法９条１項17号をもとに，所得税の課税対象とならないとの判断を示した。

　従前から，含み益を有する資産への課税が，譲渡益課税と相続税・贈与税課税とが行われることについて，これをどう理解するか，議論されてきた。

　相続税・贈与税が課された上に，取得した資産の売却時の譲渡所得は，被相続人・贈与者が保有していた値上り益から生じたものも含めて計算されるため，二重に課税されるものではないかとの疑いがある。

3　運用益の所得区分

　資産の受贈は，個人の場合は所得税の課税対象となり（所得区分は，一般的には一時所得），法人の場合は受贈益を認識することになる。

　個人の場合，こうした扱いとなるのは，法人からの受贈であって，個人からの受贈は，所得税の課税は行われず，贈与税・相続税の課税がなされ，所得税とは別の税目による課税が行われる。

4　法人間贈与

　法人の場合，企業会計においては，一般に以下の仕訳がされ，取得価額相当額（例1,000万円）の損失が計上される。

　贈与損（寄付）10,000,000　資産（取得価額）10,000,000

5　個人間贈与

　贈与時に贈与者に資産増加益課税することが原則であって，個人間の贈与にのみ課税繰り延べ措置が講じられている。

　贈与税は生前贈与による相続税の潜脱を補完するものと位置付けられる。

①　対個人贈与の場合，贈与者への譲渡所得課税は，受贈者の売却時まで繰り延べられ，

②　受贈者には，一時所得課税に代えて，贈与税・相続税が課され，一時所得税に比して，贈与税は総じて重課（一部軽課）であり，相続税は軽課免除であり，高額相続人を重課する，

ことになっている。

6　相続税課税対象と所得税課税対象

相続税又は贈与税の課税対象となる経済的価値に対しては所得税を課さない（所得税法９条１項17号）。

当該年金受給権の取得の時における時価（同法22条），すなわち，将来にわたって受け取るべき年金の金額を被相続人死亡時の現在価値に引き直した金額の合計額に相当し，その価値と上記残存期間に受けるべき年金の総額との差額は，現在価値をそれぞれ元本とした場合の運用益の合計額に相当するものとして規制されているものと解される。年金の各支給額のうち上記現在価値に相当する部分は，相続税の課税対象となる経済的価値部分と同一のものということができ，最高裁判決は，所得税法9条1項17号（判決当時は15号）により所得税の課税対象とならないとした。元本と運用益を判別し，将来の運用益は，相続税の課税対象とならないとした。相続税法24条は，定期金の評価について，一時金を選択できる場合は，当該一時金の額とされており，「将来の運用益」を相続税の課税対象から除外している。

7　1回目年金

本件係争年金は，被相続人の死亡日を支給日とする1回目の年金であるから，その支給額と被相続人死亡時の現在価値とは一致するものと解される。

1回目年金の額は，所得税の課税対象とならないから，これに対して所得税を課すことは許されない。

本件は，受取が一時金ではなく年金の方法であるため，所得区分としては，一時所得ではなく雑所得とされた。

最判は，1回目年金の支払いと一時金支払いとを同値とみている。

また，最判は，一時金の支払いと同値の年金部分について，相続税により課税されるものとして，所得税では所得税法9条1項17号の非課税の対象となるとしている。

所得税法9条1項17号は，一時所得課税を対象とするものであるが，一時所得の性格を帯びる雑所得にも及ぼしているところが特に提示された判断である。

最高裁判決は，所得税法9条1項17号は，

① 一時所得課税と相続税の調整を図るものであり，

② 譲渡所得課税や雑所得課税と相続税との調整をするものとはしていない，

③ ただし雑所得の中には，一時所得の性格を帯び，所得税法9条1項17号の対象となるものがある，

④ 保険契約による一時金と1回目年金とは同値であると判示した。

8 元本と運用益（将来利益）

長崎年金事件最高裁判決は，元本と運用益（将来利益）を区別し，運用益（将来利益）は，相続税の課税対象とならないとした。被相続人の死亡日を支給日とする1回目の年金は，運用益（将来利益）ではなく，運用資産の元本であり，相続税の課税対象ではないと判断した。

第4 みなし贈与課税財産と所得課税財産

大阪高裁平成26年6月18日判決

1 事実の概要

X（原告・控訴人）は，歯科医師であり，社団法人Aの会員であるところ，昭和59年，歯科医師でありAの会員である父Bから歯科医業を承継した。

Bは，本件共済制度に加入していたところ，加入からBが満80歳に達した月の属する年度末に納付義務が免除されるまでの同人の負担金（以下「本件負担金」という）をいずれも納付し，平成20年5月8日，死亡した。

Xは，Bによって死亡共済金の受給権者に指定されていたことから，平成20年5月23日付けで，Aに対して死亡共済金の請求を行い，同年6月12日，B死亡に係る死亡共済金として800万円を受領した（以下「本件共済金」という）。

2 判 旨

① みなし贈与の意義

相続税法9条本文は，贈与又は遺贈により取得したものとみなされる場合を除くほか，対価を支払わないで又は著しく低い価格の対価で利益を受けた者がいる場合に，当該利益を受けた時における当該利益の価額に相当する金額を，当該利益を受けさせた者から贈与又は遺贈により取得したものとみなして，贈与税又は相続税を課税することとした規定である。

その趣旨は，私法上は贈与又は遺贈により取得したものとはいえないが，そのような私人間の法律関係の形式とは別に，実質的にみて，贈与または遺贈を受けたのと同様の経済的利益を享受している事実がある場合に，租税回避行為を防止するため，税負担の公平の見地から，贈与契約又は遺言の有無に関わらず，その取得した経済的利益を，当該利益を受けさせた者からの贈与または遺贈によって取得したものとみなして，贈与税又は相続税を課税することとしたものと解される。

②　みなし贈与の要件

同法9条の趣旨に鑑みれば，一方当事者の何らかの財産が減少し，他方当事者について財産の増加や債務の減少があったというだけでは，およそ贈与と同じような経済的実質があるとは言い難いことは明らかであって，同条にいう「対価を支払わないで利益を受けた場合」というためには，贈与と同様の経済的利益の移転があったこと，すなわち，一方当事者が経済的利益を失うことによって，他方当事者が何らかの対価を支払わないで当該経済的利益を享受したことを要すると解するのが相当である。

③　死亡共済金

本件共済制度に基づく死亡共済金は，会員の相互扶助を目的とする各種共済金の一つであって，共済金の額も会員が支払った負担金の額とは全く連動しない一定の額とされているのであり，贈与と同様の経済的利益の移転があったとは認められない。

④　遺族年金

遺族年金の額も，会員が養老年金受給前であれば，基本的には会員による払込済保険料と利息相当額が支給され，養老年金受給開始後であれば，養老年金の保証期間の残金納付期間に係る年金と同額が支給されることとなっていると認められるのであるから，遺族年金の受給は，会員の払込んだ保険料に相当する経済的利益が遺族年金として遺族に移転したものであり，贈与と同様の経済的利益の移転があったと認められる。

3　本判決の意義

①　みなし贈与の意義

相続税法は，贈与税の課税財産を「贈与により取得した財産」（2条の2）と定めた上で，さらに「贈与により取得したものとみなす場合」について，いくつかの規定を置いている（5条以下）。本件は，このうち，「対価を支払わないで…利益を受けた場合」（9条）の解釈とその適用が争われた事案であり，相続税・贈与税・所得税の切り分けに関する現行法の考え方を理解する上で多くの示唆を与える判決である。

本件のように，負担金と死亡共済金との間に個別対応の関係がなく，共済金の額が負担金の額と全く連動しない一定の額とされている場合には，みなし贈与は否定されることになる。

相続税法は，財産の価額について，取得の時における時価による評価を原則としており（22条），定期金に関する権利ついては，別段の定めを置いている（24条・25条）。

本件のように，被相続人の死亡を基因とした経済的利益の享受であっても，相続税法 3 条 1 項各号（みなし相続・遺贈）に該当しないことがある。

②　相続税法 9 条のみなし贈与

みなし贈与の認定された事例は次の通りである。租税回避行為が最も問題とされる。

イ）預貯金の移転（東京地判平成22年10月29日）

ロ）無償融資（平成元年 6 月16日裁決）

ハ）は行増資（東京高判平成 9 年 6 月11日）

ニ）低額譲渡（東京高判平成27年 4 月22日）

③　相続税法 9 条の適用要件

「経済的利益」と「経済的利益享受」の同一性について，次の考え方がある。

a　完全同一性説

b　個別対応否定説

c　法的因果関係説（大阪地判平成25年12月12日）

みなし贈与該当性が否定された場合，所得課税がなされる。

4　共済契約

生命保険契約に類する共済契約と類しない共済契約がある。生命保険契約に類するものについては相続税法 3 条 1 項 1 号により，被相続人が負担した共済掛金に対応するものは相続税課税財産とみなされる。

5　みなし贈与課税対象

相続税法19条，21条の 9 ，34条は，贈与者を特定する規定である。相続開始前 3 年以内の贈与は，相続税課税対象として相続税の課税価額に加算される。

第 5　不確実資産と不確定利益への課税
第 5 - 1　不動産価値以上の相続課税（適用違憲判決）
最高裁判所平成11年 6 月11日第二小法廷判決
大阪高等裁判所平成10年 4 月14日判決
大阪地方裁判所平成 7 年10月17日判決

1　事実の概要（三年縛り事件）

X（原告）は，平成3年8月7日に死亡した甲（Xの父）の相続人である。甲の遺産相続に関して，遺産のうち甲が相続開始前3年以内に取得した7筆の土地（以下「本件土地」という）については「本特例」を適用して取得価額で評価を行い，平成4年2月に課税価格23億5000万円余，税額13億9000万円余として申告したが，平成5年2月5日，「本件土地」につき鑑定評価（取得価額22億4000万円に対して約9億5000万円）を行い，課税価格11億2000万円余，税額5億5000万円余とする更正の請求をした。

Y税務署長（被告）は，「更正すべき理由がない旨の処分」をした。Xは異議申立てをしたが，Yはこれを棄却し，さらに「本件土地」につき，造成価格を取得価格に加算した額を課税価格に算入し，課税価格24億1000万円余，税額14億3000万円余とする「更正処分」をした。Xは，両方の処分の取消を求めて審査請求をしたが，棄却された。

2　関係法令

(1)　租税特別措置法第69条の4（平成8年改正前のもので，以下「本特例」という）

(2)　平成8年法律第17号租税特別措置法の一部を改正する法律附則19条（以下「本経過規定」という）

3　第一審判旨（一部認容，一部却下，一部棄却）（適用違憲判決）

本特例を適用した場合，相続により取得した不動産の価値以上のものを相続税として負担しなければならないという極めて不合理な事態さえ起こり得るのであり，「本特例」によって課税の実質的公平を図ろうとしたこととは逆の意味で課税の不公平が生ずることとなり，制裁目的が含まれていない「本特例」を，このような事案にまで，無制限に適用することについて憲法違反（財産権の侵害）の疑いが極めて強いといわなければならない。「本特例」を適用することにより，著しく不合理な結果を来すことが明らかであるというような，特別の事情がある場合にまで，これを適用することは，右法律の予定していないところと言うべきであって，これを適用することはできないと言わざるを得ない。

4　控訴審判旨（Xの請求棄却）

一審判決後，本特例は平成8年1月1日廃止され，Y税務署長は減額更正処分をなした。その後，大阪高等裁判所は，次のように判示して，第一審判決中のYの敗訴部分を取り消し，Xの請求を棄却した。

(1)　控訴人Ｙは，本件減額再更正処分により本件更正処分の一部を取り消して減額変更し，Ｘの相続税額を「経過規定」適用後の税額（6億7000万円余）とする処分を行ったのである。直接の根拠である「経過規定」部分と右規定部分を本件相続に適用することの憲法適合性を検討すべきものであり，かつ，これで足りる。

(2)　「経過規定」は「本特例」の適用による課税に制限を設け，実質的に納税者に有利に遡及適用することにしたといえるものであって，国民の財産権を遡及的に侵害するものではないから，憲法84条及び憲法31条に違反しない。

(3)　「経過規定」は，相続開始時における遺産の時価額を下回るように課税価格の70％に相当する金額を相続税額とするものであるから，「経過規定」の立法目的は正当性を有する。

(4)　「経過規定」による70％という税率は現行の相続税法に規定されているもの（最高税率）と同じで，これと整合性を有する。

5　法的分析

(1)　本特例の導入

　不動産の実際の価格より相続税評価額（路線価）が低いことに着目し，相続開始の直前に借入金により不動産を購入して，相続税の負担を軽減するという節税策が，多用された時期があった。この相続税の負担回避に対応するため昭和63年12月の税制改正により，相続税の財産評価の基本である相続税法第22条（評価の原則）の規定にかかわらず，相続開始前3年以内に取得等をした土地または建物については，被相続人の居住用の不動産を除いて，取得価額により評価して相続税の課税価格に算入すると規定された。これが「本特例」であり，以後は土地建物を利用した節税策は利用できなくなり，地価上昇時においては有効に作用した規定であった。

(2)　地価の急落と本特例の廃止

　しかし，その後の所謂バブルの崩壊により，地価が急落して状況が変化した。「本特例」を地価の下落時にあってもそのまま適用すると，時価を超えた取得価額にて相続税の課税が行われることとなり，財産権を侵害する恐れが生じる。

　第一審判決は，「本特例」について，法令自体を憲法違反であるとすることはできないが，著しく不合理な結果を来すことが明らかであるというような特

別の事情がある場合まで適用することはできないとしている。実質的に，法令
合憲，適用違憲の判断を示した。「本特例」は平成8年1月1日より廃止され，
かつ，遡って租税負担を軽減する「本経過規定」が設けられた。控訴審は「本
経過規定」の憲法適合性を検討すれば足りるとした。

　地価が下落した時期における評価のあり方についての最初の判断が，本件最
高裁判決である。

(3)　本経過規定

　本経過規定は，平成3年1月1日から平成7年12月31日までに開始した相続
につき，相続等により取得した土地について，本特例の適用を受けた者の算出
税額が取得財産の価額（「本特例」の適用を受けた土地については，相続開始時の時価に
より評価）の70％相当額を超えているときは，その超過部分を減額するとする措
置である。これは，通達評価額の70％（相続税の最高税率）を超える算出税額を許
さないとする規定である。

(4)　最高裁平成5年10月28日判決

　本件最高裁判決前の最判平成5年10月28日は，「借入金により取得された土
地を評価の原則である基本通達により行った場合に，借入金とその評価額との
差額が相続税の課税価格を圧縮することとなるときは，取引価額により評価す
べきである」と判示していた。

(5)　最高裁令和4年4月19日判決

　鑑定評価と通達評価額との間に著しい乖離があり，それが被相続人の租税回
避の意図に基づく場合，鑑定評価額により相続税を課税できないとした。

第5-2　売買契約途上の相続（仮装行為認定の限界）

東京地裁平成20年10月24日判決

1　事案の概要

　X1，X2，X3，X4及びX5（原告，以下一括するときは「X1ら」という）は，
いずれも甲の子であり，甲の共同相続人である。甲は，パチンコ，遊技場等を
経営するS会社の創業者Sの妻であり，X1は，Sと甲の長男で，平成14年7
月当時S会社の代表取締役であった。

　甲は，平成13年6月21日付で，当時海外信託会社に信託していた（以下「本件
信託」という）S会社の株式（以下「本件株式」という）をS会社の総務部長Kに対

184

して，652万円（1株あたり額面の500円）で売り渡す旨の売買契約（以下「本件売買契約」という）を締結した。また，甲，K及びS会社は，同日付で，Kが本件株式を譲渡する場合の譲渡先は設立が予定されているS持株会又はS会社等に限られるものとする覚書（以下「本件覚書」という）作成し，更に，K及びS会社は，同日付で，Kを売主とし，S持株会又はS会社を買主とする売買予約契約書を作成し（以下「本件売買予約契約」という），KがS会社を退職したとき又はS持株会等がKに対して本件株式の売渡しを求めた時に発効することとした（これら一連の取引を以下「本件一連取引行為」という）。

2　判　旨

(1)　株式所有権移転時期

Kは平成13年6月29日に本件売買契約に売買代金652万円を甲に支払っており，また，本件信託契約は，本件相続より前の平成14年6月21日までに解約されたのであるから，本件株式の所有権は，本件売買契約の効果として，本件相続より前に，本件信託契約が解約された時点で完全にKに移転したというべきである。

(2)　租税回避の意図と売買契約

S会社がKの本件株式の取得において経済的負担をしたからといって，Kが本件売買契約によって本件株式の所有権を取得したことを否認する根拠にはならないこと，国の証拠（調査報告書）によれば，Kが本件売買契約における独立した買主として本件株式の所有権を取得したことを否定する趣旨の記載部分があるが，当該書面の内容が確認されているわけではないから，高い信用性を認めることはできないこと，本件株式を最終的にS持株会等に所有させるという事業承継対策の方法を選択し，本件相続に係る相続税の金額を低く抑えようとする意図があったことが認められるが，そのこと自体はKが本件株式の所有権を取得したという事実と両立し得るものであり，前記(1)の認定を左右するものではない。

(3)　相続財産の範囲

本件株式は甲の相続財産に含まれないとし，本件申告はこれを前提にしている。

3　法的分析

(1)　私法契約の否認

企業経営者が，相続税対策と経営の安定化のために従業員持株会に自社株式を譲渡することは，一般に行われている。

私法上の（売買）契約を仮装であるとし，課税庁が認定する別の契約に置き換えて課税処分が行われることは，租税回避行為に対する否認が法律上制限されるので，濫用される傾向がある。

本判決は，本件売買契約の有効性を認めて本件各処分を取り消した。

(2)　売買契約途上の相続開始

土地の売買契約途上において，相続が開始した場合に，当該土地の相続財産価額を当該契約上の売買価額であるとした裁判例があり，X1らの主張は，それに依拠している。

(3)　重加算税の賦課要件と立証責任

売買契約等の私法上の契約が課税庁の職権で一方的に「仮装」であると認定されると，その「仮装」を根拠に重加算税が賦課されることになる。しかし，重加算税の賦課要件においては，最低限，「所得を隠匿」したり，「取引名義を仮装」するなどの外形的不正事実が存在し，その外形的不正事実を当該納税者が認識していたことを課税庁が立証しなければならない。

「仮装行為認定」による課税処分は，租税回避行為に対する否認根拠規定が明確にされていないので，歯止めが必要である。

4　私法上の法律構成による否認

東京高裁平成11年6月21日判決（岩瀬事件）は，「当事者が選択した私法上の法形式を課税庁は否認できない」としている。「私法上の法律構成による否認」は，明文の法律上の根拠を必要とするというべきである（最判平成23年2月18日，武富士事件）。

第5-3　貨幣的評価公準

1　貨幣的評価の公準

貨幣的測定の公準とは企業の経済活動を測定するのに「金額（日本においては「円」）」を使うという公準である。

会計を行うためには，企業の活動を測定する必要があり，企業の活動の測定

には何らかの「ものさし」が必要である。

このものさしに「金額（日本においては「円」）」を使うというのが貨幣的測定の公準である。

企業の活動は多くの種類があるので測定単位は無数にあり，例えば，建物なら「棟」や「家」，車両なら「台」，土地なら「平方メートル」「坪」などである。

単位がばらばらであれば，合計は当然一致しないから，「全ての企業の活動は金額で測定する」という前提を作った。

2　貨幣的評価の公準の限界

貨幣的測定の公準は金額をものさしとして企業活動を測定するという前提で，次の2つの問題点がある。

(1)　ものさし自体の長さが変わってしまうと不正確になる。インフレーションやデフレーションといった貨幣価値の変動により測定が不正確になる。

(2)　ものさしで測ることができないものは測定できない。「企業の信用」など，お金では測れない価値などは財務諸表に表れない。

　　　貨幣価値の変動はないものとみなされ，金額で測れないものはないものとみなされる。

3　貨幣価値の変動により測定が不正確

会計公準には「貨幣的測定の公準」の他に「企業実体の公準」と「継続企業の公準」がある。

「貨幣価値が変動しないという前提」は明らかに現実を反映していない。

貨幣価値は毎日毎日刻一刻と変動している。「貨幣価値が変動しないという前提」は会計を成り立たせるために現実を無視して強引に作り出した前提である。

「貨幣価値が変動しないという前提」は実質的には破綻している。貸借対照表に計上されている金額が，ただの名目的なものになってしまっている。

ハイパーインフレなどがあると，貨幣価値の変動がないという前提を維持することが不可能になるほど貨幣価値は変動する。

4　人的資源

企業の本質的な価値はお金では測れないものの中にこそあるが，お金では測れない価値などは財務諸表に表れない。

企業の価値がお金で測ることができるものだけなのであれば，ある企業の

「お金で測ることができる資産」を準備しさえすれば，同じ収益力の企業が作れるはずである。

しかし，お金で測ることができないものはお金で買うことができず，そのお金で測ることができない部分が企業の収益力に大きな影響を与えている。

お金では測れない価値とは「人的資源」「企業の信用（ブランド）」「販売網（チャネル）」「有力者とのコネクション」などである。

人的資源とは，人がもたらす経済的な価値のことである。

「他社の追随を許さない職人の存在」「カリスマ経営者」などが人的資源になる。

お金では測れない価値が財務諸表に表れないことで財務諸表の有効性も大幅に下がる。お金で測れない価値を財務諸表に計上すると，財務諸表の価値が全くなくなってしまう危険がある。

5　貨幣的測定の限界

貨幣的測定の公準とは企業の経済活動を測定するのに「金額（日本においては「円」）」を使うという公準である。

貨幣的測定の公準には「貨幣価値の変動により測定が不正確になること」と「お金では測れない価値（人的資源など）は財務諸表に表れないこと」という限界がある。

第5-4　相続課税における確実主義

相続税の対象とされる財産は確実な資産でなければならない。資産は，財産と異なり，価値がプラスのものを指す。資産は，金銭的価値があり，金銭に換えられるものの総称である。相続税法22条は，「相続財産の取得時における時価」を課税対象評価額とする。また，同法24条は，定期金の評価として，解約返戻金または，一時金を原則的評価額とし，将来運用益を除外している。

従って，相続発生時における価値増大の期待や蓋然性は，相続税の課税対象にできないというべきである。

第7章　事実認定と手続要件解釈の濫用による課税

　事実認定と手続要件の濫用による違憲課税は多い。この様な濫用課税調査に歯止めをかけるため，有用な判例を以下紹介する。

第1　事実認定濫用の制限(武富士事件)(最高裁平成23年2月18日判決)

1　事実の概要

(1)　当事者・関係者

　X（原告・被控訴人・上告人）…AおよびBの長男，独身

　被告・控訴人・被上告人…国（代表者法務大臣）

　A…消費者金融業を営むC社の代表取締役

(2)　時系列

平成8年6月	XはC社の取締役営業統括本部長就任
平成9年5月	C社にてAの提案に基づき香港子会社設立を決議
平成9年6月29日	Xが香港へ出国
	後記平成12年に失踪するまで，XはC社の他2つの香港現地法人の取締役に従事。右失踪まで香港における業務従事日数は合計168日。同期間（本件期間）における香港滞在日数割合は約65.8％，日本滞在日数割合は約26.2％。
	Xは，香港では家財備え付きで掃除等のサービスがついたアパートに住み，帰国時はAが賃借していた杉並の居宅でA，B，弟と同居。
	なお，Xの資産の99％は日本にあった。
平成10年3月23日	AおよびBはC社株式1569万8800株をD社（AおよびBがすべての出資をし所有していたオランダの非公開有限会社）に譲渡
平成11年12月	法改正の動きを知った公認会計士Sが同年中に贈与を行うようAに進言した。
平成11年12月27日	Aが560口のすべて，Bが240口中160口のD社出資額をXに贈与（本件贈与）

| 平成12年11月頃 | 日本国内に長く滞在しすぎたＸに香港に戻るようＳが指導した。 |

平成12年11月頃　日本国内に長く滞在しすぎたＸに香港に戻るようＳが指導した。

平成12年12月17日　Ｘが業務を放棄して失踪した。

平成17年３月２日　本件贈与につき杉並税務署長が贈与税決定処分および無申告加算税賦課決定処分をなした。

これに対し，Ｘは，相続税法１条の２第１号により納税義務を負わないと主張して，国に対しそれらの決定処分の取消しを求めた。

(3)　当時の相続税法１条の２

平成12年３月31日以前，国外財産について，受贈者が日本に住所を有しない場合，日本の贈与税は課せられなかった。

2　争点及び関係法令

① 争点

相続税法１条の２にいう『住所』概念をどのように解釈するか。

② 関係法令

イ）相続税法１条の２

ロ）民法22条

3　裁判所の判断

(1)　第１審判決（東京地判平成19・5・23）

本件贈与時にＸの住所は日本になかったと認定した。

(2)　控訴審判決（東京高判平成20・1・23）

被控訴人は，贈与税回避を可能にする状況を整えるために香港に出国するものであることを認識し，本件期間を通じて国内での滞在日数が多くなりすぎないよう滞在日数を調整していたと認められるから，被控訴人の香港での滞在日数を重視し，これを国内での滞在日数と形式的に比較してその多寡を主要な考慮要素として本件香港居宅と本件杉並居宅のいずれが住所であるかを判断するのは相当ではない。

被控訴人の生活の本拠である住所は国内にあったものと認めるのが相当である。

(3)　最高裁判決

（相続税法２条の１にいう）住所とは，反対の解釈をすべき特段の事由はない以

190

上，生活の本拠，すなわち，その者の生活に最も関係の深い一般的生活，全生活の中心を指すものであり，一定の場所がある者の住所であるか否かは，客観的に生活の本拠たる実体を具備しているか否かにより決すべきものと解するのが相当である。

これを本件についてみるに，前記事実関係等によれば，上告人は，本件贈与を受けた当時，本件会社の香港駐在役員及び本件各現地法人の役員として香港に赴任しつつ国内にも相応の日数滞在していたところ，本件贈与を受けたのは上記赴任の開始から約2年半後のことであり，香港に出国するに当たり住民登録につき香港への転出の届出をするなどした上，通算約3年半にわたる赴任期間である本件期間中，その約3分の2の日数を2年単位（合計4年）で賃借した本件香港居宅に滞在して過ごし，その間に現地において本件会社又は本件各現地法人の業務として関係者との面談等の業務に従事しており，これが贈与税回避の目的で仮装された実体のないものとはうかがわれないのに対して，国内においては，本件期間中の約4分の1の日数を本件杉並居宅に滞在して過ごし，その間に本件会社の業務に従事していたにとどまるというのであるから，本件贈与を受けた時において，本件香港居宅は生活の本拠たる実体を有していたものというべきであり，本件杉並居宅が生活の本拠たる実体を有していたということはできない。

一定の場所が住所に当たるか否かは，客観的に生活の本拠たる実体を具備しているか否かによって決すべきものであり，主観的に贈与税回避の目的があったとしても，客観的な生活の実体が消滅するものではない。

贈与税回避を可能にする状況を整えるためにあえて国外に長期の滞在をするという行為が課税実務上想定されていなかった事態であり，このような方法による贈与税回避を容認することが適当でないというのであれば，法の解釈では限界があるので，そのような事態に対応できるような立法によって対処すべきものである。

4 法的分析

① 法律要件

相続税法2条の1における「住所」は法律要件を定めるが，これに該当する要件事実が何かが問われる。

②　要件事実

住所概念は，租税法の固有概念ではなく，民法や公職選挙法からの借用概念である。

最判は，住所を判定するための考慮要素は，「客観的な生活の本拠たる実体」であり，その詳細は「滞在期間」「住民登録」「業務従事」などであるとした。さらに「租税回避目的は客観的な生活の実体を消滅させるものではない」と判示した。

③　要件事実の認定基準

武富士事件の最高裁判決を基準とすれば，客観的な事実認定において，租税回避の目的は考慮要素ではないことになる。

第 2　当初申告要件と特例適用選択意思（最二小判平成21年 7 月10日）

1　事実の概要

X は，平成13年 1 月 1 日から同年12月31日までの事業年度（以下「本件事業年度」という）の法人税につき，法人税法（平成15年法律 8 号による改正前のもの。以下同じ）68条 1 項（所得税額の控除）の規定を適用して配当等に対して課された所得税額を控除するにあたり，控除を受ける所得税額をいわゆる銘柄別簡便法（控除対象となる元本所有期間に対応する所得税額を銘柄ごとにまとめて計算する方法。法税令（平成18年制令125号による改正前のもの。以下同じ）140条の 2 第 3 項）により計算して確定申告（以下「本件確定申告」という）に添付した別表六（一）「所得税額の控除に関する明細書」に所有する28銘柄の株式をすべて記載し，配当等として支払いを受けた金額，配当等に対して課された所得税額を各銘柄別にすべて記載したものの，所有元本数等欄に本来ならば配当等の計算の基礎となった期間（平成12年 1 月 1 日から同年12月31日まで）の期末および機種の各時点における所有株式数を記載すべきところ，誤って本件事業年度の期末及び期首の各時点における所有株式数を記載したため，上記28銘柄のうち 8 銘柄につき銘柄別簡便法の計算を誤り，その結果，配当等に係る控除を受ける所得税額を減少に記載した。

X は国税通則法23条 1 項 1 号に基づき更正の請求（以下「本件更正請求」という）をしたが，所轄税務署長 Y（被告・控訴人・被上告人）は本件更正請求につき更正すべき理由がない旨の通知（以下「本件通知処分」という）をしたため，本件通知処分後，Y が X に対して，本件更正請求に係る法人税の増額更正をしたので，

Xは，上記訴えを交換的に変更し，当該更正処分の一部取消しを求めるに至った）。

　原審（福岡高判平成18・10・24）は，法人税法68条3項の文言はできる限り厳格に解釈されるべきであり，納税者である法人が自ら自由な意思と判断により控除受ける金額を確定申告書に記載した以上，そこに法令解釈の誤りや計算の誤りがあったからといって，直ちに国税通則法23条1項1号所定の要件に該当するということにはならず，全体的な考察の結果，転記の際の誤記または違算によるものであることが明白であるようなときや，法令解釈や計算の誤りがやむを得ない事情によりもたらされたものであると認められるときに，例外的に更正の請求が許されるのであり，本件はそのような場合にあたらないとして，Xの請求を退けた。

2　判　旨

① 　破棄自判

　「法人税法68条1項は，内国法人が支払を受ける利子および配当等に対し法人税を賦課した場合，当該利子及び配当等につき源泉徴収される所得税との関係で同一課税主体による二重課税が生ずることから，これを排除する趣旨で，当該利子及び配当等に係る所得税の額を当該事業年度の所得に対する法人税の額から控除する旨規定している。

　同条3項は，同条1項の規定は確定申告書に同項の規定による控除を受けるべき金額及びその計算に関する明細の記載がある場合に限り適用するものとし，この場合において，同項の規定による控除をされるべき金額は，当該金額として記載された金額を限度とする旨規定している。同法40条は，同法68条1項の規定の適用を受ける場合には，同項の規定による控除をされる金額に相当する金額は，当該事業年度の所得の計算上，損金の額に算入しない旨規定している。

　これらの規定に照らすと，同条3項は，納税者である法人が，確定申告において，当該事業年度中に支払を受けた配当等に係る所得税額の全部又は一部につき，所得税額控除制度の適用を受けることを選択しなかった以上，後になってこれを覆し，同制度の適用を受ける範囲を追加的に拡張する趣旨で更正の請求をすることを許さないこことしたものと解される。」

② 　「本件の事実関係等に照らせば，Xの計算の誤りは，

所有株式数の記載を誤ったことに基因する単純な誤りであるということで

き，Xが，本件確定申告において，その所有する株式の全銘柄に係る所得税額の全部を対象として，法令に基づき正当に計算される金額につき，<u>所得税額控除制度の適用を受けることを選択する意思であったことは，本件確定申告書の記載からも見て取れる</u>ところであり，上記のように誤って過少に記載した金額に限って同制度の適用を受ける意思であったとは解されないところである。」

③　「以上のような事情の下では，本件更正請求は，所得税額控除制度の適用を受ける範囲を追加的に拡張する趣旨のものではないから，これが法人税法68条3項の趣旨に反するということはできず，Xが本件確定申告において控除を受ける所得税額を過少に記載したため法人税額を課題に申告したことが，国税通則法23条1項1号所定の要件に該当することも明らかである。」

3　所得税額控除・更正の請求

法人税法68条1項は，二重課税を排除する手段として，内国法人が利子・配当等に係る所得税額相当額を（損金の額に算入するのではなく）内国法人の当該事業年度の所得に対する法人税の額から控除することを認めており，かかる税額控除は，所得税額控除と呼ばれる。

一定の事由がある場合に限り，更正の請求認められる。

4　所得税額控除と当初申告の記載

個別税法においては，一定の控除や特例措置を適用する条件として，納税者が提出する当初の確定申告書にて当該控除ないし特例措置の適用を受ける旨の記載や適用金額の記載を求め，当該控除ないし特例措置の金額を当初の確定申告書に記載された金額を限度とする旨を定めていることがある（いわゆる当初申告要件）。

当時の法人税法68条3項は，確定申告書に控除を受けるべき金額およびその計算に関する明細の記載がある場合に限り所得税額控除を適用し，また，控除をされるべき金額は，確定申告書に「当該金額として記載された金額を限度とする」ことを規定していた。

かかる「記載された金額」を文字どおり，当初の確定申告書に誤って過少に記載された金額を意味するとすれば，更正の請求を認める余地はない。本判決は，本事件当時の法人税法68条3項は，納税者が確定申告において所得税額の全部または一部につき所得税額控除制度の適用を受けることを選択しなかった場合に，後になってかかる選択を覆して，所得税額控除制度の適用を受ける範

囲を追加的に拡張するために校正の請求をすることを許さないこととしたものであると解した上，Xが本件確定申告において，その所有する株式の全銘柄に係る所得税額の全部を対象として所得税額控除制度の適用を受けることを選択する意思であったことが本件確定申告書の記載から見て取れるところであり，Xの更正の請求が法人税法68条 3 項に抵触しないとした。

平成23年12月法改正（平成23年法律114号による改正）は，①インセンティブ措置または②各種引当金などの利用の有無により有利にも不利にもなる措置に該当するものを除き，当初申告要件を廃止した。現行の法人税法68条 4 項では，所得税額控除の規定は「確定申告書，修正申告書又は更正請求書」に控除を受けるべき金額等がある場合に適用することとされており，更正の請求に寄って所得税額控除の適用およびその金額の修正が認められることが明確である。

5　納税者による選択と更正の請求

①　租税法規は，納税者が申告するにあたり，一定の方法を選択して課税標準等および税額等を計算して申告することを認めていることがあるが，納税者が一定の方法を選択して申告した場合，更正の請求により，かかる選択を変更することは一般的には認められない。

②　最判昭和62年11月10日

同判決は，納税者が必要経費の概算控除の方法を選択して確定申告をした場合には，「たとえ実際に要した経費の額が右概算による控除額を超えるため，右規定を選択しなかった場合に比して納付すべき税額が多額になったとしても，納税者としては，そのことを理由に（国税）通則法23条 1 項 1 号に基づく更正の請求をすることはできない」とした。

③　修正申告における変更の可否

ジュリスト百選105事件（最三小判平成 2 年 6 月 5 日）は，修正申告における概算経費選択の意思表示の撤回を認めなかった。

④　本判決の射程範囲

平成23年12月法改正後も当初申告要件が維持されている措置に対して，本判決の射程が及ぶか否かは検討を要する。

本判決の納税者は，当初確定申告にて行った所得税額控除およびその金額を計算するにあたって銘柄別簡便法の利用という選択自体の変更を求めたものではなく，所得税額控除および銘柄別簡便法という選択の枠内における計算の誤

りの訂正を求めたものであって，本判決は，かかる範囲での更正の請求による
誤りの訂正を認めたものと考えられる。本判決は，平成23年12月法改正後も当
初申告要件が維持されている措置に対して，本判決の射程が及ぶと考えられる。

第8章　行政調査と犯則調査

1　行政調査

行政調査は，情報収集するための行政活動のことである。

最も重要なのは，具体的な特定の不利益処分の前提となるものである。調査には質問・立入・検査などの態様があるが，次のように分類される。

① 　任意調査（事実行為），

② 　実効性が刑罰によって担保されるもの，

③ 　物理的実力行使が認められるもの

などがある。

行政調査の中には，「直接，私人の身体または財産に実力を加え，これによって行政上の目的を実現すること」という即時強制とされるものもある。行政調査は，情報の収集・管理活動と理解されることが多い。

2　行政調査の種類

① 　純粋任意調査

法的拘束力を欠き，相手方が調査に応ずるか否かを任意に決めることができるものである。事実行為に留まり，相手方には何らの協力義務もないため，行政作用法上の根拠を必要としない。

② 　非制裁法的調査

相手方について調査に応ずる義務が法定されているが，その義務を強制する仕組みがないもの（警察官職務執行法第6条第2項など）である。

③ 　制裁処分付法的調査

相手方が調査を拒否した場合には給付が拒否されるというもの（生活保護法第28条など）もある。

④ 　不利益擬制調査

相手方が調査に応じない場合，または応じたとしても十分な資料を提示しない場合には，相手方自身に不利益な事実があったとみなされるという調査である（消費税法30条7項，法人税法127条1項1号，仕入れ税額控除の否認，青色承認取消）。

⑤　間接強制調査（刑罰付法的調査）

相手方が調査を拒否した場合には刑罰などの罰則が適用されることにより，間接的に調査の受諾を強制するものである。検査の拒否，妨害または忌避に対しては刑罰が科される。あくまでも，間接的に調査の受諾を強制するものであるから，相手方の抵抗（質問への無回答，資料の提示・提出の拒否など）を排除して調査を継続し，臨検，捜索，押収などをなしうるものではない。

間接強制調査の行政調査を代表するのが，国税通則法第7章の2（第74条の2以下）に規定される税務調査であり，罰則は同第127条第2号および第3号に定められている。

間接強制調査の権限を犯罪捜査のために行うことは許されない。

⑥　犯則調査

国税通則法第131条は，この調査を規定するが，間接強制調査と異なり，刑事事件の立件を目的としている。この場合，検査の相手方には受忍義務が課されることとなるが，その相手方に直接，検査を強制する方法は規定されていない（任意調査）。罰則は間接国税に限られている。これらの手続は，実質的に刑事訴訟法による手続と同質のものである。しかし，「証拠の収集と判定について特別の知識と経験を必要とすること」，および「犯則事件の発生件数がきわめて多く，その処理を検察官の負担にまかせることが実際問題として困難なこと」から，査察官により行われるものとされている。

⑦　純粋強制調査

物理的な実力行使が認められるもので，相手方の抵抗を排除して行いうる調査である。行政作用法上の法律上の根拠を必要とする。

査察官は，裁判官の許可（令状，許可状という）を得て，臨検や捜索，または差押えを行う（国税通則法132条臨検，捜索又は差押等）。行政事件訴訟法により，これを争う場合，差押え等の処分に対する取消訴訟を提起しなければならない。

最一小判昭和63年3月31日判時1276号39頁は「収税官吏が犯則嫌疑者に対し国税犯則取締法に基づく調査を行つた場合に，課税庁が右調査により収集された資料を右の者に対する課税処分及び青色申告承認の取消処分を行うために利用することは許される」と述べる。犯則調査により得られた資料を課税処分のために用いることは許されるとする。

3　任意調査の範囲

①　所持品検査とバッグの開被

最三小判昭和53年 6 月20日（刑集32巻 4 号）は，被告人の上告を棄却し，次の通り判示した。

「警察官の職務質問に対し黙秘したうえ再三にわたる所持品の開披要求を拒否するなどの不審な挙動をとり続けたため，右両名の容疑を確める緊急の必要上されたものであつて，所持品検査の緊急性，必要性が強かつた反面，所持品検査の態様は携行中の所持品であるバッグの施錠されていないチヤックを開披し内部を一べつしたにすぎないものであるから，これによる法益の侵害はさほど大きいものではなく，上述の経過に照らせば相当と認めうる行為である」。

②　所持品検査とポケット開被

最一小判昭和53年 9 月 7 日刑集（32巻 6 号1672頁）は，警職法二条一項に基づく職務質問に附随して行う所持品検査について，「強制にわたらない限り，たとえ所持人の承諾がなくても，所持品検査の必要性，緊急性，これによつて侵害される個人の法益と保護されるべき公共の利益との権衡などを考慮し，具体的状況のもとで相当と認められる限度において許容される場合があると解すべきである」と判示した。

4　行政調査の適法要件

①　行政手続法には，行政調査に関する一般的規定は存在しない（行政手続法第 3 条第 1 項第14号参照）。

②　任意的手段であっても，所掌事務と関係のない調査は許されない。

5　間接強制調査の憲法問題

憲法第31条，第35条，第38条に違反するかが問題とされる。

①　川崎民商事件

最大判昭和47年11月22日（刑集26巻 9 号554頁，川崎民商事件）は，「税務調査は憲法三八条一項にいう『自己に不利益な供述』を強要するものとすることはできない。」と判示した。

②　荒川民商事件

最三小決昭和48年 7 月10日（刑集27巻 7 号1205頁，荒川民商事件）は，「所得税法第234条第 1 項は，「客観的な必要性があると判断される場合に」職権調査の一つとして質問や検査を行う権限を認めたものであり，社会通念上相当な限度に

とどまるかぎり，権限ある税務職員の合理的な選択に委ねられているものと解すべく，また，暦年終了前または確定申告期間経過前といえども質問検査が法律上許されないものではなく，実施の日時場所の事前通知，調査の理由および必要性の個別的，具体的な告知のごときも，質問検査を行なううえの法律上一律の要件とされているものではない」と判示した。

③　黙秘権告知

最三小判昭和59年 3 月27日（刑集38巻 5 号2037頁）は，憲法第38条第 1 項が供述拒否権（黙秘権）の告知を義務づけるものではないと理解した上で，「国税犯則取締法に供述拒否権（黙秘権）に関する規定がなく，収税官吏が質問の際にあらかじめ供述拒否権（黙秘権）の告知をしなかったからといって，憲法第38条第 1 項に違反するものではない」と判示している。

④　事前通知

国税通則法は，「納税義務者に対する調査の事前通知等」（第74条の 9 ）の規定を置いている。これは，具体的な課税処分を予告したものではなく，実地調査による不利益を告知し，日程調整を求める行政指導である。

6　間接強制調査と犯則調査

①　質問検査権と犯罪捜査

国税通則法第74条の 8 は，質問検査権を犯罪捜査のために利用してはならないと定める。

最二小決平成16年 1 月20日（刑集58巻 1 号26頁）は，「法人税法（平成13年法律第129号による改正前のもの）156条によると，同法153条ないし155条に規定する質問又は検査の権限は，犯罪の証拠資料を取得収集し，保全するためなど，犯則事件の調査あるいは捜査のための手段として行使することは許されないと解するのが相当である。」と判示した。

②　犯則調査と青色申告承認取消

最一小判昭和63年 3 月31日（訟月34巻10号2074頁）は，「収税官吏が犯則嫌疑者に対し国税犯則取締法に基づく調査を行つた場合に，課税庁が右調査により収集された資料を右の者に対する課税処分及び青色申告承認の取消処分を行うために利用することは許されるものと解するのが相当である。」と判示した。

③　成田新法事件

最大判平成 4 年 7 月 1 日（民集46巻 5 号437頁）は，憲法31条の定める適正手続

200

の保障は，直接には刑事手続に関するものであるが，行政手続については，それが刑事手続ではないとの理由のみで，そのすべてが当然に同条による保障の枠外にあると判断することは相当ではないが，同条による保障が及ぶと解すべき場合であっても，一般に，行政手続は，刑事手続とその性質においておのずから差異があり，また，行政目的に応じて多種多様であるから，行政処分の相手方に事前の告知，弁解，防御の機会を与えるかどうかは，行政処分により制限を受ける権利利益の内容，性質，制限の程度，行政処分により達成しようとする公益の内容，程度，緊急性等を総合較量して決定されるべきものであって，常に必ずそのような機会を与えることを必要とするものではないと解するのが相当であると判示した。

7　国税通則法の犯則調査規定

①　（質問，検査又は領置等）

第131条　犯則嫌疑者若しくは参考人に対して出頭を求め，犯則嫌疑者等に対して質問し，犯則嫌疑者等が所持し，若しくは置き去つた物件を検査し，又は犯則嫌疑者等が任意に提出し，若しくは置き去つた物件を領置することができる。

②　（臨検，捜索又は差押え等）

第132条　その所属官署の所在地を管轄する地方裁判所又は簡易裁判所の裁判官があらかじめ発する許可状により，臨検，犯則嫌疑者等の身体，物件若しくは住居その他の場所の捜索，証拠物若しくは没収すべき物件と思料するものの差押え又は記録命令付差押え（電磁的記録を保管する者その他電磁的記録を利用する権限を有する者に命じて必要な電磁的記録を記録媒体に記録させ，又は印刷させた上，当該記録媒体を差し押さえることをいう。以下同じ。）をすることができる。ただし，参考人の身体，物件又は住居その他の場所については，差し押さえるべき物件の存在を認めるに足りる状況のある場合に限り，捜索をすることができる。

2　差し押さえるべき物件が電子計算機であるときは，他の記録媒体に複写した上，当該電子計算機又は当該他の記録媒体を差し押さえることができる。

第2項の場合においては，許可状に，その電磁的記録を複写すべきものの範囲を記載しなければならない。

③　（現行犯事件の臨検，捜索又は差押え）

第135条　間接国税（消費税法第47条第2項（引取りに係る課税貨物についての課税標

準額及び税額の申告等）に規定する課税貨物に課される消費税その他の政令で定める国税を
いう。以下同じ。）に関する犯則事件について，現に犯則を行い，又は現に犯則を
行い終わつた者がある場合，必要であつて，かつ，急速を要し，許可状の交付
を受けることができないときは，その犯則の現場において第百三十二条第一項
（臨検，捜索又は差押え等）の臨検，捜索又は差押えをすることができる。

④　（電磁的記録に係る記録媒体の差押えに代わる処分）

第136条　差し押さえるべき物件が電磁的記録に係る記録媒体であるときは，
当該職員は，その差押えに代えて次に掲げる処分をすることができる。

一　差し押さえるべき記録媒体に記録された電磁的記録を他の記録媒体に複
　　写し，印刷し，又は移転した上，当該他の記録媒体を差し押さえること。

二　差押えを受ける者に差し押さえるべき記録媒体に記録された電磁的記録
　　を他の記録媒体に複写させ，印刷させ，又は移転させた上，当該他の記録
　　媒体を差し押さえること。

⑤　（臨検，捜索又は差押え等に際しての必要な処分）

第137条　当該職員は，臨検，捜索，差押え又は記録命令付差押えをするた
め必要があるときは，錠をはずし，封を開き，その他必要な処分をすることが
できる。

⑥　（所有者等の立会い）

第142条　当該職員は，人の住居又は人の看守する邸宅若しくは建造物その
他の場所で臨検，捜索，差押え又は記録命令付差押えをするときは，その所有
者若しくは管理者（これらの者の代表者，代理人その他これらの者に代わるべき者を含
む。）又はこれらの者の使用人若しくは同居の親族で成年に達した者を立ち会
わせなければならない。

⑦　（領置物件等の還付等）

第145条　当該職員は，領置物件，差押物件又は記録命令付差押物件につい
て留置の必要がなくなつたときは，その返還を受けるべき者にこれを還付しな
ければならない。

⑧　（調書の作成）

第152条　当該職員は，この節の規定により質問をしたときは，その調書を
作成し，質問を受けた者に閲覧させ，又は読み聞かせて，誤りがないかどうか
を問い，質問を受けた者が増減変更の申立てをしたときは，その陳述を調書に

記載し，質問を受けた者とともにこれに署名押印しなければならない。ただし，質問を受けた者が署名押印せず，又は署名押印することができないときは，その旨を付記すれば足りる。

⑨ （間接国税以外の国税に関する犯則事件等についての告発）

第155条　当該職員は，次に掲げる犯則事件の調査により犯則があると思料するときは，検察官に告発しなければならない。告発要否勘案協議会において，起訴相当の犯則嫌疑者のみ告発が決定される。

一　間接国税以外の国税に関する犯則事件

二　申告納税方式による間接国税に関する犯則事件

⑩ （間接国税に関する犯則事件についての調査結果報告等）

第156条　国税局又は税務署の当該職員は，間接国税に関する犯則事件（前条第二号に掲げる犯則事件を除く。以下同じ。）の調査を終えたときは，その調査の結果を所轄国税局長又は所轄税務署長に報告しなければならない。

⑪ （犯則の心証を得ない場合の通知等）

第160条　国税局長又は税務署長は，間接国税に関する犯則事件を調査し，犯則の心証を得ない場合においては，その旨を犯則嫌疑者に通知しなければならない。この場合において，物件の領置，差押え又は記録命令付差押えがあるときは，その解除を命じなければならない。

8　査察調査における金属探知機による所持品検査

査察調査開始直前において，金属探知機により録音機器持ち込みの検査が実施されている。犯則嫌疑者は，令状による捜索・差押でない限り，拒否できる（国税通則法132条参照）。査察官は，守秘義務を根拠に税務調査時の録音を禁止している。

京都地裁2000年2月25日判決は，調査の様子を撮影・録音することを認めている。アメリカのIRSは，納税者が調査現場で録音することを認めている。

録音することは，違法ではないが，録音内容を公表することは，調査官の守秘義務によって保護される利益（第三者のプライバシー）を侵害する可能性がある。

第9章　租税刑事弁護

　課税処分は，刑事処分と質的に同一である。税務調査手続における弁護を効果的になすには，刑事手続における弁護の方法に学ぶことが有用である。

　租税に関する査察・公判弁護の主たる目的は，「冤罪的課税処分の排除」(納税者の人権の擁護) である。以下，査察調査・公判弁護をなすにあたり，弁護人として必要な要点を次の通り解説する。

1　令状主義 (憲法35条) と行政手続

(1)　令　状

令状とは，強制処分の許可判断を記載した書面である。

(2)　身体拘束

犯罪捜査以外 (行政手続) で令状によることなく身体の自由を拘束することを認める法規に次のものがある。

　イ　精神病患者の強制入院 (精神衛生法)

　ロ　麻薬中毒者の強制入院 (麻薬取締法)

　ハ　伝染病患者の強制隔離 (伝染病予防法)

　ニ　性病患者の強制検診 (性病予防法)

　ホ　出入国管理令による強制収容 (出入国管理令)

　ヘ　警察官職務執行法による保護 (警察官職務執行法)

　ト　児童に対する在所措置 (児童福祉法)

(3)　立入検査

行政上の立入検査を容認する法規としては，次のものがある。

　イ　食品衛生法

　ロ　風俗営業法

　ハ　児童福祉法

　ニ　質屋営業法

　ホ　建築基準法

　ヘ　土壌汚染防止法

　ト　毒物及び劇物取締法

チ　火薬類取締法

リ　薬事法

ヌ　大気汚染防止法

ル　水質汚濁防止法

ヲ　工場排水法

ワ　悪臭防止法

カ　廃棄物処理法

⑷　行政手続に憲法35条1項適用の可否

昭和47年11月22日最高裁大法廷判決は，全員一致で，刑事手続以外にも憲法第35条1項の適用が及ぶ場合があるとした。

⑸　憲法的保障の必要性

イ　犯罪捜査による人権侵害は，例外的であるが，通常の行政作用による人権侵害は遥かに多く，憲法的保障の必要性はかえって大きい。

ロ　問題は，純粋な行政目的によってなされる強制手続である。憲法35条による人権保障は，個人のプライバシーを公権力の侵害から護ることにある。人権保障との兼ね合い上，憲法35条の保障が個々の行政手続にも及ぶ場合がある。

ハ　刑事責任の追求を目的とする手続や刑事責任追及のための資料の収集に直接結びつく手続に憲法33条逮捕や35条（捜索令状）の令状主義の適用があるとすることは，異論がない。

2　査察調査弁護の重要性

⑴　査察調査弁護

査察調査弁護は，公判弁護より重要である。査察調査弁護の目的は，査察調査活動による不当な犯則嫌疑者の権利侵害や誤った事実判断を予防・排除し，不当な起訴を防止し，起訴後の防御手段を確保することにある。

⑵　刑事手続の人権擁護規定の適用

現行憲法第36条は，公務員による拷問を禁止し，38条1項が自己に不利益な供述を強制されないことや，2項が強制・拷問・脅迫による自白・不当長期拘束後の自白の証拠禁止を定め，刑訴法319条は任意性の疑いある自白の証拠能力を否定し，198条2項が被疑者への供述拒否権の告知，5項が供述調書への署名押印拒絶権を定めている。

206

⑶　黙秘権・接見交通権の確立

　これらは，被疑者の黙秘権の確立を目指し，弁護人選任権や秘密交通権の確立を目指し，捜査弁護制度の裏付けにより，捜査における被疑者の地位の向上を目的とするものである。

　かかる憲法や刑事訴訟法による被疑者に認められた人権は，査察調査においても認められるべきである。

⑷　憲法34条（弁護人依頼権）

　被疑者や被告人には，弁護人を選任する権利がある。

⑸　憲法32条（裁判所へのアクセス権）

　被疑者や被告人に認められる人権が侵害された場合，裁判所へ救済を求める権利が保障されている。

3　事件調査

①　供述拒否権の事前告知（憲法38条1項）

　国税犯則取締法に基づいてなされる犯則調査は，刑事告発を前提とする調査である。逋脱犯の捜査は，警察職員ではなく国税庁または，国税局の査察部門が担当することになっている。国税犯則取締法第1条に基づき，収税官吏は犯則嫌疑者に対し質問するが，供述拒否権を告知することが要求されず，質問顛末書が作成される。最三判昭59.3.27（刑集38巻5号2037頁）は，国税犯則取締法上の犯則嫌疑者に対する質問調査手続についても，憲法38条1項の供述拒否権の保障が及ぶとする。しかし，供述拒否権を告知しないで作成された質問顛末書が直ちに証拠能力を欠くものではないとするのが最高裁判所の判例である（最判昭和63年4月28日判決）が，刑事罰に連なってゆく犯則調査手続であるから，犯則嫌疑者は供述拒否権を有するものと考えるべきであろう。

　この様に，査察調査は刑事犯罪捜査と比べ人権擁護の面から立法の不備があり，弁護上の一層の活躍が期待される領域である。

②　令状主義の適用

　国税犯則取締法は，国税犯則事件の調査手続において，収税官吏に質問・検査・領置・臨検・捜索・差押等の行為及び強制処分をなす権限が認められている。これは刑事訴訟上の犯罪捜査手続と類似している。国税犯則事件は，告発により刑事被疑事件に移行し，犯則調査資料は刑事捜査に利用される。国税犯則調査手続は行政手続であり，刑事手続ではないとされ，国税犯則取締法に基

づいて収税官吏等がする処分に対する不服申立は，行政事件訴訟法に定める行
政事件訴訟の方法によるべきものとされている（最高裁昭和44年12月3日大法廷決定，
刑集23巻12号1525頁）。

③　正申告との関係

犯則調査に基づき，告発の要否については，財政経済担当検察官と告発要否
検討協議会が開催され，そこで告発の要否が決定されている。犯則調査結果に
従って犯則嫌疑者が修正申告をなすと，申告内容が実際所得金額よりも多い場
合，修正申告が後日自白として取り扱われる。また，修正申告をなし逋脱税額
を納付しても，告発を阻止できるわけではないので，犯則調査結果が実際所得
金額と異なる場合でも，それに安易に迎合した数字合わせで修正申告をするこ
とを決めることは人権擁護と社会主義を使命とする弁護士としては慎むべきで
あろう。国税通則法74条の11第3項は，修正申告をなした場合，不服申立はで
きないが，更正の請求はできるとしている。

4　犯則調査の期間

租税事件においては，税法と会計の問題が関連する。税法自体非常に改正の
多い法律である。土地に関する税の問題が多くなった昭和48年ころ土地の問題
を解決するために土地重課の制度が創設された。その後，法人による土地所有
が問題になり，租税特別措置法において法人に対する土地重課が創設され，ま
た，昭和62年，63年ころからいわゆる「地上げ」という社会問題が発生し，従
前の長期保有の10年間を5年間として土地重課の制度が改正された。

更にまた，2年以内の超短期土地保有に対する重課制度も創設され，色々な
具体的な社会問題を税制の改革で対処することになった。租税に関する法律の
頻繁な改正は，租税刑事裁判の事実認定に影響を及ぼすことがあり，また量刑
にも影響し，脱税事件は次第に複雑化してきた。昭和56年には脱税に対する社
会非難が厳しくなったことや，我が国における脱税に対する除斥期間が先進諸
外国と比べ短期間であったことなどが理由で税務調査がさかのぼれる期間が延
長された。その結果，国民の租税法における法的安定性が犠牲にされたことに
なる。その改正内容は次の通りである。

「国税の更正，決定等の制限期間」

区　　　分	除　斥　期　間
(イ)　通常の過少申告	3 年
(ロ)　脱税を伴う過少申告	7 年
(ハ)　無申告	脱税を伴う無申告　　7 年 その他の無申告　　　5 年
(ニ)　減額更正	(ロ)(ハ)により除斥期間が 延長された場合　　　7 年 その他の場合　　　　5 年
(ホ)　賦課決定	上記に準ずる

5　査察調査の問題点

① 協力者工作・内部告発

査察調査は，事件の概要を知る者に対し，先ず，事情説明を求めて行われる。被疑者の自白を得られない場合，被疑事実に近接する者を協力者として集中した捜査がなされることが多い。また，脱税等の発覚は，内部告発が端緒であることが多い。

② 解明捜査

事案の解明は，次の方法や資料入手によって行われる。

(イ)別件捜査，(ロ)内部告発，(ハ)帳簿と証拠差額との突合，(ニ)取引の実在確認，(ホ)取引先の実在確認，(ヘ)原始資料の不存在・現金払い・臨時払い・総務部門の支払い・大口取引の前後，(ト)異常名目の支払い，(チ)借名口座の発見，(リ)資産化体，(ヌ)借金庫，(ル)裏金管理者の特定

③ 所得の帰属（実質課税の原則）

所得の帰属は，次の 2 点によって判定される。

イ　何人の収支計算の下に行われているか

ロ　利益の収受者または損失負担者は誰か

④ 財産の帰属

財産の帰属は，次の考慮点によって判定される。

(イ)保管者，(ロ)名義，(ハ)果実の収得者，(ニ)利用・使用者，(ホ)贈与の有無

6　弁護人による証拠の検討

①　証拠開示の要求

　事実を認定しあるいはその認定した理由についてどの様な証拠があるのかということを証拠の項目を列挙して調査書（総勘定元帳等の色々な証拠があれば対応する証拠毎に作成される）が作成されるが，弁護人の立場でこの調査書の内容に疑問をもった場合検察官にその旨を申し出る。そしてその調査書を作った元になる資料の開示の要求を申し出ることになる。

　そして弁護人は，それらの元となった原始証拠を今度は検討することになり，そして証拠を検討して，結局そうなっていることを納得できた場合には調査書に同意することになろう。調査書に基づき元になる証拠物件を検討しても，弁護人が納得できないという場合は不同意として意見を公判廷で述べることになろう。そういう意味で証拠を検討して被告人と打ち合わせをしてなお納得できないということであればその点を争うとの方針を打ち出す。

　その際に弁護人は検察官に問題になるところを指摘して，証拠上の疑問点があれば検察官に申し出て，そして基になる証拠を見せてもらうというような形で調査書を検討する。この様な過程を経て弁護人は弁護方針を少しずつ修正し，あるいは弁護方針を固めることになる。

②　事前協議

　東京地裁においては，複雑な争点が多く存在する事件について，裁判所・検察官・弁護人三者により証拠検討の打合せが裁判所で行われている。裁判所での打合せは，事前準備をなし，争点を早く確定しようということである。その上で公判手続が準備されることになる。争点については早く確定してそれに対応した証拠調べの期日が確保され，争点が明らかにされることになる。具体的には，検察官の冒頭陳述書に争点事項が書かれており，弁護人はそれを認めるかどうかを検討することになろう。裁判所は，第一回公判期日前の事前打合せを裁判所において開催しないときでも，弁護人に対し証拠書類を検討したかどうか確認し，第一回公判期日の進行程度の希望を聴取する。

7　検察官の冒頭陳述書（逋脱内訳明細書，修正 P/L，B/S）

①　証拠開示

　検察官が弁護人に対し，事前に証拠を開示する際に既に冒頭陳述書を作成し，あるいは冒頭陳述書のすべてを作成できなければその内の逋脱内訳明細書ある

いは修正損益計算書（修正 P/L），修正貸借対照表（修正 B/S）等の表などをそれまでに作成し，それを同時に弁護人に渡すような形で証拠が検討されることになる。

それらの証拠に基づいて弁護人の立場で他の証拠も検討して，被告人と打ち合わせ，今後の方針をたてることになる。場合によっては検察官が事前に開示し，その後証拠申請されてもその証拠がよくわからないといった場合，国税査察官作成の調査書が開示されることになる。

② 実際所得金額の証明

検察官は，冒頭陳述によって訴因の実際所得金額を損益計算法（P/L 法）または財産増減法（B/S 法）のいずれの方法で証明するかを明らかにする。

調査書は，被告人の所得がどれだけあるのか，大きな勘定科目毎に，当該会社または個人が申告している金額よりもっと多い売り上げがあるのかどうか，あるいは経費がもっと少ないかどうか等について記載され，勘定科目毎に１つの調査書が作られている。調査書は普通Ｂ４の大きさで作成され，１枚目に本題が記載され，２枚目にその結論が，そして３枚目で結論を出すに至った理由等について証拠を検討した結果こうなるということ，あるいは関係者の誰々はこう言っているということ等が記載される。調査書の最後には，証拠が列挙され，事件によっては重要な証拠のコピー等が添付されている。

③ 冒頭陳述書と証拠

冒頭陳述書と証拠の関係は，次の通りである。

冒頭陳述書と証拠の関係

原始記録 (伝票類, 契約書等)	照会回答書 (取引先, 銀行等作成)	質問顛末書 (犯則嫌疑者または 参考人らに対する 調査質問の顛末)

各種帳簿

国税査察官作成の調査

冒頭陳述書	添付書類	修正損益計算書
		修正貸借対照表
		逋脱所得内訳明細書
		逋脱税額計算書

8 弁護人の立証方法

① 立証方法の図示

　弁護人の立証方法には，P/L 立証と B/S 立証があり，これを図示すると次の通りとなる。

立証方法（P/L 立証と B/S 立証の関係）

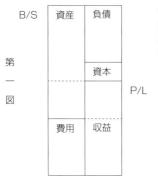

検察官が P/L 立証をなし，弁護人が B/S 立証をすれば主張が整合しないことになる。P/L 立証が通常である。克明に取引結果が記帳されていないと P/L 立証ができないので，その様な場合，B/S 立証によることになろう。

（P/L 及び B/S 立証の図解例示）

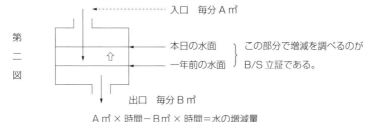

A ㎥ × 時間 － B ㎥ × 時間 ＝水の増減量
として計算するのが P/L 立証である。

② B/S 立証と P/L 立証

貸借対照表と，損益計算書に関して，立証方法を説明する。

第一図は，B/S と P/L の説明であるが，第二図に記載された様な大きな水槽の例で説明すると，入口から毎分 A m³の割合で水（収益）が入り，出口から毎分 B m³の割合で水（経費）が出てくると仮定すると，この様な図によって，一年間の所得をはかる方法を比較的容易に理解できる。P/L 立証では一年間に入った水量から出ていった水量を引き残った水量（利益）を計算する。

それに対し B/S 立証では，入った水量，出た水量を計算の対象外にして，水槽の中に溜まっている水量が一年前はここまでで，一年後の本日はここまでであるとして水位を計り，その差額によって一年間に溜まった水量が計算される。

こういうような P/L 立証と B/S 立証という二つの立証方法がある。検察官が P/L 立証でなし，弁護人が B/S 立証で反証するということになると，全然

関係のない証拠が相互に出される。逆に検察官がB/S立証，弁護人側がP/L立証で反証するとするなら，立証方法が整合しないことになる。会計原則においては，P/L立証が原則で，具体的証拠によってなされるべきで，それができない場合に止むなく初めてB/S立証がなされなければならない。

　そうすると，検察官がB/S立証をなした場合には，弁護人が，「検察官側はP/L立証でやるべきであり，これだけの証拠があるからP/L立証が可能である」というような主張をすることになる。

　実際には，「P/L立証のみが許される」とか，「B/S立証でも良い」とか，「B/S立証のみが許される」とか，「この場合P/L立証しか許されない」というような主張が交互になされ，立証方法の選択段階のところで論争されることがある。

　③　立証方法と選択

　理論的にいうとP/L立証・B/S立証のいずれも立証方法として間違いとは言えず，どちらを選択するかの問題であって，いずれかの方法のみが正しいとは必ずしも言えないと言うのが裁判所の考え方である（最判昭和60年11月25日ジュリスト857号107頁）。財貨の流れをその原因と結果に分けて作成されるのがP/LとB/Sであって，これらは表裏一体のものであり，これら二者によって同一の実際所得金額が算出されるものであるから，いずれかの立証方法にのみよるべきと言うことはできないが，犯意がどの部分を対象としたかが問題なのであるから，犯意の及んだ部分は個々の取引対象を明確にすることによってのみ可能と言うべきであろう。P/L立証で行うのが原則である。検察官がP/L立証をする場合はP/L立証に基づいて反論・反証をしていくことになり，B/S立証の場合であればB/S立証に基づいて被告人の方で反論・反証をしていくことになろう。

　④　争点の整理

　両当事者の主張が整合するような形になった上で，どの点が争点になり，どの点が改めて証拠調べが必要になるのかについて，一応その時点で裁判所が把握した段階で，証拠調べをすることになる。実際の事件になると，両当事者の主張がなかなか整合しない場合がある。また各当事者において主張として容易に固定できない場合もある。そのような諸々の理由で，争点や主張がよくわからない場合，裁判所は検察官や弁護人に対し，冒頭手続以外の段階で争点や主

214

張を明らかにすることを求め，準備手続を行う場合もある。裁判所は，弁護人に対し，弁護人側が争点や主張をどう構成しているかを知るために，弁護人の冒頭陳述書の提出を求めることもある。

⑤　証拠調べ

被告人本人質問，証人尋問，納税証明書，嘆願書などによって，弁護人の立証事実を立証する。

9　その他の弁護

①　事実関係

事実関係については，P/L立証とB/S立証のそれぞれに応じて，犯意，その他事実関係，または所得金額を争うことになる。

②　情　状

情状については，㋑脱税の目的，手段，方法，㋺逋脱額，㋩納税状況，㊁脱税額，㋭脱税率，㋬脱税の動機，㋣脱税資金の使途，㋠脱税所得の取得原因，㋷経理体制の改善，㋦罪証穏滅工作，㋬同種の前科前歴等，またそれ以外の一般刑事々件におけると同じ有利な情状を主張することになる。

公認会計士や税理士，また，税務署元職員などの税務会計のプロが，脱税行為に加担していた場合，実刑となる確率が高くなるので，職務行為として関与していないのなら，その旨を主張し，有利な情状とすることができる。

③　実刑判決

昭和55年以降，租税刑事々件において，実刑判決がなされる例がみられ，租税刑法も一般刑事法と同じく反倫理的・反社会的な行為を罰するものと考えるのが現在の通説であり，租税刑事訴訟事件における裁判所の考え方である。大阪地裁平成30年1月23日判決は，消費税不正還付事件において，懲役7年6ヵ月の実刑判決（罰金6000万円）を下した。消費税の不正還付事件の量刑が最も重い傾向にある。

④　処罰目的と量刑

逋脱犯処罰の目的は，

イ　国庫に及ぼす金銭の損失の防止（国庫説）

ロ　租税公平負担義務の侵害行為に対する非難（責任説）

である。

従って，これらの処罰目的に対応すると，イの処罰目的からすると「逋脱税

額」が大きい程国庫に及ぼす損害が大きいことになり，また，「逋脱率」が高い程ロの公平負担義務の侵害の割合が強いと認められる。

⑤　逮捕・勾留

最近，租税刑事々件（とくに逋脱犯事件）について，逮捕，勾留される場合が増加している。多額の脱税をなす者は，通常逃亡のおそれはないが証拠湮滅のおそれがあり，罪証湮滅工作があった場合，逮捕，勾留されることが多い。実刑相当事案は，逮捕されることが多い。

⑥　保釈保証金

保釈保証金は，逋脱金額の約2割とされている様であり，課税庁がこれを差押える場合があるので注意を要する。

⑦　修正申告・納税状況と情状

修正申告をなして脱税額を納税することが有利な情状となるが，逋脱税額を争っている場合は，被告人側で争いのない金額で修正申告をなし，それに従って納税すれば良いと考えられる。修正申告額に従って納税した場合，有利な情状を立証する証拠として，納税証明書を裁判所へ提出し，納税資金がないときは，課税庁へ提出した手形や先付小切手の控えなどを証拠提出し，また課税庁に抵当権を設定した場合，その登記簿謄本を証拠として提出するのが有利な情状の立証となろう。

⑧　関連会社への所得移転や期ズレの利用

関連会社へ所得移転した場合，そこで納税したり，役員報酬が源泉納付されているなら，有利な情状となる。

⑨　経理体制の改善

再犯のおそれがないように，経理体制を改善したことを立証する。新しい監査役・税務顧問の採用なども有益であろう。

10　租税犯の種類

租税犯は，次の様に分類されている。

(1)　脱税犯　…　国家の租税債権を直接侵害する犯罪

イ　逋脱犯

ロ　間接脱税犯

ハ　不納付犯

ニ　滞納処分免脱犯（c.f　刑法96条の2）

⑵　租税危害犯　…　国家の租税確定権及び徴収権の正常な行使を阻害する危険があるため，可罰的であるとされる犯罪

イ　単純無申告犯

ロ　不徴収犯

ハ　検査拒否犯

※　租税犯が成立する場合，同時に背任，横領罪，会社法違反，またその他の行政犯が成立することが多い。

11　犯罪構成要件（逋脱犯　…　狭義の脱税犯）

所得税及び法人税の脱税犯は，「各法定納期限までに納税申告をしない不作為を重要な構成要件とする犯罪」であって，「各法定納期限経過ごとに単純一罪を構成する」ものである。所得税や法人税の脱税犯の構成要件は，次の通りである。

⑴　所得税脱税犯構成要件

「納税義務者が」，「偽りその他不正の行為により」，「一歴年分の所得税の額につき」「所得税を免れたこと」または「純損失または欠損金の繰り戻しにより所得税の還付を受けたこと」

⑵　法人税脱税犯構成要件

「納税義務者が」，「偽りその他不正の行為により」，「一歴年分の所得税の額につき」「法人税を免れたこと」または「純損失または欠損金の繰り戻しにより法人税の還付を受けたこと」

※具体的には，「期限内申告法人税逋脱罪」などの起訴事件名が表示される。

12　実行行為者（逋脱犯）

⑴　所得税または法人税の脱税犯の実行行為者は，原則として納税義務者が考えられるが，法人税脱税犯については，法人税法第159条1項により，納税義務者ではない。当該脱税行為をした自然人が両罰規定の適用を受けるまでもなく，犯罪主体となる。法人税法第159条1項，同第164条1項に言う「その他の従業者」には「実質的な経営者」も含まれる。実質的経営者の判断は，㋑株式の持数，㋺法人の意思決定の実体，㋩人事権，㋥財務決定権などの視点からなされる。

⑵　業務主の責任（両罰規定）

各租税法は，代理人・使用人らが租税犯として罰則規定に違反する行為をし

たときは，業務主をも罰することとしている（所得税法244条・法人税法164条１項）。これは，従業者の選任・監督に関する業務主の過失を罰するものと言うべきであろう。

13　共同正犯

所得税及び法人税の逋脱犯について，実行共同正犯と共謀共同正犯が成立する。「従業員の身分のない者」にも所得税逋脱罪の共同正犯が成立する（最二決平9.7.9刑集51巻６号453頁）。また，「事前の所得秘匿工作に加功した者」も，虚偽不申告逋脱罪の共同正犯となる（東京高判平3.10.14判例時報1406号122頁参照）。

租税刑事訴訟において，通常問題とされる争点は，次の通りである。

③　使用人が単独で行ったもので，納税義務者が関与したかどうか。

④　納税義務者の所得秘匿行為に被告人である使用人が関与または加担したかどうか。

⑤　所得秘匿行為に関与したが，税務申告に関与しなかった使用人が共同正犯となるかどうか。

⑥　使用人が所得秘匿行為に関与したのは，共同正犯ではなく，従犯ではないか。

⑦　納税義務者と言う特殊の地位にあることは，刑法第65条１項の身分であるが，身分のない者が共同正犯となり得るかどうか。

14　故意（逋脱犯）

逋脱犯が成立する為には，「納税義務」「偽りその他不正行為」「脱税の結果」の認識が必要である。

(1)　納税義務の認識

所得税及び法人税の逋脱犯は，これらの租税を免れる犯罪であるから，納税義務の存在が前提であり，その認識が必要である。しかし，具体的な租税法に基づく納付税額を認識する必要はなく，「所得が存在するという事実を認識すること」が，故意の成立のために必要である。

所得は，総収入から総経費を控除して求められるが，具体的な勘定科目について，認識が必要かどうかについて説が分かれる。

イ　個別的認識説

「個々の勘定科目」につき，脱税の認識を必要とする考え方。

ロ　概括的認識説

個々の取引事実が行為者の経済活動の通常の過程において生じたものであれ
ば，その「経済活動を認識」している以上，発生した「所得の認識」に欠ける
ことはないとする考え方。

犯罪行為者の通常経済活動によって生じたものではない所得部分については，
故意が及ばないことをどの様に説明するかが問題である。

(2)　故意を争う場合の態様

イ　所得の否認

(1)　税理士や使用人に任せていた。

(2)　売上除外ではなく貸付金の返済である。

(3)　売上除外は計算ミスである。

(4)　売上の帰属否認

(5)　犯則所得と非犯則所得の区分

ロ　損金の否認

(1)　架空経費計上は計算上の過誤である。

(2)　損金計上するべきとの認識を欠いていた。

(3)　修正申告を直ちに行い，追加税額を納付したので脱税の故意がない。

(4)　「青色申告取消益」は，行為時において認識出来ない。

(5)　架空外注ではなく，実体のある取引である。

(3)　「偽りその他不正の行為」（実行行為）

事前の所得秘匿行為が，通脱の準備行為とする制限説と実行行為の一部とす
る包括説の争いがある。最三決昭63.9.2（刑集42巻 7 号975頁）は，制限説を採用
したものと解説されている（昭和63年最高裁判例解説参照）。制限説によると，公訴
事実における事実摘示として，「事前の秘匿行為の時期，場所等」の記載は不
要とされる。

(4)　通脱結果と因果関係

正規の税額と申告税額との差額が通脱税額である。通脱犯の既遂時期は，確
定申告書を提出したときではなく，確定申告書提出期限（納期限）を経過したと
き（期限後申告の虚偽過少申告通脱犯は，確定申告書提出時）である。通脱額は，免れ
た税額のうち，不正行為と因果関係のある部分に限られる（東京高判平6.11.30判
例時報1541号137頁参照，最三決平6.9.13刑集48巻 6 号289頁参照）。

15　実際所得金額と逋脱税額

所得税または法人税の逋脱犯の訴因において，免れた税額（逋脱税額）を特定して明示されなければならない。実際所得金額は次の様に示される。

実際所得金額＝申告所得金額＋逋脱所得金額

そして，そこから逋脱税額は次の様に確定される。

逋脱税額＝実際所得金額×法定税率－申告所得金額×法定税率

脱税刑事事件の場合色々争点が多くなっているのは刑事事件の中でも珍しく，審理がどうしても長期化する。但し，犯意のない脱漏所得が発見された場合，実際所得金額は，次の様に示される。

実際所得金額＝申告所得金額＋逋脱所得金額（犯則所得）＋脱漏所得額（その他所得）

16　罰金刑と加算税等（懲役刑以外の不利益）

①　罰金刑による両罰処分

法人が被告人となる場合，実行行為を行った個人とは別に，罰金刑が法人に宣告されることが多い。法人に脱税額の支払能力がないなどのときは，行為者に対して罰金刑が併科されることがある。罰金額は，脱税額の2～3割程度が宣告されているようである。

②　重加算税

罰金刑を宣告された法人には，別途加算税が賦課される。偽り不正の行為に基づく脱税の場合，脱税額の35～40％の重加算税が課されるが，これは同一行為について二重処罰（憲法第39条）の疑いがある。

③　延滞税

罰金や重加算税以外に，法人税や所得税の脱税額について，滞納税が課され，更に地方税・事業税が課され，更にこれらについてまた滞納金や加算金が賦課されるから，脱税企業は相当の納税資金が必要となる。

④　免許取消等の行政処分

宅建業者や建設業者等が有罪となった場合，それぞれの準拠法律に従って，資格が剥奪される可能性がある。

⑤　労役場留置

脱税事件では，罰金額が巨大になることが多く，これが支払えない場合，労役場留置となる。刑法48条により，一個の罰金刑が言渡されるときは，労役場

220

留置期間は2年までで，罰金刑が併科される場合は，3年まで可能とされる（刑法18条1項及び3項）。

⑥　罰金額スライド制

罰金を脱税額以下とするスライド制も採用されている。

17　弁護人の選任など

⑴　税理士の出廷陳述権（専門的補佐権）

平成14年4月1日から税理士の出廷陳述権が付与されるが，弁護士会と税理士会が，租税訴訟を共同して研究する場が必要となった。改正税理士法第2条の2は，「訴訟代理人である弁護士と共に出廷して陳述する権利」と掲記されている。租税刑事手続においても，専門補佐人として，税理士の関与が必要である。犯則嫌疑者の会社情報を最も良く知る立場にある税理士の関与は有益であり，また，査察手続と並行して，修正申告をなす場合，その作成を税理士と協議しながら査察弁護を行うことも必要である。

⑵　司法手続の不活性状況

法の支配は，裁判所が法解釈について最終決定者であることを前提とする。国民が裁判所を利用しなくなったら，立法権と行政権だけの社会となり，法の支配のない癒着・談合型社会となる。法によって認められた納税者の権利が実際に実現されなければ，法の支配が行われていることにならない。我が国は，司法手続（とくに刑事手続及び行政手続）において，国民の救済率が極めて低い。

⑶　学会の利用

平成13年10月15日，日弁連税制委員会委員と税理士が協力して，租税訴訟学会が設立された。租税行政訴訟と租税刑事訴訟の臨床的研究が行われている。多くの税理士・弁護士・研究者が参加している。ここで，弁護士と税理士が交流し，共同受任の端緒が形成されている。

〈学会入会申込先〉

TEL：　03-3586-3601

FAX：　03-3586-3602

Email：　info@sozei-soshou.jp

ホームページ：　http://sozei-soshou.jp/

⑷　弁護人の選任のポイント

イ　弁護人に必要な基本資質は，会計帳簿を分析する能力と，依頼者の人権

を擁護しようとする強い人権感覚を有することである。

ロ　査察調査段階において，各取引の法的分析と証拠の分析を的確に行えるのは，むしろ，民事事件に強い弁護士である。課税対象である所得や財産は，私法取引によって形成されるものだからである。査察調査弁護活動における私法取引の法的構成に関する助言は，公判弁護に決定的な影響を与える。

ハ　査察調査の程度は，粗く，浅いものであり，修正 B/S，修正 P/L は納税者の協力なしには完成しない。査察官は，法的専門家でないことが多く，また，検察官は会計の専門家ではないので，納税者との信頼関係の構築を求めることが多い。

ニ　租税刑事弁護の報酬

①　査察調査手続，逮捕・勾留・保釈手続，公判手続，判決及び事件終了手続の四段階に分けて，弁護士報酬を見積り，報酬契約をすることになる。

②　税理士が補佐人として関与する場合，税理士への報酬額を予め取り決めておくことが望ましい。

③　租税刑事手続においても，「ありうべき税額」の探究が最大の争点となる。査察調査開始時において，査察官の主張する脱税額を，弁護人の反論・反証によって，減額できた場合には，その金額を成功報酬算定の資料とすることも考慮されるべきであろう。

ホ　査察弁護人は，弁護士しか権限がない（弁護士法3条1項，2条）。しかし，査察部 OB 税理士の補佐を受けることは有益である。犯則調査に弁護士が立ち会うことは稀であるが，弁護士意見書は有益である。

18　人質司法

(1)　被疑者の身柄拘束

被疑者の身柄拘束は，原則として認めるべきではない。日本の刑事司法制度の特徴であるが，身柄拘束が被疑者から供述を得る道具になっている。裁判官は，それを知りながら知らないふりをしている。警察官とか検察官が，被疑者から供述を得るため，自白調書を取るために身柄拘束している現実は，疑いようがない。裁判所はそれを積極的に支援している。捜査官の被疑者への自白強要は，罪証隠滅の虞ありとして正当化される。自白強要を断ち切るためには，無罪の推定や，黙秘権について，弁護士がもっと実践的に真剣に取り組む必要

がある。

(2) 抽象的罪証隠滅のおそれ

刑事訴訟法60条1項2号の「罪証を隠滅すると疑うに足りる相当な理由」というのは，身体拘束という重大な人権侵害を正当化できる要件として，誰が見ても証拠隠滅行為をするに違いないというぐらいの具体性がなければならない。しかし，現在は，可能性が少しでもあれば，保釈を認めないというようになってしまった。否認しているとか黙秘しているだけでは，「罪証隠滅のおそれ」にあたらない。

社会経済活動をしている最中に逮捕されてしまったら，早急な保釈が必要となる。弁護人は，「公判への出頭確保に問題がない」，「証拠隠滅を疑う相当な理由がない」，「予測に基づいて無罪だから釈放しろ」と主張するが，保釈裁判官は，逃亡や証拠隠滅の可能性がないという部分だけに焦点を当てる。

弁護人の提供した通信機器しか使わないとして保釈した場合，裁判所が一番懸念するのは，関係者と秘密に会って，口裏合わせをすることである。保釈条件違反を理由にゴーン氏を拘束しようとしたことがあったが，ゴーン事件の保釈は，人質司法を象徴したものであった。

(3) 人質司法

自白しなければ，公判前整理手続が終盤になるまで，あるいは公判が始まって検察側証人の尋問が終わるまで，原則保釈を認めない，という違法行為がまかり通っている。日本の刑事弁護は依頼人が人質に取られている。公判前整理手続きが，公判がすぐ始まらない分だけ被告人は長期間身柄拘束される。弁護側の検察官請求証拠に対する意見，予定主張が出るまでは保釈を認めない。保釈は弁護側が検察官の立証に協力することに対する報酬の位置付けになっている。否認事件でこそ保釈は直ちに認められるべきである。

(4) ゴーン事件の保釈

司法統計によると地裁段階で，保釈認容率は，31.35％（令和2年）である。否認事件で起訴から1週間以内に保釈が認められた人が何人いるのかの統計は一切公表されていない。否認事件で，第1回公判前に保釈が認められるケースは非常に少ない。第1回公判前の否認事件で保釈が認められるケースが4％ぐらい。令和元年の刑事通常第一審の否認事件で第1回公判前に保釈が認められた者の割合は12.7％である。否認事件で，第1回公判期日が終わっていない状況

のもとで，しかも公判前整理手続も始まったばかりの段階であるにもかかわらず，ゴーン氏の保釈が認められた。厳しい保釈条件を弁護側から提示して，散々苦労した結果として認められたにすぎない。本来であれば，保釈保証金だけで当然認められてしかるべきものである。

　元日産会長のカルロス・ゴーン氏は，2018年11月から有価証券報告書に役員報酬を過少記載したとされる金融商品取引法違反（虚偽有価証券報告書提出罪）2件と，日産の資金を私的に流用したとされる会社法違反（特別背任）1件で，合計3回逮捕され，2019年1月半ばまでに，逮捕された事件で順次起訴された。会社法違反（特別背任）1件で起訴されることになった事件について，4月22日に再度保釈を請求し（第4次保釈請求），4月25日に保釈請求が認容された。

(5)　日本が批准する国際人権規約

　人質司法は，供述で犯罪を立証しようとする客観的証拠主義を排除する考え方である。メール・文書などの物証は，先行して押収されているから，逮捕・勾留は，そもそも不要である。自白に偏重した犯罪立証は，冤罪を生む。

　保釈条件自体が市民的及び政治的権利に関する国際規約に違反する。家族との面会を禁止するのは，家族生活への恣意的な介入を受けない権利を保障した同規約17条に違反する。

　しかし，ゴーン氏の妻との接触禁止条項を最高裁までが認めてしまった。国連の人権理事会への救済申立がなされた。国際人権規約（自由権規約）第9条3項は「裁判に付される者を抑留することが原則であってはならない」とする。

　又，第14条3項（b）は「防御の準備のために十分な時間及び便益を与えられ並びに自ら選任する弁護人と連絡する権利を付与しなければならない」とする。日本は，拷問等禁止条約を1999年に批准した。拷問は，公務員が情報収集等のために身体的な精神的な思い苦痛を故意に与える行為である。自白強要の身柄拘束は，拷問に該当する。

(6)　供述による犯罪立証

　身柄拘束に対する裁判所の姿勢が，あまりにも検察官に追随する状況が続いている。身柄拘束されることは，処罰を受けるのと同じであり，有罪宣告を受けておらず，裁判の日程すら決まっていないのに，刑の執行を受けているのと同じである。裁判で無罪になっても，職を失い，家族を失い，健康も失っている状況になってしまう。それは公正な裁判と言えない。裁判官は，退官して弁

護人になったときに，そのことに初めて気が付く。こんな先進国は日本しかない。裁判官は，身柄拘束を梃子に，書証が同意されて，裁判が短くて済む。効率的に事件が片付くと考えている。自分の事務処理を効率化して生活しやすくするために，被疑者や被告人の自由や社会的地位を平気で奪う。目の前に生身の人間がいて，被疑者や被告人にも人生があり仕事があり，家族があるということに想像力が及ばないし，及ばないふりをしている。独裁国家の公務員の様な人間が市民の自由の線引きをしている。保釈関与裁判官は，「原則が有罪で，例外が無罪だから，無罪の人のことを予め考えなくてもいい」と考えている。先進国での無罪率は高く，日本の無罪率が異常に低いのは，人質司法が原因である。

(7) 保釈条件

刑訴法89条4号の「罪証を隠滅すると疑うに足りる相当な理由」とは，抽象的な証拠隠滅の可能性があることではなく，具体的な罪証隠滅のおそれであり，「関係者との面会を禁止し，保釈条件に反したら，直ちに保釈許可が取り消されること」で十分である。

故意の立証は，客観的な証拠によって実行されるべきであるから第三者との面会を禁止して保釈の条件にすることは，そもそも，公正ではなく，違法である。供述を決定的な証拠にしようとすることは，憲法違反であり，他人との面会が罪証隠滅であると推認すること自体が違法である。

(8) 否認事件の第1回公判期日前の保釈

被告人が事実を争っていれば，第1回公判期日前の保釈は殆ど認められない。第1回公判期日終了後であっても，検察官の立証段階が終了するまで容易に保釈が認められない。

保釈の厳しい運用が，自白強要の手段と化しておりこの実態は，人質司法と呼ばれる。

(9) KPT事件

KPT事件は，ドバイ法人に仮想通貨を帰属変更し，租税回避したケースである。顧客は仮想通貨の交換により，所得が発生したとして，刑事立件された。KPTの顧客であったS氏は，令和4年6月21日逮捕勾留され，同年7月14日所得税法違反で起訴された。

令和4年10月2日保釈申請をなし，10月4日東京地裁刑事14部裁判官と電話

会議により協議し，同日夕方保釈請求許可がなされたが，検察官は，準抗告を
なした。同日夜 9 時ころ，東京地裁刑事14部は，準抗告を却下した。

　10月 5 日，保釈金500万円を納付し，午後 3 時ころ，解放された。

　第 1 回公判期日前保釈許可申請が成功した理由は以下の通りである。

①　供述による犯罪立証は違法であることを主張した。

②　人質司法は，国際人権規約に違反することを主張した。

③　具体的な証拠隠滅のおそれがないことを主張した。

④　検察官の証人に対する圧力による証拠隠滅のおそれは，被告人のそれよ
　りも100倍高いと主張した。

⑤　契約書が脱税契約であるとするのが公訴事実であるから，契約書の法的
　解釈のみが，争点であり，自白は証拠にならないことを主張した。

⑥　供述による犯罪事実の立証に重点を置くべきではないと主張した。

19 書 式

受付印

税 務 代 理 権 限 証 書　　※整理番号

令和　年　月　日　　　殿	税 理 士 又 は 税 理 士 法 人	氏名又は名称	
		事務所の名称及び所在地	電話（　　）　－
		連絡先	電話（　　）　－
		所属税理士会等	税理士会　　　　支部　　登録番号等　第　　　　号

上記の 税理士 税理士法人 を代理人と定め、下記の事項について、税理士法第2条第1項第1号に規定する税務代理を委任します。

令和　年　月　日

過年分に関する税務代理	下記の税目に関して調査が行われる場合には、下記の年分等より前の年分（以下「過年分」といいます。）についても税務代理を委任します（過年分の税務代理権限証書において上記の代理人に委任している事項を除きます。）。【委任する場合は□にレ印を記載してください。】	□
調査の通知に関する同意	上記の代理人に税務代理を委任した事項（過年分の税務代理権限証書において委任した事項を含みます。以下同じ。）に関して調査が行われる場合には、私（当法人）への調査の通知は、当該代理人に対して行われることに同意します。【同意する場合は□にレ印を記載してください。】	□
代理人が複数ある場合における代表する代理人の定め	上記の代理人に税務代理を委任した事項に関しては、上記の代理人をその代表する代理人として定めます。【代表する代理人として定める場合は□にレ印を記載してください。】	□

依 頼 者	氏 名 又 は 名 称	
	住所又は事務所の 所 在 地	電話（　　）　－

1　税務代理の対象に関する事項

税　目（該当する税目にレ印を記載してください。）		年　分　等
所得税（復興特別所得税を含む）※ 申 告 に 係 る も の	□	平成・令和　　　　　年分
法　　　人　　　税 復 興 特 別 法 人 税 ・ 地 方 法 人 税 を 含 む	□	自 平成・令和　年　月　日　至 平成・令和　年　月　日
消 費 税 及 び 地方消費税（譲渡割）	□	自 平成・令和　年　月　日　至 平成・令和　年　月　日
所得税（復興特別所得税を含む）※ 源 泉 徴 収 に 係 る も の	□	自 平成・令和　年　月　日　至 平成・令和　年　月　日（法 定 納 期 限 到 来 分）
税	□	
税	□	
税	□	
税	□	

2　その他の事項

※事務処理欄	部門		業種		他部門等回付	・　・（　　）部門

弁護人選任届

平成　　年　　月　　日

○○○○裁判所　　御中

被告人　　○　　○　　○　　○

　被告人に対する●●違反被告事件について、弁護士○○○○を弁護人に選任しましたので、連署をもってお届け致します。

被告人　　○　　○　　○　　○　　　　㊞

〒○○○−○○○○
東京都○○区○○○丁目○番○号
○○法律事務所
電　話　03−○○○○−○○○○
ＦＡＸ　03−○○○○−○○○○

○○弁護士会

弁護人　　○　　○　　○　　○

228

保 釈 請 求 書

平成●●年●月●日

東京地方裁判所　御中

被告人　　　　X

主任弁護人　　A

弁護人　　　　B

同　　　　　　C

担当検察官	●●検察官（内線●●）
起訴日	平成●●年●月●日
係属部	東京地方裁判所刑事第●部
面接希望の有無	有
面接希望日時	平成●●年●月●日午後3時
	同月○日午後1時～3時

　上記被告人は、●●被告事件について勾留中のところ、下記理由により保釈を請求します。

記

　被告人は、平成○年○月○日○○罪で起訴され、現在、○○警察署留置場に勾留中です。

1　権利保釈の許容性（刑訴法89条各号不該当）

（1）　被告人は、これまで前科前歴はなく、公訴事実も○○罪（法定刑○年以下の懲役）なので、刑訴法89条1号、2号、3号のいずれにもあたりません。

（2）　本件では逮捕前から任意の事情聴取が行われ、勾留延長もなされているため、既に本件の証拠収集は完了していると考えられ、罪証隠滅のおそれはなく、刑訴法89条4号にもあたりません。

保釈が認められた場合に捜査機関に出頭を求められれば、直ちに出頭致します。

さらに、被告人及び弁護人は、本件公訴事実を争うつもりは一切ありません。

(3)　被告人が関係者を威迫するようなことはおよそ考えられず、刑訴法 89 条 5 号にもあたりません。

(4)　勾留状等に記載のとおり、被告人の氏名、住居は明らかなので、刑訴法 89 条 6 号にもあたりません。

2　保釈の必要性、相当性

(1)　被告人は●●株式会社の社員であり、会社の繁忙期を控えたこの時期に長期の身柄拘束を受けることは、非常に不利益であって、今後の待遇にも悪影響を与えかねません。

なお、●●株式会社は、警察から連絡を受けて本件を把握していますが、判決が出てから被告人の処分を検討し、できるだけ本人の不利益にならない処分を検討するとの意向を示しています。

(2)　被告人は●歳であり、●●の持病を抱え、公判までの長期間、警察署の留置場に勾留されることによる精神的・肉体的負担は相当大きいと考えられます。

(3)　被告人の妻は、身柄引受人となって被告人を監督すると上申しており、保釈された場合の居住条件、監督条件は整っています。

(4)　本件は共犯者が○名おりますが、同人らも公訴事実を認めていると聞き及んでおり、罪状につき共犯者間で特に争いはありません。

(5)　本件は追起訴が予定されているため第一回公判期日が相当先になると思われ、公訴事実を争うつもりもなく、既に弁護人も選任されている被告人が、その間保釈を認められず長期に身柄拘束される不利益は大変大きいものがあります。

3　結語

したがって、被告人は、刑訴法 89 条各号に該当せず、保釈を認める必要性、相当性もありますので、保釈を認める理由があると考えます。

なお、保釈が認められた場合の制限住居は、「東京都○○区○○△丁目△番△号」でお願い致します。

以上

添付書類

1　被告人の●●の身柄引受書

2　被告人の●●の上申書
3　戸籍謄本
4　○○○○の住民票

準 抗 告 申 立 書

平成●●年●月●日

東京地方裁判所　御中

被告人	X
主任弁護人	A
弁護人	B
同	C

　上記被告人に対する●●●について、平成●●年●月●日東京地方裁判所裁判官がなした保釈請求却下決定に対し、以下の通り準抗告を申し立てる。

第1　申立の趣旨
　　　原裁判を取り消し、被告人の保釈を許可する
　　との決定を求める。

第2　申立の理由
　　　原裁判は、被告人には刑事訴訟法第89条4号の事由（罪証隠滅のおそれ）があるとして、保釈の請求を却下した。しかし、上記裁判は、以下の理由により不当であるから、取り消されるべきである。

　1　被告人は、事実関係をすべて認めている。
　　　証拠隠滅の可能性はない。捜査機関に証拠はすべて確保されている。

　2　被告人は逃亡のおそれはない。被告人の家族は、被告人の収入に依存している。被告人は、一刻も早く職場に復帰して収入を確保しなければならない。

　3　犯情等
　　　被告人が犯罪行為をなした動機は、同条に値し、被害額も小さく、被害者との間で示談が成立している。

第10章　国税犯則調査

　税務調査で論争すると，犯則調査に移行することが多い。税務調査における弁護のためには，犯則調査における弁護方法を知ることが必要である。

第1　国税犯則調査手続総論

1　根拠法

　国税通則法第11章には，国税関係の犯則事件の調査及び処分に関する手続が定められており，本手続は，税務職員に認められている租税犯の調査のための権限等を定めたものである。

　この手続は，国税犯則取締法（明治33年法律第67号）に規定されていたが，平成29年度税制改正において国税犯則取締法は廃止され，当該手続は国税通則法（昭和37年法律第66号）に編入されていた。

2　国税犯則調査手続の概要

　国税犯則調査手続は，通則法第11章に規定され，30か条の条文から成っているが，その内容は次のように大別することができる。

①　犯則事件の調査に関する規定（通131〜154）

②　犯則事件の処分に関する規定（通155〜160）

　国税に関する犯則事件は，①証拠関係については，一般の刑事事件とは相当異なるものがあること，②証拠の収集にも，また証拠に対する価値判断にも，特別の経験と知識を必要とすること，③間接国税（注3）に関する犯則事件（申告納税方式による間接国税に関する犯則事件（注4）を除く。）通常の刑事手続による検察官の捜査と裁判官の審理裁判を行ったのでは，その処理に多くの日数と多額の費用を必要とし，犯則嫌疑者及び国に無用の不利益を及ぼす結果となることなどから，特殊な犯罪である。そのため，日常国税の課税事務に従事し，課税物件や納税義務者に接触している税務職員に，その調査と処分を行わせることが便宜であるばかりでなく，証拠隠滅を防ぎ，できるだけ敏速な調査と適正公平な処分を行うことを可能とすることから，国税に関する犯則事件の調査及び処分については，通則法第11章（旧国犯法）において刑訴法による通常の刑事手

続とは異なる手続を定めたのである。

3　国税犯則調査手続の目的

①　間接国税以外の国税に関する犯則事件（申告納税方式による間接国税に関す
る犯則事件を含む。以下この節において同じ。）の調査は，告発（注1）を目標として
行われ，告発によって刑事訴訟手続に直結する手続であるから，その手続を規
制する面では，本手続は，まさに刑事訴訟手続の場合と同様に，事件の真相を
明らかにし，国税に関する刑罰法令を適正，迅速に適用実現することを，その
目的とするものといえる（刑訴1参照）。

②　間接国税に関する犯則事件については，告発のほかに，通告処分という
特別の制度がある。間接国税に関する犯則事件の特殊性を考慮して，行政機関
である国税局長又は税務署長が，裁判において言い渡されるであろう罰金又は
科料（注2）に相当する金額，没収品に該当する物品などを納付すべき旨を犯
則者に通告し，犯則者の意思に基づく履行によって，刑罰権を実現したのと同
様の効果を得ようとするものである。そして，通告不履行の場合又は一定の事
由がある場合には，やはり告発によって刑事手続に移行させるのである。した
がって，本法は，間接国税に関する犯則事件の調査と処分に関する手続を規定
する面では，この種の事件について，その事件の真相を明らかにし，国税に関
する刑罰法令を適正，迅速に適用実現したと同様の効果を与え，又はこれを適
正，迅速に適用実現することを目的とするものといえる。

通則法第11章の調査権限は，国税に関する犯則調査のために認められている
のに対し，通則法第7章の2に規定する質問検査権は，各税法の定める国税の
納税，賦課，徴収が適正に行われているかどうかを調査するために認められて
おり，犯罪捜査のために認められたものではない（通74の2，74の3等参照）。

4　国税犯則調査手続の性格

通則法第11章に規定する国税犯則調査手続は，形式的には行政手続であるが，
実質的には刑事手続に近い性質のものである。

国税に関する犯則事件のうち，間接国税以外の国税に関する犯則事件の調査
と処理に関する手続は，告発の前提となる手続であり，刑事手続に直結するも
のであるから，間接国税に関する犯則事件については，一種の行政処分として
の通告処分の制度がある。

何人も裁判所において裁判を受ける権利を，憲法によって保障されている

（憲32）

通則法第11章の規定に基づき国税局長若しくは税務署長又は国税庁，国税局若しくは税務署の当該職員が行う処分等については，犯則者は審査請求をすることができず（行政不服審査法7①七），行政手続法第2章から第4章までの規定は適用されない（行手3①六）。

5　国税犯則調査手続の役割

国税犯則調査手続は，租税犯に対する罰則の適正，迅速な適用によって，犯則者に刑罰又は通告処分による財産上の負担というペナルティを科することにより，再犯を防ぐほか，一般の納税意識を強めることによって，国民の税負担の公平を実現し，国家財政の健全な維持を図る重要な役割を持っている。

6　国税に関する犯則事件の意義

国税に関する犯則事件とは，国税の納付，賦課，徴収について規定する法律（通則法及び徴収法を除く。）の罰則に関する犯則事件であるが，その全てが国税犯則調査手続による調査の対象となるのではなく，国税の納付，賦課，徴収に関する直接的な犯則事件に限るものと解されている。

通則法及び徴収法の罰則に定められている質問検査拒否，妨害等の罪，秘密漏えいの罪の捜査については，国税犯則調査手続の適用はなく，刑訴法等の定めるところに従い一般の捜査機関によって捜査が行われる。

国税査察官

国税について重大な犯則があると認められる納税義務者についての通則法第11章（犯則事件の調査及び処分）に基づく調査，検査及び犯則の取締りをその職務としている税務職員をいう。

7　租税犯の類型

税法は，財政収入の確保を図り，かつ，適正・公平な課税の実現を期するために，納税義務者等に対し各種の義務を課し，更にその実効性を確保するために，一定の義務の不履行ないしは違反行為に対して行政上の制裁と刑事上の制裁を科することとしている。

行政上の制裁とは，税法上の一定の義務違反行為に対して，行政機関の行政手続により科する制裁であり，現行の国税に関しては，各種の加算税，延滞税，過怠税などの定めがある。

　刑事上の制裁とは，税法上の一定の義務違反行為に対して刑事罰（刑法第9条に刑名のあるもの）を科するものであり，現行の国税に関しては，懲役，罰金，科料及び没収の定めがある。この刑事罰によって処罰の対象とされる行為が，通常租税犯と呼ばれている。租税犯（広義）には，通則法及び徴収法に定められている秘密漏えい罪等も含まれるが，これらの罪は，租税の納付，賦課，徴収に直接的な犯罪ではないため，これらの罪を除いたもの，すなわち，租税の納付，賦課，徴収に直接的な犯罪を狭義の租税犯と呼ぶことができる。国税犯則調査手続による調査，処分の対象となるのは，狭義の租税犯である。

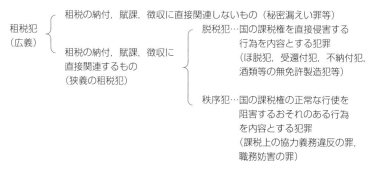

8　税務調査と犯則調査との関係

　通則法第7章の2に規定する質問検査権に基づく調査（税務調査）は，各税法の定める租税の納付，賦課，徴収を適正ならしめるために，納税義務者及びこれと一定の関係がある者等に対して，質問検査等を行うもので，純然たる行政手続である。

　通則法第11章に規定する国税犯則調査手続は，犯則の存在することの嫌疑の下に，検察官への告発を終局の目標として行う犯則嫌疑者及び証拠を発見・収集する手段であるから，形式的には行政手続であっても実質的には刑事手続に近い性格を有する。

236

項目	税務調査	犯則調査
根拠法令	通則法第7章の2（国税の調査）	通則法第11章
目的	適正な課税を行うために必要な資料を収集することを目的とする調査	悪質な脱税者について検察官に告発し，刑事訴追を求めるために，脱税の実態（犯則事実及び犯則嫌疑者）を明らかにするとともに，十分証明できる証拠を収集することを目的とする調査
性格		実質的には刑事手続に準ずる手続
調査権限	任意調査のみであるが，罰則（通128）による間接強制がある。	任意調査には罰則による間接強制が認められていない

9　犯則事件の調査の意義

犯則事件の調査とは，犯則事件の証拠を集取し，犯則事実の有無と犯則（行為）者を確定させるための手続であり，告発又は通告処分を終局の目的として行うことをいう。

10　犯則事件の調査手続

国税についての犯則があると認められる場合に，通告処分又は告発を終局の目的として，犯則事件の証拠を発見，収集するために行うものであって，形式的には行政手続であるが，実質的には刑事手続に近い性格を持つ。

犯則事件の調査は，当該職員が，何らかの資料によって，犯則が存在することの嫌疑を抱くに至ったとき開始する。

調査の結果，犯則ありと思料するときは，告発の手続をしなければならない（通155）。

犯則ありと思料するに至らなかった場合，調査終了の処分を行うまでの間，調査が継続していることとなる。

11　犯則事件の調査の方法

① 任意調査と強制調査

犯則事件の調査の手段は，任意調査と強制調査とに分けることができる。

任意調査は，相手方の承諾を得て行われる質問，検査，領置の方法によるほか，照会の方法によって行われるものであり，強制調査は，相手方の承諾の有無に関係なく強制的に臨検，捜索，差押え又は記録命令付差押えの方法によっ

て行われるものである。

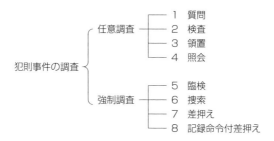

② 調査上の制約

調査手段である質問，検査，領置，照会，臨検，捜索，差押え及び記録命令付差押えは，いずれも国民の社会生活に重大な影響を及ぼすものであるため，通則法第11章においては，当該職員に対し，これらの権限の行使について種々の制限，条件，手続などを定め，強制調査の場合には，原則として裁判官の許可を必要とするほか，所有者等の立会いなどの調査上の制約も受けている。

12　任意調査

当該職員は，国税に関する犯則事件を調査するために必要がある場合には，質問，検査，領置及び照会の任意調査を行うことができる（通131）。

① 質　問

質問とは，犯則嫌疑者又は参考人に対して，問を発して答弁を求めることをいう。

② 検　査

検査とは，犯則嫌疑者又は参考人が所持し，又は置き去った物件（帳簿，書類等）について，その存在及び性質，形状，現象その他の状態を知覚，認識することをいう。

③ 領　置

領置とは，犯則嫌疑者又は参考人が任意に提出し，又は置き去った物件の占有を取得することをいう。

13　強制調査

当該職員は，国税に関する犯則事件を調査するために必要がある場合には，裁判官の許可を受けて，臨検，捜索又は差押えの強制調査をすることができる（通132①）。

① 臨　検

臨検とは，犯則嫌疑者又は参考人の所持する犯則事件に関係のある帳簿，書類，その他の物件又は住居その他の場所について，五感を働かせ，その存在及び性質，形状，現象その他の状態を強制的に調査することであり，刑訴法の検証（刑訴218①）と同じ目的のものをいう。

② 捜　索

イ）捜索とは，犯則嫌疑者又は参考人の身体若しくは所持する物件について，犯則の事実を証明する帳簿，書類その他の証拠を強制的に捜すことをいう。

ロ）捜索の対象となる身体とは，身体そのものをいうのではなく，捜索の対象者の着衣，頭髪，握りこぶしなどであり，物件とは，帳簿，書類など犯則事件の証拠が隠されていると思われる物件だけに限らず，人の住居，人の看守する邸宅又は建造物その他の場所も含まれる（通142①参照）。

③ 差押え

イ）差押えとは，犯則嫌疑者又は参考人が所有又は占有する，犯則事件の証拠と思われる物件又は没収品に該当する物品と思われる物件の占有を強制的に取得することであり，相手方の承諾の有無などに関係なく行うことができる。

ロ）差押えの対象となる物件は，犯則事実を証明する物件，帳簿，書類などである。国税犯則調査手続上，差押えの対象物件を制限する趣旨の規定がないが，他の法令上差押えを禁止されている物及び刑訴法の趣旨から差押えを制限されている場合がある。

④ 医師，歯科医師，助産師，看護師，弁護士，弁理士，公証人若しくは宗教の職にある者又はこれらの職にあった者が，その業務上の委託を受けて保管し又は所持する物件で，他人の秘密に関するものの差押えについては，刑訴法において，これらの者は，差押えを拒むことができることになっているので，本人の承諾があるなど一定の場合に限り，差し押さえることができる。

14　電磁的記録に係る証拠収集手続

① 電磁的記録に係る証拠収集手続の導入経緯

国税の犯則調査においては，経済活動のICT化が進展する中にあって，電磁的記録の証拠収集手続を速やかに整備することが喫緊の課題とされていた。

②　記録命令付差押え

イ）当該職員は，裁判官が発する許可状により，電磁的記録を保管する者その他電磁的記録を利用する権限を有する者に命じて，必要な電磁的記録を記録媒体に記録（注1）又は印刷（注2）させた上で，その記録媒体を差し押さえること（記録命令付差押え）ができる（通132①）。

③　接続サーバ保管のデータ等の差押え

当該職員は，差し押さえる物件が電子計算機であるときは，その電子計算機に電気通信回線で接続している記録媒体であって，①その電子計算機で作成・変更をした電磁的記録又は②その電子計算機で変更・消去をすることができることとされている電磁的記録を保管するために使用されていると認めるに足りる状況にあるものから，その電磁的記録をその電子計算機又は他の記録媒体に複写した上で，その電子計算機又は他の記録媒体を差し押さえることができる（通132②）。

④　通信履歴の電磁的記録の保全要請

当該職員は，差押え又は記録命令付差押えをするため必要があるときは，①電気通信を行うための設備を他人の通信の用に供する事業を営む者又は②自己の業務のために不特定若しくは多数の者の通信を媒介することのできる電気通信を行うための設備を設置している者に対し，その業務上記録している電気通信の送信元，送信先，通信日時その他の通信履歴の電磁的記録のうち必要なものを特定し，30日（特に必要があって延長する場合には通じて60日）を超えない期間を定めて消去しないよう書面で求めることができるとともに（通法134①前段・②），保全要請に関する事項をみだりに漏らさないよう求めることができる（通134③）。

⑤　処分を受ける者に対する協力要請

臨検すべき物件又は差し押さえるべき物件が電磁的記録に係る記録媒体であるときは，当該職員は，臨検又は捜索若しくは差押えを受ける者に対し，電子計算機の操作その他の必要な協力を求めることができる（通138）。

15　調　書

①　概　要

当該職員は，質問，検査，領置，臨検，捜索，差押え又は記録命令付差押えをした場合には，その調書を作成しなければならない（通152）。

② 間接国税以外の国税に関する犯則事件

間接国税以外の国税に関する犯則事件については，当該職員の調査によって，犯則があると思料されたときには，調査した当該職員は検察官に告発しなければならない（通155）。この点が間接国税に関する犯則事件の場合と大いに異なるところである。

③ 間接国税に関する犯則事件の処理

（当該職員の報告）

国税局又は税務署の当該職員が間接国税に関する犯則事件の調査を終了した場合，原則として，所轄国税局長又は所轄税務署長に調査の結果を報告しなければならない（通156①本文）。

16 間接国税以外の国税に関する犯則事件の処理

① 当該職員の告発

当該職員は，間接国税以外の国税に関する犯則事件の調査により，犯則があると思料するときは，告発の手続をしなければならない（通155）。

「思料する」というのは，当該職員の主観的な嫌疑では足りず，調査によって収集した証拠によって，犯則事実の存在と内容とを客観的に認定し得ることを要する。それは当該職員の判断に委ねられているが，犯則ありと思料される以上，告発を行うことは当該職員の義務である。

間接国税以外の国税に関する犯則事件については，事件を司法手続に移し，検察官の起訴を促すため告発の手続をするのであって，国税犯則調査手続は，この告発によって全て終了する。

② 間接国税以外の国税に関する犯則事件の告発は，検察官に当該事件の存在することを認知させて事後の捜査及び起訴を促す手段であって，当該事件の訴訟条件となるものでない。

17 犯則事件に関する刑事手続

間接国税以外の国税に関する犯則事件については，当該職員の告発が訴訟条件となっていないから，告発がなくてもその捜査を行い，公訴を提起し得る。したがって，一般の刑事事件と何ら異なるところはないが，証拠収集の観点からみた特殊性と税務行政全体に及ぼす影響等を考慮し，実務上は，検察官との連携・協調関係に立って，告発を前置している。

告発された事件は，検察庁において受理され，捜査が開始される。

　一般的に，被疑者が被疑事実を自認しているような事件については，検察官は，被疑者及び関係者を在宅のまま取り調べ，起訴することも多いが，否認事件で関係者が非協力であるなど真相解明が不十分な事件等については，被疑者及び関係者を逮捕して取り調べることが多い。

18　起訴後保釈

　①　起訴後に保釈を求めるのは，権利保釈といわれるようにそれは原則として許されるものである。

　その例外を定めている刑訴法89条の各規程の解釈は，当然厳格でなければならない。

　裁判員裁判対象事件の公判（相当数の事件で捜査も）では，国選弁護人が複数選任されるようになっている。

　②　現在では，「全件準抗告運動」の全国的広がりにみられるように，被疑者段階における人質司法打破を，組織的実践的に取り組むことが可能となっている。

　公判前整理手続が行われる事件では，類型証拠開示および主張関連証拠開示の請求が可能である。

　③　可視化の広がりとともに，可視化媒体の証拠利用の在り方が重要な課題となってきている。

　逮捕後直ちに弁解録取がなされる現状においては，現時点のスピード感覚による接見では不十分ということになる。弁護人の取調べ立会い制度（あるいは初回取調べ前の弁護人援助制度）の導入を視野に入れると，益々早期選任あるいは早期接見等が重要となる。

　④　勾留準抗告運動

　勾留準抗告運動は，全国各地に広がりつつあり，これにより，勾留請求却下率や保釈率が上昇している。

　勾留延長される例もかつてより多い。

　弁護人が被疑者等と接見の際に，面会室内において写真撮影（録画を含む）及び録音を行うことは憲法・刑事訴訟法上保障された弁護活動の一環であって，接見・秘密交通権で保障されており，制限なく認められるべきである。

　⑤　第三者監視機関

　第三者監視機関の設置して，通信の秘密やプライバシーの不当な侵害を防止

するための制度の創設を求めていく必要がある。

　近弁連は，2017年，「刑事法廷内における入退廷時に被告人に手錠・腰縄を使用しないことを求める決議」を行った。

第2　W社犯則調査事件の成功事例
1　事件の概要

　W社は，不動産取引のコンサルティング会社であったが，個人顧客を増やし，平成28年2月期の売上高は12億3000万円で，3年間で急成長した会社であった。女性専用シェアハウスの不動産投資へのコンサルティングなどで業績を伸ばした会社であった。

　W社の実質的経営者K氏は，平成29年2月までの3年間において，売買契約をめぐる違約金二件（3億円と2億5000万円）を支払うことにより，約5億5000万円の雑損失を計上した。W社は，A社へ，3億円の違約金を支払い，B社へ2億5000万円の違約金を計上した。

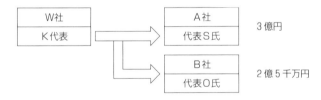

2　査察事件受任の経緯

　H法律事務所のF弁護士は，K氏から弁護の依頼を受け，直ちに，共犯者である違約金受領会社代表のS氏及びO氏の弁護をY弁護士が引き受けることになった。Y弁護士は，査察OBの長老N税理士に関与を依頼したが，「逮捕される可能性が高いから，引き受けられない」と言って断られた。

　査察調査の段階において，F及びY弁護士は，査察部OBであったT税理士を弁護人の1人として依頼した。T税理士は，直ちに，査察部に行き，情報収集を複数回行った。

　査察調査が，各関係者に対して，複数回行なわれた後，東京国税局査察部は，「検察官相談」を開始し，犯則嫌疑者であるK氏，S氏，O氏は検察庁からも数回呼び出しを受けた。

3　S氏に対する弁護

　Y弁護士は，主として，S氏を弁護することになった。S氏は，検察庁の厳しい取調べに対し，架空の違約金であることを否認し続けたが，Y弁護士は，元特捜部12年の経験があったC弁護士に対し，東京国税局査察部との協議を依頼した。C弁護士は，直ちに，特捜部長及び副部長と面談をし，状況把握に努力した。

　また，査察部OBのT税理士に，査察部との協働を依頼した。Y弁護士は，違約金という性格上，極めてグレーに見えることは事実であるので，C弁護士を通じて，特捜部と協議をし，修正申告をなし，その代わり，刑事事件として起訴しないことを要請した。

　犯則嫌疑者S氏は，否認事件として逮捕される可能性があることが分かり，Y弁護士およびC弁護士に対して，検察官と直接取引できるか相談した。Y弁護士は，C弁護士を通じて，検察庁と和解をする可能性を示唆してあるので，その方向で弁護方針を決定した。

　S氏は，担当検察官と協議をした結果を逐一Y弁護士に報告した。Y弁護士は，自白調書に同意する代わり，刑事事件として，少なくともS氏に対しては立件しない口頭の約束を取り付けること，その協議内容をメモするか録音するようS氏に指示した。

　翌週，S氏は，東京地検特捜部に出頭し，検察官の主張する自白調書を取らせるから，自分に対する起訴をしないで欲しい旨を懇願した。捜査が行き詰まっていたので，検察官は，大いに感謝をし，S氏に対して，起訴しないことを約した。

4　その後の経緯

　東京地検特捜部は，主犯K氏及び従犯O氏を起訴したが，S氏を起訴しなかった。本件は，査察部との協議和解ではなく，東京地検特捜部との協議和解を成立させたものである。通常，犯則事件は査察部と協議して不告発弁護をなすものであるが，逮捕のリスクを回避するには，直接検察官と協議することになる。W社K代表は逮捕されたが，起訴直前に自白調書にサインしたので，釈放され，在宅起訴された。O氏も，在宅起訴された。

　東京地裁は，令和2年3月25日，法人税約2億5,000万円を脱税したとして，K氏は，懲役2年6ヵ月，執行猶予5年の判決を言い渡した。

5 犯則事件の弁護ポイント

(1) 告発されない弁護，逮捕されない弁護が優先されるべきである。

(2) 否認事件は必ず逮捕されるが，逮捕後，起訴前に自白すると，起訴直後に保釈されることがある（日大田中理事長事件）。

(3) W社事件では，正犯は逮捕後，起訴前に自白したことによって，起訴後直ちに保釈となった。

(4) 逮捕・基礎された自白事件では，第一回公判期日まで保釈されないことも多い。

(5) 否認事件は，刑事裁判手続の実務において，証拠調手続が完了するまで，証拠隠滅のおそれを理由として保釈されない。

第11章　弁護士の守秘義務と情報収集

第1　守秘義務
1　弁護士法上の守秘義務
① 「弁護士又は弁護士であった者は，その職務上知り得た秘密を保持する権利を有し，義務を負う。」とされている（弁護士法23条本文）。

② 「弁護士は，正当な理由なく，依頼者について職務上知り得た秘密を他に漏らし，又は利用してはならない。」（弁護士職務基本規程23条）とされ，守秘義務を課せられている。

弁護士職務基本規程23条の「依頼者」には，個別事件を依頼した者のほか，以下の者が含まれる。

イ）受任には至らなかった相談者

ロ）顧問先

ハ）事件が終了した過去の依頼者

ニ）組織内弁護士の雇用主

2　所属事務所
「所属弁護士は，他の所属弁護士の依頼者について執務上知り得た秘密を正当な理由なく他に漏らし，又は利用してはならない。その共同事務所の所属事務所でなくなった後も，同様とする。」（弁護士職務基本規程56条）とされている。

依頼した弁護士と同じ法律事務所の弁護士もまた，依頼した弁護士の受任事件について守秘義務を負っている。

3　刑法上の守秘義務（秘密漏示罪）
「弁護士（中略）又はこれらの職にあった者が，正当な理由がないのに，その業務上取り扱ったことについて知り得た人の秘密を漏らしたときは，6月以下の懲役又は10万円以下の罰金に処する。」（刑法134条1項）とされており，弁護士には秘密漏示罪が存在する。

4　依頼者本人以外
弁護士の場合，依頼者本人の秘密の他，弁護士業務を行う過程で知り得た依頼者本人以外の秘密についても守秘義務を負う。

5　民事訴訟法における証言拒絶

弁護士は，医師，歯科医師等と同様に，民事裁判において，

①　職務上知り得た事実で黙秘すべきものについて証言を拒絶できる（民事訴訟法197条1項2号）。

②　文書の提出を拒絶できる（民事訴訟法220条4項ハ）。

民事訴訟法197条1項2号所定の「黙秘すべきもの」とは，一般に知られていない事実のうち，弁護士等に事務を行うこと等を依頼した本人が，これを秘匿することについて，単に主観的利益だけではなく，客観的にみて保護に値するような利益を有するものをいう（最高裁平成16年11月26日判決）。

6　刑事訴訟法における押収拒絶等

弁護士は，医師，歯科医師等と同様に，刑事裁判において，①業務上委託を受けたため，保管し，又は所持する物で他人の秘密に関するものについては，押収を拒絶できる（刑事訴訟法105条・222条1項本文前段）し，②業務上委託を受けたため知り得た事実で他人の秘密に関するものについては，証言を拒絶できる（刑事訴訟法149条）。

ただし，一般的な捜索拒絶権まであるわけではない。

7　通信傍受法

依頼者と弁護士との間の電話については，裁判官の発する傍受令状（通信傍受法3条1項）をもってしても，捜査機関は，これを傍受することができない（通信傍受法15条）。

なお，傍受とは，現に行われている他人間の通信について，その内容を知るため，当該通信の当事者のいずれの同意も得ないで，これを受けることである（通信傍受法2条2項）。

8　議院証言法

①　弁護士は，各議院から，議案その他の審査又は国政に関する調査のため，証人として出頭及び証言又は書類の提出を求められた場合（憲法62条参照）であっても，業務上委託を受けたため知り得た事実で他人の秘密に関するものについては，宣誓，証言又は書類の提出を拒むことができる（議院証言法4条2項本文）。

　　ただし，本人が承諾した場合はこの限りではない（議院証言法4条2項ただし書）。

② 弁護士に限らないが，衆議院又は参議院の委員会における参考人として出頭した場合（「参考人招致」。）（衆議院規則85条の2，参議院規則186条参照），証言は任意であり，国会で虚偽の事実を述べても偽証罪による処罰はない。

9 弁護士の守秘義務が解除される場合

① 民事事件において，黙秘の義務を免除された場合（民事訴訟法197条2項）例えば，依頼者の承諾がある場合。

② 刑事事件において，本人が承諾した場合，証言の拒絶が被告人のためのみにする権利の濫用と認められる場合（刑事訴訟法149条但書）

③ 依頼者の承諾がある場合

④ 弁護士の自己防衛の必要がある場合

強制執行妨害罪，証拠隠滅罪，文書偽造罪等の嫌疑が弁護士自身に及んだときは，自らその嫌疑を払拭しなければならなくなるから，証言及び差押え応諾の必要性はその拒否義務に優先することがあり，このような場合，自己防衛上，依頼者の秘密開示が許される。

弁護士が弁護士会照会，文書提出命令，捜査関係事項の照会を受けたとき，捜査官の事情聴取を受けるとき，税務調査を受けるときも，これに準じて取り扱われる（弁護士会照会につき日弁連HPの「弁護士会から照会を受けた皆さまへ」参照）。

⑤ 公共の利益のために必要がある場合

但し，「公共の利益」との利益衡量を安易に行えば，弁護士の職務やこれに対する信頼を揺るがしかねないことが検討されるべきである。

犯罪収益移転防止法との関係では，弁護士は，「疑わしい取引の届出義務」までは負わず，「本人確認及び取引記録の保存義務」を負うにとどまる。

⑥ 名誉棄損罪

弁護士に相談することは通常，秘密保持義務の例外になる。

確実な資料，根拠に照らして相当の理由があると認められるときに限り，名誉毀損罪は成立しない。

第2 弁護士法23条の2照会手続

1 弁護士法23条の2の照会請求

弁護士会は，所属弁護士の申出により，公務所又は公私の団体に照会して必要な事項の報告を求めることができる。

　弁護士法第23条の２に基づく照会制度は，弁護士が弁護士活動を行う上で，証拠を収集し，司法における真実の発見と公正な裁判に寄与するとともに，ひいては国民の基本的人権を擁護し社会正義を実現させるための手段として法律が認めたものである。

2　照会請求の要件

具体的な事件を受任していることが必要である。

第3　文書送付嘱託申立

1　概　要

(1)　文書送付嘱託というのは，裁判所が，当事者からの申立てにより，文書の所持者に対し，文書の送付を嘱託する手続であり（民事訴訟法226条），裁判所に送付された文書については，相手方にも閲覧・謄写の機会を与えられる。

(2)　文書送付嘱託は文書提出命令とは別個独立の制度であるから，文書提出義務を負う者に対して文書送付嘱託の申立てをすることも許される。

　　文書送付嘱託は文書提出義務を負っていない者に対してだけでなく，文書提出義務を負っている者に対しても用いることができる。

　　ただし，当事者が法令の規定に基づき，文書の正本又は謄本の交付を求めることができる場合，文書送付嘱託の申立ては利用できない（民事訴訟法226条ただし書）。

2　文書提出命令との違い

文書の所持者から強制的に文書を提出させるためには，文書提出命令（民事訴訟法223条）を利用する必要がある。

　しかし，文書提出命令に対して即時抗告された場合，訴訟記録が抗告審に送付されてしまう結果，基本事件の審理が一ヶ月以上ストップする。

　また，裁判所から文書送付嘱託があった場合，特段の事情がない限り，医療機関等の嘱託先はすんなり文書を提出してくれる。

　そのため，文書提出命令よりも文書送付嘱託を利用することの方が遙かに多い。

3　個人情報保護

裁判所が官庁・その他の団体に対して行う，民事訴訟法186条や家事審判規

則8条に基づく調査嘱託，民事訴訟法226条に基づく送付嘱託，刑事訴訟法279
条や医療観察法24条3項に基づく照会，家庭裁判所調査官が行う家事審判規則
7条の2に基づく事実の調査等については，「法令に基づく場合」として，あ
らかじめ本人の同意を得なくても，個人情報を第三者に提供できることとされ
ている（「裁判所における個人情報保護に関する問題事例について」（平成18年7月4日付の
最高裁判所事務総局総務局第一課文書総合調整係の依頼）参照）。

4　保管記録

受訴裁判所が属する裁判所に保管中の訴訟記録については，同じ裁判所内の
記録であるから文書送付嘱託の申立てをする必要はなく，記録取寄せの申請を
行えばいいです。

5　家事事件

家事事件手続法258条1項・64条1項において民事訴訟法の証拠調べの規定
が準用されているから，家事調停及び家事審判においても，文書送付嘱託を利
用することができる。

6　送付嘱託と調査嘱託

⑴　送付嘱託

民事訴訟法226条は，「書証の申出は，第二百十九条の規定にかかわらず，文
書の所持者にその文書の送付を嘱託することを申し立ててすることができる。
ただし，当事者が法令により文書の正本又は謄本の交付を求めることができる
場合は，この限りでない。」と定めている。

文書の所持者である個人に対して文書送付嘱託をすることはできる。

⑵　調査嘱託

調査嘱託に関する民事訴訟法186条は，「裁判所は，必要な調査を官庁若しく
は公署，外国の官庁若しくは公署又は学校，商工会議所，取引所その他の団体
に嘱託することができる。」と定めている。

個人に対して調査嘱託をすることはできない。

7　回答書の扱い

⑴　証拠化

ア　文書送付嘱託に対する回答書は，裁判所が期日に提示するという手続を
　なしても，それだけでは証拠にならない。

　　当事者が回答書のコピーを書証化して提出する必要がある。

イ　調査嘱託に対する回答書は，裁判所が期日に顕出するだけで証拠になる。そのため，当事者が回答書のコピーを書証化して提出する必要はない。

(2) 相手方による確認

ア　文書送付嘱託の場合，申立人がコピーを書証化して提出するから，相手方としては，申立人が提出したコピーについて，嘱託先からの送付文書と一致しているかどうかを確認すれば足る。

イ　調査嘱託の場合，申立人がコピーを書証化して提出するわけではないから，相手方としては，その内容を確認するためには自分で調査嘱託に対する回答書を裁判所でコピーする必要がある。

8　文書送付嘱託の手続

(1) 記載事項

文書送付嘱託の申立てをする場合，以下の事項を記載する（民事訴訟法221条1項，民事訴訟規則99条1項参照）。

① 文書の表示

② 文書の所持者

③ 証明すべき事実

収入印紙を貼付する必要はない。必要な切手を納付する必要がある。

(2) 採用の可否

文書送付嘱託の申立書は相手方に副本を直送する必要があり（民事訴訟規則99条2項），裁判所が相手方の意見を電話等で確認する。

相手方が採用に反対する場合，書面で意見書を提出してくることが多い。

相手方が採用に反対しない場合，期日間の電話により，又は期日に口頭で，「しかるべく」という意見を述べることが多い。

文書送付嘱託の申立ては期日に採用されるかどうかが決まることもあれば，期日外に採用されるかどうかが決まることがある。

(3) 病院への嘱託

文書送付嘱託の対象として診療記録等を特定しなければならない。

① 診療情報

② 診療録

③ 診療記録等

第4　文書提出命令申立

1　提出義務

⑴　文書提出命令とは，相手方当事者又は第三者が文書を所持する場合に，その所持者が文書の提出義務を負う場合に限り（民事訴訟法220条），裁判所がその所持者に対して当該文書の提出を命じることをいう。

⑵　文書の所持者が提出義務を負わないときは，所持者の協力を得られる見込みがある場合に限り，所持者に対する文書送付嘱託が実施されます（民事訴訟法226条）。

2　記載事項

⑴　文書提出命令の申立ては必ず書面でする必要がある（民事訴訟規則140条1項）ところ，以下の事項を記載する必要がある。

①　提出を求める文書の表示

②　提出を求める文書の趣旨

③　提出を求める文書の所持者

④　証明すべき事実

⑤　文書提出義務の原因

⑵　申立人において文書の表示又は文書の趣旨を明らかにすることが著しく根案である場合，これらの事項に代えて，文書の所持者がその申立てに係る文書を識別することができる事項を明らかにすれば足りる（民事訴訟法222条1項前段）。

この場合，申立人は「文書の表示又は趣旨を明らかにすることを求める」旨の申出をしなければならない（民事訴訟法222条1項後段）。

3　相手方直送

文書提出命令の申立書は相手方に直送する必要があります（民事訴訟規則140条3項，99条2項，83条）。

4　事件係申立

文書提出命令の申立ては民事雑事件簿に登載して立件され，雑事件番号が付く（簡裁の場合は（サ），地裁の場合は（モ））。

文書提出命令の申立書は係属部ではなく，事件係に提出する必要がある。

5　意見聴取

⑴　文書提出命令の申立てがあった場合，裁判所は，相手方に対し，意見が

あれば，意見を記載した書面を一定期間内に提出するように促す（民事訴訟規則140条2項，3項）。

⑵　第三者に対して文書の提出を命ずることを内容とする申立ての場合，当該第三者を審尋する必要がある（民事訴訟法223条2項）。

6　除外事由

⑴　民事訴訟法220条4号に規定する文書提出義務を原因とする提出命令の申立てにおいて，裁判所は当該文書が同号イからニまでに規定する除外事由に該当するかどうかを判断するため，必要があると認めるときは，文書の所持者に対し，その文書の提示をさせることができる（インカメラ手続・民事訴訟法223条6項前段）。

⑵　提示命令に基づいて提出された文書は何人もその開示を求めることができない（民事訴訟法223条6項後段）。

7　認容・却下

文書提出命令の申立てが認容された場合，提出命令が書面で発令され，文書提出命令の申立てが却下された場合，却下決定が書面で発令される（民事訴訟法223条4項参照）。

8　提出文書

当事者は，必要があれば，裁判所に提出された文書をコピーした上で，書証として提出する。

9　文書提出義務

文書提出義務は，以下の場合に認められる。

①　当事者が訴訟において引用した文書を自ら所持するとき
　1号文書又は引用文書といわれる。

②　挙証者が文書の所持者に対しその引渡し又は閲覧を求めることができるとき。
　2号文書又は引渡・閲覧請求権ある文書といわれる。

③　文書が挙証者の利益のために作成され，又は挙証者と文書の所持者との間の法律関係について作成されたとき。
　3号文書といわれるほか，前段が利益文書，後段が法律関係文書といわれる。

④　文書が次に掲げるもののいずれにも該当しないとき。

イ）文書の所持者又は文書の所持者と第百九十六条各号に掲げる関係を有する者についての同条に規定する事項が記載されている文書

ロ）公務員の職務上の秘密に関する文書でその提出により公共の利益を害し，又は公務の遂行に著しい支障を生ずるおそれがあるもの

ハ）第百九十七条第一項第二号に規定する事実又は同項第三号に規定する事項で，黙秘の義務が免除されていないものが記載されている文書

ニ）専ら文書の所持者の利用に供するための文書（国又は地方公共団体が所持する文書にあっては，公務員が組織的に用いるものを除く。）

ホ）刑事事件に係る訴訟に関する書類若しくは少年の保護事件の記録又はこれらの事件において押収されている文書

10　引渡請求権ある文書

①　共有物分割証書（民法262条4項）

②　債権証書（民法487条，民法503条1項）

③　閲覧請求権ある文書

④　利益文書

イ）利益文書とは，挙証者の利益，つまり挙証者の地位又は権利を明らかにするために作成された文書をいう。挙証者とは，文書提出命令を申し立てる当事者又は補助参加人をいう。

ロ）利益文書の例としては，挙証者を受遺者とする遺言書，領収書，同意書及び身分証明書がある。

⑤　法律関係文書

イ）法律関係文書とは，挙証者・所持人間の法律関係を記載した文書をいう。

ロ）法律関係文書の例としては，商業帳簿，保険会社が所持する診断書（高松高決昭和61年9月17日），契約書，契約解除通知書及び両当事者間の判決正本がある。

11　提出義務

①　1号ないし3号は当事者と文書との間の特別の関係の存在を前提とした特定の文書の提出義務を，4号は当事者と文書との間の特別の関係の存在を前提としないで，文書一般の提出義務を定めたものである。

②　民事訴訟法220条4号により文書提出義務が一般義務化されているから，文書提出命令が濫用されて文書の所持人に不当な不利益を与えるおそれが

ある。

　一定の文書が提出義務の対象から除外されており，文書提出命令の申立人に文書提出義務の証明責任が課されている。民事訴訟法220条4号に基づく文書提出命令の申立ては，書証の申出を文書提出命令の申立てによってなす必要がある場合に限定されている（民事訴訟法221条2項）。

12　当事者又は第三者が文書提出命令に従わなかった場合の取扱い

①　当事者が文書提出命令に従わない場合，又は相手方の使用を妨げる目的で提出義務ある文書を滅失させ，若しくは使用できなくした場合，以下の効果が生じる。

イ）申立人が記載内容を具体的に主張できる場合，裁判所は当該文書の記載に関する申立人の主張を真実と認めることができる（民事訴訟法224条1項・2項）。

ロ）申立人が記載内容を具体的に主張できず，他の代替的な証拠により証明することも著しく困難な場合，裁判所は証明主題自体に関する申立人の主張を真実と認めることができる（民事訴訟法224条3項）。

②　第三者が文書提出命令に従わない場合，裁判所は，決定で20万円以下の過料に処す（民事訴訟法225条1項）。

第5　行政事件訴訟法23条の2

民事訴訟法151条1項3号を拡大したものである。

　行政法23条の2に規定される場合，裁判所は釈明処分をなしうる。しかし，釈明処分がなされることはなく，当該条文の存在を説得理由として，被告側に証拠資料の自主的提出を促すのが実務である。

第6　提訴前証拠収集

1　民訴法132条の2～9

　平成15年の民事訴訟法の改正により，新たに第1編第6章として「訴えの提起前における証拠収集の処分等」の規定が設けられた。提訴予告通知制度を利用することにより，訴え提起前に，相手方への照会及び裁判所に対して訴え提起前の証拠収集処分を申し立てることができる。

256

2 予告通知

提訴予告通知は,「訴えを提起しようとする者が訴えの被告となるべき者に対し訴えの提起を予告する通知」である（132条の2第1項）。提訴予告通知を発することにより提訴前の照会及び証拠収集の処分を利用することが可能となる（132条の2,同条の4）。予告通知に対して返答した相手方も同様である（132条の3,同条の4）

3 予告通知の内容

訴え提起前に内容証明郵便により訴訟の被告となるべき者に対し,履行の催告,損害賠償請求などを行うことは一般的に行われているが,相手方に対して何らかの照会を行いたい場合や裁判所による証拠収集処分を利用したい場合には,内容証明郵便による提訴予告通知の活用を検討すべきである。必要的記載事項を網羅した提訴予告通知であることが明らかなものであれば,通知書,催告書等と提訴予告通知を一通の内容証明で兼ねることも可能と解される。ただし単なる通知書,催告書を提訴予告通知に転用することはできない。

提訴予告通知書には,提起しようとする訴えに係る請求の要旨及び紛争の要点を具体的に記載しなければならない（132条の2第3項,規則52条の2第2項）。その他の記載事項は,規則52条の2に定められている（書式1参照）。

4 被予告通知者

予告通知を受けた者（被予告通知者）が,提訴前の照会及び証拠収集の処分を利用するためには,予告通知書に記載された請求の要旨及び紛争の要点に対する答弁の要旨を記載した書面で返答をする（132条の3）。予告通知に対する返答書の記載事項は,規則52条の3に定められている。

5 提訴前の予告通知者・被予告通知者照会

(1) 提訴予告通知者及び被予告通知者は,予告通知をした日（被予告通知者は受領した日）から4か月以内に限り,相手方に対して,訴訟の主張又は立証を準備するために必要であることが明らかな事項について,相当の期間を定めて,書面で回答するよう,書面で照会をすることができる（132条の2,132条の3。以下「提訴前照会」という。）。これは訴え提起後の当事者照会（163条）に相当する。

(2) 提訴前照会の利用場面としては,訴訟における求釈明事項に限らず,たとえば相手方の専門的地位,知識が紛争の原因となっている事件において,

相手の知識や認識，制度の一般論などを照会するなど，相手方から広く情報を得たい場合に有益である。照会の仕方によっては有利な情報を得ることが可能であり，照会に対する相手方の対応を訴訟において有利な資料として活用することも考えられる。

⑶　当事者照会が許されない場合（163条各号）など照会内容については制限がある（132条の２第１項但書，同条の３第１項後段）。この制限にあたらない場合には，照会の相手方は，回答義務を負う。したがって，照会を受けた相手方としては，照会事項に対して回答を行うか，132条の２第１項但書の各号に該当するので回答しない旨を返答しなければならない。回答義務に違反して回答しない場合には，訴訟においてそのことを有利に利用すべきであるし，回答義務違反を理由として不法行為に基づく損害賠償請求も検討すべきである。弁護士が回答義務に違した場合には弁護士倫理違反となる。

⑷　照会の方法については，内容証明郵便を利用すべきであるが，提訴予告通知と同じ内容証明書面で照会することも認められると解される。照会書として必要な記載事項は，規則52条の４第２項に規定されている。

6　提訴前の証拠収集処分

⑴　提訴予告通知者及び返答をした被予告通知者は，「予告通知に係る訴えが提起された場合の立証に必要であることが明らかな証拠となるべきもの」について，予告通知がされた日から４か月の不変期間内に，次の証拠収集処分を申し立てることができる（132条の４第１項，２項）。

①　文書の送付嘱託（文書の所持者にその文書の送付を嘱託すること）

②　調査嘱託（必要な調査を官庁若しくは公署，外国の官庁若しくは公署又は学校，商工会議所，取引所その他の団体に嘱託すること）

③　専門家の意見陳述の嘱託（専門的な知識経験を有する者にその専門的な知識経験に基づく意見の陳述を嘱託すること）

④　執行官による現況調査（執行官に対し，物の形状，占有関係その他の現況について調査を命ずること）

⑵　提訴前の証拠収集処分は，

①　「訴えが提起された場合に立証に必要であることが明らかな証拠」となるものについて，

258

② 「申立人が自ら収集することが困難であると認められるとき」に利用することができる。

③ 「その収集に要すべき時間又は嘱託を受けるべき者の負担が不相当なものとなることその他の事情により，相当でないと認めるとき」は利用できない。

　②「申立人が自ら収集することが困難であると認められるとき」とは，証拠の性質上，申立人が自ら単独で収集することが困難なものをいうと考えられている。東京地方裁判所では，弁護士照会によることが可能なものについては処分を認めることに消極的である。日弁連や単位会で公表されている弁護士照会の拒否事例集などで，回答が拒否されているものについては，それらの資料を疎明資料（規則52条の5第6項）とすればよい。

(3)　申立書の記載事項は，規則52条の5に規定されている（書式2。添付書類として規則52条の6）。裁判所は，申立書を審査して必要に応じて裁判官面接を行うこともある。その後，相手方からの意見聴取（132条の4第1項）を経て，申立ての要件を具備していると判断され，かつ必要があると認められる場合には，嘱託先その他参考人に対する意見聴取が行われる。嘱託先等が文書の送付等を拒否している場合には裁判所から取下げを求められることもある。処分が認められない場合，裁判所の判断に対して不服申立ては認められていない（132条の8）。

得られた証拠となるべき文書，調査結果の報告等は，記録の謄写等をして，訴訟手続において別途書証として提出することになる。

7　利用状況

弁護士照会によることが可能なものについては，証拠収集処分を認めない運用がなされている。

提訴前照会及び証拠収集の処分は，ほとんど利用されていない。工夫によっては，訴訟において有利な情報を得ることは十分可能であり，今後積極的に活用されることを期待したい。

第12章　徴収調査

1　概　論

　行政手続にも，手続の性質に応じて憲法31条，35条，38条が準用される（芦部信喜編『憲法Ⅲ人権 (2)』124頁，179頁，215頁）。芦部教授は，いわゆる川崎民商事件（最高裁昭和47年11月22日判決）について，旧所得税法70条所定の重い刑罰（1年以下の懲役または20万円以下の罰金）に裏付けられた検査についても令状を要しないとする本件判決は恣意的な判断であると批判し，平野龍一教授は，「行政手続では，捜索・差押は一切許されない」との立場を採られている。税目の法制は，行政手続の義務履行確保は，間接強制が原則とされている。

2　滞納処分を規律する法律等

　滞納処分を規律する法律は，おもに，国税通則法36条乃至40条及び国税徴収法である。

　国税通則法と国税徴収法は一般法と特別法の関係にある。その他の滞納処分の規定としては，滞納処分と強制執行等との手続の調整に関する法律，所得税法，会社更生法，破産法などがある（国徴基通1）。特に手続全体を規律するのは国税徴収法である。また，徴収職員は通達に従って行動するのであるから，滞納処分に対応する側としても，国税徴収法基本通達，徴収事務提要に精通している必要がある。

　まず，一般法である国税通則法は，37条において，納税者が国税を納期限までに完納しない場合には，納期限から50日以内に督促状を発するものとし，同40条において，督促に係る国税が督促状を発した日から起算して10日を経過した日までに完納されない場合，国税徴収法その他の法律により滞納処分を行うこととが規定される。ただし，同38条1項若しくは3項又は国税徴収法159条（保全差押）の規定の適用を受けた国税には督促は不要とされ（同37条1項1号），とりわけ，「納税者が偽りその他不正の行為により国税を免れ，若しくは免れようとし，……又は納税者が国税の滞納処分の執行を免れ，若しくは免れようとしたと認められるとき」（同38条1項6号）には，督促なく差押がなされることとなるので，特に注意を要する。

3　債権者代位権及び債権者取消権

国税通則法42条は，債権者代位権及び詐害行為取消権が国税の徴収に関して準用されることを定めている。債権者代位権については，納税者が無資力であるかどうかの判定にあたっては，第二次納税義務者，保証人等の有無およびその資力は考慮する必要はないとされるが（国税通則法基本通達42-1），詐害行為取消権の場合は，第二次納税義務者等がある場合は，その行使を行なわないものとされている（同42-8）。

4　第二次納税義務

第二次納税義務とは，一定の要件に該当する第三者に納税義務を負わせる制度であり，国税徴収法24条及び33条乃至41条に規定するところ，特に注意を要すべきなのは，同族会社の第二次納税義務（国税徴収法35条）及び無償又は著しい低額の譲受人等の第二次納税義務（同39条）であろう。

5　財産の差押

国税徴収法47条1項1号は，滞納者が督促を受け，その督促状を発した日から起算して10日を経過した日までに完納しないときは，徴収職員は，滞納者の国税につきその財産を差し押さえなければならないことを規定する。

6　差押調書

徴収職員は，滞納者の財産を差し押さえたときは，差押調書を作成し，その財産が動産，有価証券又は債権等であるときは，その謄本を滞納者に交付しなければならない（国税徴収法54条）。差押調書には，徴収職員が①滞納者の氏名及び住所又は居所，②差押に係る国税の年度，税目，納期限及び金額，③差押財産の名称，数量，性質及び所在，④作成年月日を記載して署名押印（記名押印）をしなければならない（国税徴収法施行令21条）。捜索があった場合で，差押調書を作成する場合には，捜索調書を作成しないでよいが（法146条3項），この場合には，徴収職員は，差押調書に法第142条（捜索の権限及び方法）の規定により捜索した旨並びにその日時及び場所を記載し，法第144条（捜索の立会人）の立会人の署名押印を求めなければならない。立会人が署名押印をしないときは，その理由を附記しなければならない。この「日時及び場所」とは，捜索して差押えをした場合における捜索を開始した日時及び終了した日時並びに社会通念上特定するに足りる程度の捜索した場所の表示（例えば，住居，事務所，営業所，工場，倉庫等）をいう（国徴基通54-9）。

7　超過差押え及び無益な差押えの禁止

国税を徴収するために必要な財産以外の財産は，差し押えることができず（国税徴収法48条1項），また，差し押えることができる財産の価額がその差押に係る滞納処分費及び徴収すべき国税に先立つ他の国税等の金額の合計額をこえる見込がないときは，その財産は，差し押えることができない（国税徴収法48条2項）。

滞納者の金融機関への預貯金払戻し請求権について，当該金融機関が預貯金額以上の貸付金債権を滞納者に対して有していたにも拘わらず，預貯金のすべてが差し押さえられた事例があった。かかる差押えは，無益な差押えの禁止に反するものであり，結局，当該事例では，差押えの解除がなされた。

8　差押禁止財産

滞納者及びその者と生計を一にする配偶者その他の親族の生活に欠くことができない衣服，寝具，家具，台所用具，畳及び建具等（国税徴収法75条1項1号）の差押えは，絶対的な禁止である（国徴基通75-1）。

給与及び社会保険制度に基づく給付は，一定額については，原則として差押えが禁止される（国税徴収法76条，77条）。ただし，滞納者の承諾があるときは，差押禁止額を超えて差押えができることとされるので，注意を要する（同76条5項）。

9　財産の調査（質問及び検査）

国税徴収法141条は，徴収職員の質問及び検査を定める。同条は，徴収職員は，滞納処分のため滞納者の財産を調査する必要があるときは，その必要と認められる範囲内において，①滞納者，②滞納者の財産を占有する第三者及びこれを占有していると認めるに足りる相当の理由がある第三者，③滞納者に対し債権若しくは債務があり，又は滞納者から財産を取得したと認めるに足りる相当の理由がある者，④滞納者が株主又は出資者である法人に質問し，又はその者の財産に関する帳簿書類を検査することができると規定する。

この「滞納処分のため滞納者の財産を調査する必要があるとき」とは，国税通則法第5章《滞納処分》の規定による滞納処分のため，滞納者の財産の有無，所在，種類，数量，価額，利用状況，第三者の権利の有無等を明らかにするため調査する必要があるときをいう。この場合において，質問の内容及び検査の方法等は，財産の状況等を明らかにするために必要であると認められる範囲内

に限られる（国徴基通141-1）。

「質問」は，口頭又は書面のいずれによっても差し支えない。この場合において，口頭による質問の内容が重要な事項であるときは，必ずてん末を記録することとし，そのてん末を記載した書類には答弁者の署名押印を求め，その者が署名押印をしないときは，その旨を付記しておくものとされる（国徴基通141-5）。

「財産に関する帳簿書類」とは，金銭出納帳，売掛帳，買掛帳，土地家屋等の賃貸借契約書，預金台帳，売買契約書，株主名簿，出資者名簿等これらの者の債権若しくは債務又は財産の状況等を明らかにするため必要と認められる一切の帳簿書類をいうとされる（国徴基通141-6）。

「検査」には，捜索の場合と異なり，その時間の制限はないが，特に必要がある場合を除き，捜索の場合の時間の制限に準ずるものとする（国徴基通141-7）。

10　捜　索

国税徴収法142条は，徴収職員の捜索を定める。同条1項は，徴収職員は，滞納処分のため必要があるときは，滞納者の物又は住居その他の場所につき捜索することができることを規定し，同条2項は，徴収職員は，滞納処分のため必要がある場合には，①滞納者の財産を所持する第三者がその引渡をしないとき，②滞納者の親族その他の特殊関係者が滞納者の財産を所持すると認めるに足りる相当の理由がある場合において，その引渡をしないときに限り，第三者の物又は住居その他の場所につき捜索することができると規定する。

徴収職員は，捜索に際し必要があるときは，滞納者若しくは第三者に戸若しくは金庫その他の容器の類を開かせ，又は自らこれらを開くため必要な処分をすることができる（同条3項）。

同条1項の「滞納処分のため必要があるとき」とは，国税通則法第5章《滞納処分》の規定による滞納処分のため必要があるときをいい，差押財産の引揚げ，見積価額の評定等のため必要があるときも含まれるとされる（国徴基通142-1）。

同条2項2号の「相当の理由がある場合」とは，滞納者等の陳述，帳簿書類の調査，伝聞調査等により，財産を所持すると認められる場合等をいうとされる（国徴基通142-4）。

捜索には，時間制限がある（国税徴収法143条）。

捜索をするときは，その捜索を受ける滞納者若しくは第三者又はその同居の親族若しくは使用人その他の従業者で相当のわきまえのあるものを立ち会わせなければならない。この場合において，これらの者が不在であるとき，又は立会いに応じないときは，成年に達した者二人以上又は地方公共団体の職員若しくは警察官を立ち会わせなければならない（国税徴収法144条）。

11　捜索調書

徴収職員は，捜索したときは，捜索調書を作成しなければならず，徴収職員は，捜索調書を作成した場合には，その謄本を捜索を受けた滞納者又は第三者及びこれらの者以外の立会人があるときはその立会人に交付しなければならない（国税徴収法146条1項2項）。

捜索調書には，徴収職員が①滞納者の氏名及び住所又は居所，②滞納に係る国税の年度，税目，納期限及び金額，③法142条2項（第三者の物等の捜索）の規定により第三者の物又は住居その他の場所につき捜索した場合には，その者の氏名及び住所又は居所④捜索した日時，⑤捜索した物又は住居その他の場所の名称又は所在その他必要な事項を記載して署名押印をしなければならない。ただし，②に掲げる事項は，捜索に係る国税につき差押調書の謄本，差押書又は参加差押通知書がその捜索を受けた滞納者又は第三者に既に交付されている場合には，記載を省略することができる（国税徴収法施行令52条1項）。

徴収職員は，捜索調書に法144条（捜索の立会人）の立会人の署名押印を求めなければならない。この場合において，立会人が署名押印をしないときは，その理由を捜索調書に附記しなければならない（同条2項）。

国税徴収法54条《差押調書》の規定により差押調書を作成する場合には，捜索調書の作成及び謄本の交付の必要はない。この場合においては，差押調書の謄本を前項の第三者及び立会人に交付しなければならない（国税徴収法146条3項，国徴基通146-6）。

徴収職員は，質問，検査又は捜索をするときは，その身分を示す証明書を携帯し，関係者の請求があつたときは，これを呈示しなければならない（国税徴収法146条1項）。

財産の調査の規定による徴収職員の質問，検査又は捜索の権限は，犯罪捜査のために認められたものと解してはならない（国税徴収法146条2項）。

12　換価の猶予

　国税徴収法151条1項は，税務署長は，滞納者が①その財産の換価を直ちに
することによりその事業の継続又はその生活の維持を困難にするおそれがある
とき，又は，②その財産の換価を猶予することが，直ちにその換価をすること
に比して，滞納に係る国税及び最近において納付すべきこととなる国税の徴収
上有利であるときのいずれかに該当すると認められる場合において，その者が
納税について誠実な意思を有すると認められるときは，その納付すべき国税に
つき滞納処分による財産の換価を1年以内猶予することができると規定する。
　「納税について誠実な意思を有する」とは，滞納者が，現在においてその滞
納に係る国税を優先的に納付する意思を有していることをいう。納税について
の誠実な意思の有無の判定は，従来において期限内に納付していたこと，過去
に納税の猶予又は換価の猶予等を受けた場合において確実に分割納付を履行し
ていたこと，滞納国税の早期完納に向けた経費の節約，借入の返済額の減額，
資金調達等の努力が適切になされていることなどの事情を考慮して行う。この
場合においては，過去のほ脱の行為又は滞納の事実のみで納税についての誠実
な意思の有無を判定するのではなく，現在における滞納国税の早期完納に向け
た取組も併せて考慮した上で判定するとされる（国徴基通151-2）。
　「事業の継続を困難にするおそれがあるとき」とは，事業に不要不急の資産
を処分するなど，事業経営の合理化を行った後においても，なお差押財産を換
価することにより，事業を休止し，又は廃止させるなど，その滞納者の事業の
継続を困難にするおそれがある場合をいうとされる（国徴基通151-3）。
　「生活の維持を困難にするおそれがあるとき」とは，差押財産を換価するこ
とにより，滞納者の必要最低限の生活費程度の収入が期待できなくなる場合を
いうとされる（国徴基通151-4）。
　「国税の徴収上有利であるとき」とは，①滞納者の財産のうち滞納処分がで
きる全ての財産につき滞納処分を執行したとしても，その徴収することができ
る金額が徴収しようとする国税に不足すると認められる場合であって，換価処
分を執行しないこととした場合には，その猶予期間内に新たな滞納を生ずるこ
となく，その猶予すべき国税の全額を徴収することができると認められるとき，
②換価すべき財産の性質，形状，用途，所在等の関係で換価できるまでには相
当の期間を要すると認められる場合で，換価処分を執行しないことが，その猶

予すべき国税及びその猶予すべき期間内において納付すべきこととなる国税の徴収上有利であると認められるとき，③滞納国税につき直ちに徴収できる場合等であっても，最近において納付すべきこととなる国税と既に滞納となっている国税との総額については，換価処分を執行しないことが徴収上有利であると認められるときのいずれかに該当するときをいうとされる（国徴基通151-5）。

13　滞納処分の停止と納税義務の消滅

①　国税滞納処分の停止と納税義務の停止

「徴収をすることができる財産がないとき」，「生活を著しく窮迫させるおそれがあるとき」，「財産がともに不明であるとき」は，職権で滞納処分の停止がなされる。

国徴基通153-5は，「執行を停止することができる」とは，法153条1項1号から3号までのいずれかの理由に該当する場合には，滞納者の申請に基づかないで，税務署長が職権をもって滞納処分の停止ができることをいう。したがって，滞納者は，滞納処分の停止を受けないことについて不服申立て又は訴えを提起することができないとしているが，要件に該当する場合，停止しなければならない。停止されてから3年後には，納税義務が消滅する制度である。即時消滅する場合もある。徴収事務提要には，「事業継続滞納者の取扱」を定めており，財産を有しない事業者の滞納処分の停止要件を規定している。平成12年6月30日国税庁長官が制定した「滞納処分の停止に関する取扱いについて（事務運営指針）」には，停止相当該当事由が記載されており，「事業廃止」「財産不発見」「破産宣告」「債務弁済目的の財産譲渡」などを停止相当としている。

②　地方税の滞納処分の停止

地方税法15条の7は，滞納処分をすることができる財産がないとき等に該当する事実があると認めるときは，滞納処分の執行を停止することができるとし，執行停止が3年間継続した時は徴収金納付義務は消滅すると定める。

14　不服申立ての期限の特例

滞納処分に対する不服申し立ては，一般的には，国税通則法75条以下の規定に従う。一般的な不服申し立ての期限として，再調査の請求及び第一審としての審査請求は処分に係る通知を受けた日又は処分があったことを知った日の翌日から起算して3月以内であり（国税通則法77条1号），第二審としての審査請求（すでに再調査の請求を経ている場合）は，再調査決定書の謄本の送達があった日の

翌日から起算して 1 月以内（同条 2 号）であることに注意を要する。

　さらに，滞納処分については，①督促，②不動産等についての差押え，③不動産等についての公売広告から売却決定までの処分，④換価代金等の配当について，不服申し立て期限の特則があるので注意を要する（国税徴収法171条 1 項）。

　処分の取消訴訟は，審査請求についての裁決を経た後でなければ提起できない（不服申立て前置主義，国税通則法115条 1 号，行政事件訴訟法 8 条）。

　取消訴訟の出訴期間は，処分又は裁決があったことを知った日から 6 か月以内，かつ，処分又は裁決から 1 年以内であることにも注意を要する（行政事件訴訟法14条 1 項 2 項）。

15　滞納処分免脱罪

　国税徴収法187条（滞納処分免脱罪）は，①納税者が滞納処分の執行を免れる目的でその財産を隠ぺいし，損壊し，国の不利益に処分し，又はその財産に係る負担を偽つて増加する行為をしたときは，その者は， 3 年以下の懲役若しくは250万円以下の罰金に処し，又はこれを併科する，②納税者の財産を占有する第三者が納税者に滞納処分の執行を免れさせる目的で前項の行為をしたときも，また同項と同様とする，③情を知つて①②の行為につき納税者又はその財産を占有する第三者の相手方となつた者は， 2 年以下の懲役若しくは150万円以下の罰金に処し，又はこれを併科すると規定する。

16　質問不答弁，検査拒否等の罪

　国税徴収法188条（質問不答弁，検査拒否等の罪）は，①141条（質問及び検査）の規定による徴収職員の質問に対して答弁をせず，又は偽りの陳述をした者，又は，②141条の規定による検査を拒み，妨げ，若しくは忌避し，又は当該検査に関し偽りの記載若しくは記録をした帳簿書類を提示した者に該当する者は， 1 年以下の懲役又は50万円以下の罰金に処すると規定する。

17　両罰規定

　国税徴収法190条は，虚偽陳述等の違反行為について，行為者を罰するほか，当該法人等に対して，両罰規定等を規定する。

18　職員の守秘義務違反

　国家公務員には，秘密を守る義務があり（職員は，職務上知ることのできた秘密を漏らしてはならない。その職を退いた後といえども同様とする（国家公務員法100条 1 項。），この規定に違反して秘密を漏らした者は， 1 年以下の懲役又は50万円以下の罰

金に処すると規定されている（同法109条12号）。

　この国家公務員の一般的守秘義務に加え，国税通則法127条は，国税に関する調査又は国税の徴収に関する事務に従事している者が，これらの事務に関して知ることのできた秘密を漏らし，又は盗用したときは，これを2年以下の懲役又は100万円以下の罰金に処することを規定している。

19　電子メールの提出要求

　徴収職員が，滞納者の全電子メールを確認するため，ハードディスク全体の提出を要求する。

　ハードディスクの内容は膨大であり，その中には，極めて価値の高い情報が多く含まれている。電子メールのやりとりは，情報の宝庫であり，効果的な課税を行うために，徴収職員がこれを欲するのもやむを得ない。

　国税徴収法141条が規定しているのは，①滞納処分のため滞納者の財産を調査する必要があるときの，その必要と認められる範囲内においての質問，及び，②帳簿書類を検査である。質問には，物の提出は含まれないし，「帳簿書類」については，国徴基通141-6によっても一切の帳簿書類であるので，電子メールは含まれない。また，ハードディスク内に帳簿書類が存在しているとしても，ハードディスク全体への検査は過剰であろう。

　犯則事件における差押に裁判所が発する許可状が必要であるのに対し（国税通則法132条1項），滞納処分における差押には令状が不要であるのは，滞納処分の差押えはあくまで国税債権の財産に対する執行だからである。そうすると，滞納処分における無令状の強制処分の対象も，滞納者の財産に限られる。

　憲法上，通信の秘密は明文で保障されており（日本国憲法21条2項後段），通信の秘密には，公権力が通信の内容および通信の存在自体について調査の対象としてはならない，いわゆる「積極的知得行為の禁止」が含まれ，受信後の調査もこれに抵触する（芦部編『憲法Ⅲ人権(2)』643頁乃至644頁）。

　徴収職員による滞納者の電子メールの提出には，法律上の根拠はなく，滞納者による電子メールの提出は，あくまで任意ということになろう。

20　報道機関対応

　報道機関に対するリークが行われるのは，滞納処分よりも前の段階である。対応を迫られることとなる時期は滞納処分による混乱発生と重なり，また，マスコミによる報道は滞納者の事業への致命傷となりかねない。

　報道機関は，取材源秘匿を主張する。

　国家公務員法には，「そそのかし」の処罰規定がある（同法111条）。報道機関が公権力に対して「取材」を通じ，秘密を漏示するよう働きかけたのであれば，これが「そそのかし」の罪の犯罪構成要件に該当する行為であることを記者に対して指摘すべきであろう。

　国税に関する調査・徴収に従事する者には，国家公務員の一般的守秘義務に加え，国税通則法127条の守秘義務が課せられる。職員による恣意的なリークが国税通則法127条違反になることに疑問の余地はないであろう。もっとも，国税通則法127条には，国家公務員法111条のような「そそのかし」への処罰規定はない。

　他人の名誉を低下させる表現行為であっても，①公共の利害に関する事項に関し，②専ら公益目的でなされ，③真実の証明があったときは，不法行為とならない。犯罪事実の新聞報道は，一般に①②を満たすものと考えられているが，犯罪に当たらない滞納処分については，①②を満たすとはいえない。

　最高裁は，捜査当局の公の発表のない報道機関に対するリークの段階では，捜査の責任者から得た情報に基づくものであっても，真実と信じたことについて相当の理由があったものとはいえないと判示している（最高裁昭和47年11月16日判決「嬰児変死事件」，同55年10月30日判決「スロットマシン賭博機事件」）。

　査察告発の段階でマスコミは，企業名等を開示して一斉に報道する。告発段階で企業名等を開示する報道は，公務員の守秘義務違反の結果であるから，国家公務員秘密漏洩罪に該当することを指摘しなければならない。

第13章　税務調査における和解

　税務調査は，99％協議・和解によって終結している。従って，税務調査における弁護について，最も重要なことは，調査結果説明会における協議・和解である。

第1　租税法における行政裁量処分の取消について

1　納税義務の確定

　我が国において，納税義務の確定は，第一次的に納税義務者の申告により確定する。二次的に税務署長は，更正及び決定という形で納税義務の確定権限を有する。

2　課税要件明確主義について

　不確定概念と行政裁量は区別される概念である。ドイツ公法学においては，要件裁量について行政裁量は認められず，効果裁量のみが認められている。我が国租税法学においても，課税処分に対して，要件裁量を否定する考え方が有力である。金子宏（租税法・弘文堂）は，不確定法概念を二種に分け，租税法規には終局目的ないし価値概念を内容とする不確定概念と，中間目的ないし経験概念を内容とする不確定概念の二種があるとする。経験概念を内容とする不確定概念は，一見不明確に見えても，法の趣旨・目的に照らして，その意義を明確にできるものであるとし，租税行政庁に自由裁量を認めるものではなく，その具体的な内容を解明することは法の解釈の問題であると述べる。かかる考え方は，要件裁量を租税法領域において否定する学説である。

3　行政事件訴訟法30条

　我が国の行政事件訴訟法30条は，行政庁の裁量行使に逸脱または濫用があれば，裁判所が行政庁の裁量権行使を違法として，行政行為を取消し得ると規定している。この条文が行政裁量の適法性を裁判所が判断し得るという意味において，行政行為には自由裁量が存在し得ないと言える。ドイツ財政裁判所法第102条は，「財政裁判所は，行政行為または行政行為の拒絶もしくは不作為が，裁量の法律上の限界を超え，または，裁量が事件の目的に相応しない方法で用

いられたために，違法であるか否かについても審査できる」としている。裁量に基づく行政行為については，憲法上の限界から逸脱してはならず，また，平等原則違反や比例原則違反があれば，当該行政行為は，裁量の逸脱，または，裁量の濫用にあたると考えられる。

4　行政裁量行為の審査

　行政裁量行為は，憲法に基づく権利保護，及び一般的平等原則，及び比例原則に違反してはならず，当然に裁量権の行使の限界が存在すると言わなければならない。すべての行政行為は，裁判的統制を免れ得ないとするのが，法治国家の原理にかなうものである。また，法律による行政の原理を前提とすれば，行政事件訴訟法30条の規定からもうかがえるように，租税法においては，少なくとも行政裁量（自由裁量もしくは便宜裁量）はあり得ないと言えよう。

5　国税通則法第74条の2第1項と租税手続の裁量

　質問検査権の行使について，国税通則法第74条の2第1項は，細かく定めるが，税務行政庁に裁量を認めている表現を使っている。税務調査において協議和解が許されるかは，当該条文の問題として捉えることもできる。

　税務調査において，行政裁量が存在するとしても，法規裁量であるから，すべて司法審査が及ぶと言わなければならない。

　帳簿提示の拒否に対し，仕入税額控除を否認して莫大な制裁的課税をするのであれば，期限を定めて帳簿提示の事前催告をしなければ，裁量権の逸脱濫用というべきであろう。

6　国税通則法74条の11第2項及び3項

　調査結果の説明義務（第2項）と修正申告の勧奨条項（第3項）が規定され，租税債権が合意によって確定されることが，明文によって制度化された。

第2　租税争訟における協議・和解方式による紛争解決（和解で正義を実現できるか）

1　経済界と行政のインフォーマル関係

　アメリカのサブプライムローンの破綻問題や，我が国の原子力行政の談合構造問題をみると，経済界は不公正な取引によって利益を独占しようと行動し，放置すれば自由な市場経済の発展が阻害され，かつ多くの国民の財産や健康に重大な損害を与えた。企業の経済活動は，行政に対し，インフォーマルな行政

活動を求め，行政もこれに呼応し，天下りなどによって省益を確保する。

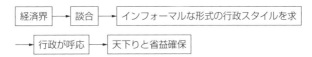

福島原子力発電所の放射能漏洩事故は，東電が実質的に政府経営会社であり，多様な発電方法の必要性や原子力発電所の大きな危険性について国民が気づく起点となった。先進諸外国では，風力発電，太陽光発電，地熱発電など，地球環境保護に適合する多様な発電方法の研究が進行しているが，我が国の経産省や電力会社は，日本でこれらの研究開発が行われることを妨げてきたと指摘されている。監視する側の原子力安全保安院が東電と一体となって活動し，我が国の原子力行政が公正でないことが明らかとなった。

2 客観的基準の定立と個人の自由

公正な競争とルールに基づく合理的な選択は，個人の自由と平等な取扱いをもたらす。法秩序は，人を無個性の存在として扱うことにつながり易いが，主観による恣意的支配の下では，個人の自由はない。

したがって，個人の自由と客観的基準の定立は不可分であると云えよう。

行政の法治性は，対等な関係を築く水平構造へ進展するが，行政の恣意性は，不平等な関係を構築し，垂直構造を導く。公正な客観的基準や，原子力安全保安院のような監視機関が存在しても，国政の公正性の確保はなしえず，これを実現するためには，監視機関（原子力安全保安院）を監視する第四の権力が必要である。

3 行政の役割の変化

① 個人主義と行政の私法的運営

個人主義の浸透は，公権力行使の抑制に働くことになり，行政の私法的運営化が進む。我が国も行政の私法的運営の進展がみられる社会となった。しかし，行政の私法的運営は，自己責任と自主規制を促す側面もある。

② 行政サービスのアウトソーシング

介護保険制度やPFIでは，行政のアウトソーシングの手法が使われている。公共サービスを供給する主体が多様化し，公共サービスの領域に民間業者の参入が増加している。

③　公益性の確保

行政の私法的運営がなされても，公益性の確保は可能である。例えば，公共サービスを供給する業者に対する監督権行使や許認可権の行使を行政に付与するような方法である。また，行政 ADR などの手続において，公益性の確保は可能である。

4　行政の私法的運営と司法

①　行政国家から司法国家への移行

個人主義や自由主義が尊重される社会では，命令・強制ではなく，説得と指示に基づく法適用が優先され，被処分者が同意する執行が要請される。このようなルール社会化は，行政国家から司法国家への移行を促す。行政の私法的運営は市民の自己責任の原則を基本とする。

②　裁判の非訟化

個人の権利が強く，意識される社会では，司法は，白黒いずれかで解決するよりも，それぞれの立場を公平に勘案し，妥協的・調和的な解決が求められ，諸利益を調整することが求められる。司法は，権利救済の制度のみならず，利益調整の役割も求められ，したがって，裁判の非訟化は不可避である。

③　司法の公正性の確保

司法は，公正性の確保が核心であり，独立性と中立性が求められる。司法を公正に判断させるには，裁判官の配置について政治的バランスが必要である。裁判報道による司法批判も司法の公正性を確保する観点から必要且つ重要である。法律家の徳性は「協議をなして相手方の主張を聞くこと」である。憲法82条も「対審・公開・判決」を保障しており，紛争解決の核心的方法の一つに「対審」を挙げている。これは，協議や議論をなして相手方の主張を聞くことによって，事実を解明することが可能となり，具体的事件における妥当な解決の条件を発見できるからである。

5　利益調整型司法と客観訴訟

①　私権保護と公益実現

紛争の事後的解決として，オールオアナッシング型の判断は必ずしも妥当な解決を生まない。司法の範囲の要素として，私権保護だけを強調するのは，最早，社会における紛争解決の需要に合致しない。民事訴訟の目的は，私人の権利保護のみならず，公益実現（紛争解決や法的秩序の維持など）も含むとされてい

274

る。

② 資源配分の機能と配分的正義

紛争当事者間の公平な利害調整をなすことが必要である。交換的正義のみならず，資源配分的な法に関する争訟が多発している。民事訴訟は，第一義的には私権保護を目的とするが，公益を配慮した判断も求められ，この点は行政訴訟と変わらない。

③ 協議と議論

当事者と裁判官との間で展開される相互作用的な協働活動の所産や議論を経て形成される合意に基づく結論が重要である。協議と議論は，真実発見や具体的妥当な解決に極めて有用であり，法律家の徳性は，他人の意見を聞くことであると云えよう。憲法82条は，国民に対し，「対審」裁判を保証しており，行政手続法13条は，不利益処分をしようとする場合，聴聞と弁明の機会を付与することを求めている。

④ 価値判断と利益調整

客観訴訟とは，個人の権利利益の保護を目的とするのではなく，客観的な法秩序の適正維持を目的とする行政訴訟である。諸利益の再調整を図るには，客観訴訟が有用である。公益判断とは利益調整であり，主観訴訟型紛争処理よりも客観訴訟型紛争処理の方が，多様な利害を調整できる。個人主義が尊重される社会では，アメリカのベビーM訴訟（代理母の親権が問題となった事件）など，前提問題に価値判断が必要となる訴訟が増加する。また，権利義務関係の枠外で公序の判断が求められる訴訟も増加している。

6 行政 ADR と専門訴訟及び客観訴訟

① 行政 ADR の優位性

訴訟は，一方当事者にとって全面敗訴の場合はゼロサムであるが，行政 ADR は当事者双方にプラスをもたらすことができる。

専門家の関与により専門的紛争処理機能を持たせることができる。

ルールの解釈訴訟の必要性があり，行政 ADR が役に立つ。

行政の説明責任が求められるが，行政 ADR でそれが充足できる。

個別事件における<u>具体的妥当性</u>は，判決手続よりも行政 ADR が優る。

協議・調停・仲裁などの手続では，<u>紛争の個性を配慮した解決</u>が可能である。

② 　法の支配と専門性

法の支配は，<u>専門技術性が求められる領域</u>や<u>迅速性</u>が求められるところでは無力である。裁判官の供給源は一般的に硬直的であるが，行政 ADR では，<u>専門家の審理員を関与させること</u>が比較的容易である。

③ 　協議と和解

行政 ADR は，地方分権推進の政策論争にも使われている。国地方係争処理委員会の運営は，国と地方間の協議を求めることが優先されており，弾力的な解決が期待できる。判決や裁決以外の解決方法（調停・和解など）の優先性の核心は，「協議」であり，協議によって相互に具体的妥当性を確保できる和解のラインを発見できることになる。

④ 　内部基準と行政 ADR

情報公開・行政手続・ノーアクションレターにより，行政の内部基準が公開される。行政の内部基準を争う場として行政 ADR が適当である。行政 ADR では，審理の対象について，処分性要件を求めず，そこでは，法的紛争であれば，解決の必要性があるとされる。

7 　付随審査制と国の関与

司法審査権行使は，具体的事件の解決に際して必要不可欠である場合にのみ行使し得るというのが通説である。最大判昭和27年10月8日（警察予備隊事件）は，附随審査説を採用した。

私人間の紛争で違憲の争点が提起された場合，憲法問題について真の当事者というべき国が関与しないまま司法審査の結果が出される。

法務大臣権限法4条により，法務大臣は裁判所へ意見を述べることができる。

行政事件訴訟法45条は，私人間の紛争で行政処分の違憲性が主張されているときは，行政庁が訴訟参加の機会を得るが，単に法令の違憲性が主張される場合，国には参加の機会は保障されていない。行政 ADR は，第三者の参加を手続的に保障できるものといえよう。

8 　地方自治と客観訴訟

現代社会において，公益追及訴訟や集団訴訟が増加する傾向にあるが，協議・和解型の調整的紛争解決方法が権利存在判断型の訴訟の解決方法に優る。

以下，現代型公益追及紛争の例を示す。

① 地方自治法と客観訴訟

地方自治法には機関訴訟と名付けられた客観訴訟がある。そこでは，<u>協議が優先</u>されている。（地方自治法第250条の19参照）

② 国・地方係争処理委員会（横浜馬券所設置事件，北陸新幹線事件）

地方自治法250条と251条による国と地方の係争に関する係争処理委員会の裁決に対する取消訴訟は，機関訴訟とされているが，同委員会は，国と地方の係争について，<u>協議を優先</u>している。

③ 住民訴訟による国・地方間の法律判断

最近の住民訴訟として，国立市の住基ネット接続事件（東京地判平成23年2月23日杉原判決）がある。住民訴訟を利用して，国と地方の法律関係について裁判所に判断させたものである。

④ ドイツ・フランス自治体監督訴訟

ドイツやフランスでは，自治体を監督する訴訟制度が存在する。自治体の公法上の義務を司法的に強制する必要性が存在する。

⑤ アメリカの職務命令訴訟

アメリカでは，連邦国家が州に対して職務命令を発し得る訴訟制度がある。

⑥ アメリカの父権訴訟

アメリカには，消費者損害を検察官が消費者に代わって請求できる訴訟制度があり，父権訴訟といわれている。

⑦ 宝塚市建築工事差止請求訴訟事件（最判平成14年7月9日）

最高裁は，国民の行政上の義務を自治体が裁判所へ訴訟提起して民事訴訟により実現することを否定した。「私権保護」を法律上の争訟の要件としたものである。

9 消費者団体訴訟

消費者契約法は，消費者団体制度を認めている。これは被害額が少額であるが，被害者が多数に上るサービス等を提供する業者に対して，一定の要件を満たす消費者団体が被害者に代わって訴訟を起こすことができる制度である。客観訴訟としての性格が認められる消費者団体訴訟もある。

10 情報公開訴訟

情報公開請求は，何人（外国人を含む）でも行うことができる。実質的には客

観訴訟である。簡易迅速な処理が求められ，専門家による審理型解決方式が適合し，審判型解決方式にはなじまない。

11　抽象的違憲審査制

ドイツの連邦憲法裁判所は，連邦大統領などに申立権者を絞っているが，具体的な事件を前提としないで法律の違憲審査を行う権限がある。ドイツ連邦憲法裁判所は，議会が制定した法律でも，これを無効にする権利を基本法によって与えられている。

12　会社訴訟の株主権と公金の違法支出

株主は，取締役の違法行為について，解任請求訴訟，損害賠償請求訴訟を提起できる。また，取締役選任決議の無効確認訴訟も提起できる。株式会社における株主の訴権が，国民の裁判を受ける権利の範囲を考える上で参考となる。国の公金の違法支出について，国民が株主と同様の訴権を有すると云うべきであろう。

13　非訟事件における司法の民事行政判断

借地非訟事件や家事事件においては，権利の存否判断ではなく，司法が後見的立場で判断を行うものである。公正な判断が必要とされる行政領域について，立法によって司法へ委託したともいえる。争訟的非訟事件と非争訟的非訟事件があるが，世の中に存在する紛争や権利の範囲の確定の必要性は，訴訟的解決よりも非訟的解決を求める。

14　行政執行制度

行政執行は民事執行と区別され，公益を追求する点と人権擁護の配慮から特別の制度とされている。

①　代替的作為義務の不履行

行政代執行法によって代執行が可能である。

②　非代替的作為義務と不作為義務の不履行

直接強制と間接強制があるが，一般法はなく，個別法が必要とされている。

15　憲法訴訟と客観訴訟

①　ドイツ連邦憲法裁判所は，次の事項に関して審査する権限を有する。

イ　具体的違憲審査

ロ　憲法訴願

ハ　抽象的違憲審査

ニ　機関訴訟

ホ　連邦州間訴訟

上記ハ，ニ，ホは，私権保護訴訟ではない客観訴訟である。

②　客観訴訟

我が国の行政事件訴訟法42条は，客観訴訟（権利保護を要件としない訴訟）を法律が特別に定めるものに限定している。客観訴訟について，裁判所の違憲審査を認めると，抽象的違憲審査を認めることになり，憲法は一般的にそれを許容していないとする学説がある。司法権の範囲を画する概念は，「法律上の争訟」であり，法律関係に争いがあれば，司法は判断するべきとする考え方もある。ドイツで規範統制訴訟が認められており，抽象的規範統制権が司法に含まれるのか，議論されなければならない。

③　納税者訴訟（公金検査訴訟）

納税者による公金支出の監視訴訟は，アメリカで主観訴訟と構成されている。我が国においても，納税者には公金の使途について国に対し是正を求める訴権があると考えられる。したがって，行政事件訴訟法42条は，憲法32条違反の疑いがある。

16　不確定要件

①　法律要件

税率などは確定的法律要件であるが，不確定な法律要件もある。その法律の及ぶ法律効果の範囲は，法律の趣旨・目的を考慮して決定される。

②　事実要件

評価的事実（乗用自動車・匿名組合・配当・不動産・倉庫など）については，その意味内容について借用概念・固定概念に分けて，事実認定がなされる。評価的事実の意味については，当該法律の趣旨・目的，及び，借用概念の場合は，他の法領域において使われている意味などを総合して判定される。

③　裁量審査基準（ソフトローの明確化）

裁量審査基準を明確にしなければ，恣意的行政・恣意的司法となってしまうから，以下のような公正基準を明確化することが必要である。

イ　法規裁量化

　行政裁量や司法裁量に自由裁量はなく，全て法規裁量であると考えること。

ロ　平等原則・比例原則に適合すること。

ハ　重要な事実・重要な証拠の考慮をなすこと。

ニ　法的保護に値する利益の発見と考慮をなすこと。

ホ　侵害法によって達するべき目的及び公益を明確化すること。

ヘ　社会通念・条理に適合すること。

ト　費用便益基準に適合すること。

チ　企業の倫理基準に適合すること。

リ　公正処理基準に適合すること。

④　裁判の法創造活動

　裁判所は法解釈の名の下に法創造活動を行っている。不確定な要件が法律の中に定められている場合，具体的妥当なルールを裁判所が創造することになる。

⑤　考慮要素と判断基準

　裁量基準は，考慮要素と同視されることが多いが，当該考慮要素をどのように判断するかの基準が別途必要である。

17　ソフトローと協議・和解

　ソフトローとは，法的な強制力がないにもかかわらず，現実の経済社会において国や企業が何らかの拘束感を持って従っている規範を指す。

　例えば，次のものがある。

①　公正会計処理基準

②　行政実務における通達・ガイドライン・事務取扱要領など

③　社会通念・条理・経験則など

　紛争当事者が第三者機関をはさみ，協議を充分なした上で，上記ソフトローを勘案し，判決を予想して和解をなす場合，行政ADRが訴訟より優ると云えよう。

18　協議・和解型解決方式と判決解決方式のいずれが公正か。

①　訴訟の八百長性

　濱秀和元裁判官によると，我が国の行政訴訟の80％は八百長で，中東の笛であると云う（「自由と正義」平成21年10月号濱秀和氏議演録参照）。行政訴訟判決の多くが，八百長と云うのであるから，判決が常に公正なものとは限らない。

②　ドイツ行政裁判所法106条

　ドイツ行政裁判所法106条は，協議と和解の手続を法定し，判決以外の紛争

解決方法を優先している。

③　不確定性の除去と協議和解

民事訴訟においても，意味なく私権を放棄する私人はいない。法の不確実性を補充するためには，公正な解決基準が必要であり，行政争訟においても，協議和解制度が必要である。協議・和解の手続では公益追及をなしえないと考えるのは誤りである。

④　和解条件と公正基準の制定

我が国において，行政不服審査法43条や国税通則法102条は，不服審査機関のなした裁決の拘束力を法定している。行政 ADR において成立した和解についても，同一基準の通達を制定するなどして公正な基準を作れば，類似事件の国民を救済することができよう。

19　審理解決方式と審判解決方式

①　紛争解決方式

紛争解決方式として，第三者機関を関与させるのに，協議・和解を重視するものと，厳格な証拠による真実発見を重視するものがある。前者は簡易迅速な解決を可能とするもので，「審理方式」と呼び，後者は「審判方式」と云う。いずれの場合でも，審理官や審判官が公正・中立な立場を維持できるのであれば，具体的妥当な，且つ，迅速な解決をなすためには，前者の方が優っている。

国税庁は，数年前から，審理部を東京・大阪などの大都市において設置し，不服申立事件などの処理を担当させているが，審理官を課税庁から独立したポストとなしうるのであれば，迅速な違法課税の是正に寄与することになろう。審理方式において，協議と和解の手続を法定し，行政に再考させる機会を付与すれば，多くの権利救済を迅速に実現することができよう。

②　行政処分と和解

法律が国民の権利の確定について，行政処分方式を採用している場合，行政庁が協議・和解をなすときの和解条項の主たる内容を，新たな行政処分を発令することによって IRS 不服審査部は，合意による更正処分の発令方式を採用している。そうすれば，合法性原則と調和させることができよう。

20　法律問題と事実問題

①　課税要件

租税法の課税要件には，法律要件と事実要件があるが，これに対応して法解

釈問題と事実認定問題は一応区分できる。しかし，法解釈問題と事実認定問題の区分は，その境界が明確でない。

②　評価的事実

評価的事実については，法解釈と同様の価値判断が必要である。例えば，「住所」などである。

③　法解釈と和解

法解釈についても，関係する事実を証明する資料が必要である場合もある。例えば，「住所」の概念について，借用概念として，これを生活の本拠であると解したとしても，その所在を決定するためには客観的事実（配偶者の所在，財産の所在など）や主観的事実（帰国の意思，租税回避の目的）を証明する資料を総合して判定されている。法律問題と事実問題は密接に関連しており，法的判断は，事実に法を適用する作用であるから，事実を前提とする。法概念もつまるところ，一般的事実を前提とする経験則によって，その範囲を画されている。ドイツ連邦行政手続法55条は，「事実または法律の不確実性についてその不確実性を除去するため，国民と行政庁間において，公法上の和解契約を締結することができる」としている。法解釈についても，和解契約が可能としていることは参考となろう。

21　和解の形式

課税当局と納税者間の和解には，事実上の和解（合意文書が作成されないもの）と法律上の和解（合意文書が作成されるもの）がある。我が国では，不服申立の前に修正申告内容について予め合意した上で，納税者が修正申告することで事実上の和解が多く行われている。また，審査請求手続中にも，納税者が申立や請求を取下げ，課税当局が減額更正する形式で和解が行われることがある。

また，租税訴訟手続中にも納税者が訴えを取下げ，課税庁が減額更正処分をなす形式で，事実上の和解がなされることもある。東京都銀行税条例事件では，訴訟外で和解契約が締結された後に，最高裁判所において訴訟上の和解がなされた。秋田市健康保険税条例事件では，別訴が係属する地方裁判所で和解がなされ，本訴は，最高裁判所において，訴えの取り下げがなされた。

22　不当性と違法性

①　行政不服審査法１条は，不服申立手続において，課税処分の不当性を理由に職権取消をなすことができるとしている。租税に関する処分は，すべ

て覊束行為かまたは覊束裁量であるとすれば，不当な課税処分はないことになる。

② 所得税法157条等は，同族会社の行為計算で「税負担の不当減少」させる行為を否認できるとしている。租税回避行為（脱税行為ではなく，租税回避を企図した行為）のうち不当行為のみ否認するのが，行為計算否認規定である。

③ 課税要件事実を実質主義によって否認する場合，取引自体を通謀虚偽表示による仮装取引と認定したならば，かかる仮装行為は租税回避行為ではない。

④ 同族会社の行為計算否認規定における不当性の判定基準は，否認対象行為に基づく税額と経済的実質に基づく税額との差額によって判定するとされている（昭和36年7月税制調査会答申）。一般には，経済的実質（客観基準）と事業目的（主観的基準）の両方から判定されており，純経済人の行為として，不合理であるかどうかの観点で判定されるべきであろう。比較基準としては，独立当事者間で形成される客観的時価を基準とするべきである。

⑤ 上記行為計算否認規定において，不当性の判定は，違法性の判定ではなく，客観的時価による税差額による判定である。しかし，課税庁がこの不当性の判定を誤った場合，これに基づいてなされた更正処分は違法となる。

⑥ 違法性の判定は，法令違反の有無によって行われており，行為計算否認規定における不当性要件はあくまで課税要件であり，証拠に基づいて立証される「税差額の有無」という事実認定要件と云えよう。

⑦ 課税庁の行為にも違法行為と不当行為が存在するとしても，それらの中に課税処分の取消・無効事由となるものとそうでないものがある。違法行為と不当行為は，覊束行為と裁量行為に対応する概念であるが，いずれも法律行為の瑕疵であるが，取消無効事由となるかは，瑕疵の重大性・明白性を基準に判定されている。課税処分には，自由裁量がなく，覊束裁量しかないとすれば，不当処分はなく，違法な課税処分と適法な課税処分しかない。違法な課税処分のうち，取消・無効事由となる瑕疵を有するものとそうでないものがあることになろう。

⑧ 偽り不正の申告をなした場合でも，軽微な場合，青色申告の承認は取消されないことになっている。かかる軽微な場合に青色申告承認を取消した

ら不当処分と云えよう。不当行為については，行政 ADR が救済方法として最も適合する。

23　国税通則法74条の11第 2 項及び第 3 項

平成23年国税通則法は，第 7 章の 2 「国税の調査」を新たに追加した。同法74条の11第 2 項は，調査結果説明義務を定め，同条第 3 項は説明会において，納税申告の勧奨をなすことができるとしている。これは，調査官と納税義務者間において，「合意による租税債権確定制度」が確立されたといえる (税大論叢91号作田隆史「平成23年国税通則法改正解説」参照)。

（参考文献）

① 　日弁連機関誌『自由と正義』平成21年10月号　濱秀和元裁判官講演録
② 　JLFNEWS 第48号 6 頁「交渉で正義は教えられないか」大阪大学教授　野村英明
③ 　信山社発行「和解技術論（第 2 版)」学習院大学教授　草野芳郎
④ 　第二東京弁護士会仲裁センター（第二東京弁護士会ホームページ）
⑤ 　立教大学観光 ADR センター（http://www.rikkyo.ac.jp/）
⑥ 　日本行政書士連合会 ADR 機関（同会ホームページ）
⑦ 　日本弁護士連合会紛争解決（ADR）センター（日弁連ホームページ）
⑧ 　税大論叢91号作田隆史「国税通則法平成23年解説」

各　論

第1章　相続税調査事件

（公正基準）

　被相続人の相続財産を全部把握する相続人は存在しない。また，相続税課税対象には「みなし相続財産」や「贈与財産加算」があり，課税対象財産の増減は，常態的に発生する。相続財産の範囲の確定は，税務調査によってなされるのであるから，税務調査結果説明会における弁明聴取前に，犯則事件の立件や重加算税の賦課方針を決定するべきではない。

第1　分割・申告・調査・争訟の概略

1　遺産分割の手続

　被相続人が死亡してから，被相続人が財産を残して死亡した場合，相続人らは分割の手続を進めることになる。遺言書がある場合とない場合では，遺産分割の手続については，大幅な違いが出てくる。遺言書がない場合には，法定相続分に従って遺産分割の協議を開始することになる。しかしながら，遺言書が存在する場合には，遺言書に従って遺言を執行することになるが，ある相続人の遺留分を侵害している場合には，侵害された相続人は，遺留分の侵害額の請求をすることになる（民法1046条）。

2　税務申告手続きについて

　相続税の税務申告は，相続発生から10ヶ月後が申告期限とされている。相続人らは，相続税の申告をしなければならない。然るところ，遺産分割などについて相続人らが争っている場合には，一緒に相続税の申告をすることが出来ない場合がある。その場合には，相続税の申告期限において，それぞれの申告人がそれぞれの申告書を税務署に提出することになる。ところが，小規模宅地の評価減（租税特別措置法69条の4）など，相続税の減額を実現しうる節税方法について，遺産分割の協議が成立していることが要件となっている。また，どの宅地について小規模宅地の評価減を適用するのか，全員の選択同意が必要だとされている。また，配偶者の税額軽減の特例（相続税法19条の2第2項）も同様である。相続税の申告期限までに遺産分割の協議が成立しているかいないかによっ

て，相続税額に大きな影響を与えることとなる。遺産分割手続を依頼された弁護士は，相続税の申告期限までに遺産分割の協議の成立をさせることが重要な法的義務と言っても過言ではない。相続税の申告をなす税理士と協力をしながら，相続人らに対し遺産分割協議が成立した場合のメリットを説明して，極力遺産分割の協議が納税期限までに成立するように説得することが必要である。

3 税務調査手続きについて

　相続税の税務調査は主として関与税理士が行うと思われる。しかしながら，どのように遺産分割がなされたのか，また遺留分の侵害額がいくらなのか，また相続財産の範囲はどうなのか，また課税対象相続財産はどうなのかについては，税理士が法的に分析することが困難な場合も多々あり，遺産分割協議に関与した弁護士のサポートが必要である。相続税の税務調査は，弁護士と税理士が協力して行うのが望ましいといえる。相続税の税務調査のポイントは次の通りである。

① 相続財産の範囲
② 相続税の軽減措置などの適用要件
③ 申告漏れの相続財産
④ 家族名義の預貯金及び財産が実質被相続人のものであるかどうか
⑤ 各相続財産について，その評価が適正であるかどうか
⑥ 生前の贈与がどのようになされたか
⑦ 控除される債務が租税回避を意図した違法なものかどうか
⑧ 貸付金・出資金・海外財産が申告除外されていないか

以上が税務調査手続きにおける調査対象のポイントである。
　弁護士は，調査結果の説明を受ける段階で立会いを求められることが多いと思われる（国税通則法74条の11第2項）。

4 税務争訟手続について

　納税者たる相続人と課税庁との間の紛争は税務調査から開始されることになる。課税庁は，家族名義の資産や被相続人の先代の資産なども，相続税の申告書なども調べて税務調査に臨む。上記の税務調査のポイントとして示したところが調査の対象となるが，それぞれについて財産の帰属や相続税法の適用などについて争いとなることが少なからず発生する。税務調査は主として相続人を対象になされ，相続人に対する質問の形でなされる。しかしながら，質問検査

288

権行使（命令）として書類の提出命令などを発することはほとんどない。行政指導として任意の提出などを要請する形式で税務調査がなされる。税務調査の現場において，質問に対する回答の中で，十分な納税者の権利の主張をすることができるが，主たる納税者の弁明は結果の説明会においてなすことになる。何故ならば，調査結果の説明会で，租税債権の金額及び更正の理由が示されるので，それらの更正金額および更正の理由を聞いてから，具体的な弁明をすることになる。

第2　相続財産の確定と相続税額の確定

1　申告時における相続財産の確定

各相続人は，それぞれが把握する相続財産について申告する。相続人は，被相続人の財産を把握していないから，課税対象相続財産の確定は，その後の税務調査で実現されている。従って，かかる課税相続財産の確定の困難性，そして，相続人が相互に情報交換をしないでなされた相続税申告について，各相続人が租税債権を統一して確定することは不可能であることを考えると，相続税額の最終的な確定は，税務調査により行われていると言える。

統計によれば，税務調査がなされた相続税申告書の約85%は，修正申告が勧奨され，最終的には，税務調査後の修正申告によって租税債権が確定するのが普通である。そして，相続税申告書には，各財産の評価額を記載することになっているが，海外資産や休眠会社への貸付金や出資金などの評価は，極めて把握困難である。

2　個別申告の合体

子供等相続人は，親の財産を正確に知り得ないのだから，相続税申告書の財産明細の記載事項は，完全なものとすることは，不可能である。申告に関与した税理士は，把握困難な財産については除外して申告する。相続財産を把握できる相続人が，把握した財産について申告すれば良いだけである。遺産分割が争われている相続税申告は，複数申告が予想されるので，申告書が全部出揃ってから，税務調査によって財産の範囲が確定されている。

3　「みなし相続財産」と「加算贈与財産」

また，課税相続財産には，「みなし相続財産」や「加算贈与財産」があり，相続人が把握しえない情報は多く存在するのが普通である。課税相続財産の範囲

は，相続人全員の申告が出揃って，各相続人が把握する財産を申告した後に，税務調査によって，確定するシステムとなっている。相続税の課税財産の確定のプロセスを前提とすると，税務調査前に査察立件することは困難である。また，遺産分割がなされていない未分割相続財産は単独で隠匿できないから，査察立件することも不可能である。

課税対象財産	相続財産
	みなし相続財産
	加算贈与財産

4　隠匿財産の範囲

　課税対象相続財産の確定は困難なので，納税義務者が故意に財産を隠匿した場合のみ刑事責任を問われる。税理士もまた，課税対象相続財産の把握をすることは，困難であり，相続税申告は財産評価額を記載してなすが，「評価資料を入手できない財産」や「みなし相続財産」など申告することは困難であるから，税務調査に任せることになる。依頼人が，申告データを有する法人税などと異なり，相続税申告のデータを申告時にすべて入手することは不可能である。相続財産の隠匿行為があれば，刑事事件として立件されるが，隠匿行為をなした相続人のみが刑事責任を問われる。相続財産について，行方不明で，未分割であれば，当該未分割放置財産について，犯罪立件は困難である。被相続人名義ではない第三者名義の財産は，所有権帰属の判定が困難だから，査察対象となしえない。みなし相続財産は，死亡退職金や生命保険金であるが，これを把握していない相続人について，犯罪的故意の認定はできないから，査察立件は困難である。また，相続発生前3年以内の贈与は，相続財産に加算されるが，これを把握しない相続人について同様に査察立件はできない。

犯罪立件	相続財産の種類	犯罪者
査察対象外	把握困難財産	無し
	評価困難財産	
	未分割放置財産	
	第三者名義財産	
査察対象	隠匿財産	隠匿行為者のみ

5 自己責任申告と関与税理士の責任

　一般に税理士は，親しい者から納税申告を依頼されても，申告資料が十分でないときは，申告のアドバイスはするが，申告書原本を作成せず，署名捺印もしない。納税義務者の自己責任で申告をしてもらうのが慣行である。

　かかる場合，税務代理権限証書や業務委託契約もないから何等の法的責任を問われることはないのが原則である。

　税理士法45条1項は，懲戒理由を「不真正税務書類の作成」としているが，これは原本の作成を意味する。査察事件は，「故意に真実に反した申告をなすこと」が要件であるが，不真正の税務書類の原本を作成していなければ，故意がなく，懲戒される理由はない。同条1項は，「脱税相談に応じる行為」も懲戒理由としているが，故意的な行為が懲戒理由とされている。

6 相続税申告の困難性と相続財産の範囲

① 相続税課税対象の相続財産の範囲

　「相続や遺贈によって取得した財産」と「みなし相続財産（死亡退職金と死亡保険金）」がある。相続人及び税理士にとって，相続税申告は，正確になしえない困難なものである。相続人は，被相続人の相続財産の範囲を正確に知らないから，まして，相続人から申告の依頼を受けた税理士は，相続財産の範囲を確定することなど不可能である。みなし相続財産を税理士は把握できない。

② 加算贈与財産

　死亡前3年以内に故人から相続人が贈与を受けていた場合，相続人の相続価格に贈与額が加算される。生前贈与加算の対象者は，相続や遺贈により財産を取得した者である。

　課税庁は，被相続人の銀行口座の入出金を10年以上も遡及して贈与財産等を調査するが，被相続人の預金通帳で古いものは，散逸していることが多い。相続などにより財産を取得した人が被相続人から相続開始前3年以内に贈与を受けた財産があるときは，その者の相続税の課税価格に贈与財産の評価額が加算される。従って，相続により財産取得していない者が，3年超前に，生前贈与を受けていても，贈与税が賦課されるが，相続税賦課はない。3年超贈与財産は，加算贈与財産ではない。

③ 親族名義財産

　被相続人は，配偶者やその他の親族名義で財産形成することもあるが，税理

士には知り得ない事実である。

④　失念財産

被相続人自身が，自己取得を失念している相続財産が少なからず存在する。

⑤　親族横領財産

高齢な被相続人の場合，記憶力が減退していることが多く，自己所有財産を把握していないことも多い。また，かかる場合，身の回りの世話をしていた近親者が生前に横領していることも多い。

⑥　出資金・貸付金

同族会社への出資金や貸付金が，相続財産であることが多い。しかし，これらは，その成立や発生原因が不明なことが多い。出資金は，名義株のことも多い。また，貸付金は，使途不明金などを集めただけで架空のことも多い。

⑦　海外財産

被相続人の海外財産は，把握が困難である。日本と異なり，不動産の権利証や登記情報証明書などがないし，銀行通帳もない。

⑧　評価額

相続税申告書には，各相続財産の評価額を計上する配偶者軽減措置，小規模宅地評価減，貸家建物付地減価などを適用すれば，相当の評価減となる。出資金や貸付金も困難な評価をしなければならない。

⑨　売買契約後の死亡

被相続人が，相続財産について売買契約等の処分契約をなした直後に死亡し，その引渡義務が未履行の場合，相続財産は，売買代金請求債権か，売買対象財産か，判定が困難となる。

⑩　特別受益

一部の相続人が故人から受け取った特別の利益のことで，「婚姻のための贈与」，「生計の資本としての贈与」などとされ，相続人間の公平を図るために特別受益制度が設けられている。生前贈与について，遺留分の算定において価額算入できるのは，相続開始前の10年間に限定されている（新民法1044条3項）。具体的な相続分を算定するため特別受益について，持ち戻し対象となる贈与の期間に制限はない。

特別受益は，「相続人が既に受けた財産」であり，遺留分は「相続人が最低限保証される財産」である。

⑪　税務調査後に全部判明

　相続人間で争いがあり，相続財産に関する情報交換ができない場合，バラバラ申告となるが，各相続人から提出された申告書に記載された相続財産の範囲や評価額が異なるのは通常のことであり，申告書を受理した税務署が税務調査を実施し，相続財産と評価額の確定を行うことになる。従って，税務署が税務調査を実施し，質問検査権を行使した後に，虚偽説明した行為だけが重加算税対象かつ，査察対象となる。そもそも，税務調査を実施し，調査結果の説明がなされた時に，相続財産の全部が判明するのだから，それ以前には，隠匿行為はなしえない。税務調査で真実を話せば，隠匿したことにならないからである。税務調査の質問検査権行使に対し，故意に虚偽説明して，財産を隠匿した者だけが査察被疑者となる。それ以前に査察立件されることはありえない。

7　相続財産・取得財産・隠匿財産

①　相続財産

　相続財産は，被相続人が所有していた財産である。被相続人以外の者の名義である財産は，基本的に相続財産ではない。被相続人以外の者の名義である財産が，被相続人のものとするのは，困難な立証が必要である。基本的に，他人名義の資産が，対価無しに当該他人の名義とされている場合，通常，贈与がなされたものとして取り扱われるのであって，真正な名義の回復などの措置はとらない。課税庁も真実の所有者の立証は，困難であり，贈与の可能性が高いからである。また，5年以上前に贈与された財産については，贈与税も時効消滅している。同族会社に対する貸付金は，存在自体が不明のことが多く，5年以上放置されていれば，時効消滅していることが多い。3年以内の贈与財産は，相続価格加算される。

②　取得財産

　相続税の納税義務は，相続人の「取得財産」について生じることになっている。

　各相続人の相続税額は，実際に各相続人が相続で取得した財産（課税価格）の割合によって決定される。各相続人は，取得財産を課税価格とされるから，他の相続人の取得財産について，納税義務はない。

③　隠匿財産

　一方，相続税の査察対象財産は，「隠匿財産」に限定されるから，相続税納付

対象財産（以下,「相続財産」という。）よりも範囲が狭く, 限定される。査察対象財産は, 刑事立件として明白な「隠匿財産」でなければならないから,「申告済財産」や「被相続人名義以外の財産」,「帰属に争いがある財産」,「過失で申告漏れとなった財産」,「評価が著しく困難な財産」は除外される。また,「未分割財産」は, 相続人一人で隠匿できないから, これも査察対象から除外されるのが原則である。

　未分割相続財産は共有状態で, 相続人単独で隠匿できないから, 査察立件は困難である。相続人らが, 犬猿の仲であれば, 全員で共同隠匿することはありえないし, 分割協議成立するまでは, 税務調査も査察調査も着手されないことが多い。

　④　貸付金・出資金

　被相続人の同族会社に対する貸付金や出資金はその成立時期や根拠が不明であることが多く, 長く放置されていることが多い。

　⑤　海外資産

　海外資産は, その所在を確認することが, 困難なことが多い。被相続人と相続人の共有名義あることも多い。海外相続財産の取得は, 協議だけではなく, 事実上の分割, 契約（ジョイント・テナンシー契約）などによっても成立する。

　⑥　分割済申告

　分割済申告がなされた後に, 相続財産が追加発見されても, 分割済申告が覆ることはない（相続税法55条, 東京地裁昭和62年10月26日判決）。分割済申告がなされた場合, 民法910条により, 認知訴訟などで, 相続人が増加しても, 既相続人への財産帰属は覆らない。相続税について, 未分割財産については, 所有権の帰属が未確定なので, 査察事件の立件は一般的にされない。共有の相続財産については, 単独で隠匿できないからである。分割済申告と未分割申告とでは, 相続財産評価額が大幅に異なり, その結果, 前者では, 税額が相当減額される。前者は, 小規模宅地の評価減の適用によって税額が低くなることが多い。

　⑦　小規模宅地・貸家建付地（租税特別措置法第69条の4）

　「小規模宅地」については, 50〜80％の評価減となる。

　アパート経営などをなしていた建物にテナントが存在する場合,「貸家建付地」として20％程度減価される。但し, 自用地, 事業用地, 貸家敷地の範囲が正確に計測されなければならず, 相続発生時の状況によって適用範囲が異なる

から，占有相続人の協力がなければ面積等は不明で，申告が困難となる。また，生前にアパートが相続人に贈与された場合や相続開始時におけるアパートのテナントと生前贈与時のアパートのテナントが異なる場合，貸家建付地の減価は受けられない。かかる事情は税理士には把握できない。

⑧　相続人の増加

相続人が，認知訴訟などによって，例外的に増加することはあるが，民法910条は，相続税申告後，相続人が増加した場合，分割済申告の効力は覆らず，代償金で清算することにしている。

⑨　判　例

最大判平成28年12月19日は，銀行預金は相続開始と同時に，当然に相続分に応じて分割されることはなく，遺産分割の対象となるとした。最一小判平成29年4月6日は，一部の共同相続人の金融機関に対する自己の法定相続分相当額の払戻し請求を否定した。かかる判例によれば，未分割遺産の管理処分は，裁判所を経由しなければなしえない。

8　相続税対象財産の確定と相続税の確定時期

日本における相続税申告は，約85％が修正申告によって税額が確定している（国税庁ホームページ「平成30事務年度における相続税の調査等の状況」参照）のは，次の事情による。

① 被相続人の財産の範囲について相続人が全部把握していないことが一般的であり，非同居の相続人には，父母である被相続人の財産範囲など不明なことが多いこと。

② 親族等に対する生前贈与などは，贈与を受けていない相続人が把握することが困難であること。

③ 両親は，子供名義の財産を保有していることも多いが，それが，相続財産であるかどうかの判定が困難であること。

④ 金・絵画・骨董品等祖父母から承継していることも多いこと。

⑤ 海外保有財産の把握は，相続人も税務署も困難であること。

⑥ 相続税は，各相続人の取得財産が分割されない限り，確定しないこと。

9　民法910条及び相続税法55条と判例

相続税法55条は，相続財産の一部が未分割となっている場合，未分割財産について，法定相続分の割合に従って，当該財産を取得したものとして，その課

税額を計算するものとしている。東京地判昭和62年10月26日は，「残余が未分割の場合，各共同相続人は，他の相続人に対して，遺産全体に対する自己の相続分に応じた価額相当分から，既に分割を受けた遺産の価額を控除した価額相当分において，その権利を主張できるものと解される」としました。また，民法910条は，相続税申告後，相続人が増加しても，分割済申告の効力は覆らず，認知等で新しく相続人になった者は，既存の相続人に対し，代償金を請求できます。

10　相続財産の範囲

相続財産については，次の三種類に分類することができます。

① 　当初申告した財産

② 　特定の相続人が隠匿取得した財産

③ 　税務調査において発見された財産

の三種類である。

査察対象財産は，故意による隠匿財産だけで，これが処罰の対象となる。従って，「申告済財産」，「被相続人名義以外の財産」，「帰属に争いのある財産」，「過失で申告漏れとなった財産」，「評価が著しく困難な財産」は査察対象から除外される。

11　相続人間で争いがあるときの税理士の財産調査義務

我が国の申告納税の大半は，税理士が関与する申告によってなされ，税務調査によって確保される納税は少ない。税理士は，独立した公正な立場で，納税者に申告を促す業務をなす者である。税理士は，常識的になすべき調査をなして，納税者に申告を促すだけであり，課税庁職員の様な質問検査権限はない。

税理士による相続財産の調査は，相続人からの情報提供によるものであり，課税庁職員による調査よりも，きめ細かいことが多い。課税庁職員の調査では，調査ができない場合，強制調査権行使ができる査察調査に移行することもある。相続財産は，不動産及び預貯金が主たるものであることが多いが，同族企業への出資金と同族会社への貸付金もある。

しかし，同族会社への出資金や貸付金の内容が不明であるとして，除外されることが多い。

同族会社への貸付金は，借用証書もなく，長く放置されて，時効消滅していることが多いことから，一般的には相続税申告から除外されることが多い。税

理士は，納税義務者の提示した資産について，相続税申告するのであり，行方不明財産や被相続人以外の名義財産，納税義務者自身が把握できない財産を申告する義務はない。

相続人間で争いがあり，海外資産など，1人の相続人が隠匿していたら，税理士は把握できない。相続人間で争いがある相続税の申告は，バラバラ申告をなし，税務署が一本化することになる。また，未分割の場合，税額を確定できないから，分割完了を待って，税務調査を行わざるを得ない。査察調査による刑事事件の立件は，原則として分割完了後しかなしえない。

12 評価額申告

相続税の申告は，財産の帳簿記載の価格や仕入価格を申告するのではなく，すべて時価評価額を申告することになる。預貯金は，評価は不要であるが，その他の財産は，時価評価する必要がある。不動産，株式，貸付金などは，相当の関連資料がないと時価評価できない。

相続宅地は，小規模宅地評価減・貸家建付地評価減・貸宅地評価減・地積規模大宅地評価減などを適用すれば，相当の評価減となる。

13 相続税法31条による更正の請求

相続税は，当初申告で確定しないのが通常である。申告時において，どの相続人も相続財産の全体把握が困難である。申告後，相続財産が増加判明した場合，相続税法32条が用意されており，また，減少判明した場合，同法31条があり，後日更正の請求をすることになる。

相続税額は，そのうち約85％が修正申告と更正の請求で確定している。

これは，

イ）相続財産の存在が，相続人からは分からないこと

ロ）被相続人の名義でないものの判定が困難であること

ハ）誰に生前贈与されているか不明であること

ニ）海外財産の調査が困難であること

ホ）金などの高価動産は，祖父母以前に遡及する相続の可能性もあり，その判定が困難であること

ヘ）分割協議の結果や評価方法によって，取得相続財産が増減したり，評価額の増減が発生すること

等の事情による。

　相続税の確定は，遺産分割がなされていないときは，相続税法32条により，遺産分割が成立してから4か月以内に更正の請求をして確定させる制度となっている。相続税申告は，分割済申告か未分割申告の二種類ある。未分割申告は，相続財産を共有とする申告である。分割済申告は，各相続人の単独取得を前提とする申告である。

14　申告除外の責任

①　税務書類作成

　税理士法45条1項は，「故意による不真正な税務書類作成」を懲戒理由としている。税理士法3条によれば，税務書類とは，申告書及びその添付書類とされている。

②　懲戒基準

　財務大臣は，「税理士等に対する懲戒処分の考え方」を公表している。「Ⅱ量定の考え　第1の1　(1)　不真正税務書類の作成」をしたときの場合，「税理士の責任を問い得る申告漏れ所得金額等（課税価格その他これに類するものを含む)」に応じて「6ヶ月以上1年以内の税理士業務の停止又は税理士業務の禁止」とされている。これによれば，「脱税金額を考慮することを基本とし，その他の要素（行為態様等）を加味して判定する」のが，懲戒基準である。故意不正行為を懲戒理由とする場合，単なる税務書類の記載ミスでは懲戒できない。

③　第三者名義財産

　被相続人以外の者の名義財産は，税理士が把握することが困難であるから，相続財産であったとして，懲戒理由とすることはできない。

15　更正の請求と分割済修正申告制度

　相続税法31条は，後日の取得相続財産の増加を予定して，各人の税額の増加を予想し，分割済修正申告によって，調整する制度を確立している。従って，法論理的に，相続税の査察対象の隠匿行為とは，「故意に取得した相続財産を隠して，分割後に申告しない行為」のことである。

　相続財産の範囲は，被相続人しかわからないが，その死亡後は，各相続人がそれぞれの情報だけで相続税申告をせざるを得ない。相続財産を確定するのは，バラバラの申告書を集めた税務署しかできない。そのため，相続税申告は，殆ど税務調査がなされ，約85%が修正申告させられ，税額が確定するものである。

16 帳簿価格と評価額

相続税申告は，取得財産の評価額で行うものである。

相続税法22条も相続税評価基本通達も，「取得財産の価額は取得時における時価」としている。帳簿記載価格ではなく，相続発生時の価額（時価）である。申告時判明しない財産や評価不能財産は，申告書に記載しない。相続税申告実務は，相続財産の評価計算書を作成するのが主要な部分である。

評価不能財産と把握困難財産については，申告書に記載することは不可能である。

以下の財産は，これらを把握している相続人が申告し，後日，税務調査によって複数申告書を合体し，かつ，調査結果を総合して，相続財産の範囲を確定するしかない。申告書には，不明財産は書けないから，税務調査に任せるしかない。従って，税務調査において，虚偽説明し，意図的に隠匿した財産のみ，脱税財産ということになる。

把握困難財産，評価不能財産，失念財産，第三者が隠匿した財産は，申告除外されることが多い。

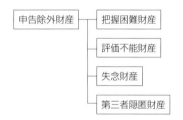

所得税や法人税の申告は，納税義務者本人が実施した取引に基づく所得申告であるが，相続税課税対象財産は，被相続人による資産形成であるから，相続人には，把握困難なものが多い。

第3 国税調査事務運営指針

税務調査手続の実施に当たっての基本的な考え方等について，以下の通り事務運営指針が定められている。

1 基本的な考え方

第1章は，手続の透明性及び納税者の予見可能性を高めるものとする。

2　調査と行政指導区分

第2章の1は，調査と行政指導の区分を明示しなければならないとする。

3　調査結果の説明

第2章の4の(2)は，調査結果の説明を，更正金額と更正理由を示して行わなければならないとする。

4　修正申告の勧奨と合意による租税債権の確定

第2章の4の(3)は，調査結果の説明をなす際，修正申告の勧奨ができるとし，租税債権の確定制度を確立した。

5　告知・弁明・防御機会の付与（再度説明）

第2章の4の(2)及び(4)は，調査結果の説明の後に弁明できるとしている。

6　納税義務者の同意の確認

第2章の4の(5)は，調査結果の説明を納税義務者に行うことを定める。

第4　第1ケース（小規模宅地評価事件）

1　第1ケースの事実関係

母親Aが借地をしており，約200坪の土地に自宅とアパートを建築していた。二つの道路の角地にあり，相続人は姉Bと妹Cの2名である。姉Bは母親と同居していたが，妹Cは母親と別居であった。2020年1月10日，Aが死亡し，全財産をBに遺贈する旨の遺言書が作成されていた。8月に入り，BC間で分割議を開始したが，10月1日になり，分割協議がまだ不成立であった。相続税の申告期限は10月10日であるが，到底分割協議が成立する目途が立たない状況であり，BとCはそれぞれ別の税理士に依頼をし，相続税の申告をどのようにするのか，納税額はいくらになるのかを検討した次第である。このような事例を基に，各問題点について質疑応答をしていきたい。

2　問題の解答

⑴　相続税申告及び相続税課税の仕組みについて

相続税の申告を依頼された税理士は，まず相続財産の範囲を確定することになる。本件の事例においても，BCは母親の全財産がどのようなもの100%正確に把握しているわけではない。関与税理士は，相続人を通じて，相続財産の範囲を調査することになる。しかしながら，相続財産の範囲を正確に確定することは困難であり，また名義財産のようなもの，あるいは亡くなった母親しか

知らない金融資産であるとか海外投資資産など，相続人らが把握できないものも少なからずあり得るわけである。次に相続税申告書には，財産評価をして評価額を欠かなければならなくなっている。本件において，この借地権の評価をしなければいけない。甲地と乙地の借地権の評価は同じかどうかも大きなポイントである。そのような場合に，ここは自宅が存在し，そしてアパートが存在しました。そのような場合には小規模宅地の評価減が使えるのであるが，遺産分割協議が不成立であり，ＢとＣが了解して申告をする状況がないので，小規模宅地の評価減は投資申告についてはつかないことになる。また，甲地乙地の借地権が必ずしも評価額が同一とは言えない。この点についても，分割された借地のうち，甲地と乙地については，それぞれ評価を個別にすることになる。図を見れば，甲地は角地に属し，２面道路に面している。しかし乙地は，片側１面しか道路に面していないわけである。当然評価額が異なるということになる。

(2) 相続税申告期限までに分割協議が不成立の場合

ＢとＣは相続税の申告及び相続税の納税をどうすればよいのか。Ｂは遺言書をベースに申告することになるだろうが，小規模宅地の評価減を利用できず，多額の税金を納付することになる。Ｃからの遺留分侵害請求額を認めて，Ｂは，相続財産の75％を取得したものとして申告することになると考えられる。しかし，Ｃは遺言書が無効であると主張すれば，相続財産の50％を法定相続したものとして申告することになると思われるが，相続による金銭の入金もないのに，多大な相続税を納付しなければならない。

(3) 相続税申告において，相続税の減額を実現しうる節税の方策

本件のような相続税を申告する場合には，関与税理士は，配偶者の軽減措置，小規模宅地の評価減，貸家建付地の評価減，またその他の軽減措置が適用できるかをチェックし，何等の節税策を利用しないで，相続税の申告をし，相続人に納税をさせたら，職務上の過誤ということになる。

(4) 遺留分侵害額請求について

妹Ｃが姉Ｂに対して遺留分の侵害請求をした場合には，姉Ｂが75％，妹が25％と，相続持ち分が決まることとなる。もし，この甲地乙地の借地権評価額が全体で２億円だとすると，法定控除などをしても相当の納税額が発生する。法定控除した後，納税額は全体で約4000万円である。姉は，相続財産の遺産分

割が長引いても家賃が入って参るので，大きい不利益はないが，妹Cは何の収入も入らないのに全体の25％の納税額，約1000万円を納付しなければいけないことになる。本件において妹Cは，遺言状を無効だと争っているので，もし無効を前提とする相続税の申告をするとすれば，現金が何ら手元にないのに相続税の二分の一を納付しなければいけないことになる。この借地権が，相当評価額が高い場合には，姉Bとしても月々の家賃が入るけれど，相続税額が数千万円ということになれば，この借地権を売らない限り，この納税は困難だということになる。かかる借地権を基に金融機関から融資を受けようとしても，相続財産に関する遺産分割の争いがあれば，どの金融機関も融資をしてくれることはない。妹Cとて同じである。従って，相続税の申告期限までに，この遺産分割協議の紛争を解決しておくことが必要だと思われる。

　相続税の申告期限が来たら，とりあえず法定相続分で相続税の申告をするのか，遺留分だけ申告をするのか，また遺言状を無効だと争う場合には法定相続分で申告をするのか。当該時点においては，妹Cはいくらの相続財産を相続によって取得するか明確ではない。また，遺留分侵害請求としていくのであれば，それがこの借地権全体を売却してしまわない限り，遺留分の侵害額請求は確定しないことになるし，遺留分侵害額請求を訴訟でやる場合には，借地権の売却をしなくてもよいが，その評価をして，裁判所の判決を取得するまでには数年かかると予想される。到底相続税の申告期限には間に合わないわけである。

⑸　相続税の重要判例は次の通りである。

①　**小規模宅地事件**（東京高裁平成29年1月26日判決）

　小規模宅地評価減の特例が認められるためには，相続人全員の選択同意書を添付した，期限内相続税申告が必要とした。

②　**預貯金分割事件**（最高裁平成28年12月19日大法廷決定）

　預貯金も遺産分割の対象となるとしたものである。

第5　第2ケース（貸付金貸倒事件）

1　第2ケースの事実関係

　これは，そこに記載されている通りであるが，被相続人A兄は，配偶者両親子供がおらず死亡した。Aは弟のBに全財産を遺贈するとの遺言状を残して死亡した。相続財産は，Aの自宅とAが100％株主とするC社の株式とC社に対

する6000万円の貸付であった。C社は別荘マンション1室，都内マンション1室だけを有していた。Bから相続税の申告を依頼されたD税理士は，相続税の申告期限前にC社の保有するマンションを全て売却するよう指導したところ，Bはこれを売却し，別荘マンション300万円，都内のマンションは1700万円で売却できた。もう一度整理すると，相続財産は自宅の土地建物，それからC社の株式出資金，C社への貸付金の3つだけであった。一方C社の所有財産は別荘マンション1室都内マンション1室，他に何も資産はないという状況である。上記の事実関係を前提に，具体的な論点について質疑応答したい。

2　問題の解答

(1)　出資金評価

①　相続税申告における出資金貸付金の評価は，相続税の税務調査における重大な調査対象の項目の1つである。

出資金や貸付金についてどのように評価するのかは，評価通達に従って行うことになる。

②　出資金については，評価通達がある。178及び179である。

出資金が発行会社の株式の一部である場合，マイノリティディスカウントする必要がある。

③　財産評価基本通達178について

取引相場のない株式の価額は評価しようとする株式の発行会社（以下評価会社という）が，大会社，中会社，または小会社のいずれに該当するかに応じて評価することになっている。ただし，同族会社以外の株主が取得した場合には，評価通達188により，また，特定の評価会社の株式の価額は評価通達189の定めによって行う。

④　大会社，中会社，小会社の分類は，純資産価額，従業員数，取引金額等の指標で決定することになっている。次に，財産評価基本通達179は，区分された大会社，中会社，および小会社の株式の時価評価額について，更に詳細を定めている。

(2)　貸付金評価

①　貸付金の評価通達は，204及び205である。

②　ところで，本件においては，D税理士は，C社所有の不動産を全て相続税の申告期限前に売却をさせました。現実に売れた合計2000万円が時価である

ということを前提に考えた場合に，この相続発生時における貸付金と出資金がどのように評価されるかが問われているわけである。D税理士は，出資金は零評価し，貸付金は2000万円と評価して，相続税の申告をした。相続人Bは，C社の所有財産を相続税申告期限までにすべて売却したところ，2000万円の貸付金が返済されたのである。残り4000万円の貸付金は，回収不能として申告したのである。

　③　債権の回収可能性の判断基準や回収不能部分の取扱いは，企業会計・法人財・所得税・相続税にそれぞれの基準が設けられている。

　会計上や法人税法上回収不能部分を額面金額から減額した場合であっても，相続税法上同様の処理が認められるとは限らない。

　企業会計上の取扱いは，将来に損失を繰り延べないため，債務者が実際に支払い不能となり回収できなくなった場合には，一般に公正妥当と認められる会計処理の基準に従って貸倒損失を計上する。

　④　法人税法上の取扱いは，損金算入の要件が厳格に定められている。法人税基本通9-6-1は，また，法人税基本通達9-6-2等，回収不能となる事実の発生に基づいて認識し，その事実の発生した日の属する事業年度の所得の金額の計算上，損金の額に算入することが認められている。

　⑤　所得税法上は，企業会計の概念を取り入れて，貸倒損失や貸倒引当金の計上による必要経費算入を認めている（所得税法51条，所得税基本通達51，所得税法52条，所得税基本通達52）。

　⑥　一方，相続税法上の取扱いは，個別に貸倒引当金を設定している貸付金債権については，財産評価基本通達205の要件に該当することが多く，その場合には引き当て計上した金額を元本から控除して評価することができる。

　⑦　財産評価基本通達205の要件に該当しない貸付金債権については，引き当て計上した金額を元本から除外することはできない。

　財産評価基本通達205は，回収不可能もしくは著しく困難であると見込まれるときには，元本額算入が認められるとしている。

　回収不可能等の判定は，

　債務超過の継続

　継続的な赤字

　経営環境の悪化などによる売上高の減少

304

金融機関からの借入金の返済状況
等を総合判断して決することになる。

⑧　相続税対策としては，貸付金の放棄，債権者の地位の他社への譲渡，貸付金の現物支出やデッドエクイティスワップなどの実施で相続税評価額を引き下げることが出来る場合がある。ただし，租税回避や同族会社の行為計算の否認規定に該当する場合には認められないこともある。

⑨　同族会社に貸付金があった場合には，原則として相続財産への計上が必要である。同族会社が債務超過だから，10年以上大赤字だから，貸付金の回収可能性はないので計上不要と判断しても，後で否認されることも多い。会社が存続している限りは，債務超過でも大赤字でも長期にわたって回収できるとみなされるからである。

実際の裁判でも納税者が敗訴することが多い。

⑩　休業中の会社の株式の価額は純資産価額によって評価することになっている（財産評価基本通達198）。純資産価額を計算する場合の債務の金額は帳簿に計上されている金額である。

(3)　評価通達総則6項

相続財産の評価額を増減させる道具として，評価通達総則6項がある。被相続人が相続財産の売買交渉をしていただけで，相続税評価基本通達総則6項を適用するのは，拡大解釈であろうと思われる。そもそも6項は，バブル崩壊時において高い株式評価などがされて時価が下落しているときに納税者を救済する規定であった。税額を拡大，増額するために6項が作られたわけではない。

(4)　関係重要判例

①　評価通達総則6項事件（最高裁判所令和4年4月19日判決）

通達による財産評価が著しく時価と乖離する場合，平等原則に反しない特別事情がある場合（租税回避行為など），鑑定評価額によって課税できるとした。

②　養子縁組事件（最高裁判所平成29年1月31日第三小法廷判決）

租税回避の目的で養子縁組をなした場合でも，それだけの理由で無効とはできないとした。

第6　相続税に関する査察調査及び税務調査

1　相続税申告の困難性

(1)　相続税課税対象の相続財産の範囲

「相続や遺贈によって取得した財産」と「みなし相続財産（死亡退職金と死亡保険金）」がある。相続人及び税理士にとって，相続税申告は，正確になしえない困難なものである。相続人は，被相続人の相続財産の範囲を正確に知らないから，まして，相続人から申告の依頼を受けた税理士は，相続財産の範囲を確定することなど不可能である。特に，みなし相続財産を事前に税理士や弁護士は把握できない。

(2)　加算贈与財産

課税庁は，被相続人の銀行口座の入出金を10年以上も遡及して贈与財産等を調査するが，被相続人の預金通帳で古いものは，散逸していることが多い。相続などにより財産を取得した人が被相続人から相続開始前3年以内に贈与を受けた財産があるときは，その者の相続税の課税価格に贈与財産の評価額が加算される。従って，相続により財産取得していない者が，生前贈与を受けていても，贈与税が賦課されるが，相続税加算はない。

(3)　親族名義財産

被相続人は，配偶者やその他の親族名義で財産形成することもあるが，税理士には知り得ない事実である。

(4)　失念財産

被相続人自身が，自己取得を失念している相続財産が少なからず存在する。

(5)　親族横領財産

高齢な被相続人の場合，記憶力が減退していることが多く，自己所有財産を把握していないことも多い。また，かかる場合，身の回りの世話をしていた近親者が生前に横領していることも多い。

(6)　出資金・貸付金

同族会社への出資金や貸付金が，相続財産であることが多い。しかし，これらは，その成立や発生原因が不明なことが多い。出資金は，名義株のことも多い。また，貸付金は，使途不明金などを集めただけで架空のことも多い。

(7)　海外財産

被相続人の海外財産は，把握が困難である。日本と異なり，不動産の権利証

306

や登記情報証明書などがないし，銀行通帳もない。

⑻　**評価額**

　相続税申告書には，各相続財産の評価額を計上する配偶者軽減措置，小規模宅地評価減，貸家建物付地減価などを適用すれば，相当の評価減となる。出資金や貸付金も困難な評価をしなければならない。

⑼　**売買契約後の死亡**

　被相続人が，相続財産について売買契約等の処分契約をなした直後に死亡し，その引渡義務が未履行の場合，相続財産は，売買代金請求債権か，売買対象財産か，判定が困難となる。

⑽　**特別受益**

　学費や生活費の援助など，扶養義務の範囲以上の贈与は，特別受益とされている。新民法では，持ち戻し計算は，相続開始前10年以内に限定されている。

⑾　**相続債務**

　最高裁平成21年3月24日判決は，「相続債務についての相続分の指定は相続債権者に効力が及ばない」としている。各相続人は，相続債権者に対して法定相続分に従って，相続債務の履行をしなければならない。

⑿　**未分割相続財産**

　相続開始後，遺産分割協議が成立するまでは，相続財産は未分割で全相続人による共有状態であり，各相続人の取得する財産が不確定である。租税債権額は，相続財産が分割された時に確定する。

⒀　**遺留分侵害額請求**

　令和元年7月1日から施行の民法1046条1項によると「遺留分権利者は，受遺者又は受贈者に対し，遺留分侵害額に相当する金銭の支払いを請求することができる」とされている。遺留分侵害額請求を受けた受贈者等は，侵害額相当金の債務を負担することになり，これに対応する相続税額が減少となる。

⒁　**税務調査後に全部判明**

　相続人間で争いがあり，相続財産に関する情報交換ができない場合，バラバラ申告となるが，各相続人から提出された申告書に記載された相続財産の範囲や評価額が異なるのは通常のことであり，申告書を受理した税務署が税務調査を実施し，相続財産と評価額の確定を行うことになる。従って，税務署が税務調査を実施し，質問検査権を行使した後に，虚偽説明した行為だけが重加算税

対象かつ，査察対象となる。そもそも，税務調査を実施し，調査結果の説明がなされた時に，相続財産の全部が判明するのだから，それ以前には，隠匿行為はなしえない。税務調査で真実を話せば，隠匿したことにならないからである。税務調査の質問検査権行使に対し，故意に虚偽説明して，財産を隠匿した者だけが査察被疑者となり，それ以前に査察立件されることはありえない。

2　相続財産・取得財産・隠匿財産

(1)　相続財産

相続財産は，被相続人が所有していた財産である。被相続人以外の者の名義である財産は，基本的に相続財産ではない。被相続人以外の者の名義である財産が，被相続人のものとするのは，困難な立証が必要である。基本的に，他人名義の資産が，対価無しに当該他人の名義とされている場合，通常，贈与税を賦課して対応するのであって，真正な名義の回復などの措置はとらない。課税庁も真実の所有者の立証は困難であり，贈与の可能性が高いからである。また，5年以上前に贈与された財産については，贈与税も時効消滅している。同族会社に対する貸付金は，存在自体が不明のことが多く，5年以上放置されていれば，時効消滅していることが多い。

(2)　取得財産

相続税の納税義務は，相続人の「取得財産」について生じることになっている。各相続人の相続税額は，実際に各相続人が相続で取得した財産（課税価格）の割合によって決定される。各相続人は，取得財産を課税価格とされるから，他の相続人の取得財産について，納税義務はない。

(3)　隠匿財産

一方，相続税の査察対象財産は，「隠匿財産」に限定されるので，相続税納付対象財産（以下，「相続財産」という。）よりも範囲が狭く，限定される。査察対象財産は，刑事立件として明白な「隠匿財産」でなければならないので，「申告済財産」や「被相続人名義以外の財産」，「帰属に争いがある財産」，「過失で申告漏れとなった財産」，「評価が著しく困難な財産」は除外される。また，「未分割財産」は，相続人一人で隠匿できないので，これも査察対象から除外される。未分割相続財産は共有状態で相続人単独で隠匿できないので，査察立件は不可能である。相続人らが，犬猿の仲であれば，全員で共同隠匿することはありえないし，分割協議成立するまでは，税務調査も査察調査も着手されないことが

308

多い。

⑷　貸付金・出資金

　被相続人の同族会社に対する貸付金や出資金はその成立時期や根拠が不明で
あることが多く，長く放置されていることが多い。

⑸　海外資産

　海外資産は，その所在を確認することが困難なことが多い。被相続人と相続
人の共有名義あることも多い。相続財産の取得は，協議だけではなく，事実上
の分割，黙認などによっても成立する。

⑹　分割済申告と未分割申告

　分割済申告がなされた後に，相続財産が追加発見されても，分割済申告が覆
ることはない（相続税法55条，東京地裁昭和62年10月26日判決）。分割済申告がなされ
た場合，認知訴訟などで，相続人が増加しても，既相続人への財産帰属は覆ら
ない。相続税について，未分割財産については，所有権の帰属が未確定なので，
査察事件の立件は一般的にされない。共有の相続財産については，単独で隠匿
できないからである。分割済申告と未分割申告とでは，相続財産評価額が大幅
に異なり，その結果前者では，税額が相当減額される。前者は，小規模宅地の
評価減の適用によって税額が低くなることが多いからである。

⑺　小規模宅地・貸家建付地

　「小規模宅地」については，50～80％の評価減となる。アパート経営などを
なしていた建物にテナントが存在する場合，「貸家建付地」として20％程度減
価される。但し，自用地，事業用地，貸家敷地の範囲が正確に計測されなけれ
ばならず，相続発生時の状況によって適用範囲が異なるので，占有相続人の協
力がなければ面積等は不明で，申告が困難となる。また，生前にアパートが相
続人に贈与された場合や相続開始時におけるアパートのテナントと生前贈与時
のアパートのテナントが異なる場合，貸家建付地の減価は受けられない。かか
る事情は税理士には把握できない。

⑻　相続人の増加（相続開始後の認知）

　相続人が，認知訴訟などによって，例外的に増加することはあるが，相続税
申告後，相続人が増加した場合，分割済申告の効力は覆らず，代償金で清算す
ることになる。最高裁平成28年12月26日判決と，最高裁判所令和元年8月27日
判決は，相続開始後に相続人が増加したケースであった。

3　相続税対象財産の確定と相続税の確定時期

日本における相続税申告は，約85％が修正申告によって税額が確定している（国税庁ホームページ「平成30事務年度における相続税の調査等の状況」参照）のは，次の事情による。

(1)　被相続人の財産の範囲について相続人が全部把握していないことが一般的であり，非同居の相続人には，父である被相続人の財産範囲など不明なことが多いこと。

(2)　親族等に対する生前贈与などは，贈与を受けていない相続人は把握が困難であること。

(3)　父親は，子供名義の財産を保有していることも多いが，それが，相続財産であるかどうか判定は困難であること。

(4)　金・絵画・骨董品等祖父母から承継していることも多いこと。

(5)　海外保有財産の把握は，相続人も税務署も困難であること。

(6)　相続税は，各相続人の取得財産が分割されない限り，確定しないこと。

4　相続税法55条と判例

相続税法55条は，相続財産の一部が未分割となっている場合，未分割財産について，法定相続分の割合に従って，当該財産を取得したものとして，その課税額を計算するものとしている。東京地判昭和62年10月26日は，「残余が未分割の場合，各共同相続人は，他の相続人に対して，遺産全体に対する自己の相続分に応じた価額相当分から，既に分割を受けた遺産の価額を控除した価額相当分において，その権利を主張できるものと解される」とした。また，相続税申告後，相続人が増加しても，分割済申告の効力は覆らず，認知等で新しく相続人になった者は，既存の相続人に対し，代償金を請求できる。要するに，分割済み財産の分割の効果は覆らないのである。従って，未分割修正申告書で査察立件することは，基本的に誤りである。

5　相続財産の範囲

査察部は相続財産について，次の三種類に分類する。

①　当初申告した財産

②　特定の相続人が隠匿取得した財産

③　税務調査において発見された財産

の三種類である。

査察対象財産は，故意による隠匿財産だけで，これが処罰の対象となる。従って，「申告済財産」，「被相続人名義以外の財産」，「帰属に争いのある財産」，「過失で申告漏れとなった財産」，「評価が著しく困難な財産」は除外される。

6　相続人間で争いがあるときの税理士の財産調査義務

　我が国の申告納税の大半は，税理士が関与する申告によってなされ，税務調査によって確保される納税は少ない。税理士は，独立した公正な立場で，納税者に申告を促す業務をなす者である。税理士は，常識的になすべき調査をなして，納税者に申告を促すだけであり，課税庁職員の様な質問検査権限はない。税理士による相続財産の調査は，相続人からの情報提供によるものであり，課税庁職員による調査よりも，きめ細かいことが多い。課税庁職員の調査では，調査ができない場合，強制調査権行使ができる査察調査に移行することもある。相続財産は，不動産及び預貯金が主たるものであることが多いが，同族企業への出資金（修名義）と同族会社への貸付金もありえる。しかし，同族会社への出資金や貸付金の内容が不明であるとして，除外されることが多い。同族会社への貸付金は，借用証書もなく，長く放置されて，時効消滅していることが多いことから，一般的には相続税申告から除外されることが多い。税理士は，納税義務者の提示した資産について，相続税申告するのであり，行方不明財産や被相続人以外の名義財産，納税義務者自身が把握できない財産を申告する義務はない。相続人間で争いがあり，海外資産など，1人の相続人が隠匿していたら，税理士は把握できない。相続人間で争いがある相続税の申告は，バラバラ申告をなし，税務署が一本化することになる。また，未分割の場合，税額を確定できないから，分割完了を待って，税務調査を行わざるを得ない。査察調査による刑事事件の立件は，分割完了後しかなし得ない。

7　評価額申告

　相続税の申告は，財産の帳簿記載の価格や仕入価格を申告するのではなく，すべて時価評価額を申告する。預貯金は，価格の評価は不要であるが，その他の財産は，時価評価する必要がある。不動産，株式，貸付金などは，相当の関連資料がないと時価評価できない。

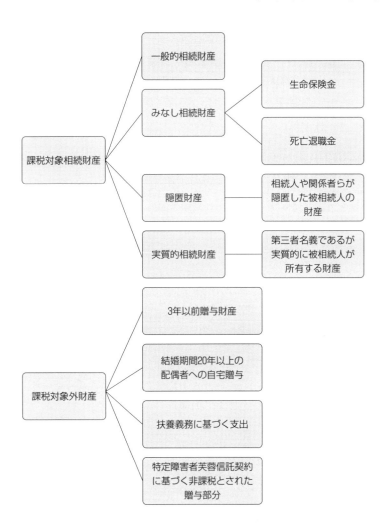

第2章　生前贈与・死因贈与事件

（公正基準）

　私人間で成立した契約について，事実認定による法律構成の否認は，なされるべきではない。租税回避の意図に基づき締結された私法契約であっても，取引の実態が存在する限り否認することはできない。

　遺言書が所定の要式を欠いていても，贈与契約の要件を具備していれば，死因贈与契約として有効である。

第1　生前贈与

1　生前贈与

　贈与は，契約であり，贈与者と受贈者の合意が要件である（民法549条）。父親Aが，子供Bのために毎年Bの銀行口座へ低額を預金していた場合，当該預金通帳をAが保管し，BがAから入金された金銭の移動を知らなかった場合，贈与がなされたことにならない（国税不服審判所令和3年9月17日裁決参照）。

2　生前贈与加算

　年間110万円以下の生前贈与をなす方法は，相続税対策の王道である。しかし，相続税法には生前贈与加算という制度がある。相続開始日以前3年間に相続人や受遺者が被相続人の生前に贈与された財産額は相続税の計算基準である課税価格に加算するということになっている。死亡日以前3年間の贈与は相続税がかかる。贈与税0円になるように親が子に贈与しても2年後に亡くなってしまえば子は生前贈与分も相続税を納めることになる。相続人や受遺者が贈与を受けた年に贈与者が亡くなると，贈与財産は贈与税ではなく相続税の課税対象となる。贈与から3年以内に贈与者が死んでしまうと相続税対策はとれなくなる。

3　教育資金贈与

　教育資金の贈与税の非課税制度や結婚・子育て資金の贈与税の非課税制度を使った贈与で，相続税対策の一つとして注目を集めている。死亡日以前3年以内に契約を締結したものであっても生前贈与加算の対象とならない。

　資金の使い残しがあると，その使い残しはみなし相続財産となり相続税が課

される。

4　使い残しの非課税

教育資金の贈与税の非課税制度については，受贈者である子や孫が次のいずれかに該当するなら贈与者の死亡時に使い残しがあっても相続税がかからない。

①　23歳未満である

②　幼稚園や保育園，小中高，大学や大学院・大学校，専門学校や外国の学校に在学している

③　教育訓練給付金の対象となる教育訓練を受けている

教育資金の非課税枠の上限は1500万円である。

5　相続時精算課税制度

相続時精算課税制度は，節税効果がほとんどない。

相続時精算課税制度は「贈与税が2500万円まで非課税」として知られているが，この制度を使って生前贈与した財産はすべて相続税の課税対象となる。

「適用者同士の贈与では二度と暦年課税制度を使えない」ということである。

6　孫への贈与

相続人や受遺者でない孫や甥姪への贈与は，3年以内に贈与者が死亡しても相続財産への加算対象にはならない。従って，子ではなく孫に贈与するのが効果的である。

7　住宅取得等資金の贈与税の非課税

住宅取得等資金の贈与税の非課税制度を使って子や孫への新居購入やリフォームのための資金を贈与することも，相続税対策として効果がある。

相続開始以前3年間の贈与であっても生前贈与加算の対象にならないし，最大で1500万円まで非課税になる。

8　自社株の生前贈与

不況時においては，相続税対策として極めて有効である。

生前贈与加算で持ち戻しとなる自社株の価額は，相続時の評価額ではなく贈与時の評価額だからである。

相続時精算課税制度も贈与時の価額で持ち戻しとなるので，コロナ禍などの不況時に贈与すれば節税になる。

生前贈与加算の対象となっても子は相続時と贈与時の評価額の差額分だけ相続税を節約でき，相続税を差額分だけ抑えられる。

9 特定障害者扶養信託を活用

特定障害者信託は，預貯金や賃貸物件といった換金性・収益性の高い資産を信託銀行に預け，信託銀行が障害者の子に定期的に送金するものである。

特定障害者扶養信託は，障害の程度に応じた金額まで贈与税が非課税になる。

第2 死因贈与契約

1 遺言書の自由取消

遺言書は書いた人の気分次第でいつでも変更できるため，受遺者としては死後に遺言書を確認するまで安心できない。

2 死因贈与

遺言書の自由取消の不安を解消するため，「死因贈与」が考えられる。

死因贈与は，贈与する者と贈与を受ける者との間の契約で，両者の同意によって成り立つものである。

3 負担付死因贈与

贈与の代償として相手の生活の面倒を看るなどの義務や負担を課す「負担付死因贈与」にすることで，お互いの約束として法的に拘束しあうことになる。

「負担付き」であれば，相互に撤回は難しいとされている。

4 登録免許税等

遺贈の登録免許税は0.4%（法定相続人以外は0.2%）であるのに対し，死因贈与は一律4％である。

不動産取得税では，遺贈が非課税であるのに対し，死因贈与は一律4％と，かなり高くなる。

5 国や自治体等への寄付

相続人が，相続税の申告期限までに国や地方自治体，特定公益法人に財産を寄付すると，その財産は相続税の課税対象財産から外れ，課税されない。

6 行為能力

遺贈は15歳以上であれば単独で行えるが，死因贈与はあくまでも「契約」という法律行為であるので，未成年者は親権者などの法定代理人の同意を得る必要がある。

第3　死因贈与と遺贈
1　死因贈与の内容
　死因贈与は，遺言書が必要な遺贈と違い，口頭でも契約できる。死因贈与は
贈与契約の1つであり，贈与者が死亡した場合に効力が生じる。贈与者が亡く
なった時点で，財産は生前に契約した受贈者に贈与される仕組みである。
　死因贈与は契約の1つであるため，一方の意志だけでは成立せず，贈与者と
受贈者の意志が一致している必要がある。口頭での契約も可能だが，贈与者が
亡くなってしまうと死因贈与の立証が難しくなる。
　遺贈とは，贈与者が遺言によって，死後の財産の行く先を決めることである。
寄贈者は，誰に，どのような財産を贈与するのかを自分の意志で決められる。
相続の場においては，その意志が尊重される。あくまでも寄贈者の一方的な意
志であるため，受贈者は遺贈の拒否が可能。

2　死因贈与と遺贈の違い

項目	死因贈与	遺贈
意思表示	贈与者と受贈者の合意が必要	贈与者の一方的な遺言書の記載
贈与の実行	贈与者死亡後の拒否は原則不可	放棄可能
書面の必要性	必ずしも必要ではない口頭でも効力が発生	遺言書が必要
税金	相続税	相続税

3　負担付死因贈与契約
　負担付死因贈与契約とは，贈与者の死亡で受贈者に財産を贈与する条件とし
て，負担や義務を負わせる契約である。負担・義務の内容は，贈与者が生前に
決める。贈与者が独居老人で死後の葬儀や納骨を契約条件に加えたい場合や，
生前の介護を契約条件にする場合などに負担付死因贈与契約を結ぶことになる。
受贈者は，契約条件の負担を満たさなければ贈与を受けられず，贈与者の判断
だけで契約撤回できない。
　死因贈与を立証するためには，いくつかの方法がある。口頭での死因贈与契
約は立証が難しいため，証人を用意することが重要である。家族や親戚，知人，

316

弁護士などに証人として立ち会ってもらい，第三者を死因贈与契約の証人とし，実際に契約を見聞きするということが大事である。契約の日時を記録しておくことも，立証の際に有効である。

　死因贈与契約は，贈与者と受贈者の契約だが，可能であれば法定相続人の承諾を得ておくほうが無難である。相続人全員から死因贈与の承諾を取り付けるのが望ましい。

4　死因贈与契約書の作成

　死因贈与契約書を作成し保管すれば，証人がいなくても立証しやすい。公正証書の形式で死因贈与契約をしておくとよい。不動産などが含まれている場合には，公正証書の形式で契約をしておくのがよい。死因贈与契約書は，遺言書と異なり要式に関する規定はない。

【死因贈与契約書作成の必要事項】

　イ）契約日を明記

　ロ）贈与者と受贈者を明記し，受贈者が契約を受託したことを記載

　ハ）贈与者の死亡により，この契約の効力が発生すると記載

　ニ）贈与する財産を明記（不動産なら住所地なども）

　ホ）負担条件があれば記載

　ヘ）贈与者と受贈者が署名捺印

　ト）立会人や執行人がいる場合は署名捺印

　契約日，贈与者・受贈者の署名捺印，贈与財産を明記する。

5　死因贈与と仮登記

　死因贈与の財産に不動産が含まれる場合は，仮登記（始期付所有権移転仮登記）ができる。仮登記を行うことで，受贈者の権利が確保される。仮登記によって受贈者単独で不動産の所有権移転登記ができる。登記記録上に「贈与者の死後，所有権が受贈者に移転すること」と公示されるため，贈与者の処分を制限できる可能性を高められる。

6　死因贈与を行うメリット

　贈与者は，死因贈与により，受贈者に確実に財産を渡せる。相続や遺贈では相続放棄や遺産分割協議により，本当に財産を渡したい人に渡らないケースも想定されるが，死因贈与ではそのようなケースは起こりづらい。死因贈与は生前に契約を結んでいるため，別の人に財産が渡ったり，受贈者に放棄されたり

することは通常ない。そのため，自分の財産を受け取ってほしい人がいる場合は，死因贈与を行うメリットがある。

　負担条項を付帯できる。死因贈与契約であれば，受贈者に負担条件を付帯できるメリットがある。財産を贈与する代償として，介護や葬儀などの負担を条件とした贈与ができる。負担がない死因贈与契約は，双方の合意があればいつでも撤回できる。贈与者の生前であれば撤回も可能である。受贈者が負担を一部でも履行した場合は，原則として契約を破棄できない。確実に受贈者へ財産が贈与されることになる。

　死因贈与のメリットの1つが，遺贈と異なり，必ずしも契約書が必要ではない。口頭による契約であっても証人や法定相続人が証言することで，立証する方法もある。口頭での契約の場合は，証人や執行者の立会や契約書への記載をなし，ボイスレコーダーなどで記録を残しておくのが良い。遺贈としての要式性を欠く場合でも，死因贈与として認められることは多い（広島高裁平成15年7月9日判決，東京地裁昭和56年8月3日判決，東京高裁昭和60年6月26日判決）。

7　死因贈与のデメリット

書面がないとトラブルに発展する。

口約束を立証できなければ，相続人とトラブルになる可能性が高い。

遺贈と比べて税金が高くなる。

　死因贈与で贈与者の不動産を取得した場合，登録免許税と不動産取得税の税率が遺贈や法定相続よりも高くなる。

	登録免許税	不動産取得税
死因贈与	2.0%	4.0%
遺贈（法定相続人）	法定相続人：0.4% 法定相続人以外：2.0%	法定相続：：非課税 法定相続人以外：4.0%

　負担付死因贈与で受贈者がすでに負担を履行している場合は，原則として撤回できない。履行された契約は，一方の意志だけでは撤回できない。贈与者が死亡前であれば死因贈与契約の撤回が可能である。

8　死因贈与と遺贈

　死因贈与は，贈与者と受贈者があらかじめ契約し，贈与者が死亡した場合に効力が発生する贈与契約である。契約であるため，契約時には双方の合意が必

318

要であり，解約や撤回を一方的に行うことは原則としてできない。遺贈には，遺言書が必要であるが，死因贈与は口頭でも契約可能である。しかし，死因贈与契約を確実に立証するためには，死因贈与契約書を作成しておいた方が安心である。

第4　みなし贈与課税財産と所得課税財産

大阪高裁平成26年6月18日判決

1　事実の概要

X（原告・控訴人）は，歯科医師であり，社団法人Aの会員であるところ，昭和59年，歯科医師でありAの会員である父Bから歯科医業を承継した。

Bは，本件共済制度に加入していたところ，加入からBが満80歳に達した月の属する年度末に納付義務が免除されるまでの同人の負担金（以下「本件負担金」という）をいずれも納付し，平成20年5月8日，死亡した。

Xは，Bによって死亡共済金の受給権者に指定されていたことから，平成20年5月23日付けで，Aに対して死亡共済金の請求を行い，同年6月12日，B死亡に係る死亡共済金として800万円を受領した（以下「本件共済金」という）。

2　判　旨

① みなし贈与の意義

相続税法9条本文は，贈与又は遺贈により取得したものとみなされる場合を除くほか，対価を支払わないで又は著しく低い価格の対価で利益を受けた者がいる場合に，当該利益を受けた時における当該利益の価額に相当する金額を，当該利益を受けさせた者から贈与又は遺贈により取得したものとみなして，贈与税又は相続税を課税することとした規定である。

その趣旨は，私法上は贈与又は遺贈により取得したものとはいえないが，そのような私人間の法律関係の形式とは別に，実質的にみて，贈与または遺贈を受けたのと同様の経済的利益を享受している事実がある場合に，租税回避行為を防止するため，税負担の公平の見地から，贈与契約又は遺言の有無に関わらず，その取得した経済的利益を，当該利益を受けさせた者からの贈与または遺贈によって取得したものとみなして，贈与税又は相続税を課税することとしたものと解される。

② みなし贈与の要件

同法9条の趣旨に鑑みれば，一方当事者の何らかの財産が減少し，他方当事者について財産の増加や債務の減少があったというだけでは，およそ贈与と同じような経済的実質があるとは言い難いことは明らかであって，同条にいう「対価を支払わないで利益を受けた場合」というためには，贈与と同様の経済的利益の移転があったこと，すなわち，一方当事者が経済的利益を失うことによって，他方当事者が何らかの対価を支払わないで当該経済的利益を享受したことを要すると解するのが相当である。

③ 死亡共済金

本件共済制度に基づく死亡共済金は，会員の相互扶助を目的とする各種共済金の一つであって，共済金の額も会員が支払った負担金の額とは全く連動しない一定の額とされているのであり，贈与と同様の経済的利益の移転があったとは認められない。

④ 遺族年金

遺族年金の額も，会員が養老年金受給前であれば，基本的には会員による払込済保険料と利息相当額が支給され，養老年金受給開始後であれば，養老年金の保証期間の残金納付期間に係る年金と同額が支給されることとなっていると認められるのであるから，遺族年金の受給は，会員の払込んだ保険料に相当する経済的利益が遺族年金として遺族に移転したものであり，贈与と同様の経済的利益の移転があったと認められる。

3　本判決の意義

① みなし贈与の意義

相続税法は，贈与税の課税財産を「贈与により取得した財産」（2条の2）と定めた上で，さらに「贈与により取得したものとみなす場合」について，いくつかの規定を置いている（5条以下）。本件は，このうち，「対価を支払わないで…利益を受けた場合」（9条）の解釈とその適用が争われた事案であり，相続税・贈与税・所得税の切り分けに関する現行法の考え方を理解する上で多くの示唆を与える判決である。

本件のように，負担金と死亡共済金との間に個別対応の関係がなく，共済金の額が負担金の額と全く連動しない一定の額とされている場合には，みなし贈与は否定されることになる。

　相続税法は，財産の価額について，取得の時における時価による評価を原則としており（22条），定期金に関する権利ついては，別段の定めを置いている（24条・25条）。

　本件のように，被相続人の死亡を基因とした経済的利益の享受であっても，相続税法3条1項各号（みなし相続・遺贈）に該当しないことがある。

　②　相続税法9条と租税回避の意図

　みなし贈与の認定された事例は次の通りである。租税回避の意図は要件とされない。

　みなし贈与該当性が否定された場合，所得課税がなされる。

　イ）預貯金の移転（東京地判平成22年10月29日）

　ロ）無償融資（平成元年6月16日裁決）

　ハ）は行増資（東京高判平成9年6月11日）

　ニ）低額譲渡（東京高判平成27年4月22日）

　③　相続税法9条と利益移転

「経済的利益喪失」と「経済的利益享受」の関係について，次の考え方がある。

　a　東京高裁平成27年22日判決

贈与があったのと同様の経済的利益の移転の事実がある場合に9条が適用されるとした。

　b　大阪高裁平成26年6月18日判決

一方当事者が経済的利益を失うことによって他方当事者が何らの対価を支払わないで，当該経済的利益を享受したことを要するとした。

　c　税務大学校古谷勇二説

税務大学校論叢85号古谷勇二「相続税法第9条のみなし贈与について」は，その経済利益が移転されるのに見合うだけの特別の関係が存在することが，一般的にいえるとしている。

**　4　共済契約**

生命保険契約に類する共済契約と類しない共済契約がある。生命保険契約に類するものについては相続税法3条1項1号により，被相続人が負担した共済掛金に対応するものは相続税課税財産とみなされる。

**　5　みなし贈与課税対象**

相続税法19条，21条の9，34条は，贈与者の特定について規定している。相

続開始前3年以内の贈与は，相続税課税対象として課税価額に加算される。

6　租税回避と住所

① 　日本国籍を有する者同士の間での国外財産の贈与につき贈与税を免れるためには，贈与者・受贈者共に10年超日本から住所を移していなければならない。

② 　住所が複数認定されうるという考え方を複数説といい，住所は単一であるとする考え方を単一説という。

③ 　最高裁平成23年2月18日判決（武富士事件）は，贈与税回避の意図により「客観的な生活の実体が消滅するものではない」としている。住所認定に関する民法学説のうち主観説ではなく客観説を採ったと解される。

④ 　相続税法・所得税法に関し住所が問題となった事案において，裁判所は租税法独自の住所認定基準を導きだそうとしない傾向がある。納税者勝訴例として，ユニマット事件（東京高判平成20・2・28）がある。

⑤ 　相続税法独自の住所概念はないとの考えが武富士事件最高裁判決の前提である。

第3章　売主死亡相続事件（売買契約後・引渡前の売主の相続）

（公正基準）

　相続税の課税対象は，不確定な資産や未実現の資産を含まない。収益確保の期待や蓋然性を根拠に課税してはならない。

第1　相続財産の判定

1　事案の概要と争点

　売主Aは，所有土地甲の売買契約を買主Bと締結したが，買主Bに引渡す前に死亡した。Aの相続人Cは，甲土地の売却代金を受領して相続税を支払った。Aの相続財産は，甲土地か，その代金か，いずれであるかが問題となる。

2　関係法令

①　相続税法2条（課税財産）

②　同法22条（評価の原則）

③　財産評価基本通達（平3課評2-4外改正）

　時価とは，課税時期において，それぞれの財産の現況に応じ，不特定多数の当事者間で自由な取引が行われる場合に通常成立すると認められる価額をいい，その価額は，この通達の定めによって評価した価額による。

3　最二小判昭和61年12月5日（売主引渡前死亡のケース）

　売主の課税相続財産は，売買代金債権であるとした。

　売買対象土地の所有権は，売買代金債権を確保するための機能を有するにすぎないものであり，独立して相続税の課税財産を構成しないと判断した。

4　広島地裁平成23年9月28日判決（相続開始後解除のケース）

　売主Aは所有不動産を，平成17年12月7日買主Bと売買契約締結した。その後，Aは，平成18年3月10日に死亡した。

　平成18年4月6日，Aの相続人Cが売買契約を解除した。

　解除の遡及効が認められ，納税者Cが勝訴で，一審判決は確定した。

5　最三小判平成 5 年28日

①　最　判

相続財産は，所有権移転請求権等の債権的権利とし，評価額は，農地売買代金ではなく，土地と同一の財産的価値（相続税評価額）とした。

6　キャピタルゲイン課税

①　相続財産

代金債権を相続財産とするなら，相続税による未実現のキャピタルゲイン課税となる。

②　相続人Ｃに対する譲渡所得課税

代金債権が相続財産とするならば，譲渡所得は零であるべきである。

引渡日と契約日は選択できることになっている。

③　土地のキャピタルゲインの帰属

Ａ又はＢのいずれにキャピタルゲインが帰属するかが問われる。

④　時価と路線価との差額

もし売買代金が甲土地の路線価以下である場合，甲土地の時価と路線価との差額は課税できないことになる。

⑤　所得税法60条

取得価格の引継規定を定めている。

⑥　未実現のキャピタルゲイン

未実現のキャピタルゲインについて，所得税課税はできない。

又，未実現のキャピタルゲインに，相続税課税もできないというべきである。

7　債務控除と土地引渡債務

売主Ａの相続人Ｃは，土地を買主Ｂに引渡す義務がある。引渡義務は，売買契約代金額相当と評価できる。

昭和61年最判は，甲土地に引渡義務の負担がついていることの考慮をしていない。

相続人Ｃは，相続税申告において，土地引渡債務の債務控除が使えるというべきである。

8　措置法39条（小規模宅地の評価減）の適用関係

売主の相続と買主の相続のいずれに小規模宅地の評価減特例を適用するのかが問われる。売主の相続の場合，小規模宅地の評価減特例が適用されている。

9 買主相続の場合

　名古屋地裁平成2年（行ウ）第22号判決は，買主には，土地所有権が移転しておらず，土地所有権移転請求権を取得していたとされた。買主が代金未払のまま死亡したケースである。

　国税不服審判所平成18年3月22日裁決は，「株式引渡請求権の相続財産としての経済的価値は，引渡しの対象である株式の価値と異なるところはない」とした。

　昭和61年最判は，代金未払の買主は，相続開始時，所有権を有しておらず，相続財産は土地所有権移転請求権であるとした。

10 非上場株式の売買契約後の死亡

　売主死亡の場合と買主死亡の場合に分けて，通達評価額か，売買代金額のいずれで，相続税の申告をなすべきかが問題となる。

第2　薬局チェーン店売却事件（仙台北税務署平成31年1月25日再調査請求決定）

1 事案の概要

　被相続人A（父）は，その経営する甲法人の30％株式の所有者であったが，信託銀行の仲介による交渉の末，乙会社と甲法人の100％株式を総額60億円で売買する旨の基本協定書を調印した。しかし，その直後，突然病気により死亡した。Aの妻Bと長女C及び次女Dは，A死亡後一カ月後に甲法人の全株式100％Bが買い受け，同時にその全部を乙社へ60億円で転売した。Y税務署は，通達による評価額（金6億円）を採用せず，60億円の評価額として相続税更正処分及び過少申告加算税賦課決定処分をなした。

2 再調査決定

① 　基本協定書において，甲法人の全株式を譲渡することが予定されていたから，Aの保有株式（30％）のみの評価（マイノリティ・ディスカウント）をする必要性はない。

② 　キャピタルゲインについて，相続税と所得税の二重課税は，所得税法60条により許容される。

3 未実現のキャピタルゲイン

　未実現のキャピタルゲインに対する相続税課税は，違法というべきと考えて

いる。

30％程度の父Aは，売買契約していない。甲法人の100％株式を集めて，乙社へ60億円で売買する旨の協定を交わしただけであった。

相続税申告においても，キャピタルゲインについて，実現主義は遵守されるべきである。

4　債務控除

株式について，譲渡交渉金額を相続財産評価額とするなら，株式引渡請求債務を時価評価して相続財産価額から債務控除しなければならない。

5　評価基本通達6項

更正処分は，相続税評価基本通達6項適用評価なのか，時価評価なのか，あるいは両方か，課税庁の処分理由を明確にしなければならない。通達一般評価か6項特別評価かが問われる。6項適用は法の下の平等に違反し，租税法律主義に違反する。

6　交渉課税

各株主との全株式の取得契約は，Aの妻Bが，A死亡後になした。

交渉と契約は異なり，交渉に課税してはいけない。

7　通達評価

相続財産の評価は，通達によるとのルールは，社会に定着した慣習法であり，変更できない。通達評価額と契約金額との差額は，相続発生後の売買により偶然実現した。「相続財産評価通達に従って財産評価する」とのルールは最高裁も認めている。相続財産は，値上がりすることもあるが，課税対象の評価は，固めの評価であるべきである。

8　租税回避の意図

父Aの死亡は，誰も予想しておらず，租税回避の意図は全くない。

9　加算税

Y税務署は，過少申告加算税の賦課決定処分をなしたが，評価の食い違いに制裁的な加算税を賦課するべきではない。

10　基本協定書

基本協定はA1人となされたものであり，甲法人の発行済全株式が売買の重要な条件であった。

11　全株式の取りまとめと株式総会等決議

　全株式の取りまとめとすることと，株主総会・取締役会の決議が絶対とする売買条件であるから，売買代金額を相続税対象額とすることは誤りである。

12　営業権評価

　財産評価基本通達165による営業権評価は，課税時期の属する前年以前3年間の利益金額の三分の一（平均利益金額）という実現した利益を基準として評価されている。

13　マイノリティ・ディスカウント

　Aの株式は，30％しかないのであるから，マイノリティ・ディスカウントが必要である。本件売買契約では，100％の株式を集めることが売買契約の条件とされている。同族会社の判定基準をマイノリティ・ディスカウントの評価基準として使うことは誤りである。

14　取引時と相続時

　全株式の売買は，相続開始の1カ月後になされているのであるから，相続時の時価とすべきである。

第4章　相続税小規模宅地評価減事件

（公正基準）

　相続税申告において，小規模宅地評価減の適用は，極めて重要な項目である。東京地裁平成28年7月22日判決のケース（本件）では，原告は敗訴確定したが，その後の遺産分割協議成立後，更正の請求手続において同評価減の適用が認められた。相続税申告に関する極めて重要な実務ケースである。本件は，相続税申告時において，分割見込書は未提出であったが，その後，更正の請求において，同評価減の適用が認められたものであり，実務上有益な先例である。

第1　事案の概要（東京地裁平成28年7月22日判決）
1　家系図

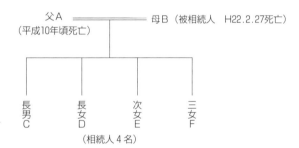

（相続人4名）

2　相続財産（事業用特例対象土地及び建物）

(1)　北区土地（B持分1000分の457）

　　土地面積　1278.21 m^2（B持分584.14 m^2）

　　相続税評価　1 m^{2}あたり金27万6360円

　　北区建物（内科クリニック診療事業継続中）

(2)　川口市土地（B持分5分の1）

　　土地面積　533 m^2（B持分106.6 m^2）

　　相続税評価　甲敷地：1 m^{2}あたり金21万円

　　　　　　　　乙敷地：1 m^{2}あたり金21万5700円

川口市甲建物（賃貸中　賃料月額31万円）

川口市乙建物（賃貸中　賃料月額32万円）

(3)　申告期限において，下記の財産が存在した。

　　　遺贈財産　　　　北区土地・建物相続分

　　　未分割財産　　　川口市土地相続分

3　Bは，平成19年1月14日付遺言書により北区土地・建物相続分をCへ遺贈した。

4　相続税申告

Cは，北区土地相続分を選択して，特定事業用宅地として80％評価減し，本件特例を適用して相続税申告書を税務署へ提出した。

他の相続人による本件特例適用に同意する旨の選択同意書を添付していなかったが，特定事業用宅地として80％評価減されるのは最大400㎡までとなっており，Bの北区土地の持分面積は584.14㎡で，川口市土地の持分面積が106.6㎡であることから，通常人であれば誰でも北区土地の持分に対して本件特例を適用する。北区土地の1㎡あたりの固定資産税評価額は，川口市土地の固定資産税評価額よりも高いので，本件特例を適用するのは，北区土地以外にはあり得なかった。

5　未分割の場合と分割見込書

未分割の場合，分割見込書（申告期限後3年以内の分割見込書）を相続税申告書に添付しておけば，分割協議成立日の翌日から4ヶ月以内に更正の請求を行い，そこで本件特例適用が認められている。本件では，分割見込書を申告時に提出していなかった。

6　3年10ヶ月以内に遺産分割できない場合と延長承認申請書

申告期限後3年を経過する日から2ヶ月以内に「遺産が未分割であることについてやむを得ない事由がある旨の承認申請書」を提出し，期間延長できることになっており，未分割の場合，いずれの段階でも本件特例を認める取扱いとなっている。本件では，この承認申請書も未提出であった。

7　遺贈の場合

遺贈の場合には，本件特例適用の条文がないが，遺贈の場合だけ本件特例が排除されるべきではないから，当然適用が認められるべきである。Cは，かかる主張を前提に，遺贈によって取得した北区土地について本件特例を適用して

相続税申告をなした。

第2　関係法令

1　措置法69条の4第1項1号（本件特例法）

⑴　個人が相続又は遺贈により取得した財産のうち，個人取得特例対象宅地又は選択特例対象宅地について，本件特例の適用が認められる。これは，事業用宅地である小規模宅地について80％の評価減を認めるもので，「被相続人と生計を一にする者によって事業の用に供されている宅地は，特例対象宅地に該当する」としている。

⑵　全ての特例対象宅地のうち，「当該個人が取得をした特例対象宅地（個人取得特例対象宅地）」又は「その一部でこの項の規定の適用を受けるものとして政令で定めるところにより選択したもの（選択特例対象宅地）」の2つのいずれかについて，限度面積要件（400 m²）を満たす場合，評価減される。

⑶　特定事業用宅地である小規模事業用宅地については，評価割合を100分の20とされる。本件特例は，「当該個人が取得した特例対象宅地」と「政令で定めるところにより選択した選択特例対象宅地」の2つのうちいずれかについて認められる。後者の対象地の選択をする者は納税者であって，本件特例法上，他の相続人の同意は要件とされていない。

2　措置法施行令40条の2第5項3号（未分割土地について選択同意書を必要とする本件施行令）

⑴　未分割の土地について本件特例を適用するためには，相続人全員による選択同意書の添付が必要であるとしている。

　　本件特例法は，「取得特例対象宅地」と「選択特例対象宅地」について適用が認められるとし，本件施行令とズレがある。

⑵　選択特例対象宅地については，「政令で定めるところにより選択したもの」に適用されるとしており，選択する者は納税者以外にはあり得ないが，本件施行令は相続人全員の選択同意書が必要としている。「相続人全員の選択同意」要件は，本件施行令が定める加重要件である。

⑶　本件特例法は，他の相続人の同意を要件とせず，「政令で定めるところにより選択したもの」を適用要件としているが，本件施行令は，相続人全員の選択合意書が必要としている。

⑷　本件施行令（措置法施行令40条の2第5項3号）は，未分割土地で，紛争のない場合の規定である。紛争のある場合，選択同意書の取り付けは不可能だから，本件施行令は，射程範囲外である。また，本件施行令は，遺贈の場合について規定していないので，これも本件施行令の射程範囲外である。

3　施行令40条の2第5項但書（選択同意書不要とする施行令）

「特例対象宅地等の全てを取得した個人が一人である場合，選択同意書がなくても特例が適用される」としている。

4　相続税法55条（未分割の場合の課税価格計算）

未分割の場合は，法定相続分又は包括遺贈の割合に従って当該財産を取得したものとして課税価格を計算する。しかし，相続税申告は，各相続人が別個独立して成しえる。

5　措置法69条の4第4項（未分割特例対象宅地に特例が適用される場合）

未分割の特例対象宅地について，3年以内に分割された場合には，分割協議成立日の翌日から4ヶ月以内に更正の請求をなせば，本件特例が適用される。

第3　争　点

本件相続人全員の選択同意書を添付せずに北区土地相続分（遺贈対象地）について本件特例の適用を受けることができるのか。

第4　一審裁判所の判断（東京地方裁判所平成28年7月22日判決）

1　課税価格の算定

課税価格の算定の基礎となる「相続又は遺贈により取得した財産」には，未分割財産が含まれるものというべきであるので，措置法69条の4第1項の「相続又は遺贈により取得した財産」についても，未分割財産が含まれるものというべきである。

2　特例対象地選択の必要性

措置法69条の4第1項は，選択特例対象宅地等を，同一の被相続人に係る全ての相続人等に係る全ての特例対象宅地等の中から選択したものとしている。これは，全ての相続人等の間において，選択する特例対象土地等が同一のものとなることを前提としているからであると解される。本件特例を受けようとする個人のみが選択すれば足りるものではなく，全ての相続人等間で統一された

選択をすることが当然に要求されているのである。

3　未分割財産と選択同意書

　これを本件についてみると，川口市土地相続分のような未分割財産も特例対象宅地等に含まれるというべきである。川口市土地相続分は，本件相続税の申告期限の時点において未分割財産であり，本件被相続人である本件相続人らの共有に属していたことになるから，本件相続により，北区土地相続分及び川口市土地相続分から成る特例対象宅地等を取得したのは，本件相続人ら全員ということになる。従って，本件相続において，特例対象宅地等の選択をして本件特例の適用を受けるためには，特例対象宅地等を取得した全ての相続人である本件相続人らの選択同意書を相続税の申告書に添付しなければならず（措置法施行令40条の2第3項本文），原告が，本件申告において，本件相続人らの選択同意書を添付せずに，北区土地相続分について本件特例の適用を受けることはできない。

第5　法的分析とCの主張

1　特定事業用宅地に関する小規模宅地評価減（本件特例法）の実体要件

(1)　個人が，「相続又は遺贈により取得した財産」のうち，その「相続の開始の直前において，被相続人等の事業の用に供されていた宅地」等について，相続税の課税価格に参入すべき価額の計算上，一定の割合が減額される。

(2)　本件は，特定事業用宅地のケースで，限度面積は400 m^2，減額割合は80％である。

(3)　「遺贈により取得した財産」で，「相続開始直前において，被相続人等の事業の用に供されていた宅地」が本件特例法の適用実体要件である。

(4)　北区土地は，遺贈対象であり，既にCに取得されているから，他の相続人の選択同意書は不要というべきである。

2　まとめ

　本件は，特定事業用特例対象宅地について，相続させる旨の遺言がなされ，かつ，申告書において納税者が北区土地を選択したケースである。

　本件において，措置法69条の4第1項に記載された「選択」は，「当該納税者による選択」以外にあり得ないので，他の相続人の選択同意書面は法律が要求しているものではなく，政令によって選択同意書面を失権要件とすることは許

されないから，右書面の添付がないことを理由になされた本件処分は，明白に
違法なものとして取り消されなければならない。

　措置法施行令40条の2第5項3号（選択同意書の添付）を，本件に適用して，本
件特例の評価減を認めないとすれば，違憲無効である。

　本件特例は，当該納税者が選択して取得した北区土地に適用されるべきであ
る。

第6　第一審判決要旨　東京地方裁判所（平成28年7月22日判決）

　小規模宅地等の評価減特例の適用を受ける場合に，同特例の特例対象宅地等
を取得した全ての相続人の選択同意書を申告書に添付する必要があるか否かの
判断が争われた事件で東京地裁（舘内比佐志裁判長）は，同特例を定めた措置法
の政令が特例対象宅地等を取得した全ての個人の選択同意書の添付を求めてい
ることを理由に，納税者側の請求を斥けた。

　この事件の発端は，北区土地が被相続人と生計を一にしていた親族Cの事業
の用に供されていた宅地等に該当したことから，小規模宅地等評価減特例を適
用して相続税の申告をしたことにある。

　これに対して原処分庁が，同特例の適用の対象となる全ての土地を取得した
相続人全員の同意がされていないことを理由に特例の適用を否認，更正処分及
び過少申告加算税の賦課決定処分をしてきたため，その全部取消しを求めて提
訴された事案である。

　納税者側は，同特例の特例対象宅地等を相続させる旨の遺言が存在する場合，
申告時点における選択同意書の添付を要件とすると，小規模宅地等評価減特例
を定めた措置法69条の4第4項ただし書きの適用が不能となるから，同要件は
技術的細目要件としての機能を超え，実体要件としての機能を有するに至ると
指摘した上で，同施行令40条の2第3項3号は，相続させる旨の遺言の対象と
なった特例対象宅地等に適用される限りにおいて租税法律主義に違反した違憲
無効な規定となる旨の主張を展開，原処分の取消しを求めた。

　これに対して判決はまず，措置法69条の4が選択特例対象宅地等を同一の被
相続人に係る全ての相続人等に係る全ての特例対象宅地等の中から選択したも
のと定め，全ての相続人等間で統一された選択をすることを要求していると解
釈した。

　また，施行令40条の2第3項は，特例対象宅地等のうち同特例の適用を受けるものの選択は特例対象宅地等を取得した個人が1人である場合を除き，特例対象宅地等を取得した全ての個人の選択同意書を相続税の申告書に添付することを定めているのであるから，措置法69条の4第1項が定める「政令で定めるところにより選択」の文言を受け，その委任に基づく具体的手続を定めた規定であることは明らかと指摘，納税者側の主張を斥けて棄却の判決を言い渡した。

第7　第二審判決要旨（東京高等裁判所平成29年1月26日判決）

　本件の争点は，被相続人の長男（納税者）が相続させる旨の遺言により取得した北区土地（特例対象宅地等）について小規模宅地特例を適用する場合に，未分割財産である川口土地（特例対象宅地等）の共同相続人（長女ら）の選択同意書を申告書に添付する必要があるか否かという点である。

　措置法令40条の2第5項三号（本件施行令）は，小規模宅地特例の適用を受けるためには，特例対象宅地等の全てを取得した個人が1人である場合を除き，特例対象宅地等を取得した全ての相続人の選択同意書を相続税の申告書に添付しなければならない旨を規定している。この点，特例対象宅地等が未分割財産である場合には，措置法69条の4第4項ただし書きの規定により，未分割の上申書を提出したうえで「被相続人の遺産についての協議が整った段階」（申告期限後3年以内）で選択同意書を取得すれば特例の適用を受けることができる。もっとも，このただし書きの規定は特例対象宅地等が未分割財産であることが前提である。したがって，本件のように「相続させる旨の遺言」により納税者が取得した分割財産である北区土地には，ただし書きの規定を適用することができない。この点を問題視した納税者は，遺言の有効性に争いがある場合には他の相続人の選択同意書を取得することが困難であるから，申告時点で選択同意書の添付を要件とすると，相続させる旨の遺言の対象である遺産については，小規模宅地特例の適用が実質的に排除されてしまうと指摘した。措置法令40条の2第3項三号（現行の40条の2⑤三）は，遺言対象となった特例対象宅地に対して適用される限りにおいて，租税法律主義（憲法84条）に違反した違憲無効な規定になると主張した。

　これに対し東京高裁は，共同相続人間で特例対象宅地等の選択に関する同意がまとまらないという事態は様々な理由により一般的に生じ得るものであるこ

とからすれば，本件のような場合に選択同意書の取得を要求することで特例の適用が妨げられる可能性があるからといって，選択同意書の提出を要求する措置法令40条の 2 第 3 項三号が租税法律主義に反するとはいえないと指摘し，納税者の主張を斥ける判決を下した。

第 8　遺産分割協議後の更正の請求

　長男 C は最高裁判所まで争ったが敗訴し，確定した。その後，CDEF の相続人 4 名間において，訴訟上遺産分割協議が成立したので，C は，DEF から北区土地について選択同意書を取り付け，小規模宅地評価減の適用を求めて，「更正の請求」をなしたところ，これが認容され，評価減分の過払税が還付された。

第 9　特例法適用上の問題

　実務において，本件特例法適用上問題となるのは，以下の通りである。

1　遺贈の場合

①　本件特例法には，選択同意書の必要性について，明文がない。

②　包括遺贈と特定遺贈

「相続させる」と「遺贈する」は異なるが，選択同意書の必要性について，異なった取扱をするのか，明文がない。

③　制度趣旨から遺贈の場合，本件特例法適用は認められるべきである。

　未分割土地が他に存在する場合，本件特例法上，選択同意書が必要かどうか定かではない。

2　分割見込書

①　三年以内の猶予届（分割見込書）は全員に効果がある。1 人が，分割見込書を提出していたら，全員に効果が及ぶと言うべきである。

②　分割見込書は後出しも認められている実務がある。

3　遺留分侵害額請求

　遺留分権利者は，贈与または遺贈を受けた者に対し，その侵害額に相当する金銭の支払いを請求できる。遺留分侵害事件を解決し，更正の請求において特例適用は認められる。

4　申告書の記載

　全員による相続税申告書に特定土地に，本件特例法適用が記載されていれば，

選択同意したことになると解釈されている。

5　未分割で係争中の場合

申告書がバラバラに提出されたときでも，分割協議が成立したら更正の請求によって，本件特例法の適用をうけられる。

6　配偶者の税額軽減措置

相続税法第19条の2第2項は，未分割財産について，配偶者の税額軽減の対象としないとしているが，同法第32条6号は，これが分割された場合，更正の請求において特例適用できる旨を規定を指定しており。配偶者が特定遺贈を受けた財産等は，既に配偶者が実際に取得しており，配偶者軽減の対象となるものと解されている。本件特例法適用の解釈について参考となる。

第5章　評価額減額事件（相続財産の評価額の減額となる土地活用等）

（公正基準）

相続財産の評価額の減額特例は，相続人の権利として認められるものであるから，評価減特例の実体要件に該当する事実が存在する限り，評価減特例の適用は認められる。

第1　相続財産の評価額の減額となる土地活用法

1　債務控除と不動産購入

1億円を借り入れて1億円の土地を購入した直後に相続が発生した場合，一般的に土地の相続税評価額は時価の5〜6割程度であるから，1億円で購入した土地の相続税評価額は単純計算で5000万円〜6000万円となる。借入金などの債務は財産から控除でき，その結果，土地の相続税評価額と時価との差額分（4000万円〜5000万円）だけ，相続財産の減額が可能である。

債務控除を利用した相続税対策は有益である。

マンションの相続税評価額は時価の3〜4割程度となる。

2　貸家建付地

空地を貸し出し，その借主が自分で家を建てれば，土地の評価額は80％ほど下がる。借地権が発生して簡単には返してもらえなくなるが，この場合の土地を「貸宅地」という。賃貸用の建物が建てられた土地を「貸家建付地」と言い，貸家建付地の相続税評価額は，更地と比べて，借地権割合と借家権割合を乗じる分だけ評価が下がり，具体的には20％程度下がる。

借地権割合が80％で借家権割合が30％，自用地（更地）の価格が100とすると，借地は80（＝100×0.8），貸宅地は20（＝100×（1－0.8）），貸家建付地は76（＝100×（1－0.8×0.3））と価格を引き下げることができる。

3　小規模宅地評価減

居住する土地や事業用土地まで売って，相続税を納付しなくてはならないとなると，生活や事業が継続できない。そこで，相続税法は，小規模の居住用宅

地や事業用宅地に限って評価減することを認めている。

　相続税を計算する際に，通常の評価額の20％で評価できる。

　この特例を適用できるのは一定面積までとされている。

　通常の相続税評価額の20％にまで評価減できる事業用または居住用の宅地は次の通りの要件がある。

　①　330 m^{2}までの部分の全部が被相続人の居住のために使われていた宅地

　②　400 m^{2}までの部分の全部が被相続人の事業のために使われていた宅地

　例として，300 m^{2}の更地があり，相続税評価額が6000万円だった土地に自宅を建てると，相続税評価額は80％マイナスとなり，1200万円まで減額することができる。アパートを建てて賃貸していた宅地にも適用されるが，これは，更地の50％減まで，更地の場合の相続税評価額が6000万円だったとすると，3000万円まで評価額が低下する。

4　利用単位区分の評価減

　土地の利用範囲を分けることで，土地の評価減を引き下げることができる。

　宅地を自宅とアパートに分けて使用するというように，利用目的で宅地を区分して利用単位を区分することで，評価額を大幅に減額できる可能性がある。

　そのためには，次のような土地について，減額効果がある。

　①　2つ以上の道路に面している

　②　それぞれの路線価に大きな差がある

　ポイントは，路線価の高い方を貸家建付地とすることである。

　貸家建付地の方が，自宅よりも評価減割合が大きいからである。

　土地の区分としては，なるべく一つの路線に面するようにした方が有利である。

【図】アパート建築による土地評価減

【対策前評価額】

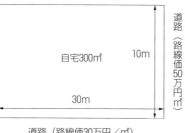

道路（路線価50万円／㎡）

自宅300㎡　10m

30m

道路（路線価30万円／㎡）

（正面路線価30万円＋側方路線価50万円 × 側方路線影響加算0.1）× 地積300㎡
＝1億500万円
① 自宅土地
正面路線価30万円 × 地積100㎡
＝3000万円
② アパート用地
（正面路線価30万円＋側方路線価50万円 × 側方路線影響加算0.1）× 地積200㎡
＝7000万円
7000万円 ×（1−借地権割合0.6× 借家権割合0.3）＝5740万円
③ 合計
自宅土地評価額3000万円＋アパート用地評価額5740万円＝8740万円
④ 評価減
1億500万円−8740万円＝1760万円
（評価減）

【対策後評価額】

道路（路線価50万円／㎡）

自宅100㎡　アパート200㎡

道路（路線価30万円／㎡）

（注）側方路線影響加算＝0.1，借地権割合60％，借家権割合30％として計算した。小規模宅地特例は考慮していない。

第2　寄付金の税金

1　法人の寄付金

①　法人が支払った寄付金は，一定の金額まで費用として申告できる。法人税において，費用にできる限度額が定められている。

　日本赤十字社や公益法人や認定NPO法人に対する寄付金については，経費にできる限度額に特別枠が設けられていて，少し多めに費用にできる。

　寄付金のように対価性のない支出は，材料の仕入れや人件費など対価性のある支出と違って，それが収益を生み出すために必要かどうかを客観的に判定するのは難しいので，経費かどうかの判断基準を簡単にし，公平性を保つために統一的限度額を設けている。

②　限度額の計算式

限度額は，次の2つの要素を使って計算する。

イ）寄付をした年度末の資本金の額

ロ）寄付をした年度の所得金額

　所得金額は，毎年変動するから，決算をするたびに限度額を計算すること
になる。

一般的な法人であれば，次の算式で計算する。

イ）一般枠による限度

　（資本金の額×0.25％＋所得金額×2.5％）×1/4

ロ）特別枠による限度（一般枠に上乗せ）

　（資本金の額×0.375％＋所得金額×6.25％）×1/2

③　手　続

申告するためには，寄附金の損金算入に関する事項を記載した明細書を申告
書へ添付するとともに，寄付先が発行した証明書等を保管しておく必要がある。

2　個人の寄付金

①　個人が支払った寄付金は，その寄付先によっては所得税の優遇措置を受
けられる。寄付金は生活費の範疇に含まれる。

　本来は飲食費や被服費と同じく税金の優遇を受けるべき対象ではない。

　国には公益に役立つ寄付を推奨したいという政策的な狙いがあり，寄付に対
する恩恵的な措置を用意している。

　日本赤十字社や日本国内の公益財団法人，公益社団法人，認定NPO法人に
対するものは税優遇を受けられる。

　大使館への寄付については，支払先が外国政府であり，日本の国益との関係
が不明確なため税優遇が用意されていない。

②　控除額

　個人が支払った寄付金に対する所得税の優遇措置には2種類ある。所得控除
と税額控除である。公益社団や公益財団，認定NPO法人への寄付は，これら
2つのうちどちらか有利な方を選択可能である。高額所得者を除き，多くのケー
スでは税額控除を選ぶ方が有利になる。

③　所得控除（寄付金控除）

所得の金額から一定額を差し引ける優遇制度である。差し引ける金額は，次

の計算式で算出する。

　　控除額＝寄付金の額－2000円

（所得額の40％相当額が限度である。）

　④　税額控除（寄付金特別控除）

　その年の所得税の額から一定額を差し引ける優遇制度である。差し引ける金額は，次の計算式で算出する。ただし控除できるのは，その年の税額の20相当額までである。

控除額＝（寄付金の額－2000円）×40％

（※所得額の40％相当額が限度である。）

　⑤　手続き

　寄付金について所得控除もしくは税額控除の適用を受けるためには，支払った寄付金に関する事項を確定申告書に記載するとともに，寄付先が発行した証明書を申告書へ添付する必要がある。なお，確定申告書をe-Taxで提出すれば，証明書の添付を省略できる。

3　遺族が支払った寄付金

　①　遺産を相続した人が，その一部を公益的な活動を行っている団体に寄付したときには，相続税の優遇制度を受けられる。そもそも相続税法では，公益的な事業のために使われている遺産を相続すると，その遺産には相続税を課さないこととされている。この仕組みとバランスをとるために，相続税の申告期限までに公益的な活動を行っている寄付先に遺産を寄付した場合にも，相続税を課さないようにしている。

　日本赤十字社や日本国内の公益財団法人，公益社団法人，認定NPO法人への寄付については税優遇を受けられる。

　大使館への寄付については適用がない。

　②　手　続

　寄付金について相続税の免除を受けるためには，相続税の申告書に寄付に関する事項を記載した明細書と，寄付先の発行した証明書等を添付して税務署へ提出する必要がある。

第3　飼い主死後のペット保護

1　ペットへの財産譲渡

日本ではペットに直接財産を譲り渡せる制度はない。民法上，ペットは「動産」にあたり，人間と同じような権利能力は認められず，相続権を持たない。

飼主の死後もペットが変わらぬ暮らしを続けるためには，信頼できる新しい世話人を飼主自身が依頼し，財産を譲り渡し，ペットの世話に充ててもらう必要がある。そのための具体的な方法は，①負担付贈与，②負担付死因贈与，③民事信託の3つがある。

2　負担付贈与

「負担付贈与」は，残されたペットの面倒をみることを条件に財産を譲り渡す方法である。遺言書に負担付贈与をするという意思を書き記すことで成立する。

愛するペットが放置されてしまうような事態を防ぐには，受贈者が遺言書通りの義務を果たしているかどうか，元の飼い主の代わりに確認する「遺言執行者」を指定するなどの対策が別途必要である。

この制度は元の飼い主が遺言書で贈与の意思を表示したにすぎず，当事者双方の同意で成り立つ契約のように強制力をもたない。

3　負担付死因贈与

負担付死因贈与では，元の飼主と新しい飼主との間であらかじめペットの飼育を条件に財産を譲渡する贈与契約を交わしておくことになる。元の飼主が生きているうちに双方が合意しているので，元の飼主の死亡によって契約の効力が生じれば，受贈者は原則としてペットの飼育が義務化されて拘束される。遺贈する相手によっては相続税の「2割加算」の対象となる。被相続人の一親等の血族や配偶者以外の者が相続や遺贈によって財産を取得すると，相続税額が2割増しとなる。

4　民事信託

飼主が元気なうちからペットの生活を保障するのが「民事信託」である。財産所有者（委託者）が，財産の管理を任せる人（受託者）に財産を移転し，受託者が財産を委託者の定めた目的に従って第三者（受益者）のために管理・運用・処分する仕組みである。民事信託を利用すれば，委託者が元の飼主，受託者が新しい飼主，受益者がペットとなる。

信託が確実に履行されているかを第三者により監視するため，ペットの処遇の定期的な確認や資金監督を行う「信託監督人」の設置も可能である。

民事信託を活用するうえでの注意点として，新しい飼主に管理を任せる財産が多額になればなるほど税負担が膨らむ。民事信託では，信託財産を受託者へ時価で譲渡したもの（譲渡所得）とみなされ，受託者である元の飼主に課税される。

受託者も，信託財産の贈与を受けた「法人」とみなされて，受贈益に対して法人税が課される。

信託組成にあたっては，元の飼主と新たな飼主の双方に予期しない税金が発生する可能性がある。

第4　貸付金債権税務調査

1　貸付金債権の相続税評価

貸付金債権は，原則として，元本の価格と利息の価格の合計額として評価される（財産評価基本通達204）。これに対して，財産評価基本通達は，債権金額の全部または一部につき，回収不能部分は，元本の価格に算入しないこととしている（同通達205）。

2　貸付債権の元本

貸付金債権の評価を行う場合，財産評価基本通達205は，次のように定める。「回収不可能または著しく困難であると見込まれるときにおいては，それらの金額は元本の金額に算入しない」。その例として，債務者について，次のような事実が発生している場合としている。

① 手形交換所における取引停止処分があったとき

② 会社更生手続きの開始の決定があったとき

③ 民事再生手続きの決定があったとき

④ 特別清算開始の命令があったとき

⑤ 破産手続開始の決定があったとき

⑥ 業績不振または重大な損失を受けたため，その事業を廃止または6か月以上休業しているとき

その他，更生計画もしくは，再生計画認可の決定などがあった場合，債権者集会の協議などにより，債権の切り捨てなどがなされ，切り捨てられる債権の

金額及び，次に掲げる金額，

① 弁済まで期間が決定後5年を超える場合

② 課税後5年を経過した日以後に弁済されることになる金額

③ 当事者間の契約で債権の切り捨てなどが行われた場合，金融機関などの斡旋に基づくなど真正に成立したと認められる場合

も貸付金の元本金額に算入しないとする。

3　回収不能金額の取り扱い

① 企業会計上の取り扱い

一般に公正妥当と認められる会計処理の基準に従って，貸倒損失を計上する。また，回収不能事実が発生していない場合でも債務者の財政状態，経営成績などに応じて，貸倒引当金を設定する。

また，一般債権についても，貸倒実績率などをもとに引当金を計上しなくてはならない（金融商品会計基準）。

② 法人税法上の取り扱い

法人税法上は，企業会計と比べ，回収不能部分の損金算入の要件が厳格である。法人税基本通達9-6-1は，更生計画などの認可決定の場合に，金銭債権の貸倒損失を認めている。基本通達9-6-2は，回収不能となる債務者の資産情報や支払い能力からみて，<u>全額回収不能が明らかな場合にのみ</u>，損金額に算入できるものとしている。

貸倒引当金については，債務超過の状態が相当期間継続し，事業好転の見通しがない場合，更生手続き開始の申し立てなど特別な事情が生じて，貸倒の可能性が高い金銭債権に対しては，個別に貸倒引当金を計上し，また，一般債権については貸付実績率，法定繰入率による貸倒引当金の計上が認められている（法人税法施行令96条第1項）。

③ 所得税法上の取り扱い

所得税法上も企業会計の基準を取り入れて，貸倒損失や貸倒引当金の計上による必要経費の算入が認められている（所得税法51条，52条，所得税基本通達51，52）。

④ 相続税法上の取り扱い

貸付金債権は，財産評価基本通達205に従って処理する。205の要件に該当しない貸付金債権については，元本から除外することはできないとされている。

4 相続税法における回収不能債権

財産評価基本通達205は，回収不可能または著しく困難であると見込まれるときという要件に該当すれば，該当金額を元本金額に算入しないとしている。

基本的に相続開始後の状況は，回収不能部分の元本額判定について考慮されないのが原則である（相続税法22条）。回収不可能または著しく困難の事実認定は，極めて困難であり，資産状況が債務超過で，営業状況が赤字である場合においても，実質的に貸付債権が回収できない状況になっていたとしても，直ちに経営が破綻するわけではなく，事業を継続している企業は多数存在している。課税庁は，債務超過だから，貸付金債権が回収不能であると直ちに認定しない。

回収不能または著しく困難の判断は，

① 債務超過が継続していること。

② 継続的な赤字であること。

③ 経営環境の悪化などによる売上高が減少していること。

④ 金融機関などからの借入金の返済が滞っていること。

などを総合的に判断して，判定される。

5 同族会社に対する貸付金

同族会社への貸付金は，成立自体に疑いがあり，また，長く放置され，時効消滅している場合や，実質的に贈与している場合もある。しかしながら，財産評価基本通達205の要件を満たしていなければ，額面金額で評価されてしまう。

しかし，回収可能金額を直接立証すれば，当該貸付金の評価額とすることも可能である。適正な価額により，貸付金債権を譲渡する方法も，貸付金の評価額として相当といえよう。

6 相続税対策

① 貸付金の放棄

相続税申告前に，相続人が不良貸付金を放棄する方法が考えられる。

② 債権譲渡

相続人が相続税申告前に，不良貸付金を適正な金額で譲渡する方式である。

③ 貸付金の現物出資または，デッドエクイティスワップ

債務と株式を交換する取引のことをである（DES）という。貸付金が株式に変わるため，貸付金債務の評価ではなく，取引相場のない株式評価となり，相続税評価額を引き下げることができる。

④　回収可能額立証方式

債権者会社を解散し，残金財産分配額のみを不良債権の評価額とするものである。その他の方法で回収可能額を立証することは可能である。

7　相続税対策の問題点

①　同族会社行為計算否認のリスク

租税回避などとして，同族会社の行為計算の否認が適用されるリスクがある。

②　債務免除益課税のリスク

DES がなされ，債権の時価が帳簿価格を下回ると判断された場合，同族会社に債務消滅益に対する課税がなされるリスクがある。

8　貸付金を相続税の課税対象にすべきかどうか

同族会社に貸付金があった場合でも，相続財産として，申告するのが無難である。債務超過でも大赤字でも会社が存続している限りでは，役員給与を削減すれば，長期にわたって回収可能であると判断された。

9　不良債権の処理

同族会社に対して，代表者個人が多額の貸付金を有している場合が多い。そのような場合に利用できるのがデット・エクイティ・スワップ（DES）であり，債権の現物出資である。

債務超過会社への DES の場合は，会社に債務消滅益が認識され，法人税が課税されるリスクがある（東京地裁平成28年 5 月30日判決，東京高裁令和元年 8 月21日判決）。

平成18年の改正税法は「債務超過会社への DES では，債権の時価と債権額の差額に債務消滅益が認識される」としている。

予想しなかった債務消滅益課税を受けた会社は，税理士法人に対し，損害賠償請求訴訟を提起したところ， 3 億2900万円の損害賠償が命じられたケースがある（東京地裁平成28年 5 月30日判決）。

10　債務消滅益課税と欠損金繰越制限

債務消滅益に対する課税は，債権の時価が明らかな場合でなければ実行できない。租税回避を防止するのが DES の債務消滅益課税である。DES による自己宛債権の時価が，資本金等の増加額となる。額面と時価と差額が債務消滅益の額とされる。

債務超過会社への債権の現物出資に債務消滅益課税をするという制度が導入

され，さらに青色欠損金を有する会社の譲渡を制限する法人税法57条の2（特定株主等によって支配された欠損等法人の欠損金の繰越しの不適用）という制度も新設されている。

11　実務の処理

会社に資金を貸し付け，債務を解消し，資本を充実させるために，その資金を資本に振り替えることは，会社存続のため，必要な経済活動である。

債務超過会社への債権の現物出資が，租税回避としてなされた場合，債務消滅益課税が行われる。また，現金を出資し，その現金で債務を返済するという疑似DESも租税回避として否認されるリスクがある。

相続税法9条は，「対価を支払わないで，又は著しく低い価額の対価で利益を受けた場合」，会社に対して利益供与があり，それによって株価が増加した場合は，株主に相続税法9条が適用される。相続税法9条や，DESの債務消滅益課税は，それが不当な租税回避に該当しない限りは適用されないのが実務である。

12　会社を解散する方法

相続財産は，相続開始時点で評価することになっている。相続税の申告期限までに会社を解散している場合は，それを相続時の事情として，債権が回収不能であれば，それを認めるのが実務である。

「同族会社が数年前から債務超過の状態にあり，また，同社の事業を承継する後継者がいないことから，同社を解散して，回収可能額を立証した場合，回収可能額が「確実と認められる債務」に該当する。

13　親族に対する回収不能の貸付金

親族や友人に対する貸付金の場合，債務者が無資力であることが否認されたら，債務者の債務免除益に贈与税が課税され（相続税法8条)，それが納付されない場合は，債権者に対して連帯納付義務が課せられる（同法34条)。

一般社団法人に無償で譲渡する方法による対策が考えられる。買受人に対して低額譲り受け課税をなさせて，それを実行し，唯一の財産である貸付金債権を取り立てさせる方法である。課税庁は反面調査をなし，債務者の財産を見つけることができる。

しかし，一般社団法人に相続税を課税する制度が平成30年度改正で導入された（相続税法66条の2)。

第 5　貸倒れの意義
―興銀事件（最高裁平成16年12月24日第二小法廷判決）―
1　事実の概要

　X銀行は，住専 7 社に対する減免予定債権額に対する一般貸倒引当金の残高が不十分であり，住専 7 社に対する債権についての債権償却特別勘定の設定もしていなかったため，(平成 7 年 4 月 1 日から) 平成 8 年 3 月31日までの事業年度 (以下「本件事業年度」という) に，同債権につき貸倒処理による直接償却をするほかないと判断した。

　X銀行は，本件閣議決定及び本件閣議了解で示された住専処理計画に沿って，A社に対する債権を全額放棄することを決め，平成 8 年 3 月29日，A社との間で債権放棄約定書を取り交わし，A社の営業譲渡の実行及び解散の登記が同年12月末実までに大縄れないことを解除条件として本件債権を放棄する旨の合意をした。そのうえで，本件事業年度における法人税の計算に当たって，当該債権放棄に係る放棄額を法人税法22条 3 項 3 号にいう『当該事業年度の損失の額』として損金の額に算入し，青色確定申告をした。

2　判　旨

　「金銭債権の貸倒損失を法人税法22条 3 項 3 号にいう『当該事業年度の損失の額』として当該事業年度の損金の額に算入するためには，当該金銭債権の全額が回収不能であることを要すると解される。そして，その全額が回収不能であることは客観的に明らかでなければならないが，そのことは，債務者の資産状況，支払能力等の債務者側の事情のみならず，債権回収に必要な労力，債権額と取立費用との比較考量，債権回収を強行することによって生ずるほかの債権者との軋轢などによる経営的損失と言った債権者側の事情，経済的環境等も踏まえ，社会通念に従って総合的に判断されるべきものである。」

3　部分貸倒れ

　最高裁判決は，法人税法33条が金銭債権の評価損の計上を認めていないため，金銭債権の貸倒損失を損金の額に算入するには，その全額が回収不能であることが必要であるとする。部分貸倒れの損金算入を認めることを主張するものとして，金子宏「部分貸倒の損金算入―不良債権処理の一方策」がある。

　貸倒れには，法律上も消滅し完全になくなる場合と経済的に無価値と見られるような場合の 2 種類がある。

金銭債権の貸倒損失を損金の額に算入するには当該金銭債権の全額が回収不能であることを要するという点は，最高裁，下級審とも一致している。

4 客観性と確実性

回収不能であることが客観的かつ確実なものであることが必要とされている（最判昭和43年10月17日）。

最高裁は，この「客観的に明らか」であることを判定するに当たって，債務者側の事情のみならず，債権者側の事情，経済的環境等も基礎押して総合的に判断すべきことを明らかにした。

金銭債権の実現（回収）可能性の欠如を判定するに当たり，当該債権の実現に向けた納税者の行為可能性に関係する事情を判断対象に含めるのは自然である。

客観性の確保を図ることと，債権者側の事情を考慮することは，必ずしも矛盾しない。最高裁は，客観性確保の要請は，回収可能性を判断するに当たって客観的な証拠（objective evidence）が用いられることが必要と考えている。

5 社会通念の意義

回収の機会をあえて放棄したものでないと評価されるか否かも考慮要素である。

一審判決は，「納税者に経済的に見て非合理的な活動を強いる結果を生じさせることは適当ではない」とした。

債務者の給与債権等に対する差押えを行うことが「事業運営の観点から事実上困難」であったと認めた例もある（東京地判平成25年10月3日）。

6 損金算入の時期

通達は，貸倒損失について，回収不能であることが「客観的に明らか」となった事業年度に損金算入されるべきとしている（法人税基本通達9-6-2参照）。

その後になって当該債権に係る貸倒損失の損金算入について，損金経理が要求されているわけではない（東京地判平成元年7月24日税資173号292頁）。

第6 海外子会社への貸付金の貸倒

1 貸倒計上の証拠作り

海外子会社に対する内国親会社の貸付金について，以下の通り，貸倒れを証明することが必要である。

① 　海外子会社の売却

② 　海外子会社の解散・清算

③ 　債権放棄（法人税法基本通達9-6-1（4））

④ 　回収不能の立証

法人税法基本通達9-6-2（回収不能金銭債権）は，「金額回収不能が明らかになった場合」損金経理が可能とする。

2　一定期間取引停止債権（法人税法基本通達9-6-3）

次に掲げる事実が発生した場合，その債務者に対する売掛債権（貸付金などは含まない）について，その売掛債権の額から備忘価額を控除した残額を貸倒れとして損金経理をすることができる。

① 　債務者の支払い能力等の悪化による取引停止後 1 年以上の経過

② 　取立費用以下の債権

3　金銭債権の切捨（法人税法基本通達9-6-1）

次に掲げる事実に基づいて切り捨てられた金額は，その事実が生じた事業年度の損金の額に算入される。

① 　更生計画認可

② 　特別清算

③ 　債権者集金の協議決定

④ 　行政機関等の斡旋

⑤ 　「弁済不能」と「書面による債務免除」

4　子会社への債権放棄（法基通9-4-1）

子会社に対する債権放棄等をした場合，相当な理由があれば付与する経済的利益は寄附金の額に該当しないとされている。

第6章　更正予知加算税事件

（公正基準）

修正申告書提出時において，予知が客観的に相当程度確実でなければ加算税を賦課できないというべきである。

第1　東京地方裁判所平成24年9月25日判決（本判決）

1　事実の概要

X社は，特例の適用要件である増加償却の「届出」の提出を行っていないにもかかわらず，増加償却の特例を適用して法人税額を算出して，法人税の確定申告書を提出した。その後，X社は，法人税法上増加償却を行うことができないことに気付き，減価償却の償却限度超過額が生じていたとして修正申告書を提出した。

平成21年7月21日

調査担当者は臨場調査を開始し，X社から固定資産台帳，減価償却明細及び増加償却レポートの書類の提出を受けた。

平成21年7月24日

X社は，増加償却の届出書（以下「本件届出書」）の提出を失念していることに気付いた。

平成21年7月28日

X社は，本件修正申告書を税務署へ提出した。

2　判　旨

「国税通則法65条1項及び同条5項の趣旨や文言に照らすと，同項にいう『その申告に係る国税についての調査があったことにより当該国税について更正があるべきことを予知してされたものでないとき』とは，税務職員が申告に係る国税についての調査に着手し，その申告が不適正であることを発見するに足るかあるいはその端緒となる資料を発見し，これによりその後の調査が進行し先の申告が不適正で申告漏れの存することが発覚し更正に至るであろうということが客観的に相当程度の確実性をもって認められる段階（いわゆる客観的確

実時期）に達した後に，納税者がやがて更正に至るべきことを認識した上で修正申告を決意し修正申告書を提出したものでないことをいうものと解するのが相当である。」

「いわゆる客観的確実時期に達していたというためには，本件届出書の不提出が発見されるであろうことが客観的に相当程度の確実性をもって認められる段階に達していたことが必要であるというべきである。」

3　加算税制度の趣旨

(1)　過去の判例

東京地裁昭和56年7月16日判決は「加算税制度の趣旨は，適法な申告をしない者に対し所定の率の加算税を課することによって右のような納税義務違反の発生を防止し，もって申告納税制度の信用を維持しその基礎を擁護するところにある。」（行集32巻7号1056頁）と述べている。

また，通則法65条5項（昭和56年改正前は同法3項）について，「第1項の規定は，修正申告書の提出があった場合において，その提出が，その申告に係る国税についての調査があったことにより当該国税について更正があるべきことを予知してされたものでないときは，適用しない。」という。加算税の宥恕の趣旨について，東京地裁昭和56年7月16日判決は「加算税制度の趣旨にかんがみれば法65条3項の趣旨は，過少申告がなされた場合には修正申告書の提出があったときでも原則として加算税は賦課されるのであるが，『申告に係る国税についての調査があったことにより当該国税について更正があるべきことを予知』することなく自発的に修正申告を決意し修正申告書を提出した者に対しては例外的に加算税を賦課しないこととし，もって納税者の自発的な修正申告を歓迎し，これを奨励することを目的とするものというべきである。」（行集32巻7号1056頁）として，原則として加算税は賦課するが，例外的に自主的に修正した場合は賦課しないという判断を示している。

(2)　事務運営指針

国税通則法65条に係る課税実務の運営指針である「法人税の過少申告加算税及び無申告加算税の取り扱いについて（事務運営指針）は，「国税通則法第65条第5項の規定を適用する場合において，その法人に対する臨場調査…（中略）…等により，当該法人が調査のあったことを予知したと認められた後に修正申告書が提出された場合の当該申告書の提出は，原則として，同項に規定する『更

正があるべきことを予知してされたもの』に該当する。」と定めており，課税
実務においては，臨場調査時の具体的調査が行われた後に提出された修正申告
書は，原則として，調査により更正を予知して提出されたものとして取扱って
いる。

4　「調査の意義」通達

平成23年12月の国税通則法の改正により第7章の2が新しく制定され，これ
に伴い「調査通達」が出された。そこでは「「調査」とは，……当該職員が行う
一連の行為（証拠資料の収集，要件事実の認定，法令の解釈適用など）をいう。」（同通達
1-1）としている。しかし，当該職員が行う次のような行為によって修正申告書
が提出された場合には，「更正若しくは決定又は納税の告知があるべきことを
予知してなされたものに当たらない」（同通達1-2）としている。そして，次のよ
うな行為を予知に該当しない一例として挙げている。すなわち，「当該職員が
保有している情報又は提出された納税申告書の検算その他形式的な審査の結果
に照らして，提出された納税申告書の計算誤り又は記載漏れ等があるのではな
いかと思料される場合において，納税義務者に対して自発的な見直しを要請し
た上で，必要に応じて修正申告書又は更正の請求書の自発的な提出を要請する
行為」（同通達1-2（1）ロ）である。

国税通則法の中には，「税務調査の意義」に関する規定はない。

5　調査の認識

国税通則法24条は，「税務署長は，納税申告書の提出があった場合において，
その納税申告書に記載された課税標準等又は税額等の計算が国税に関する法律
の規定に従っていなかったとき，その他当該課税標準等又は税額等の計算が国
税に関する法律の規定に従っていなかったとき，その他当該課税標準等又は税
額等がその調査したところと異なるときは，その調査により，当該申告書に係
る課税標準等又は税額等を更正する。」と規定されている。

課税庁の内部での机上調査や準備調査だけでは，納税者が認識することはで
きないので，「調査」には含まれない。

6　更正の予知

(1)　更正の予知の意義

国税通則法65条5項の「更正があるべきことを予知」していたか否かは納税
者の主観により定まるのではなく，前段の「調査があったことにより……」が

前提となっており，次のような客観的事実により認定される。

① 　来署依頼状受領（平成8年9月30日裁決：裁決事例集52号31頁）

② 　電話により質問（平成14年2月25日裁決：裁決事例集63号37頁）

③ 　電話による調査日の取り決め（昭和56年3月26日裁決：裁決事例集23号15頁）

(2)　更正の予知に関する諸説

① 　調査開始説

税務官庁の調査開始後にされた修正申告書の提出をもって更正があるべきことを予知してされたものとする見解である。

② 　不足額発見説

実地又は呼出等の具体的調査により，所得金額等の不定額があることを発見された後になされた修正申告書の提出をもって更正があるべきことを予知してされたものとする見解である。

③ 　客観的確実性説

その申告が不適正であることを発見するに足るかあるいはその端緒となる資料を発見し，客観的に相当程度の確実性をもって更正に至るであろうことが認識された後になされた修正申告書の提出をもって更正があるべきことを予知してされたものとする見解である。

7　本判決の分析

本件は減価償却計上の是非を検討する法人税調査が開始されてから1週間後に，Xが増加償却の適用に必要な本件届出書の提出を失念していたことに気づき本件修正申告書を提出したところ，過少申告加算税の賦課決定が行われた。

上記判決は，従前の判例において形成されてきた客観的確実性説に立脚して，本件調査担当者が本件確定申告書における増加償却適用の要件である本件届出書の不提出をいずれ発見するかもしれないが，修正申告書提出時において客観的に相当程度確実であったとは認められないと事実認定をして，本件修正申告書の提出が「更正があるべきことを予知してされたもの」でないと判断して，本件過少申告加算税の賦課決定処分を取り消した。

加算税制度の制定にあたっての第7回衆議院大蔵委員会における法案説明で，「期限内に一応少ない申告をしましても，その後税務官庁において正規の調査に着手する前に納税者が自発的に追加申告をいたしますれば，その場合は5％も課税いたしません。」と述べている。加算税制度に関する国税通則法65条5

項は，調査着手前に納税者の自発的な修正申告を奨励する趣旨で，調査着手前は5％の加算税を賦課しないものと説明されていた（第7回衆議院大蔵委員会議事録第23号昭和25年3月1日12頁以下）。

第2　最判平成7年4月28日（重加算等税賦課要件）
1　判　旨

「重加算税を課すためには，納税者の下過少申告行為そのものが隠蔽，仮装に当たるというだけでは足りず，過少申告行為そのものとは別に，隠ぺい，仮装と評価すべき行為が存在し，これに合わせた過少申告がされたことを要するものである。

重加算税制度の趣旨に鑑みれば，架空名義の利用や資料の隠匿などの積極的な行為が存在したことまで必要であると解するのは相当ではなく，納税者が，当初から所得を過少に申告することを意図し，その意図を外部からもうかがい得る特段の行為をしたうえ，その意図に基づく過少申告をしたような場合には，重加算税の右賦課要件が満たされるものと解すべきである。」

2　特段の行為

「特段の行為」要件について，最高裁は，

イ　「所得を過少に申告することを意図したこと」

ロ　「その意図を外部からもうかがい得る特段の行為をなしたこと」

ハ　「その意図に基づく過少申告したこと」

を，重加算税賦課要件とする。

「特段の行為」に該当するのかは，事案ごとに諸般の事情を総合考慮して判断すべきであり，今後の事例の積み重ねを待つ必要がある。

下記のような場合が特段の行為に該当すると思われる。

　㋑　多額の所得があったにもかかわらず，これをゼロとし，あるいはそのごく一部だけを作為的に記載した申告書を提出した場合

　㋺　そのような所得を得た納税者が通常であれば保管しておくと考えられる原始資料をあえて廃棄した場合

　㋩　税務調査に対する虚偽答弁，虚偽資料の提出などを行った場合

第3　東京地裁令和3年2月26日判決（犯則調査による重加算税賦課決定を容認）

1　本案の概要

本件は，原告（法人）が，原告の元常務取締役Aの不正行為に伴う売上の計上漏れがあったとして，法人税等の修正申告書を提出したところ，法人税等に係る重加算税の賦課決定処分があったことにより当該国税について更正があるべきことを予知してされたものでないとき」に当たるなどと主張し，重加算税賦課決定処分の取消しを求めていた事案である。Aは本件各取引（土地売買）に際し，真実の取引内容を隠蔽して内容虚偽の取引を仮装，原告に帰すべき売買代金の一部を自己の支配するB法人名義などの口座に振り込ませて着服した。課税庁はBに対する法人税法違反の嫌疑による犯則事件の調査として，本件各取引の契約内容等を確認し，本件各取引に係る売買代金のうちAがBなどに振り込ませた本件着服金が原告の総勘定元帳に売上として計上されていない事実を把握した。Aは，本件各取引当時，原告の常務取締役であり，原告の不動産の売買に関し，代表者に準ずる包括的な権限を有していた。

2　判　旨

不動産会社の元役員の不正行為に伴う売上計上漏れに対し重加算税を課した事案について，賦課決定処分を容認する判決言い渡しをした。

「元役員の支配法人への犯則調査は，通則法65条5項にいう調査に当たる」と判示した。

3　争　点

原告は，「『調査』は通則法24条にいう『調査』（課税調査）と同義に解するべきであり，また，本件犯則調査はBに対する調査あり，原告に対する調査ではないことから，この点からも本件犯則調査が通則法65条5項の『調査』に該当するとはいえない。」などと主張し，重加算税賦課決定処分の取消しを求めた。

市原裁判長は，「通則法65条5項は，『調査』の主体や根拠規定を限定しておらず，文言上，犯則調査を除外していない。立法経緯に照らしても，通則法65条5項にいう『調査』は，文言上犯則調査を除外していないことは明らかである。」「実質的にもても，通則法65条5項が，修正申告が調査であったことにより構成を予知してされたものでないときは加算税を賦課しないこととした趣旨は，納税者の自発的な修正申告を奨励することにあると解されるところ，犯則

358

調査により申告漏れの事実が税務官署に明らかになった後にされた修正申告は自発的な申告とはいえないから，通則法65条5項の『調査』から犯則調査を除外すべき理由はない。」などと判示し，原告の主張を斥けた。

第4　税務申告と加算税

1　制裁と加算税制度

納税者本人に申告行為が委ねられていることから，その適正性を担保するために各種措置が施されている。青色申告制度や加算税制度がそれである。

最高裁平成18年4月25日第三小法廷判決（民集60巻4号1728頁）は，「過少申告加算税は，過少申告による納税義務違反の事実があれば原則としてその違反者に対し科されるものであり，過少申告による納税義務違反の発生を防止し，適正な申告納税の実現を図り，もって納税の実を挙げようとする行政上の措置である。」と判示している。

東京地裁昭和48年1月30日判決（行集24巻8＝9号856頁）や，その控訴審東京高裁昭和48年8月31日判決（行集24巻8＝9号846頁）は，「国税通則法65条の過少申告加算税は，申告納税を怠った者に対する制裁的意義を有することは否定できない」としている。

那覇地裁平成8年4月2日判決（税資216号1頁）も，「過少申告加算税が，租税債権確保のために納税者に課せられた税法上の義務不履行に対する一種の行政上の制裁である」としている。

2　抑止的効果と加算税制度

東京地裁平成18年7月26日判決（判タ1218号199頁）は，税理士賠償責任保険の開発において，税理士業務を誠実に遂行していたにもかかわらず過失によって他人に損害を与えてしまった場合のみを同保険の対象とすることとし，その場合，加算税，延滞税及び加算金，延滞金に相当する損害については，免責とすることにより，附帯税の目的とする申告納税制度における過少申告（納付），不申告（納付）に対する抑止的効果を阻害することのないよう配慮する打ち合わせが行われていた。

ペナルティ的性質を有する加算税には，過少申告（納付）や不申告（納付）に対する抑止的効果があるといえる。

3　再無申告加算税・再重加算税制度

平成28年度税制改正において加算税制度は大幅な改正をされた。

違反行為を繰り返し行った場合の加算税の加重的取扱いが創設された。独占禁止法上の課徴金制度の考え方に接近したものである。

期限後申告若しくは修正申告（更正を予知してなされたものに限る。）又は更正若しくは決定等（以下「期限後申告等」という。）があった場合において，その期限後申告等があった日の前日から起算して5年前の日までの間に，その期限後申告等に係る税目について無申告加算税（更正を予知してなされたものに限る。）又は重加算税を課されたことがあるときは，その期限後申告等に基づき課する無申告加算税の割合（15％，20％）又は重加算税の割合（35％，40％）について，それぞれの割合に10％加算する措置を講ずるとするものである。

4　国外送金法と加算税

国外送金法6条《国外財産に係る過少申告加算税又は無申告加算税の特例》は，国外財産に係る所得税又は国外財産に対する相続税に関し修正申告等があり，「国税通則法第65条又は第66条の規定の適用がある場合において，提出期限内に税務署長に提出された国外財産調書に当該修正申告等の基因となる国外財産についての同項の規定による記載があったときは，同法第65条又は第66条の規定による過少申告加算税の額又は無申告加算税の額は，これらの規定にかかわらず，これらの規定により計算した金額から当該過少申告加算税の額又は無申告加算税の額の計算の基礎となるべき税額に100分の5の割合を乗じて計算した金額を控除した金額とする。」と規定し，同法6条の3《財産債務に係る過少申告加算税又は無申告加算税の特例》は，かかる規定を財産債務調書に準用する旨の規定を設けている。

国外送金法6条3項は，「国外財産に係る所得税又は国外財産に対する相続税に関し修正申告等（死亡した者に係るものを除く。）があり，国税通則法第65条又は第66条の規定がある場合において，次に掲げる場合のいずれかに該当するときは，これらの規定による過少申告加算税の額又は無申告加算税の額は，これらの規定にかかわらず，これらの規定により計算した金額に，当該過少申告加算税の額又は無申告加算税の額の計算の基礎となるべき税額に100分の5の割合を乗じて計算した金額とする。」とする。

国外財産調書については税務調査の際に不提出の場合には加算税が加重され

ることとされた。

5　電子帳簿保存法と加算税

電子帳簿保存法 8 条《他の国税に関する法律の規定の適用》4 項は，「次に掲げる国税関係帳簿であって財務省令で定めるものに係る電磁的記録の備付け及び保存又は当該電磁的記録の備付け及び当該電磁的記録の電子計算機出力マイクロフィルムによる保存が，国税の納税義務の適正な履行に資するものとして財務省令で定める要件を満たしている場合，修正申告書の提出又は更正があった場合において，同法第65条《過少申告加算税》の規定の適用があるときは，同条の過少申告加算税の額は，同条の規定にかかわらず，同条の規定により計算した金額から当該過少申告加算税の額の計算の基礎となるべき税額に100分の 5 の割合に乗じて計算した金額を控除した金額とする」。

電子帳簿保存法 8 条 5 項は，「同法第68条第 1 項から第 3 項まで《重加算税》の規定に該当するときは，同条第 1 項から第 3 項までの重加算税の額は，これらの規定にかかわらず，これらの規定により計算した金額に，これらの規定に規定する基礎となるべき税額に100分の10の割合を乗じて計算した金額を加算した金額とする」。

6　電子帳簿保存法上の保存要件と青色申告承認

電子帳簿保存法改正により，令和 4 年 1 月からは，電子取引の取引情報に係る電磁的記録について保存要件を満たして保存できないこととなった。

国税庁は，令和 3 年12月付け「電子帳簿保存法一問一答【電子関係】」を発出し，その電子データの保存に代えてその電子データを出力することにより作成した書面による保存をすることが認められる旨の回答を示している。

令和 6 年 1 月 1 日以後に行う電子取引の取引情報に係る電磁的記録については，その電磁的記録を出力して書面等による保存をもって，当該電磁的記録の保存に代えることはできないこととされている。

電子取引の取引情報に係る電磁的記録を要件に従って保存していない場合やその電磁的記録を出力した書面等を保存している場合については，その電磁的記録や書面等は，国税関係書類以外の書類とみなされない。

7　所得税法上の65万円の青色申告特別控除

所得税法上の青色申告特別控除（65万円）の適用を受けるための要件は，①「55万円の青色申告特別控除」の要件に該当していることに加え，②その年分

の事業に係る仕訳帳及び総勘定元帳について，電子帳簿保存を行っていること，又は，その年分の所得税の確定申告書，貸借対照表及び損益計算書等の提出を，確定申告書の提出期限までに e-TaX（国税電子申告・納税システム）を使用して行うことである。

　令和 4 年分以後の青色申告特別控除（65 万円）の適用を受けるためには，その年分の事業における仕訳帳及び総勘定元帳について優良な電子帳簿の要件を満たして電子データによる備付け及び保存を行い，一定の事項を記載した届出書を提出する必要がある。

8　青色申告承認取消

　税務署長に「やむを得ない事情があると認め」られて，一定の要件を充足していれば，青色申告承認が取り消されることにはならない。

　税務署長の認める「やむを得ない事情」が，加算税免除要件の「正当な理由」に該当するか否かについては解釈に委ねられる。

9　超過加算税

　令和 4 年税制改正において，過少申告加算税制度及び無申告加算税制度について，納税者が，一定の帳簿（その電磁的記録を含む。）に記載すべき事項に関し所得税，法人税又は消費税に係る修正申告書若しくは期限後申告書の提出又は更正若しくは決定があった時前に，国税庁等の当該職員から当該帳簿の提示又は提出を求められ，かつ，次に掲げる場合のいずれかに該当するとき（当該納税者の責めに帰すべき事由がない場合を除く。）は，通常課される過少申告加算税又は無申告加算税の額に当該申告漏れ等に係る所得税，法人税又は消費税の 10％（次の②の掲げる場合に該当する場合には 5 ％）に相当する金額を加算した金額とするほか，所要の措置を講ずることとされている。

10　インセンティブ

　近時の税制改正により，加算税制度は複雑化する一方である。

　加算税軽減制度は，

① 　申告を間違えたが修正申告をすればペナルティが免除されるということをインセンティブとしており，制度設計自体が納税者の申告誤りを前提としている。

② 　申告に瑕疵がないとインセンティブが発動されない制度であり，歪んだインセンティブとなっている。

11　正当な理由

　従前，租税法に呈する不知や誤解があったとしても，「正当な理由」に当たらないとして極めて厳しい法解釈が展開されてきた。しかし，国外財産調書の提出者等には不知や誤解による申告誤りに対して加算税が軽減されている（国外送金等調書法第6条）。

第7章　家族信託事件

（公正基準）

弁護士は，信託業法3条の例外として，信託業務をなしうると法解釈しない
と国民は信託を活用できない（2006年11月20日の日弁連会長意見書参照）。

第1　家族信託

1　課税対象者

信託とは，自分が持っている財産を他人に管理を託し，受託された人がその
財産を使って利益をあげ，その利益を受けさせたいと思う人（受益者）に受けさ
せる，という仕組みである。

信託のうち財産の管理を家族に託す形式を，一般的に「家族信託」と言う。

家族信託の登場人物は，持っている財産の管理を他の人に託す「委託者」，
財産の管理を託された「受託者」，その財産から生み出された利益を受ける
「受益者」の3者である。家族信託を設定するにはいくつかの方法があるが，
一般的には委託者と受託者が契約を締結して信託を設定する。

信託を設定すると，財産は委託者から受託者へ移転する。受託者に移転した
財産を「信託財産」という。受託者は信託財産を自由に処分できず，信託契約
に従って信託財産を管理し，信託財産から生み出された利益を受益者に交付し
なければならない。

税制では，財産から生み出された利益を実質的に受けた人に課税する「実質
所得者課税の原則」が適用される。

家族信託においては，財産の所有権は形式的に受託者に移るが，信託財産か
ら生み出された利益を受けるのは受益者である。したがって基本的に受益者が
課税されることになる。

受益者の死亡が原因で，その相続人が受益権を相続した場合，相続人に相続
税がかかり，受益権を売却した場合には所得税と住民税がかかり，贈与した場
合は受益者に贈与税がかかる。

ただし，不動産を信託財産とする場合，信託を原因とする所有権移転登記が

行われる。所有権移転に伴い，登録免許税，固定資産税は受益者の負担とされる場合が多い。

2　受益者に対する税金

以下，委託者・受託者・受益者がすべて個人であるものとする。

(1)　贈与税

家族信託では，形式上財産が委託者から受託者へ移るが，信託財産から利益を得るのは受益者であるため，委託者から受益者に対して財産が移ったとみなされる。

委託者と受益者が同じ人である信託を「自益信託」という。自益信託の場合，信託の効力が生じた時の前後で，信託財産から利益を受ける人が変わらないため，受益者に贈与税はかからない。

一方，委託者と受益者が違う人である信託を「他益信託」という。他益信託の場合，信託の効力が生じた時の前と後で信託財産から利益を受ける人が異なるため，委託者から受益者へ贈与があったものとして受益者に贈与税がかかる。

実務上，委託者が生きている間は「委託者＝受益者」として贈与税を発生させないケースが多い。

(2)　相続税

家族信託の場合，信託契約で，委託者兼受益者が死亡した場合には受益者の地位を引き継ぐ新たな受益者を定めているケースが多い。

受益者が死亡した場合，信託契約により定められた新たな受益者に対して相続税がかかる。

(3)　譲渡所得税

受益者が信託財産から利益を受ける権利である信託受益権を他人に売却した場合には，売却から生じた利益に対して受益者に所得税・住民税がかかる。

(4)　信託期間中の税金

信託期間中は，受益者が信託財産を持っているものとして所得税・住民税がかかる。

所得の種類は，信託財産の種類により異なる。例えば信託財産が賃貸用マンションであれば，賃貸収入が不動産所得になる。

3　受託者に対する税金

⑴　登録免許税

不動産を信託財産にする場合，対象不動産については信託を原因とする所有権移転及び信託の登記を行う。登記の際には，登録免許税が課税される。また，信託を原因とする所有権移転は非課税ですが，信託部分が課税される。

信託が終了した時には，信託財産である不動産を受託者から引き継ぐ人に通常の所有権移転登記の税率で登録免許税がかかる。

ただし，

①　信託の効力が生じた時から自益信託の場合，信託終了時にその委託者兼受益者が信託財産である不動産を引き継ぐ（元の所有者に戻す）場合には登録免許税はかからない。

②　信託の効力が生じた時から自益信託の場合，信託終了時にその委託者の相続人が信託財産である不動産を引き継ぐ場合には，相続による登記として登録免許税の税率は1,000分の4になる。

　親が委託者兼受益者で，子が受託者となり，信託財産が不動産とし，親が亡くなり信託が終了した時に不動産を引き継ぐ人が子である場合，親が亡くなり信託契約どおり子が不動産を引き継ぐと，受託者である子が所有者として不動産の名義を移す登記が必要になるが，子は委託者兼受益者である親の相続人であるため，登記の際の登録免許税は1,000分の4になる。

⑵　固定資産税

固定資産税はその年1月1日に不動産を持っている人にかかる。

不動産を信託財産にする場合，不動産の名義は受託者になるため，受託者に固定資産税がかかる。一般的には受益者負担になるので注意する。

⑶　家族信託の委託者には課税されない

家族信託の委託者には課される税金はない。ただし，自益信託の場合には，受益者として税金がかかる。

⑷　家族信託では，不動産取得税は誰にも課税されない

不動産取得税とは，不動産の所有権を取得した時に不動産の所在地の都道府県によって課される税金である。

家族信託で不動産を信託財産にする場合，名義は委託者から受託者へ移転するが，これは形式的な名義の移転にすぎない。したがって，信託設定時におい

て受託者に不動産取得税がかからないことが規定される。

　しかし，信託が終了した時には，信託財産である不動産を受託者から引き継ぐ人に不動産取得税がかかる。

　ただし，以下の条件では課税されない。

　Ａ信託の効力が生じた時から自益信託の場合，信託終了時にその委託者兼受益者が信託財産である不動産を引き継ぐ（元の所有者に戻す）場合

　Ｂ信託の効力が生じた時にから自益信託の場合，信託終了時に委託者の相続人が信託財産である不動産を引き継ぐ場合

(5)　家族信託で自益信託を契約した具体例

　Ａは賃貸マンション１棟を持っており，ご夫婦で賃貸収入により暮らしている。

　もしＡが認知症になると，マンションのリフォームが必要になったり売却したりしたいときに，これらの契約が結べなくなる。

　Ａは認知症になることを心配し，元気なうちにマンションの管理を信頼できる家族に託したいと考えている。

　そこでＡは，マンションの管理を長男に託し，自分は受益者として引き続き賃貸収入を受け取る家族信託契約を結んだ。

　また，Ａが亡くなった時にはマンションの賃貸収入をＡの妻が受け取れるよう，妻をＡ死亡後の受益者に指定し，信託が終了した時にはマンションを長男が引き継ぐよう指定した。

　信託契約により，マンションの名義が委託者のＡから受託者である長男に移る。万が一Ａが認知症になっても，長男の判断でマンションのリフォームを行うことや，マンションを売ってそれをＡ夫婦の生活費や介護費用に充てることができる。

4　家族信託の税金

(1)　家族信託と贈与税

　自益信託であれば贈与税は課税されない。

　信託を設定した時の税金については，Ａが委託者＝受益者であり，信託の効力が生じた時の前と後で信託財産であるマンションから利益を受けるのはＡのままであるため，贈与税は発生しない。

　もし，受益者にＡ以外の人を設定すると，受益者に贈与税がかかるので注意

が必要である。

⑵ 家族信託と登録免許税・国定資産税

不動産を信託財産にする場合，受託者に登録免許税と固定資産税が課税される。

上記の例では，マンションの名義はAから受託者である長男に移転するため，長男に登録免許税がかかる。

また，1月1日現在で不動産を持っている人に固定資産税がかかるため，長男は固定資産税を払う必要がある。一般的には受益者負担になるので注意が必要である。

⑶ 家族信託と不動産所得

信託財産から生じる所得については受益者に所得税・住民税が課税される。

信託財産から生じる収益から経費を除いた「所得」については，受益者に所得税・住民税がかかる。

マンション賃貸経営から生じる不動産所得については，受益者であるAは毎年確定申告をして所得税・住民税を払うことになる。

Aが亡くなりAの妻に受益権が移転した場合には，今度は妻が毎年確定申告をして所得税・住民税を払うことになる。

⑷ 家族信託と譲渡所得税

信託財産を売却すると，受益者に譲渡所得税が課税される。

信託契約書に信託財産であるマンションの売却について記載されている場合，受託者である長男が売主となってマンションを売却することができる。

信託財産を売却した場合，受託者である長男ではなく受益者であるAに所得税・住民税がかかる。

⑸ 家族信託と妻の相続税

受益権を相続すると相続税がかかる。

Aが亡くなった場合には，信託契約により妻が受益者の地位を引き継ぎ，マンションの賃貸収入を受ける権利を持つ。Aの相続財産が基礎控除額（3,000万円＋600万円×法定相続人の数）を上回る場合，妻に相続税がかかる。

相続税の配偶者控除　1.6億円まで又は，法定相続分の相続なら，無税である。

配偶者は常に法定相続人になる。配偶者以外については順位が決まっており，

第一順位は被相続人の子，子がいなければ第二順位は被相続人の親，子も親もいなければ第三順位は被相続人の兄弟姉妹になる。

⑹　家族信託と長男の相続税

長男は信託が終了した時に相続税と登録免許税がかかる。

Aの妻が亡くなった時点で信託が終了し，長男がマンションを引き継ぐ。妻の相続財産が基礎控除額を上回る場合，長男に相続税がかかる。

また，長男は信託が生じた時の委託者兼受託者であるAの子どもであるため，Aの相続人である。したがって，委託者から相続によりマンションを取得したものとして，マンションの固定資産税評価額の1,000分の4の登録免許税がかかる。不動産取得税はかからない。

⑺　家族信託と認知症対策

家族信託は，認知症対策や財産の継がせ方について自由な設計をすることができるが，受益者に課税されるのが原則であり，節税対策はほぼできない。

節税対策ではないが，家族信託を使って委託者兼受託者（自己信託）とすれば，贈与税がかからずに信託財産の管理を家族に託すことができるというメリットがある。

例えば上記のAの例で，賃貸マンションの管理をAの生前に長男に任せた場合，マンションを長男に全部贈与してしまうと，賃貸収入を受ける権利も長男に移るため長男に贈与税がかかる。

家族信託を使うと信託財産の所有・管理は長男に移るが，受益権はAのままであれば，贈与税はかからないため，税金の心配をせずに安心して管理を任せられる。

家族信託における税金は，基本的には受益者にかかる。また，信託の設定方法によっては受益者に贈与税が課税される恐れがある。家族信託を導入する際は，税金のリスクを検討しなければならない。

相続税対策に信託を活用することが昨今注目されているが，信託を活用すれば相続税を節税できるというものではなく，信託を活用することにより，「財産の円滑承継」と「認知症対策」の観点から利用を検討すべきものである。

5　信託銀行のパッケージ商品。

信託銀行は以下をパッケージ商品として扱うが，介護・後見業務は行わない。

イ　暦年贈与信託

　ロ　教育資金の一括贈与信託

　ハ　結婚・子育て支援信託

　ニ　遺言代用信託

　①　暦年贈与信託

　暦年贈与信託とは，暦年贈与の実施にあたり，贈与契約書の作成，贈与資金の入金確認等の贈与手続きを信託銀行が代行するものである。

　信託銀行が贈与者と受贈者の間に入り，贈与の手続を代行することで「贈与」の証跡を確実に証明できるメリットがあり，税務署に贈与の成立を客観的に証明することができる。

　②　教育資金贈与信託

　教育資金の贈与信託は，孫等を受益者の教育資金として，祖父母等が委託者として，信託受託者である信託銀行に教育資金を目的として金銭等を信託した場合，1,500万円（学校等以外の教育資金の支払いに充てられる場合には500万円）を限度として贈与税が非課税になる信託である。

　この教育資金の一括贈与は平成25年度税制改正で導入され，相続税対策としても注目を集め，多くの人に利用されている制度である。

　もともと教育資金にかかる贈与は非課税として取り扱われているが，教育資金として必要な都度贈与していかなければ，非課税とならない。

　一方，この教育資金の一括贈与は，将来の教育資金を現時点において1,500万円まで一括して贈与しても非課税として取り扱われることがメリットとなる。

　受贈者が30歳になったときに残額があれば，その部分は贈与税の課税対象となる。

　③　結婚・子育て支援信託

　祖父母や両親の資産を早期に移転することを通じて，子や孫の結婚・出産・子育てを支援するために平成27年税制改正で導入された制度で，委託者である祖父母等が孫等（20歳以上〜50歳未満）を受益者，信託銀行を受託者として，結婚・子育て資金を信託した場合に，1,000万円（結婚に際して支出する費用については300万円）を限度として贈与税が非課税になる制度である。基本的な仕組みは教育資金の一括贈与を同じである。

　期間中に贈与者が死亡したときも，贈与管理が終了する。

　この場合，残額があれば，贈与者から相続，または遺贈により取得したもの

とみなされ，相続財産に加算される。

その結果，相続税が課税されることがある。ただし，このとき孫が相続した場合に加算される相続税の2割加算は適用されない。

④　遺言代用信託

相続が発生すると，葬式費用や介護施設・病院代等の一時的な費用が発生する。

しかし，相続後の被相続人の財産は遺産分割協議が完了するまでは相続人の共有物となるため，勝手に預金口座から引出すことは出来なくなる。

そのような場合に，生前に信託銀行に金銭信託を申し込み，相続人の中から受取人をあらかじめ決めておけば，死亡診断書，通帳，印鑑，本人確認書類などがあれば相続後直ちに財産を受取ることができる。

これは生命保険を使った場合，遺産分割協議を経ることなく保険金を受取ることができるのと同じ効果がある方法である。

また，遺言代用信託の場合，受益者に対してお金の渡し方を指定できるという点も便利である。

たとえば，自分の子に相続させたいけど，まだ若くてまとまってお金を相続で渡してしまうのは不安であるという場合がある。

そういう時は相続時の一時金（納税資金や葬儀費用など）で1000万円を渡しておき，残り毎月20万円ずつを年金形式で渡していくといった方法も採用することができる。

6　受益者連続型信託

通常の遺言では，自分の相続についての遺言しかできない。自分の財産を相続した相続人が，その財産を誰に相続するかは相続人が決めることであり，自分で決めることはできない。

しかし，信託を活用すると，信託した時から30年先の相続まで指定できる（受益者連続型信託）。

例えば，子供がいない夫婦の場合，通常の遺言であれば，1次相続で配偶者が相続すると，2次相続（配偶者の相続）では配偶者の兄弟等が相続することになるが，信託を活用すると，2次相続では自分の弟に相続させる等指定することができるため，財産を自分の親族に承継させることが可能となる。

ただし，妻の相続人は遺留分の減殺請求をする権利は有する。

7　信託と事業承継

　事業承継対策として，後継者（会社を引き継ぐ子供）以外の子供が会社経営に口出しするのを防ぐために，無議決権株式，取得請求権付株式，取得条項付株式等の種類株式を発行するケースがある。信託を活用すると，株式の権利について，議決権を行使する者（受託者）と受益者に分けることができ，種類株式を使うよりも簡易な手続きで事業承継対策を行うことができる。

　また，相続で株式の分散が進んでしまった場合に，議決権の行使を集約するために信託を活用する方法（議決権集約型信託），社長に相続が発生した場合に株式の遺産分割協議が完了しなくても，議決権を行使するために信託の活用する方法（遺言代用型信託）など，信託を活用することにより円滑な事業承継対策を進めることができる。

8　年少者や高齢者の財産管理

　年少者や高齢者の財産を親族が代わりに管理することができる。

　年少者や高齢者のように自分で財産を管理することが困難なケースでは，信託契約を締結して親族が代わりに財産を預かって管理することができる。

第2　弁護士業務と信託

1　信託の仕組み

　「信託」は，「自分の大切な財産を，信頼できる人に託し，自分が決めた目的に沿って大切な人や自分のために運用・管理してもらう」制度である。

　信託とは，「自分の大切な財産を，信頼する人に託し，大切な人あるいは自分のために管理・運用してもらう制度」のことである。財産の管理・運用を，「誰のために」「どういう目的で」ということを決めて，信頼できる人に託すことが，信託の大きな特徴である。

　財産を信託された人（受託者）は，信託した人（委託者）の決めた目的の実現に向けて信託された財産を管理・運用する。

　「信託」の基本的な仕組みは，以下の3者の関係からなる制度である。

（図1）

委託者（本人）……財産を預ける（信託する）人。

受託者（信託銀行等）……財産を預かって（信託されて）管理・運用する人。

受益者（恩恵を受ける人）……財産から生じる利益を得る人。

信託の基本的なしくみは図1のように，

① 自分の大切な財産を，信頼できる人に信託し

② 受託者は信託された財産を管理・運用し，そこから生まれた利益を

③ 委託者が指定した人（受益者）に渡す。

というのが最も基本的な信託の仕組みである。

2　信託財産の移転と受託者の責任

委託者は，自分が持つ財産を契約などにより受託者に託す。これを「信託する」などと表現する。

信託すると，委託者の財産の所有権は受託者に移転し，受託者が信託された財産の所有者となる。

この点が，他の制度にはない，信託の最も大きな特徴である。

信託された財産は，受託者のもとで受益者のための財産として管理・運用することになる。

信託契約の要素は，委託者，受託者，受益者，信託目的，信託財産，信託行為である。

委託者および受益者への大きな責任を負う信託銀行等の受託者には，信託法や信託業法などの法律に基づいて様々な厳しい義務が課せられている。

3　信託受益権

信託をすると，受益者は信託財産から生じる利益を受取る権利を持つことになるが，これを「信託受益権」という。

4 信託財産と信託目的

委託者から信託銀行等の受託者に信託された財産を「信託財産」という。信託できる財産の種類には制度上特に制限はなく，金銭や株式などの有価証券，土地・建物など，金銭的価値のあるものであれば信託することができる。

また，信託した財産を，誰のために，どのような目的で，どのように管理・運用するかは，委託者が決めるが，これを「信託目的」という。

5 自益信託と他益信託

信託には，委託者，受託者，受益者の三者の関係に基づく制度であるが，委託者自らが受益者になることもできる。このように，委託者と受益者が同一人物の信託を「自益信託」といい，これに対して，図1のように，委託者と受益者が異なる信託を「他益信託」という。

信託は，他人のために財産を管理・運用できるだけでなく，自分のために財産を管理・運用することもできるシステムである。

子供の誕生から，進学，就職，結婚・出産のサポート，又，自分の後見や相続など。さらに社会貢献やビジネス，企業の資金調達や投資，その他従業員の年金の管理など生活の身近な場面で使われている。

6 弁護士業務と信託との関係

弁護士は，依頼を受けた法律業務を処理するにあたり，依頼者のために金銭その他の財産を預かったり，依頼者のために預かった金銭その他の財産を管理・処分することを日常的に行う。弁護士業務としての財産の管理・処分は，その実質において「信託」の性質を有している。

弁護士は，依頼者である委託者のため法律事務として，従来より日常的に反復継続して信託を引受けてきた。

信託業法は，「信託業とは信託の引受けを行う営業をいう。」（2条）と定め，「信託業は内閣総理大臣の免許を受けた者でなければ営むことはできない」（3条）とし，免許を取得できる者を株式会社に限定している（5条）。しかし，弁護士が法律事務の一環として行う信託受託については，信託業法にいう「営業」ではなく，「信託業」には該当しないと考えるべきである。

営業とは，営利目的をもって反復継続する行為であるが，信託業の範囲は，信託業法の目的と，他の法律との適用範囲を法解釈よって確定されなければならない。

信託業法 3 条は，弁護士が法律事務の一環として行う民事信託業務について，国民の民事信託を利用する大きな制限となっている。

信託業法 2 条は，規制させる「信託の引受け」から，「他の取引に係る費用に充てるべき金銭の預託を受けるもの，その他の取引に付随して行われるものであって，その内容等を勘案し，委託者及び受益者の保護にため，支障を生ずることがないものとして政令で定めるものを除く」としている。政令への委任の趣旨は，「委託者及び受託者の保護に支障が生じないものは除く」ということである。

7　高齢者や障害者の財産管理・財産承継を目的とする民事信託の必要性

弁護士が高齢者等の財産管理や財産承継を目的とする民事信託を法律事務の一環として取り扱うことは，まさしく福祉信託に対する社会的要求に適切に対応するものであり，「支障が生じないもの」に該当する。

① 　本人亡き後の配偶者や子の生活の不安除去

信託は，財産管理の手段としてきわめて有効な制度である。

② 　信託を利用した財産管理と弁護士の役割

信託が高齢者や障害者の財産の管理のために大きな役割を果たす。

これらの信託はいずれも金銭信託であり，不動産の信託ではない。

信託銀行は基本的に商事信託を担う機関であり，民事信託を受託することに関しては必ずしも適切な機関ではない。

信託は，財産権を移転するものであるため，権利関係に関する専門知識と高度の信頼性が要求される。このような民事信託を受託する者としては，法律専門家である弁護士が，唯一の適合機関である。

8　米国及び英国における信託受託者としての弁護士の役割

米国及び英国では，弁護士は，法律及び受益者のニーズに精通する信頼できる個人として，家族間の財産承継並びに高齢者及び障害者の財産管理を主たる目的とする信託の受託者として，従来より重要な役目を果たしてきた。

第 3　事業承継と公益財団法人への寄付

1　社内事業承継

事業承継の方法の一つとして，社内の役員や従業員に承継させる「社内事業承継」がある。役員や従業員は，社内事情に精通しており，これらの者に承継

すれば，第三者へ事業を売却する場合と比較して，スムーズに事業承継を進め
やすい。

2 買取資金

最大問題は，株式の買取資金の調達である。

役員個人が多額の資金を用意するのは困難である。その解決策の一つとして，
受皿会社となる SPC（特別目的会社）を設立し，現オーナーがその受け皿会社に
株式を譲渡するという方法がある。

SPC は，資金調達や債券の発行や投資家への利益配分などの目的だけのため
に設立される。

3 MBO（役員事業承継）

役員が事業を承継することを「MBO」と呼ぶ。

MBO は経営陣（役員）による事業買収手段のことである。

MBO は「Management Buy-Out」の略で，日本語では「経営陣買収」と訳
されている。経営者が所有している株式を，他の役員に譲渡することで事業承
継を成立させる手段のことである。

経営陣に株式を譲渡して事業継承ができるようになると，企業内でリーダー
シップを発揮できたり，経営手腕が高い人を後継者に選出できる。また，企業
事情に詳しい人が次期経営者になると，従業員や取引相手などのステークホル
ダーも安心できる。

4 EBO（従業員事業承継）

株式を購入する人が経営陣ではなく，従業員の場合は「EBO（Employee Buy-
Out)」と呼ばれ，「従業員買収」と訳される。また経営陣と従業員が一緒になり
株式購入する場合は「MEBO」呼ばれる。

5 資金調達

MBO は「資金調達」に最大の課題がある。

MBO を実施するに当たって最大の課題は「買収資金」の問題である。

買収するには莫大な資金を投じる必要がある。経営権を掌握するだけの株式
（3分の2以上）を取得するとなると，資金調達が最大の課題になってしまう。

この問題を解決するために，受皿会社を設立してその企業に買収させる方法
がある。受皿会社は事業を行う会社ではなく，特別の目的のために設立される
会社であり「SPC」と呼ばれる。

6　SPC（特別目的会社）の活用スキーム

SPC を設立することで，経営陣は個人の信用ではなく，法人としての信用によって金融機関から資金調達ができるようになる。

SPC を用いて事業継承する 4 つのステップは，以下の通りである。

① 　SPC の設立

② 　金融機関から融資を受ける

③ 　対象企業の株式購入

④ 　対象企業との合併

金融機関は対象企業の成長性や財務体質などによって，SPC に資金調達をするか判断する。

対象企業の株式購入をなした後に，対象企業と合併をする。合併後に対象企業が借入金の返済をすることで，一連の流れが完了となる。

7　MBO のメリット

SPC を設立して MBO をすることの最大のメリットは，「社内承継（MBO）が成功しやすくなる」ことが挙げられる。MBO の最大の課題は，株式を買い取るための資金調達にある。SPC を設立すれば，金融機関やファンドから融資や投資を受けやすくなる。

後継者になる役員への負担が少ないことが最大のメリットである。役員が個人で株式購入をして，事業継承をすることは実質的に困難であり，SPC であれば役員個人の負担がない。

8　MBO のデメリット

MBO の場合，必ず資金調達ができるわけではない。

最終的には事業会社が借入金の返済をすることになるから，事業会社に返済能力がない場合には，たとえ SPC を設立しても金融機関から融資を断られる可能性がある。

融資を受ける際には，SPC を設立した役員個人の連帯保証を求められることが多い。役員個人の収入や資産状況，健康状況，人柄などもチェックされる。

SPC を活用して MBO をする場合，事業会社の現金が減ることになる。

9　社内承継（MBO）

社内承継（MBO）は事業継承の 1 つの方法であり，優秀な役員（従業員）に事業を引き継がせることができる。株式を買い取るための資金調達の課題がある

が，SPC（特別目的会社）を設立して金融機関から融資を受けることで，買収資金を確保し事業継承をスムーズに進めることができる。

第4　寄付金の税金

1　法人の寄付金

①　法人が支払った寄付金は，一定の金額まで費用として申告できる。法人税において，費用にできる限度額が定められている。

日本赤十字社や公益法人や認定NPO法人に対する寄付金については，経費にできる限度額に特別枠が設けられていて，少し多めに費用にできる。

寄付金のように対価性のない支出は，材料の仕入れや人件費など対価性のある支出と違って，それが収益を生み出すために必要かどうかを客観的に判定するのは難しいので，経費かどうかの判断基準を簡単にし，公平性を保つために統一的限度額を設けている。

②　限度額の計算式

限度額は，次の2つの要素を使って計算する。

イ）寄付をした年度末の資本金の額

ロ）寄付をした年度の所得金額

所得金額は，毎年変動するから，決算をするたびに限度額を計算することになる。

一般的な法人であれば，次の算式で計算する。

イ　一般枠による限度

（資本金の額×0.25％＋所得金額×2.5％）×1/4

ロ　特別枠による限度（一般枠に上乗せ）

（資本金の額×0.375％＋所得金額×6.25％）×1/2

③　申告手続要件

申告するためには，寄附金の損金算入に関する事項を記載した明細書を申告書へ添付するとともに，寄付先が発行した証明書等を保管しておく必要がある。

2　個人の寄付金

①　個人が支払った寄付金は，その寄付先によっては所得税の優遇措置を受けられる。寄付金は生活費の範疇に含まれる。

本来は飲食費や被服費と同じく税金の優遇を受けるべき対象ではない。

　国には公益に役立つ寄付を推奨したいという政策的な狙いがあり，寄付に対する恩恵的な措置を用意している。

　日本赤十字社や日本国内の公益財団法人，公益社団法人，認定 NPO 法人に対するものは税優遇を受けられる。

　大使館への寄付については，支払先が外国政府であり，日本の国益との関係が不明確なため税優遇が用意されていない。

　②　控除額

　個人が支払った寄付金に対する所得税の優遇措置には 2 種類ある。所得控除と税額控除である。公益社団や公益財団，認定 NPO 法人への寄付は，これら 2 つのうちどちらか有利な方を選択可能である。高額所得者を除き，多くのケースでは税額控除を選ぶ方が有利になる。

　③　所得控除（寄付金控除）

　所得の金額から一定額を差し引ける優遇制度である。差し引ける金額は，次の計算式で算出する。

　　　控除額＝寄付金の額－2000円

　　　（所得額の40％相当額が限度である。）

　④　税額控除（寄付金特別控除）

　その年の所得税の額から一定額を差し引ける優遇制度である。差し引ける金額は，次の計算式で算出する。ただし控除できるのは，その年の税額の20％相当額までである。

　　　控除額＝（寄付金の額－2000円）×40％

　　　（※所得額の40％相当額が限度である。）

　⑤　申告手続要件

　寄付金について所得控除もしくは税額控除の適用を受けるためには，支払った寄付金に関する事項を確定申告書に記載するとともに，寄付先が発行した証明書を申告書へ添付する必要がある。なお，確定申告書を e-Tax で提出すれば，証明書の添付を省略できる。

3　遺族が支払った寄付金

　①　公益法人への寄付

　遺産を相続した人が，その一部を公益的な活動を行っている団体に寄付したときには，相続税の優遇制度を受けられる。そもそも相続税法では，公益的な

事業のために使われている遺産を相続すると，その遺産には相続税を課さないこととされている。この仕組みとバランスをとるために，相続税の申告期限までに公益的な活動を行っている寄付先に遺産を寄付した場合にも，相続税を課さないようにしている。

日本赤十字社や日本国内の公益財団法人，公益社団法人，認定NPO法人への寄付については税優遇を受けられる。

大使館への寄付については適用がない。

② 申告手続要件

寄付金について相続税の免除を受けるためには，相続税の申告書に寄付に関する事項を記載した明細書と，寄付先の発行した証明書等を添付して税務署へ提出する必要がある。

第5 キーエンスの事業承継の例

1 非上場株式の評価

平成28年4月1日現在の法令等によれば，非上場株式の評価は，次の通りの原則的評価方式で行う。

まず評価する株式を発行した会社を，総資産価額・従業員数・取引金額により，大会社，中会社，小会社に区分。大会社は原則，類似業種比準方式により評価し，類似業種の評価を基に一株当たりの配当金額，利益金額，純資産価額（簿価）の3つで比準して評価する。

小会社は会社の総資産や負債を原則として相続税の評価に洗い替えて，その評価した総資産の価額から，負債や評価差額に対する法人税額等相当額を差し引いた残りの金額により評価する。中会社は，大会社と小会社の評価方法の併用である。

財産評価通達第8章その他の財産第2節197-5「転換社債型新株予約権付社債」，いわゆる転換社債（CB）の評価によれば，非上場の転換社債で転換社債の発行会社の株式の価額が転換価格を超えない場合，発行価額と源泉所得税相当額控除後の既経過利息の額の合計とされる。

財産評価通達第1章総則の6（この通達の定めにより難い場合の評価）は，「この通達の定めによって評価することが著しく不適当と認められる財産の評価は，国税庁長官の指示を受けて評価する」としている。

　総則6項は，評価基本通達に定める評価方法を画一的に適用した場合には，適正な時価評価が求められず，その評価額が不適切なものとなり，著しく課税の公平を欠く場合も生じることから，それを補うものとして「財産評価通達第1章総則6項」で，個々の財産の態様に応じた適正時価評価が行えるように定めたものである。

2　キーエンス社

　キーエンス社は鍵（キー）と科学（サイエンス）を合成して作られた名称の会社である。

　営業利益率が50％のファブレス法人として知られる。キーエンス社は，流量・圧力・レーザーセンサーなどの計測器大手メーカーである。

　平成28年3月20日の有価証券報告書によれば，従業員平均年間給与1777万円の超優良会社の評判である。キーエンス財団は2018年に設立された。財団のホームページ上で奨学生を直接募集し，所属大学や学部などに条件を設けていない。大学新1年生を対象とする給付型奨学金では4年間にわたって月8万円を支給し，2年生以上には30万円の応援給付金の制度がある。22年度は新たに給付型奨学金を約500人，応援給付金を約2000人に給付する予定とされている。

3　長男への贈与

　キーエンスの創業者滝崎武光名誉会長の長男が大阪国税局の税務調査を受け，贈与された資産管理会社の株式をめぐり1500億円を超える申告漏れを指摘された。長男は，滝崎氏から贈与された非上場の一族の関連会社株式について，確定申告したが，株式評価が著しく低いと判断された。

　大阪国税局は，過少申告加算税を含め300億円超の追徴課税を行った。

　滝崎氏は，キーエンスの大株主となる資産管理会社「ティ・ティ社」を傘下に収める同族の非上場会社を，転換社債などを現物出資して設立し，この会社の株式を長男に贈与した。

　ティティ社は，キーエンス株式の17.87％を所有，それだけでも時価にすれば8千億円近くなる。大阪国税局は，この非上場の同族会社が，転換社債によって事実上支配するティティ社を通じ，大量のキーエンス株式を保有しているとみなした。

4　公益財団法人への寄付

　キーエンス創業者の滝崎武光名誉会長は2022年3月24日までに，保有する同

382

社株745万株を公益財団法人キーエンス財団（大阪市東淀川区）に寄付した。寄付した株式はキーエンスの発行済み株式の3％にあたり，2022年3月16日時点の価値は3900億円にのぼる。キーエンス財団は国内の大学生を対象に返済の必要がない奨学金を給付している。キーエンスは売上高営業利益率が約50％の高収益企業として知られ，時価総額は約14兆円である。滝崎氏は今回の寄付後もキーエンス株を3.15％保有する。

上記の例では，「転換価格を超える場合」＝「転換社債の発行会社の株式の価額」×「100/その転換社債の転換価格」となる。

大阪国税局は転換社債の評価ではなく，ティティ社株式転換後の支配従属関係に着目した可能性もある。

5　資産のない者による事業承継

① 　ホールディングスの方式

後継者が持ち株会社を設立した上で，既存の事業会社の株式を持ち株会社で買い取ってしまうことにより，既存の事業会社経営権を後継者に移す方法である。

② 　金庫株式方式

事業承継の方法として，金庫株を利用する方法である。後継者が持つ株式を会社に買い取りさせ，自己株式を買い取らせて，相続税を支払う仕組みである。

法人が自己株式を取得した場合，みなし配当が発生するので，注意が必要である。

第6　家族信託と節税対策

1　家族信託

信託のうち財産の管理を家族に託す形式を，一般的に「家族信託」と言う。

家族信託の当事者は，持っている財産の管理を他の人に託す「委託者」，財産の管理を託された「受託者」，その財産から生み出された利益を受ける「受益者」の三者である。

2　課税される場合

家族信託においては，財産の所有権は形式的には受託者に移るが，信託財産から生み出された利益を受けるのは受益者である。したがって基本的に受益者に税金がかかる。

税金がかかるのは信託財産から生じる利益を受ける人が変わる場合である。

利益を受ける人が変わった原因により課税の種類が異なる。受益者の死亡が原因の場合に，相続税がかかり，受益権を売却した場合には所得税と住民税がかかり，贈与した場合は贈与税がかかる。

不動産を信託財産とする場合においては，信託を原因とする所有権移転登記が行われる。所有権移転に伴う登録免許税，固定資産税は受益者の負担とする場合が多い。

3　課税の種類

① 贈与税

家族信託では，形式上財産が委託者から受託者へ移るが，信託財産から利益を得るのは受益者であるため，委託者から受益者に対して財産が移ったとみなされる。

受益者に贈与税がかかるかどうかは，信託設定時において，委託者と受益者がどのような関係になっているかで判断する。

委託者と受益者が同じ場合の信託を「自益信託」という。自益信託の場合，信託の効力が生じた時の前と後で信託財産から利益を受ける人が変わらないため，受益者に贈与税はかからない。

委託者と受益者が違う場合，「他益信託」という。他益信託の場合，信託の効力が生じた時の前と後で信託財産から利益を受ける人が異なるため，委託者から受益者へ贈与があったものとして受益者に贈与税がかかる。

委託者が生きている間は「委託者＝受益者」として贈与税を発生させないケースが多い。

② 相続税

家族信託の場合，信託契約で，委託者兼受益者が死亡した場合，受益者の地位を引き継ぐ新たな受益者を定めているケースが多い。

受益者が死亡した場合，信託契約により定められた新たな受益者に対して相続税がかかる。

③ 譲渡所得税

受益者が信託財産から利益を受ける権利である信託受益権を他人に売却した場合には，売却から生じた利益に対して受益者に所得税・住民税がかかる。

4 信託期間中の税金

信託期間中は，受益者が信託財産を所有しているものとして所得税・住民税がかかる。

所得の種類は，信託財産の種類により異なる。例えば信託財産が賃貸用マンションであれば，賃貸収入が受益者の不動産所得になる。

5 受託者が対象の税金

① 登録免許税

不動産を信託財産にする場合，対象不動産については信託を原因とする所有権移転及び信託の登記を行う。登記の際には，登録免許税が課税される。また，信託を原因とする所有権移転は非課税であるが，信託部分が課税される。

信託が終了した時には，信託財産である不動産を受託者から引き継ぐ者に通常の所有権移転登記の税率で登録免許税がかかる。

ただし，

イ）信託の効力が生じた時から自益信託の場合，信託終了時にその委託者兼受益者が信託財産である不動産を引き継ぐ（元の所有者に戻す）場合には登録免許税はかからない。

ロ）信託の効力が生じた時から自益信託の場合，信託終了時にその委託者の相続人が信託財産である不動産を引き継ぐ場合には，相続による登記として登録免許税の税率は1,000分の4になる。

親が亡くなり信託契約どおり子が不動産を引き継ぐと，受託者である子が所有者として不動産の名義を移す登記が必要になるが，子は委託者兼受益者である親の相続人であるため，登記の際の登録免許税は1,000分の4になる。

② 固定資産税

固定資産税はその年1月1日に不動産を持っている人にかかる。

不動産を信託財産にする場合，不動産の名義は受託者になるため，受託者に固定資産税がかかる。一般的には受益者負担になる。

家族信託で不動産を信託財産にする場合，名義は委託者から受託者へ移転するが，これは形式的な名義の移転にすぎない。したがって，信託設定時において受託者に不動産取得税がかからないことが規定されている（地方税法73条の7）。

しかし，信託が終了した時には，信託財産である不動産を受託者から引き継ぐ者に不動産取得税がかかる。

ただし，以下の条件では課税されない。

A，信託の効力が生じた時から自益信託の場合，信託終了時にその委託者兼
　受益者が信託財産である不動産を引き継ぐ（元の所有者に戻す）場合

B，信託の効力が生じた時から自益信託の場合，信託終了時に委託者の相続
　人が信託財産である不動産を引き継ぐ場合

6　家族信託で自益信託を契約した具体例

Aは，賃貸マンション1棟を所有し，妻Bと賃貸収入により暮らしていた。

もしAが認知症になると，マンションのリフォームが必要になったり売却し
たりしたいときにこれらの契約が結べなくなる。

Aは認知症になることを心配し，元気なうちにマンションの管理を信頼でき
る家族に託したいと考えていた。

そこでAは，マンションの管理を長男Cに託し，自分は受益者として引き続
き賃貸収入を受け取る家族信託契約を結んだ。

また，Aが亡くなった時にはマンションの賃貸収入をAの妻Bが受け取れる
よう，妻BをA死亡後の受益者に指定し，信託が終了した時にはマンションを
長男Cが引き継ぐよう指定した。

信託契約により，マンションの名義が委託者のAから受託者である長男Cに
移る。Aが認知症になっても，長男Cの判断でマンションのリフォームを行う
ことや，マンションを売ってそれを AB 夫婦の生活費や介護費用に充てること
ができる。

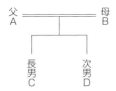

7　自益信託と贈与税

信託を設定した時の税金については，Aが委託者＝受益者であり，信託の効
力が生じた時の前と後で信託財産であるマンションから利益を受けるのはAの
ままであるため，贈与税は発生しない。

もし受益者をA以外の者にすると，受益者に贈与税がかかる。

8 受託者への課税

不動産を信託財産にする場合，受託者に登録免許税と固定資産税が課税される。

上記の例では，マンションの名義はAから受託者である長男Cに移転するため，長男Cに登録免許税がかかる。

一般的には受益者負担となる。

9 受益者への課税

信託財産から生じる所得については受益者に所得税・住民税が課税される。

信託財産から生じる収益から経費を控除した「所得」については，受益者に所得税・住民税がかかる。

上記の例では，マンション賃貸経営から生じる不動産所得については，受益者であるAは，毎年確定申告をして所得税・住民税を払うことになる。

Aが亡くなりAの妻Bに受益権が移転した場合，今度は妻Bが毎年確定申告をして所得税・住民税を払うことになる。

10 譲渡所得税

信託財産を売却すると，受益者に譲渡所得税が課税される。信託契約書に信託財産であるマンションの売却について記載されている場合，受託者である長男Cが売主となってマンションを売却することができる。

信託財産を売却した場合，受託者である長男Cではなく受益者であるAに所得税・住民税がかかる。

11 受益権の相続

受益権を相続すると相続税がかかる。

Aが亡くなった場合には，信託契約により妻Bが受益者の地位を引き継ぎ，マンションの賃貸収入を受ける権利を持つ。Aの相続財産が基礎控除額（3,000万円＋600万円×法定相続人の数）を上回る場合，妻Bに相続税がかかる。

12 相　　続

長男Cは信託が終了した時に相続税と登録免許税がかかる。

Aの妻Bが亡くなった時点で信託が終了し，長男Cがマンションを引き継ぐ。妻Bの相続財産が基礎控除額を上回る場合，長男Cに相続税がかかる。

また，長男Cは信託が生じた時の委託者兼受託者であるAの子どもであるためAの相続人である。したがって委託者から相続によりマンションを取得した

ものとして，マンションの固定資産税評価額の1,000分の 4 の登録免許税がかかる。不動産取得税はかからない。

13　家族信託と贈与税

　家族信託は，認知症対策や財産の継がせ方について自由な設計をすることができるが，受益者に課税されるのが原則であり，節税対策はほぼできない。

　しかし，家族信託を使えば贈与税がかからずに信託財産の管理を託すことができる。

　節税対策ではないが，家族信託を使って委託者兼受託者とすれば，贈与税がかからずに信託財産の管理を家族に託すことができるというメリットがある。

　家族信託を使うと信託財産の所有・管理は長男Ｃに移るが，受益権はＡのままであり，贈与税はかからないため，税金の心配をせずに安心して管理を任せられる。

　信託の設定方法によっては，受益者に贈与税が課税される恐れがある。

14　家族信託に課税される税金

① 　一般的な家族信託の方法であれば，本質的に財産の権利者は変わらないので，税金を多く払うようなことにはならない。しかし，信託の内容によっては課税されることもある。

　不動産を信託すると「登録免許税」がかかる。

　家族信託開始時には，財産の名義を受託者に変更する必要がある。

　そのため，家族信託をすると財産の名義は，もともとの財産の所有者ではなく「受託者」に変更される。

　委託者・受託者には原則として所得税は課税されない。

　委託者は，受託者へ財産を託しているだけであり，受託者も，財産の管理や処分を行うだけであるため，どちらも利益を得ることはない。

　信託した財産から収益や売却益があったとしても，委託者・受託者に所得税は課税されない。

　受益者は，受託者の財産管理により生じた利益を得ることとなるので，所得税が課税される。これを「受益者課税の原則」といい，家族信託の原則とされる。

　自益信託は「受益者＝委託者」となり委託者でも相続税が課税される。

15 家族信託の分類

① 種 類

イ）他益信託

委託者と受益者が異なる場合である。

ロ）自益信託

委託者と受益者が同じ場合である。

ほとんどの場合は，「自益信託」の家族信託を選択するため，委託者兼受益者に所得税がかかることとなる。

家族信託をしていなくても，利益が出る場合には所有者に所得税がかかるので，家族信託をした前後で課税される人や税額は変わらない。

② 所得税・住民税

受益者には，信託財産から利益が生じている間は，「所得を得ている」こととなり所得税・住民税がかかる。

例えば，信託財産が賃貸マンションである場合は，賃貸収入が不動産所得となり，それに対して所得税・住民税が課税される。

③ 贈与税

受益者に贈与税がかかるのは，「他益信託」の場合である。

他益信託の場合，委託者と受益者が異なるため，家族信託をした場合の前後で，財産から利益を受ける人が異なることとなり，「贈与」とみなされ，贈与税がかかる。

「自益信託」の場合，委託者と受益者が同一であり，家族信託をしても利益を受ける者は同じであるため，贈与とはならず，贈与税の対象とはならない。

④ 他益信託と贈与税

他益信託であっても，以下の信託の場合は贈与税が課税されない。

イ）確定給付企業年金信託・年金信託

確定給付金企業年金信託・年金信託は，事業者や企業年金基金などが委託者，従業員が受益者，信託銀行が受託者となる「他益信託」であるが，この信託は確定給付企業年金法に基づいているため，贈与税の対象とはならない。

ロ）特定贈与信託

障害者の生活を補償するために行う「特定贈与信託」は，親族が委託者，障害者の方は受益者，信託銀行などが受託者となって，定期的に障害者へ金銭を

渡す「他益信託」であるが，障害者への贈与には特別障害者については6,000万円，中軽度の障害者の方については3,000万円まで贈与税が非課税となる。

ハ）教育資金贈与信託

「教育資金贈与信託」は，子供や孫に，教育資金として，金銭を信託銀行に信託し，後々必要になったときに子供や孫が受益者としてその金銭と受取る「他益信託」であるが，教育資金の信託については1,500万円まで贈与税が非課税になる（学校以外の費用については500万円まで）。

ニ）結婚・子育て支援信託

「結婚・子育て支援信託」は，子供や孫に，結婚・子育て資金として，金銭を信託銀行に信託し，後々必要になったときに子供や孫が受益者としてその金銭と受け取る「他益信託」であるが，結婚・子育て資金の信託については1,500万円まで贈与税が非課税になる（結婚費用については300万円まで）。

16　受益権引継

父が所有するアパートを，長男Cが信託を受け運用し，その利益を父が取得していたが，父が死亡したため，受益権（もしくは信託財産）が長男Cに引き継がれた場合

①　【課税対象者】は長男Cである。

相続税がかかるのは，受益者が死亡し，受益権が引き継がれた時である。また，死亡により信託終了して信託財産を承継した時も同様である。

信託契約では，受益者の死亡後，新たな受益者を設定している場合が多くある。その場合，受益者の死亡後に，受益権を引き継いだ者には相続税が課されることとなる。

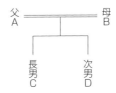

②　譲渡所得税

受益権を売却した者に譲渡所得税がかかる。

父Aが所有するアパートを，長男Cが信託を受け運用し，その利益を父Aが取得していたが，父Aが死亡したため，受益権が長男Cに引き継がれ，長男C

390

が受益権を次男Dに売却した場合，【課税対象者】は長男Cである。

　父が所有するアパートを，長男Cが信託を受け運用し，その利益を父が取得していたが，父が不動産会社に受益権を売却した場合，【課税対象者】は父である。

　家族信託をしているだけでは，譲渡所得税はかからない。

　しかし，受益者が受益権を第三者に売却した場合には，売却したことにより生じた利益に対して譲渡所得税が課税される。

　不動産を売却したことで譲渡所得が発生したときも同じように「受益者」に課税される。

　③　受託者にかかる税金

　受託者に税金がかかるのは，基本的に不動産を信託財産としている場合である。

　④　登録免許税

　不動産を信託財産とする場合，その不動産の所有権を，受託者へ移転する登記をしなければならず，登記をする場合，登録免許税が受託者にかかる。この登録免許税は委託者，受託者どちらが支払っても構わない。

　家族信託開始時に行う所有権移転登記（信託）にかかる登録免許税は，土地と建物で税率が異なる。

　税率は「土地評価額の0.3％」「建物評価額の0.4％」である。

　なお，家族信託を始めた時点から自益信託で，委託者が死亡し，委託者の相続人へ不動産を引き継ぐ（相続する）場合には，相続による名義変更となり，登録免許税の税率は評価額の0.4％となる。

　⑤　固定資産税

　固定資産税は，不動産を所有する者（名義人）に課税される。

　不動産を信託財産とする場合，不動産の名義は受託者になるため，受託者に固定資産税が課されることとなる。

　委託者ではなく，「受託者」に固定資産税が課税される。

　⑥　不動産取得税

　家族信託終了時に，不動産の所有権を引き継ぐ者に，不動産取得税がかかる。

　「不動産取得税」は，購入や贈与などで不動産を取得した人に課される税金で，不動産の固定資産税評価額の3～4％が課税される。

不動産を家族信託して受託者に名義変更しても，不動産取得税はかからない。あくまで名義を変更しただけで実質上の権利者は「委託者＝受益者」である。

しかし，家族信託を終了した時，信託財産である不動産を受託者が引き継ぐ場合には，受託者に不動産取得税がかかる。

17　認知症対策

家族信託自体には，節税の効果はないが，両親が特に節税対策をしないまま認知症や病気になってしまった場合，家族信託をしておくことで，財産を託された家族が節税対策や財産管理行為をなすことが可能である。

例えば，父が1億円の預貯金を所有していた場合，受託者がマンションやアパートなどの建物を建てることで節税に繋がる。

1億円で建築した不動産であっても，不動産の評価は建築にかかった費用よりも安く評価されるため，相続税を抑えることができる。

あらかじめ家族信託をしておけば，本人が認知症になってしまったとしても，家族が節税対策や財産管理行為をすることが可能となる点が家族信託のメリットである。

最高裁判所令和4年4月19日判決は，租税回避目的による節税対策を否認できるとする基準を示したが，過剰な節税行為は否認されるリスクがある。

両親の収益不動産について，法人を設立して，財産管理契約又は一括賃貸借契約をなして，両親の認知症対策をなすことが可能である。管理会社又は，一括賃貸借会社で，全家賃をテナントから集め，又，両親から，補修工事費用として，まとまった金額を預かっておけば，銀行から高齢を理由とする預金の払戻の停止をかけられることはない。

18　後見監督人，受託監督人

後見や信託について，最も重要なのは，監督機関を設置することである。後見の場合，後見監督人を置き，信託の場合，信託監督人と受益者代理人を置き，税理士・行政書士・司法書士・弁護士に就任させるのが望ましい。

第8章　輸出免税調査事件

（公正基準）

個別否認根拠規定がないのに，私法契約において設定された売主・買主の事実認定を否認してはならない。

商品取引の実体（輸出手続業務や消費税還付業務など）があれば，輸出業者としての存在を否定できない。

（東京地方裁判所令和4年7月15日判決）

輸出免税調査事件に関する判例のケースを紹介し，事実認定の濫用をさせない弁明方法を検討する。

第1　事案の概要

1　消費税の法的性質について

本件は，T社が日本問屋から衣類商品を仕入れ，台湾の外国法人R社へ輸出し，Rは数百社の台湾小売業者へ更に転売したケースである。台湾小売業者は，来日して，大手問屋に行き，商品を選定し，代金をT社の代理人として支払い，T社宛の領収証を発行していた。Y税務署は，T社がなした商品仕入取引を否認し，輸出免税による消費税の還付請求を拒否し，かつ，過去の還付金について更正処分をなした。

物品の譲渡やサービスの提供が国内取引にあたる場合であっても，その物品が輸出され，あるいはそのサービスの提供が国外で行われる場合には，それに対する消費税は免除される。そして，物品が国外に輸出されているにもかかわらず，源泉地国（日本）の消費税が課されたままの状態では，仕向地国（台湾）においてもさらに消費税が課されるのであるから，源泉地国（日本）と仕向地国（台湾）の消費税を二重に負担することになる。これでは，仕向地主義を採用した消費税法の輸出免税制度の趣旨に反することになることから，物品が国外に輸出されている場合には，源泉地国（日本）において負担した消費税は必ず還付されなければならない。

本件において，日本から台湾に商品が輸出されていることについては，争い

のない事実である。本件では，消費税が誰にも還付されておらず，日本から台湾に輸出された商品について消費税が課された状態が維持されているが，これでは日本及び台湾の両国において二重に消費税を課された状態となっており，輸出免税制度の趣旨に反している。

このように，本件で争われている消費税は，海外に輸出された商品に係る消費税であり，必ず還付されなければならないものであって，本来国に留保させておく理由がないものである。このような不当利得状態を解消する必要がある。

2　本件の争点

本件の主要な争点は，次のとおりである。

① 　本件各商品に係る仕入金額が，Ｔ社の「課税仕入れに係る支払対価の額」に該当するか否か（本件各商品を購入したのはＴ社であるか，本件各台湾小売業者であるか）。

② 　Ｔ社が，通則法68条１項に規定する事実の仮装をしたと認められるか否か。

以下では，上記の各争点について，法的に分析する。

第2　争点1（本件各商品に係る仕入金額が，Ｔ社の「課税仕入れに係る支払対価の額」に該当するか否か）について

1　本件各領収証

(1)　領収証は売買契約成立の直接証拠であること

課税仕入れとは，「事業として他の者から資産を譲り受け」ることであり，売買契約の買主に課税仕入れが認められることになる。

売買契約の成立を証明する証拠としては売買契約書のほか，店頭で量産品を購入する場合など，一般に契約書の作成がされない取引の場合には，領収証がその証拠となる。

本件では，本件各国内事業者が発行した本件各領収証は，全てＴ社に宛てら

れたものとなっており，本件各国内事業者とＴ社との間の売買契約は，Ｔ社宛ての本件各領収証という直接証拠により十分に証明されている。

　(2)　**本件各商品の仕入れがＴ社の課税仕入れであると装うために，Ｔ社宛ての本件各領収証が発行されることはあり得ないこと**

　課税庁は，Ｔ社宛ての本件各領収証は，Ｔ社と本件各国内事業者が，共謀の上，Ｔ社の課税仕入れであると装うための手段として作成されたものである旨主張する。

　しかしながら，Ｔ社宛ての本件各領収証の発行には，次のとおり，Ｔ社にとっても，本件各台湾小売業者にとっても，本件国内事業者（大手問屋Ｅ）にとってもリスクが存在するのであり，Ｔ社の課税仕入れであると装うためというような目的で発行できるものではない。

　ア　Ｔ社にとってのリスク

　Ｔ社にとってのリスクとは，本件各台湾小売業者が本件各国内事業者Ｅに対し，商品代金をＴ社の代わりに立て替えて支払うことなく，商品だけを受け取っていた場合，また，本件各台湾小売業者Ｅが注文を行ったにもかかわらず心変わりして商品を受け取らず代金を立替払いしなかった場合，その商品代金の請求を受けるのは，本件各領収証の宛先であるＴ社である。そして，このとき，Ｔ社は商品代金を支払う責任を負い，実際に，Ｔ社は本件各国内事業者からの代金支払い請求を受けることがある。このように，Ｔ社宛ての本件各領収証が存在することから，商品の代金支払について責任を負ったのはＴ社である。

　イ　本件各台湾小売業者にとってのリスク

　他方で，本件各台湾小売業者にとってのリスクとは，Ｔ社宛ての本件各領収証の発行を受けることにより，本件各台湾小売業者が本件各商品を購入したことを示す領収証が残らず，商品の返品・交換等を本件各台湾小売業者が自らの名で行うことはできない。このことは商品の所有権がＴ社にあることを示すものであり，ひいては，本件各国内事業者からの仕入れをＴ社が行っていることを示すものである。

　さらに，本件各台湾小売業者は，本件各国内事業者からＴ社が仕入れた商品代金を立て替えて支払い，本件各国内事業者からはＴ社宛ての本件各領収証が発行されている。このとき，仮にＴ社が本件各台湾小売業者に対し，代金を支払ったのはＴ社であり，本件各台湾小売業者に立て替えて支払ってもらった事

実はないと主張した場合，T社には代金支払の重要な証拠となる本件各領収証があるのであり，本件各台湾小売業者の立替金支払請求権が認められないことになる。このようなトラブルが起こり得る可能性は容易に想定できるのであり，これを考えれば，本件各台湾小売業者としては，関係のない他人の名前で領収証を発行するよう依頼することなどできないはずである。しかしながら，T社と本件各台湾小売業者との間には，このようなトラブルが起きたことは一切なく（このようなトラブルがあったことを示す証拠も存在しない。），T社と本件各台湾小売業者が合意の上で，本件の取引が行われていることを示している。

　　ウ　本件各国内事業者にとってのリスク

　本件各国内事業者としても，店頭に来た本件各台湾小売業者から，他人宛ての領収証の発行を依頼されたからといって，簡単にそのような領収証を発行できるわけではない。真実の買主でない他人宛の領収証を発行することは，虚偽の証憑の発行により不正に加担したとして，脱税の幇助となる恐れもあるような非常にリスクの高い行為であるからである。本件各国内事業者において，本件各商品の買主が本件各台湾小売業者であるという認識を有していたとすれば，T社宛の本件各領収証を発行してはならない。もっとも，現に，T社宛ての本件各領収証は発行されており，このことは，本件各国内事業者が，本件各商品に係る売買契約の買主はT社であると認識していたことの証左である。

　本件各国内事業者は，取引相手を本件各台湾小売業者であると認識していたから，T社宛ての領収証を発行してきた。

　　エ　このように，T社宛ての本件各領収証は，仕入れを行ったのが本件各台湾小売業者であれば発行されるはずがないものである。

　(3)　**小　括**

　したがって，T社宛ての本件各領収証が存在することは，T社が本件各商品の仕入れを行ったことを決定づける証拠である。

2　本件各仕入れを行ったのはT社であること

　(1)　**T社が本件各商品の買主であること**

　本件各商品について，売買契約の成立から履行までの各過程である，

　①　資産の所有権移転及び代金支払いの合意

　②　代金の支払い

　③　資産の引渡し

の状況からすれば，次のとおり，本件各商品の買主がＴ社であることは明らかである。

　ア　①資産の所有権移転及び代金支払いの合意について

　⑺　Ｔ社は，取引を始めた当初から，本件各国内事業者に対して，Ｔ社の代わりに本件各国内事業者が，Ｔ社として買い付けを行うことを説明し，了承を得ていた。Ｅ社およびＤ社の「領収書発行のお願い」並びにＵ社，Ｋ社，Ｍ社，Ｎ社及び本件各国内事業者Ｅ社の領収証が存在することは，Ｔ社が買主となって取引を行うことを本件各国内事業者に説明し，了承を得ていたことの証左である。そうすると，これらの本件各国内事業者が，取引相手はＴ社であると認識していたことは明らかである。

　⑻　このように，本件国内事業者Ｅは，本件各商品についての取引相手はＴ社であると認識していたことに疑いはない。そして，もちろん，Ｔ社は，本件国内事業者Ｅから本件各商品を購入しているという認識であったのであるから，意思表示の合致が認められる。

　したがって，本件国内事業者Ｅとの間で，①資産の所有権移転及び代金支払の合意をしていたのは，本件各台湾小売業者ではなくＴ社である。

　イ　②代金の支払いについて

　Ｅ社は，Ｔ社が商品の買い付けをし，商品を輸出してきた旨述べている。Ｔ社が商品の買い付けを行っていたというのは，当然，Ｔ社が代金を支払ったという意味も含むものである。また，両社は，購入手続き等のトラブル責任はＴ社が負うことも了解している。これは，本件各台湾小売業者がＴ社のための立替払いを行わない場合があり，そのような場合においては，本件国内事業者ＥからＴ社が代金請求され，Ｔ社が代金を直接支払うことがあることをいうものである。

　そもそも，もしＴ社が代金の支払いを行ったのでなければ，Ｔ社宛ての本件各領収証は虚偽内容の領収証であることになるが，本件国内事業者Ｅがそのような内容虚偽の領収証を発行するはずがない。

　したがって，本件国内事業者Ｅに対して，代金の支払いを行ってきたのは，本件各台湾小売業者ではなくＴ社である。

　ウ　③資産の引渡しについて

　Ｔ社は，本件各商品を大阪の倉庫に運んだ上で，商品の品目や数量をチェッ

クした上で，インボイスを作成し，輸出代行業者に輸出申告及び通関を依頼していた。このことは，Ｔ社が本件各商品の引渡しを受けたことにより，Ｔ社が本件各商品を支配し，危険を負担していたために，商品の品質を確認するなどして管理し，通関によりＴ社が所有権を失うまでの間は，所有権者としての行動をとっていたことを示すものである。

　また，Ｔ社は，パッキングされた荷物を，空港の保税倉庫に搬入することや，輸出手続で問題が生じた場合の対応を行っていた。このように，Ｔ社は，本件各商品の所有権者として危険を負担していた。

　したがって，本件各国内事業者から③資産の引渡しを受けてきたのは，本件各台湾小売業者ではなくＴ社である。

エ　小　括

　以上のとおり，Ｔ社が，本件各国内事業者との間で①資産の所有権移転及び代金支払の合意をし，本件各国内事業者に対して②代金の支払いを行い，本件各国内事業者から③資産の引渡しを受けてきたのは，本件各台湾小売業者ではなくＴ社であるから，本件各商品の買主はＴ社である。

(2)　本件各台湾小売業者による代理行為があること

　ア　Ｔ社は，本件各台湾小売業者をＴ社の代理人として，本件各国内事業者において本件各商品の仕入れを行わせてきた。そして，本件各商品は，Ｔ社から本件各台湾卸売業者に対して輸出販売され，台湾国内において本件各台湾卸売業者から本件各台湾小売業者へと販売されることとなる。

　ここで，代理という法的観点から検討してみても，本件各仕入れは，Ｔ社の代理人たる本件各台湾小売業者により行われるものであるから，その効果は本人たるＴ社に帰属するものであって，Ｔ社による仕入れにほかならないということができる。

　イ　この点，代理人による法律行為が本人に効果帰属するためには，①代理人による法律行為，②顕名，③先立つ代理権授与が必要であるとされる。

　(ア)　これを本件についてみると，①について，本件各台湾小売業者が，本件各国内事業者の店舗に赴き，商品を選び，Ｔ社のために代金を支払っていることから，代理人である本件各台湾小売業者による法律行為（売買）が存在する。

　(イ)　②について，本件各台湾小売業者は，本件各商品の買い付けの際，本件各国内事業者に対し，Ｔ社名を伝え，Ｔ社宛て本件各領収証の発行を受けてい

た。これにより，本件各台湾小売業者が行う買い付けがT社のためにするものであることを明らかにしていたのであり，顕名が存在する。

なお，本件各台湾小売業者は，本件各国内事業者の店舗に入店する際，自らの名義の入店カードを用いていたが，このことは，本件各台湾小売業者がT社のために買い付けを行っていたことを否定する事情とはならない。このように，本件各台湾小売業者が自己名義の入店カードを用いることは，本件各国内事業者も把握していたのであり，T社のための買い付けを否定する事情ではない。

(ウ) ③について，T社は，本件各台湾小売業者に対して，台湾で売れると思う商品を選んで，T社の代わりにその商品を仕入れることを依頼していた。実際に，本件各台湾小売業者は，T社の依頼どおりに行動していたのであるから，先立つ代理権授与があったといえる。

ウ このように，本件においては，代理の要件事実も全て充たしており，代理人である本件各台湾小売業者による法律行為は，本人たるT社に帰属する。

(3) 小　括

したがって，本件各国内事業者との間での売買の当事者はT社であり，本件各仕入れを行ったのはT社である。

3　本件各仕入れに係る売買金額と同額での販売は合理的であること

(1) T社，本件各台湾卸売業者及び本件各台湾小売業者による本件各商品の売買について

T社は，本件各国内事業者から仕入れた本件各商品につき，当該仕入れに係る金額と同額で，本件各台湾卸売業者に対し販売していた。また，本件各台湾卸売業者は，T社からの購入金額と同額で，本件各台湾小売業者に対し販売していた。T社による仕入れは，本件各台湾小売業者がT社の代わりに行っていたところ，本件各台湾小売業者は，本件各商品の仕入れ代金を立替払いしていた。

このことから，T社は本件各台湾小売業者に対する立替金支払債務を，本件各台湾卸売業者はT社に対する代金支払債務を，本件各台湾小売業者は本件各台湾卸売業者に対する代金支払債務をそれぞれ負う。そして，それぞれの債務の額はいずれも同額であるから，三者間で相殺することにより清算していた。

⑵　**本件各商品に係る売買金額を，消費税抜き商品金額と消費税額とを分けて捉えるべきではないこと**

ア　T社は，本件各台湾卸売業者に対し，本件各商品を輸出販売していた。もっとも，T社による本件各台湾卸売業者への販売金額は，本件各国内事業者からの仕入金額と同額であることから，被告代理人が質問したように，T社は販売代金を上乗せしておらず，T社は販売利益を得ていないため販売を行っていなかったのではないか，との疑問が生じるかもしれない。

イ　しかしながら，そもそも，商品の購入者にとって，消費税は商品代金と一体化しており，売買代金に当然含まれるものである。このように，本件各商品に係る売買金額を，消費税抜き商品代金部分と消費税部分とに，殊更に分断して考えることは相当ではない。

　一般に，事業者は，どのようにして利益を得るか試行錯誤し，それぞれ工夫をして事業を営んでいる。例えば，アマゾンや楽天に代表されるようなインターネットショッピングモールなどにおいて，商品の転売を行う事業者は，商品代金を仕入価格と同額に設定したり，中には，仕入価格よりも低額な商品代金を設定していたりするであろう場合も存在する。もっとも，転売商品代金を低く設定する一方で，送料や手数料など商品代金以外の金額を高く設定することにより，取引全体（商品代金の部分と商品代金以外の部分の合計金額）を見たときに，利益が生じるような方法を採っている。

　同様に，スーパーマーケットなどの小売業者においても，一部の商品については，いわゆる目玉商品として，通常の価格よりも著しく低額な商品を販売している例は多々見受けられる。中には，ある商品の代金を1円としているような事業者も存在するが，そのような価格設定では，仕入価格よりも低額であることは明らかである。

　このような事業者は，商品代金を低く設定することで集客をし，もって，より多くの利益を得ようとしているものと考えられる。このような取引において，販売商品代金だけに着目してしまうと，「販売」のみによっては利益を得ていないどころか，損失を生じている場合も存在するため，不合理な事業であるとの考えが生じるかもしれない。しかし，取引を全体として見たときには，十分な利益が生じる合理的な事業といえる。そして，このような事業を行う者が，「販売」業者であることに疑問は生じない。事業者は，より多くの顧客を獲得

して，より多くの利益を得るために，様々な工夫をしているのである。

　ウ　以上のことは，Ｔ社にも妥当する。すなわち，Ｔ社は，輸出を行ったことから，仕入れに係る消費税が免除され，消費税の還付を受けることができる。Ｔ社が，本件各台湾卸売業者に対して本件国内事業者Ｅからの仕入価格と同額で販売を行ったとしても，消費税の還付分だけＴ社には利益が生じる。そして，Ｔ社がＲ社に対して支払う手数料は，消費税の還付額よりは少ないから，なお，Ｔ社による取引を全体として見たときには，Ｔ社にとって十分な利益（仕入総額の0.75％）が生じるのである。

　エ　逆の観点からみても，Ｔ社は，税抜き商品代金に，消費税額からＲ社に支払う手数料分を控除した金額を上乗せして本件各台湾卸売業者に販売した場合と同じ経済効果を得ているのであり，販売利益を上乗せして販売代金を調整していたと考えることもできる。

　オ　以上のように，売買代金には当然に消費税が含まれており売買代金の一部なのであるから，Ｔ社による取引を，殊更に商品代金と消費税に分断して捉えるべきではない。そして，Ｔ社にとっては，商品を本件各台湾卸売業者に販売した後，消費税が還付されることによって十分な利益が生じるのであるから，仕入価格と同額での販売を行っているからといって，Ｔ社が商品の販売を行う事業者であることを否定できない。

　(3)　**小　括**

　したがって，Ｔ社による，本件各仕入れに係る売買金額と同額での販売には，何ら不自然な点はなく，むしろ合理的な取引である。

　4　Ｅ社の認識

　「領収書発行のお願い」のＥ社営業担当者の署名押印は，同担当者個人の一存でされたものではなく，Ｅ社法務部の判断を経た上で同担当者をして署名押印させたものであるから，Ｅ社の法人としての認識が記載されたものである。

　さらに，「領収書発行のお願い」の内容を見ても，本件各台湾小売業者がＴ社の代理として仕入れを行っていることが明確に記載されており，Ｅ社担当者が供述するようなことは一切記載されていないし，そのように曲解する余地もない。

　したがって，本件各商品を仕入れたのは本件各台湾小売業者ではなくＴ社であって，本件各仕入金額は，Ｔ社の「課税仕入れに係る支払対価の額」に該当

するから，本件各更正処分は違法である。

第3　争点2（T社が，通則法68条1項に規定する事実の仮装をしたと認められるか否か）について

1　「仮装」の意義

本件において，「仮装」の故意があるというためには，本件各商品の購入に係る課税仕入れがT社に帰属するようにみせかけていることの認識が必要ということになる。

そして，「みせかけていることの認識」があったという場合には，うわべをとりつくろったり，嘘をついたりといった事情が存在するはずである。

2　T社に対する税務調査における同社の対応について

税務調査において，T社が，取引について何らの事実も隠さず説明をしており，その結果としての是認処理ないし是認通知がされたという事であれば，T社の認識としても，本件各課税期間における経理処理や記帳方法に間違いがないと考えるのは当然である。

Tは調査担当者に対して，

① T社は本件各台湾小売業者に買い付けを行わせていること

② 本件各台湾小売業者は，本件各国内事業者からT社宛の領収証の発行を受けること

③ T社は，本件各国内事業者に対して事前に，本件各台湾小売業者がT社の代わりに買い付けに行くことを説明し，T社宛の領収証の発行を行うように依頼していること

④ 本件各台湾小売業者が台湾に持ち帰った領収証が日本に戻ってくると，それをもとに仕入明細書が作成されること

⑤ その仕入明細書をもとに，税理士が総勘定元帳を作成すること

を説明していた。その結果，その後は問題なく還付がされてきた。

平成25年税務調査においても，同様の説明を行った。その結果，3か月分まとめて仕入と売上を計上することは改めること，仕入明細書に商品名を記載することを指摘されたものの，是認通知が届いた。

3　「みせかけていることの認識」が存在しないこと

T社は，税務署に頼み込んだり，税務署を騙したりして還付を受けてきたの

ではなく，説明や質問を行い，還付が認められてきたのである。本件各更正処
分等がされたのは，事実関係に変更があったとか，Ｔ社が事実関係を偽ってい
たために新たな事実が判明し，その事実に基づき処分がされたというような理
由では一切なく，同様の事実関係に対する処分行政庁の評価が変わったためで
ある。

　以上の対応からすれば，Ｔ社において，うわべをとりつくろったり，嘘をつ
いたりと言った事情は全く存在せず，「みせかけていることの認識」はなく，
事実の仮装の故意は認められない。

4　結　論

　したがって，Ｔ社が，通則法68条1項に規定する事実の仮装をしたとは認め
られず，本件各賦課決定処分は違法である。

第4　東京地方裁判所令和4年7月15日判決

　本件判決は，Ｔ社が商品の仕入をなしておらず，台湾小売業者らが，真実の
買主であると判断した。

　本件判決後，大阪国税局及び東京国税局の指導に従い，Ｔ社は，台湾人従業
員を採用し，Ｔ社が日本における商品仕入代金を調達したところ，Ｔ社に対す
る消費税の還付が再開された。日本商社において，転売である実質を資料によ
り証明することが必要とされた。

第9章　仮想通貨交換取引課税事件（不確実資産への課税）

（公正基準）

仮想通貨は，単なる電子的記録にすぎない。仮想通貨を他の仮想通貨に交換することに関する税務調査や犯則調査事件は，「不確実・無価値なものへの課税」，「虚偽利益に対する課税」及び「残存利益（溜り）無しへの課税」をなす試みである。課税対象のないところに対する課税は，憲法84条の課税要件法定主義に違反する。不明確・不確実なものに対する課税は，憲法84条の課税要件明確主義にも違反する。仮想通貨同士の交換は，利益を発生させないから，無い財産や不存在の利益への課税を強行することとなり，多くの経済的破綻者を発生させており，国家による著しい人権侵害である。

仮想通貨と他の仮想通貨に交換に対する課税は違法である。円換金により利益が実現するのであり，その前に課税するのは違法である。

（ドバイ外国法人事件）

以下，次のドバイ法人事件のケースを法的に分析して，仮想通貨変換取引課税のありうべき基準を提案する。

〈目　次〉

第1　仮想通貨取引の概要

仮装通貨取引の実態を説明すると共に，投資活動で多大の損失を出したケースを説明する。ここでは，異種転換（異種の物に変えること），有体物交換（有体物を別の有体物に取り換えること），同種変換（同種の物の中で入れ替えること）の用語を区別して用いる。

第2　不確実な資産
1　不確実資産
掛け捨て損害賠償保険など資産性のない権利がある。

無限連鎖講のような詐欺システムにおける配当請求権は，資産性がない。

2　売買で発生する利益

　客観的交換価値はないが，売買がなされた時に，買主の下で発生する利益がある。客観的交換価値はないが，買主が，売主に贈与的に代価を支払う場合がある。

第3　仮想通貨の資産性について

1　課税対象と不確実価値

　仮想通貨は，土地などの，円転換が容易で確実な，資産性を有するものではなく，それらの取引に対する課税は，それらの取引の損益が実現乃至確実である場合に限られる（実現主義・確実主義）。

2　ビットコイン（BTC）

　ビットコインは，資産を購入できないし，価値の物差しとならない。価格が大きく変動するビットコイン（BTC）は，資産性を有しない。資産性を有しないBTCの保有に資産課税はできないし，BTCと他の仮想通貨の変換に対する課税も許されない。

3　アルトコインとICO

　所謂アルトコインと呼ばれる仮想通貨群は，BTCに比べても更に明確にその資産性が否定される。また，ICOの取得は，仮想通貨の発行予約権を取得するものにすぎず，新規仮想通貨の発行を待たねばならない状況だから，物理的に売買ができず，円転換不可能なものであって，資産性を有しない。

4　仮想通貨の課税対象性

　仮想通貨は資産性を有しないから資産課税はできず，それらの取引においては，仮想通貨が円転換され円を取得した場合にのみ，所得課税が可能となる。

第4　法定通貨と仮想通貨の同種変換について

1　確実主義と実現主義の原則

　仮想通貨を，単に，法定通貨（円）を支払って取得し保有を開始しただけの取引に対し，資産課税は出来ないし（確実主義），仮想通貨を他の仮想通貨に変換しても損益が発生しないから，所得課税も出来ない（実現主義）。

2　仮装通貨を法定通貨に転換した場合の損益の認識

　法定通貨（円）で購入して得た仮想通貨をさらに法定通貨（円）に転換（売却）

して利益が発生した場合にのみ，課税所得が実現する。

第5　仮想通貨同士の変換について
1　仮想通貨同士の変換

仮想通貨を他の仮想通貨に変換する取引においては，円の物差しで測った仕入額と売却額を明確に把握できないから，これらの取引を所得課税の対象とすることは出来ない。円評価できないものは，資産性がなく，課税対象にできない。

2　「仮想通貨同士の変換」に関連するガイドライン

不確実な価値しか有しない仮想通貨には，「時価」は存在しない。確実価値の存在確認をしないで，時価があることを前提とする同ガイドライン（2017年12月1日仮想通貨所得課税方法情報）は，憲法84条の確実主義と実現主義に反する。また，不確実財産・不明確財産に対する課税根拠を記載した同ガイドラインは，憲法84条の租税法律主義に反する。

3　仮想通貨の変換における損益の認識

仮想通貨は，単なる電子的記録にすぎないから無価値であり，仮想通貨の変換によって価値は発生しない。

仮想通貨を他の仮想通貨に変換する取引においては，円の物差しで測った仕入額と売却額を明確に把握できないから，これらの取引を所得課税の対象とすることは出来ない。自己創設のれんは，円評価できないから，資産計上が禁止されているが，これと同じである。

第6　ドバイ法人事件
1　実例ケース検討

ドバイで設立された外国法人が海外でなした仮想通貨取引のケースである。

2　ICO の取得

ICO の取得は，仮想通貨の発行予約権を取得することだから，取得時点で仮想通貨は未だ発行されておらず，それを取引する市場が存在していない。よって，購入直後の ICO の経済的価値は零である。

3　ADA を用いた ICO の取得

この取得取引は，ADA → BTC（または ETH）→ ICO（新規仮想通貨）と連なる

取引であり，前半部分と後半部分を分離して課税対象とするのは誤りである。

4　ICO 取得時の譲渡損失の評価

ICO 取得時には，言わば，仮想通貨で支払われた経費が発生する。また，ICO の経済価値は零だから，上記経費と同額の譲渡損失が発生する。

5　平成29年及び平成30年当時における ICO 取引の動向

当時，イーサリアムブロックチェーンによるプラットフォームが主流となり，多くの ICO がイーサリアムを採用したため，ADA のブロックチェーンは劣勢となって行った。そして，ADA を売却してイーサリアムに乗り換える必要があると判断した。

6　ICO 取得の結果として被った資産損失

取得した ICO は詐欺的なものばかりであったため，それらの全てが破綻し，資産損失となった。

7　ICO 取得を含む取引における損益の認識

ICO の取得は，計算上の譲渡損失に加え，破綻による資産損失を被った。

8　国外取引所で行った仮想通貨取引（KPT 社事業）

①　国外取引所で行った取引に関する損益の認識

国外取引所で行った取引は，全て，仮想通貨同士の変換取引であって，日本円と交換したものはなかったので，損益は発生したものはなかった。

②　KPT 社事業発足の経緯

K 社事業は，個人として行っていた事業を KPT Alliance Group が継承して始まったものである。したがって，その発足時期は，当該事業を始めた時期となる。

③　K 社事業における仮想通貨取引

K 社事業として行った仮想通貨取引は，ドバイを拠点とした外国法人である KPT Alliance Group が，海外で展開する K 社事業の一環として行っている取引であるから，外国法人である KPT Alliance Group が，その利益を日本国で申告する必要はない。

9　まとめ

円で BTC，ETH を取得し，全部 ICO に変換したが，これも全部無価値となった。仮想通貨取引で，大きな損害を蒙った者に対し，課税することは著しい人権侵害である。

第6-1 仮想通貨取引の概要

　仮想通貨は，単なる「電子的記録」にすぎないが，一般に支払手段として利用されるもの（支払手段用通貨）と，何等かの事業に関連して発行されるもの（事業用通貨）がある。投資家Ｘ（以下，Ｘと記す）が行なった仮想通貨取引の目的は，「仮想通貨関連の新しいビジネスモデルを提案する事業」に投資することであった。その目的を果たす為に，Ｘは，複数の新規通貨公開（Initial Coin Offering，以下ICOと表記）の取得を行った。これらのICOは，事業用通貨としての仮想通貨を新規発行するものであり，ICOの取得は，事業用通貨予約権の取得をなすもので，支払手段用通貨を蓄える目的のための手段ではなかった。

　具体的には，①ビットコイン（以下，BTCと表記）やイーサリアム（以下，ETHと表記）等の支払手段用通貨を，国内の仮想通貨取引所にて日本円を転換して取得した。また，②取得した支払手段用通貨（BTCやETH等）を決済手段として，多くのICOを取得した。さらに，③カルダノ財団発行の仮想通貨（ADAコイン（以下，ADAと表記）を，2016年（平成28年）３月頃，仲介業者を通じて，日本円と決済により取得した。取得したADAは支払手段用通貨（BTC及びETH）に変換し，他の多くのICO取得の決済手段とした。なお，支払手段用通貨は，入手直後に時間を置かずICO取得に用いられた。

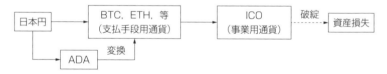

　平成29年及び平成30年は，仮想通貨技術を利用した多くの新しいビジネスモデルが提案され，それらが巻き起こしたICOブームの最中にあった。しかし，仮想通貨に基づく事業は未知の領域のものであったため，ビジネスモデルの価値や将来性を占うのは極めて困難であり，そのような，確実性のないビジネスモデルの実態を秘して行われるICOが横行した。また，法の未整備もあり，発行主体の財務状態を十分に開示したICOというものは殆どなかった。つまり，ICOを取得した2017年〜2019年頃の時期は，詐欺的ICOが数多く発行された時期でもあったのである。そのような時期に，Ｘが行った「仮想通貨関連の新しいビジネスモデルを提案する事業」への投資は，ICOに関連した事業が次々

に破綻して行った為，その投資資金の殆ど全てを失う結果となった。

　ICO取得取引の全体を俯瞰し，ICO取得が災いして，全体として致命的な損失を被った仮想通貨の取引実態の全体を説明するものである。

　かつて，判例として争われた，馬券事件（継続取引の費用否認），のれん相続課税事件（資産性のないものへの課税誤り）をみると，課税当局は，取引の全体を無視し，分断して，不安定な価値が未実現の状態であるのに課税しようとしたが，それは，著しい人権侵害である。

第6-2　不確実な資産
1　不確実な資産

　ゴルフ会員券は，会員権と呼ばれるが，有価証券ではない。ゴルフ会員券は，1枚数千万円以上で流通した時代もあったが，現在，多くのゴルフ会員券は取扱困難や取引停止中である。馬券を購入しても，それが配当金が支払われる状態にならない限り資産性はない。掛け捨ての損害賠償保険は，事故が発生しない限り，資産性はない。宝くじ当選前には，資産性はない。同様に仮想通貨自体は，無価値である。

2　売買で発生する利益

　無道路地を購入し，公道に通じる私道を敷設したら，大きな価値が突然発生する。50店舗のレストランを運営する会社を買収した食品材料販売会社は，自己扱いの食品材料を買収対象会社の50店舗において，販売すれば，大きな利益（シナジー効果）を取得することができる。M&Aにおいて期待されるのは，純資産の買収ではなく，買収によるシナジー効果である。期待価値は，合意価値と呼ばれ，買主が創出する価値であり，売主が保有する価値ではない。

第6-3　仮想通貨の資産性について
1　課税対象と不確実な価値

　仮想通貨は，「資金決済等を目的とした電子的記録」にすぎない。仮想通貨は有体物ではないから物権ではない。何等かを請求する権利ではないから債権でもない。従って，仮想通貨は何等かの権利ではないとされている。それ自体の保有に課税されないし，仮想通貨同士の交換も利益を生まない。

　そして，仮想通貨の大半は，円転換が困難であり，詐欺的な発行であるのが

410

実態である。そのような仮想通貨の取引，すなわち，仮想通貨の保有や，仮想通貨の交換や変換に課税したら，課税対象者は破綻するから，国家はそのような不正義をなしてはいけない。

「暗号資産」という言葉は，令和元年（2019年）5月31日の資金決済法の改正（令和二年（2020年）に施行）により，従来の「仮想通貨」に替えて用いられることになった。したがって，法改正以前は，何人も，法律的定義が与えられていない「暗号資産」という言葉に対しては，その法律上の明確な意味・内容を観念することができなかった。法改正により，「仮想通貨」という用語を「暗号資産」に置き換えたことは，「仮想通貨」とされていたものに，ある程度の資産性を認め課税したいという課税行政の判断を示したものと推定される。しかし，仮想通貨取引により，損失を被った人は，100人中99人であり，僅か1名の者が，利益を確定したに過ぎない。仮想通貨は，単なる電子的記録にすぎないが，法定通貨による利益実現がない状態で，課税すれば，経済破綻者を多く発生させる。

「仮想通貨」を，土地，貴金属，宝石類，高級車，及び，上場株式のような，人類の歴史を通じて万人に認められ，法定通貨（円）に容易に転換できる，明らかに資産と見なされるものと同等に扱うのは，明白な誤りである。その理由は，言うまでもなく，仮想通貨が，その資産性の裏付けとなるもの，すなわち，容易に円転換できることを裏付けるものを持ち合わせていないからである。つまり，仮想通貨は，譲渡所得の対象となる資産とはなり得ず，円転換困難な，仮想通貨同士の変換を，資産性のある同質なもの同士の交換（例えば，土地と土地の交換，等）と同視することも，誤りである。

課税対象としての資産や利益は，「確実なもの」，「実現したもの」に限定されなければならない。これは，課税要件明確主義（憲法84条）から導かれる大原則であり，所得課税における「実現主義」と呼ばれる。また，不確実なものや不明確な状態を課税対象としないのは，資産課税の大原則（「確実主義」）である。憲法84条は，課税当局に対し謙抑主義の遵守を命じている。不確実な価値に課税すると，多くの悲劇を発生させる。国家は，納税する資金を有しない者に課税してはならない。脅して金銭支払いを要求するのは，強盗と同じである。

2　ビットコイン（BTC）

ビットコイン（BTC）は，「電子的記録」にすぎないから，その実体は資産で

はない。BTC は，その発行主体すら存在しておらず，その国籍も不明である。この点は，仮想通貨とよく対比される外国通貨と大きく異なる。外国通貨の場合は，国家という発行主体があり，その通貨の価値が国家の信用力に裏付けられているが，国家が発行主体となっている仮想通貨は存在しない。

　そのような不確かな BTC 価格は，大きく変動する。事実，2016年12月には，9万円前後で取引されていたものが，翌2017年12月は，220万円程に高騰してピークとなり，その半年後にはピーク時の3分の1，1年後には5分の1の価格にまで下落した。ビットコインを含む殆どの仮想通貨の価格は，世界中に散らばっていて国籍が不明な市場参加者によって形成され，ビットコインを購入すれば，誰かがいずれ高く買ってくれるかもしれないという淡い期待に支配されている。そして，平成29年及び平成30年当時から現在まで，誰かがより高く買うであろうとする期待に多数の投機筋が参加して価格を日々動かしている。投機筋のみならず，例えば，ビットコインの取引をA国政府が禁止したら，ビットコインは，直ちにA国において価値が零となってしまう。

　期待価格を形成する取引は，世界各地に分散している仮想通貨取引所で行われており，そのため，各国の国情を反映して，国毎に及び取引所毎に相場環境が異なっており，BTC や ETH は，世界各国で取引されているにもかかわらず，国毎に，取引所毎に，または，取引時刻毎に，取引価格が大きく異なる。したがって，BTC の取引価格の形成は，何処で取引するかが極めて重要で，場所を決めると（例えば，日本国内の取引所という具合に），実際に取引を行う取引者は，取引する場所に固有の価格に甘んじなければならない。その意味で，BTC の世界標準価格等というものは，実例でなく統計であり意味がない。つまり，当時から現在まで，仮想通貨の標準的価格を決める仕組みや組織は存在しておらず，万人が認める日々の価格というものが存在していないのである。この点で，「路線価格」等というものが公表され，一定の取引市場が形成されている土地の取引とは，比べものにならない。

　このような価格の不安定性・不確実性は，仮想通貨を交換して得られる円の額に対する予測を困難にし，円転換を行う際の大きな障害となる。このような状況に鑑みれば，仮想通貨というものが，円転換可能な安定した資産であるとは到底言えない。なお，本件における，海外取引所で取得された BTC は，後述するように，直ちに ICO に変換されて決済手段として利用されたにすぎない。

円転換するには日本の取引所に移動しなければならないが，それを行った事実
はない。

のれんは，世界の会計基準において，資産計上が禁止されている。仮想通貨
は，のれんと同じように，法定通貨で買収されて実現した時だけ課税できるも
のとしなければ，税により経済社会を破壊することになる。仮想通貨の保有に
対する資産課税や，仮想通貨同士の変換に対する課税は，不確実なものに対す
る典型的な不当課税であるから，禁止しないと，担税力を超える課税となり，
多くの悲劇を生むことになる。

3　アルトコインと ICO

ビットコイン（BTC）でさえその資産性は希薄であるが，アルトコインと呼
ばれる仮想通貨群においては，それらの資産性はさらに希薄なものである。ア
ルトコインが取引される取引所において，取引記録が公開され実現した価格が
知られている場合でも，大概は，ビットコインに比べて流動性が少なく健全な
相場が形成されないので，円転換する際の交換レートが大きく変動し，少額の
仮想通貨の円転換でも大きな困難を伴う。

また，これらのアルトコインは，平成29年及び平成30年当時にブームとなっ
た，所謂イニシャル・コイン・オファー（ICO：新規発行予定である仮想通貨の予約
権の提供）によって登場してきたものが多く，それらの発行主体が公表した，ホ
ワイトペーパーと呼ばれる事業内容の説明資料は極めて杜撰なもので，財務状
態を開示したものでもなく，その内容が第三者機関に評価されたものでもなく，
株式市場において参照される株式発行主体の財務諸表や，ファンドの目論見書
などというものとは，程遠いものであった。殆どの ICO 発行は，詐欺と言って
も過言ではない。それでもこれらアルトコインという仮想通貨群に対して取引
が行われたのは，インサイダー的ブームに煽られた為に一種のバブル的価格が
形成されたということであり，その後，多くのアルトコインが，発行直後から
時を置かず見向きもされなくなって買い手が居なくなり，実質，取引ができな
い状態に陥った。言い換えれば，ICO を含むアルトコインと呼ばれる仮想通貨
群は，ビットコインと比べてもさらにその資産性が希薄であり，円転換は，物
理的に不可能になっている。

4　仮想通貨の課税対象性

既に述べた通り，資金決済法の改正前である平成29年及び平成30年当時には，

資産性を暗示する「暗号資産」なるものは存在しておらず，当時存在していた「仮想通貨」というものは，資産性が希薄でインターネット上にのみ存在する電子的記録にすぎなかった。課税対象とされる資産や利益は「確実なもの」と「実現したもの」に限定されるから，仮想通貨として存在する限り，いかなる仮想通貨も不確実で実現しないものであり，円転換が困難で資産性はない。仮想通貨のままでは，食料も買えず，地下鉄にも乗れないから，課税対象となるのは，円転換して食料品費や通信費や交通費として，物やサービスを購入できる状態となった時だけである。

　資産課税において，課税対象として扱われるのは，健全な市場があり，確実に円転換できるものでなければならない。所得課税においても同様で，確実に存在し，市場で円転換できるもので，かつ，利益が実現した場合にのみ課税される。仮想通貨への課税は，円転換した時にだけ，可能である。課税当局が，これを無視したら，多くの悲劇と経済的破綻者を生む。国家は正義ある活動をしないと正統性がない。

第6-4　法定通貨と仮想通貨の交換について
1　確実主義と実現主義の原則

　日本の社会においては，資産の評価や利益の評価は，円の尺度で測定することになっている。課税もまた，係る測定方法でなされる。

　「法定通貨で仮想通貨を取得」すると，損益が発生しない。仕入れの為の資金として保有する法定通貨（円）を仮想通貨に転換して，その後，転換して得た仮想通貨を法定通貨（円）に転換せずに保有し続けた場合，損益は発生しない。もちろん，たまたま，保有する仮想通貨が仕入れた値段より高い値段で譲渡できたら利益が実現となる場合もある。しかし，そもそも仮想通貨を譲渡する意思がなければそれが実現する可能性はない。損益が発生しないならば，利益も損失も発生し得ない。

　言い換えれば，保有する法定通貨を仮想通貨に転換した単独の取引（仕入れの取引）だけでは，円への再転換に至る一連の取引全体が終了していないから，損益が発生せず，実現しない利益は所得課税できないと云うことである。そして，これは，憲法84条から導かれる「利益実現主義の原則」に照らせば，当然のことである。

　さらに，仮想通貨は，円転換が出来るか不明なため譲渡困難であるが，その資産としての価値もないから，その様な確実に存在しない価値について資産課税もできない。このことは，憲法84条の「確実価値課税原則」から導かれる。不確実な資産の類として知られる「自己創設のれん」は，会計上，資産計上が禁止されているから資産課税できない。しかし，買主が出現して売買された「買収のれん」は，所得課税される。売買によって発生する場合に資産計上されるから「買収のれん」と呼ばれ，その後，減価償却することになっている。のれんは，保有段階では，不確実なものとして資産計上が禁止されている。

　つまり，資産性の希薄な仮想通貨を保有していても，資産課税はできない。

2　法定通貨を仮想通貨に転換した場合の損益の認識

　損益が発生しない転換を行った場合には，取引で得た利益は存在しないから，存在しない利益を申告する必要があると認識することは原理的に不可能である。

　一方，仕入れ資金として保有する法定通貨（円）を仮想通貨に転換して，その後，転換して得た仮想通貨を法定通貨（円）に転換した場合は，損益が発生する。

　法定通貨（円）で購入して得た（つまり，円で仕入れた）仮想通貨をさらに法定通貨（円）に転換（売却）して損益が発生した場合には，利益が存在しかつ実現したものについて申告する必要がある。

第6-5　仮想通貨同士の交換について

1　仮想通貨同士の変換

　「仮想通貨同士の変換」は，仮想通貨を他の仮想通貨に変換する，同質なもの同士の間の変換行為である。この点で，資産性を有しない仮想通貨同士の変換を，有体物である土地の交換と同視するのは，不確実財産と確実財産を同視するもので，誤りである。それらを同一視することは，その確実性の違いを無視するという誤りを犯している。

　さらに，「仮想通貨同士の変換」は，以下に述べる問題を有する。

　仮想通貨を変換するには，当然のことながら，変換に供する仮想通貨を既に保有していなければならない。それは，仮想通貨の変換に先立ち，仮想通貨を何らかの方法で取得したことを意味する。仮想通貨の取得方法には，法定通貨により仕入れる方法や，別の仮想通貨を変換して得る方法がある。そうすると，

「仮想通貨同士の変換」をする行為は，事前の仮想通貨の取得と，取得した仮想通貨を他の仮想通貨に変換する行為とから構成される。

　通常，物を円で仕入れ，それを売却して再び円を獲得すれば，仕入れの為に支払った円の総額（「仕入額」）と，売却して得た円の総額（「売却額」）の差によって，損益が認識される。ところが，「仮想通貨同士の変換」という行為において，通常の「仕入額」，「売却額」及び「損益」が観念できない。何故なら，「他の仮想通貨」は，円を支払って仕入れたものではないからである。つまり，仮想通貨が，法定通貨（円）で事前に取得されたものであれば，法定通貨（円）の物差し，即ち，円を尺度として，その仕入額が明確に把握される。しかし，事前に購入した仮想通貨を変換して得た「他の仮想通貨」については，円を支払っていないから，円の物差しで測った仕入額を明確に把握することが困難なのである。

　変換された「他の仮想通貨」を取得した後，取引価格が動く前に，それを直ぐに売却して円を獲得すれば，その「売却額」が「仕入額」に近いかもしれない。しかし，購入後，直ぐに売却してしまうという行為は，そもそも，「他の仮想通貨」を取得するという行為の目的に合致した行為ではない。

　ここで，「他の仮想通貨」を保有している取引所で，それを変換・取得した時刻と同時刻に，見知らぬ他人が「他の仮想通貨」と同一のものを実際に売却した取引が有ったと仮定してみる。この仮定は，取引所で公表されている実現した取引価格を参照するということと同義である。そして，他人が行ったその取引の売却額は，「円で測った仕入額」と同一であるか否かを検討する。

　結論から述べると，それらが同一ではない。

　まず，他人がその取引を行ったのと同時に，自分もその取引を行ったとしてみる。他人が行った取引が成立したということは，売却した仮想通貨の量に対して，その量と同一の量の仮想通貨を取得したい買い手が居たということである。しかし，自分が，他人と同時に売り手に加わったとすれば，その分買い手も増えないと，取引が成立しない。そして，買い手が増えない場合には，売り手が多く，買い手とのバランスが崩れた状態だから，売り圧力が発生して買い手の有利な価格に向けて相場が動いてしまうと考えられる。したがって，単独で行った他人の取引と，それと同時に自分が加わった取引における売却額が，同一であるとは到底言えない。これを敢えて同一とすることは，その時点の相

場環境に，十分な買い手が居たという，何の根拠もない仮定を持ち込むことになる。

さらに，既述のように，仮想通貨の取引価格（実際の取引に用いられた価格）は，時間的にも地域的にも大きく変動している。他人の行った取引が，別の地域の別の取引所で行われた取引であったり，取引時刻が異なっていたりすれば，その売却額は，自分が実現する売却額から大きく乖離するはずである。そうであれば，他人が外国で作った売却額は，極めて不確実な評価額である。海外取引事例に基づいた時価など，あり得ない。

例えば，米国籍であって，日本円との交換サービスを行っていない取引所であるBittrexにおいて，仮想通貨の変換により「他の仮想通貨」を得て，その価格を知るために日本円で売却しようとすると，まず，売却を可能とするために，米国籍の取引所から，日本国内の日本円交換サービスを扱う別の取引所に，「他の仮想通貨」を移動しなければならない。その取引所で，仮想通貨を日本円で売却できないからである。当時，BTCのブロックチェーンの確証（confirmation）を得るために，数時間から数日の時間を要することは周知の事実であって，「他の仮想通貨」を得てから，かなりの時間が経過しないと移動が完了して売却可能にならない。なお，仮想通貨の移動に伴う手数料も考慮されなければならない。このような時刻と地域の隔たりは，価格を知るために自分で売却を試みて得られる売却額と，「他の仮想通貨」を見知らぬ他人が取引して得た売却額とを，大きく異ならせてしまうと云うことである。

さらにまた，そもそも，他人が行った同一通貨の同時刻の取引が存在すること自体，全く保証されていない。流動性の低い仮想通貨においては，それが存在することを期待できないと云うべきである。特に，平成29年及び平成30年当時は，円を含む法定通貨との交換を行う取引所は極めて少なく，むしろ法定通貨を扱わないのが普通であった。また，多くの取引所が海外に存在していた為，米ドルとの交換はできるが，日本円との交換ができない状況にあった。したがって，自分が取引した取引所と同一の取引所で，他人が行った売却額を基に，円の物差しで仮想通貨の評価額を得ることは，物理的に不可能だった。

以上の検討から，他人の売却額などというものは，不確実な評価額であり，その評価額で取引されるとは限らないのが，仮想通貨取引である。また，円転換できない仮想通貨について，資産性ありとして課税することは間違いである。

　一方，今から変換しようとする仮想通貨が，法定通貨によって仕入れたものでなく，過去の時点で別の仮想通貨を変換して得たものであれば，事前に仕入れたその仮想通貨の仕入額が明確でなくなってしまう。すなわち，この場合は，仕入額についても，実現した仕入額ではないということになる。

　そうすると，「仮想通貨同士の変換」という行為においては，通常の「仕入額」や「売却額」は観念できず，現実から大きく乖離し，不確実な，「評価額」としての「仕入額」や「売却額」しか把握できないのである。

　結局，円転換が困難な仮想通貨の取引では，円の尺度で評価算定できないため，その仮想通貨を他の仮想通貨に変換しても，何等損益を認識することはできない。そして，実現主義に照らせば，そのような取引は，課税対象とするに足る損益を発生する取引とは言えない。仮に，実現した売却額や仕入額ではなく，仮想通貨に対する何らかの評価額に基づきそれらを推定し，仮想通貨間の変換取引を利益や損失が発生したかのように扱って課税するならば，それは，不確実な価値や未実現の利益に対する課税であり，確実主義や実現主義の原則（憲法84条）に反する。課税対象は，円転換が確実なものでなければならないし，円転換を実現してからでないと課税できない。確実な資産でなければ，利益実現はないから，「確実資産の存在確認」と「実現利益の存在確認」は，課税の不可欠な適正手続保障である。

2　「仮想通貨同士の交換」に関連するガイドライン

　2017年12月1日のガイドライン（個人課税情報・第4号・「仮想通貨に関する所得の計算方法等について（情報）」・平成29年12月1日）には，仮想通貨同士の交換を行う行為に関して，「保有する仮想通貨を他の仮想通貨を購入する際の決済に使用した場合，その使用時点での他の仮想通貨の時価（購入価額）と保有する仮想通貨の取得価額との差額が，所得金額となります。」（第3頁）と記載されている。しかし，まず，法令ではなく，ガイドラインによって課税しようとする点は，憲法84条に違反する。

　上記記載における「時価」及び「購入価額」は，前項に述べた「売却額」に対する「評価額」に該当すると思われ，「取得価額」は，前項に述べた「仕入額」に対する「評価額」に該当すると思われる。したがって，「時価（購入価額）」も「取得価額」も，評価額にすぎない。しかし，地域的に見ても時間的に見ても，取引の確実性に乏しい仮想通貨相場においては，「他の仮想通貨」の円の

物差しで測った「売却額」や「仕入額」の測定が困難であることは，前項に述べた通りである。そして，この通達は，「売却額」に対する「評価額」を，「時価」と呼んでいるが，いつか，誰かが，買うかもしれないとする期待は，時価ではなく，単なる気配である。

　仮想通貨取引所で公表されている取引価格を，仮想通貨の「時価」の推測値と見做すものとする，という議論がある。しかし，その取引価格というものは，前項で述べた，見知らぬ他人が行った取引の売却額や購入額のことである。ある取引所の取引価格などというものは，それが見知らぬ他人のものという点で，不確実な評価額である。また，我が国及び世界各国を見渡しても，仮想通貨の公設取引市場等は存在していないし，取引価格は取引所毎に大きく異なるから，どの取引所の価格を参照すれば「仮想通貨の時価」を評価できるのかが不明である。仮に，何等かの取引価格が得られたとしても，それによって，確実にかつ現実に売れたことにはならない。米国内で取引された仮想通貨が，日本では同一価格で売れないし，そもそも日本に，その仮想通貨を扱う取引所が無いことも多い。取引価格は，実現利益とは根本的に異なるものである。なお，何処の取引価格を参照するかという点は不明ではあるが，日本国内の課税のための資産評価を行うに当たり，敢えて海外での取引例を利用することは妥当ではない。

　ADA が上場された Bittrex という国外の取引所においては，仮想通貨（ADA，BTC 及び ETH 等を含む）を，日本円や米ドルを含む法定通貨と交換するサービスを提供されていなかった。つまり，Bittrex という取引所では，仮想通貨を円と交換することはおろか，米ドルとの交換も不可能だったのである。したがって，Bittrex という取引所では，そこで実現した，仮想通貨 ADA の日本円や米ドルの取引価格というものは存在していなかった。すなわち，Bittrex 取引所における ADA の取引では，取引価格を基に「時価」を評価するための，具体的な術が無かったのである。

　以上から，仮想通貨を円転換しない場面で「時価」を算定することは極めて困難であり，その手続きを合理的かつ明確に特定することは不可能である。仮に，上記通達を課税の根拠にすれば，憲法84条の租税法律主義に違反し，特に「課税要件明確主義」に違反する。

　また，上記通達は，「実現主義」の観点からも問題である。

　仮想通貨を他の仮想通貨に変換しても，変換された仮想通貨によって食料品等を買うことはできない。さらに，パチンコの貯玉カードを有していたとしても，パチンコ玉に変換できるだけだから資産性はない。宝くじを1億円分購入しても資産性は零である。当選するまでは，資産性はない。さらにまた，仮想通貨の課税は，のれんに対する課税と同じでなければならない。のれんは，自己創設して保有している状態では，会計上，資産計上が禁止されている。のれんは，買収されて実現したときだけ資産計上が許されている。仮想通貨も同様で，円転換して買収された時のみ，譲渡所得税が課されるだけにしないと，仮想通貨保有者を破滅させるだけである。世の中には，資産性が全くないが，譲渡後に，買主が特別の利用をなすことによって，利益を創出する対象物がある。先の例でいうと，「自己創設のれん」や「パチンコ貯玉」，「宝くじ」等である。また，10億円補償限度の掛け捨て火災保険契約に加入している場合，契約締結状態は，資産課税や所得課税の対象ではないが，火災による10億円の損害が発生し，保険会社が10億円の保険金を支払った場合，10億円の価値が生まれる。

　日本円に転換された時点で利益が実現したものと扱われなければ，課税によって仮想通貨取引を破壊し，円転換できない仮想通貨取引者を破産させるだけである。上記通達は，仮想通貨の実態とかけ離れており，社会を混乱に陥れただけである。

　結局，不確実価値しか有しない仮想通貨には，「時価」など存在しないと云うべきである。時価評価では，確実価値の存在確認が先決問題である。確実価値の存在確認をしないで，時価があることを前提とする上記通達は，確実主義と実現主義に反する。そして，このような，不確定財産・不明確財産に対する通達課税は，法的な根拠がなく，憲法84条違反の犯罪的な課税である。この通達は，税務調査と犯則調査の現場を混乱させている。時価評価不可能なものに課税しようとして多くの納税者を破産させるなど，国家が多くの悲劇を自ら発生させている。課税処分が違法であるのみならず，犯則告発処分も，著しい人権侵害である。

3　仮想通貨の変換における損益の認識

　平成29年及び平成30年当時，Xは，仮想通貨の変換を行っても，法定通貨（円）を獲得した利益を生まないから，常識から考えて課税することはあり得ないと確信していた。

　そして，仮想通貨の交換や変換という行為に無理やり評価額を付して課税するのは，円転換の困難性を無視した課税の強行となり，仮想通貨保有者を破産に追い込み，その社会的弊害は著しい。仮想通貨の変換は千円札10枚を一万円札に交換するような行為であって，利益を認識することはできない。

第6-6　ドバイ法人事件

1　実例ケース検討

　K社は，ドバイに設立された外国法人であり，海外取引所において，仮想通貨のインハウスバンキング事業を行っていた。Xは，2016年から2019年間において，K社との間で共同事業契約を締結し，ADA，BTC，ETC を取得し，これらを決済手段として，ICO（仮想通貨予約発行権）を多数取得した。K社は，ドバイに設立された外国法人であった。

2　ICO を取得すること

　個人Xは，ADA，BTC 及び ETH を円で取得して，最終的に多くの ICO を取得することを目的として，一連の仮想通貨取引をなした。仮想通貨を決済手段として利用し，事業関連性のある ICO を多く取得したのである。以下，BTC や ETH を，ICO の取得に供した取引について説明する。

　ICO の取引は，後に発行される新規仮想通貨の予約権を取得する取引である。

　通常，ICO の取得取引に際し，BTC や ETH の枚数で表示された価格が提示され，BTC や ETH を支払う相対取引で取得手続きが行われる。したがって，ICO の取得価格は，BTC や ETH で表示された取得額として特定できるが，法定通貨による取得額の特定はできない。そして，将来発行されるかもしれない新規仮想通貨に，確約された経済的価値を認めることは不可能であるから，ICO の取得は，「BTC や ETH 等の仮想通貨を交付し，未だ経済的に無価値なものを取得する行為」である。

　ICO 取得は，市場による円転換が困難なものの取得であるから，宝くじの購入と似ている。宝くじを100枚購入しても，購入した宝くじは資産としては零である。万一，その100枚の中に3億円の当選くじが含まれていた場合，購入者は抽選日に当選となり，それ以降3億円の資産家となるが，その抽選日以前は，無価値の宝くじ100枚の保有者である。

3　ADA を用いた ICO の取得

　ADA は，2017年中に取引可能となり，支払手段用通貨としての役割を持ち得るところまで成長した仮想通貨となったが，2016年3月頃の購入した時点では，ICO の段階にあり，2017年中には，未だ，支払手段用通貨としての役割を果たす状況ではなかった。また，ADA は，例外的に，BTC や ETH 等を介さず円で直接購入した ICO であった。この点で，ADA の購入価格は，円の物差しで明確にすることができた。しかし，通常，ICO の取得価格は，BTC や ETH 等で設定されるものであり，ADA のケースはむしろ例外である。

　新たな ICO を取得する際に，ADA をその取得に直接充てることができず，ICO 取得の目的だけのために，ADA を，BTC や ETH に変換し，それら BTC や ETH 等を決済手段として用いて ICO を購入せざるを得なかった。しかし，これらの取引は，ADA を用いて ICO を取得することを意図した取引であったことは明白である。BTC や ETH は，ICO 取得の決済手段として使用されたにすぎない。

　ここで，ICO 取引を，BTC や ETH を，新規発行される仮想通貨に変換する取引と考えれば，ADA → BTC（または ETH）→ ICO（新規仮想通貨）と連なる取引は，全て仮想通貨の変換を行う一連の取引と整理できる。そして，この「一連取引」は，「ADA → BTC（または ETH）」と「BTC（または ETH）→ ICO（新規仮想通貨）」という二段階の「仮想通貨の変換」を行った取引となる。既述のように，それらの各段階で，円の尺度で評価算定された，現実を反映した確かな仕入額や売却額を観念できないので，全体として課税対象とするに足る損益を発生する取引とは言えない。仮に，上記一連の取引に課税されるならば，そのような課税は，ADA を円で仕入れた後に円を買い戻す取引を一切含んでいないという客観的事実を無視し，かつ，仮想通貨の円転換の困難性を故意に無視したもので，虚偽を前提とした課税である。課税庁が，この様な確実な利益を出していない取引に対して強引な課税をなせば，納税できない人への金銭徴収となり，多くの経済的破綻者を発生させる。これは，国家による犯罪的課税である。変換取得した仮想通貨や ICO は，円転換できないから，交換取得土地と同じでないことに気付くべきである。

　1年間に何万件もなした馬券取引（勝取引と負取引の混在したもの）を分断して勝取引だけ立件した馬券刑事々件は，「継続した一連の取引の分断を許さない」

422

とした大阪高裁2015年 5 月29日判決が，確定した。

4 ICO 取得時の譲渡損失の評価

　既述のように，BTC（または ETH 等）を用いて ICO を取得した結果として得られるものは，（経済的に無価値ではあるが）ICO によって発行される新規仮想通貨である。そうすると，ICO の取引は，BTC（または ETH 等）を，新規発行される仮想通貨に変換する取引である。このような取引は，仮想通貨を他の仮想通貨に変換する取引であるから，既述のように，円の尺度で評価算定できないため，課税対象とするに足る損益を発生する取引ではない。

　それでも，仮に仮想通貨の何らかの評価額が得られるものとして，既述の通達に従った何らかの損益計算を行ってみる事を，ここで敢えて検討する。

　ICO を取得した直後は新規仮想通貨が未だ発行されていない状態だから，他の通貨との交換や法定通貨（円）による売却は，物理的に行えない。したがって，ICO により発行される新規仮想通貨を取引する市場は未だ存在していない。

　まず，このような ICO 取引環境に着目すれば，ICO の取引市場が存在していないから，ICO またはこれに基づく新規仮想通貨の円評価額を，一枚当たり零円と考えることになる。もちろん，保有枚数に関係なく，保有枚数の全体の円評価額も零円である。よって，上記 ICO の円評価額は，零円とせざるを得ない。そうすると，ICO の取引というものは，零円の円評価額の新規仮想通貨を取得する取引であって，取得に使用する BTC（または ETH 等）の ICO 取得時の円評価額に相当する額が，必要経費，すなわち，計算上の譲渡損失となった取引であると言うことができる。

　次に，ICO 取得時の円評価額を，零円ではなく，BTC（または ETH）によって表示された ICO の表示価格とする立場，すなわち，取得に使用する BTC（または ETH 等）の取得時の円評価額を，ICO の新規仮想通貨の円評価額とする立場で検討する。

　すると，それらの取得に使用する BTC（または ETH 等）は，ICO 取得のために事前に用意されたものであるから，用意した時のそれら BTC（または ETH 等）の円評価額は，上記 ICO 取得時点の円評価額と異なる。そして，ICO 取引の譲渡損益は，取得に使用する BTC（または ETH 等）の，ICO 取得時の円評価額から，用意した時の円評価額を引いた差額になる。BTC（または ETH 等）を用意した時の円評価額が高額であれば，この ICO 取得取引も，BTC（または ETH 等）

の下落に伴う差損を発生し，計算上の譲渡損失を生む。

　本件ICOの取得は，主に，BTCやETHを含む仮想通貨相場全体の大幅下落が進行している時期に行われている。すると，ICO取得に用いたBTC（またはETH等）は，このような下落が始まる前に取得して用意していたものだったから，ICO取得時のBTC（またはETH等）の円評価額は，用意した時のBTC（またはETH等）の円評価額に比べて大きく下落しており，その差損により，大きな計算上の譲渡損失を発生していた。課税当局が「ADA → BTC（またはETH）」取引について利益が発生したというならば，「BTC（またはETH）→ ICO（新規仮想通貨）」について，莫大な損が発生したことも考慮されなければならない。

　課税当局の主張（つまり，既述の通達による計算上の損益評価に基づく主張）を前提とすれば，Xが関与した仮想通貨やICO取得取引においては，利益と損失の両方が発生している。そして，計算上利益を出したように見える前半部分の取引だけを取り出して利益実現したと認定し，多額の損失が発生している後半部分を無視するのは，国家による犯罪的課税と云えよう。ここでも，既述の，「馬券刑事事件」判決は，金馬券購入費が，勝馬券収入の費用になると判断した（大阪高裁2015年5月29日判決）。

　また，後述するように，「ICO自体の資産損失」の考慮も不可欠である。

5　平成29年及び平成30年当時におけるICO取引の動向

　周知の通り，ビットコインを始めとする仮想通貨群は，ブロックチェーンという技術を拠り所として，改竄が困難なデジタル情報を生み出し，それにより通貨としての「信用」を生み出した。平成29年及び平成30年当時，そのようなデジタル技術によって生み出された「信用」を拡充する試みが盛んになっていた。その拡充とは，通貨のみでなく，通貨にまつわる金融・決済の機能や，証文や覚書といった真贋性が求められる契約書としての機能等を，一つのブロックチェーン上に融合して行くという試みであった。そのような試みに先陣を切っていたのが，イーサリアム（ETHのブロックチェーン）であり，それに続くカルダノ（ADAのブロックチェーン）等の仮想通貨群であって，これらは，単なる仮想通貨としての機能を超えた「多機能ブロックチェーン」であることが特徴で，それ故，「ブロックチェーン・プラットフォーム」とも呼ばれていた。そして，その拡充された機能は，総称して「スマート・コントラクト」と呼ばれている。

　この時期のICO案件は，従来のビットコイン（BTC）に代わるブロックチェ

ーンの優劣を競い合うものから，ブロックチェーン上で稼働する新しいビジネスモデルの実装を競うものへと変化を遂げつつあった。これらビジネスモデルの競争は，スマート・コントラクトを如何に活用するかに関する競争であった。

　このような状況下，新しいICO群は，先行していたイーサリアムをプラットホームとして用いるものが主流となっていった。つまり，プラットホームとしての開発競争が一段落して，イーサリアムというプラットホームが独り勝ちしている状況となり，当時のICO群は，「イーサリアム・プラットホーム」上で実現される新たなビジネスモデルを提案し，その優劣を競い合っていた。

　上記のようなICO投資環境にあって，プラットホームとしての開発競争が一段落した結果，ADAは既に独り勝ちしていたETHの後塵を拝するプラットホーム用仮想通貨に成り下がり，当時，仮想通貨の将来性への投資を目指す資金は，イーサリアムをプラットホームとして新たなビジネスモデルを提案するICOへと向かったのである。

6　ICO取得の結果として被った資産損失

　2018年以降，多くの仮想通貨投資家は，既述のようなICO投資環境に沿った活動となり，多くの「新規ビジネスを提案するICO（事業ICO）」の発掘を行うことに向けられた。そのような指針に沿った投資活動の結果，管理・運用していたADAをETH等に換え，殆ど全て，新規ビジネスを提案するICOに投入された。したがって，ADAに端を発した仮想通貨取引の最終的な損益は，それらICOへの投資結果（それらは全て損失となって終わったが）を考慮せずに説明できない。多くのICO取得を目標として仮想通貨取引に関与したが，その結果，費消した円は，一円も戻ってこなかった。

　斬新なビジネスモデルを提案したICOと言えども，そのビジネスを実行する事業主体の財務基盤が脆弱であり，十分な資金調達の可能性については，信頼できるものは全くなく，言い換えれば，既述のように，ICOによって発行された仮想通貨の資産性は零であり，その価値の源泉が将来への期待という程度の曖昧模糊としたもので，摑みどころのないものばかりであった。つまり，ICOは，一般の仮想通貨に比べても極めて不安定かつ不確実な存在であり，静態的に存在するだけで物理的に円転換できないものだった。ICO発行の多くは，期待をあおるだけの詐欺であり，成功したICOは殆ど無く，全国に多数の被害者を生み出している。

　さらに，ADA を除く，ICO は，即後に全てのものが詐欺的なものだったことが判明し，取引所で取扱われることもなく放置されて未だに新規仮想通貨が発行されず予約権を行使できないものや，新規取引所が設立されて新たな仮想通貨が配布されても，その新規取引所では売り買いへの参加者が皆無で取引が成立せず，実質，取引が不可能であるものや，取扱が廃止されたもの，取引所が営業停止となったもの，等，本件 ICO の全てが破綻している状況にある。この状況は，ホワイトペーパー等を参照して資産性があると考えて取得したものが，実は無価値だったことが判明した状況，すなわち，資産損失が発生した状況であると言える。このような損失は，値下がりした仮想通貨を売却する時に発生する譲渡損失とは異なる種類の損失であり，上場株式が上場廃止等の理由で株式としての価値を失ったことによる損失等と同じように，その損失は，雑所得の計算上，必要経費に算入できるものである。つまり，取引の実態に即して考えると，本件 ICO の取引は，BTC や ETH の取得時の仕入額と ICO 取得時の BTC や ETH の円評価額との差額が，実現損失として計上され，資産損失を発生させた取引であった。

　以上の検討をまとめると，ICO は，当初，曖昧な価値評価に基づき取得されたが，取得直後から，外形的に市場が不存在で円転換することが物理的に困難であることにより，零円の価値評価しか得られず，経済的に無価値と評価せざるを得ないものだった。そして，Xが行った ICO の取得を含む仮想通貨取引は，ICO の取得に始まり，最終的にはそれらが破綻して名実ともに無価値となり，「資産損失」を発生させた取引であった。

7　ICO 取得を含む取引における損益の認識

　結局，2017年以降現在まで，仮想通貨から他の仮想通貨または ICO への変換を行う取引において，譲渡損失と資産損失の両方が発生した。そして，それらに課税することを正当化する法律的根拠は存在しない。また，Xは，それらの取引に利益は発生しないから，存在しない利益を申告する必要があると認識することは不可能であった。

　また，支払手段用通貨である BTC や ETH の価値評価が可能だったとすれば，ICO 取得の決済の為に利用した BTC や ETH は，ICO 取得時において，それらの取得額より大幅に値下がりしていたから，計算上，多額の「譲渡損失」が発生していた。さらに，取得 ICO は，すべて換金性が確実に見込めないものであ

るから，「ICO の資産損失」も発生した。

8 国外取引所で行った仮想通貨取引（K社事業部）

① 国外取引所で行った取引に関する損益の認識

「国外取引所で行った」取引には，損益を発生する取引と損益を発生しない取引の，両方がある。また，「国外」でなく「国内」で行った取引においても，その事情は同じである。そして，繰り返し述べた通り，損益が発生しない仮想通貨取引に，申告の必要がないことは自明である。

ADA の取引所は，Bitflyer と Coincheck を除いて，全て国外にある取引所であった。また，それら国外取引所は，平成29年から平成30年の１月までは Bittrex のみで，平成30年の２月以降は，Bittrex に Binance が加わり，さらに，ICO で発行された新規仮想通貨が取り扱われる取引所が加わった。

これらの取引所で行った仮想通貨の取引は，「仮想通貨の変換」を行うものに限られていた。したがって，既に述べたように，仮想通貨の変換では損益が発生しないから，国外取引所で行った仮想通貨取引は，全て，利益を発生しない取引であった。仮に，利益が発生していたとしても，国外の取引所では，円やドルへの転換サービスはなく，仮想通貨を法定通貨と交換することはできなかった。したがって，国外の取引所における取引から利益を実現することは不可能であった。そして，繰り返し述べた通り，存在しない利益を申告する必要があると認識することは原理的に不可能である。

ところで，ADA の ICO は，当時の i2C コンサルティング株式会社を通じて，「CARDANO Foundation（カルダノ財団）」から購入したものである。i2C コンサルティング株式会社は仲介業者にすぎず，ICO を購入するという取引の当事者は，X個人と海外の法人であるカルダノ財団であり，その取得の決済は，カルダノ財団が所在した英国領で行われた。したがって，ADA による ICO の購入取引も，国外で行われたものである。また，他の ICO も，その所在地は全て海外であって，同様に海外の決済で購入が行われたものである。なお，既述の通り，ICO の取得取引は，利益を発生しないばかりか全て損失となった。

② K社事業発足の経緯

Xは，2016年（平成28年）に ADA を購入し，2017年（平成29年）に ADA の保有をなした。そして，2018（平成30年）年２月以降，海外法人であり，海外事業を行う，K社 Alliance Group が，ICO で購入した ADA と，購入した ADA の

一部を別の仮想通貨に変換して得た仮想通貨群（以下，「ADA 及び ADA から派生した仮想通貨」という）とを，K 社 Alliance Group に帰属させることにより，事業譲渡した。また，X から事業譲渡した K 社 Alliance Group 事業（以下，K 社事業という）の開始日は，2018年 2 月であったが，X の妹名義ですべての契約書を作成し，作業を開始した。その後，X は，公務員を退職して X 名義の契約書を再作成したが，それらの契約日は，ADA の ICO を購入した日である，2016年の 3 月とした。

　K 社 Alliance Group とインハウスバンキング利用契約や共同事業契約等を締結したのは，K 社関係者から受けた K 社事業の説明を通じ，将来有望な事業を計画している立派な会社と信じたからである。K 社と取引した関係者の中には立派な経営者が居り，また，K 社と共同事業を行っていた個人は多数存在していた。

　ところで，K 社 Alliance Group が事業承継した仮想通貨群は，「ADA 及び ADA から派生した仮想通貨」だけである。それらは，当初，X が行った ADA への出資から始まっており，その出資額は，X の，他の仮想通貨への出資を含む出資額全体の，3 割以下に留まる。つまり，2018年 2 月以降も，X が個人としてより多くの出資を行って仮想通貨を保有・運用してきた。K 社に帰属変更しなかった仮想通貨が多く存在していた。そして，X が個人として行った仮想通貨の運用から得た利益は，2017年（平成29年）及び2018年（平成30年）の，X 個人の所得として税務申告してきた。もし，実現した利益を隠したいと考えたなら，ADA 以外の他の仮想通貨への投資から得た利益についても，K 社への帰属にしたはずである。しかし，そのような事実はない。ADA 運用の K 社事業への事業譲渡は，あくまで，共同事業の設立の目的のために行ったものであり，節税目的等ではない。

　また，K 社事業が ADA 運用を事業承継した際に，ADA を K 社 Alliance Group に帰属させる合意に基づき，「ADA 及び ADA から派生した仮想通貨」と K 社 Alliance Group に属する会社が発行する株式との交換に関する書面を作成した。その書面には，ADA 購入日（2016年 3 月の日付）と購入した円価格が記載された。そうすることには，以降の損益を明確にできるというメリットがあった。また，後日，K 社事業の下で行われた仮想通貨取引の全てに対して，その管理と運用評価の目的のために，「指示書」という形の帳簿が作成された。

同時に，仮想通貨の価値評価の手法なども検討され，指示書のフォーマット等も整備されていった。

なお，既述の ADA 購入日を記載した書面は，K 社との共同事業の締結を直接に証する書面ではなく，共同事業における管理・運用の目的の為に作成された書面の一つであるにすぎない。言い換えれば，その書面の日付は，あくまで ADA の購入額を明示するために ADA の購入日を記したものであり，共同事業の発足の日時を遡らせた日付などと言うものではない。

③　K 社事業における仮想通貨取引

2018（平成30年）年 2 月以降，X は，「ADA 及び ADA から派生した仮想通貨」に関する取引を，K 社事業として既述の国外取引所で行った。また，これらの国外取引所では，既述のように「ADA 及び ADA から派生した仮想通貨」以外の仮想通貨を扱わなかったから，国外取引所で行われた取引は，全て K 社事業として行った取引である。さらに，国外取引所で行われた取引は，全て，仮想通貨を変換する取引であったから，課税対象となる利益を発生しない取引であった。

したがって，K 社事業として行った取引は，全て，利益を発生しない取引か，または，損が確定した状態である取引となった。

ところで，K 社 Alliance Group が，一つの法人なのか，複数法人なのかは不明であるが，いずれもドバイ国籍の法人である。K 社事業として行った取引が，仮に，利益を得た取引であったとしても，K 社事業として行った取引は，ドバイを拠点とした外国法人である K 社 Alliance Group が，海外で展開する K 社事業の一環として行っている取引であるから，外国法人である K 社 Alliance Group 及び X が，その利益を日本国で申告する必要があるという認識は持ち得なかった。

④　まとめ

X は，事業性仮想通貨の予約権を多数取得する目的で，ADA，BTC 及び ETH を取得し，多数の ICO を取得した。「仮想通貨の変換」と「仮想通貨の ICO への変換」により，多くの損失が発生した。また，ICO も，全て詐欺的取引であり（事業主体と連絡が取れなくなったものが多い），莫大な資産損失を発生させた。

国家は，納税できない個人に対して，課税を強行することをしてはいけない。

まして，納税困難な人を刑事立件することは，国家による犯罪である。

　X個人または，K社事業が実施した仮想通貨取引やICO取引は，損益発生の測定確認ができない。特に，ICO取引は全て詐欺（確実性のない仮想通貨の実態を秘してなされる取引）であり，Xは，その被害者である。

　Xがなした仮想通貨取引の円換算による評価は算定不可能であるから，仮想通貨の変換について，評価算定書を調査報告書として作成して犯罪立件したら，国家による冤罪作りの犯罪となる。仮想通貨を土地等の確実な資産と同視することが大きな誤りである。

　また，ICO取得時にBTCによる決済を用いた取引は，BTCの取得とICOへの変換の二つの取引からなり，通達に基づく当局の主張を前提としても，BTCの値下がりによる大きな取引損が発生していることになる。ICO取引は，無価値なものを取得させられた詐欺であるから，これによって発生した「資産損失」または「犯罪損失」も費用として考慮されなければならない。費用や損失を考慮しない所得計算はあり得ないし，そもそも，大切な納税者を犯罪者に仕立てる「査察立件要件」は，人権擁護に配慮しなければならず，次の通りである。

　イ）当該納税者が莫大な利益を獲得していること（たまり存在要件）。

　ロ）「税法解釈の争いのある問題」，「資産や利益の評価に争いのある問題」は，立件しないこと（解釈・評価問題以外の隠匿行為要件）。

　Xに対する査察立件は，上記二つの立件要件に違反している。

　課税庁は，馬券事件においては，勝ち負け継続一体取引なのにハズレ馬券の費用性を全面否認して，課税する誤りを犯した。また，自己創設のれん相続課税事件において，会計上，資産として計上が禁止されているのに，相続税課税をなそうとするのも誤りである。

　Xに関するKPT事件は，これと同様に無価値のものに課税し，ICO取得のために海外で行われた一連取引を分断する誤りを犯すものと云えよう。Xは，300万円でADAを取得したが，全部詐欺商品のICOに変換し，無価値となった。また，円でBTC，ETHを取得し，全部ICOに変換したが，これも全部無価値となった。

　税務調査や犯則調査において，税法上の取引について，仮装取引であると安易に濫用認定する。しかし，「税法上の取引」と「私法上の取引の運用」は，区

別されるべきではない。一方，「契約の成立」と「契約に基づく事業活動」の区別は，明確にされなければならない。

Xの KPT 事件において，KPT ビジネスモデル契約は，約160人の顧客と締結されており，「外国法人が海外取引所において行う仮想通貨取引」は，日本国の課税が及ばないというのが KPT 事業のシンプルなビジネスモデルであった。

第10章　馬券インターネット副業事件

（公正基準）

長期間継続的になされたインターネット副業による所得は，赤字の事業年度が存在していても雑所得である。

馬券インターネット副業は，勝ち馬券取得と負け馬券取得を一体取引として行う差額利益を追求する継続取引であり，これを分離する事実認定は違法である。

（馬券インターネット副業事件）

馬券をインターネットで購入する副業について，実例（以下X事件という）と過去の判例を分析する。

第1　本件（X事件）事案の概要

1　課税処分の経緯

Xは，日本中央競馬会（以下「**JRA**」という。）が提供するインターネット投票方式により，競馬の勝馬投票券（以下「**馬券**」という。）を購入してきた。そして，Xは，馬券の的中による払戻金に係る収入（以下「**本件競馬収入**」という。）を得てきたところ，平成27年分については雑所得として確定申告及び納税を行った。しかし，京橋税務署長（以下「**原処分庁**」という。）により，本件競馬収入に係る所得は一時所得に該当するとの認定を受け，平成26年分ないし平成28年分の所得税及び復興特別所得税の更正処分（以下「**本件各更正処分**」といい，特定の年分の更正処分を示すときは「**平成○○年分更正処分**」という。）並びに過少申告加算税（平成28年分については無申告加算税）の賦課決定処分（以下「**本件各賦課決定処分**」といい，これらを併せて「**本件各更正処分等**」という。）がされた。

しかし，本件競馬収入に係る所得は一時所得に該当しないため，本件各更正処分等は，本件競馬収入に係る所得についての所得区分を誤ってされたものである。

2　Xの主張の要旨

Xが得た本件競馬収入に係る所得は，たまたま得られたものではない。また，

得た払戻金は，次の馬券購入資金に充てられるというように，資金を回転させて行われるという投資態様なのであるから，払戻金発生の都度の所得を認識することはできない。Xによる馬券購入は，馬券の的中による払戻金に係る所得を雑所得と認めた最高裁判所判決がされたことを契機として本格的に展開された投資事業行為なのである。したがって，本件競馬収入に係る所得は一時所得に該当しないため，本件各更正処分等は違法である。

第2　インターネット投票による大規模な馬券購入により得た払戻金に係る所得は一時所得に該当しないこと

1　馬券払戻金に対する課税

　日本経済新聞の平成30年10月10日の報道によれば，会計検査院の調べで，競馬や競輪などで1000万円以上の高額な払戻金を得た人の大半が税務申告をしていないとみられることが判明している。会計検査院が，平成27年において，1回の払戻金が1050万円以上であった場合について，競馬や競輪の主催者から聞き取ったところ，計約530口，約127億円の払戻金があったのに対し，申告がされたとみられるのは50数件，約20億円にとどまるとのことであった。すなわち，払戻金の額が1050万円以上であった場合のうち，申告された件数は1割程度にすぎない。このことから，会計検査院は，高額な払戻金を得た人の大半が無申告であったと判断し，税務当局に対し，適正な申告を促す取り組みを求めた。

　このように，高額な払戻金を得た人の大半が申告をしていないことの理由の一つに，馬券の的中に係る払戻金の所得区分を基本的に一時所得であるとする現行の課税制度がある。このような課税制度は，外れ馬券を必要経費とすることができず，大規模な馬券購入を行っている者は誰も申告できない状況を作り出し，結果的に多くの潜在的な脱税者を生み出している。他方で，Xのように正直に申告を行った者が，調査を受けた挙句に莫大な課税処分を受けるという不公平・不公正を生み出す。

　しかしながら，課税庁は，競馬の本質を把握することなく，旧態的な視点でとらえるだけで，現代の競馬の実態に見合った税制度を確立していない。競馬に携わる人々の思いを汲み取ることなく，また時代の変化に即した抜本的な見直しもせず，ただ戦前の考えに固執した場当たり的な通達を出し，それを国民に押し付けることだけに終始してきた。

そこで，以下では，馬券の的中に係る払戻金に対する正しい課税方針を述べる。

2　所得区分

馬券の的中に係る払戻金による利益を一時所得として定めたのは明治から昭和初期のことである。この当時においては，インターネットでの馬券購入は到底想定されていなかったはずであるから，競馬場及び場外馬券場（以下「**競馬場等**」という。）での馬券購入を念頭に整備された課税制度であるといえる。

そして，競馬場等での馬券購入は，マークシートで買い目を選び，現金で馬券を購入することから，大量かつ高額の投資を行うには適さない。また，払戻金発生の都度，払戻機や窓口で払戻しを受ける必要があることから，払戻金を即座に次のレースの資金に充てることもできない。このことからすれば，競馬場等での馬券購入は，遊興であり，日時の異なる馬券購入は分断しており，払戻金の所得区分を一時所得とする従来の課税制度になじむといえる。

しかしながら，インターネットでの馬券購入は，パソコンの画面上で買い目を選択し，決済は銀行口座を通じて行われることから，遊興ではなく，副業ではあるが，ビジネスとして大量かつ高額の投資を可能とする。また，払戻金も銀行口座に入金されることから，払戻金を即座に次のレースの資金に充てることを可能とする。このような事情を基礎とすれば，払戻金の所得区分を一時所得とすることは適当でない。そのため，インターネットでの馬券購入を一連一体の投資活動であると認め，外れ馬券を必要経費とすることができる雑所得に該当すると判示する裁判例が現れるようになったのである。

このように，インターネットでの馬券購入は，競馬場等での馬券購入とは明らかに形態が異なる。そして，両者は明らかに形態の異なるものであるにもかかわらず，「競馬」というひとくくりにして，従来の課税方針を当てはめることは誤りである。現行の課税制度は，最高裁判所平成27年3月10日第三小法廷判決・刑集69巻2号434頁（以下「**平成27年判例**」という。）で示された，馬券の的中による払戻金に係る所得に対しては雑所得課税をしていくという基本方針に対して，現実的かつ十分な対応をしていない。

したがって，馬券の的中に係る払戻金に対する課税方針は，競馬場等での馬券購入とインターネットでの馬券購入とを分けて考えるべきである。具体的には，競馬場等での馬券購入については，従来どおり一時所得として課税し，イ

ンターネットでの馬券購入については，投資規模や投資形態に応じて，事業所得若しくは雑所得として課税されなければならない。

3　一時所得該当性

(1)　インターネットを用いた馬券購入の現状について

先に述べたように，現在においては，インターネット経由により，JRA のサービスである PAT を利用することによって馬券を購入し，払戻金を得ることが可能になっている。このようなインターネットでの馬券の購入と決済システムは，競馬場等に赴いて馬券を購入する従来の競馬とは異なり，億単位の高額かつ反復継続的な馬券の購入や多額の利益を得ることを可能としている。

インターネット投票によれば，馬券の的中により得た払戻金も，次レースでの馬券購入資金に充てることが可能であることから，投資資金を回転させることにより，より流動的に高額の投資が行われることになる。そして，これら流動的で高額の投資は，1回の購入馬券ごとの投資ではなく，一連の馬券購入の総体で利益を生み出すための一体となった投資なのである。

(2)　インターネット投票による馬券購入は，投資と呼ぶにふさわしいものであることについて

前記(1)のような現状がある中で，競馬による利益は基本的には一時所得であり，例外的に雑所得として認められるという伝統的な考え方はもはや成立しない。インターネット投票が可能な現在の馬券購入方法は，投資と呼ぶにふさわしいものになっている。インターネットを利用すれば，サイバー世界におけるビジネスはパソコン1台でも可能となり，かかる時代の変化を認識しなければならない。競馬に関連して言えば，PAT は，JRA が設定したインターネット空間における投資プラットフォームなのであり，JRA 自体が，競馬場等での娯楽ではない投資事業を可能にしたのである。

この点，為替変動や金銭貸借を対象とする金融取引も，ある銘柄株式の需要・供給を巡る売買代金流入量の相違によって売買差益損が生じる株式取引も，加入者から集金された資金の再配分である保険制度も，馬券購入者が持ち寄る金銭の再配分である競馬と類似する行為といえる。そして，これら相互の行為の間に絶対的・本質的差異は見出しがたい。すなわち，競馬にある娯楽要素を一切排除して純粋に払戻金の獲得を目的とした場合，金融取引等と比較して，結果の予測可能性を探りながら時事の状況に応じた投資と回収を繰り返す態様

436

に，大きく相違する点はないといえる。そうすると，インターネットを利用し，払戻金の獲得について利益獲得目的をもって馬券購入が反復継続して展開され，その結果，現に所得が実現した場合には，所得税法34条の「営利を目的とする継続的行為から生じた所得」と認められて然るべきものであると考えられる。

(3) **Xがインターネットにより馬券購入を行っていたことについて**

これを本件についてみると，Xは，PATを用いて馬券を購入することにより，平成26年ないし平成28年において，合計約18億円もの大量の馬券を購入し，約20億円の払戻金を得てきたのである。

このように，Xの高額かつ反復継続的な購入方法は，利益獲得目的の投資と呼ぶにふさわしいものであり，Xが，インターネット投票による馬券購入で得た所得は「営利を目的とする継続的行為から生じた所得」であるといえる。

4 結 論

したがって，インターネットを利用することにより得たXの本件競馬収入に係る所得について，これを一時所得であるとしてされた本件各更正処分等は違法である。

第3 最高裁判所判決の判示する判断枠組みのもとにおいても，平成27年分及び平成28年分の本件競馬収入に係る所得は一時所得に該当しないこと

1 一時所得該当性の要件について

所得税法34条の「営利を目的とする継続的行為から生じた所得」とはいえないこと（以下「**非継続性要件**」という。），同条の「労務その他の役務又は資産の譲渡の対価としての性質」を有しないこと（以下「**非対価性要件**」という。）が一時所得に該当するか否かを分ける要件であり，非継続性要件及び非対価性要件のいずれもみたす場合にのみ一時所得に該当することになる。

以下では，まず，非継続性要件について，Xの主張を述べる。

2 平成27年及び平成28年の本件競馬収入に係る所得は，非継続性要件を具備していないこと

(1) **非継続性要件の判断枠組み**

この点，非継続性要件を満たすか否かは，文理に照らし，行為の期間，回数，頻度その他の態様，利益発生の規模，期間その他の状況等の事情を総合考慮し

て判断するのが相当である（平成27年判例及び最高裁判所平成29円12月15日第二小法廷判決・民集71巻10号2235頁）。

　なお，上記判例が，「総合考慮して判断する」と判示していることからすれば，行為の期間，回数，頻度その他の態様，利益発生の規模，期間その他の状況等の事情といった考慮要素のうちに重要性の優劣はない。また，考慮要素であって要件ではないから，いずれかの考慮要素について平成27年判例の事案と異なるからといって直ちに非継続性要件を具備するとはいえないことを確認しておく。

(2)　非継続性要件の判断枠組みに対するあてはめについて

　ア　行為の期間について

　Xは，平成27年から現在まで，馬券を購入してきたのであり，行為の期間は長いといえる。

　なお，Xは，平成27年判例において外れ馬券が経費として認められたことを契機として，競馬ソフトを導入し，自らも当該判例の判示する態様に沿うように馬券購入を始めた。したがって，Xが，本格的に投資としての大規模な馬券購入を開始したのは平成27年以降である。

　イ　回数，頻度について

　Xは，JRAのレースが開催される毎週土曜日・日曜日共にほぼ欠かさず馬券を購入してきた。そして，Xは，1レース当たり100点以上の馬券を購入してきた。JRAが主催する中央競馬においては，1日当たりに開催されるレース数は24ないし36レースであるから，ほぼ全レースにおいて馬券を購入してきたXは，1日当たり2000ないし4000点の馬券を購入してきた。年間に開催される日数が，土曜日及び日曜日の週2日であり1年が50週であるとすれば，Xが購入してきた馬券は，1年あたり20万ないし40万点となる。これらのことからすれば，行為の回数，頻度は相当多いといえる。

　ウ　その他の態様―馬券購入の手段について

　Xは，PATの加入者であり，自宅のパソコンから，インターネット経由で馬券を購入してきた。なお，Xは，PAT専用預金口座を2つ開設している。XがJRAのPAT口座を2つ開設していたのは，1つのPAT口座で購入できる馬券の点数が制限されており，Xの購入態様に対応していなかったからである。

　このことから，インターネットでの馬券購入は，競馬場等での在席投票に比

して，より大規模で網羅的な馬券購入が可能となるといえる。

　エ　その他の態様―馬券購入金額について

　投下資本の大きさは，営利を目的としていたか否かを基礎づける重要な要素であるから，Ｘの馬券購入金額について述べる。

　平成27年以降，更正の対象となった年分における，Ｘの馬券購入金額は以下のとおりである。

　　　平成27年：14億7572万0485円

　　　平成28年：　3億2562万2076円

　このように，Ｘの馬券購入金額の規模は非常に大きい。

　オ　その他の態様―馬券の選定方法について

　一般的に，馬券の購入金額に対する払戻金の期待値はおおむね0.75であるとされているところ，Ｘは，馬券の購入金額に対する払戻金の期待値が1を超える統計学的理論・方法（以下「**本件馬券選定方法**」という。）を採用し，本件馬券選定方法に基づき馬券を購入していた。以下では，馬券購入の前提となる「オッズの歪み理論」及び「荒れるレース理論」について説明しつつ，本件馬券選定方法について述べる。

　㈦　オッズの歪み理論

　競馬の馬券市場においては，「本命－大穴バイアス」という現象がある。これは，的中する確率が極めて低い大穴馬券への過剰な人気を指すものである。

　この本命－大穴バイアスから考えれば，1着になる確率は低いが配当の高い大穴サイドの馬券は過剰に人気があり，一方，1着になる確率は高いが配当の低い本命サイドの馬券は，実際の客観的確率よりも人気が低いという事になる。そして，全てのレースにおいて，オッズの歪みは必ず存在する。

　馬券は一般的には期待値が0.75しかないという投資対象であることからすれば，一般的な馬券愛好家と同じような馬に投資をしている限り，期待値を1以上にすることはできないが，オッズに歪みのある馬を見つけ出すことにより期待値をあげることができるのである。

　㈣　荒れるレース理論

　実際の競馬は，様々な因子（多変量）が影響しているが，自然科学，社会科学の世界において，独立な多数の因子の和として表される確率変数は正規分布に従う。そのため，正規分布から外れる，オッズの歪みが大きな荒れるレースは

一定の確率で必ず存在するものである。

　そして，競馬において期待値をあげるためのポイントは，いかに荒れるレースを見つけ出すかにあり，最小値や最大値を重視した荒れるレース理論が重要になるのである。荒れるレースを見つけ出すことで期待値は数倍単位で上昇することになる。

　㈾　本件馬券選定方法

　このように，オッズの歪み理論及び荒れるレース理論からすれば，実力のある中穴馬・大穴馬は必ず存在するのである。

　Xは，本命馬や大穴馬によって生じるオッズの歪みを検討し，荒れるレースを見つけ出し，本命（1〜3番人気）と大穴（10番人気以下）の馬を基本的には避けた中穴の馬を，三連単，三連複で集中的に大量投資する。

　すなわち，基本的には，人気の盲点となっている穴馬を抽出し，穴馬がいるレースの人気馬が過剰人気になっていないかを検討する。穴馬からの三連単はオッズ1000倍以上となることが多く，穴馬を中心とした三連単，三連複馬券を網羅的に100〜500点規模で購入するのである。この方法によれば，馬券購入金額の数百倍，数千倍の払戻金を得ることが可能になる。

　なお，Xは，5万馬券（オッズ500倍以上）以上となり得る馬券を中心に狙って馬券投資を行うこととしていた。ただし，例えば，平成30年度のJRA全レース3328レース中，5万馬券以上の配当が行われたレースは1174レースであり，この投資手法を行うことができるレースは全体の約3分の1のレースであった。このことからすれば，この手法によっては大きな利益を得ることができるが，確率が収束するに足る試行回数を重ねるためには複数年の期間が必要となる。

　以上のとおり，Xは，本件馬券選定方法に基づく馬券の購入により，期待値が1を超える方法での投資を行ってきたのである。

　㈬　本件馬券選定方法を行うための情報収集・情報分析・判断

　本件馬券選定方法は，Xの優れた情報収集力・情報分析力・判断力に基づき行われるものである。

　まず，Xは，競馬ソフトにより提供される過去10年分のレースデータから，あらゆる考慮要素の全てを精査・分析する。Xが使用していた競馬ソフトでは，過去のレースから蓄積された情報を，様々な項目（その検索条件は146項目に上る。）により検索することができる。さらに，その項目ごとに，さらに条件を設定し

て絞り込んだ検索を行うことも可能になっている。例えば，特定の競馬場における特定の調教師が調教した場合の勝率，特定の騎手が特定の種牡馬の産駒に騎乗した場合の勝率など，検索項目や検索条件の組み合わせにより，その情報量は膨大なものとなる。これにより，統計上，どのような場合に，どのような要素が絡めば，ある馬が1着になる可能性が高くなるかについて把握するのである。

　次に，競馬ソフト上では，レースビデオを閲覧することも可能であり，Xは，着順予想の際には，各馬の過去における走りを実際に目で見て確認していた。馬券を購入するレースに出走する全ての馬の過去のレースをチェックするのである。これにより，過去のレースよりも走り方が良くなっていると判断できた場合には，着順を検討する上でのプラス要素となる。

　さらに，競馬新聞の記者コメントや，インターネット上の掲示板に投稿された馬券購入者のコメントまで確認を行う。これらの情報の中にはXが注目していなかった情報も存在する。そのような場合は，競馬ソフトの統計データと照らし合わせることにより信ぴょう性の裏付けをとり，世間に知られていない強い要素として，Xの情報にストックするのである。なお，これにより一般人の予想を把握できるから，オッズの歪みを見つけることにもつながる。

　Xは，以上のように，競馬ソフトをはじめとする様々な媒体による分析を行うなど，日々，情報収集する作業を繰り返すことによって着順の予想に有益な情報を入手し，それらを競馬ソフト上にメモとして記録していた。Xの競馬ソフトの一つには，1402頭もの馬についてのメモが残されていた。なお，Xは，着順を予想するにあたって，記録してあるメモを参照することにより，前に馬券を購入したレースの情報を活かしていた。このことは，前に購入したレースの情報も次のレースの予想の材料となっていることを示すものであり，馬券購入が一体のものであることを裏付けるものとなっている。

　(オ)　本件馬券選定方法による馬券の購入

　そして，Xは，蓄積した情報に基づき馬券を購入してきた。情報収集作業の過程において，一般の競馬愛好家が未だ気づいていない情報を発見できた場合には，Xのようにその情報を知る者だけが，その情報に基づく馬券購入をすることができる。その情報が，レースの勝敗に大きく影響する情報であった場合，一般の競馬愛好家はその情報を重視しないため，馬の実力に比して人気は低い

ものとなり，的中した場合の払戻金は特に大きいものとなる。このように，特別な要素をもつ馬を複数見つけておくことが，本件馬券選定方法に基づく馬券購入のポイントとなる。

　このように馬券を選定した上で，Ｘは，予想の確度に応じ，安定して払戻金を得ることができるように工夫してきた。例えば三連単馬券・三連複馬券を購入する場合，上位３頭に１頭でも違う馬が３着以内に入ってくると当たり馬券がとれない。そこで，他の馬も買い目に入れることにより偶然の要素を減殺し，リスクを分散させるのである。そして，Ｘのように多数の馬券を購入する場合，全ての馬券が的中することはありえず，外れ馬券が生じることは必然である。それでも，馬券の的中による払戻金を得ることは確率論に基づく投資なのであるから，偶然性の影響を減殺するため，投資効果が最大となるよう外れ馬券も含めて購入することにより，的中馬券による払戻金を得ることができる。すなわち，Ｘは，多数の馬券を購入することにより，総体としてその収支で所得を得てきたのである。

　(カ)　本件馬券選定方法は一般的な競馬愛好家の馬券購入態様とは異なること

　以上のとおり，Ｘは，収集した情報に基づき馬券を購入し，購入馬券の的中によって大きな利益を得てきた。競馬ソフトにより提供されるデータは膨大な量であり，これを全て確認するためには非常に多くの時間を費やす必要がある。また，レースビデオの確認についても，１レース確認するのに２～３分を要するのであるから，全ての確認となると，莫大な時間を充てることになる。Ｘは，月曜日から金曜日にかけては１日当たり平均３時間，土曜日及び日曜日においては２日間合計で30時間以上を情報収集・分析に費やしてきた。週当たりに換算すると40時間以上となり，定時で勤務する会社員と同等の時間を競馬に充ててきたのである。一般的な競馬愛好家が，ここまでの時間と労力を割いて，購入馬券の検討を行っているということはおよそ考えられない。このことは，Ｘが馬券購入に際して重視し，レース結果に大きく影響した情報を一般の競馬愛好家は把握しておらず，現に当該馬の人気が低かったことからも明らかである。

　そして，例えば平成27年においては，１節ごとにみたとき，払戻金の合計額が１億円を超えることが，５回もあったのである。単なる偶然の的中でここまでの結果が出ることは想定できないものである。

　㈜　小　括

　以上のとおり，Xは，膨大な情報収集と鋭い情報分析・判断の積み重ねにより，馬券を購入してきたのである。

　カ　利益発生の規模について

　競馬への投資を本格的に始めた平成27年においては，馬券購入金額14億7572万0485円，払戻金額18億3257万1310円であり，3億5685万0825円の利益を得ていた。

　平成28年においては，馬券購入金額3億2562万2076円，払戻金額2億0266万6640円であり，1億2295万5436円の損失であった。

　したがって，通算すると，2億3389万5389円の利益を得ている。

　キ　利益発生の期間について

　Xにおいては，単年度で見た場合に，平成27年においては払戻金額が馬券購入金額を上回り，平成28年においては払戻金額が馬券購入金額を下回る。

　しかしながら，通達が「当該購入行為の期間総体」とするとおり，本件競馬収入は，2年間の合計で見た場合には，なお払戻金額が馬券購入金額を上回るのである。そもそも，投資方法により，確率が収束し期待値を回収できるまでの期間というのは異なるものである。単年毎のプラス収支を要求するという事は投資方法を制限するものであって不合理であり，複数年で見たときに利益が出ていれば，多額の利益を上げていると評価しうるものである。

　そして，この2年間の合計でみれば，馬券購入金額18億0134万2561円，払戻金額20億3523万7950円（前記カ参照）となり，1年あたり1億1694万7694円の多額の利益が出ているのである。

　ク　まとめ

　以上のとおり，Xは，競馬への投資を本格的に始めた平成27年からは，1年あたり合計3億円から14億円程度の多数の馬券を購入し続けたというものであり，Xの馬券購入の期間，回数，頻度に照らせば，Xの行為は継続的行為といえるものである。また，Xは，平成27年及び平成28年において，通算すれば2億3389万5389円の利益，1年あたりに換算すれば約1億1694万円の利益を得ていたのであり，平成27年度においてはその利益は約3億5000万円に及んでいた。このことからすれば，Xは実際に，総体として期待値が1を超える方法により馬券を選別して購入してきたのであるから，Xの行為は客観的にみて営利を目

的とする継続的行為であるということができる。

　したがって，平成27年及び平成28年における本件競馬収入は，営利を目的と
する継続的行為から生じた所得であって一時所得に該当しない。

3　非継続性要件の判断についての原処分庁の誤り

(1)　収支にマイナスの年があることは非継続性要件を判断する上で関係ないこと

　原処分庁は，Xの平成26年及び平成28年の収支がマイナスとなっていること
を理由として，非継続性要件をみたすため一時所得に該当するとして本件各更
正処分等をした。

　しかしながら，購入期間において毎年利益が出ている場合でなければ一時所
得に該当するというのは，法律の解釈として大きく誤ったものである。世の中
には赤字の企業は数多く存在するが，赤字であるからといって，「営利を目的
とする継続的行為」であることを否定されることはあり得ない。「営利を目的
とする継続的行為」に該当するか否かは，結果的に利益を上げたかどうかの問
題ではなく，利益を得るための行為に対する評価の問題なのである。実際に，
判例も，収支にマイナスの年がある場合でも雑所得に該当すると判断している。
すなわち，平成27年判例により維持された原審判決においては，検察官による
「収支が安定しておらず赤字が続いた時期もある」との主張に対し，「収支が常
に黒字であることまで求められることはなく」と，赤字であっても「営利を目
的とする継続的行為」に該当することが明確に判示されている。

　したがって，平成27年判例の判断枠組みにおいては，収支に赤字がある場合
でも「営利を目的とする継続的行為」となり得るのである。

(2)　原処分庁は通達の適用すら誤っていること

　また，法律の解釈を示したものである通達においては，雑所得に該当する場
合とは，「回収率が馬券の当該購入行為の期間総体として100％を超えるように
馬券を購入し続けてきたことが客観的に明らかな場合」とされている。「超え
るように」とされているのであって，「超えて」とはされていないのであるから，
これは，期待値が1を超える方法により馬券を購入していたことが明らかな場
合を意味するものである。そして，「当該購入行為の期間総体として」とされ
ているのであり，決して「毎年」であるとか「1年毎」などと定められている
わけではない。上述のとおり，結果として回収率が100％を超えていることが
求められるわけではないということは，判例が明確に指摘している。したがっ

て，毎年の利益が出ていることを求めることは，原処分庁が拘束されるべき通達の適用すら誤ったものであって，法律の解釈を誤ったものである。

(3) 小 括

さらに，多額の利益を恒常的に上げているか否かという基準によれば，多額の利益を数年間上げた後でないと雑所得か一時所得かの判断ができないし，競馬を始めた当初の申告においてどのように申告すべきかについても不明である。これでは予測可能性に欠け，法的安定性を損なう。

したがって，期待値が1を超える方法により馬券を選定していれば非継続性要件の充足は否定されるのであり，収支にマイナスの年があることを理由に非継続性要件を満たすとすることはできない。

4 判例・裁判例の事案との比較について

(1) はじめに

平成27年及び平成28年における本件競馬収入に係る所得が非継続性要件をみたさないことは前記2のとおりであるが，ここでは，さらに，馬券の的中に係る払戻金の所得区分の認定に際し，営利を目的とする継続的行為とされた判例・裁判例や，営利を目的とする継続的行為とはされなかった裁判例と本件との比較検討を行う。これにより，本件は，営利を目的とする継続的行為とはされなかった裁判例とは事案を異にし，むしろ営利を目的とする継続的行為とされた判例・裁判例と事案を共通にすることを示し，平成27年及び平成28年における本件競馬収入に係る所得が営利を目的とする継続的行為から生じた所得であり，一時所得に該当しないことについて述べることとする。

(2) 比較検討する考慮要素について

前記2(1)のとおり，平成27年判例は，「文理に照らし，行為の期間，回数，頻度その他の態様，利益発生の規模，期間その他の状況等の事情を総合考慮して判断するのが相当である」と判示する。

このことからわかるように，馬券購入に当たっての投下資本の大きさや，その結果としての利益発生規模というのは，馬券購入行為が営利を目的としていたか否かを基礎づける重要な考慮要素である。

また，偶然性の影響を減殺するために，できるだけ多数のレースで馬券を購入し，そのような継続的な馬券購入行為の結果を総体としてみて，その収支で所得を得たものと評価できる場合には，営利を目的とする継続的行為から生じ

た所得といえる。判例も，このような理由から，馬券購入レース数や馬券購入件数を考慮要素として着目している。

　そこで，①馬券購入金額，②払戻金額，③収支差額，④馬券購入金額の総額に対する収支差額の総額の割合（以下「**利益率**」という。），⑤１節当たりの馬券購入金額，⑥馬券購入レース数及び⑦馬券購入件数について，本件と判例・裁判例との比較を行う。

(3)　比較対象とする各事件について

　馬券の的中による払戻金に係る所得の所得区分については，これまで多くの裁判で争われてきた。その中でも代表的な判決としてあげられるのは，以下の４つの判例・裁判例である。

- 最高裁判所平成29年12月15日第二小法廷判決・民集71巻10号2235頁（以下，当該判決に係る事案を「**札幌事件**」という。）
- 最高裁判所平成27年３月10日第三小法廷判決・刑集69巻２号434頁（以下，当該判決に係る事案を「**大阪事件**」という。）
- 東京高等裁判所平成28年９月29日判決（以下，当該判決に係る事案を「**麻布事件**」という。）
- 東京高等裁判所平成29年９月28日判決（以下，当該判決に係る事案を「**横浜事件**」といい，これら４件の事件を併せて「**各事件**」という。）

　なお，札幌事件及び大阪事件は雑所得と認定され納税者勝訴，麻布事件及び横浜事件は一時所得と認定され課税庁勝訴となった裁判である。

　以下では，本件及び各事件について，前記イ①ないし⑦の考慮要素の比較検討を行う。なお，①ないし④については本書面末尾添付の別表１に，⑤ないし⑦については別表２にまとめる。

(4)　比較検討

　ア　①馬券購入金額について

　各事件の馬券購入金額について，

　　札幌事件は約10億円から15億円，

　　大阪事件は約　７億円から14億円

の馬券を購入している。このことから，馬券購入金額が10億円を超えるまでに及んでいることがわかる。

　他方で，麻布事件は約6000万円から１億1000万円，

446

　　　　　　横浜事件は約5000万円から２億2000万円
の馬券を購入している。このことからは，馬券購入金額が１億円ないし２億円
に過ぎないことがわかる。

　これを本件についてみると，Ｘが馬券投資を本格的に始めた平成27年分から
見れば，

　　　　約３億円から14億円
の馬券を購入している。このことからすれば，本件は，麻布事件及び横浜事件
とは，文字どおり，桁違いの馬券購入金額となっている。そして，本件は，札
幌事件及び大阪事件に匹敵するような馬券購入金額であることが明らかである。

　したがって，馬券購入金額という観点からみたとき，本件は，麻布事件及び
横浜事件とは事案を異にし，札幌事件及び大阪事件と事案を共通にするもので
ある。

　イ　②払戻金額について

　各事件の払戻金額について，

　　　　札幌事件は約11億円から16億円，
　　　　大阪事件は約７億円から14億円
の払戻金を得ている。このことから，払戻金額が10億円を超えるまでに及んで
いることがわかる。

　他方で，麻布事件は約4000万円から１億1000万円，
　　　　　　横浜事件は約4000万円から２億5000万円
の払戻金を得ている。このことからは，払戻金額が１億円ないし２億円に過ぎ
ないことがわかる。

　これを本件についてみると，Ｘが馬券投資を本格的に始めた平成27年分から
見れば，

　　　　約２億円から18億円
の払戻金を得ている。このことからすれば，本件は，払戻金額という観点から
も，麻布事件及び横浜事件とは桁違いの金額である。そして，札幌事件及び大
阪事件に匹敵するか，むしろ上回るほどの払戻金額を得ているものである。

　したがって，払戻金額を比較した場合にも，本件は，麻布事件及び横浜事件
とは事案を異にし，札幌事件及び大阪事件と事案を共通にするものである。

ウ　③収支差額について

各事件の収支差額の総額について，

　札幌事件は約３億7000万円，

　大阪事件は約１億4000万円

と収支差額の総額が億単位となっている。

　他方で，麻布事件は約▲6000万円，

　　　　　横浜事件は約　1000万円

であり，収支差額の総額はマイナスもしくはプラスでも1000万円程度と少ない。

　これを本件についてみると，Xの収支差額の総額は，

　約２億3000万円

である。このことから，麻布事件及び横浜事件を大きく上回る利益を得ていること，及び札幌事件及び大阪事件と同等の利益を得ていることがわかる。

　したがって，収支差額を比較した場合にも，本件は，麻布事件及び横浜事件とは事案を異にし，札幌事件及び大阪事件と事案を共通にするものである。

エ　④利益率について

(ア)　各事件との比較

　以上に加え，本件及び各事件の利益率を検討する。なぜなら，投資金額に対する利益の割合は，有効な投資方法といいうるか否かの判断に重要な要素の一つであるからである。そこで，以下に各事件及び本件の利益率を示す。

麻布事件	論外（収支差額の総額がマイナス）
横浜事件	4.5%
大阪事件	4.8%
札幌事件	8.9%
本件	13.0%

　このように，横浜事件の4.5%という利益率は，本件の13.0%に比して遥かに低い。また，雑所得と認定され，いわば投資であると認定されたといえる大阪事件及び札幌事件と比較しても，本件は大阪事件の2.7倍，札幌事件の1.5倍もの利益率となっている。このことからすれば，本件は，一時所得であるとされた横浜事件はもちろん，雑所得と認定された大阪事件及び札幌事件よりもはるかに高い利益を生み出す投資方法が行われていたといえる。

(イ)　株式投資との比較

　また，例えば株式投資の場合，一般的に高配当・高利回りと言われるような銘柄の配当利回りは5％ないし9％程度である。このことからすれば，麻布事件を除く各事件の利益率も，一般的には高い利益率であるとはいえる。

　これに対し，本件は13.0％もの利益率があるのであり，かなり高い利益率を誇る投資運用として成立しているということがわかる。

　したがって，本件では，株式投資と比較しても，非常に優れた投資方法が行われていたという事ができる。

　オ　⑤1節当たりの馬券購入金額について

(ア)　大阪事件及び札幌事件との比較

　Xの，平成27年における三菱UFJ銀行及び三井住友銀行口座の，各節ごとの入出金額は甲第2号証4枚目及び5枚目記載のとおりである。全52節のうち，1億円を超える購入がされたのが1回，2000万円をこえる購入がされたのが29回，1000万円を超える購入がされたのが12回と，大部分が1000万円を超える購入であった。なお，同号証からは，Xの口座に52回の入出金があり，Xが全ての節において馬券を購入していたこともわかる。

　大阪事件の当事者は，1日当たり1000万円を超える購入がほとんどであったとされており，1節当たりでいえば2000万円を超える購入を行っていたという事ができる。Xも1節当たり2000万円を超える購入があった回数は52節のうち29回なのであるから，半分以上が1節当たり2000万円を超える購入であったということができる。

　また，札幌事件の当事者が，各節あたり数百万円から数千万円の馬券購入を行ってきたことはXと同様である。

　したがって，1日もしくは1節当たりの馬券購入金額という観点からも，本件は大阪事件及び札幌事件と事案を共通にするといえる。

(イ)　麻布事件及び横浜事件との比較

　これに対し，麻布事件及び横浜事件の当事者は，1日当たり数十万円から数百万円程度の馬券しか購入していない。この数字は，Xが1日当たりに購入してきた金額の10分の1以下という，かなり少ない金額である。

　したがって，1日もしくは1節当たりの馬券購入金額という観点からも，本件は麻布事件及び横浜事件とは事案を異にするといえる。

カ　⑥馬券購入レース数について

㈠　大阪事件及び札幌事件との比較

　JRAにより開催される年間レース数は，約3400レースであるところ，Xは，3000レース以上（全体の90％以上）のレースで馬券を購入してきた。

　この点について各事件と比較すると，札幌事件は，平成21年においては年間2445レース（全体の70.8％），その他の年についてはほぼ全てのレースでの購入が目標であったとされている。このことからすれば，本件は札幌事件を上回るレース数で馬券を購入している。また，大阪事件はほぼ全てのレース（全体の95％）で馬券を購入したとされており，本件は大阪事件と同様のレース数で馬券を購入しているといえる。

　したがって，本件は，大阪事件及び札幌事件と事案を共通にする。

㈡　麻布事件及び横浜事件との比較

　他方で，麻布事件は年間約2400レース，横浜事件は年間約2200〜2800レース（なお，あるレースを即PATとA-PATで重複して購入した場合には2レースと数えられているため，実際のレース数はこれよりも少ない。）で馬券を購入したとされている。この数字はレース全体の70％程度でしかなく，90％を超える本件と比較して，少ないレース数でしか馬券を購入していないことが分かる。

　したがって，本件は，麻布事件及び横浜事件とは事案を異にする。

キ　⑦馬券購入件数について

　Xの馬券購入件数は1日当たり2000〜4000件であった。

　この点について，馬券購入件数についての認定がされている大阪事件との比較を行うと，大阪事件では，1日当たり数百から1000件を超える買い目の馬券を購入していたとされている。

　このことからすれば，本件は，雑所得であるとされ，投資として認められたといえる大阪事件を大きく上回る1日当たりの馬券購入件数であったということができる。

　他方で，麻布事件では，1日当たり数百程度の買い目を購入していたと主張がされているが，本件と比べると極めて少ない買い目の数である。

⑸　各事件との比較検討のまとめ

　以上のとおり，本件は，営利を目的とする継続的行為とされなかった麻布事件及び横浜事件とは事案を異にし，むしろ営利を目的とする継続的行為とされ

た札幌事件及び大阪事件と事案を共通にする。

また，各事件や他の投資方法との利益率の比較においても，本件は非常に優れた投資方法であったということができる。

したがって，平成27年及び平成28年の本件競馬収入に係る所得は，営利を目的とする継続的行為から生じた所得であり，非対価性要件を具備しないから，一時所得に該当しない。

5　平成27年及び平成28年の本件競馬収入に係る所得は，非対価性要件も具備していないこと

⑴　非対価性要件の判断基準

所得税法34条1項は，「一時所得とは，（中略）役務又は資産の譲渡の対価としての性質を有しないものをいう。」と規定している。同じ所得税法の中において，「対価」とのみ規定されている条文（例えば所得税法73条2項）がある中で，本条においては「対価としての性質」と定められているのである。このことからすれば，その性質を有するものにまでわざわざ拡張して規定されているのであるから，「対価としての性質」とは，単なる「対価」よりも広く捉えられなければならない。

したがって，そもそも，一時所得における対価性とは，役務行為に密接・関連して給付がなされるものをも広く包摂しているものと解するべきである。

⑵　本件競馬収入に係る所得を得たことは，馬券購入という役務行為に密接・関連して給付がなされたものであること

原処分庁は，「出走馬の着順というあなたの行為が全く関与しない偶然の結果，購入した馬券が的中して初めて所得が発生する」ことが対価性を否定する要素と考えているようである。しかしながら，Xが行っているのはあくまでも出走馬の着順の予想であり，その予想が的中して払戻金を得ることは偶然の結果ではなく，原処分庁は，所得発生についての認識を完全に誤っている。本件競馬収入は，XがJRAのPATシステムを利用して，出走馬の着順を予想し，本件馬券選定方法に基づき馬券を購入したことにより生じたものである。そして，このような着順の予想は，高度な知的労働として行われているものであり，この知的労働に基づき馬券を購入することにより所得が発生しているのである。また，着順の予想という知的労働は，払戻金の獲得という所得の発生に深く寄与しているといえる。このことからすれば，Xが馬券の的中に係る払戻金を得

たことは，Xの知的労働に基づく馬券購入という役務行為に密接・関連して給付がなされたものに他ならず，対価としての性質を有することは明らかである。

したがって，本件競馬収入に係る所得は非対価性要件をみたさず，一時所得に該当しない。

6　結　論

以上のとおり，平成27年及び平成28年の本件競馬収入に係る所得は，非継続性要件も非対価性要件も具備するものではないから，最高裁判所判決の判示する判断枠組みのもとにおいても一時所得に該当しない。

第4　平成27年分及び平成28年分の本件競馬収入に係る所得は事業所得に該当すること

以上では，本件競馬収入に係る所得が一時所得には該当しないこと，すなわち，本件競馬収入に係る所得は事業所得若しくは雑所得に該当することを述べてきたが，ここでは，特に，事業所得に該当することについて主張を行う。

1　自己の計算と危険において独立して営まれていること

Xが，膨大な時間を費やすほどの労力を払い，多額の自己の資金をもって，競馬ソフト等を駆使し，投資として馬券を購入していることからすれば，自己の計算と危険において独立して営まれていることは明らかである。

2　営利性，有償性を有していること

Xは期待値が1を超える方法により馬券を購入し，もって馬券投資の対価としての性質を有する利益を得ていたのであるから，営利性，有償性が認められる。

3　反復継続して遂行する意思が客観的に認められること

Xは平成27年以降現在までの長期間，相当の頻度・回数にわたって馬券購入を行ってきたのであるから，反復継続して遂行する意思が客観的に認められる。

4　社会的地位が客観的に認められること

馬券は投資の対象となり得るのであって，現実に馬券の的中に係る払戻金により生計を営んでいる者は多数存在する。競馬の本質は賭博であり，払戻金の発生は偶発的であるから，利益を上げることは困難であるなどという競馬に対する伝統的・古典的な価値観が通用しなくなっていることは，多くの判例・裁判例でも示されてきたところである。このような状況においてもなお，馬券の

払戻金により得た所得について，社会的地位が客観的に認められないとすることは，課税庁が職業の貴賤を判断しているものに他ならず認められない。

これらのことからすれば，前記1，2及び3の要素が認められる場合には，馬券の払戻金を得ることも，社会的地位が客観的に認められる「事業」に該当するのであり，これにより得た所得は事業所得であるというべきである。

したがって，Xの馬券購入について，前記1，2及び3の要素が認められる以上，社会的地位が客観的に認められる「事業」に該当する。

5 結 論

よって，平成27年分及び平成28年分の本件競馬収入に係る所得は事業所得に該当する。

第5 担税力という観点からしても，本件各更正処分は違法であること

現在においては，自宅のパソコンから，インターネット経由により，JRAのサービスを利用することによって馬券を購入し，払戻金を得ることが可能になっている。このようなインターネットでの馬券の購入と決済システムは，競馬場等に赴いて馬券を購入する従来の競馬とは異なり，億単位の高額かつ反復継続的な馬券の購入や多額の利益を得ることを可能としている。

インターネット投票によれば，馬券の的中により得た払戻金も，次レースでの馬券購入資金に充てることが可能であるから，より流動的に高額の投資が行われることになる。そして，これら流動的で高額の投資は，1回の購入馬券ごとの投資ではなく，一連の馬券購入の総体で利益を生み出すための一体となった投資なのである。

そして，Xが20億円以上の払戻金を得ることができたのは，本件馬券選定方法に基づき，18億円以上という極めて大きな規模で，馬券の大量購入を反復継続した結果である。当たり馬券だけを購入し20億円以上もの払戻金を獲得できることは現実にはあり得ない。Xは，外れ馬券を含めて馬券を購入し続ける方式によって20億円以上を得たというべきである。個別投資の結果に一喜一憂することなく，長い目で投資を継続していくことが本件馬券選定方法にとって重要なのである。言わば，的中馬券と外れ馬券は一体なのであって，あくまで個別投資は総投資の肥やしに過ぎないのである。的中馬券の払戻金で外れ馬券を購入した事実をみれば，この一体性を否定することはできない。

　このような馬券購入行為の一体性という実態を無視して，一回のレース毎ないし一節毎の勝った結果だけに着目し，負けた結果は除外して課税するとすれば，実質的な担税力に応じた公平な課税の観点から違法があるというべきである。

第6　結　語

　以上のとおり，インターネット投票による大規模な馬券購入により得た払戻金に係る所得は一時所得に該当しないから，本件各更正処分等は違法である。

　この点を措くとしても，最高裁判所判決の判示する判断枠組みのもとにおいても，平成27年分及び平成28年分の本件競馬収入に係る所得は一時所得に該当せず，平成27・28年分更正処分等は違法である。

454

馬券購入金額，払戻金額，収支差額，利益率の比較表

	年分	馬券購入金額(注1)	払戻金額(注2)	収支差額(注3)	利益率(注4)
札幌事件 (3年分のみ記載)	H20	1,561,428,800円	1,666,885,980円	105,457,180円	
	H21	1,494,620,600円	1,702,542,850円	207,922,250円	
	H22	1,048,086,000円	1,103,736,500円	55,650,500円	
	総額	4,104,135,400円	4,473,165,330円	369,029,930円	8.9%
大阪事件	H19	667,350,200円	767,781,370円	100,366,670円	
	H20	1,420,398,800円	1,446,865,500円	26,372,200円	
	H21	781,765,600円	795,176,110円	13,346,010円	
	総額	2,869,643,600円	3,009,792,980円	140,084,880円	4.8%
本件	H27	1,475,720,485円	1,832,571,310円	356,850,825円	
	H28	325,622,076円	202,666,640円	▲122,955,436円	
	総額	1,801,342,561円	2,035,237,950円	233,895,389円	13.0%

（馬券購入金額・払戻金額は「10億円を超える」，収支差額は「数億円規模」）

	年分	馬券購入金額	払戻金額	収支差額	利益率
麻布事件	H20	118,322,500円	111,615,000円	▲6,707,500円	
	H21	96,713,250円	65,865,640円	▲30,847,610円	
	H22	63,600,400円	40,290,920円	▲23,309,480円	
	総額	278,636,150円	217,771,560円	▲60,864,590円	論外
横浜事件	H21	228,736,600円	255,137,640円	15,753,440円	
	H22	50,810,100円	48,393,020円	▲2,966,205円	
	総額	279,546,700円	303,530,660円	12,787,235円	4.5%

（馬券購入金額・払戻金額は「1・2億円程度」，収支差額は「少ない」）

（注1） 馬券購入金額について，札幌事件・大阪事件・本件は10億円を超える規模であるのに対し，麻布事件・横浜事件は1～2億円程度に過ぎない。

（注2） 払戻金額について，札幌事件・大阪事件・本件は10億円を超える規模であるのに対し，麻布事件・横浜事件は1～2億円程度に過ぎない。

（注3） 収支差額について，麻布事件はマイナス，横浜事件は1千万円と少ないのに対し，本件は2億円と大きく上回る。また，雑所得と認定された大阪事件をも上回る利益を得ている。
　　　　なお，横浜事件の収支差額は，原告が申告した事業所得金額である。

（注4） 利益率について，本件の12.5％という数字は横浜事件よりもはるかに高い。さらに，大阪事件の2.6倍，札幌事件の1.4倍となっており，投資手法として極めて優れている。

別表 2

馬券購入レース数，馬券購入金額，馬券購入件数の比較表

	馬券購入レース数	馬券購入金額	馬券購入件数
大阪事件	ほぼ全てのレース （全体の95％）	1節当たり 2000万円を超える購入が ほとんど	1日当たり 数百～1000を超える 買い目
札幌事件	ほぼ全てのレースでの馬券 購入が目標 H21は2445レース （全体の70.8％）	1節当たり 数百～数千万円購入	
本件	ほぼ全てのレース （全体の90％以上）	1節当たり 数百～数千万円購入 （1億円を超えることも あった。）	1日当たり 2000～4000を超える 買い目
麻布事件	全体の約70％ （年間2402レースを超える）	1日当たり 数十～数百万円購入	1日当たり 数百程度の買い目
横浜事件	全体の約70％ （H21は2813レース H22は2247レース（但し， 即PATとA-PATでの重 複を含む延べ数））	1日当たり 数十～数百万円購入	

第11章　電子取引ディベロッパー査察調査事件

（公正基準）

　最近の税務調査は，電子取引が重点対象であり，多くの国際電子取引が調査の対象とされているが，所得の帰属は，関係者間の契約内容・アカウント名義などを総合して決定される。

（電子取引ディベロッパー査察事件）

　具体的な実例（日本Ｇ社事件）を元に，電子取引査察調査事件の弁護のあり方について解説する。

第1　事案の概要

1　調査対象会社（日本Ｇ社）と取引の流れ

　香港Ｇ社は，外国人Ｈ（非居住者）が設立した。香港Ｇ社は，日本Ｇ社を100％子会社として，Ｒ社が日本に設立した。香港Ｇ社は，バージン諸島設立法人Ｒ社から，ゲームソフトの配信権付与を受けて，日本を含む全世界において，グーグルとアップルのプラットホームを使い，一般ユーザーにゲームソフトを配信して収入を得ていた。日本Ｇ社は，上記ゲームソフト配信事業について，日本ユーザー向けのサポート業務を行っていた。個人Ｓは，日本Ｇ社の代表であった。この関係は，以下の通りである。

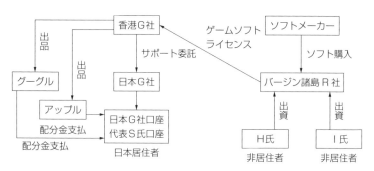

　かかるビジネスモデルは，外国法人によるインターネットを利用した海外拠

点事業であり，一般化されている。

2　ゲームソフト販売事業

香港G社は，R社からゲームソフトの配信権付与（業務委託契約）をうけ，日本を含む全世界で，グーグルとアップルのプラットホームを使ったゲームソフトを配信していた。グーグルやアップルから売り上げの70％が日本G社やS個人口座へ入金されていた。

日本G社とS氏は，香港G社が受領するべき配分金を，受領代行していた。

3　新規アカウント申込み

個人名義で，アップルストア，グーグルプレイのプラットホームのアカウントの設定申込みがなされていた。

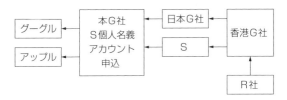

4　売上配分金送金

2012～2016年の5年間で，S氏名義の銀行口座へ，グーグル及びアップルから約6億3500万円の売上配分金が送金された。S氏は，香港G社やR社の代理で同金員を預かったもので，R社及び香港G社の売上であると主張した。

日本G社は，別途7億円をグーグル・アップルから集金したが，これらはすべて香港G社の売上であった。

5　ユーザーのソフト利用と課税管轄

全世界のユーザーは，クレジット決済などして，グーグルやアップルへソフト利用代金を支払う。

グーグルやアップルのサーバーは，アメリカ等海外にある。

外国法人のインターネットによる海外売上について，日本国は課税できないが，グーグルやアップルのプラットホームを利用した一般的ビジネスモデルである。

6　査察調査開始

2018年3月15日　査察調査が開始された。

差押執行対象場所は，日本Ｇ社・取引先企業・Ｓ自宅・税理士事務所であった。

7 日本Ｇ社の銀行口座への入金

日本Ｇ社は，広告料・ソフト使用料合計約５億円を香港Ｇ社へ送金して，費用計上していた。

日本Ｇ社は６億8000万円の海外払費用を計上していた。

8 個人Ｓの銀行口座への入金

アップルやグーグルは，海外においてユーザーから利用料を回収し，売上配当金を海外から日本Ｇ社やＳ個人の銀行口座へ送金していた。

日本Ｇ社側と香港Ｇ社間の金銭消費貸借契約等があり，香港Ｇ社への配当金は，日本Ｇ社側の預り金とされていた。

日本Ｇ社側の銀行口座に入金したものは，バージン諸島Ｒ社のと香港Ｇ社売上であり，日本Ｇ社側は代理受領であると主張した。

9 日本Ｇ社への入金

日本Ｇ社の銀行口座へ入金となった７億円のうち，１億円はアップルやグーグルから回収したもので，残りの６億円は直接ユーザーから回収したものであった。

第2 東京国税局査察部門へ出頭（2018年３月27日）

1 弁護活動

① 査察部門に対し，香港Ｇ社の決算書と日本Ｇ社側・香港Ｇ社間の金銭消費貸借契約書を提出した。

② 日本Ｇ社は，香港Ｇ社の支配下にあり，香港Ｇ社は，日本で経済活動していないことを説明した。

③ オンラインによるグローバルビジネスで，ユーザーは全世界に存在するので，出店・出品を，どこでなしたか，ユーザーが誰かわからない，アップルとグーグルもこれを公表しないことを査察部へ説明した。

すべて香港Ｇ社側の売上であり，グーグルやアップルから金銭を代理受領したと説明した。

グーグルやアップルへ出店・出品したのは香港Ｇ社であると説明した。

日本Ｇ社側は，Googleやアップルからの分配金を取得する権限や根拠が

ないと説明した。

2　ソフトの帰属

日本Ｇ社や香港Ｇ社に，ゲームソフトの著作権は帰属しない。香港Ｇ社は，外国法人Ｒ社（バージン諸島設立法人）からライセンスを取得していた。

3　東京国税局査察部門との交渉

査察部門に次の差押物件の返還要求をした。

① 　パスポート

② 　ネットバンキング用の銀行トークン

③ 　携帯電話

④ 　パソコンデータのコピー

Ｙ弁護士は，Ｓ氏を同行し，査察部門から，携帯とパスポートの返還を受けた。

第3　日本Ｇ社の費用説明

1　代理受領

6億3000万円がＳ個人口座に入金されたが，これについて査察調査が開始された。

Ｓは，香港Ｇ社の依頼でこれを受領し，Ｒ社の販売サポート会社が日本Ｇ社であると説明した。

2　日本Ｇ社

日本Ｇ社はゲームソフト販売補助業務で，8000万円（2015年）の利益を確保したが，その後2016年に解散した。

3　ユーザーからの支払

日本のユーザーによるゲームソフト購入代金は，海外で決済される。

4　資料提出

Ｓ氏は，2018年3月29日査察部へ出頭し，次の説明をなし，資料を提出した。

① 　香港Ｇ社がＳへ支払った活動費の明細を提出し，業務委託契約の存在を証明した。

② 　日本Ｇ社の納税申告書写を提出し，香港Ｇ社との関係を証明した。

5　本件の法的分析

① 　ゲームソフト販売の事業者は香港Ｇ社である。

460

② Sは，香港G社の売上であると説明した。事業者は，香港G社とR社であり，日本G社は，顧客サポート会社であるが，Hがコントロールしていると主張した。

本件ゲームソフト配信事業の売上について，香港G社は，外国法人であり，日本で事業展開していないから，国外源泉所得である。

所得課税については，PEの認定が必要であるが，消費税については，ユーザーの消費場所が課税根拠とされる。

香港G社は，日本に販売拠点が全くない。R社は，日本で活動していないが，Sや日本G社は，R社および香港G社をサポートしているので，PE認定をうけるリスクがあった。

日本のユーザーが何人くらい利用したか，グーグルやアップルは開示しないので，日本G社側は，証明できなかった。

第4 日本G社の弁明（2018年4月12日）
1 アップル，グーグルからのソフト売上金入金分
アップルやグーグルからの入金売上について，日本G社は，香港G社とR社の経済活動であると主張した。アップルやグーグルから月1回入金があった。日本G社側と香港G社間の覚書にて，香港G社の売上であることを証明した。アップルやグーグルと契約した者は，日本G社やSであるが香港G社の指示で，その売上金回収口座は，S個人名義であるが，その帰属は香港G社にあると主張した。

2 本件ビジネスモデルと推計課税
本件は，グーグル，アップルのプラットホームを利用するビジネスモデルである。日本での売上は数％にすぎなかった。香港G社は，中国・日本以外でもソフト販売している。検索キーワードを工夫して順位を上げる方策を利用していた。グーグル等は，ソフト販売のランキングを公表しており，査察部門はこれを証拠として，売上推計した。

3　香港G社の概要

① 資本関係

② ゲーム・ソフト事業のクレーム対応

日本のユーザー対応は，日本G社が行っていた。

③ 事業分担

香港G社は，R社からゲームソフト配信権を付与され，日本G社は，そのサポートと順位上げ活動を行っていた。

R社は，バージン諸島に所在するが，その活動の拠点は香港であった。

第5　査察部上席総括官K氏面会（2018年6月14日）

1　修正申告と不告発

総括官K氏から，Y弁護士に対し，「部下を退席させるから，同伴されたN弁護士を退席させて，二人で話したい」との申し出がなされ，K氏の部下職員とN弁護士は，狭い査察調査室から退席した。その後，K氏はY弁護士に対して，「告発しないので，日本G社の売上として修正申告して欲しい。」との申出を受けた。K氏は，「男と男の約束で，必ずこれで終わらせるから，信用して欲しい」とまで発言した。Y弁護士は，事務所に戻り，K氏の提案を説明したところ，日本G社及びS氏は，これを受諾した。

2　調書作成

不告発の条件として，「売上は，日本G社に帰属する旨のS氏の自白調書作成に協力して欲しい」との提案がされた。

ゲームソフト配信事業の売上は，すべて日本G社に帰属することを認めるとする自白調書である。

3　修正申告の勧奨とその内容

① 2億5845万円（2期）

S個人口座に約2億5845万円の入金があったが，日本G社からS個人への貸付金として処理せよとの要請がなされた。

② 日本G社の所得増加

7人の8ヶ月分の派遣費用や，その他の費用合計1億8755万円を否認し，日本G社について，1億8755万円を所得加算するとのことであった。しかし，日本G社は，香港G社への支払金2億256万円を費用として認められた。

2億256万円は，消費税込みであった。

③ 修正申告名義

H氏とS氏間のメールがあり，S個人口座に存在する預金額は，香港G社からの借入金であると弁明してきたが，契約書や事業活動の実態から，査察部は，売上が日本G社のものと主張した。

④ 修正申告勧奨の受諾

売上が日本G社に帰属する内容で修正申告し，修正申告書記載の法人税本税の支払いのみで良いとする査察部の申出を受諾した。

第6 日本G社査察事件の結末 （2018年6月14日）

1 派遣費

香港G社への支払金2億256万円は，日本G社の費用支払金として認められた。

日本G社は，売上金加算1億8755万円で修正申告した。

2016年は，6000万円の費用支払があるが，日本G社の人件費支払と認定された。

2015年の8300万円は，日本G社の販管費として計上した。

2 支払広告宣伝費

2億8000万円の広告宣伝費の計上があったが，日本G社は8000万円の支払をなしたが，その余の2億円は未払いで，支払い不能として処理した。

3 販管費

2億5845万円の売上のうち，40％程度を粗利益とした。

販管費8300万円が認められた。

2億5845万円×0.4＝1億338万円

2015年３月期の販管費は，8300万円とし，2016年３月期は，６億円以上の販管費が認められた。

4　S個人等へ入金分処理

2015年　7436万円　入金

2016年　１億8408万円　入金

合計２億5845万円を日本Ｇ社の追加法人所得とした。

これらは，香港Ｇ社のものと主張してきたが，日本Ｇ社の所得であるされた。

5　合意内容と解決実行

①　日本Ｇ社の売上が，２億5845万円として，日本Ｇ社は修正申告をなした。

②　国税局査察部は，日本Ｇ社の売上げとする調書を要求したので，Ｓ氏はこの作成に応じた。

③　国税局査察部総括官Ｋ氏から，修正申告案が示され，修正申告書記載の本税元本の支払実現を強く要請された。Ｓ氏は，日本Ｇ社に貸付けをなして，本税元本の支払いを完了させた。日本Ｇ社には，支払原資がないから，加算税延滞税の支払いができないことは，了解したとのことであった。

④　Ｋ氏は，「これですべて終わる，課税部門や徴収部門から，Ｋ氏とＹ弁護士間の合意内容と異なることを後日言われたら，自分の名前を出し，そこに経過を聞けと伝えて良い」と言われた。

第7　査察部修正申告協議（2018年７月13日）

1　総括官Ｋ氏と面談し，査察部作成の修正申告書案を受領した。

2　従業員の給与に関する源泉税はＡ税務署へ直接納付した。

3　2018年８月３日　差押物の返還を受けた。

4　修正申告書写提出

①　Ａ税務署へ修正申告書を提出した。

②　押印済申告書の写を査察部へ提出した。

③　日本Ｇ社の修正申告書記載の本税元本の納税領収書も提出した。

5　目録返還確認と押収物の還付（2018年８月３日）

①　押収物返還委任状

Ｈ氏，日本Ｇ社，Ｓ氏，Ｈ氏，Ｉ氏らの押収物変換の委任状を提出した。

② 印鑑持参

返還受領書に押印をするため，Ｓ個人らの印鑑を持参して，押収物の返還を受けた。

③ バン型自動車１台用意

押収物は大量であり，バン型自動車１台を用意し，国税局へ出頭した。

④ 税務代理権限証書

Ｙ弁護士が修正申告書を提出したので，日本Ｇ社の税務代理権限証書をＡ税務署へ提出した。

⑤ 直接変換

税理士法人とマンション分譲業者の差押書類は，Ｙ弁護士を経由せず，査察部が別途直接返還した。

第8　国境を越えた労務の提供に係る消費税の課税

日本Ｇ社事件におけるビジネスモデルについて，日本国で所得課税はできなかったが，2015年10月１日以降，外国法人による役務提供について，日本国が消費税を賦課できることになった。

1　受領者基準

インターネットを介して行われる役務提供が，消費税の課税対象となる国内取引に該当するかどうか（内外判定基準）が，役務提供者事務所所在地基準から，役務提供受領者住所地基準に改正された（2015年10月１日以降行われる課税資産の譲渡等及び課税仕入れから適用される）。

2　仕入税額控除

国内事業者は，国税庁長官の登録を受けた登録国外事業者から受ける消費者向け電気通信利用役務の提供については，その仕入税額控除を可能とすることとされた（登録国外事業者の登録申請は，2015年７月１日から）。

第9　徴収共助

1　執行共助条約

日本は，2011年11月３日 G20カンヌサミットにおいて，税務行政執行共助条約に署名した。

これは，2013年10月１日発効となった。

2　相手国滞納処分

　自国の納税を滞納している納税者が，外国に財産を有する場合，外国の執行管轄権（主権）による制約から，国外資産に対して，滞納処分を実施できないことになっている。

　この場合，財産所在地国の法令に基づき，相手国で滞納処分を行い，徴収額を自国へ送付してもらう制度が設けられた。

3　外国租税の徴収

　2014年，共助条約実施特例法が改正・整備され，外国から徴収共助の要請を受けた場合，国税を徴収する例にならい，外国租税の徴収を日本国内で行えることになった。

　但し，我国の利益を害することとなるおそれがあると認められるときなどは，除外事由が定められている（実特法11条）。

　日本の税務当局が，海外へ徴収要請したのは，2018年13件，2019年19件で，増加傾向にある。

第10　人質司法
1　司法取引のタイミング

　査察事件は否認のまま，検察官による供述録取が開始した場合，逮捕を回避するのは困難である。東京地検特捜部は，否認事件について，逮捕立件する犯則嫌疑者を部決定しており，検察官捜査手続において自白しても，逮捕方針は覆らないことが多い。逮捕を回避するのは，国税局査察部の犯則調査手続終了前に協議和解することが必要である。

2　違約金査察事件

　3億円の違約金査察事件において，違約金受領会社代表者が，査察官に対し，虚偽違約金を認める自白をするから，不起訴処分にして欲しい旨の司法取引を提案したところ，逮捕されずに不起訴となった。

　違約金支払会社の代表者は，元特捜部検事出身の弁護士に逮捕されない弁護を依頼したが，突然逮捕された。起訴前に自白したところ，その後異例の在宅起訴となった。

3　仮想通貨査察事件

　主任検察官に三回協議を申し入れたが，司法取引が不成立となり，逮捕され

た。しかし，第1回公判期日前に東京地裁刑事14部によって保釈された。

4　外注費査察事件

　外注費約2億5000万円が架空であるとして，査察調査が約2年継続し，検察官調査が開始したので，元特捜部長である弁護士に司法取引を依頼した。その指導によって，犯則嫌疑者は，検察官に対し，これまでの否認供述を取消し，すべて自白したが，検察庁へ三回目に出頭した日に逮捕された。

第12章　同族会社の行為計算否認事件
（全株式取得後の吸収合併の否認）

（公正基準）

全株式取得後の吸収合併があったとしても，特別の法律がない限り，株式買収代金は合併交付金（消滅会社の株式に支払われる調整金）とみなされない。

（最高裁判所昭和33年5月29日判決）

1　事案の概要

X株式会社：原告・被控訴人・被上告人

Y1（税務署長）：被告・控訴人・上告人

　　Y2（国）：被告・控訴人・上告人

X株式会社が，昭和16年6月20日に同族会社Aの全株式を取得し，その後同年8月1日の合併契約に基づき同年11月26日に吸収合併している。

これに対して，YがXの右株式の買収行為が清算所得に関する法人税の捕脱を目的としたものとして，当時の同族会社の行為計算否認規定（旧法人税法28条）に基づき株式買収代金を合併交付金とみなして，清算所得に関する法人税の決定処分をしたため，この是非が争われたものである。

	X株式会社	Y1，Y2
昭和16年6月20日	A株式会社の全株式を448万2,000円で取得	
昭和16年8月1日	合併契約（X株式会社がA株式会社を吸収合併することについて）の締結	
昭和16年8月18日	増資により資本金200万から300万に増額	
昭和16年11月26日	A株式会社を吸収合併	
昭和16年12月6日	登記手続完了	

| | | 株式買収代金を合併交付金とみなして清算所得に関する法人税の決定処分 |

2　同族会社の行為計算の否認について

　同族会社の行為計算の否認とは，同族会社の行為または計算で，これを容認した場合に法人税の負担を不当に減少させる結果となると認められるものがあるときは，税務署長はその行為または計算にかかわらず，その認めるところにより法人税額を計算することができるとするものである。

機械の売却益	1,000	機械の売却益	200
役員賞与	800		
利益	200		
法人税額1,000×税率		法人税	200×税率

3　合併交付金

　被合併法人が合併により消滅し清算所得が発生した場合，その清算所得に対して法人税，法人住民税及び法人事業税が課せられる。そして清算所得は，次の算式で求められる（法人税法111，112，115条）。

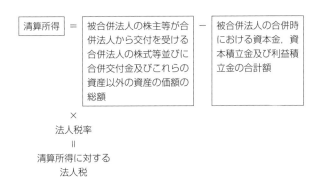

4　争　点

①　否認対象行為

　法人税法132条が定めるのは，「税負担の不当な減少を結果すると認められる行為計算」であり，その範囲について次の学説がある。

イ　同族会社行為説

非同族会社では通常なしえないような行為・計算，すなわち同族会社なるがゆえに容易になしうる行為，計算とする考え方である。

ロ　経済的合理性説

純経済人の行為として不合理，不自然な行為計算がこれにあたるとする考え方である。

②　負担軽減結果要件

法人税の負担軽減の意思や逋脱の意思が要件となっていないが，負担軽減結果の発生は要件である。

③　法132条の適用範囲

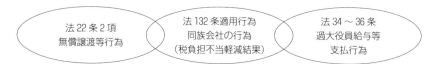

5　最高裁昭和33年5月29日判決の判旨

「本件株式の買収，会社の合併，及び増資なる一連行為からしては直ちに所論税金逋脱の目的があるものと認め難いのみならず，本件買収代金を以て合併交付金と認定すべき証拠上の根拠も認められない。また，昭和19年2月法律第7号による臨時租税措置法1条の33の如き特別な規定の施行されていなかった当時としては税体系上否認することは許されない」として上告を棄却し同族会社の行為計算否認要件を充足しないものと判断した。

6　ユニバーサルミュージック事件（最判令和4年4月21日）

日本法人X社は，フランス法人D社から，866億6,132万円を借り入れた。無担保，返済期間20年，利息6年間年6.8％，それ以降年5.9％との条件である。X社は，オランダ法人E社へ1,144億1,800万円を支払い，日本法人A社の全株式を取得した。本件は，デッド・プッシュ・ダウンのスキームが採用されたケースであった。法人税132条1項の不当性要件該当性が争いとなった。経済的合理性を有する方法や，合理的な事業目的があれば否認できないとした。本件最判は，不当性要件の判断基準として，「一連取引が不自然なものであるか」と「組織再編成を行うことの合理的な理由となる事業目的その他の自由」を考慮して，検討するものとした。一連の取引全体を考慮して結論を出した。デッ

ド・プッシュ・ダウンとは，「親会社が借入金の返済に係る経済的負担を，企業グループの資本関係の下流にある子会社に負担させること」である。

　同事件判決は，経済的合理性基準に加えて，不当性要件を検討した。本件におけるデッド・プッシュ・ダウンを含む組織再編取引が合理的と認定された場合，個別的租税回避否認規定である過大支払利子税制が適用される可能性は残る。

第13章　東西通商事件（資産の低額譲渡と法人税法22条 2 項）

（公正基準）

取引相場のない株式の低額譲渡の認定は，困難であり，予測可能性を確保するため，財産評価基本通達によるべきである。評基通 6 項は，申告税額を増額する根拠とすることは，憲法84条に違反する。

第 1　最高裁判所平成 7 年12月19日判決（南西通商事件）

1　事案の概要

(1)　取引相場のない株式の譲渡

金融業を営む原告 X 社（南西通商株式会社，控訴人，上告人）は，昭和55年より平均単価224.79円で購入保有していた取引金融機関（宮崎太陽銀行）である非上場の取引相場のない A 株式149,25株を，昭和63年に139,025株を，平成元年に残り10,000株を，いずれも一株225円で代表者個人 X 2（控訴人，上告人）に譲渡した。

(2)　法22条 2 項による更正（時価差額）

これに対し Y 税務署長（延岡税務署長，被告，被控訴人，被上告人）は，本件の株価の時価を一株あたり，それぞれ280円，430円と認定し，譲渡代金は時価よりも低廉価格でなされたものであるから，法人税法22条 2 項により，時価との差額に相当する金額を益金に算入すべきであるとして，X 社及び X_2 の両者に対して，本件更正処分に及んだ。

(3)　有償譲渡説（X 社の主張）

これにつき X 社は，法22条 2 項に益金算入される譲渡は無償譲渡であるが，本件は有償譲渡であるから，収益の額は譲渡の対価であり，しかも X_2 に対する債務を代物弁済として譲渡価格と相殺した金額であるから収益はなく，仮に本件株式が低額譲渡に当たるとしても同様である。有償譲渡が仮に同項の適用を受けるとしても，単に時価より低い価格で譲渡されただけではなく，同条項の適用は，租税回避目的であるかどうか，譲渡価格が異常に低い不自然不合理な場合に限る旨主張した。

⑷　無償譲渡説（Ｙの主張）

これに対しＹは，法22条2項は税の負担の公平を維持するため，無償取引か
らも利益が生じることを擬制したみなし規定である。このことは法37条6項・
7項により時価よりも低額譲渡した場合の差額を寄付金に含まれるとする規定
からすれば，法22条2項にいう無償には低額も含まれる。同条項は，法人の資
産が支配外に流出したのを契機として顕在化した資産の値上がり益の担税力に
着目し清算課税しようとした趣旨であるから，差額に関係なく益金に算入され
るので，時価より低額で譲渡されれば，右価格の多寡にかかわらず同項が適用
される旨主張した。

⑸　一・二審判決

本件の一審（宮崎地判平成5年9月17日），二審（福岡高判宮崎支平成6年2月28日）
は，いずれも法22条2項は正常な対価で取引を行った者との間の負担の公平を
維持するために，無償取引からも収益が生じることを擬制したものであって，
同項の無償譲渡には低額譲渡による取引が含まれると解されるとしてＸ社の請
求を棄却した。Ｘ社，X_2が上告した。

2　最高裁の判旨（最判平成7年12月19日）

上告棄却。

⑴　法人税法22条2項の趣旨

法人税法22条2項は，内国法人の各事業年度の所得の金額の計算上，無償に
よる資産の譲渡に係る当該事業年度の収益の額を当該事業年度の益金の額に算
入すべきものと規定しており，資産の無償譲渡も収益の発生原因となることを
認めている。この規定は，法人が資産を他に譲渡する場合には，その譲渡が代
金の受け入れその他資産の増加を来すべき反対給付を伴わないものであっても，
譲渡時における資産の適正な価額に相当する収益があると認識すべきものであ
ることを明らかにしたものと解される。

⑵　低額譲渡と収益の測定

資産の低額譲渡が行われた場合，その資産の適正な価額に相当する収益が生
じる。

譲渡時における適正な価額より低い対価をもってする資産の低額譲渡は，法
人税法22条2項にいう有償による資産の譲渡に当たることはいうまでもないが，
この場合にも，当該資産には譲渡時における適正な価額に相当する経済的価値

が認められるのであって，たまたま現実に収受した対価がそのうちの一部のみであるからといって適正な価額との差額部分の収益が認識され得ないものとすれば，譲渡時における資産の適正な価額に相当する収益を認識すべきものとする無償譲渡の場合との間の公平を欠くことになる。従って，右規定の趣旨からして，この場合に益金の額に算入すべき収益の額には，当該資産の譲渡の対価の額のほか，これと右資産の譲渡時における適正な価額との差額も含まれるものと解するのが相当である。このように解することは，同法37条7項が，資産の低額譲渡の場合に，当該譲渡の対価の額と当該資産の譲渡時における価額との差額のうち実質的に贈与をしたと認められる金額が寄付金の額に含まれるものとしていることとも対応するものである。

　以上によれば，資産の低額譲渡が行われた場合には，譲渡時における当該資産の適正な価額をもって同法22条2項にいう資産の譲渡に係る収益の額に当たると解するのが相当である。

3　法的分析

(1)　本件株式の含み益に対する課税

　本件は，X社が当該株式を長年保有していた「証券市場において流通しないもの」であるから，有価証券としては「固定資産」たる有価証券であって流動資産ではない。固定資産に対する譲渡益課税は値上がり益の実現による法的支配流出に担税力を認めるものとされている（最判昭和43年10月31日）。旧所得税法5条の2の規定は，対価を伴わない資産の移転においても，その資産の値上りにより生じている増加益は，その移転当時の時価に照らして具体的に把握できるから，この移転の時期において増加益を課税の対象としたものであって，所得のないところに課税所得の存在を擬制したものではない。

　キャピタル・ゲイン，すなわち所有資産の価値の増加益は，譲渡所得の本質であって，譲渡所得に対する課税は，資産が譲渡によって所有者の手を離れるのを機会に，その所有期間中の増加益を清算して課税しようとするものである。

(2)　個人所得課税

　本件株式の譲渡は上場の必要からなされたもので，時価との差額は法人の役員が個人として負担するべきものではないから，役員に対する給与（賞与）ではない。しかも会計処理上貸付金と相殺したものであって利益を享受したものでもない。そのうえ，本件の事実認定によれば，一株の価格の時価が昭和63年

で一株280円，平成元年で一株430円であったというのであるから，X社法人が X₂に対し一株225円で譲渡したにすぎないので，大部分の株式がわずか55円の差額で譲渡されたにすぎないことになる。そうだとすれば，時価の二分の一を下回る著しく低い価額で譲渡したわけでもない（所得税法59条1項2号，所得税法施行令169条）。代表者個人 X₂に株式が譲渡されても，X社社の X₂個人に対する債務の代物弁済として相殺されているので，X₂に対する所得課税は困難というべきである。

譲渡時	譲渡数	取引価格	時価
昭和63年	13万9025株	250円／株	280円
平成元年	1万株	250円／株	430円
合計	14万9025株		

第2　最高裁令和2年4月24日判決（株式評価15％基準事件）

1　事案の概要

金属加工の同族会社A社（非上場）の代表取締役が，亡くなる約4ヶ月前に自分が保有する自社株（15.88％）のうち725,000株（議決権割合7.88％）を関連会社C社に譲渡し，その価額を1株当たり75円（配当還元方式による評価額），合計54,375,000円とした。

しかし，税務当局は，類似業種比準方式による価額（当初＠2990円，異議申立後＠25050円）の2分の1に満たないことから，所得税法59条1項2号の「低額譲渡」に当たるとして，類似業種比準方式による価額に引き直して更正処分等を行ったことで，亡きA社代表取締役の納税義務を承継した配偶者Bらとの間で争いとなった。

2　争　点

① 税務署が指摘した「低額譲渡」の判定にあたり，その基礎となる株式譲渡時における株式価額の評価方法。

② 所得税基本通達59-6の（1）の条件下における評価通達188の議決権割合

の判定方法。

③　株式譲渡における譲渡代金額をもって時価といえるかどうか。

3　所得税法59条1項2号

所得税法59条1項2号は，著しく低い価額の対価として政令で定める額による法人への譲渡については，その時における価額に相当する金額により，これらの資産の譲渡があったものとみなすと規定されている。この場合の低額譲渡の範囲は「資産の譲渡の時における価額の2分の1に満たない金額とする」(所得税法施行令169条) とされている。

ここで問題となるのが，「資産の譲渡の時における価額」だ。株式の価額について所得税基本通達59-6では，上場株や気配相場のある株式，取引相場のない株式などの扱いを定めた所得税基本通達23〜35共-9「株式等を取得する権利の価額」の取扱いに依拠するとされている。

このうち取引相場のない株式については，一定の条件の下，相続税の財産評価について定めた「財産評価基本通達 (法令解釈通達) の178から189-7まで (取引相場のない株式の評価) の例により算定した価額とする」とされており，実務でもこの経路を通って低額譲渡になるかどうかの判定が行われている。配当還元方式が適用される株主判定についての条件は次の通りである。

4　財産評価基本通達188

財産評価基本通達188では，「同族株主以外の株主等が取得した株式」を4パターン定めており，それに該当する場合は配当還元方式で評価することになる。

①　同族株主のいる会社の株式のうち，同族株主以外の株主の取得した株式 (以下略)

②　中心的な同族株主のいる会社の株主のうち，中心的な同族株主以外の同族株主で，その者の株式取得後の議決権の数がその会社の議決権総数の5％未満であるもの (課税時期において評価会社の役員 (社長，理事長並びに法人税法施行令第71条第1項第1号，第2号及び第4号に掲げる者をいう。以下この項において同じ。) である者及び課税時期の翌日から法定申告期限までの間に役員となる者を除く。) の取得した株式 (以下略)

③　同族株主のいない会社の株主のうち，課税時期において株主の1人及びその同族関係者の有する議決権の合計数が，その会社の議決権総数の15％未満である場合におけるその株主の取得した株式

④　中心的な株主がおり，かつ，同族株主のいない会社の株主のうち，課税時期において株主の1人及びその同族関係者の有する議決権の合計数がその会社の議決権総数の15％以上である場合におけるその株主で，その者の株式取得後の議決権の数がその会社の議決権総数の5％未満であるもの（(2)の役員である者及び役員となる者を除く。）の取得した株式（以下略）

5　東京高裁平成30年7月19日判決

東京高裁は「低額譲渡」の判定に当たり，所得税基本通達59-6の(1)が妥当するのは文字通り同通達に書き込まれている財産評価基本通達188の(1)だけで，「188(2)から(4)は「取得した株式」等の文言があり，株式譲渡後の譲受人の議決権割合を述べていることは明らか」と指摘した。

東京高裁は，「租税法規の解釈は原則として文理解釈によるべき」で，通達は租税法規ではないが租税法規の解釈適用の統一に重要であり，納税者の予見可能性を確保する見地からも「通達の文言を殊更に読み替えて異なる内容のものとして運用することは許されない」と判断。譲渡を受けた関連会社は少数株主であるとして配当還元方式による価額を認め，Bらの主張を容認していた。

6　最高裁令和2年4月24日判決

最高裁は過去の判例を踏襲し「譲渡所得に対する課税においては，資産の譲渡は課税の機会にすぎず，その時点において所有者である譲渡人の下に生じている増加益に対して課税されることとなるところ，所得税法59条1項は，同項各号に掲げる事由により譲渡所得の基因となる資産の移転があった場合に当該資産についてその時点において生じている増加益の全部又は一部に対して課税できなくなる事態を防止するため，「その時における価額」に相当する金額により資産の譲渡があったものとみなすこととしたものと解される」と判示した。

そして，「その時における価額」について最高裁は，「所得税基本通達59-6は，譲渡所得の基因となった資産が取引相場のない株式である場合には，同通達59-6の(1)～(4)によることを条件に評価通達の例により算定した価額とする旨を定める。評価通達は，相続税及び贈与税の課税における財産の評価に関するものである」のに対し，「株式の譲渡に係る譲渡所得に対する課税においては，当該譲渡における譲受人の会社への支配力の程度は，譲渡人の下に生じている増加益の額に影響を及ぼすものではないのであって，前記の譲渡所得に対する課税の趣旨に照らせば，譲渡人の会社への支配力の程度に応じた評価方

法を用いるべきものと解される」と判断した。最終的には「少数株主に該当するか否かについても当該株式を譲渡した株主について判断すべき」として，東京高裁判決の納税者勝訴部分を破棄した。

7　通達の読替えと予測可能性

　国税庁の通達は，法規命令ではなく，下級行政庁は原則としてこれに拘束されるが，国民を拘束するものでも裁判所を拘束するものでもないとされてきた。しかし，通達は一般にも公開されて納税者が具体的な取引等について検討する際の指針となっていることからすれば，課税に関する納税者の信頼及び予測可能性を確保することは重要である。通達（行政規制）が法律解釈基準であるとすれば，その事実上の法規的効力が認められる。通達の公表は，公的見解の表示に当たるが，所得税法に基づく課税処分について，相続税法に関する通達の読替えを行うという方法が，国民にとって分かりにくいことは否定できない。通達の法規化現象を前提に，国民の予測可能性の確保が必要である。

第14章　役員報酬調査事件

（公正基準）

架空給与でなく，役員の実働があれば，役員給与は全額費用とする。

実務では，実働のない役員給与だけが費用計上が否認されている。

（東京地方裁判所平成28年4月22日判決，残波事件）

　残波事件は，更正処分が類似・同一企業のデータから，最高値を採用したが，不相当高額な役員報酬事件のリーディングケースである。

第1　法人の所得

1　トライアングル体制

　会計は，情報を提供された者が適切な判断と意思決定できるように，作成された経済主体の経済活動の記録である。

　企業会計は，投資家に正しい情報を提供するために適切な期間損益計算を目的とし，会社法会計は，株主と債権者の利害を調整しながら，株主への分配可能限度額の計算を行うことを目的とし，租税法会計は，適正な課税を目的とする。

　租税法会計は，企業会計と会社法会計に結びついている。企業会計と会社法会計も，相互に密接な関係があり，会社の計算に関する会社法431条には，「株式会社の会計は，一般に公正妥当と認められる企業会計の慣行に従うものとする」と規定されている。租税法会計は，法人税法22条4項を通じて，企業会計および会社法会計とも連結している。三つの会計は，それぞれ目的とするところが異なるので，「トライアングル体制」と表される。

　法人税法における別段の定めは，そのような離離や衝突を課税計算において解消するために存在する。

　別段の定めが存しない場合，法人税法22条4項にいう公正処理基準の解釈が重要となる。

2　法人税

　法人税は，法人の所得に対して，課税される租税である（法人税法5条，21条）。

法人税法には，所得税のような所得分類はない。法人は，営利活動をする存在であり，法人所得は基本的に事業所得である。

法人税法は，収益事業から稼得された所得に対する課税するものである。法人が稼得した利益に対して，法人税が課せられる。

3　公正処理基準と資本等取引

資本取引は，企業の元本である資本金と資本剰余金を直接増減させる取引のことである。損益取引は，企業の儲けを増減させる取引である。

法人の所得は，「益金－損金」で計算される。法人税法22条2項（益金），3項（損金）には，いずれも「別段の定めがあるものを除き」と留保がつけられ，別段の定めが優先することになっている。また，法人税22条4項は，益金と損金の額が「一般に公正妥当と認められる会計処理の基準に従って計算される」ことを規定している。

法人所得の計算は，公正妥当と認められる会計処理の基準（公正処理基準）に従うことになる。法人税法の別段の定めと公正処理基準が食い違った場合，別段の定めが優先される。別段の定めの中には，公正処理基準を確認する内容（例えば，25条に規定する資産の評価益の益金不算入など）や公正処理基準の範囲内にある1基準を示すもの（例えば，31条の減価償却に関する規定など）もあり，別段の定めの全てが，公正処理基準に反するわけではない。

企業会計原則（企業会計の実務のなかに慣習として発達したもののなかから，一般に公正と認められたところを要約したもの）や会社法に基づく会計計算規則等が，公正処理基準を構成するとされてきた。

しかし，近時は公正処理基準の範囲は，これらに限られないと考えられている。法人税法22条2項および3項は，資本等取引に該当すれば，益金にも損金に算入されない。

4　確定決算主義

内国法人は，各事業年度終了の日の翌日から2月以内に，税務署長に対して，「確定した決算」に基づいて申告書を提出しなければならないとされている（法人税法74条1項）。これは，確定決算主義といわれている。「確定した決算」とは，一般には，株主総会の承認（会社法438条2項）を受けた決算と考えられている。この意味で，租税法会計は，会社法会計と連動している。確定決算主義は，「確定した決算」という手続を重視する基準である。法人所得の計算において，確

482

定決算主義は，手続的ルールである。法人税法22条4項にいう公正処理基準は，実体的ルールである。法人税法における所得計算（租税法会計）は，実体と手続の双方から企業会計や会社法会計と連動している。法人の所得計算について，「確定した決算」で示された法人の意思が尊重される。会社法上の手続きにおいて示された法人の意思は，法人所得の計算においても，当該法人を拘束する。確定決算主義の趣旨は，決算における「法人の意思の尊重」にある。

株主総会における承認は，課税の適正性を審査するものではないから，株主総会が適正課税のチェック機能を持つわけではない。

5 法人所得と企業利益

益金および損金の額の計算は，公正処理基準に従う。企業の利益を計算するために，企業会計が発達してきた。

法人の「所得」と企業の「利益」は，類似した概念であるが一致しない。適正課税という法人税法の目的から，企業会計とは別の計算をすべき場合は，その旨の規定（「別段の定め」）が法人税法の中に置かれる。まず企業会計に基づいて企業の利益を計算した上で，別段の定めに基づいてそれを修正しながら法人の所得を計算するといった方法がとられる。別段の定めは相当数にのぼり，法人の所得を計算するために，企業会計に基づく計算はあらゆるところで修正を受ける。法人税法は，別段の定めの集合体である。

法人税法の目的から，企業会計上は収益になるのに法人の益金にならない項目（益金不算入項目），またその反対に，企業会計上は費用や損失になるのに，法人の損金にならない項目（損金不算入項目）が，法人税法の中に定められている。

6 損金経理

損金経理とは，「法人がその確定した決算において費用又は損失として経理すること」である（2条25号）。例えば，減価償却資産について，その償却費として法人税法22条3項により損金算入をするためには，同法31条1項に基づいて，まず損金経理をしておかねばならない。

所得税法には，このような制限はなく，強制的に償却費が計上されるので（所法税法49条1項），損金経理要件は，法人税法の持つ特徴の1つである。

7 公正処理基準

法人税法22条4項により，法人の所得計算における収益や費用等の額は公正処理基準に従って計算される。

費用については，法人税法22条3項2号が，原則的な扱いとして債務確定基準を定めている。収益については明文の規定がない。

最高裁は，平成5年11月25日判決（民集47巻9号5278頁［大竹貿易事件］）において，収益は，その実現があった時，すなわちその収入すべき権利が確定したときの属する年度の益金に計算すべきものと判示した。

同判決はその根拠を法人税法22条4項（公正処理基準）に求めている。

8　損金経理

減価償却費などを損金算入するためには，確定決算において損金経理をする必要があるため，これらは決算調整事項と呼ばれる。一方で，申告書の上だけで調整する事項を申告調整事項と呼ぶ。

申告調整事項には，任意的調整事項と必須的調整事項がある。任意的調整事項とは，確定した決算における会計処理とは関係なく，法人が選択により申告書において調整を行った場合のみ認められる税務上の扱いである。

任意的調整事項としては，受取配当等の益金不算入（23条8項），外国子会社から受ける配当等の益金不算入（23の2第5項），所得税額の控除（68条4項），外国税額の控除（69条16項）等がある。

他方，必須的調整事項とは，法人の意思とは無関係に要求される調整事項（申告において当然に調整をしなければならない事項）である。

必須的申告調整事項としては，資産の評価益の益金不算入（25条），還付金等の益金不算入（26条），資産の評価損の損金不算入（33条），役員給与の損金不算入（34条），過大な使用人給与の損金不算入（36条），寄附金の損金不算入（37条），法人税額の損金不算入（38条），外国子会社から受ける配当金等に係る外国源泉税等の損金不算入（39の2），法人税から控除する所得税額の損金不算入（40条），不正行為等に係る費用等の損金不算入（55条）などがある。

①決算調整事項，②任意的申告調整事項③必須的申告調整事項を具体的に説明すると，①と②はどちらも課税上の扱いにおいて法人の意思が尊重される。意思を示す段階が異なり，①は確定した決算において，②は申告調整において，それが行われる。

③は，法人の意思とは無関係に課税上の扱いが決まる。減価償却費における損金経理要件は①であり，償却限度額を超えた部分は③となり，損金経理という法人の意思とは関係なく，自動的に損金不算入となる（31条1項）。

484

利子および配当等に対して法人に課された所得税額の法人税からの控除（68
条1項・4項）は②に該当するから，法人は申告書等においてその意思を示さな
ければ，税額控除を受けることができない。税額控除は，選択して初めて適用
される制度であって，原則は損金不算入であると考えられる（40条）。

修正申告を行うに際して，概算控除から実額控除への変更を認めた最判平成
2年6月5日（民集44巻4号612頁）がある。

9　租税法の優先性

租税法は，法律でない会計慣行はもとより，法律である会社法と比べても，
強制力の点において3つの会計のうちで最も優先性が強い。租税法は，規律密
度が高いために，法人税に関する諸規定が，企業会計や会社法会計の隙間を埋
める，機能を果たしている。

東京高判平成25年7月19日訟月60巻5号1089頁［ビックカメラ事件］では，
法人がいわゆる不動産の流動化を行い，当該不動産の信託に係る受益権を特別
目的会社に譲渡した場合に，不動産流動化実務指針に基づく金融取引としての
処理が，公正処理基準に合致するかどうかが争われた。ビックカメラ事件判決
は，22条4項にいう公正処理基準を「税会計処理基準」と位置づけ，適正な課
税と納税義務の履行の確保（1条）を目的とする法人税法の独自の観点から判
断されて，「企業会計上の公正妥当な会計処理の基準（公正会計基準）」と常に一
致することを22条4項が規定するものではないとした。同判決は，納税者の採
用した「信託財産の譲渡を金融取引として取り扱う会計処理」を否認したが，
その根拠として，税会計処理基準が使われた。

これまで公正処理基準は，「一般社会通念に照らして公正かつ妥当であると
評価されうる会計処理の基準」を意味するものであると解されてきた（東京地判
昭和52年12月26日判時909号110頁）。

ビックカメラ事件判決は，明らかにこのような理解とは異なる。一方，東京
高判平成26年8月29日（税資264号順号12523，オリックス事件）は，「金融商品会計
実務指針105項を類推適用した場合と同様の会計処理することは，法人税法上
も正当なものとして是認される」としている。

会計基準は，法規たる法ではないから，課税要件ではない。会計基準に依拠
するのは，企業利益の計算だけであり，法人税法は，別段の定めにより，法人
所得の計算をなして，修正するのである。

会計処理基準の内容が明確でなければ，22条4項は，予測可能性のない一般的否認規定として危険な存在となる。

10　前期損益修正

東京地判平成27年9月25日（税資265号順号12725）は，過年度分の外注費（売上原価）について，当該過年度の損金に計上漏れがあった場合，「前期損益修正」として「計上漏れが発覚した事業年度」の損金に算入できるか否かが争われた。前期損益修正は，企業会計原則（第二の六・同注解12（2））に明記された会計処理の方法である。

「ある事業年度に損金として算入すべきであったのにそれを失念し，それを後の事業年度に発見したという単なる計上漏れのような場合において，企業会計上行われている前期損益修正の処理を法人税法上も是認し，後の事業年度で計上することを認めると，本来計上すべきであった事業年度で計上することができるほか，計上漏れを発見した事業年度においても計上することが可能となり，同一の費用や損失を複数の事業年度において計上することができることになる。」とし，「法人税法がそのような事態を容認しているとは解されない」と判示した。

11　脱税工作支出金と公正処理基準

脱税工作支出金に関する損金算入の可否は，公正処理基準との関係で問題となる。

架空の経費を計上して所得を秘匿とするといった脱税行為は，法人税の存在自体を危うくするものである。協力者に架空の納品書や請求書等を作成してもらうための対価は，脱税工作支出金の典型であるが，そのような対価は，架空の経費計上を行って損金の額を増加させるもので，売上の原価を構成しない。最決平成6年9月16日（刑集48巻6号357頁）は，公正処理基準に照らして，損金計上は否定されるべきものであるとした。

脱税工作支出金は法人税を免れるための費用というべきであるから，費用又は損失として損金の額に算入する会計処理もまた，公正処理基準に従ったものであるということはできない。

脱税工作支出金や賄賂の支払いについては，平成18年度改正で法人税法55条が制定されている。

第2 役員報酬

1 取締役の意義

株式会社の機関設計では，最低限株主総会と取締役が必要である。取締役は会社の経営（業務執行）を行うが，会社法上取締役との表記は会社の行為に関して用いられている場合，当該業務を執行する権限を有する取締役を指す。取締役は欠格事由があり，法人や一定の犯罪者は取締役となることはできない（会社法331条1項）。取締役の選任は，株主総会の決議によって選任される（会社法329条1項）。

2 取締役の業務

株式会社の業務執行は株主総会によって選任される取締役に委ねられている。会社法は業務執行に関して取締役をおく必要があるとしている。業務執行とは，業務の決定と業務の執行とに分けられる概念であり，対内的業務執行と対外的業務執行がある。

3 法人税法上の役員の範囲

法人税法上の役員の範囲は，取締役等で会社法その他の法令に基づき選任された役員よりも広く規定されている。

すなわち，法人税法上の役員には，株主総会等により選任され登記されている役員の他，法形式上は役員になっていないが，実質的に法人の経営に従事して，その意思決定に大きな影響力を持つと認められる者が含まれる（法2十五，令7）。

同族会社の使用人のうち，同族会社の判定基礎となった特定の株主グループに属しているなど次の三つの要件の全てに該当している株主（「特定株主」と称する。）でその会社の経営に従事している者（令7二，71①五）も含まれる。

イ　各株主グループの所有割合の多い順に順位を付し，第一順位のグループから順次所有割合を足したときに，初めて50％を超えるグループに属していること

ロ　自己の属する株主グループの所有割合が10％を超えていること

ハ　自己の所有割合（配偶者及び所有割合50％超の関係会社を含む。）が5％を超えていること

4 法人が支払う給与

法人が支払う給与は，使用人に対して支払うものと，役員に対して支払うも

のとに大別される。両者は法人税法上その取扱いが異なる。

　使用人に対する給与（給料・賞与・退職給与）は，法人と使用人との雇用契約に基づいて，その労務の対価として支払われるものであるから，企業会計上費用となる。法人税法上も原則としてその全額が損金の額に算入される（法人税法22条③二）。ただし，次のような例外的な規定が設けられている。

　①　過大な使用人給与の損金不算入（法人税法36条，施行令72，72の２）

　②　使用人賞与の損金参入時期（施行令72の３）

　　法人税法は，法人のうち，少数の経営者の意思によってその企業活動を左右できる会社を「同族会社」として，役員に対する給与に関して特別に規定している。

5　取締役と株式会社の関係

　取締役と会社との関係は，委任に関する規定に従い（会社法330条），委任契約では受任者は無報酬が原則であるが，実務上取締役の任用契約には報酬に関する特約が含まれ，取締役は会社から報酬を受けることが通例となっている。

6　取締役の報酬

⑴　取締役の報酬の定義

　会社法の規制対象は，取締役が報酬，賞与その他の職務執行の対価として株式会社から受ける財産上の利益であり，会社法361条はこれらを報酬などと呼んでいる。同条の規制対象となるのは，取締役が会社から得た利益が

　①　職務執行の対価として提供されていること。

　②　財産上の利益であること。

　③　会社から支給されていること。

などの基準によって決定される。

　取締役の報酬は職務執行の対価として会社から支給される限り名目を問わない。功労金，退職慰労金，弔慰金も職務執行の対価として支給される限り，規制対象である報酬等に含まれる。なお，交通費日当交際費などの実費支給の性質を有するものは，報酬等に当たらない。税務基準は課税利益の測定から定められたものであり，会社法上の報酬該当性から必ずしも一致しない。本条の規制対象となる報酬などは，財産上の利益である。現金以外の現物報酬や，賞与の不可，職務執行の期間と経済的利益との関係が明確なものに限らず，インセンティブの目的でのストックオプション，福利厚生目的で付与される利益など，

およそ取締役としての地位に着目して付与される利益を広く含む。

(2) 報酬の種類

① 固定報酬（月額または年額の金銭報酬）

② 短期業績連動報酬（単年度賞与など）

③ 中長期業績連動型報酬（中長期業績連動型賞与，株式報酬的金銭報酬，株式報酬，ストックオプション報酬）などがある

同ガバナンスコードでは，経営陣の報酬は持続的な成長に向けた健全なインセンティブの一つとして機能するよう，中長期的な業績と連動する報酬の割合や現金報酬と自社株報酬を適切に設定すべきと定められている（同補充原則4-2①）。

(3) 取締役の報酬制度の法規制（トライアングル規制）

① 会社法による手続き規制

② 会社法や金融商品取引法による開示規制

③ 法人税法による損金算入規制がある

会社法制定に合わせて整備されてきた金商法及び法人税法のトライアングル規制は，相互の関連の調整の必要性が課題である。報酬を巡る関係者の利害衝突の在り方とコーポレートガバナンスの手法が上場企業と非公開会社とでは異なる。

(4) 報酬規制（会社法）

取締役が株式会社から受ける報酬については，指名委員会など設置会社の場合は報酬委員会で定めることになっている（会社法404条3項および409条1項）。その他の会社の場合には，定款又は株主総会で報酬の内容を定めることが必要とされている（会社法361条）。

取締役の報酬・賞与その他の職務執行の対価として株式会社から受ける財産上の利益（報酬など）に関する一定の事項は，定款に定めていない時は株主総会の決議によって定める。株主総会の決議によって定める一定の事項とは，

① 確定額の報酬などの額

② 不確定額の報酬などの額の具体的算定方法

③ 非金銭の報酬などの具体的内容を明示する事（会社法361条1項）

②または③の事項を新設改定する際には議案を株主総会に提出した取締役は，議案内容を相当とする理由を説明しなければならない（同条4項）。

⑸　報酬規制の構造

取締役の報酬制度は，適切なリスクを負担しながら積極的な経営を行うインセンティブとして機能する。また，より優れた経営陣を確保することにも役に立つ。取締役の報酬については中長期的な会社の業績や潜在的リスクを反映させ，健全な起業家精神の発揮に資するようなインセンティブ付けを行うべきと定められている（東京証券取引所2015年6月制定のコーポレートガバナンスコード）。

7　取締役の賞与について

会社法制定前は，賞与については，その支給は決算期の利益処分とされていた。会社法は，平成17年6月29日に成立（平成18年5月施行）したが，会社法361条は，賞与を職務執行の対価としての性質を有するものとして，通常の報酬と区別せず，同条の規制対象に含まれることを明記した。

賞与については剰余金の処分として総会決議を行うことが出来なくなり，会社法361条所定の決議に基づいて支給を決定しなければならなくなった。

8　ストックオプションについて

インセンティブとして会社から発行される新株予約権は，ストックオプションと呼ばれる。これは，業績連動型報酬としての性格を有する。会社法の下では，ストックオプションとしての新株予約権は職務執行の対価とされ，会社は公正な評価額を職務執行の費用として計上することが義務付けられた。

9　使用人兼務取締役の使用人給与部分

使用人兼務取締役の使用人給与部分は使用人として職務の対価であって，取締役としての職務執行の対価ではないから，取締役の報酬等の規制に服さないとの見解が判例多数説である（最高裁昭和63年3月26日，判例時報1159号150頁参照）。

10　会社補償と報酬規制

取締役が損害賠償責任を追及された場合に，会社が当該損害賠償責任額や争訟費用を補償する事が報酬規制とどのように関係するかが問題となる。取締役に故意または過失がなく行った業務執行については，会社が争訟費用を負担することは違法とは言えず，報酬規制は及ばないというべきであろう。

11　報酬等の決定内容と方法

会社法361条により，指名委員会等設置会社以外の会社においては，取締役の報酬などにつき，定款又は株主総会決議により定めなければならない。報酬等の三つの形態は次の通りである。

① 確定額報酬

② 不確定額報酬

③ 非金銭報酬

12 取締役の報酬請求権など

(1) 報酬請求権（会社法361条）は，報酬請求権発生の効力要件と解されるから，取締役の報酬などを定款又は株主総会で定めなければ，具体的な報酬請求権は発生せず，取締役は会社に対して報酬を請求することはできない（最高裁平成15年2月21日判決）。従って，委任契約に報酬の約定があるだけでは報酬請求権は発生しない。総枠方式で具体的配分を取締役会に一任した場合は，委任を受けた取締役会の決議による決定があって初めて具体的な報酬請求権が発生する（東京高等裁判所平成12年6月21日判決）。株主総会の決議を経ないで役員報酬が支払われた場合，事後的に株主総会の決議を経れば，規定の趣旨目的は達せられるから，特段の事情がない限り役員報酬の支払いは適法有効なものになる（最高裁平成17年2月15日判決，判例時報1890号参照）。

(2) **報酬額の減額**

報酬額は会社と取締役間の契約内容であるので，契約当事者を拘束するから，当該取締役の職務内容に著しい変更があっても，当該取締役が同意しない限りこれを減額することはできない。株主総会が特定の取締役について，無報酬とする旨の決議をしても当該取締役が同意しない限り報酬請求権を失わない（最高裁平成4年12月18日判決および最高裁平成22年3月16日判決参照）。

小規模会社の事案で株主総会決議がなくても取締役への退職慰労金の支給を肯定すべき場合があるとされた事例がある（最高裁平成21年12月18日判決，判例時報2068号参照）。

13 報酬などに関する開示

報酬の手続き規制の趣旨を実行あらしめるため，報酬などの開示の在り方は重要な問題である。報酬などが株主総会の審議対象とされること自体に既に開示機能があるが，会社法は報酬などについて総会決議前及び事後の開示制度を充実させている。上場会社などのコーポレートガバナンスに関する開示を充実させる一環として金融商品取引法は有価証券報告書において，役員報酬に関する開示を要求している。報酬などの総額が1億円以上のものに限定して，開示することができる。

14　取締役報酬と法人税法の所得計算上の損金算入

⑴　法人税法34条１項

平成18年に施行された会社法は，役員報酬や役員賞与は共に職務執行の対価
で，費用としている。しかし，「法人税法34条１項は，役員報酬と役員賞与を共
に「役員給与」とし，損金不算入の原則を定めている。

⑵　34条１項原則の例外

①　定期同額給与

②　事前確定届出給与

③　利益連動給与

⑶　過大役員給与

不相当に高額な部分の金額過大役員給与問題（法人税法34条２項）がある。

過大役員給与の損金不算入とされる不相当な高額な部分とは

①　実質基準

②　形式基準

の二つがある。

報酬ガバナンスの構築がなされている場合には，税制上も損金算入とする方
向での取り扱いが望まれる。

法人税法施行令70条は，４つの考慮要素を規定し，総合判断基準を採用して
いる。

⑷　積極経営を行うインセンティブと過大性判定

より優れた経営陣を確保することに報酬制度は役立つものである。従って，
業績の向上が顕著である場合や，優秀な人材を獲得する必要性がある場合など，
当該企業の個別的な事情を斟酌したうえで，役員給与（報酬額）が決定されると
いう実体があることも考慮されなければならない。

役員報酬の決定は私的自治の範囲にあり，課税庁は虚偽給与だけを否認すれ
ばよいはずとの見解が説得的である。行政法における課税要件事実の立証は，
課税庁側が担うべきであるとするのが通説判例の立場であるから，課税庁は虚
偽給与であること又は法人収益に対する役員の貢献がないことを立証しない限
り損金算入を否認できないと解することが妥当と思われる。

15　同族会社

少数の出資者が，資本の多くの部分を保有している会社であれば，絶対多数

の議決権を行使することにより，少数の出資者たる首脳の個人的意思でその会社を支配できることから，会社と役員を通じた全体の租税負担の不当な軽減を図ることが可能である。

そこで，法人税法では，株主の3人以下とこれらの株主等と特殊の関係にある個人及び法人がその会社の株主の総数又は出資金額の合計額の50％超を保有している会社を「同族会社」とし（法2十），非同族会社と区別して特別の規定を設けている。

また，株主等とは，株主又は合名会社，合資会社若しくは合同会社の社員その他法人の出資者をいう（法2十四）。

同族会社において，法人税の負担を不当に減少させる結果となる行為や計算が行われるときは，正常な取引に置き換えて所得金額が計算され，法人税の課税が行われる。これが同族会社等の行為又は計算の否認である（法132）。

16　使用人の給与

使用人に支給する給与（給料，賞与，退職給与）は，原則として各事業年度の所得の金額の計算上，損金の額に算入される。

企業経営者がその配偶者や子供に多額の給与を支払い，法人税の負担軽減を図っているといった問題の指摘があることから，使用人であっても，役員の親族等に対して支給する過大な給与については，損金の額に算入しない措置が講じられている。

すなわち，法人がその役員と特殊の関係にある使用人（特殊関係使用人）に対して支給する給与の額のうち，不相当に高額な部分の金額については，損金の額に算入しないこととされている（法36）。

(1)　給与の範囲

給料，賃金，所与及び退職給与の他，債務の免除による経済的利益その他の利益が含まれる。

(2)　特殊関係使用人の範囲

役員と特殊の関係にある使用人とは，次に掲げるものである（令72）。

① 　役員の親族
② 　役員と事実上婚姻関係と同様の関係にある者
③ 　①及び②以外の者で役員から生計の支援を受けているもの
　　具体的には，役員から給与を受ける金銭その他の財産又は給付を受けた

金銭その他の財産の運用によって生ずる収入を生活費に充てている者をい
う（基通9-2-40）。

④　②及び③に掲げる者と生計を一にするこれらの者の親族

「生計を一にする」とは，有無相助けて日常生活の資を共通にしている
ことをいうのであるから，必ずしも同居していることを必要としない（基
通2-9-41，基通1-3-4）。

(3)　不相当に高額な部分の金額

不相当に高額な部分とされる金額は，過大な役員給与の判定の場合と同様で
ある。その使用人に対して支給した給与の額が，当該使用人の職務の内容，そ
の法人の収益及び他の使用人に対する給与の支給の状況，その法人と同様の事
業を営む法人でその事業規模が類似するものと認められる金額（退職給与にあっ
ては，その使用人に対して支給した退職給与の額が当該使用人のその法人の業務に従事した
期間，その退職の事情，その法人と同種の事業を営む法人でその事業規模が類似するものの
使用人に対する退職給与の支給の状況等に照らし，その退職した使用人に対する退職給与と
して相当であると認められる金額）を超える場合におけるその超える部分の金額と
されている（法72の2）。

17　役員給与と使用人給与

(1)　役員給与と使用人給与は，所得税法上給与所得として取り扱われる。

(2)　役員給与は，定期同額でないと損金算入が認められない。増額や減額を
する場合，事業年度開始直後に，株主総会を開催して金額を決定しないと
損金算入できない。臨時的に支給される役員給与は損金算入できない。

(3)　しかし，使用人給与は，金額損金算入が可能でもある。期中の増額・減
額も自由に認められる。

第3　不相当に高額な役員給与に関する判決例

I　事案の概要（残波事件）

1　税務調査

①　H社は，各事業年度の事業利益の二分の一を指標として，予算計画を策
定し，役員給与額を決定していた。又，創始者である代表取締役会長が病
気となり，会長が非常勤取締役に分掌変更をなしたので，H社は会長へ退
職金を支給した。

② N税務署は，H社に対し，役員に対する「定期同額給与」,「事前確定届出給与」,「分掌変更による退職給与」の各金額が，過大であるとして修正申告を求めたが，H社はこれを拒否したところ，更正処分をなす旨の予告がなされた。

③ H社は，同弁護士に対応を依頼したところ，山下弁護士は，納税者支援調整官に苦情申立をなした。N税務署は，この苦情申立に対し，真摯に対応し，類似企業の役員給与の実績調査の範囲を拡大することを決め，税務調査を再開した。

④ N税務署は，類似企業の役員給与の支給状況を再調査の結果，類似企業の役員給与額の最高値を基準（新基準）として，上記役員給与及び退職給与を一部否認し，更正処分をなした。この更正処分は，倍半基準と最高値基準を採用する新基準であった。

⑤ H社は，N税務署に対し，異議申立（当時の不服申立制度）をなし，和解を打診したところ，「会長の退職給与については，不問とし，その他の役員給与については，更正処分を維持する」との和解案が提示されたが，H社が逆にこれを拒否した。

2　不服申立・審査請求・訴訟

H社は，異議申立（当時は異議申立制度が存続していた）及び審査請求をなしたが，いずれも棄却された。東京地方裁判所判決は，平成28年4月22日であった。二審東京高裁判決は，平成29年2月23日であった。

Ⅱ　残波事件における最高額基準

1　類似・同一企業の範囲

新基準の方向性は正しいが，真の類似・又は，同一の企業のデータ引用がなされなかった方法は誤りである。H社の商品は，酒類商品で米を発酵させて作るもので，その販売実績は海外にも及ぶ。従って，「類似・同一企業」の範囲は，酒類メーカー全部とし，調査対象は少なくとも全国とするべきである。N税務署においても，酒造会社のデータがなく，県外の国税局へ調査嘱託した。納税者は類似同一のデータ等入手は不可能である。従って，そもそも，類似・同一企業のデータで課税要件を決める基準は，不明確な要件であるから，憲法84条の課税要件明確主義に反する。

2　最高値基準による更正処分

　H社は，N税務署へ，修正申告を拒否し，H社は売上・利益がダントツ企業なのだから，ダントツで類似する企業のデータを再調査するよう求め，又，倍半基準は合理性がないし，更に又，販売範囲は全世界に渡っているから，せめて日本全国のデータを探すよう求めたが，聞き入れられず，N税務署は，約3億円の追加納税額を賦課する旨の更正処分をなした。類似・同一企業を探し発見することが求められるが，H社はダントツ企業だから，類似・同一企業の発見は困難である。N税務署も，類似・同一企業の発見を諦め，根拠のない倍半基準で，K県と他県の焼酎メーカーのデータを抽出しただけである。類似・同一企業性は，「借金がなく，事業利益がダントツの同族会社で，役員の経営努力の著しく高い会社」を抽出指標とするべきである。ダントツ企業には，類似・同一企業がないからダントツなので，かかる場合は，当該給与の職務対価性基準のみで判定するべきである。N税務署は，倍半基準で抽出した類似・同一企業のデータの中から，最高額の数値を新基準として，変更処分をなしたのであるが，抽出方法が誤っている。

3　職務対価性

　役員給与は，利益処分ではなく，費用そのものであるから，職務対価性があれば否認することはできない。従って，実働のない役員給与は否認されるべきとするのが法人税法34条2項の「不相当に高額」制度の趣旨である。役員給与の過大性判断は，「法人利益への貢献度」（職務対価性）のみで判定されるべきである。他の判定要素は34条1項の改正後は，不要である。

4　新公正基準の創出（予測可能性）

　本件は，業界第一位の優良企業の役員給与の相当性基準を職務対価性のみで判断するべきであるとする新公正基準の創出を求める事件である。類似・同一企業基準は，データがなく不明確であるから，憲法84条に違反し，予測可能性がなく，課税要件として利用することは，不当である。

5　職務対価

　過大性判定の論点は，「役員給与額は，どのように決定されるべきか」「不相当に高額役員給与として否認する基準はどうあるべきか」である。ダントツ企業の役員給与の相当性を問うケースである。これを判定するには，当該役員の能力判定の直接考慮要素である「法人の利益」「役員の職務と法人への貢献度」

を検討しなければならない。

Ⅲ 「不相当に高額」の判定基準

1 会社と役員の関係

役員は会社の経営を行うもので，使用人のような雇用契約によって律されるのではなく，委任契約によって律され，会社の業績と役員の貢献度との相関関係によって役員給与が決定される。役員給与は，経営能力に対する報償の意味が強く，会社が赤字となったときはこれを取得できないこともある。個人事業者と同様であり，経営リスクの影響を直接受けるものと云える。中小企業の会社経営者は，上場会社の場合と異なり，経営会社の債務保証人となり，経営会社と一体の運命共同体であることが多い。

2 役員の給与と法人税法34条1項

平成18年の会社法改正により，役員報酬等は利益処分ではなく，費用と扱うことになった。これに連動して，法人税法は改正されたが，第34条1項において特段の定めを置き，三つの場合（定期同額給与，事前確定届出給与，利益連動給与）のみ，損金扱いできるものとし，改正会社法による費用範囲を限定した。しかし，法人税法22条4項は，損益計算を公正処理基準に従って行うものとしているから，不相当に高額かどうかや役員給与の損金性（費用性）は，公正処理基準に従うこととなる。

役員給与は，株主団から委任された業務を（収益の確保）遂行するための対価という性格を持っているから，元来損金性を有する。会社の売上増大は，役員の経営手腕に負うから役員報酬と会社収益との対価関係性は明確である。会社法改正により役員の報酬は利益処分ではないことが確認されたが，当然のことを確認したにすぎない。個人について，外部から支払われる報酬は，無制限である。課税庁は，個人報酬の多寡に干渉することはない。中小企業が役員に支払う報酬についても職務対価である限り，私的自治の下において，課税庁が干渉してはいけない。海外では，1人で100億円の役員報酬をとる人もいる。個人事業と法人成り事業とで差別を設ける合理的理由はない。利益に連動して役員給与を決定することで，企業の営業成績を増大させることが可能となる。

3　不相当に高額な役員給与の要件

① 法律による不相当に高額な役員給与（法人税法34条2項）

イ　役員給与額制限の不合理性

個人所得として，例えばイチローは何十億円もの年収があった。又，報道によれば，上場企業の役員の中には1年で10億円以上（ソフトバンクの取締役であったロナルド・フィッシャー氏は，平成27年3月期，17億9100万円を得た）の役員給与を得ているものがいる。税理士に対する質問アンケート調査によると，日本全国には，非上場法人の役員の中には，数億円から数十億円の年俸を取得しているものが少なからず存在する。本件中小企業の役員だけが国家によって役員報酬の制限をうけるのは，平等原則（憲法14条）違反である。ソフトバンク副社長ニケシュ・アローラ氏は，平成27年度において165億5600万円の役員報酬を得たとされる。天才的な人の報酬の適正性は，類似の天才との比較でなければならない。

ロ　法人税法34条2項の立法目的から導かれる課税要件

法人税法34条第2項の立法経緯をみると，隠れた利益処分を制限すること，即ち，不相当に高額として否認できるのは，職務対価性のない役員給与を否認し，「租税回避した場合」だけである（職務対価説）。平成18年会社法改正に伴って法人税法34条2項は，改正されなかったから，同法同条項の立法趣旨は変更されていない。配当であるべきものを役員給与で出すことを制限しようとする趣旨であると解釈の変更を主張する者がいる（隠れた配当制限説）が，つまるところ職務対価性のない配当を役員給与名目で支出することを制限するというのなら，職務対価説と同じである。同法34条2項は「不相当に高額な部分の金額として政令で定める金額」は損金の額に算入しない，としているが，各法人には，配当するかしないかは自由であり，国家には配当を強制する権利がない。配当するかしないかは株主に自由決定権があるのだから，法人税法34条2項を隠れた配当の制限規定と解釈することは誤りである。平成18年の会社法改正は役員給与の職務対価性の重視であり，法人税法34条2項の解釈においてもこれを尊重しなければならない。

② 法人税法施行令70条による課税要件

平成18年会社法改正後，役員給与は，会計基準上，すべて費用性を有するが，法人税法34条2項の委任を受けて制定された法人税法施行令70条は，不相当に

高額な役員給与で損金の額に算入しない部分について次の通り，損金計上を否認する要件を定める。

　イ　定款や株主総会の決議によって定められた限度を超過した部分（形式基準）

　ロ　実質的贈与である部分（実質基準）

　③　施行令70条の実質基準の詳細

施行令70条は，以下の実質基準を総合して不相当に高額かどうかを判定するものとしている。

　イ　役員の職務内容

　ロ　法人の収益状況

　ハ　当該法人の使用人の給料の支給状況

　ニ　同種規模・類似法人の役員給与の支払状況

　ホ　「等に照らして」相当性の判断をする。

「法人の収益状況」を要件とすると赤字法人の場合，役員給与は支払えなくなる。「使用人の給料の支給状況」を要件とすると，付加価値を創出した役員への給与が支払えなくなる。又，「同種，類似法人の役員給与の支払状況」を要件とすると，頑張っている企業の役員給与を支払えなくなる。従って「不相当に高額」の判定要素は，「役員の職務内容」のみで判定されるべきである。

　④　授権法の委任範囲

法人税法34条2項は，政令に対し，立法の委任をなすものであるが，包括的，一般的な委任は，憲法84条に違反することになる。法人税法34条2項は，費用性のない支出損金計上を否認する規定であり，施行令70条1号イは，その委任範囲を超えることが出来ないといえよう。

　⑤　施行令70条の実質基準の問題点

以下の理由により，実質基準は，租税回避を規制する基準（課税要件）と云うべきである。

　イ　他社の支給額の情報は入手できないから，納税者たる法人は，相当な役員給与の額は予測できない（予測可能性なし）。租税法律主義から導かれる課税要件明確主義に照らせば，予測可能性のないものは課税基準（課税要件）とできない（憲法84条違反）。

　ロ　使用人分の適正額の除外の必要性

　a　法人税法基本通達9-2-7

　類似する職務に従事する使用人の給料の額を引用する場合，原則として比較する役員給与から役員分として，相当な額を控除しなければならない。

　b　労働力の確保

　より良い労働力の安定確保を目的とするものである場合，使用人の特殊事情やノウハウ，特殊能力を勘案しなければならない。

　c　使用人給与と役員給与の異同

　使用人給与と連動して役員給与の相当額を分析するのは，役員が，利益を獲得し，付加価値を作る存在であることを無視することになる。

　ハ　職務対価

　役員の職務内容として職務の対価に対応する給与であれば，金額を制限する根拠はない。法人の収益状況によって，金額は自ずと制限されるからそれ以外に制限を設定する必要性がない。

　ガンバッテない会社の最高額や平均額を指標とするのは無意味である。頑張ったことを評価する基準でなければならない。

　ニ　架空給与

　職務対価であれば損金計上が認められるべきであるから，法人税法34条2項で否認可能なのは，実働のない役員給与だけというべきである。

　ホ　経営リスクと役員給与

　使用人と役員との決定的な違いは，経営リスク（倒産リスク・売上不振リスクなどを引き受けること）を負っているかどうかである。使用人給与は，役員給与と相関関係がない。

　⑥　課税要件明確主義

　法34条2項は，「不相当に高額」が損金否認の要件とし，その具体的な金額を政令に委任しているが，この委任範囲は，抽象的であり，課税要件明確主義に反する。政令の要件は，法律の趣旨を十分読み込み，その損金否認要件を解釈しなければならない。黒字法人と赤字法人とでは，別の扱いをするべきであって，業界ダントツ企業の場合は，比較対象がない。セーフティ・ゾーンを明確にしていない課税要件には，予測可能性がないから，憲法84条の課税要件明確主義に違反する。

4 国税庁通達と法人税法34条2項, 22条4項, 132条3項, 施行令70条

① 不相当に高額の意味

役員給与は, 原則として費用性があり, 租税回避を企図したものだけが不相当に高額として否認されるべきである。これまでの税務訴訟における役員給与実質基準算定の手法は多様であり, 数学的算式によって役員報酬の適正額を算定するのは困難である。個別的事情を総合勘案して, 不相当に高額かを決するべきである。国税庁通達は, 法人税法34条2項の解釈 (羈束裁量) の枠をはるかに超えている。

② 国税庁通達 (法基通9-2-21~24)

企業の個別事情は様々である。国税庁は施行令・通達制定のときに, 「硬直的運用はしない」と説明していた。中小企業の役員は, 会社の債務の保証をなすなど, 会社と運命共同体であり, 会社から離脱する自由がなく, 会社倒産等のあらゆる経営のリスクを会社と共に負担する。リスクを負担する者は, リスクを克服するための利益を蓄積して, 将来のリスク対策とすることの必要性と合理性がある。

③ 同種・類似法人の範囲

イ 商品類似範囲

H社は, 酒類商品のメーカーであり, 類似法人を引用するのなら, 酒造会社の全部を調査するべきである。米から酒を造るメーカーは焼酎・泡盛・日本酒等のメーカーであるから, これらはすべて類似法人というべきである。

ロ 場所的類似範囲

酒類商品は, 全世界で販売され, 全世界で製造されているから, 少なくとも日本全国を調査範囲としなければならない。

ハ 業績類似範囲

ダントツ企業は, 売上・利益のダントツ企業を選択するべきである。

業績類似不振企業を類似・同一の範囲に含めるのは, そもそも誤りである。業績の良い企業の役員給与の相当性を判断するのは, 同様に業績の良い企業を探し, そのデータでないと規範性がない。

ニ 新しいビジネスモデル

インターネットの利用により, 新しいビジネスモデルが発生し, 既存企業には見られない事業形態が多く見られる。

5　考慮要素

過大性判定の考慮要素については，次のものがある。

①　会社の規模基準

施行令70条は，会社の規模等によって，役員の給与額を規制しようとする。しかし，これはそもそも憲法14条に違反するもので，不合理な差別である。個人の能力と会社に対する貢献度に応じ，役員は，株主の同意を得られれば当該事業年度の法人所得の範囲内で役員報酬を制限なく支払を受けることができるのが合理的な基準である。これを否定するのは役員の勤労意欲を阻害し，自由な競争の下に企業経営を行わしめ，各企業努力によって企業を発展させるという資本主義を破壊するものである。不相当に高額な役員給与の規制は，同族会社の行為計算の否認制度の中から生まれたもので，「不当に税負担を減少させる行為」を規制するのがその立法趣旨であるとされてきた。当該規制は，純経済人の非合理的な行為を否認するものであるというのが通説・判例であるから，不当な税負担の減少行為でない限り，役員給与額を制限できないと解するべきである。

②　売上高基準

通達は，売上規模等が同一なのに役員給与が著しい高額の場合，否認するものである。本件における他社データは，売上規模がそもそも同一でないのだから，通達は射程範囲外となる。又，もうかっていない法人のデータは，比較資料としての適格性がない。

役員給与と売上高に相関関係がない。実質基準の判定要素に「その法人の収益」を含めているが，売上高には相関関係はない。売上高の大きな会社は役員数が多く，一人あたりの役員給与額は低い。一人当たりの給与額と売上高を比較検討することは不合理である。

③　売上総利益率基準

売上総利益率は一貫生産か，外注依存かによって異なる。原材料が値上がりして利益率が低下しても役員給与はカットできない。販売業においても，取扱商品が高級品かによって利益率は異なる。店舗の位置や顧客の質によっても左右される。

④　貢献度基準

本件H社の役員が法人の利益獲得に向かって努力したことを評価するべきと

502

するものである。

「不相当に高額」は，実質的贈与を否認する道具である。職務対価性のある役員給与は否認できないから，実質的贈与である租税回避行為のみ否認できるというべきである。

⑤　職務対価基準

役員給与は，職務の対価なのであるから，これを基準として相当かどうかで判定するべきとするものである。

⑥　同種・規模類似の判定基準

イ　倍半基準（規模売上倍半基準）

規模や売上の倍半基準は，全く合理性がなく，根拠がない。ダントツ企業については，平均値は全く規範性がない。倍半基準を採用するにしてもダントツ企業に類似する例を選択しなければならない。倍半基準を採用（同規模）するにしても，個別修正する必要がある。

ロ　経営要素類似基準

ダントツの企業については，経営要素が類似するダントツ企業のデータを資料として比較するべきである。考慮するべき営業要素としては，資産・売上・債務・利益・役員の能力・役員の貢献度などである。

ハ　利益貢献度基準

役員給与は，職務の対価であるから，法人の利益に対する貢献度によって判定するべきである。

⑦　事業利益の二分の一基準

残波事件において，H社は，事業利益の二分の一の範囲で役員給与が支払われていることを主張・立証した。

事業利益は，経常利益と役員報酬の合計として，その二分の一を最大限として支払うものである。

⑧　（倍半基準＋個別修正）基準

倍半基準で収集したデータに個別修正をなすもので，個別修正の考慮要素として，法人収益・役員の貢献度などが考えられるとするものである。

⑨　（経営指標）基準

法人売上・利益などの経常指標を考慮して決定するものである。

⑩　三分割基準

　上場企業では，会社の利益を，株主・役員・会社留保所得の三分割して分析されることが多い。しかし，中小企業のほとんどは，株主に対して配当をなしておらず，そのような慣行は存在しないと言えよう。

6　租税回避の判定

　法人税と所得税のトータル税額や法人利益・配当・役員給与の関係を検討しなければならない。

　現時点において2000万円超の所得について，所得税の税率は，法人税の税率よりも高いから，役員給与を高額改訂することは租税回避ではなく，より大きな納税を実現することになる。本件は法人に所得を留保しないで，貢献度の高い役員に相当な給与が支払われ，法人税よりも高い所得税が支払われている。本件において，これが否定されようとしており，本件更正処分は，納付する税金を低くせよというものであるから，国家に対する背任行為である。配当しない自由があるから，配当を避けることを咎めることはできず，配当しない企業の役員給与は不相当に高額の役員給与であるというのは誤りである。

7　不相当に高額な役員給与の認定と二重課税

①　対応的調整

　更正処分が「不相当に高額な役員給与」とした場合，対応的調整をするべきである（法132条3項，所157条3項）。二重課税は是正するべきである。二重課税を放置するのは国家による不法行為である。

　否認された役員給与部分は，予測不可能であり，錯誤により返還されるべきことになるから，所得税の減額更正をしなければならない。

②　長崎年金事件

　最高裁第三小法廷平成22年7月6日判決（長崎年金事件）は，国に対し，二重課税を厳しく戒める判断を下した。本件役員給与を否認するのは，そもそも法人税法34条2項の「不相当に高額」と云えないものを更正したもので，違法行政であるばかりでなく，法人側のみを更正して，役員個人側の所得税を放置すれば，莫大な額の二重課税を発生させることになる。

③　税収削減行為

　課税庁の指導に従えば，法人税と所得税の総合計は今後激減するから，課税庁職員は，国家に対する税収を下げさせた背任行為を犯した者と云えよう。か

かる背任行為を止める権限を有するN税務署の署長に対し，違法な更正をさせないよう適切な権限行為をされるよう要請したが考慮されなかった。

8 配当か社内留保か役員給与かの選択

H社において，「事業利益」の二分の一程度を役員給与として支払っていた。株主には配当請求権があるが，H社では，株主と役員が一致しており，株主は配当を求めなかった。多くの中小企業は，日本全国において配当をしていない。会社の所有と経営が一致している企業の株主は，配当に対して高い源泉税を支払うよりも，会社に所得を留保することを選択する。企業は，黒字になることもあれば赤字になることもある。法人に剰余金を留保することは，経営リスクを回避するために必要である。経営者である役員は，配当を望まず，法人へ留保し，源泉税を節約する。役員給与として支払2000万円超を取ったら，やはり，40％の所得税がとられるので（当時），企業は，これを選択しない。役員給与の税率よりも配当税率（20％）の方が圧倒的に低いから，隠れた配当として給与を支払うインセンティブも働かない。又，配当は，法人の利益処分として損金とならないし，20％の源泉税もとられるから，株主兼役員は，配当を望まないのは当然である。

法人課税プラス配当の場合と比較することが必要である。

平成27年以降は，4000万円超の所得については，45％の税率である。

9 納税状況

H社は，法人税，所得税について，多大な納税を行う事業体として，又，役員，従業員の所得税納付を含めると国家財政に大きな貢献をしている。本件では，多額の源泉税が支払われており，二重課税は避けなければならない。

今般の役員給与の否定による更正処分をなすことは，上記の通り，違法なものであり，国に対する最大の顧客であるH社を虐めるもので，租税国家でありながら，最大の貢献者が行う自由な取引に介入し，役員の勤労意欲を削ぐのは，不正義と云うべきものである。

10 従業員給与

従業員給与は，決算賞与の支給について，損金計上が認められている（事前ルールの存在と1カ月以内の支払要件がある）。役員の事前確定届出給与についても同様であるべきで，本件では，事前に役員賞与が届出されており，租税回避の事実は全くない。

11　過大青色事業者専従者給与

所得税法57条は，労務期間，労務性質，労務提供程度，事業種類，事業規模，同種規模類似者の支給状況，その他政令で定める状況に照らし，その労務の対価として相当であると認められるものは，必要経費に算入するとしている。

12　事業所得と給与所得

事業所得について，過大性が理由として支払者側の費用性が否認されることはない。但し，架空報酬は，支払者側の費用計上が否認される。給与所得についても，同様に考えるべきである。会社が支払う役員給与と外注の弁護士報酬は，パラレルに考えるべきである。プロ野球選手であるイチローは，球団（法人）から，年間数十億円の報酬支払を受けたことがあったが，過大であるとする議論はない。

Ⅳ　法人税法34条 2 項の解釈

1　法人税法34条 2 項の要件

① 私的自治

私的自治の下で，否認できるものは限定される。所得獲得の費用金額に制限はない。

過大の意味は，「職務に対応しないもの」や「実質的贈与のもの」を否認できる概念と解するべきである。

② 実働する役員の給与

実務では，実働のない役員の給与のみ，否認されている。実働している役員の給与は否認されていない。

実務において，赤字の大企業が，配当もせず，数億円の役員給与を支払っていても，課税庁は，一切「不相当に高額」として否認しておらず，実働のない役員給与と実質的贈与の役員給与のみを否認している。実務では，私的自治が優先されており，公知の事実と言えよう。

③ 課税要件

法人税法34条 2 項は，損金計上の制限規定であり，費用性のない役員給与の損金計上を否認する条文である。従って，法人税法34条 2 項は，同法第 4 款「損金の額の計算」の第三目「役員の給与等」の一条文であり，同法34条 2 項の定める「不相当に高額な部分の金額として政令で定める金額」は，損金（すべての費用と損失含むもので，法人の資産の減少をきたすもの）すなわち，課税庁は，株主

や債権者の保護，または社会的相当性などの公益を考慮して，不相当高額の判断はできない。原価・費用・損失に該当するものでなければならない。

2　職務対価要件

① 　役員の報酬の個別性

個別事情が考慮されるべきで，「職務の対価」であれば損金として認められるべきである。

② 　職務対価の判定要素

事業利益から役員給与を控除した残金が，企業の継続の観点から十分存在するかを基準とするべきである。

3　法人税法34条2項の正しい解釈のポイント

① 　利益創造

利益を創造できる企業家を育て，応援する課税であるべきである。

34条2項は「利益創造する職務」の対価として相当かどうかで判断すると解釈されるべきである。

私的自治が優先され，国家は，役員給与額に介入できないのが原則である。

職務の対価性は，類似企業のデータとは関係がない。

② 　隠れた利益配当

法人税法34条2項は，損金性を否認する条文であるから，隠れた利益配当を防ぐ立法趣旨はなく，実質的贈与を否認する趣旨というべきである。

所有と経営が一致している企業では株主への配当は不要である。利益配当するかどうかを決定するのは，株主であり，利益配当するかしないかは，株主の自由な決断に委ねられている。

③ 　事前予測と予算計画

報酬の対価と利益分配の区分は困難であるともいえる。

事前確定届給与は，寄与分を事前予測する届出であり，実績に基づく決算給与ではない。

定期同額給与は毎月一定額支払われるものであるが，予算計画に基づいて支払われるもので，実際損益が赤字であっても，役員給与は増減できない。

4　役員報酬の具体的な決め方

① 　実績値と予測

本件役員報酬の決定方法は，「一人あたり経常利益」に基づき役員報酬の適

正額を決定したもので，「職務対価」方式である。

　恣意性がないことが大切である。

　利益を出すことを約束した人が役員であり，この予算計画に対する職務対価が役員給与である。

　適正額は関係なく，過去の実績値と予測によって決めただけである。

　②　実質的贈与分

　損金性のない「利益操作やお手盛り」を防ぐことが34条２項の趣旨である。

　役員給与と利益の関係をみなければならないが，利益をベースに役員報酬を決めることが合理的であるから，残余利益が適正かどうかで判定するべきである。

　役員給与が過大だから，法人利益が過少となるのかも分析しないといけない。

　③　利益連動型

　従業員の決算賞与について，１ヶ月ルール（通達）があるが，利益連動型給与が認められている。実績に基づいたものは損金性ありといえよう。

　利益操作と利益連動とは異なる。

　④　考慮要素

　イ　職務内容………実働のない給与を排除する基準である。

　ロ　法人の収益…………業績連動させる基準である。

　ハ　従業員の給与………上記イ・ロの補助基準である。

　ニ　類似法人のデータ…これも上記イ・ロの補助基準である。

　ホ　当該役員が，どれ程収益をあげる能力があるかを予測して給与額を決めていれば問題はないといえよう。

　⑤　倍半基準，平均値基準の否定

　イ　収益力のない法人のデータは規範性がない。

　ロ　利益率，借入率・収益率の類似なども考慮要素として無視できない。

　ハ　私的自治が原則であると考えれば，役員給与額に制限はないことになる。

　ニ　国は，平成18年会社法改正後，法人税法34条２項の解釈のあり方を示さなければならない。

5　東京地裁平成28年４月22日残波事件一審判決

　類似企業の範囲について，倍半基準は合理的であるとした。又，同判決は，倍半基準によって採取したデータの中から，最高値の月額報酬1100万円を採用

508

したのが同判決である。代表者退職金について，貢績倍率は，３倍で争いがないとした。類似企業の最高値が年俸１億3200万円（月額約1100万円）の例があるので，月額1100万円×24年×３倍＝７億8000万円と算定し，その範囲内にあれば過大ではないとしたのである。他の役員については，職務の内容を個別に検討した。

6 東京高裁平成29年２月23日残波事件二審判決

東京高裁平成29年２月23日判決は，東京地裁の判決を相当として，国の控訴を棄却した。これにより，高裁レベルで「最高値基準」が日本で初めて認容されたといえる。しかし，倍半基準を克服することはできなかったので，納税者は上告申立及び上告受理申立をなした。

マリタックス法律事務所は，税務調査から関与し，納税者支援調整官へ救済申立をなし，その結果，税務調査がやり直しとなり，再開税務調査における収集データの最高値基準で，更正処分が出されたが，結局，租税訴訟判決は，最高値基準を追認したから，税務調査で成果を出したことになる。

7 倍半基準の問題点と克服方法

倍半基準は，売り上げ規模が倍や半分の企業がなければ，適用できない。施行令70条は，「職務内容」「法人収益」「従業員給与」「類似法人等の役員給与」「等に照らして」過大性の判定をするとしている。しかし，倍半基準は，法令上の根拠がない。倍半基準は，推計課税の際に考案されたもので，過大役員給与の判定に利用する合理性がない。同種・類似企業の判定基準として，法令には根拠がないが，独禁法上「同種商品」「類似商品」の判定がなされており，建設業法においても「同種業務」・「類似業務」の判定がなされているが，倍半基準は採用されていない。

法人税法34条２項は，職務対価であれば，損金計上が認められるとしているのだから，納税者はこれを主張立証し，課税庁は，それを否定する証拠を出さなければ損金否認できないというべきである。

8 金商法による規制

上場企業の役員給与額は，金商法規制により，報酬等の金額が１億円以上の者に限定して開示されることになった。

9　第二残波事件

① 高額定期同額給与事件

マリタックス法律事務所は，残波事件一審判決の後に，中小企業Ｓ社から過大役員給与に関する税務調査の相談を受けた。

Ｓ社は，売上金額年間約100億円で，代表者Ａ氏の定期同額給与は，年間24億円であった。これが税務調査で，是認された。

② 最終月額報酬事件

平成29年，Ｔ社の役員退職金に関する税務調査の立会をなした。Ｂ会長の最終月額報酬は，月額200万円だったが，TKCデータによって，標準月額報酬は400万円であり，この範囲内であれば過大ではないと弁明した。残波事件判決は，最終月額報酬額について，倍半基準によって収集された最高月額報酬額によって過大額を算定できるとした。これによれば，最終月額報酬が月200万円であろうとも，月400万円が合理的であれば，月400万円の数値が過大性判定の判断基準として使われるべきと弁明したところ，課税庁によって是認された。

最終月額報酬額×在位期間×貢績倍率＝過大性判定基準（残波判決前）

⇩

統計標準月額報酬額×在位期間×貢績倍率＝過大性判定基準（残波判決後）

残波事件判決に従えば，最高月額報酬額は，過大性判定基準を下げる場合のみならず，上げる場合の両方に機能させるべきである。

平取締役と代表取締役のそれぞれについて，最終月額報酬を適用すべきとする考え方もある。

功績倍率法を補完する方法として，同種・同規模法人の役員退職金の支給データを基に，「１年あたりの退職金平均値」を使う方法も認められている。また，功労加算金として，30％が一般的に認められる上限割合である。

第4　東京地裁平成29年10月13日過大役員退職給与事件（1.5倍事件）判決について

残波事件判決の後に，平均貢献倍率を1.5倍にして，役員退職金の過大性を

判定した判決が出された。

1　事案の概要

X社は，ミシン部品の製造販売などを業とする株式会社である。

X社は，Aが代表取締役であり，平成20年10月に死亡し，代表取締役を退任した。X社は，亡Aの本件役員退職給与として，金4億2000万円を支給し，損金の額に算入した。X社の本件役員退職給与の支給金額は，死亡当時，X社の役員退職慰労金規定に基づいて計算され，その計算式は次の通りであった。

（計算式）

240万円（最終月額給与岳）×27年（勤続年数）×5倍（役員倍数）×1.3（功労加算）＝4億2120万円

税務署長は，平成26年7月4日付で，法人税法34条2項に従い，所得金額2億6683万3941円，納付すべき税額7814万4200円とする更正処分をなした。

尚，X社は，所得金額6391万3941円，納付すべき税額1726万8200円とする確定申告を行っていた。

2　関係法令

①　法人税法34条2項

②　法人税法施行令70条2号

3　東京地方裁判所の判断

①　法人税法34条2項の趣旨

法人税法34条2項の趣旨は，一般に相当と認められる金額に限り必要経費として損金算入を認めるものである。また，法人税法施行令70条2号は，不相当に高額な部分の金額について，考慮要素を具体的に定めたものであって，法律が政令に白紙委任したり委任の範囲を逸脱したりしたものではない。

②　法人税法施行令70条2号

法人税法施行令70条2号の規定内容は，役員退職給与の支給実績が掲載された文献が複数公刊されている他，TKC全国会発行の同種の資料には，業種別の法人売上，役員の役職，退職事由，在任年数，最終月額報酬額，退職給与の支給額，功績倍率などの実例が掲載されている。よって，予測不可能な考慮要素を定めたものということはできない。

③　平均功績倍率の当てはめについて

本判決は，単純に平均功績倍率を用いることは相当でないとした。また，平

均功績倍率を少しでも超える功績倍率により算定された役員退職給与の額が直ちに不相当に高額な金額になると解することは，あまりにも硬直的な考え方であるとした。

④　相当退職金額

納税者側の一般的な認識可能性の程度にも十分考慮する必要があり，事後的な課税庁側の調査による平均功績倍率を適用した金額から，相当な退職金額は，相当程度の乖離を許容するものとして観念されるべきものである。

⑤　1.5倍基準

以上を総合して考えると，課税庁側の調査による平均功績倍率の数にその半数を加えた数を超えない数の功績倍率により算定された役員退職給与の額は，特段の事情がある場合でない限り，相当であると認められる金額を超えるものではないと解するのが相当であるというべきである。

4　東京地裁判決の1.5倍基準の相当性

同判決は，平均功績倍率の1.5倍の功績倍率をもって，過大役員退職給与額を算定した。又，同判決は，平均功績倍率が特殊性を査証した平均的数値に過ぎないこと，また，抽出事例が平均功績倍率を超えるものだとすれば，すべて不相当な退職給与金額だといわなければならないことになり矛盾すること，また，税務署長が国税上級官庁に対して通達回答方式のような調査は，納税者に期待することはできず，納税者側の一般的な認識可能性度は十分ではない，と判示した。

5　法的分析

①　1.5倍基準

同判決は，平均功績倍率の1.5倍がAの功績を考慮するものとしている。

②　最高功績倍率法

過去は，抽出した類似法人数が少ない場合は，限定的に最高功績倍率法を用いるとしたものがあった。平均効率倍率法によるのが不相当である特段の事情がある場合に限って，最高功績倍率法の採用が認められるとしたのが，東京地裁平成25年3月22日判決である。その他に，最高功績倍率法を採用した裁判例がいくつかあるが，それらは，抽出法人が少ないことや最高値と平均値の階差が大きいことなどが理由として，最高功績倍率法が採用されている。

512

③　特殊事情の考慮

個別事案における功績の特殊事情の考慮については，どのようにするのか，これが問題である。適用法人の特殊または個別事情をどのように考慮するのかは，本判決のように，平均功績倍率の1.5倍を乗じる方式もあるが，最高功績倍率を採用して，その最高功績倍率の事例が不合理でない場合には，それに規範性をもたせる方式もあるように思われる。

④　賞与分を含めるか

過大退職給与額について，役員賞与分を含むのか事前確定届出給与額も考慮するべきなのかが問題となるが，法人収益獲得の貢献度が最重要な考慮要素と考えれば，当然にそれらも含めて過大役員退職給与額を判定するべきであろう。

⑤　年間支給額基準

残波事件判決（東京高裁平成29年2月23日判決及び東京地裁平成28年4月22日判決）は，年間支給額で比較した裁判例である。本判決との比較が問われる。

⑥　最終月額報酬

尚，過大退職給与額の先例では，最終月額報酬額を争うことも，勤続年数を争うことも，功績倍率を争うこともできる。その際最終月額報酬は，TKC全国会発行の資料等に基づき，これを下げる場合にも使えるが，これを上げる場合の資料として利用できることもあり得ると思われる。

⑦　勤続年数

勤続年数については，平取締役の時代における勤続年数も当然加算されるべきである。

⑧　特殊事情の考慮

功績倍率で特殊事情を考慮するのか，あるいは，最終月額給与額，または，年間支給額で考慮するのか，最高裁判所において統一した判定基準を確立すべきである。

⑨　1.5倍事件の東京地方裁判所一審判決は，平成30年4月25日東京高等裁判所　において取り消された。

第5　従業員賞与事件（東京地判平成27年1月22日，東京高判平成27年10月15日，最高裁決定平成29年2月3日）

課税要件の包括委任規定が問題とされたケースがある。これは，租税憲法訴

訟の第一類型（委任立法事件）である。

1　事実の概要（地域医療振興協会事件）

期末に従業員賞与約22億円を未払金計上し，翌事業年度に公益社団法人化した。

課税庁は，法人税法施行令72条の3を適用して，損金計上を否認した。同協会は，翌事業年度において公益社団法人化したので，翌期も同未払賞与は損金計上できなかった。

2　法令関係

(1)　法人税法65条（包括委任規定）

「所得金額の計算に関し必要な事項は，政令で定める」

(2)　施行令72条の3第2号

使用人賞与の損金算入時期について，通知・支払基準を定める。

3　法人税法65条と法人税法22条

法人税法22条1〜4号によって，所得計算することになっているが，これらとの整合性が問われる。法人税法65条は，課税要件を政令に対して包括委任する規定であり，憲法30条及び84条に違反するというべきであろう。

4　法人税法65条の包括委任規定の違憲性

(1)　憲法30条，84条

課税要件は，法律で定めることが原則である。

法人税法65条の包括的委任は，憲法30条と84条に照らし，白紙的包括委任であり，問題がある。

(2)　受任法（施行令72条の3）に対する限定

法人税法65条には，委任範囲の限定が全くない包括委任となっている。

(3)　DHCコンメンタールの65条の解説

法人税法65条の包括委任規定の根拠について，DHCコンメンタールは，大綱は法律，細目は政令，が原則であるとする。経済は常に動くから，臨機応変に対応するため，行政立法の委任は必要であり，技術的内容は政令に委任可能とする。

(4)　憲法73条6号

内閣は，「この憲法・法律を実施するため」政令を制定することができるとされているが，法規命令は法律の委任がなければならない。法人税法65条は，

包括委任規定であり，個別具体的委任とされていない。

5　使用人賞与の年度帰属

(1)　法人の所得計算

法人の所得計算は，公正な会計基準により行うものとしている（法人税法22条4項）。

(2)　令72条の3第2号（決算賞与）

法人税法施行令72条の3第2号には，根拠法が明示されていない。

(3)　技術的細目事項

費用の年度帰属は，債務確定主義が原則であるが，政令により，通知・支払基準に変えることができるかが問題である。

課税要件を政令に委任する場合，委任範囲を法律で規定するべきであるが，法人税法65条は，委任範囲を技術的細目事項に限定しておらず，極端な白紙的・包括委任規定である。

6　憲法73条6号

憲法73条6号本文は，「この憲法と法律を実施するために政令を制定することができる」とし，又，但書は，「法律の委任があれば，政令に罰則を設けることができる」とする。憲法30条及び84条との整合性が問われる。

7　課税要件への委任

政令に課税要件を委任できるかについて，次の考え方がある。

(1)　実体要件否定説

憲法3条及び84条を重視し，課税実体要件については，政令に委任できないとする考え方である。

(2)　個別・具体的委任説

多くの学説や判例が採用している考え方である。実体要件と手続要件を区別せず，個別・具体的な委任は許容されるとする。

(3)　技術的細目事項説

木更津木材事件東京高裁判決（平成7年11月28日）が採用した考え方である。

国民の人権に関する重要事項は法律事項とし，技術的細目事項のみ行政立法へ委任できるとするものである。

※手続要件にも，重要なものがあり，手続要件のすべてが行政立法に委任できるとするのは，間違いである。軽微な技術的細目事項説が最も憲法84条に適合

すると思われる。

8　節税養子事件（最判平成29年1月31日）

相続税法15条2項は，養子数の限定をなす規定であり，相続税法63条は，養子の数を否認する権限規定である。同法15条3項1号は，特別養子縁組による養子となった者等その他これらに準ずる者として「政令で定める者」を実子とみなすとして政令に「実子とみなす者」の範囲を委任している。同最高裁判決は「節税のための縁組でも直ちに無効となるとは言えない」との判断を示した。

9　立法委任技術

立法委任技術は，その必要性を認めるとしても，民主主義及び法治主義の大原則の根幹を覆すものであってはならない。国民の人権に関する重要事項は法律事項とし，技術的細目事項のみ政令等の行政立法へ委任できると言うべきであろう。民主主義と法治主義を前提とすれば，授権法には，委任の内容・目的・範囲が定められ，予測可能性が確保され，国会と裁判所はいつでも是正を求めることができるシステムが確保されていなければならない。

第6　京醍醐味噌事件（東京地判令和5年3月23日）

1　事実概要

香港に居住するM氏は，K社（内国法人で，京都市に本店がある）を経営し，役員二人で食品の企画販売をなしていた。K社は，食品業界にファブレス・メーカーのビジネスモデルを持ち込み，極めて利益率の高い事業経営をなしていた。K社は，ベトナム事業を計画し，N氏をスカウトし，月額2億5000万円の給与額を支払う条件で，取締役をした。税務調査により，月額給与額2億5000万円が不相当に高額とされ，K社は更正処分を受けたものである。

2　判　決

東京地判令和5年3月23日は，K社の事業が卸売業に該当すると判断した。

3　法的検討

K社は，卸売業としての機能がなく，商品の企画・開発によって，高い付加価値の商品を生産している。K社は，商品の在庫がなく，商品配送もせず，従業員がいない。K社は，商品を企画開発し，コンビニ等へ大量転売をなしうる商社などに販売するビジネスモデルを採用していた。東京地裁判決は，K社のビジネスモデルが他に比較対象がないのに，食品卸売業と認定したが，十分な

解明努力を怠り，盲目的に更正処分を違法と判断した。

　食品業界におけるファブレス・メーカーの特色は，以下の通りである。

① 　他の追随を許さない高品質商品の企画・開発をなしうる人材が存在すること。

② 　衛生管理が行き届いた優良な下請け工場と独占的生産契約を締結していること。

③ 　生産ノウハウを流出させないシステムを構築していること。

④ 　製造した食品を大量に転売できる商社等と独占的販売契約をなしていること。

⑤ 　一般の食品卸売業社と比較し，各段に高い利益率を実現していること。

第15章　老朽化建物建替事件（老朽化建物の建替えと都市再開発）

（公正基準）

市街地再開発事業における容積率緩和の利益は，地権者の権利であり，行政の恣意的裁量によって付与されるものではなく，ディベロッパーに帰属するものでもない。

（市街地再開発事業の実例を紹介する）

第1　民間事業者による市街地再開発事業

市街地再開発事業において，民間事業者のノウハウや資金調達能力を活用するいくつかの制度がある。それらを分類すると，都市再開発法に基づく制度と，同法に基づかない制度がある。

1　都市再開発法に基づく制度

都市再開発法に基づく制度として，参加組合員（特定事業参加者）制度と特定建築者制度がある。参加組合員（特定事業参加者）制度は多くの事案で利用されている。

① 参加組合員制度と特定事業参加者制度

参加組合員制度は，組合施行の市街地再開発事業において，ディベロッパー等の保留床取得者を事業当初から定款で施行者の一員である参加組合員として定め，事業へ参画させる制度である（都再21条・9条5号等）。民間事業者は，事業計画認可以降の事業リスク全般を施行者と分担する。施行者としては，保留床の処分先が早期に確保されることで事業リスクを低減できる。参加組合員は，権利変換により取得する予定の保留床相当額の負担金の納付を求めることができる（同法40条・50条の10）。

参加組合員となる民間事業者は，事業計画等についての意見提出が可能となり（同法16条2項），計画にその意向を反映させ，保留床取得が可能となる。しかし，民間事業者は，事業の途中で組合を脱退することができない。事業進行に伴うリスクは正規の組合員と同じである。事業当初から多額の資金負担をするが，組合運営の発言力は弱く，組合の議案に対して1票分の投票権しかない。

　特定事業参加者制度（都再50条の3第1項5号・2項・3項，52条2項5号・3項）は，再開発会社や地方公共団体，都市再生機構等の施工する場合に利用される制度であるが，内容は，参加組合員制度と同様である（同法53条2項・56条の2・58条3項・58条の2等）。

　②　特定建築者制度

　特定建築者制度は，全てが保留床となる予定の建築物のように，施行者自らの責任で建築物を建築する必要がない場合に，その建築物（保留床）を取得する民間事業者が自らの負担やノウハウで計画・建築工事を行うことができるようにする特例制度である（都再99条の2〜99条の10・118条の28）。特定建築者は，参加組合員制度とは異なり，施行者の一員とならない。

　平成11年都市再開発法改正で，その対象が全て保留床により構成される新たな建築物についても活用可能とされた。施行者は，建築費や，積算・発注・監理等のための人員等を調達する負担が軽減されるメリットがあり，民間事業者は，施行者から建築が完了したビルを購入する場合と異なり，権利変換計画の範囲内で，自らの創意工夫を活かした建築物を自らの工事発注により建築することが可能となる。参加組合員制度が事業計画認可前，特定業務代行制度が事業計画認可後に公募選定されるが，特定建築者制度は，権利変換計画認可後になってはじめて選定することができる。

2　都市再開発法に基づかない制度

　都市再開発法に基づかない制度として，業務代行方式と再開発事業においてPFI方式を活用する方法がある。

　①　業務代行方式

　業務代行方式とは，市街地再開発事業において民間事業者の能力を活用して事業の円滑な推進を図るため，施行者または施行予定者からの委託に基づき，民間事業者が事業の推進に関する事務局業務，コーディネート業務，調査設計計画業務などを代行する方式のことである。

　業務代行方式は，建築等工事施行業務を含まず，自ら保留床を取得する業務を負わない「一般業務代行」と，建築等工事施行業務を含み，最終的には自ら保留床を取得する義務を負う「特定業務代行」の2種類がある。「特定業務代行」は，数多くの地区で利用されている。

520

② 再開発事業における PFI 方式の活用

PFI とは，「Private-Finance-Initiative」（プライベート・ファイナンス・イニシアティブ）のことであり，公共施設等の建設，維持管理，運営等を民間の資金，経営能力，技術能力を活用して行う新しい手法である。

（PFI 法）に基づき可能となっている。

霞が関三丁目南地区第一種市街地再開発事業（中央合同庁舎第 7 号館整備等事業）の例において，仮説店舗設備と運営を PFI 事業とした例がある。

3 都市計画の提案制度

都市計画決定に関し，平成14年の都市計画法の改正および都市再生特別措置法の制定よって，土地所有者や地上建物の借家人（土地所有者等），まちづくりNPO，地方公共団体の条例で定める団体等が一定の条件を満たした場合に，都市計画の提案をすることができるようになった（都計21条の2）。土地所有者やまちづくり NPO 等は，0.5ヘクタール以上の一体的な区域で（条例により0.1ヘクタール以上まで緩和可），都市計画マスタープランなど都市計画に関する法令上の基準に適合し，土地所有者等の 3 分の 2 以上の同意（人数と面積でそれぞれ3分の2の同意）があれば，都市計画法に基づく都市計画提案ができる（都計21条の2第3項，都計令15条）。

提案を受けた都道府県また市町村は，遅滞なく計画提案を踏まえた都市計画の決定等の要否を判断して，必要がある時は都市計画の案を作成する必要がある（同法21条の4）。

一般的な提案制度のほか，都市再生緊急整備地区内における都市再生事業の特例である都市再生特別措置法に基づく提案制度もある。都市再生特別措置法の制定により可能となって提案制度としては，都市再生事業（市街地再開発事業も含まれる）を行おうとする民間事業者による提案制度がある（都再37条〜41条）。

4 土地区画整理事業との一体的施行

① 土地区画整理事業との一体的施行

「一体的施行」は，平成11年 3 月の区画整理法・都市再開発法の改正により法制化された制度である（区画6条4項，都再118条の31等）。土地区画整理事業の施工中に，その施行地区の一部で市街地再開発事業を一体的に施行する手法のことであるが，その際に区画整理事業と再開発事業をつなぐものとして「特定仮換地」という仕組みが利用される。土地区画整理事業と市街地再開発事業の

合併施行自体は，一体的施行の創設以前から行われてきたが，これまで運用だけで実施してきたものを法制化したものである。

　市街地再開発事業区への申出換地制度は区画整理法の改正によって法制化された制度であり，特定仮換地は都市再開発法の改正により法制化された制度である。

　②　課題の克服

　土地区画整理事業と市街地再開発事業を合併施行しようとすると難しい問題が生じる。例えば，土地区画整理事業には，仮換地指定から換地処分まで長期間を要するうえ，換地処分で所有権を取得するものであり，その間，仮換地上の使用収益権が認められるだけで，所有権等は従前地に残ったままとなっている。権利変換の対象となる宅地の所有権は，従前地にあるため，換地処分で再開発地区から転出する土地が含まれ，反対に再開発地区に転入してくる土地は含まれないことになるが，これは本来法の予定する状況から外れている。

　一体的施行では，この問題が解消される。

　③　再開発事業区への換地の申出

　地権者は，市街地再開発事業区を定めた事業計画の公告等のあった日から60日以内に市街地再開発事業区域内への換地の申出をすることができる（区画85条の3）。この制度の活用により，照応の原則に反する飛び換地（位置の照応に反することになる）が合理化されることになる。

　区外から区内に入るために申出する所有権者（または借地権者）については，宅地および宅地に存する建築物のその他の工作物の使用収益権者（地役権者除く）が他にいる場合，その申出には，それら権利者全員の同意が必要となる（区画85条の3第2項）。

　④　特定仮換地

　一体的施行では，土地区画整理事業において，換地計画を定めて仮換地指定された土地（特定仮換地）を含む区域において市街地再開発事業を行う場合，特定仮換地に対応する従前地に関する権利を市街地再開発事業における従前の権利とみなすものとされている（都再118条の31）。そのため，特定仮換地に対応する従前の宅地に関する権利を，特定仮換地を指定したところにある土地に関する権利に代えて，市街地再開発事業を施行するため，前者を対象として権利変換計画を作成し，権利変換を行う。一体的施行の対象となる仮換地は，土地区

画整理事業で認可を受けた換地計画に基づいて指定された仮換地に限られる。

5　評価問題

開発地区の土地評価について，以下の問題がある。

①　評価単位

開発地区の全体評価か，個別評価かが問題となる。

個別の従前土地の時価が算定されるが，開発地区全体で評価されるべきとの考え方もある。

②　借地権割合

借地権マンションの場合，借地権割合が問題となる。

③　明渡補償・移転補償

立退補償金の確保は困難であるが，保留床の売却益などで調整する。

④　容積率緩和

容積率緩和の評価に与える影響を考慮しなければならない。

容積率緩和の利益は，地権者に帰属するものというべきである。

⑤　デベロッパーのリスク

開発対象土地の評価は公正になし，土地評価額や保留床売却予想額を前提に，事業損益計算をなし，デベロッパーの予想利益額は，デベロッパーのリスクを含めて決定するべきである。

第2　タワーマンションの資産価値について

1　資産価値

都心部には，いくつかのタワーマンションが存在し，人々の購買意欲をそそっており，住宅ローンも組み易い現実がある。しかし，タワーマンションの管理費は多額であり，大規模修繕費など多額のコスト負担が予定されているので，その将来は必ずしも明るくない。修繕積立金が不十分であれば，タワーマンションの資産価値は減少し，富裕層が購入しなくなる。マンションの資産価値は，管理状態如何によって決定されるといっても過言ではない。照明やエレベーターなどの設備，また，共用部分である配管等の更新などが適宜になされなければ，マンションの経済価値は下落することになる。一度当該タワーマンションについて，悪い噂が広がれば，富裕層などが購入しなくなり，資産価値は急激に下落することになる。

2　修繕の困難性

　タワーマンションの大規模修繕は困難を極め，足場を組むことができない。ゴンドラ方式で補修をすることになるが，通常の足場を組めるマンションの補修費の倍以上かかることは必至である。

　タワーマンションは2000年以降急激に増えつつあるが，大規模修繕を本格的に行われた例が殆どない。維持管理費用が多額であり，戸数が多いとその意思決定も難しい。

3　火災リスク

　タワーマンションで発生した火災は，避難が困難であり，屋上からの脱出もヘリコプターが必要であるが，十分な公的救助体制は存在しない。直下型地震についても完全な免震構造が機能するか，未だ経験がない。子育てやペット同居にも不向きであり，住宅施設としてタワーマンションは，快適とはいえない。建替えなどの意思形成も困難である。

4　低層ブランドマンション

　再開発によるタワーマンションに建替えすることは，必ずしもベストの選択ではない。近隣地権者とは独立して低層ブランドマンションに建替えする方法を採用する例も増加している。

第3　事例紹介

1　アトラスタワー茗荷谷

　営団地下鉄の地上権の付け替えができなかったケースである。

①　計　画

　茗荷谷駅前地区第一種市街地再開発事業として新築された。階数は地上25階，地下2階である。敷地面積は3638.72 m²，建築面積は2526.42 m²，延べ床面積は35305.66 m²で，総戸数は244戸である。

②　建築主は茗荷谷駅前地区市街地再開発組合である。売主は旭化成ホームズ，設計会社は日本設計，施工会社は鹿島建設で，2011年1月竣工した。

　アトラスタワー建築にあたり，約100坪の地権者であった依頼人から頼まれ，同組合との交渉を行った。同組合からは，補償金の供託を受け，また，管理費の未払いの訴訟を提起されたが，全面勝訴した。

③　営団地下鉄の地上権の付け替えが難航している。

2 大手町タワー

大手町タワーは，みずほ銀行大手町本部ビルと大手町ファイナンシャルセンター跡地をあわせた地区で行われた，再開発事業である。

西側は，大手町ファイナンシャルセンターの跡地で，大手町の森と呼ばれる広場が整備された。これはヒートアイランド現象の緩和を目的とした，約3600 m²の緑地である。この緑地には，千葉県で育成された森が土壌ごと移植された。最上階はアマンホテルが誘致されているが，マリタックス法律事務所は，これに関与した。

3 中銀カプセルタワービル

中銀カプセルタワービルは建て替えに向けて黒川紀章氏存命中に協力を仰ぎ，建替計画をした。数年前に，ディベロッパーをスポンサーとし，建替え決議も黒川紀章氏の協力を得て決議したが，当該ディベロッパーが倒産し，建て替え計画はとん挫した。その後，敷地所有者が，底地権を第三者に売却したため，管理組合は新底地権者と協議をし，現在の敷地所有名義人が全区分所有権を買い取ることによって，敷地を更地化し，その後互いに高い土地買取人を探し，そこで建替えを実現することを協力して行うことにした。

4 西麻布再開発

地上権の地代訴訟で勝訴し，借地権割合が89％と評価されたケースである。

5 赤坂6丁目地区再開発

密集住宅地のケースであり，土地所有者らの多くが再開発に反対している。

6 赤坂7丁目地区再開発

自治体や外国政府の地権者が存在し，これらの者と他の地権者が一棟の建物と敷地を共有できるかが問題となる。単独開発も考えられるケースである。

7 うぐいす住宅

区分所有者の100％同意を取り付け，鹿島建設と等価交換方式で成功したケースである。

ゼネコンとの等価交換による事業であり，デベロッパーを介入させないことによるコストメリットが成功原因と思われる。

8 表参道タグホイヤービル

建替え計画の実行が困難である区分所有ビルである。一部の区分所有者が建替えに強く反対しており，20年以上建替えが困難となっている。

9　東葛西道路判定のケース

区役所と交渉し，二棟現場を三棟現場にしたケースである。

10　赤坂9丁目マンション建替え

単独開発を企画し，容積率緩和の方法を検討中である。

11　赤坂6丁目偽造文書による建築確認事件

借地契約書を偽造して，民間確認検査機関から建築確認を取得したケースにおいて，建築審査会に審査請求し，建築の差止を実現したケースである。

第4　中銀カプセルタワービル建替計画について

1　中銀カプセルタワービルの生い立ち

中銀カプセルタワービルは，著名な建築家の黒川紀章氏の代表作である。昭和40年代に建築され，黒川氏が設計をし，大丸が内装を請負い，大成建設が建設をした。その建物のコンセプトは，20年でカプセルを取替えし，建物が容易に再生するというものであった。

しかしながら，僅か2mmの薄い鉄板で囲われたカプセル外壁は，腐食が進み，また，カプセルとカプセルを繋ぐ配管などが破裂するなどし，雨漏りなどを防ぐ防水ができなくなった。また，他に困難な問題が2つあり，1つは，カプセルと建物コアとの接合部分の鉄部が腐食し，落下の危険があることである。もう1つは，カプセルの内部において，アスベストが全体に吹き付けされている危険な建物であるということである。

2　建て替え計画について

私は，約10年前，黒川氏に連絡を取り，建替の協力ついて相談した。黒川氏は，「自分の代表作である中銀カプセルタワービルが保守され，継続維持できるのであれば，自分はどのような努力も惜しまない」として，約10回程打合せをした。そこで，中銀カプセルタワービルを建て替えする方向で，理事会は活動することになったが，建替方式として，2つの方法を検討した。

第1案は，黒川氏の提案でカプセルを全部取替えるという建替方式である（全部取替方式）。これは，新しく建築確認を取らないで，A棟とB棟のカプセル取り換え工事を半年以上の間隔を設けて実施する案であった。

第2案は，全面的に既存の建物を解体し，全面建替する方式である（全面建替方式）。

3　区分所有法に基づく建替決議

中銀カプセルタワービル管理組合の総会において，建替決議案を審議したところ，上記建替案のうち，第2の案が多数80％を超える区分所有者の同意を得て，決議が成立した。

第1案は，中央区の建築指導課に相談したところ，新しく建築確認が必要であるということであった。新しく建築確認を取る場合には，1部屋の最低床面積が25 m²以上でなければならない。また，一定の居住部分・駐車場を設置しなければならないなど，同建物が建築された時に設定された建築基準にはない新しい建築基準条件が設定され，同じ容積率・建ぺい率を維持しては現状の140室を確保できないことがネックであった。多くの区分所有者は，第1案の魅力を感じながらも，第2案に賛成したのである。

4　スポンサー探し

栃木県の井上工業株式会社がスポンサーとして，ディベロッパーとして名乗りを上げ，同社と協議しながら，建替決議の推進しようとしたところ，突然，井上工業が破産をし，パートナー兼スポンサーがいない状況となった。その後，住友不動産株式会社や新日鉄興和株式会社などと協議したが，中銀カプセルタワービルの建物敷地だけでは開発の範囲が狭く，協力を得ることが出来なかった。

5　その後の建て替え計画について

理事会で協議をしたところ，分譲業者である中銀インテグレーション株式会社がスポンサー及びディベロッパーとなって，建替計画を推進することがベストであるということになった。中銀社は，社内で検討した結果，最終的には，開発の推進事業者になることを快諾し，管理組合と中銀社と建替推進協議を開始した。

6　建替の方法について

建替計画は，事業主体を中銀社とし，これに管理組合が協力する方式を考えた。次に，区分所有者に建替を説得し，賛成させるため，現状の建物について，耐震診断を実施し，その後，中央区から除却認定をとり，建替が必要な建物であることを証明して，区分所有者に建替決議に賛成させる方法を実行することになった。共立設計株式会社に耐震診断を依頼し，東京都の補助金の支援を受け，耐震診断の結果が報告された。その後，中央区に除却認定の申請をしたと

ころ，約6ヶ月かかったが，他に例がない，日本で第1号であったが，除却認定書を獲得することができた。しかしながら，ディベロッパーとして名乗りを上げた中銀社が，突然，業績不振となり，敷地を銀座合同会社に売却してしまった。

7 新しい建て替えの取り組み

銀座合同会社は，各区分所有権の基礎である借地権について，いきなり，譲渡禁止の通知を各区分所有者になした。そして，借地権を譲渡することを，各区分所有者に要求した。

理事会及び総会で協議したところ，建物の状況が危険な状態であること，また，銀座合同会社が必ずしも借地権を全面否定するのではなくて，当時の時価よりも高く買うとの申出をなしたので，地主である銀座合同会社と管理組合が協力して，建替を推進することに合意した。但し，借地権者である区分所有者は，銀座合同会社に一定の査定価格以上で借地権を全て譲渡し，管理組合側にも更地となった土地の買主を紹介する権利を与えるというものであった。買主は相互に紹介し合えるが，やはり，金額の最も高い買主を選ぶという合意であり，区分所有者が，また，同じ場所で区分所有権を新しく確保できるかどうかは保証できないということであった。

2022年6月までに，全戸の買収が完了し，中銀カプセルタワービルは解体された。

8 建築物の耐震改修の計画の認定について

① 計画の認定

建築物の耐震改修を行うとする建築物の所有者は，耐震改修の計画について，認定を申請することができる。この計画が，耐震関係規定または，人身に対する安全上，これに準ずるものとして，国土交通大臣が定める基準に適合しているなどの要件（建築物の耐震改修の促進に関する法律第8条第3項各号に掲げる基準）に該当するときは，計画認定を行うことになっている。

② 建築基準法の特例

耐震改修の計画について，認定を受けた建築物については，建築基準法の規定の緩和特例措置がある。

③ 既存不適格建築物の制限緩和

建築基準法3条2項の既存建築物については，耐震性向上のため，一定の条

528

件を満たす増築改築大規模修繕，または，大規模模様替えをなす場合，建築基準法 3 条 3 項の規定に関わらず，工事後も建築基準法 3 条 2 項の規定の適用がある。

④　耐火建築物に関わる制限緩和

耐震性向上のため，耐火建築物に柱や壁を設けたり，柱や梁の模様替えを行うことにより，耐火建築物にかかる規定に適合しないこととなるときは，一定の条件を満たす場合，当該規定は適用されない。

⑤　建築確認の手続きの特例

建築確認を必要とする改修工事については，計画の認定をもって，建築確認があったものとみなされるので，建築基準法の手続きが簡素化されたことになる。

⑥　耐震改修計画認定手続き

先ず，申請者は，相談書を建築指導課などに提出し，建築審査課との事前協議を経ることになる。かかる事前協議において，専門機関として日本建築防災協会などの評定判定結果の報告を取り付けることになる。かかる手続きを経た後，認定申請が建築指導課において受付られることになる。但し，消防庁などの同意書面が必要となる。かかる手続きを経て，建築確認が不要の場合には，耐震改修計画の認定がなされ，工事を着工することができる。

第5　土地区画整理事業の事前協議について

1　特例適用と事前協議

土地区画整理事業に係る課税特例の適用に関しては，国税庁長官の建設事務次官宛ての昭和52年 6 月 9 日付け通知（直資3-5）に従い，事業施行者が資産買取り等に着手する前に税務当局へ相互確認することになっている。その上で被買収者に対して課税関係の説明を行うことになっている。税務当局は事業の施行に支障がないように速やかに処理し，確認した事項については書面をもってその旨回答しなければならない（建設省計用発第21号　昭和52年 6 月18日付け建設省計画局公共用地課長通知）とされている。

2　事前協議の前提事実

①　組合設立認可

事前協議申出者である土地区画整理組合は，自治体より土地区画整理法第14

条第1項の規定により組合設立認可を受けた者であり，収用事業者としての適格性を有していなければならない。

②　一体的施行

土地区画整理事業は，土地区画整理法第16条第1項において準用する第6条第4項の規定による「市街地再開発事業区」をその事業計画に定めており，市街地再開発事業と一体的に行うことが可能である（以下「一体的施行」という）。

③　仮換地指定

事前協議の対象となる建築物等については，土地区画整理組合が行った土地区画整理法第98条第1項の規定による仮換地指定通知にもとづき，市街地再開発事業区の内から外へ移転する必要のある建築物等である。

④　権利変換

市街地再開発組合は権利変換計画の認可を受けるが，本件事前協議の対象となる納税義務者らは，市街地再開発組合の組合員ではなく，土地区画整理組合の組合員となる。そのため，納税義務者らは，土地区画整理事業の仮換地指定によって立ち退く義務を負っている。

⑤　事前協議の趣旨

本件事前協議は，昭和52年6月9日付け，直資3-5により国税庁長官から建設事務次官宛「譲渡所得等に係る課税の特例制度の運用に関する協力方について」及び昭和52年6月18日付け建設省計用発第21号，建設省計画局公共用地課長発の「譲渡所得等に係る課税の特例制度の運用について」にもとづき行われるものである。「被買収者に対して特例制度の適用がある旨を説明して，資産の買取り等を行う事業については，事前に税務当局と接触する時間的余裕がないなど特別の事情がある場合を除き，下記により，国税当局又は税務署に対し当該事業の内容を説明し，特例制度の適用関係を事前に確認されるようお願いします。」とある。これは，特例制度の適用を被買収者に受けさせることを目的とするものである。

3　事前協議に係る資産の買取り等を行う者について

事前協議に係る資産の買取り等を行う者は，土地区画整理組合である。

①　一体的施行の費用配分

一体的施行における市街地再開発事業区の内から外へ移転する建築物等については，権利変換期日以降，補償分担のアロケーション（配分）を土地区画整理

組合と市街地再開発組合の間で，諸般の事情を勘案して調整することが必要となっている（『土地区画整理事業・市街地再開発事業　一体的施行マニュアル』P50）。土地上の建築物等については，土地区画整理事業の仮換地の指定に伴う補償に関する費用を，市街地再開発組合で最終的に負担することを前提とし，本来は土地区画整理の補償金に関する費用について，市街地再開発組合から土地区画整理組合，土地区画整理組合から被買収者へ支払うべきところ，市街地再開発組合が被買収者へ代行して支払うことが可能である（土地区画整理法第78条）。

② 　仮換地指定の効果

市街地再開発事業区域内の土地については，都市再開発法第87条第 1 項の規定により，新たに所有者となるべき者に権利変換期日をもって移転する。一方，土地区画整理事業における土地は，土地区画整理法第98条第 1 項の規定により仮換地を指定することで，従前地の使用収益が停止するだけで，権利の移動は生じない。

建築物等の移転は，都市再開発法の権利変換によるものではなく，土地区画整理法第77条第 1 項の規定による従前地の使用収益停止を根拠とする。

③ 　解体除却

市街地再開発事業区域内の建築物等については，都市再開発法第87条第 2 項の規定により，権利変換期日をもって施行者に帰属し，施行者は都市再開発法第96条第 1 項の規定により明渡しを求め，権利者の同意なく明渡し後に解体除却を行う。一方で，土地区画整理事業においては，建築物等の権利が施行者に移転しないため，土地区画整理法第77条第 2 項の規定により「自ら移転し，又は除却する意思の有無をその所有者に対し照会しなければならない。」とされている。

④ 　建築物損失補償

建築物等の損失補償金は，土地区画整理法第98条第 1 項の規定による仮換地指定通知にもとづき，仮換地へ移転するために必要な合理的な工法算定にもとづく。また，市街地再開発組合の損失補償基準では，都市再開発法第97条に規定する補償の際には，土地の明渡し期限までに全額を支払わなければならない。土地区画整理事業の場合，施行者に建物の権利が移転しないので，明渡し前に，建物を新築するための建物移転補償費を支払うことはできない。また，市街地再開発事業においては，権利変換を受けない被買収者には，都市再開発法第91

条により土地についても権利補償がなされるが，土地区画整理事業として土地区画整理法第98条第1項の規定による仮換地指定を受けていれば，土地区画整理法第78条の移転等による建築物等の損失補償がなされるだけであり，都市再開発法第91条の土地に関する権利補償はなされない。

⑤　補償費用の負担帰属と会計処理

建築物等の損失補償契約の主体が市街地再開発組合とされ，土地区画整理組合にかわる代払いがなされ，被買収者への補償費用については土地区画整理組合が負担し，さらに市街地再開発組合が土地区画整理組合に対してその補償費用を負担し，両事業の会計上もその様な処理がなされることがある。

⑥　資産の買取り等を行う者

土地区画整理事業は本件再開発事業のためになされ，土地区画整理事業の全費用は再開発組合が負担することになっている。しかし，「市街地再開発組合が土地区画整理組合にかわり代払いを行った」ことが，市街地再開発組合と権利者との損失補償契約においては十分に反映されていないため，土地区画整理組合，市街地再開発組合，及び権利者の三者で追加の覚書を締結し，損失補償契約書の内容を補完することができる。

　一体的施行の場合，被買収者と両組合の三者による法律関係の成立は必然であるが，資産の買取り等を行う者は，あくまで土地区画整理組合である。

4　事前協議の受理・不受理について

行政手続法第7条は，「行政庁は，申請がその事務所に到達したときは遅滞なく当該申請の審査を開始しなければならず，かつ，申請書の記載事項に不備がないこと，申請書に必要な書類が添付されていること，申請をすることができる期間内にされたものであることその他の法令に定められた申請の形式上の要件に適合しない申請については，速やかに，申請をした者（以下「申請者」という。）に対し相当の期間を定めて当該申請の補正を求め，又は当該申請により求められた許認可等を拒否しなければならない。」と規定している。

事前協議の提出にあたっては，行政手続法第7条の規定により事前協議を継続し，協議済みとする必要がある。

第6 事業用資産の買換特例

1 譲渡益課税

賃貸不動産を売却すると，その売却益には所得税と住民税がかかる。売却益にかかる所得税と住民税の税率は，売却不動産を取得してから売却するまでの所有期間によって変る。

　　　所有期間が5年以下の場合…39.63％

　　　所有期間が5年超の場合…20.315％

　　　売却益＝売却金額−（賃貸不動産の取得費＋売却に要した費用）

2 買換特例

賃貸不動産を売却した際の原則的な税金の計算は上記の通りだが，その特例として事業用資産の買い換え特例がある。売却益に対する課税を最大で80％減少させることができるものである。

新たな賃貸不動産への買い換えを前提とすると，要件は次の通りである。

《売却不動産の要件》

① 国内にある土地（借地権などを含む。以下同じ）建物または構築物であること。

② 所有期間が10年超であること。

《買い換え不動産の要件》

① 国内にある土地（300㎡以上），建物または構築物であること。

② 原則として，土地は住宅，店舗，事務所その他これらに類する施設として使用されていること。

3 買換特例の詳細要件

産業や人口が集中する地域（東京23区や大阪市など一定の地域）以外から，集中する地域内などへ買い換えするケースでは，課税を減少できる割合が70％や75％と抑制される。

① 土地の面積は5倍まで

買い換え不動産が建物や構築物であればよいが，土地の場合は，売却不動産の土地の面積の5倍までしか特例の適用がない。例えば売却不動産の土地が100㎡で買い換え不動産の土地が600㎡であれば，買い換え不動産の土地のうち500㎡までしか適用がない（500㎡を超える100㎡部分に適用がないだけで，まったく適用ができないわけではない）。

②　買い換えのタイミング

原則として，売却した年，その前年または翌年中のいずれかに，買い換え不動産を取得する必要がある。取得の日から１年以内に事業の用に供する必要がある。

③　買い換え不動産の取得日

取得日は，その買い換えた日となり，売却不動産の取得日は引き継がない。

④　時限立法

今のところ適用期限は令和２年３月31日までである。

4　具体的ケース検討

①　アパートマンション１棟売却

アパート１棟を売却し，新たなアパート１棟を買い換えた場合には，買い換えたアパートの土地が300 m^{2}未満だと，土地部分には特例が適用できない（建物部分には適用できる）。売却不動産の土地について，面積の制限はない。

アパート１棟を売却し，新たなマンション１部屋を買い換えた場合は，マンションの土地は全体ではなく，その持分で判断する。通常はマンションの土地の持分が300 m^{2}以上にはならないため，土地部分には特例が適用できない（建物部分には適用できる）。

②　マンション１部屋売却

マンション１部屋を売却し，新たなアパート１棟を買い換えた場合には，買い換えたアパートの土地が300 m^{2}以上であれば土地部分にも特例が適用できる。しかし，マンションの土地の持分が仮に20 m^{2}だったとすると，買い換えたアパートの土地は100 m^2（20 m^{2}の５倍が限度）までしか特例の適用はない。

③　アパート建物のみの売却

買い換え不動産の土地は，売却不動産の土地の５倍までであり，売却不動産の土地がない以上，面積０m^2× ５倍＝０m^{2}となる。売却不動産に土地が含まれない場合は，買い換え不動産の土地に特例の適用はできない。

④　圧縮記帳

買い換えた不動産の取得価額は，圧縮される。売却不動産の取得費が1000万円，売却に要した費用が100万円，売却金額と買い換え不動産の購入額が同じく１億円とすると，買い換え不動産の取得価額は1780万円となる。

（１億円×0.2＝2000万円（収入金額）

$$(1000万円 + 100万円) × 0.2 = 220万円$$

$$2000万円 - 220万円 = 1780万円$$

⑤　減価償却費

買い換えた不動産に建物などがあると，その後の減価償却費が少なくなり，所得が大きくなる。将来的に買い換え不動産を売却する際は，建物と土地ともに取得費が小さくなり，売却益も大きくなる。

相続人の所得が大きいのであれば，この特例を適用せずに相続人の段階で20.315％の譲渡所得課税を受けた方が得となる可能性がある。

第7　都市再開発事業の税務問題の事例

権利変換後，確定申告をしなかったため，税法上の恩恵が受けられなかったケースを紹介する。

1　事案の概要

本件都市再開発事業は平成25年4月30日に権利変換期日を迎えた。地権者が元々所有していた土地，借地権及び建物の権利が，新設建築物の一部の譲受権と新設建築敷地の共有持分に権利変換された。また，本件事業の施行者であるS地域C地区市街地再開発組合（以下「A組合」という）とB社との間で都市再開発法第97条の補償金（明渡しに伴い通常生じる損失の補償金。以下「通損補償金」という）の契約締結に至らなかったため，平成25年11月21日においてA組合より法務局へ通損補償金の供託が行われた。

B社の決算期は4月30日である。本来であれば，平成25年4月30日決算に係る確定申告において，租税特別措置法（以下「措法」という）第65条第1項第4号に規定する圧縮記帳（以下「権利変換の圧縮記帳」という）の申告を行い，課税の繰延べの適用を受け，また，平成26年4月30日決算に係る確定申告において，通損補償金の申告を行い，通損補償金のうち対価補償金について措法第65条の2に規定する収用換地等の5000万円の特別控除（以下「5000万円控除」という）の適用を受けることができた筈である。

しかし，B社は，平成26年12月19日にA組合より会計事務所を通じて「都市再開発法による第一種市街地再開発事業の施行に伴う権利変換に係る資産である旨の証明」等の税務証明書（以下「税務証明書」という）を受領した。それぞれの確定申告期限において権利変換の圧縮記帳及び5000万円控除に必要な税務証

明書についてＡ組合から税務申告に関する連絡が届かず，Ｂ社は，税務申告が必要であることを知らなかった。Ｂ社は，当初申告において再開発事業に関する税務申告は行っていない。

その後平成26年11月中にＢ社は，Ｍ税務署へ行き，相談したが，権利変換の圧縮記帳及び5000万円控除のいずれの適用も認められなかった（加算税や地方税を含め約１億3000万円の税額）。

2　権利変換の圧縮記帳

Ｂ社はその後平成26年12月19日に会計事務所経由で税務証明書を受領した。

権利変換の圧縮記帳は，地区外への転出を選択した場合，措法第64条第１項第３号の２の圧縮記帳（以下「転出の圧縮記帳」という）と異なる。転出の圧縮記帳の場合，転出をすることについてやむを得ない事情があると，東京国税局の確認を得る必要がある。権利変換の圧縮記帳の場合は，やむを得ない事情は必要なく，権利変換を選択した全ての法人や地権者に認められる。東京国税局に圧縮記帳が認められるためには，「都市再開発法による第一種市街地再開発事業の施行に伴う権利変換に係る資産である旨の証明書」が施行者より発行される。第一種市街地再開発事業の権利変換の場合，公共事業用資産の買取等の申出証明書（以下「申出証明書」という）や収用証明書は発行されない。

権利変換の場合の課税の繰延べは当然に認められるものであり，個人の場合，措法第33条の３において譲渡がなかったものとされ，申告不要という取扱いである。また，措法第65条第４項において宥恕規定（確定申告書への記載及び必要書類の添付がなかった場合においても税務署長の権限により適用を認めることができる）がある。

3　通損補償金

通損補償金に対する5000万円控除は，転出の場合，やむを得ない事情があると東京国税局の確認を得る必要があるが，権利変換の場合には必要がなく，無条件で適用が認められる。税務証明書として公共事業用資産の買取等の証明書が発行されるが，申出証明書や収用証明書は発行されない。5000万円控除も措法65条の２第５項により宥恕規定が設けられている。

4　措置法64条及び65条の適用

権利変換の圧縮記帳にしろ，5000万円控除にしろ，第一種市街地再開発事業で権利変換を選択した法人は当然に適用を受けることができる。

　権利変換の圧縮記帳及び5000万円控除の適用が認められなかったのは，措法第64条第1項第3号の2に該当するかどうかで適用があるか判断されたからと思われる。措法第64条は，周知されているが，税務署職員も税理士も措法第65条は，第64条ほど知られていない。65条の適用に必要な申出証明書や収用証明書は発行されない。東京国税局との事前協議で，事前協議書に記載されるのは転出の場合のみで，権利変換の場合には記載することなく特例の適用がある。発行されているはずと想像した税務証明書が存在せず，事前協議書にB社の記載がなく，B社が訪れた際に上手く状況を説明できなかったことを勘案し，結果としてB社は特例の適用対象に全く該当しない法人で，ただ申告漏れを修正しに来ただけと判断された。

　宥恕規定があるにもかかわらず，適用を一切認めずにB社へ課税を行うのは，課税の公平を図るという税務行政の見地からして妥当ではない。

第16章　日本美装事件（損害賠償請求権の年度帰属）

（公正基準）

犯罪加害者に資力がない場合，損害賠償金はその貸倒債権と同時に計上することが認められるべきである。

第1　日本美装事件（東京地方裁判所平成20年2月15日判決，東京高等裁判所平成21年2月18日判決）

1　事実の概要

X社の経理部長Aは，平成16年中にX社に架空外注費を計上して，Aが管理する銀行口座へ送金する方法で約金2億円を支払わせ詐取した。X社は，Aを懲戒解雇し，詐欺罪で告訴したところ，Aは実刑判決を受けた。Aは自宅マンションを所有していたが，その評価額を上回る借金を抱えていた。

2　争　点

犯罪により被った損失と加害者に対する損害賠償請求権は，同時に計上するべきか。

3　法22条4項

課税所得の計算は，一般に公正妥当と認められる会計処理の基準を適用して行うことになっている。

4　課税対象所得

①　法基通2-1-1〜2-1-5

課税対象適格性は，引渡し基準が援用されるなど，「実現可能性の高い状況」の発生が要件である。

②　民法と異なり，収益計上する場合，税法では回収可能性や実現可能性など課税対象適格性が問われる。

5　損害賠償金

①　法基通2-1-43は，回収基準を認めている。

損害賠償金は，不確定要素が強く，課税対象の適格性を欠く。

②　貸倒損失計上との整合性も考えなければならない。

貸倒損失計上では，物的特性のみならず，人的特性も重要なファクターである。

③　大阪地判平成23年7月26日

被害者が横領発生と同時に損害と加害者を知ったことになるとされた（同時両建説）。しかし，損害賠償請求権は経済的価値がない。被害会社に被害金が還流した事例ならば，この判決の射程範囲は狭いといえよう。

6　法基通2-1-43

「他の者」の範囲が問われるが，犯罪で流失した金員が，会社に還流していない場合，即ち会社が真に被害者かどうかを区分する概念である。

「犯罪被害発生」か「所得隠し」かを区分するものである。

「他の者」は，その法人の役員又は使用人以外の者とする見解もある（矢田公一税務大学校研究部教授著税大論叢）。

7　架空外注による損害発生事件の損益計上

犯罪損失等による損益の計上は次の通りと分析される。

8　社会通念からみて回収不可能な損害賠償請求債権

①　貸倒れ発生が債権発生と同時になる場合がある。

この場合，後日貸倒損失計上せよといえない。

犯罪者への債権は，資産性がない。

課税庁は貸倒れで処理せよというが，社会通念に反する。

いずれ回収されたときに課税すれば良い。

②　会計会計原則は，企業の健全な財務状況の反映を要求しているから，損害賠償金のうち，回収可能性のないものは，益金計上を認めないというべきである。

下記人的特性は，回収可能性判断の要素として考慮される。

イ　犯罪者として服役していること

ロ　犯罪が破産宣告を受けていること

ハ　犯罪者の年齢，病気，扶養家族の状況，無資産，無職などの状況から見て弁済不能であること

③　権利発生・権利確定・回収可能性・損害賠償請求権は，発生しても直ちに権利が確定したことにならない。多くの損害賠償請求権については，金額が確定した場合でも，回収可能性がない場合，同時に貸倒損失の計上が認められるべきであろう。

9　一審東京地裁平成20年2月15日判決（定塚誠裁判長）

X請求を認容して，賦課処分を取り消した。

一審判決は，「不法行為による損害賠償請求権は，その行使が事実上不可能となったとき，すなわち，被害者である法人（具体的には当該法人の代表機関）が損害及び加害者を知ったときに，権利が確定したものとして，その時期の属する事業年度の益金に計上すべき」であるとした。

10　二審東京高裁平成21年2月18日判決

二審判決は，「債務者の資力・資産状況等の経済的観点から，債権の実現可能性が乏しいと判断されたとしても，それは益金計上の問題である。損害賠償請求権が取得当初から金額回収不能であることが客観的に明らかであれば，これを貸倒損失として当該事業年度の損失の額として損金に算入することが許される」とした。

但し，二審判決は，加害者が自宅マンション等を所有していたことから一部の貸倒損失も認めず，Xを敗訴させた。

11　学　説

①　損益確定説

損害賠償請求権の行使の可否により，実査の損失額が確定した事業年度において当該損失額を損金の額に算入することとし，これと同時に取得する損害賠償金を同事業年度の益金額に算入するとの考え方である。

②　同時両建説

不法行為による損失は，当該損失が生じた事業年度の損金の額に算入することとし，これと同時に取得する損害賠償金を同事業年度の益金の額に算入するとの考え方である。

③　異時両建説

不法行為による損失については，当該損失が生じた事業年度の損金の額に算

入するが，損害賠償請求権については，訴訟等によりその額が確定した事業年度の益金に算入するとの考え方である。

第2　一部貸倒認容判決（最高裁平成30年9月25日）（差戻上告審）

1　事案の概要

① 債務免除

被上告人が，その理事長であったAに対し，同人の被上告人に対する借入金債務の免除をしたところ，所轄税務署長から，上記債務免除に係る経済的な利益がAに対する賞与に該当するとして，給与所得に係る源泉所得税の納税告知処分及び不納付加算税の賦課決定処分を受けた。

被上告人は，青果物その他の農産物及びその加工品の買い付けを主たる事業とする権利能力のない社団である。

Aは，昭和56年頃から，被上告人及び金融機関から繰り返し金員を借入れ，これを有価証券の取引に当てるなどしていたが，いわゆるバブル経済の崩壊に伴い，借入金の弁済が困難であるとして被上告人に対し借入金債務の減免を求めた。これに対し，被上告人は，平成2年12月以降，Aに対したびたびその利息を減免したものの，その元本に係る債務の免除には応じなかった。

Aの被上告人に対する借入金債務の額は，平成19年12月10日当時，55億6323万0934円であったところ，被上告人は，A及び同人の元妻から，その所有し又は共有する不動産を総額7億2640万9699円で買取り，その代金債務と上記借入金債務とを対当額で相殺するとともに，Aに対し，上記相殺後の上記借入金債務48億3682万1235円を免除した。

被上告人は，Aの理事長及び専務理事としての貢献を考慮したものである旨を述べている。

② 納税告知処分

理事長であったAに対し，同人の原告組合に対する借入金債務の免除をしたところ，所轄税務署長から，上記債務免除に係る経済的な利益がAに対する賞与に該当するとして，給与所得にかかる源泉所得税の納税告知処分及び不納付加算税の賦課決定処分を受けたため，被告（控訴人・上告人）国を相手に上記各処分（ただし，上記納税告知処分については審査請求に対する裁決による一部取り消し後のもの）の取消しを求めた。

542

③　第1審判決有及び第2審判決

第1審は原告組合の請求を認容した。被告が控訴し，控訴審は，原判決は相当であるとして控訴を棄却したため，被告が上告した事案において，本件債務免除益は，所得税法28条1項にいう賞与又は賞与の性質を有する給与に該当するものというべきであるとし，これと異なる原審の判断には，判決に影響を及ぼすことが明らかな法令の違反があるとして，原判決を破棄し，本件債務免除当時にAが資力を喪失して債務を弁済することが著しく困難であったなど本件債務免除益を同人の給与所得における収入金額に算入しないものとすべき事情が認められるなど，本件各処分が取り消されるべきものであるか否かにつきさらに審理を尽くさせるため，本件を原審に差し戻すことを命じた。

2　判決理由（差戻上告審）

Aの資力の喪失により弁済が著しく困難であることが明らかになったためであると認めるのが相当であり，Aが被上告人の役員であったことが理由であったと認めることはできない。したがって，本件債務免除益はこれを役員の役務の対価とみることは相当ではなく，所得税法28条1項にいう給与等に該当するということはできないから，本件債務免除益について被上告人に源泉徴収義務はないというべきである。

所得税法28条1項にいう給与所得は，自己の計算又は危険において独立して行われる業務などから生ずるものではなく，雇用契約又はこれに類する原因に基づく提供した労務又は役務の対価として受ける給付をいうものと解される（最高裁56年4月24日第二小法廷・同17年1月25日第三小法廷判決）。

上記の給付のうち功労への報復などの観点をも考慮して臨時的に付与される給付であって，その給付には金銭のみならず金銭以外の物や経済的な利益も含まれると解される。

被上告人がAに対してこのように多額の金員の貸付けを繰り返し行ったのは，同人が被上告人の理事長及び専務理事の地位にある者としてその職務を行っていたことによるものとみるのが相当であり，被上告人がAの申入れを受けて本件債務免除に応ずるにあたっては，被上告人に対するAの理事長及び専務理事としての貢献についての評価が考慮されたことがうかがわれる。

本件債務免除益は，Aが自己の計算又は危険において独立して行った業務などにより生じたものではなく，同人が被上告人に対し雇用契約に類する原因に

基づいて提供した役務の対価として，被上告人から功労への報償などの観点を
も考慮して臨時的に付与された給付とみるのが相当である。

　本件債務免除益は，所得税法28条１項にいう賞与又は賞与の性質を有する給
与に該当するものというべきである。

3　法的検討

　本件債務免除益は，Aに対する功労への報償ではなく，雇用契約又は委任契
約とは別の消費貸借契約上の貸金返還債務の免除益である。

　差戻前の１，２審判決が社会通念に合致し，正しいと思われる。

　親子会社間の一部債務免除であるが，下記の国税庁質疑応答事例がある。

　「親会社が毎期行う貸付債権の一部放棄による経済的利益の供与」について，
一部債権額の放棄が貸倒損失として認められるとされている。

　【債権放棄しないと，相手方の倒産などで債権全体が消滅するなど，自社が
損をする】場合や，【一部の債権放棄をすることが自社にとって合理的と考え
られる】ような状況の場合，貸倒損失として認められる。債務者が「第三者」
である場合，債権放棄をすることで損失を被るのは債権者であり，かつ相手方
に利益供与する特別な理由等がなければ，一部債権放棄したことに合理性があ
るとされ，貸倒損失が認められる可能性は高い。

　税務調査で否認リスクを下げるため，一部債権放棄をした，債権者にとって
合理的な理由（一部債権放棄しなければ全債権が回収できない状況など）を整理して記
録しておく必要がある。

第3　ビックカメラ事件（東京高裁平成25年７月19日判決）

1　事件の概要

① 　X社は，資金調達目的でX自己所有の不動産を信託財産とした。
　これに基づく受益権を290億円で第三者へ譲渡した。
　信託財産は分別管理をなしていた。

② 　Xは，信託受益権の譲渡をもって信託財産の譲渡と取り扱った会計処理
　をなし，法人税の確定申告をなした。

③ 　信託受益権譲渡を信託財産の譲渡は異なるとする内容で，証券取引等監
　視委員会の指導をうけ，過年度の会計処理の訂正をした。

④ 　Xは，証取委の指導に従って会計処理の訂正を行い，納付すべき税額が

過大になったとして更正の請求（税通23条1項1号）をなした。

2　関係法令

①　法人税法22条4項（公正処理基準）

②　同法22条2項（別段の定め）

③　不動産流動化実務指針

3　争　点

一般に公正妥当と認められる会計処理の基準（法人税法22条4項）とは何か。

4　法的分析

①　信託財産の譲渡を金融取引と扱う会計処理（証券取引等監視委員会の指導），即ち不動産流動化実務指針が，公正処理基準に該当しないとしたのが東京高裁平成25年7月19日の判旨である。

②　同判決は法人税法22条4項は，公正処理基準が公平な所得計算の要請に適合する範囲に限定されるとしている。自主的経理の尊重は，租税会計の独自性（公平な所得計算の要請）に劣後するとするものである。

③　上記高裁判決は「受益権の有償譲渡は，資産の有償譲渡にあたる」とした。

第4　クラヴィス事件（最高裁令和2年7月2日第一小法廷判決）

1　事案の概要

消費者金融業等を営むA社は，平成7年度から同17年度まで（同11年度を除く）の各事業年度に支払を受けた制限超過利息を益金に算入して確定申告をしていた。最高裁判例（最判平成18・1・13民集60巻1号1頁）を契機として，多額の制限超過利息等の変換に迫られ，資金繰りの悪化により破産会社となった。A社の破産管財人に選任されたX（原告・控訴人・被上告人）は，過払金返還請求権等が一般調査期間の経過をもって破産債権として確定し（破124条1項），破産債権者表における当該確定事項の記載が確定判決と同一の効力を有するに至った（同条3項）ことが国税通則法23条2項1号および同条1項1号に該当するとして，平成27年6月19日に本件各事業年度の確定申告について更正の請求を行った。

2　一・二審判決

第一審（大阪地判平成30・1・15判時2410号15頁）は，企業会計上の前期損益修正が法人税法22条4項にいう「一般に公正妥当と認められる会計処理の基準」（以

下「公正処理基準」という）に該当するとして，各通知処分の適法性を認めた。原審（大阪高判平成30・10・19判時2410号3頁）は，公正処理基準に適合する会計処理は必ずしも単一ではないとの立場から，破産会社には企業会計原則が前提とする継続企業の公準が妥当せず，本件各事業年度に遡って益金の額を減額する会計処理によっても株主等の利害関係人や債権者との利害調整の基盤が揺るがないことなどを論拠として，当該減額処理の公正処理基準該当性を肯定した上で，更正の請求を認めた。Yは，上告受理申立てをなした。

3　判　旨

原審判決を破棄し，自判した。

企業会計原則は，過去の損益計算を修正する必要が生じても，過去の財務諸表を修正することなく，要修正額を前期損益修正として修正の必要が生じた当期の特別損益項目に計上する方法を用いることを定め，『会計上の変更及び誤謬の訂正に関する会計基準』も，過去の財務諸表の修正再表示の累積的影響額を当期の期首の残高に反映するにとどめることとし（21項），法人の損益計算が法人の継続的な経済活動を人為的に区切った期間を単位として行われるべきものであることを前提としており，過去の損益計算を遡って修正することを予定していないものと解される。

法人税の課税においては，事業年度ごとに収益等の額を計算することが原則であるといえるから，貸金業を営む法人が受領し，申告時に収益計上された制限超過利息等につき，後にこらが利息制限法所定の制限利率を超えていることを理由に不当利得として返還すべきことが確定した場合においても，これに伴う事由に基づく会計処理としては，当該事由の生じた日の属する事業年度の損益とする処理，すなわち前期損益修正によることが公正処理基準に合致するというべきである。

法人税法は，事業年度ごとに区切って収益等の額の計算を行うことの例外として，青色申告書を提出した事業年度の欠損金の繰越し（57条）及び欠損金の繰戻しによる還付（80条）等の制度を設け，また，解散した法人については，残余財産がないと見込まれる場合における期限切れ欠損金相当額の損金算入（59条3項）等の制度を設けている。課税関係の調整が図られる場合を定めたこのような特別の規定が，破産者である法人についても適用されることを前提とし，具体的な要件と手続を詳細に定めていることからすれば，同法は，破産者であ

る法人であっても，特別に定められた要件と手続の下においてのみ事業年度を超えた課税関係の調整を行うことを原則としているものと解される。

本件事業年度に遡って益金の額を減額する計算をすることは，現に配当がされたか否かにかかわらず，公正処理基準に従ったものということはできない。

したがって，上記の減額計算を前提とする本件各更正の請求が国税通則法23条1項1号所定の要件を満たすものではないことは明らかである。

4 解 説

過年度に益金計上された経済的成果が契約の無効，取消しまたは解除に基因して失われた場合に採用しうる法人税の課税関係の調整方法としては，経済的成果が失われた年度に前期損益修正としての損益控除（法税22条3項3号，法基通2-2-16）を行う方法と，経済的成果が益金計上された年度の申告を更生の請求（税通23条）を通じて遡及的に修正して過納金税額の還付を受ける方法がある。前者の調整方法によれば，経済的成果が失われた年度に損失と相殺しうるだけの収益が存在せず，また控除しきれずに生じた欠損金の繰越控除（法税57条）および繰戻還付（法税80条）が功を奏しなかった場合，所得が失われたにもかかわらず課税が残存し，不完全な法的救済にとどまることになる。

本件控訴審判決は，前述の通り，本件遡及的減額処理の公正処理基準該当性を肯定した上で，更正の請求を認めた。

本最高裁所判決は，企業会計および法人税法において期間計算主義が採用されていることを論拠に前期損益修正の公正処理基準該当性を肯定する一方で，期間計算主義の例外規定として課税関係の遡及的調整を認める規定が法人税法に存在すれば公正処理基準としての前期損益修正が排除されることを示唆する。

本最高裁所判決は，更正の請求要件該当性を真正面から論じることなく，前期損益修正が公正処理基準に該当することを直接的な論拠として更正の請求を排除する。本判決は，法人税法22条4項が更正の請求規定に関する別段の定めに当たるとの解釈から導かれる結論と同一の結論を示している。

無効な法律行為による経済的成果について現実に収受された部分についてのみ課税がなされる（最判昭和46・11・9民集25巻8号1120号）。経済的成果が，現実に失われることが前期損益修正または更正の請求の要件となるか否かも問題となる。支払行為の無効を理由とする源泉徴収税額の還付につき経済的成果の喪失を要するか否かについては，最判平成30・9・25（民集72巻4号317頁）がある。

所得税法には無効な法律行為による経済的成果の喪失を課税関係の調整要件として明示する規定（所税51条2項・152条，所税令141条3号・274条）が設けられているが，法人税法および国税通則法には同様の規定は見当たらない。

　本件控訴審判決は，「破産債権者表の記載がされたことをもって経済的成果が失われるか又はこれと同視できる状態に至った」と判示し，「破産債権者に対する現実の配当がない部分」についても更正の請求を認めた。

　過払債権者救済の観点からは，還付税額が破産手続に沿って債権者に配当されることが確実であるとして，過払金の返還に先行して法人税率で割り戻した額の過払金の返還が本来必要である。

　過払金の返還請求債権について，破産会社の資産を換価して配当する救済方法，破産会社に戻された還付税額を配当する救済方法，国に対する不当利得返還請求による救済方法，の三つが考えられる。破産法人の場合，欠損金の繰戻還付制度を利用できる（法人税法80条1項）。

第17章　親子会社間取引訴訟事件
（継続的下請け取引における適正な価格と税務調査）

（公正基準）

　親子会社間の公正取引価格は，一体取引と把握し，顧客確保，リスク負担等を総合考慮して公正な利益分配基準に従って判定されるべきである。

（東京地方裁判所平成26年1月24日判決）

1　事実の概要

(1)　住宅部材の継続的専属下請取引と事後清算方式の価格決定

　製品の値決めは，「市場が求める価格と品質を持つ商品を，最も少ないコストで作る方法」を見つけて行われる。卸売業では，商品の取得価格と転売価格との差額計算によって利益を把握するが，もの作りを行うメーカーの場合，商品の製造原価（コスト）を計算して，原価を基準に商品価格を決定する。

　SK 社は，戸建住宅を生産販売する会社である。SB 社は，戸建住宅の流通過程（サプライチェーン）の中間に位置し，戸建住宅の部材を生産販売する会社である。SB 社は，SK 社の専属下請会社で，共同して「良いものを安く作る」事業を行っている。SK 社は，戸建住宅の特注外壁を，外壁生産下請へ外注し，住宅ユニットを，ユニット生産会社に外注し，その住宅部材代金を期初に決定せず，事後原価計算による出来高を査定して期末に決定して支払ってきた。生産下請会社は，各住宅の受注邸毎にセット（受注の個人住宅邸毎にまとめたもの）として SK 社へ納入し，毎月その暫定代金（暫定価格として，毎期通知されていた金額で，乙第1号証①～⑲参照）の仮払をうけ，期末に加工外壁等の実績原価（製造コスト）を計算して最終価格を決定して，仮払金との差額を値引・値増の方法で出来高精算してきた。

　住宅部材の専属下請取引に関する価格決定方式（出来高査定方式）は，各下請会社について，同一の内容の覚書が予め締結され，「合理的な原価計算を基礎として価格を決定する」との合意に基づいて長年継続して行われてきた。本件は，特定の継続的専属下請取引において，現実に行われていた価格決定（事後原価計算による価格決定）に関する事実認定問題である。

(2)　本件価格決定方式に対する二つの更正処分

大阪国税局は，この住宅部材の出来高査定方式について，税務調査したが，事後原価計算をして価格決定されている事実を看過し，生産子会社（SB社）が値引した取引については，生産下請会社（SB社）に寄附金課税をなし，法人税及び消費税の更正処分ならびに重加算税賦課決定処分がなされた（値引事件）。一方，値増に関する取引については，SK社に対し，法人税及び消費税の更正処分ならびに重加算税賦課決定処分がなされた（値増事件）。二つの更正処分の理由は，「期初に価格が決定していた」とするものであるが，期初は，暫定価格通知がなされていただけであり，明白な誤りである。課税庁は，本件価格について，公正価格かどうかを問わないとするが，寄附金判定においても，公正価格かどうかの検討をしなければならない。

(3)　大阪国税不服審判所で勝訴

寄附金課税をうけSB社及びSK社は，いずれも大阪国税不服審判所へ不服申立をなしたところ，先ず，SB社に対し，消費税及び重加算税の取消裁決がなされた（第一次裁決）。SB社に対する法人税更正処分は，そのまま維持された。処分庁であった大阪国税局は，これをうけて，直ちに，SK社に対し，職権で消費税更正処分と重加算税賦課処分を取り消した。その後，大阪国税不服審判所は，SK社からの審査請求については，SB社事件と同じ泉審判官に関与させ，全国の下請工場と帳簿書類を実地調査して審理したところ，SK社に対して残された法人税更正処分も全部取り消すに至った。SK社に対しては，法人税更正処分・消費税更正処分・重加算税賦課決定処分のすべてが取り消された。

課税庁組織の最高位にある国税不服審判所は，同じ担当者の下で，本件の出来高査定方式による価格決定が法人税法上も最終的に合理的なものと認定したのである。本件は，第一次裁決によって残されたSB社の法人税更正処分の取消を求めるものであるが，第一次裁決と第二次裁決を起案したのは，いずれも泉審判官であり（審判所手続において確認済），本件価格決定方式は，第二次裁決で合理的と認められたのであるから，国税通則法102条１項によって，合理的なものと認めなければならない。SB社に対する，第一次裁決によって，課税庁はSK社に対する賦課処分のうち，消費税更正処分と重加算税賦課処分を取り消したのだから，第二次裁決によって法人税更正処分が取り消された以上，SB社に対する法人税更正処分を同様に取り消すべきである。課税庁の最終判

断は，国税不服審判所の第二次裁決であって，これと矛盾する主張（本件訴訟における被告の主張）は，国家の正統性を失わせるものである。

(4) 取引の流れ

（販売取引）　　　　　　（下請取引）

(5) 戸建住宅の部材

いずれの下請商品も戸建住宅の一部を構成する部材であって，個数単位で納品されているわけではなく，特注部品が邸単位で継続的かつ大量に納品されているのである。どのように作り，何個納品するのか，期初にはわからないので，事後原価計算して，価格決定しなければならない。

（SB 社商品）　　　　　　　　　　　（ユニット生産会社商品）
加工外壁　　　　　　　　　　　　　住宅組立ユニット

※住宅組立ユニットは，加工外壁によって構成されている。

2　東京地裁判決

東京地方裁判所民事38部は，平成26年1月24日，審判所が取消さなかったSB 社に対する法人税更正処分について全部取り消す旨の判決をなした。

3　SB 社主張の概要

(1) 本件価格決定方式（事後原価計算方式）

もの作りをするメーカーには，二種類がある。一つは，汎用品を作り，作り置きするメーカーと，もう一つは，特注を受けて，在庫しないメーカーである。原告 SB 社は，後者のメーカーである。後者の場合，更に何をいくつ作るかも予想できない場合，特注品の総合価格は，期初に決まらない。本件は，戸建住宅の加工外壁の継続的な専属下請取引であり，邸毎の外壁は特注品である。期初において，数万種類もある外壁（サイズ・カラー・材質・付属品などの組み合わせによる数万品番が存在する）のうち何を，何枚作るのか明確ではなく，これらが大量に継続的に納品される建築部材であるから，期初に価格を決定できない。

SK グループでは，40年前から期末に出来高を原価（生産コスト）計算して価格を決定する方式を採用してきた。外壁の生産コストが生産量増減により大幅な変動をするので，期初に価格を決定すると，受注側の SB 社には，大きなリスクが発生し，期初の予定価格と期末における実績原価との差は，数億円にもなる。SB 社にはそのようなリスクに耐える能力はない。SB 社では，SK 社の所有する工場で加工生産するだけの人の集団で，SK 社の指定の仕様で，外壁を受注生産するだけの会社である。2000年以前，予定原価と実績原価の差異金額は，数億円となり SK 社は期末に値増しの方法で仮価格を変更した。乙第 1 号証①～⑲の価格決定通知書には，期初「暫定価格」との記載があり，期初価格が「暫定価格（予定価格）」であったことは否定しようがない。課税庁は，乙第 1 号証①～⑲を見ながら，「暫定」の文言を故意に無視し，期初価格が固定されていたと強弁し，期初後の値引等の価格変更はすべて寄附金と誤認した。

　2002年以降の本件調査期間における価格変更は，従前と同様に，原価計算のうえ帰責・貢献度・量変動リスクなどを考慮して，仮払代金と実績原価をベースに決定された期末決定価格との差額を値引き清算したものである。

(2)　SK 社裁決と行政手続における最高位判断

　本件価格決定方式（以下事後原価計算方式という）は，期初に仮価格決定をし，発注者が仮価格支払いをなし事後原価計算をして，期末に価格を決定して，過不足を清算（値引・値増）するものであった。SK グループでは，生産子会社 9 社と SK（以下 SK 社という）間において，同一の本件価格決定方式を採用して行っていた。SB 社と SK 社間取引（本件取引）における基本取引契約と覚書に基づいて事前合意をなしていた。同様に，他の生産子会社（下請会社）と SK 社の間の取引において，本件価格決定が採用されていた。大阪国税局は，SK 社が SB 社から期末値引を受けた取引について，又，SK 社が他の下請会社へ値増した取引について寄附金認定した。値引取引については，SB 社に更正処分をなし値増取引については，SK 社に対し更正処分をなした。SK 社と SB 社は直ちに不服申立をなした。大阪国税不服審判所は，SB 社事件について，消費税及び重加算税賦課決定を取り消した。課税庁は，これをうけて，SK 社への更正処分のうち，消費税と重加算税を自ら職権で取り消した。

　SK 社裁決は，本件事件の裁決の後に出された。SB 社裁決と SK 社裁決を起案したのは泉審判官であり，その他の審判官も共通している。SK 社裁決にお

ける取引は，SK 社と組立メーカーとの住宅部材売買に関する専属下請取引で
あった。本件事件も，SK 社と SB 社間の住宅部材売買に関する専属下請取引で
ある。前者の取引と後者の取引は，いずれも戸建住宅の部材取引として共通し
ており，両取引は，同一内容の基本取引契約書と覚書のフォームを使用してお
り，いずれも実績出来高を査定して価格を後決する取引モデルであることは，
全く同一である。SK 社裁決は，本件ビジネスモデルと全く同一のモデルにつ
いてなされた判断である。SK 社裁決は，同一の価格決定モデルの値増につい
て判断したものである。本件は，同一モデルの値引について問題とされたもの
で，両事件は同一の価格決定モデル（40年間行われてきた）について，課税庁が同
一の事実誤認したケースである。

(3) 継続的専属下請取引の公正価格

　製品の原価は，量変動などによって大きく増減する。SB 社は資産を保有し
ない人の集まりに過ぎないから，原価の大きな変動リスクに耐える能力はない。
又，特注品は作ってみないと原価は計算できない。本件は，特注品の専属下請
取引における価格決定のビジネスモデルである。建設業界は元来特注品を作る
ところだから，原価を開示した見積書提示方式で，原価をベースに価格が決定
されている業界である。最近は，多くのもの作りの業界では，専属下請会社と
発注会社が協力して，原価開示をしたうえで，原価低減活動を推進することが
一般化しつつある。これは，専属下請会社に原価変動のリスクを負担させない
ことと，又，専属下請会社の生産工程をチェックすることが品質向上に不可欠
だからである。すべての元請メーカーは下請メーカーと協力して「良いものを
安く作ること」を最重要目標としている。

　本件専属下請取引における価格決定モデルは，「良いものを安く作る」ため
の方法であり，そこには利益調整の要素は全くない。日本のメーカーが，必死
にコスト削減して，良い品質の製品を作る努力をなしているビジネスモデルに
対し，寄附金課税をなせば，正常な企業活動を阻害し，当該企業グループを倒
産させることになる。本件における実際原価をベースにした価格決定方法は，
発注者と下請会社の役割・機能・貢献・リスク負担などを基礎としたもので，
極めて合理的なものである。日本のメーカーは，専属下請会社との間で，「良
いものを安く作る」共同事業のサプライチェーンを世界市場の中で構築するが，
その低価格のメリットは消費者が受ける。「販売拡大努力をなし，設計開発業

務を行い，量減少のリスクを負担する発注者」と，「発注者の仕様に従い，量減少のリスクを負担しない専属下請会社」を比較すれば，発注者が圧倒的に利益に対する貢献度が高い。専属下請取引は，どこでも原価をベースにして価格を決定している。

⑷　毎期になされた期初暫定価格通知

　本件更正処分は，6ヶ月の期中価格が期初に確定していたことを前提としているが，期初価格について，毎期暫定価格通知がなされていたことによって，課税庁の事実認定が誤りであることは明白である。本件は，価格確定方法のプロセスが問題とされた事件である。毎期仮価格（暫定価格）通知がなされ，事後的に実際原価を計算して，仮価格から，確定価格に変更していたビジネスモデルであったことは否定しようがない。

⑸　価格調整（価格の後決め）の必要性と合理性

　税務会計実務において，「調整」とは，正しい数字に修正することである。例えば，申告調整とは，企業の損益計算結果を税法の規定に従って正しく計算をなして，修正することである。本件価格決定モデルは実際原価をベースに，価格を後決めするものであるが，その必要性は以下の理由事情による。

　①　仮価格を実際原価をベースに出来高査定をして値引・値増方法で修正しなければ莫大な損失が発生することになり仮価格を放置したら SB 社が倒産する。

　②　当初予測（仮価格）を放置すると実際原価との差が大きく乖離し，SB 社の役割・貢献以上の利益を残すことになる。

　③　良いものを安く作る目的を実現するために実績査定する方法である。

　④　帰責も考慮するには，事後原価計算して，価格を決定するしかない。

⑹　売上係数の設定

　本件では，期初に，転売価格（有償支給価格と表示されているもの）に売上係数（1 未満を目標とするもので，本件価格÷転売価格の計算式による数値）をかけて，暫定価格（予定価格）が通知されていた。これは本件価格が，転売価格よりも低くし，生産コストの削減を目標としたもので，売上係数の存在は否定できない事実である。課税庁は「更正処分理由や異議棄却決定理由として，一貫して，転売価格と本件価格が一致する」と主張してきたが，売上係数の存在は課税庁の主張が誤っていることを端的に証明している。

(7) 事前合意に基づく事後原価計算

事前合意に基づく事後原価計算を基礎として，本件価格を決定していた。覚書の文言は，事後原価計算を基礎とするとしていることは明確である。原価計算とは当期の原価計算であり，それ以外はないから，「合理的な原価計算によって価格を決定する」という覚書の文言は，当期の事後原価計算しかない。

(8) 移転価格事件との違い

移転価格事件では，内国法人が国外関連者への不当な高い価格での取引によって，内国法人の所得移転が問題とされる。しかし，本件は，専属下請取引であって，発注者と受注者が共同して，「良いものを安く作る」事業であり，低価格のメリットは消費者が受けるもので，所得移転の事実や租税回避の動機は全くない。課税庁の主張は全世界において行われている専属下請取引を破壊するものである。

本件では，戸建住宅の厳しい市場競争の影響により，「良いものを安く作る」共同事業が形成され，コスト削減によって利益を出さなければならない。

4 専属下請取引における公正価格

(1) 専属下請取引の特徴

日本の産業界における製造業は，多くの専属下請取引を行っている。専属下請取引の場合，発注会社と下請会社は，相互に信頼関係が形成され，「良いものを安く作る」共同事業として構築されている。発注会社が専属下請会社を起用するのは，コスト削減と安定的な部材の供給を実現するためである。下請会社は，赤字リスクをとらない存在であり，量変動リスクを負担しないものであるから，より安心してモノ作りに専念することができ，それが日本の製造業が国際競争力を持つまでに発展させることに貢献したという誇るべき歴史がある。専属下請取引は，「良いものを安く作る」共同事業だから，発注会社と専属下請会社は，両社共に利益を多く取れない。ライバル会社の製品との価格競争があり，これに勝たなければ，両社共に倒産することになる。したがって，コスト削減の成果は，顧客（消費者）が受けることになる。

(2) 下請会社の役割・機能

発注会社は，良いものを安く作る下請会社を常に探すか，又は，専属下請会社にコスト削減努力を常時要求する。それをしなければ，ライバル会社に市場で負けてしまう。日本のモノ作りが消えているのは，専属下請会社が日本から

消えていることを意味する。日本に残る発注者は，企画・開発力があり，付加価値を作れる企業だけである。専属下請する会社は，発注者の仕様に従って良い物を安く作る役割・機能を有するだけである。下請企業がこれを実現できないと，当然に取引が打ち切られるのが，経済界の実態である。下請会社は，また，量変動のリスクを一切負担しない。そして，下請会社は，受注量の増大に全く貢献しない。

(3)　量変動のリスク負担

専属下請会社は，開発業務や販売業務も行わず，受注量の激減のリスクも負担しないから，少しの利益とコストをカバーする価格で，一般に取引されている。この機能に応じた分配は，寄附金にならない。自己の貢献度以上にとると逆の寄附金となる。一般に，量変動の影響は，発注者に起因するもので，専属下請会社に起因しない。しかし，専属下請会社は，総コストをカバーする価格（下請会社の若干の利益を含む）で商品を売却できるので，安定した取引を維持することができる。

(4)　共同事業

世の中の専属下請取引は，「良いものを安く作る」共同事業である。「安く作る」のが主要な目的となるのは，ライバル企業と競争するためである。競争に敗れると，発注会社と専属下請会社は，共に倒産する。すなわち，木をみて森をみないと，経済合理性のない景色が見えてしまう。両会社の共同作業によるコスト削減システムを全体的に見て，暫定価格から最終価格への移行プロセスを理解しなければならない。

(5)　アライアンス経営

本件加工外壁の生産は共同事業であり，親子会社間において，他のライバルグループと競争する企業アライアンス（企業連合）を提携したものである。

(6)　密接不可分関係

本件専属下請取引は，一般消費者相手の取引（利益相反関係）と異なり，安くて良いものを作るための共同事業取引である。専属下請会社と発注者は，運命共同体である。タイの洪水災害や福島原発事故の発生により，日本のメーカーは多大な影響を受け，長く商品を市場へ出すことができなかった。発注者と専属下請会社は，サプライチェーン（供給ネットワーク）を構成する密接不可分の関係といえよう。

556

(7) **市場価格ではなく公正価格であること**

本件取引価格は，市場での類似取引がない。厳密な意味で，独立企業間価格はない取引であり，本件では，機能・役割に応じた公正価格が事後に実現されているだけである。課税庁は，寄付金認定する場合，本件において公正価格は何であるかを主張・立証する責任がある。

(8) **値増期間**

本件調査期間の前は，住宅の受注数量が少なく，SB社は値増しされていた（甲9の2）。かかる事実は，値引きした時期と併せて考えると，原価に・機能・役割連動した公正な価格を実現していたことを証明するものである。SB社は，一般の専属下請取引と同様に，総コスト（SB社の利益を含む）カバーの価格で，商品を売買していたことが理解されよう。本件では，値引期間だけに寄附金課税を行ったものであるが，値増期間を考慮しないのは，公正な判断ではない。

(9) SB社はコスト削減を実現するために作られた会社である。SB社は決められたことを，SK社の所有工場の中で外壁を生産加工していただけである。

5 機能に応じた損益の帰属の価格を決めた後に公正価格の審査がなされるべきである

(1) 本件加工外壁については，市場がないから，類似の独立企業間価格を発見できない。そこで，機能役割に応じた損益分配をみることが先決問題である。まず，機能役割に応じた損益分配を決定し，これによって決定した価格が公正価格かどうかは，後で審査することになる。

(2) 独立企業間においても，役割・機能・貢献度・リスク負担以上に，利益を獲得することはない。

「SB社の働き以上に利益を残す価格」は，公正価格ではない。

(3) 市況悪化のリスクを一方的に負担する者が，市況好況化の利益を獲得するのが，公正基準である。本件において，SK社が単独で市況悪化による量減少のリスクを負担している。

(4) 本件外壁の転売益によって，SK社の開発コスト・設計コストなどがカバーされなければならない。よって，転売価格と本件価格が同一で良いとする被告の主張は，無理に寄附金としたもので，失当である。さすがに，被告は，本件訴訟になってから，「期初価格が公正価格である」と処分理由を差し換えた。「期初に価格が決定された」という処分時の主張と，「期初価格が公正価格であ

る」という訴訟における主張は，全く異なるものである。被告は，本件訴訟前において，本件において公正価格は問題ではないと主張し，価格の先決め，即ち，転売価格が本件価格であると強弁していた。

6　数量変動専属下請契約

(1)　専属下請契約では，一定以上売れたら，単価を下げる契約になっていることが多い。

実務では，専属下請取引において，あらかじめ単価変更を可能とする契約書フォームが使用されていることが一般的である。

(2)　本件は，専属下請会社に量変動リスクを負担させない取引であるが，量増加による利益は，発注者側に属する。そして，量減少リスクも発注者が負担するが，リスクを負担するところが，リスク吸収のために内部留保を持たなければ，発注者と下請けが共倒れとなる。発注量の保証をすれば，一定量が超過すれば単価を値引きするのが通常である。

(3)　専属下請会社の役割や働き以上に利益を取らせれば，逆の寄附金となる。専属下請取引における下請会社の役割・機能・貢献度・リスク負担を基礎とした価格が，公正価格である。

7　コスト（実際原価）のヒモつきの価格で，事後原価計算を行っていた争いのない事実

(1)　事後原価計算を行っていた事実

本件価格が期初ではなく事後原価計算によって，価格が後決めされていた事実は，否定しようがないが，この点は争いがない（もし争いがあれば証人尋問をしなければならない）。課税庁も，事後原価計算が行われた事実を否定していない。これを認めた上，課税庁は，期初価格が公正価格であると主張している（訴訟になってから）。

(2)　課税庁は，処分時において，「期初価格が本件価格である」と主張していたが，原告が，各期に「暫定価格通知」がなされている明確な証拠を示したところ，課税庁は，訴訟になって，期初価格が公正価格であると主張を変えた。「期初に価格が決定された」という主張と，「期初価格が公正価格である」との主張は矛盾する。本件では，事後原価計算が行われていたから，価格の後決めモデルが実行されていた事実は否定しようがなく，「期初価格が公正価格である」との主張は，価格の後決めの事実とのみ整合するからである。課税庁は，

558

期初価格が公正価格であることの立証は，何一つ実行していない。これは，最高裁判所や下級審裁判所が確立している信憑性原則や重要事実原則に違反している。

8　本件価格決定要因

(1)　コスト対応

SK 社の要因（量変動・材料費の高騰など）では SB 社を赤字にしないということであり，逆に，開発費・営業費・設計費などの SK 社コストに見合う部分は，SK 社に利益分配されなければならない。

(2)　本件原価計算

本件では，事後原価計算をなして，実際原価（SB 社の貢献利益を含む）をベースに，価格を決定していただけである。

(3)　貢献利益

事後原価計算の中には，SB 社の貢献利益を含めている。事後原価計算の中には，SB 社の役員賞与・従業員賞与も含まれる。「取引価格＝材料費」ではなく，SB 社は，本件課税対象期間において，年間5000万円程度の利益を確保している。

(4)　暫定価格

本件では，期初に価格が決定されていなかったことは，各期の「暫定価格通知」の存在によって明白である。四半期会計の導入後は，本件価格決定方式は二種類となった。本件更正期間の前半三期（6ヶ月×3）は，期末値引方式であり，後半三期（6ヶ月×3）は，3ヶ月毎の価格変更方式が採用されていた。後者では，3ヶ月間は価格が固定されている（逆にいうと，3ヶ月毎に価格が変更されていた）。

9　値引の要因

(1)　SB 社の役割

SB 社の役割・機能・リスク負担しない地位から決定されたのが，本件価格である。

事後原価計算による実際原価を基礎に，本件価格を決定していたのである。

(2)　利益調整

本件取引は，安くて良いモノを作る共同事業である。そして，下請会社を赤字にしないものである。利益調整の要因は一切ない。

(3)　リスク負担

受注をうけてから製作し，何をどれだけ作るか分からない。SB 社には，リスクの負担能力（量変動リスク）がない。

10　期末又は期中の価格変更又は値引きが，事後原価計算による実際原価のひもつき（正確にいえば，SB 社の役割・機能に応じて）で決定されていた事実を証明する証拠は，次の通りである。

(1)　売上係数

本件取引においては，転売価格との比較割合を表す売上係数を設定し，期初において，暫定価格で取引をスタートしていたことは明白な事実である。本件専属下請取引は，「良いものを安く作る」共同事業であるから，取引当事者間において，相互に贈与しなければならない動機は全くない。

(2)　値増期間

本件更正処分の対象期間以前は，SK 社が，SB 社に値増ししていたのであった。これは商品の数量が少なく，SK 社は，赤字取引（転売価格との比較にすぎないが）をしないと，SB 社の生産コストをカバーできなかったものである。これをみれば，本件取引は，SB 社に量変動リスクを負担させない取引で，量変動による損益は，SK 社に帰属する取引であったことがわかる。

(3)　値増事件と値引事件

東京地裁の第 2 回弁論協議期日において，定塚裁判長が強い関心を示された点，即ち，「本件値引きが，どのように合理的に行われたか」について，同様に大阪国税不服審判所は，SK 値増事件において値引と値増等の価格変更が公正に行われていたことを調査するため，全国 5 ヶ所の実地調査を行い，価格変更の実態を調査した上，最終的に，値増事件の裁決によって，寄附金課税が違法であったことを認定した。値引事件裁決と値増事件裁決を担当した審判官は共通であり，両裁決を実際に作成されたのは，泉審判官であり（これは，原告代理人が本人から直接聴取した事実である。），値引事件裁決から値増事件裁決に至るまでに調査を継続され，最終的に値増事件裁決において，本件価格決定モデル（事後原価計算方式）が合理的であると認め，法人税の寄附金課税を取り消した。

(4)　同一の価格決定方式であること

値増事件と値引事件は同種である。両事件は，同一文書の覚書によってなされた同時期の住宅部材専属下請取引である。値増事件は，住宅ユニットが取引

対象であり，値引事件は，加工外壁が取引対象で，いずれも住宅の部材取引として共通である。値引事件の更正処分と値増事件の更正処分は，連動して出された。そして，大阪国税不服審判所が，SB 社の値引事件について，消費税と重加算税を取り消したら，大阪国税局は，SK 値増事件の税務調査を担当していた若泉総括主査と SB 社値引事件の異議申立を調査審理課で担当していた細川補佐を派遣し，SK 社の値増事件の消費税と重加算税を職権で取り消すことを，SK 社へ事前に説明してきた。その後，その内容の更正通知書を発行した。特に，（再）更正通知書の発行日は，異議申立期日（8月25日）の 1 週間前（8月18日）という，訴訟妨害とも受取られかねない異例の日程で強行したことからも，大阪国税局は，両事件の価格決定方式は同一と認識していたことは明白である。そもそも，大阪国税局は，値引取引に課税し，その連動で値増取引に課税してきたのであった。大阪国税局は，課税（更正処分）の際も，値引事件と値増事件は同一と考えていたのである。だから，SB 社の値引事件の更正処分のうち，消費税と重加算税を取り消す裁決が出たら，大阪国税局は，その取消裁決に従って，SK 社の値増事件の更正処分のうち，消費税と重加算税を職権で取り消した。

(5) **コスト削減努力**

　これらの価格変更の詳細は，事後原価計算による実際原価を基礎として，コスト削減努力（CR 活動）の結果をも盛り込み，本件価格が決定されていたことを示すものである。

(6) 課税庁は，本件取引価が公正価格かどうか，立証責任がある。

　SB 社値引事件の裁決書に「仮に，最終販売単価が市場価格等に照らして経済合理性を有するものであっても，そのことは寄付金該当性の判断を左右するものではない」とあるように，最終取引価格が合理性を有するものであるかは，調査の対象から外されていた。これは，当初の税務調査時に代理人が北村統括官に面会を求めて説明しようとしたにも拘らず，面会すら拒否された事実も示しているように，当初の税務調査，異議申立，審査請求にいたる被告側の一貫した態度であった。言い換えれば，「最終販売単価が市場価格等に照らして経済合理性を有するものであった」ことは被告と原告との間で一切の争いがなく，そのまま事実として認定されるべきものである。訴訟段階になって「事後に作成した後付けのもの」との被告の主張も垣間見られるが，それは当初の税務調

査，異議申立，審査請求に至る被告の調査の不備を認めるものでしかない。

11　更正処分の違法事由

⑴　課税庁主張（期初決定価格から期初公正価格）

①　課税庁は「転売価格が本件取引価格である」と主張していたが，各期の暫定価格通知書を無視できず，価格を後決めしている事実を否定できなくなり，訴訟になってから，「期初価格が公正価格である」と言い換えた。このような処分理由の差換えは許されない。

②　課税庁も，事後原価計算（SB社の機能・役割・原価を考慮した計算）によって，期末に価格が決定されていたことを否定していない。これを否定する証拠がないからである。しかし，期初は暫定価格であったから，更正処分は，期初に価格が決定されていたことを前提としているので，それだけで，更正処分理由は明白に違法である。

③　課税庁は，期初価格が公正価格というが，それでは寄附金認定できない。本件では価格変更がなされていたのだから，期末価格が，公正価格かどうかが問題なのであり，期末価格を吟味してからでないと，寄附金認定できない。

④　課税の経緯と更正処分の理由

本件更正処分は，「期初に価格を確定していたこと」と「本件価格は転売価格と同一であること」を前提としている。しかし，かかる事実認定が間違いであることは，期初価格についてなされた暫定価格通知の存在によって明確である。本件更正処分は，毎期（6ヶ月毎）になされていた暫定価格通知を見落とした重大な過誤に基づく違法なものである。

⑤　課税庁は，期初に価格が決定されていないことを否定できない。

課税庁は，期初価格が公正価格であることは問わない。課税庁は，期初価格の公正価格性を全く証明していない。課税庁は，転売価格（有償支給価格）と本件価格が同一であると主張している。課税庁は，また，本件価格が転売価格に売上係数を乗じて計算されていたことから，目をそむけている。売上係数は，買主の立場からみた転売価格と本件価格（仕入価格）の価格差を示すものである。期初価格の公正価格性を分析すれば，期末価格の公正価格性が，逆に明確となる。

⑥　本件価格は，事後原価計算によって価格決定されただけである。期末価格は，利益調整ではなく，「事後原価計算によって決めた価格」である。そして，

SB 社のコスト削減努力によって確保された利益は，SB 社が獲得するもので，SB 社の役割・実働に応じた価格決定方法が本件で採用されていたのである。

(2) **課税庁の主張の矛盾と破綻**

① 課税庁側は，値増事件と値引事件は異なると主張するが，それならば，値引き事件で消費税と重加算税が取り消されたときに，課税庁（若泉総括主査）は，自主的に，その取消裁決に連動して，値増事件の更正処分のうち，消費税と重加算税を取り消したが，このことは矛盾している。課税庁は，期初価格が本件価格であると強弁するが，しかし，3ヶ月固定方式では，価格変更も値引きもない。

② 課税庁は，本件値引きが，公正処理基準に従っていないと主張する。しかし，これは，根本的な誤りを犯すものである。本件で行われていた事後原価計算によって，価格を決定していた事実は，否定しようがなく，この事実を前提として，公正処理基準を発見しなければならない。

③ 期初に価格が決定されていなかったことは，明白である。課税庁は，自ら認めるように，期初価格通知を根拠に更正処分をなした。しかし，これは，決定的な誤認であって，期初価格通知は，期初の価格が暫定であることを示すものであり，課税庁の主張（期初価格が決定価格とするもの）をかえって否定する証拠である。したがって，更正処分が違法であることは，期末価格の公正価格性を吟味するまでもなく違法である。

12　値増事件と値引事件の審理

(1) **SB 社裁決と SK 社への影響**

SB 社の値引事件で，一部勝訴裁決（消費税と重加算税取消し）があり，その影響で，SK 社の値増事件の消費税・重加算税賦課処分が，職権で取り消された。

(2) **SK 社裁決**

その後，SK 社の値増事件で，残っていた法人税について，全部勝訴裁決があった。

(3) **被告の主張**

期初価格が公正価格であると新たに主張することは，処分理由を差し換えることになる。被告の処分理由は，期初に価格が決定されたということである。

国は，最新の値増事件裁決（納税者勝訴確定）の趣旨に従わなければならない。国が正義のない課税・徴収をしてはならず，国家の権力の正統性は，正義に従

った国家活動にあることを忘れてはならない。

(4)　裁決の経緯

値増事件と値引事件は同時進行し，課税庁は，同一事件と考えてきた。若泉総括主査は，SB 社裁決（消費税と重加算税について納税者勝訴）によって，SK 社に対する更正処分を取り消す，と説明しに来た。課税庁は，両取引が同じビジネスモデルと認めている。その後，SK 社裁決が出されたが，その裁決は最新のもので，事業（戸建注文住宅の製造）の実態に照らして事後原価計算によるビジネスモデルの合理性を認めている。SK 社裁決は，価格調整が出来高査定によることを認めたもので，結果的に値引きの合理性も認めたことになる。

13　3ヶ月固定方式（2003年下期から）（価格変更）

(1)　各期は，6ヶ月単位で事業計画されるが，四半期会計が取り入れられてから，3ヶ月固定方式となった。

2005年下期の3ヶ月固定方式（SK 社裁決書）も，SK 社裁決で合理的であることが認められた。

(2)　SK 社裁決において，事後原価計算の合理性も認められた。

(3)　本件課税対象の6期（6ヶ月間×6）のうち，前半の3期は，価格の期末決めをしていた。後半の3期は，四半期会計の影響で，3ヶ月固定方式であった。3ヶ月固定方式では，期初から3ヶ月経過後に原価計算して，各クオーター（3ヶ月間）の価格を決定しているから，値引きはない。3ヶ月固定方式においては，各クオーターの価格は，原価計算に基づいて決定しているから，クオーター毎に公正価格かどうか吟味しない限り，寄付金認定できない。

14　価格変動取引の事例

長期契約や継続契約では，価格変更条項が存在するのが標準である。また，各企業は，赤字取引を継続すれば，存続できないから，常に原価計算をなし，総原価をカバーする売価を設定するのが普通である。価格決定の最重要なファクターは，原価をカバーすることである。

価格の後決めや価格変動取引は，実際原価を基礎として，価格を最終決定するものであり，極めて合理的で，次のような実例が多数存在する。これらは，すべて原価をカバーすることが，売価設定の基本であり，合理的な企業行動であることを示す例である。

564

⑴　電力使用量と料金

電気使用量請求書には，燃料費調整額がある。従量電気代もある。電気代にも「燃料費調整」料金制が行われている。2004年11月24日，電力会社は，燃料費の下落を理由として，「電気料金引き下げのお知らせ」を通知したこともあった。電力会社の価格設定は，常に燃料費をカバーする価格を維持している。

⑵　海外旅行代金

海外旅行では，燃料サーチャージがある。航空会社の料金が，燃料代を常にカバーする設定とされているからである。

⑶　鉄鋼業界

値引・値増し契約が行われている。鉄の生産には，燃料代がかさみ，常にコストをカバーする価格設定がされている。

⑷　野菜価格

時間経過に伴う値引契約が，一般的に行われている。野菜は鮮度が命で，期間経過と共に，急激な下落が発生する。

⑸　ガス料金にも「原料費調整」料金制が行われている。

ガス会社も，原料費をカバーする価格を設定している。

⑹　iPhone の変動料金制

ソフトバンクは，激しい市場競争に打ち勝つため，値引等の変動料金制を採用している。ユーザーに利用方法を開示させ，その利用コストに相応する価格設定を行うもので，コストに応じた価格決定方法の一つである。

⑺　工事請負契約の減額請求権

建設業界では，四会約款付請負契約が標準とされている。四会約款にも，値引請求権規定がある。原料価格等が変動したときに，価格変更できるとするのが，四会約款価格変更条項である。

⑻　「なおしや又兵衛」のビジネスモデル

前田建設工業株式会社は，リフォーム子会社を設立し，原価開示方式を採用し，発注者の信頼を獲得するビジネスモデルを開発しているが，新規ビジネスモデルとしてヒットしている。原価開示方式は，価格決定方式として最も合理性がある公正なものと認識されている。本件における原価開示方式は，発注者と専属下請会社の機能・役割・リスク負担を勘案したもので，極めて合理的なものである。

15　転売価格と本件取引価格
(1)　転売価格と仕入価格（本件取引価格）

　転売価格と仕入価格（本件取引価格）が同じであるはずがない。その差額益によって，SK 社のコストがカバーされなければならない。別表をみれば，その関係が明白であるが，本件更正処分は，転売価格を本件価格とする明白な誤認をなしている。

(2)　分社化政策

　SB 社は，コストセンターの責任を負うとする点は，その通りである。しかし，課税庁は，価格の先決めの事実を前提としているから不適格である。山本教授は，価格を後決めするビジネスモデルが存在することを認めている。前記した通り，実際原価を基準とする価格決定方式は，最も合理的なものであり，本件では，実際原価を基準とした価格を決定したビジネスモデルなのであるから，これを前提として公正価格が何であるかを言うべきところ，他所で行われている標準原価方式による価格決定を分析して立論するが，原価管理の方法論と実際の取引価格決定方法とは全く異なる次元の問題であるから，前提事実のすり替えも甚だしく，本件ビジネスモデルにみる公正価格が何であるかについて答えるところがない。「何をどれだけ作るのかわからない」本件加工外壁については，実際原価によらざるを得ない。作るものが決まり，作る量が決まれば，標準原価で価格設定ができるが，本件の対象と量は期末までわからない加工外壁であって，単なる素板の生産ではない。

　上記のようないろいろな種類（数万品番存在する）のものがあり，カラーも異なるものを作る。SB 社は加工業であり，単純な素板販売業ではない。

16　取引内容のまとめ

　(1)　事後原価計算をして，実際原価を出し，これのヒモつきで本件価格を決定したことは，動かし難い事実である。各期において，暫定価格通知と決定価格通知がなされていることを証明している。

　(2)　本件専属下請取引は，コスト削減の共同事業である。また，安く良いものを作る共同事業である。

(3) 高感度をあげるデザインアップは, SK社が行う。また, タイルの永続性などに気付き, これを採用し, 付加価値の大きいものを考案するのが, SK社が行う。品質向上とコスト削減が最も重要であるが, これを生み出すのが, 専属下請取引である。

17 (課税要件の主張) 公正価格立証の必要性

寄附金課税については,「実質的贈与」,「経済的合理性のないこと」が課税要件であるが, そのためには, 公正価値 (価格) を証明することが必要である。課税庁は, 期初価格が本件価格であるとして更正処分をなしたが, 現在は, 期初価格が公正価格であると処分理由を変更した。しかし, 期初価格には, 暫定通知がなされているから, 期初価格が決定価格でないことは明白である。また, 期初価格は, 暫定的に転売価格に売上係数 (1以下が期待値) を乗じて設定され, 期末に, SB社の役割や実働に応じて, 本件価格を決定していたから, 期初価格が公正価格でないことも, また明白であると共に, 課税庁は, 期初価格の公正価格性を何一つ証明していない。

18 参考裁決及び判決

(1) 大阪国税不服審判所 (造船契約値増事件)

平成23年12月14日裁決 (納税者勝訴・川崎汽船)

この事件では, 価格決定後の値増しを, 合理的としたものである。本件は, そもそも, 当事者間の機能・役割・リスク負担等を勘案し, 且つ, 価格を原価のひもつきで後決めしたにすぎないから, もっと合理性がある。

(2) 東京地裁 平成24年4月27日判決 (バナナ移転価格事件)

課税庁は親会社と子会社の利益を合算し, これを利益への寄与度に応じて親会社と子会社に再分配する方法 (寄与度利益分割法) を適用し裁判所はこれを追認した。この事件は, 海外への所得移転をなして, 我国において租税回避をしたものであるが, 本件では, 低価格を企図するのは, 市場で勝つためであり, 低価格のメリットは消費者がうけるので租税回避は一切ない。本件では, 親会社の転売利益を, すべて子会社に帰属するという課税庁の主張は, 主張自体失当であり, 合算利益に対する貢献度を尺度として親会社にも分配されなければならない。その際, 量増大への貢献やリスク負担, 設計・開発業務の点が最も利益への寄与度が高いというべきである。本件では, これらの要素から利益への寄与度が高いのは親会社であり, その割合は圧倒的である。

いずれも実際原価を基礎として事後原価計算して，
価格が後決めされていた。

19　信憑性原則と課税庁の立証責任

　最高裁昭和60年4月23日判決は，租税訴訟事件において，租税訴訟の事実認定について，「課税庁が，納税者の提出する証拠よりも，信憑性の高い証拠を提出できないときは，納税者の主張を否認してはならない」との司法審査基準を確立している。課税庁は，本件価格が公正価格であったことを否定する証拠は，何一つ提示していない。平成25年5月29日東京地裁民事3部は，「課税要件と非課税要件の両方についてその該当事実の主張・立証責任は課税庁にある」とした。対価なく金銭を奪う以上は，明確な根拠と理由を課税庁が主張・立証しなければならないのは当然であるということである。

　寄附金課税の要件は，「時価との差額の存在」（法人税法37条7項及び8項）であり，経済的利益の供与の有無は，本件において課税庁が本件価格が公正価格であったかどうかを主張・立証する以外に判断できない。

20　なぜ冤罪的更正処分が発生したか

　国税局の調査部門は，更正処分額や重加算税額の多寡で評価されており，強引な課税，脅しの課税が横行している。

　本件において，大阪国税局の調査官は，価格の後決めの事実文書を発見し，そこに「調整」との文言を見つけ，それだけで寄附金認定した。しかし，「調整」との文言は，会計実務においては，正しい数値に変更することを意味する。SB社は，40年間の長きにわたり，実施してきた価格の後決め方式を説明するために，大阪国税局の統括官へ面会を求めた（調査担当者は，本件更正処分を出すのを嫌がっていたが，統括官のみが強引に処分しようとしていた）が，面会を拒否された。更正処分を命令した統括官は，納税者の説明を全く聞こうとせず，自己のノルマの確保を優先したのであった。

21　期末又は期中の価格変更又は値引きが事後原価計算による実際原価のひもつきで決定されていた事実を証明する証拠は次の通りである。

568

(1) 本件取引においては転売価格との比較割合を表す売上係数を設定し，期初において暫定価格で取引をスタートしていたことは明白な事実である。

(2) 本件専属下請取引は「良いものを安く作る」共同事業であるから，取引当事者間において，相互に贈与しなければならない動機は全くない。

(3) 本件更正処分の対象期間以前は，化学社がSB社に値増ししていたのであった。これは商品の数量が少なく，SK社に赤字取引（転売価格との比較にすぎないが）をしないと，SB社の生産コストをカバーできなかった。これをみれば，SB社リスクを負担させない取引で量変動による損益はSK社に帰属する取引であったことがわかる。

(4) 国税不服審判所は値引き等の価格変更が公正に行われていた事を調査するため，全国5ヶ所の実地調査を行い，価格変更の実態を調査した上，最終的に値増事件裁決によって寄附金課税が違法であったことを認定された。値引事件裁決と値増事件裁決を担当した審判官は共通であり，両裁決を実際に起案したのは泉審査官であり，これは本人から直接聴取した。

(5) 値増事件と値引事件は同種である。両事件は同一文書や同一の覚書によってなされた住宅部材専属下請取引である。値増事件は住宅ユニットが取引対象であり，値引事件は加工外壁が取引対象である。大阪国税不服審判所が値引事件について消費税と重加算税を取り消したら，大阪国税局は若泉調査官を派遣し，値増事件の消費税と重加算税を職権で取り消すことを事前に説明してきた。そして，数日後，職権取消通知書を届けてきた。大阪国税局は両事件の価格決定方式は同一と認識していたことは明白である。そもそも，値引事件で課税し，その連動で値増事件で課税した。

22 国税不服審所の審理と税務調査

(1) 第一次裁決と第二次裁決

本件価格決定モデルが合理的であること，及び，価格が後決めであった事実が，最新のSK社裁決（値増事件で第二次裁決）によって認定された。値引事件と値増事件が，同一の価格決定モデルであることは，課税庁も認めていた（二つの更正処分が連動して発せられたことと，値引事件裁決後，直ちに値増事件の更正処分を職権で取り消した）のだから，同一モデルについて，法人税更正処分が取り消された以上，そこで認定された合理性を根拠に，本件においても法人税更正処分を，職権で直ちに取り消すべきである。国税不服審判所においても，両事件は連動

して処理されてきた。

(2)　第一次裁決の残存部分

同じ価格決定方式が争点であった値引き事件（第一事件）と値増事件（第二次事件）が同時進行され，値増事件（第二次事件）で納税者が国税不服審判書で全面勝訴したのだから，本件更正処分（現存部分）を職権で取り消すべきである。

そもそも，値引事件の裁決要旨は，「同様の取引を行っているにもかかわらず，特定の子会社のみに指示をしていることなどから，合理的な原価計算に基づくものとはいえず…」とある。これは，グループ全体の調査をしないで，審判所は偏った取引をしていたとの前提で裁決したものである。その後，値増事件によって全体は合理的取引であったと証明され，値増事件裁決は，値引事件裁決の重要な判断前提事実を訂正する関係にある。このように，重要な前提事実を誤認したままの値引事件裁決は，値増事件裁決によって，もはや有効性を失っており，一連の経緯からも，実質的に不服審判所の判断が変更されたものと考えるべきである。

値引・値増は，同じ指示文書によって，同一時期になされたものであり，統一的な解釈が求められる。同じ審判官と審査官が審査した（国税不服審判所の制度上，事実上異なろうが，このように解すべきものである）のだから，実質的に第一次裁決（値引事件）の判断を，第二次裁決（値増事件）に変更したものである。

当初申告または更正処分の後に公布された通達の変更は，更正の請求の事由とされているが，行政判断の最高位にある国税不服審判所による同一取引に対する裁決（値増事件）も，これと同様の意義があり，この点からもみても本件更正処分は職権で撤回されるべきものであるといえる。

(3)　3ヶ月固定方式

3ヶ月固定方式では，3ヶ月間において価格変更や値引きは一切ない。3ヶ月毎に価格変更したものである。3ヶ月毎に出来高を査定していたと同じことである。

(4)　値増期間

値増を行っていた時間（甲9の2）があることは，値引きも適正に行われていたことを証明する証拠である（甲41）。

(5)　原価オープン方式の合理性

専属下請取引においても，トヨタのカンバン方式でもみられるが，可能な限

り，原価をオープンにすることが行われている。

(6) 公正価格

本件では，独立企業間価格はないので，公正価格の判定が必要である。専属下請取引における下請けの公正価格かどうか，判定されなければならない。

(7) 転売価格と本件価格との差額と SK 社コスト

転売価格と本件価格との差額によって，SK 社のコストをカバーしなければならない。

(8) 本件価格は，SB 社の総コストに SB 社の貢献利益を加算したものである。

本件更正期間（3年間）の価格差は概ね次の通りである。

合算利益	転売利益 2002年〜2004年では， マイナス2億円 〜プラス2000万円/年	…転売価格
	SB社利益 1億円〜5000万円/年	…本件価格
販管費	総費用	…総原価
仕入原価		

第18章　事前照会事件（塩野義製薬事件）

（公正基準）

事前照会に対して，課税庁がなした行政指導に従って税務申告をなした場合，その信頼は保護されるべきであり，適正な申告と認められるべきである。

（東京地裁令和2年3月11日判決，塩野義製薬事件）

第1　事案の概要

塩野義製薬事件に関する東京地方裁判所令和2年3月11日判決について，事前照会の点に絞り以下検討する。

1　内国法人である原告は，米国法人との間で，医薬品用化合物の共同開発等を行うジョイントベンチャー（以下「本件JV」という。）を形成する契約を締結し，同契約に基づき，英国領ケイマン諸島（以下「ケイマン」という。）において，特例有限責任パートナーシップであるCILPを設立し，そのパートナーシップ持分を保有していたが，その後の本件JVの枠組みの変更に際し，平成24年10月31日，上記CILPのパートナーシップ持分全部を原告の英国完全子会社に対し，現物出資（以下「本件現物出資」という。）により移転した。

2　事前照会

本件現物出資について，原告は，大阪国税局に対して，確定申告をなす前に事前照会をなしたところ，大阪国税局調査第一部調査総括課長及び同課課長補佐は，本件現物出資は適格現物出資に該当する旨を口頭で伝えた。

3　原告は，本件現物出資が法人税法（平成28年法律第15号による改正前のもの。以下同じ。）2条12号の14に規定する適格現物出資に該当し，同法62条の4第1項の規定によりその譲渡益の計上が繰り延べられるとして，平成24年4月1日から平成25年3月31日までの事業年度及び課税事業年度（以下「平成25年3月期」という。）の法人税及び復興特別法人税（以下「法人税等」という。）につき確定申告をし，同確定申告に係る繰越欠損金の額を前提として，平成25年4月1日から平成26年3月31日までの事業年度及び課税事業年度（以下「平成26年3月期」という。）の法人税等につき確定申告をしたところ，東税務署長か

ら本件現物出資が適格現物出資に該当しないことなどを理由に平成25年3月
期の法人税等につき各更正処分及び過少申告加算税の賦課決定処分を受けた
ため，平成26年3月期の法人税等について，上記各更正処分による繰越欠損
金の額の減少等を前提に修正申告をした上で更正の請求をしたが，東税務署
長から更正をすべき理由がない旨の各通知処分を受けた。

原告は，適格現物出資に該当すると主張した。

第2　判決主文

1　原告の平成24年4月1日から平成25年3月31日までの事業年度の法人税
　の更正処分過少申告加算税の賦課決定処分をいずれも取り消す。

2　原告の平成24年4月1日から平成25年3月31日までの課税事業年度の復
　興特別法人税の更正処分過少申告加算税の賦課決定処分をいずれも取り消
　す。

3　東税務署長が原告に対し平成27年1月27日付けでした原告の平成25年4
　月1日から平成26年3月31日までの事業年度の法人税の更正の請求に対す
　る更正をすべき理由がない旨の通知処分を取り消す。

4　東税務署長が原告に対し平成27年1月27日付けでした原告の平成25年4
　月1日から平成26年3月31日までの課税事業年度の復興特別法人税の更正
　の請求に対する更正をすべき理由がない旨の通知処分を取り消す。

第3　関係法令等の定め

①　法人税法2条12号の14（適格現物出資）

適格現物出資とは，同号イ～ハのいずれかに該当する現物出資をいう旨を定
める。同号イにおいて，その現物出資に係る現物出資法人と被現物出資法人と
の間にいずれか一方の法人による完全支配関係その他の政令で定める関係があ
る場合の当該現物出資は，適格現物出資とする。

②　法人税法62条の4第14

内国法人が適格現物出資により被現物出資法人にその有する資産の移転をし，
又はこれと併せてその有する負債の移転をしたときは，当該被現物出資法人に
当該移転をした資産及び負債の当該適格現物出資の直前の帳簿価額による譲渡
をしたものとして，当該内国法人の各事業年度の所得の金額を計算する旨を定

める。

③　施行令４条の３第９項（現行10項）

恒久的施設を通じて行う事業に係るものとなる現物出資で，下記の資産又は免責に限定される。

　イ）法人税法２条12号の14に規定する国内にある資産又は負債として政令で定める資産又は負債

　ロ）法人税法２条12号の14に規定する国外にある資産又は負債として政令で定める資産又は負債

④　施行令４条の３第10項１号（現行13項）

法人税法２条12号の14イに規定する政令で定める関係として当該現物出資法人と被現物出資法人との間の関係を掲げる。

⑤　法人税基本通達1-4-12（平成29年課法2-17による改正前のもの）

原則として，当該資産又は負債が国内にある事業所又は国外にある事業所のいずれの事業所の帳簿に記帳されているかにより判定する。

第4　法的検討

1　特例有限責任パートナーシップ

「塩野義製薬」は欧米先進国で需要が高い脳梗塞薬，抗アルツハイマー薬及び抗 HIV 薬などについて新薬の開発を進めていた。しかし海外における新薬の開発を行うための人材・ノウハウを有しておらず，また海外における医薬品販売事業を行う拠点もなく，海外において新薬承認申請を行ったことがなかった。新薬の開発を進めるため，世界的にも有名な英国の製薬会社である GlaxoSmithKline plc（＝グラクソ・スミスクライン，以下「GSK」)」をビジネスパートナーとして選び，平成13年から英国領ケイマン諸島（以下「ケイマン」）の「特例有限責任パートナーシップ」による事業体（以下「CILP」）を通じたビジネスを共同で開始した。「特例有限責任パートナーシップ」とは，日本には存在しない事業体で，判決文では「我が国の組合に類似した法人格のない事業体であり，法人税法上の法人には該当しないものである。」とあるから，日本でいうところの「民法上の組合」に近いと考えられる。

現物出資が行われる直前において「塩野義製薬」は，この CILP の持分（以下「CILP 持分」）の49.99％を所有し，「塩野義製薬」が100％出資する米国所在の子

会社が0.01％を所有していた。残りの「CILP」持分はGSKとファイザーの共同出資会社の完全子会社が49.99％，さらにそのまた完全子会社が0.01％を所有していた。

2　現物出資の経緯

塩野義製薬は平成24年頃から，別の外国会社を買収したことなどにより，このビジネスの枠組みの変更を検討するようになっていた。その結果「塩野義製薬」は自社の所有する「CILP持分」を，自身が100％出資する英国所在の子会社（以下「英国完全子会社」）へ「現物出資」することにした。

「塩野義製薬」が「CILP持分」を「現物出資」すれば，原則としてそれは時価による「譲渡（売却）」が行われたものとされる。「現物出資」した資産の「時価」と「帳簿価額」の差額すなわち「含み益」に課税される。これを「非適格現物出資」と言う。一定要件を満たす「現物出資」については，特例として「含み益」への課税がされない。このような「現物出資」を「適格現物出資」と言う。「塩野義製薬」が所有する「CILP持分」の「含み益」は400億円近く，「現物出資」が「適格現物出資」と認められるかは「塩野義製薬」にとって大きな問題であった。

100％親子会社間の現物出資は原則として『適格現物出資』になる。

法人税法では「100％親子会社間の現物出資」であっても「外国法人の国内にある資産又は負債として政令で定める資産又は負債の移転を行うもの」は「適格現物出資」から除かれる。

3　事前照会

「塩野義製薬」は平成24年10月15日，大阪国税局調査第一部調査総括課長宛ての同日付け「ケイマンパートナーシップ再編に関する税務上の取扱いについて」と題する書面を提出し，本件現物出資が「適格現物出資」に該当するか否かについての照会をした。回答が来る前の平成24年10月31日に「現物出資」は実行された。平成24年11月19日，大阪国税局調査第一部調査総括課長及び同課課長補佐は，本件現物出資は「適格現物出資」に該当する旨を口頭で伝えた。

「塩野義製薬」は，本件現物出資が「適格現物出資」に該当するとして確定申告をしたところ，東税務署長から本件現物出資が「適格現物出資」に該当しないことなどを理由に更正処分を受けた。

4 財産の所在

裁判では「CILP持分」は「国内にある資産」なのかが争点になった。

東京地裁判決は，法人税法施行令4条の3第9項（当時。現行では第10項）で「国内にある資産又は負債」とは「国内にある不動産，国内にある不動産の上に存する権利，鉱業法の規定による鉱業権及び採石法の規定による採石権その他国内にある事業所に属する資産又は負債」と定められていることを確認した。法人税基本通達1-4-12は，「国内にある事業所に属する資産」に該当するか否かは「原則として，当該資産が国内にある事業所又は国外にある事業所のいずれの事業所の帳簿に記帳されているかにより判定するが，実質的に国内にある事業所において経常的な管理が行われていたと認められる資産については，国内にある事業所に属する資産に該当することになる」旨を定めている。更に，同判決は，「この法人税基本通達が示す判断基準は，まず，その資産の経常的な管理がどの事業所において行われていたかを判定し，その判定に当たっては当該資産が当該事業所の帳簿に記帳されていたか否かを重要な考慮要素とし，次いで，その判定の結果当該資産の経常的な管理が行われていたと認められる事業所が国内にある事業所に当たるか否かを判定し，それが肯定された場合に「国内にある事業所に属する資産」に該当すると認める旨をいう趣旨に理解することが可能である。このように理解される判断基準は，前記法令の趣旨に鑑みて，合理性を有するものということができ，本件においても，基本的にこの基準に沿って検討するのが相当である。」とした。

「パートナーがCILPの事業に参加する目的は，その出資に由来する事業用財産の運用により利益を得ることであり，パートナーとしての契約上の地位は，その運用のための手段と位置付けられるものであるから，CILPのパートナーシップ持分の価値の源泉はCILPの事業用財産の共有持分にあるということができ…本件CILP持分を1個の資産とみた場合のその経常的な管理が行われていた事業所は，CILPの事業用財産，中でもその主要なものの経常的な管理が行われていた事業所とみるのが相当である。」として，CILPの事業用財産の経常的な管理が行われていた場所が「CILP持分の所在場所」であるとした。

CILPの事業用財産は，「現金」や「治験データ等の無形資産」などで構成されているとし「現金は，米国で開設された…預金口座に入金され」ていたことや，治験データはGSK等側の「データベースに保管され，原告には同データ

ベースへのアクセス権が付与されていなかった」ことなどから「CILP の事業用財産のうち主要なものの経常的な管理」は「米国その他の我が国以外の地域に有する事業所において行われていたということができる」とした。

　「CILP の事業用財産のうち主要なものの経常的な管理が行われていた事業所は，前記のとおり，米国その他の我が国以外の地域に所在していたから，当該事業所が原告の国内にある事業所に当たるとはいえない。」と結論付けた。そして「以上のとおり，本件現物出資の対象財産であった本件 CILP 持分は，その主たる構成要素である CILP の事業用財産（の共有持分）のうち主要なものの経常的な管理が国内にある事業所ではない事業所において行われていたということができるから，「国内にある事業所に属する資産」には該当しないというべきである。したがって，本件現物出資は，適格現物出資に該当するものと認められる。」とし「塩野義製薬」の主張がほぼ全面的に認められた。

5　東京高等裁判所令和 3 年 4 月14日判決

　東京高等裁判所も塩野義製薬の主張を認め，国の控訴を棄却した。国は，上告及び上告受理申立を行わず，一審判決は確定した。

第19章　当初申告要件（特例適用選択意思）

（公正基準）

　課税特例の適用意思が確定申告書の記載から見て取れる場合，明細書に不備があっても課税特例の適用は認められる。

（最二小判平成21年 7 月10日事件）

第1　南九州コカコーラ・ボトリング事件

1　事実の概要

　Xは，平成13年 1 月 1 日から同年12月31日までの事業年度（以下「本件事業年度」という）の法人税につき，法人税法（平成15年法律 8 号による改正前のもの。以下同じ）68条 1 項（所得税額の控除）の規定を適用して配当等に対して課された所得税額を控除するにあたり，控除を受ける所得税額をいわゆる銘柄別簡便法（控除対象となる元本所有期間に対応する所得税額を銘柄ごとにまとめて計算する方法。法税令（平成18年制令125号による改正前のもの。以下同じ）140条の 2 第 3 項）により計算して確定申告（以下「本件確定申告」という）に添付した別表六（一）「所得税額の控除に関する明細書」に所有する28銘柄の株式をすべて記載し，配当等として支払いを受けた金額，配当等に対して課された所得税額を各銘柄別にすべて記載したものの，所有元本数等欄に本来ならば配当等の計算の基礎となった期間（平成12年 1 月 1 日から同年12月31日まで）の期末および期首の各時点における所有株式数を記載すべきところ，誤って本件事業年度の期末及び期首の各時点における所有株式数を記載したため，上記28銘柄のうち 8 銘柄につき銘柄別簡便法の計算を誤り，その結果，配当等に係る控除を受ける所得税額を過少に記載した。

　Xは国税通則法23条 1 項 1 号に基づき更正の請求（以下「本件更正請求」という）をしたが，所轄税務署長Y（被告・控訴人・被上告人）は本件更正請求につき更正すべき理由がない旨の通知（以下「本件通知処分」という）をした。

　本件通知処分後，YがXに対して，本件更正請求に係る法人税の増額更正をしたので，Xは，上記訴えを交換的に変更し，当該更正処分の一部取消しを求めるに至った。

　原審（福岡高判平成18・10・24）は，法人税法68条3項の文言はできる限り厳格に解釈されるべきであり，納税者である法人が自ら自由な意思と判断により控除受ける金額を確定申告書に記載した以上，そこに法令解釈の誤りや計算の誤りがあったからといって，直ちに国税通則法23条1項1号所定の要件に該当するということにはならず，全体的な考察の結果，転記の際の誤記または違算によるものであることが明白であるようなときや，法令解釈や計算の誤りがやむを得ない事情によりもたらされたものであると認められるときに，例外的に更正の請求が許されるのであり，本件はそのような場合にあたらないとして，Xの請求を退けた。

2　判　旨

①　破棄自判

　「法人税法68条1項は，内国法人が支払を受ける利子および配当等に対し法人税を賦課した場合，当該利子及び配当等につき源泉徴収される所得税との関係で同一課税主体による二重課税が生ずることから，これを排除する趣旨で，当該利子及び配当等に係る所得税の額を当該事業年度の所得に対する法人税の額から控除する旨規定している。

　同条3項は，同条1項の規定は確定申告書に同項の規定による控除を受けるべき金額及びその計算に関する明細の記載がある場合に限り適用するものとし，この場合において，同項の規定による控除をされるべき金額は，当該金額として記載された金額を限度とする旨規定している。同法40条は，同法68条1項の規定の適用を受ける場合には，同項の規定による控除をされる金額に相当する金額は，当該事業年度の所得の計算上，損金の額に算入しない旨規定している。

　これらの規定に照らすと，同条3項は，納税者である法人が，確定申告において，当該事業年度中に支払を受けた配当等に係る所得税額の全部又は一部につき，所得税額控除制度の適用を受けることを選択しなかった以上，後になってこれを覆し，同制度の適用を受ける範囲を追加的に拡張する趣旨で更正の請求をすることを許さないこととしたものと解される。」

②　「本件の事実関係等に照らせば，Xの計算の誤りは，所有株式数の記載を誤ったことに基因する単純な誤りであるということができ，Xが，本件確定申告において，その所有する株式の全銘柄に係る所得税額の全部を対象として，法令に基づき正当に計算される金額につき，所得税額控除制度の適用を受ける

ことを選択する意思であったことは，本件確定申告書の記載からも見て取れる
ところであり，上記のように誤って過少に記載した金額に限って同制度の適用
を受ける意思であったとは解されないところである。」

　③　「以上のような事情の下では，本件更正請求は，所得税額控除制度の適
用を受ける範囲を追加的に拡張する趣旨のものではないから，これが法人税法
68条3項の趣旨に反するということはできず，Xが本件確定申告において控除
を受ける所得税額を過少に記載したため法人税額を課題に申告したことが，国
税通則法23条1項1号所定の要件に該当することも明らかである。」

3　所得税額控除・更正の請求

　法人税法68条1項は，二重課税を排除する手段として，内国法人が利子・配
当等に係る所得税額相当額を（損金の額に算入するのではなく）内国法人の当該事
業年度の所得に対する法人税の額から控除することを認めており，かかる税額
控除は，所得税額控除と呼ばれる。

　一定の事由がある場合に限り，更正の請求認められる。

4　所得税額控除と当初申告の記載

　個別税法においては，一定の控除や特例措置を適用する条件として，納税者
が提出する当初の確定申告書にて当該控除ないし特例措置の適用を受ける旨の
記載や適用金額の記載を求め，当該控除ないし特例措置の金額を当初の確定申
告書に記載された金額を限度とする旨を定めていることがある（いわゆる当初申
告要件）。

　当時の法人税法68条3項は，確定申告書に控除を受けるべき金額およびその
計算に関する明細の記載がある場合に限り所得税額控除を適用し，また，控除
をされるべき金額は，確定申告書に「当該金額として記載された金額を限度と
する」ことを規定していた。

　かかる「記載された金額」を文字どおり，当初の確定申告書に誤って過少に
記載された金額を意味するとすれば，更正の請求を認める余地はない。本判決
は，本事件当時の法人税法68条3項は，納税者が確定申告において所得税額の
全部または一部につき所得税額控除制度の適用を受けることを選択しなかった
場合に，後になってかかる選択を覆して，所得税額控除制度の適用を受ける範
囲を追加的に拡張するために校正の請求をすることを許さないこととしたもの
であると解した上，Xが本件確定申告において，その所有する株式の全銘柄に

係る所得税額の全部を対象として所得税額控除制度の適用を受けることを選択する意思であったことが本件確定申告書の記載から見て取れるところであり，Xの更正の請求が法人税法68条３項に抵触しないとした。

平成23年12月法改正（平成23年法律114号による改正）は，①インセンティブ措置または②各種引当金などの利用の有無により有利にも不利にもなる措置に該当するものを除き，当初申告要件を廃止した。現行の法人税法68条４項では，所得税額控除の規定は「確定申告書，修正申告書又は更正請求書」に控除を受けるべき金額等がある場合に適用することとされており，更正の請求に寄って所得税額控除の適用およびその金額の修正が認められることが明確である。

5　納税者による選択と更正の請求

①　租税法規は，納税者が申告するにあたり，一定の方法を選択して課税標準等および税額等を計算して申告することを認めていることがあるが，納税者が一定の方法を選択して申告した場合，更正の請求により，かかる選択を変更することは一般的には認められない。

②　最判昭和62年11月10日

同判決は，納税者が必要経費の概算控除の方法を選択して確定申告をした場合には，「たとえ実際に要した経費の額が右概算による控除額を超えるため，右規定を選択しなかった場合に比して納付すべき税額が多額になったとしても，納税者としては，そのことを理由に（国税）通則法23条１項１号に基づく更正の請求をすることはできない」とした。

③　修正申告における変更の可否

ジュリスト百選105事件（最三小判平成２年６月５日）は，修正申告における概算経費選択の意思表示の撤回を認めなかった。

④　本判決の射程範囲

平成23年12月法改正後も当初申告要件が維持されている措置に対して，本判決の射程が及ぶか否かは検討を要する。

本判決の納税者は，当初確定申告にて行った所得税額控除およびその金額を計算するにあたって銘柄別簡便法の利用という選択自体の変更を求めたものではなく，所得税額控除および銘柄別簡便法という選択の枠内における計算の誤りの訂正を求めたものであって，本判決は，かかる範囲での更正の請求による誤りの訂正を認めたものと考えられる。本判決は，平成23年12月法改正後も当

初申告要件が維持されている措置に対して，本判決の射程が及ぶと考えられる。

第2　当初申告要件

1　当初申告要件

平成23年度税制改正において税額控除などにおける当初申告要件が廃止された。しかし，全てが廃止されたわけではなく，法人税法42条（国庫補助金等で取得した固定資産等の圧縮額の損金算入）などは，現在も当初申告要件が残されている。法人税法同条3項は，「前2項の規定は，確定申告書にこれらの規定に規定する減額し又は経理した金額に相当する金額の損金算入に関する明細の記載がある場合に限り，適用する。」としている。

2　損金経理要件

法人税法には，「損金経理要件」も存在する。法人税法42条1項は，「損金経理」が要件とされている。「損金経理」とは，法人税法2条25号（損金経理の定義）において次のように定義されている。

損金経理とは，「法人がその確定した決算において費用又は損失として経理すること」をいう。

当初申告要件と損金経理要件は，一つの制度の中に二つが併存することもある。

3　「当初申告要件」と確定申告書

「当初申告要件」は，上記の法人税法42条3項のように，「確定申告書」に明細の記載を求めるものである。租税特別措置法上の「当初申告要件」には，「中間申告書」が含まれる。

「確定申告書」とは，法人税法2条31号には，「確定申告書　第74条第1項（確定申告）（第145条第1項において準用する場合を含む。）の規定による申告書（当該申告書に係る期限後申告書を含む。）をいう。」とされている。

法人税法74条1項は，「内国法人は，各事業年度終了の日の翌日から2月以内に，税務署長に対し，確定した決算に基づき次に掲げる事項を記載した申告書を提出しなければならない。」と定める。

「確定申告書」は，期限内の申告書だけでなく，「期限後申告書」を含む。

法人税法2条36号には，次のとおり，「修正申告書」の定義が設けられている。

「修正申告書　国税通則法第19条第3項（修正申告書）に規定する修正申告書をいう。」

　これによれば、「確定申告書」は法人が最初に税務署長に提出する申告書のみを指し、「修正申告書」を含まないことになる。

　「各事業年度終了の日の翌日から2月以内」に複数の申告書を提出した場合にもその最初の申告書のみが「確定申告書」となるのか否か、「確定した決算」に基づかない申告書が「確定申告書」となるのか否か、解釈上不明確である。

4　「損金経理要件」の「確定決算」

　「損金経理要件」とは、法人税法2条25号に定義された「損金経理」を求めるものである。法人税法2条25号には、「確定した」との表現がある。

　「決算」は、一般的には、一定の期間における収入支出、損益等の総実績を明らかにして、予算と対比することをいう。例えば、国又は地方公共団体の決算は、毎会計年度における歳入歳出について当該年度の出納完結後において、その予算と実績とを対比して検討し、その結果作成された計数表を意味する。国税通則法15条1項は、原則として「国税に関する法律の定める手続により、その国税についての納付すべき税額が確定されるもの」としている。「納税義務の成立」と区別している。申告納税方式の税については、申告により確定することを原則としており、例外的に税務署長等の処分により確定するとしている（同法16条1項1号）。

5　決　算

　「決算」とは、「行為」を指す場合と「決算」の結果として作成された「計数表」を指す場合とがある。法人税法2条25号の「決算」は、「行為」ではなく「形式」を指す。

　法人税法2条25号の「費用又は損失として経理すること」とされているから、「決算」とは、「形式」ではなく、「行為」と解される。「経理する」とは、行為そのものである。

　法人税法2条25号においては、「費用」と「損失」だけを定めているが、本来は、「原価」も定める必要があり、「原価の額、費用の額又は損失の額」とするのが正しい規定であった。

　「経理する」とは、「計上する」との意味であるが、その具体的内容は、「原価の額、費用の額又は損失の額とすること」である。

6 損金経理の範囲

「損金経理」は，「当初申告要件」とは異なり，「期限後損金経理」や「修正損金経理」を含まないと解釈されている。しかし，「損金経理要件」を「当初損金経理要件」に限定して捉えることは困難である。

平成23年度税制改正前においては，「当初申告要件」と「損金経理要件」が併存することが多かったために，「損金経理要件」は，最初の「損金経理」のみに係る要件であると誤解された。同改正以後，これらの要件は明確に分けて解釈されるべきである。

7　「損金経理要件」は，会社法上の決算と法人税法上の申告が別の手続きで行われる場合に有効に機能するものであり，公開会社においては，その予定する効果が期待できる。しかし，中小法人においては，決算書の作成と申告書の作成は同時に行われて，同時に役員兼株主において承認されるという状態となっているから，中小法人においては，現実には，決算と申告が一体化している。

中小法人においては，法人の内部意思の確認手続や，財務と税務を一致させて簡素化を図っている。中小法人においては，「損金経理要件」は単なる形式要件にしかすぎず，仮に「損金経理」を行っていなかったとしても，単なる処理誤りによる所得の過大申告でしかない。

決算と申告が一体化している中小法人においては，法令の文言の形式的な解釈によるのではなく，実態に即した柔軟な対応が求められる。

第20章　土地低額譲渡事件

（公正基準）

施行地区に所在する土地の評価時点における時価は，使用収益が可能となるまでの期間及び割引率を考慮して算定する。

（さいたま地方裁判所　平成17年1月12日，贈与税決定処分等取消請求事件）

1　事案の概要

①　Ｘは，「本件土地」を平成8年8月21日にＡから代金1500万円で買い受けた（以下「本件売買契約」いう。）。

②　Ｙ税務署は，本件土地の時価は7090万7350円と評価され，本件売買契約は相続税法（平成15年3月法律第8号改正前のもの。以下同じ。）7条の規定による低額譲受に該当し，本件土地の時価との差額に相当する金額が贈与により取得されたものとみなされるとして，平成8年分の贈与税として納付すべき税額3004万9500円とする決定処分及び無申告加算税450万6000円とする賦課決定処分（以下，これらの処分を個別的にはそれぞれ「本件決定処分」，「本件賦課決定処分」といい，併せて「本件処分」という。）を行った。

③　Ｘは，本件譲受が相続税法7条の低額譲受には当たらない等として，その取消しを求めた。

④　Ｘは，平成8年8月21日，Ａとの間で，本件土地を1500万円で譲り受ける旨の土地売買契約（本件売買契約）を締結した。

Ｘは，平成8年8月23日，本件土地について，農地法5条1項3号の規定による届出をし，同月27日受理された。Ｘは，同月30日，本件土地について同月29日付け売買を原因とする所有権移転登記をした。

⑤　本件土地は，本件売買契約当時から現在に至るまで更地である。

本件土地は，東武東上線甲駅の東方400mに位置し，坂戸都市計画事業甲土地区画整理事業（以下，「本件土地区画整理事業」という。）施行区域内にある。

土地区画整理事業の概要は以下のとおりである。

施行者　鶴ヶ島市

施行地区の面積　42.8 ha

　　　施行計画決定　　平成 4 年 1 月27日
　　　事業計画決定　　平成 4 年 7 月27日
　　　総事業費　　　　169億7000万円
　　　計画人口　　　　4300人・人口密度（平均）約100人/ha
　　　権利者数　　　　1436人
　　　建物戸数　　　　1249戸（要移転戸数923戸）
　　　減歩率　　　　　26.50％（公共減歩23.98％・保留地減歩2.52％）

　⑥　本件土地は，本件口頭弁論終結時である平成16年 7 月28日現在において
もいまだ仮換地の指定はなされていない。

　Ｙは，平成11年 5 月17日，本件土地の時価は7090万7350円であり，本件売買
契約は相続税法 7 条の規定による低額譲受に該当し，本件土地の時価との差額
に相当する金額が贈与により取得されたものとみなされるとして，Ｘの平成 8
年分贈与額について基礎控除額控除後の課税価格5530万7000円，納付すべき税
額450万6000円とする賦課決定処分を行った。

2　争　点

　①　相続税法 7 条が本件に適用されるかどうか（争点 1 ）。
　②　本件土地の時価（争点 2 ）。
　③　本件売買契約の対価が相続税法 7 条の「著しく低い価額の対価」に該当
　　するかどうか（争点 3 ）。

3　関係法令

　相続税法 7 条は，贈与税の課税回避の防止を目的とするものであり，贈与税
が相続税の補完税であることに鑑みれば，相続税法 7 条の規定の法意は，相続
税の負担軽減を防止するために課税される贈与額の課税回避の防止であると考
えるべきである。相続税法 7 条のみなし贈与により課税されるのは，「相続税
を免れる行為」である。

4　裁判所の判断（争点 1 ）

　①　相続税法 7 条本文は，著しく低い価額の対価で財産の譲渡を受けた場合
においては，当該財産の譲渡があった時において，当該財産の譲渡を受けた者
が，当該対価と当該譲渡があった時における当該財産の時価との差額に相当す
る金額を当該財産を譲渡した者から贈与により取得したものとみなすと規定し
ている。相続税法 7 条は，このような租税回避の防止を図るために贈与という

法律行為でなくとも，時価により著しく低い価格で土地の譲受があった場合には，その対価と時価との差額に相当する金額の贈与があったものとみなすことにしたものと解される。そして，贈与税の納税義務者は，贈与により財産を取得した個人とされている（相続税法1条の2）。

②　相続税法7条は著しく低い対価によって財産の取得が行われ，その担税力が増加したと認める状況があればよく，「財産の譲渡を受けた者」が相続予定者等の譲受人と親族関係にあることを要せず，財産又は対価と時価の差額分を無償で譲り受ける意思や租税回避目的も要しないものと解すべきである。

③　相続税法基本通達7-2は，不特定多数の者の競争により財産を取得する等公開された市場において財産を取得した場合においては，たとえ，当該取得価額が当該財産と同種の財産に通常付けられるべき価額に比べて著しく低いと認められる価額であっても，課税上弊害があると認められる場合を除き，相続税法7条の規定を適用しないことに取り扱うものとすると規定している。不特定多数の者の競争により当事者の恣意性を排除して決められた価額が，一般の取引価額よりも著しく低額だからといってその差額に対して贈与税を課することは適当でないと思われることから相続税法7条の規定を実務上制限したものにすぎない。

④　Aが公開された市場と同視できるような状況で買手を誘致していたと認めるに足りる証拠はなく，Xとの間に契約された本件売買契約も上記通達のいう公開された市場において財産を取得した場合に当たらないことは明らかであって，本件土地の譲受は上記通達の適用を相当とする場合には当たらない。

Xの贈与意思又は租税回避の目的を問うことなく相続税法7条該当性を検討すべきであって，Xが売主Aと何ら親族関係がないこと又はXに贈与意思や租税回避の目的がないことをもって本件には相続税法7条が適用される前提を欠くとするXの主張は理由がなく，採用できない。

5　裁判所の判断（争点2）

①　財産の時価

相続税法22条は，相続，遺贈又は贈与により取得した財産の価額は，当該財産の取得の時における時価による旨規定している。贈与税は，贈与によって財産が移転する機会に，その財産に対して課される租税であり，相続税の補完税の性質をもつことは条文の規定からも明らかである。贈与税は，贈与によって

財産を取得する者を納税義務者として贈与税を課しており（相続税法１条の２），贈与という財産の移転の機会をとらえて，財産の取得という事実に担税力を認めて課するものであって，個々の土地の収益性の有無に限らずその取得者に課するものであるから，相続税法７条及び22条にいう「時価」とは，不特定多数の独立当事者間の自由な取引において通常成立すると認められる取引価格，すなわち，客観的な交換価値をいうものと解すべきである。

　財産の評価は，当然その贈与があったとされる当時の時価によって評価しなければならない。本件土地の平成８年８月21日における客観的な交換価値を検討する。

　「財産評価基本通達」では，その24-2で土地区画整理事業施行中の宅地の評価については仮換地が指定されている場合には仮換地の価額によって評価するとしているが，仮換地指定が行われていない土地については特段の定めはない。そこで，土地区画整理事業施行中でありながら仮換地指定が行われていない土地については従前の土地について適切な鑑定評価を行うべきである。

　本件土地の時価判断について，被告援用のＰ３鑑定及び原告援用のＰ４鑑定ともに本件土地区画整理事業区域内の更地取引の実例が少ないことから，建物付宅地の取引事例及び規準地の価格から建物付宅地の標準的画地の価格を求め，そこから本件土地の個別的要因及び本件土地が仮換地指定され建物用敷地として使用できるまでの間の減価を考慮して本件土地の価格を算定する手法が最も規範性が高く相当であるとしているところ，本件土地が土地区画整理事業区域内にあり，いまだ仮換地指定はなされず，通常仮換地指定・仮換地使用収益開始までに相当期間が予想されること等に照らすと，上記のような評価方法を中心とすることが相当と考えられる。

　本件においては，Ｐ４鑑定は別紙5-1記載の取引事例10ないし14を用い，Ｐ３鑑定は別紙6-1記載の取引事例ＡないしＥを用い，これにより得られた比準価格と近似の公示地の地価（16万9000円／m²）を参酌し，Ｐ４鑑定は標準的画地の価格を16万5000円／m²とし，Ｐ３鑑定は17万6000円／m²としているところ，これらの評価過程にともに不合理なところはない。そうすると，標準的画地は，それらの平均である17万0500円／m²と判定するのが相当である（なお，Ｐ４鑑定，Ｐ３鑑定における比準価格算定の詳細はそれぞれ別紙5-2, 6-2のとおりであり，両鑑定の対比は別紙７のとおりである。）。

590

個別要因については，P4，P3鑑定はほぼ同様であり，本件土地の個別要因減価としては，－30％となる。個別的事情勘案後の本件土地の1m²当たりの時価は11万9000円と評価され（17万0500円／m²×0.7≒11万9000円／m²），本件土地の価額は1億0864万円と評価される。

11万9000円／m²×913m²≒1億0864万円

本件土地区画整理事業による使用収益開始までの間建物が建築できないことによる減価

a　算定方法

本件土地は本件土地区画整理事業による仮換地指定がなされる前の更地であり，現在の場所で通常に利用される建物の建築が許可される可能性は極めて少ないと考えられる（甲14等）。

このような土地の価格を算定するためには，本件土地が仮換地指定・使用収益開始後の建物の建築が可能となるまでの期間及び割引率を考慮して割り引くことによって価格を算定するのが相当であり，具体的な算定方法としては，本件売買契約時から仮換地指定後・使用収益開始後の建物の敷地として利用できるまでの期間（割引期間）と通常の宅地としての使用・収益ができないことによる割引率を求め，複利現価計算をして本件土地の時価を算定するのが相当である。本来，贈与財産の価格の決定に当たっては，贈与時において客観的に認められ又は予測された事情のみを基礎事情とすべきであるから，本件では本件売買契約時に客観的に認められ又は予測された事情を基礎事情として，上記割引期間及び割引率を定めるべきである。

b　割引率と割引期間

本件土地は，土地区画整理事業による仮換地指定がなされる前の更地であり，現在の場所で建物の許可がされる可能性はほとんどないから，本件売買契約当時の時価は，通常の時価から宅地として使用収益できないことによる期間の損失を考慮した価額により求められると考えられる。そして，P3鑑定及びP4鑑定によれば，本件土地の本件売買契約当時の時価は，売買契約から仮換地指定・使用収益開始がなされるまでの想定される割引期間をX年，割引率をYとしての複利現価率により割り引くことにより求められると考えられる（それは，本件土地は，X年後にはじめて通常の価格で取引される土地となると考えられるからである。）。

本件売買契約時の時価 ＝ 1 億0864万円×1/(1＋ Y)x

　ところで，本件の場合上記計算式に適用すべき割引率については，当裁判所としては年 5 ％を採用するのが相当と判断する。それは，平成 8 年当時の地価公示制度において収益価格算定のための最も一般的な利回り率は年 5 ％が用いられていたこと（証人 P 4 ）や乙 6 の 2 によれば平成 8 年以前の過去 5 年の長期プライムレート平均は約 5 ％前後であると認められること等によるものである。

　バブル崩壊以降平成 8 年までの金利動向は低下気味であったことなどを考慮すると，上記の 5 ％を採用するのが最も相当と考えられる。

　事情に照らすと平成16年 3 月31日までの施行期間延長に止まらずさらに10年程度の延長があり得ると普通に考えられていたとしても不自然ではなく，評価の安全と課税の公平の見地からすると，割引期間を18年と解するのが相当である（現実には平成14年までに仮換地指定が行われたのは24.8％に過ぎず，本件土地については仮換地指定もまだ行われておらず，仮換地案で示された本件土地の仮換地上には平成16年現在でもまだ当該土地所有者の建物が建っており，いつ本件土地の仮換地として使用収益できるようになるのかそのメドすらたっていない。）。

　以上の経過から，割引率を年 5 ％，割引期間を18年と設定して計算すると，本件土地の売買契約当時の時価は，次のとおり4513万円となると認められる。

　　本件売買契約時の時価

　　＝ 1 億0864万円×1/(1＋0.05) 18≒4513万円

6　裁判所の判断（争点 3 ）

　本件土地の時価は，4513万円であり，本件Xは，本件土地を1500万円で譲り受け，その乖離は約 3 倍であるから，「著しく低い価額の対価」に該当する。

7　法的検討

① 　本件訴訟事件は，不動産鑑定士の対質尋問（民事訴訟規則118条，126条）がなされ，かつ，原告補佐人税理士が，証人尋問において，現実に尋問をなした全国唯一の事件である。

② 　本件判決は，「贈与意思又は租税回避目的」が相続税法 7 条の適用要件ではないとした。

③ 　本件土地の評価にあたり，仮換地指定・仕様収益開始後の建物の建築が可能となるまでの期間及び割引率を考慮して価格を算定するものとした。

第21章　質問検査権虚偽回答罪事件

（公正基準）

　税務調査官の質問検査権行使について，具体的質問に対する具体的な虚偽回答があれば，刑事罰が科される。質問検査権行使であることが抽象的かつ包括的に事前告知されていても，具体的な虚偽回答がなければ，刑事罰を科すことは出来ない。

（東京高等裁判所令和元年5月29日判決）

1　事実の概要

　平成26年7月，個人Fは，経営会社D社と共に破産宣告を受け，弁護士TがD社及びFの管財人に選任された。FはD社の経理部長にHに，覚書を作成することを依頼した。Hは，D社の顧問であったK税理士に電話相談をし，以下の内容とした。覚書は，「Fは個人Uに対し，中国からの石材輸入に関し，金2,000万円を預託する」との内容であった。

　破産者Fの管財人Tは，Fの銀行口座から1,890万円の出金記録があり，その出金の使途について，平成27年4月F宛に質問した（第一質問）。

　平成27年5月11日，Fの代理人N弁護士が覚書写しをT管財人宛にメール送信して，1,890万円に手持金110万円を加算して，合計2,000万円をU宛に支払ったと回答した（N第一回答）。

　平成27年6月15日，Hは，T管財人に対し，覚書の内容を否定する回答をした（H回答）。

　平成27年9月14日，N弁護士は，T管財人に覚書の内容は虚偽であるが，2,000万円をUに返済したことは間違いないと，再回答した（N第二回答）。

　平成28年7月14日，同管財人Tは調査結果を基にFに再質問（第二質問）したところ，Fは覚書の内容は偽りだが，2,000万円をUに返済したと回答した（F回答）。管財人側のN弁護士やFに対する質問は，F個人の銀行口座からなされた1,890万円の出金使途を質問するもので，Fは平成28年7月14日付回答にて「領収証はないが，Uまたは，U指定の者に2,000万円を返済した」と説明した。その後，Uは平成28年8月31日T管財人に対し，Fから2,000万円を受領して

いないと回答した（U回答）。その後，Fは，T管財人から虚偽説明罪で告発され，刑事事件として公訴提起されたFは，1,890万円の使途を黙秘し，N弁護士は守秘義務を楯に詳細を開示していない。同時に，K税理士は虚偽説明罪の共同正犯として告発された。

　KとFの公判は，分離で審理され，Kは虚偽説明罪の共同正犯として，起訴されたが，一審において，虚偽説明罪の従犯として罰金80万円の有罪判決を宣告された。二審は，控訴棄却判決となったが，二審判決の直後，Kは癌により死亡した。

　最高裁判所は，その後，刑事訴訟法339条第1項第4号に基づき，控訴棄却決定をなした。

2　公訴事実

　多くの行政法規は，行政目的達成のため行政調査をなす権限を行政機関に付与し，かかる調査権限は質問検査権と呼ばれ，虚偽の回答をする被質問者を罰する規定を置いている（国税通則法128条2号など）。破産管財人は，国から選任された公的機関であり，破産手続遂行のため質問検査権が付与されており，被質問者の虚偽説明は，犯罪とされ，その構成要件は，他の行政法規におけるそれらと同じである。本件虚偽説明罪の犯罪構成要件と，その関係する重要事実は，次の通りである。

　①　個人破産事件の虚偽説明罪の身分

　虚偽説明罪は，破産者とその内部関係者のうち，被質問者であるという身分者について成り立つものであって，被質問者がどのように情報を集めたかは関係がない。Fの個人破産事件では，虚偽説明罪は，破産者Fとその代理人N弁護士についてのみ成立するだけである。被告人は，Fの代理人でも従業者でもないから，被告人には，そもそも，虚偽説明罪の立件は不可能である。

　②　被質問者の回答要件

　虚偽説明罪は，被質問者の回答について成立する犯罪であり，特定の質問が前提であるから，回答者以外の情報収集は犯罪構成要件とは無関係である。

　③　非回答者の犯罪不成立

　被質問者の回答毎に実行正犯の成立を分析しなければならないが，本件は平成27年5月11日のN弁護士の回答（N第一回答，同調書11頁）が公訴事実とされているが，一審判決は，回答者であるN弁護士が故意なき道具として，Fについ

て，間接正犯の成立を認定した。しかし，非回答者には，犯罪の成立はあり得ない。

④　質問内容

覚書作成者のHは，平成27年6月15日，覚書内容が事実ではないことを同管財人代理に回答した（H回答，同調書18頁）。同日以降，「1,890万円の支払先」のみが質問となり，覚書内容の真偽は質問から排された。

⑤　N弁護士の1,890万円支払先回答

平成27年9月14日，上記管財人Tは，H回答を前提にN弁護士に，再度質問したところ，同日，N弁護士は覚書が後付け作成したことを認めたが，2,000万円は，Uに返還されたと回答した（N第二回答）。

⑥　Fの支払先回答

以上の調査結果を踏まえ，T管財人は，平成28年7月14日，Fに対し，質問したところ，Fは，同日，覚書内容は事実ではないことを認めたが，Uに2,000万円返済したと回答した（F回答）。

⑦　Uの非受領回答

平成28年8月31日，T管財人は，大阪にて，上記調査結果をUに質問したところ，覚書作成者Uは2,000万円をFに預けたことも，受け取ったこともないと回答した（U回答）。

3　虚偽説明罪の犯罪構成要件

①　個人破産の虚偽説明罪の要件

虚偽説明罪（破産法40条1項，268条1項）は，破産者個人については，「破産者」と「破産者代理人」について成立する犯罪としている。Fの破産事件については，従業者はいないので，F本人と代理人N弁護士にしか犯罪は成立しない。また，虚偽説明罪は，破産管財人から質問された者で，当該質問に対する回答についてのみ成立するものである。1,890万円の使途は，F個人の破産に関する質問について，F個人と代理人たるN弁護士だけが，犯罪の構成要件上の身分者であり，Uと被告人はFの従業員ではない（一審判決は，33頁において「被告人は，本件犯行に税理士として職務上関与したものでもない。」と認定している）し，被告人は管財人から質問されていないから，二重の意味で虚偽説明罪の犯罪者になれない。

②　詐欺破産罪の被告人に虚偽説明罪を適用するのは憲法違反

破産法40条１項を受けた同法268条１項は，虚偽説明罪を定めるが，上記身分（破産者個人事件については，破産者と破産者代理人）を有する者のうち，管財人から質問を受けた者のみに成立する。かかる明確な身分に関する犯罪構成要件が存在するのに，未必の故意論を拡大して，身分なき従犯を捏造するのは，憲法上の大原則である罪刑法定主義に違反するものである。また，そもそも，Ｆは詐欺破産罪の被告人であり，Ｆに虚偽説明罪（内容として，拒否と虚偽説明があるが，一体として正しい説明「強制」するもの）を適用することは，憲法38条１項が定める自己負罪拒否特権（黙秘権）の侵害であり，Ｆについても立件してはいけなかったのである。詐欺破産罪の被告人に対し，回答を迫り，虚偽説明罪を適用することは，憲法38条１項が保障する自己負罪拒否特権（黙秘権）の侵害となる。

③　回答者要件

本件は，Ｆの間接正犯として，立件されているが，故意なき実行正犯として，Ｎ弁護士の刑責を問われない公訴事実になっている。

しかし，Ｎ弁護士は，Ｈが覚書の記載内容が事実でないことを回答したことを，Ｔ管財人から聞かされた後も，ＦがＵに2,000万円を返済したと強弁した（Ｎ第二回答）。

また，Ｆの回答は，平成28年７月14日に，Ｔ管財人の質問に答えてなされたもので，Ｆの虚偽説明罪の立件は，同日の回答について行われるべきであった。

また，Ｈ回答を聞かされた後であるから，Ｎ第二回答について，虚偽説明罪を立件すべきであった。公訴事実は，Ｎ第一回答について立件しているが，この回答について，Ｆを正犯にすることは，本来，回答者でない者を立件するという根本的な誤ちを犯すものである。

④　質問検査権拒否罪の適用実務

質問検査権行使が実務で最も多く行使されているのは，税務の領域である。税務においては，特に査察調査では，逋税所得の立証と所得税法違反事件の立件が優先され，納税者に対する質問検査権行使拒否罪の立件はされていない。これは，所得税法違反事件の被告人に質問検査権行使拒否罪を適用することは，憲法38条１項（自己負罪拒否権）違反になるからである。査察調査手続においては，そもそも質問検査権行使拒否罪の犯罪構成要件すら存在しないのは，本税違反事件（所得税違反等）の被告人の自己負罪拒否特権を尊重しているからと思

われる（国税通則法131条）。

4　本件における間接正犯に関する立証

本件公訴事実（被告人をＦらと共謀共同正犯とするもの）及び第一審認定事実（被告人をＦの正犯の従犯とするもの）とも，どちらもＦの正犯性については，「情を知らない」Ｎ弁護士を介在させたという間接正犯論を前提とするものである。

破産法の虚偽説明罪の犯罪構成要件は，同条40条１項列挙の「身分者（内部関与者）」かつ，破産管財人からの質問に対し「被質問者」が，「虚偽内容の説明をする」ことが正犯の要件になっている。

従って，本件公訴事実で，平成27年５月11日に説明行為（Ｎ第一回答）をしたのは，Ｎ弁護士であり，同日のＮ第一回答について，Ｆは，正犯としての要件を欠く。

従って，Ｆについて正犯性を認めるには，「情を知らない」Ｎ弁護士をＦの道具として利用したとの間接正犯の立証が不可欠となる。

5　本件犯罪構成要件の特殊性

しかもここで重要なことは，犯罪構成要件該当性の観点からは，別途，Ｎ弁護士も，同日の虚偽説明罪について，身分者かつ被質問者であり，実際に本件覚書写しを管財人にメール送付して説明行為をしており，別途，同罪の正犯として立件し得るのあって，同弁護士に本件の未必の故意を含めて犯意が認められれば，同日の虚偽説明罪は同弁護士を正犯とする別の犯罪が成立する。

本件公訴事実及び第一審判決は，Ｎ第一回答を犯罪事実と把握している。つまり，平成27年５月11日の虚偽説明（Ｎ第一回答）は，一方で，Ｆを間接正犯とする構成要件と，他方，別に，Ｎ弁護士を正犯とする構成要件の両方が考えられ，これは，偏に同弁護士の知情性の有無によってどちらかに決するものである。なお，Ｆと同弁護士との共謀共同正犯は，一切本件公訴事実になっていない。

以上本件では，道具なる者の知情性の存在が，直ちにその者を正犯とする，別の同種犯罪を構成する点に特殊性があり，その点を決して看過してはならない。

6　Ｎ弁護士の知情性立証（間接正犯立証の中核）

一審は公訴事実における被告人の共謀共同正犯を認めず，被告人の従犯の刑責を問うているが，従犯は，正犯を前提にしていることに鑑み，特に被告人に

とって誰が正犯かは，決定的な重要事項であり，攻撃防御の要と言うべきものである。このうち，N弁護士が，正犯ならば，本件で被告人にはそもそも同弁護士を幇助した行為も，これを手助けし，幇助する意思もなく，これを裏付ける証拠は皆無であって，その幇助犯は問題外のこととなります。被告人は，Hに対し，金額不確定，当事者不明の投資契約フォームを電話教示したにすぎない。

　そうであるならば，本件で，N弁護士の「情を知らない」との立証が完璧か否かは，極めて重要な事項であり，被告人にとって攻撃防御の要として配慮されなければならない。

　ところで，一審では，この点についての立証が杜撰かつ不備と言わざるを得ない。同弁護士自体の検察官調書をはじめとする捜査官への供述調書はなく，同弁護士の証人尋問調書は，守秘義務等を理由に間接正犯に関する事実を全く供述することなく，かつ，十分に反対尋問にさらされた供述は得られておらず，証拠能力ないし証明力を有する直接証拠とは認め難く，その他一件記録から，同弁護士が，全くFの道具であり，一切「情を知らない」手足としてのみに利用されたと，優に認められるような証拠はない。

　この点，法律に精通し専門的知見を有している同弁護士が，破産法40条1項が定める身分者である「破産者の代理人」として依頼者Fから事情を聞く中で，全く何らの知情性を持たずに，その手足のみに利用されるなどということは経験則に照らし，不合理というべきであり，人を納得させるのに十分な証拠による認定が不可欠である。

　一審では，特段当事者に争いがないとし，この点の立証を疎かにしております。しかし，前記2のとおり，本件では，道具なる者の知情性の存在が直ちに，その者を正犯とする別の虚偽説明罪を構成する特殊性を有しており，その中で，正犯の存在を前提とする従犯を認定するというのであれば，むしろ知情性に照準を合わせた立証をさせた上，判断すべきであった。

　結局，一審は，N弁護士の知情性につき厳密な立証をさせておらず，従って本件平成27年5月11日の虚偽説明罪が，①Fを間接正犯とするものか，②N弁護士を正犯とするものか，本来ならば決しかねる証拠関係の中で，安易に前者①を採用した上，被告人の従犯を認定するに当たっては，公訴事実の同一性があって，被告人の攻撃防御に不利にはならないとして，検察官に訴因変更もさ

せないまま，被告人をFの従犯と認定している。被告人の電話教示は，Hに対しなされたもので，FがNの第一回答について，いかなる指示をしたのかも不明であり，かかる不明の正犯行為（とされるもの）と被告人の電話教示とは，関連性もなく，これもまた不明である。

7 一審（東京地方裁判所平成29年11月9日）

平成27年5月11日の虚偽説明罪成立については，特に，従犯たる被告人にとって，同弁護士の知情性は，正に有罪無罪の分水嶺になるばかりか，攻撃防御の要であることに鑑みれば，少なくとも検察官に訴因変更をさせ，同弁護士の知情性に照準を合わせた立証をさせるべきである。従って，これをしていない一審の判断は，事実誤認に加えて，審理不尽であるとも言える。

すなわち，一審判決の理由には，法律に精通し，専門的知見を有する弁護士が，身分者である「破産者の代理人」として依頼を受け，依頼者から事情を聞く中で，全く知情性のない道具であり得るのかという経験則に基づく前記3の極めて重要な疑義に対し，証拠に基づいた合理的な判示が全くなされておらず，これは，「理由における論理過程が人を納得させるのに不十分な，いわゆる審理不尽の場合」（刑事訴訟法378条4号。同号に関する団藤重光著「新刑事訴訟法綱要七訂版」524ページ）に該当すると言わざるを得ない。

以上，本件の一審の判断は，刑事訴訟法338条4号（絶対的控訴理由）に該当する重大な法令違反である審理不尽にもなると言わなければならない。

8 N弁護士とUの回答が免責されていること

本件において，平成27年5月11日のN第一回答のみが，犯罪事実（公訴事実兼一審認定事実）である。また，Uは，本件覚書の作成当事者でありながら，起訴されていない。上記H回答は，覚書の内容が事実ではないと説明されたことにより，以後は，「覚書を根拠とした2,000万円を返済したとする回答」は誰からもなされていない。「2,000万円をUに返済した」とする事実は，領収証によって立証されておらず，F回答（供述）のみが唯一の根拠であった。そもそも，覚書は，投資契約内容が記載されているだけで，2,000万円をUに返済したことを証明する文書ではない。まして，被告人の電話教示の内容は，金額不明・当事者不明・日付不明であり，2,000万円返済の質問に対する回答と全く無関係である。

T管財人は，H回答を得たから，N弁護士に再度質問したところ，H回答の

後になされたＮ第二回答は，虚偽説明につき，未必の故意があった疑念があり
ながら，一切不問とされた。覚書を作成したＵもまた，不問とされ，また，あ
くまで2,000万円のＵへの返済を強弁したＮ弁護士も免責されているから，被
告人に刑事責任を問うのは，著しく不合理で公訴権の濫用である。被告人の電
話教示は，金額不明・日付不明・当事者不明の内容で，Ｈに対してなされたも
ので，ＦやＮ弁護士とは，全く無関係であった。覚書は，日付・当事者・金額
を確定して，Ｈが作成したもので，Ｈは覚書内容が事実ではないことを平成27
年6月15日に回答したから，Ｔ管財人はこれを前提にＦへ質問し，Ｆ回答は，
同年9月14日，「覚書を引用せず」，単に「2,000万円をＵに返済した」と虚偽回
答した内容であり，被告人の電話教示は，Ｆ回答とも因果関係が全くない。Ｔ
管財人は，平成27年6月15日に覚書作成者Ｈから覚書の内容が事実に反すると
の証言を得ていたから，覚書を利用したＵとＮ弁護士を告発せず，当然，被告
人をも告発していない。検察官がＵとＮ弁護士らを不問にしながら，正犯はも
とより，従犯とも程遠い被告人を起訴したのは，重大な公訴権の濫用であると
いえる（刑訴法338条4号により公訴棄却）。

9　虚偽説明罪の犯罪構成要件

① 　個人破産事件の虚偽説明罪の身分

　虚偽説明罪は，破産者とその内部関係者のうち，被質問者であるという身分
者について成り立つものであって，被質問者がどのように情報を集めたかは関
係がない。Ｆの個人破産事件では，虚偽説明罪は，破産者Ｆとその代理人Ｎ弁
護士についてのみ成立するだけである。被告人は，Ｆの代理人でも従業者でも
ないから，被告人には，そもそも，虚偽説明罪の立件は不可能である。Ｆの代
理人Ｎ弁護士についてのみ成立するだけである。被告人は，Ｆの代理人でも従
業者でもないから，被告人には，本来は，虚偽説明罪の立件はできない。

② 　被質問者の回答要件

　虚偽説明罪は，被質問者の回答について成立する犯罪であり，特定の質問が
前提であるから，本来回答者以外の情報収集は犯罪構成要件とは無関係である。

③ 　非回答者の犯罪不成立

　被質問者の回答毎に実行正犯の成立を分析しなければならないところ，本件
は平成27年5月11日のＮ弁護士の回答（Ｎ第一回答）が公訴事実とされている。
本来は非回答者であるＦには，犯罪の成立はありませんが，一審判決は，回答

者であるN弁護士を故意なき道具として，Fについて，間接正犯の成立を認定した。本来，破産者Fを虚偽説明罪で立件するのであれば，平成28年7月14日，T破産管財人が調査結果を基に質問したところ，Fは覚書の内容は偽りだが，2,000万円をUに返済したと回答した事実である。

④　破産管財人質問要件

虚偽説明罪は，破産管財人の質問にのみ成立することは，破産法4条1項の文言から明らかであるが，本件の質問の大半は，T管財人によってなされている。

10　一審の法令適用の誤り（刑訴法380条）

①　被告人に虚偽説明罪を適用することは，憲法に違反し，法令適用の誤りとなることについて

上記のとおり，破産法40条1項を受けた同法268条1項は，虚偽説明罪を定めるが，上記身分（破産者個人事件については，破産者と破産者代理人）を有する者のうち，管財人から質問を受けた者のみに成立する。かかる明確な身分に関する犯罪構成要件が存在するのに，これまでの上申書において詳述したとおり，未必の故意論を拡大し，身分なき従犯を捏造するのは，憲法上の大原則である罪刑法定主義（憲法31条）に違反するものである。

②　Fについては，破産法264条1項を適用することが憲法違反であることについて

上記のとおり，一審は，同人の間接正犯を認め，被告人についてその従犯を認定しているが，そもそも破産法40条1項を受けた同法268条1項をFに適用することは，憲法違反の疑義がある。

すなわち，破産の事実に関して，詐欺破産罪の被告人となっており，本件虚偽説明罪の正犯とされるFに対し，破産法268条1項（同項の内容として，拒否と虚偽説明があるが，Fにとっては，説明をせずこれを拒否したと認められれば，拒否罪で処罰される選択肢しかなく，事実上，結局のところ，一体として正しい説明を「強制」されるものといわなければならない。）を適用することは，憲法38条1項が定める自己負罪拒否特権（黙秘権）の侵害であり，そもそもFについても本件の場合，立件してはいけなかったのである。詐欺破産罪の被告人に対し，回答を迫り，虚偽説明罪を適用することは，憲法38条1項が保障する自己負罪拒否特権（黙秘権）の侵害となる。

正犯を立件できないのであるから，従犯である被告人の刑責はない。

11　一審の重大な訴訟手続きの法令違反（378条）

① 　一審判断の審理不尽

㋐　本件構成要件の特殊性について

本件で，重要なことは，犯罪構成要件該当性の観点からは，別途，Ｎ弁護士も，平成27年５月11日の虚偽説明罪について，身分者かつ被質問者であり，実際に本件覚書写しを管財人にメール送付して説明行為をしており，別途，同罪の正犯として立件し得るのあって，同弁護士に本件の未必の故意を含めて犯意が認められれば，同日の虚偽説明罪は同弁護士を正犯とする別の犯罪が成立することである。

本件公訴事実及び第一審判決は，Ｎ第一回答を犯罪事実と把握している。つまり，平成27年５月11日の虚偽説明（Ｎ第一回答）は，一方で，Ｆを間接正犯とする構成要件と，他方，別に，Ｎ弁護士を正犯とする構成要件の両方が考えられ，これは，偏に同弁護士の知情性の有無によってどちらかに決するものである。なお，Ｆと同弁護士との共謀共同正犯は，一切本件公訴事実になっていない。

以上本件では，道具なる者の知情性の存在が，直ちにその者を正犯とする，別の同種犯罪を構成する点に特殊性があり，その点を決して看過してはならない。

㋑　Ｎ弁護士の知情性立証（間接正犯立証の中核）の不備について

本件で，Ｎ弁護士の「情を知らない」との立証が完璧か否かは，極めて重要な事項であり，被告人にとって攻撃防御の要として配慮されなければならない。

ところで，一審では，この点についての立証が杜撰かつ不備と言わざるを得ない。同弁護士自体の検察官調書をはじめとする捜査官への供述調書はなく，同弁護士の証人尋問調書は，守秘義務等を理由に間接正犯に関する事実を全く供述することなく，かつ，十分に反対尋問にさらされた供述は得られておらず，証拠能力ないし証明力を有する直接証拠とは認め難く，その他一件記録から，同弁護士が，全くＦの道具であり，一切「情を知らない」手足としてのみに利用されたと，優に認められるような証拠はない。

この点，法律に精通し専門的知見を有している同弁護士が，破産法40条１項が定める身分者である「破産者の代理人」として依頼者Ｆから事情を聞く中で，

全く何らの知情性を持たずに，その手足のみに利用されるなどということは経験則に照らし，不合理というべきであり，人を納得させるのに十分な証拠による認定が不可欠である。

一審では，特段当事者に争いがないとし，この点の立証を疎かにしている。しかし，11①(ア)のとおり，本件では，道具なる者の知情性の存在が直ちに，その者を正犯とする別の虚偽説明罪を構成する特殊性を有しており，その中で，正犯の存在を前提とする従犯を認定するというのであれば，むしろ知情性に照準を合わせた立証をさせた上，判断すべきであった。

結局，一審は，N弁護士の知情性につき厳密な立証をさせておらず，安易にFを間接正犯となるものとした上，被告人の従犯を認定するに当たっては，公訴事実の同一性があって，被告人の攻撃防御に不利にはならないとして，検察官に訴因変更もさせないまま，被告人をFの従犯と認定している。被告人の電話教示は，Hに対しなされたもので，FがN第一回答について，いかなる指示をしたのかも不明であり，かかる不明の正犯行為（とされるもの）と被告人の電話教示とは，関連性もなく，これもまた不明である。

むしろ，T管財人の平成28年10月14日付調書によれば，N弁護士は，たまたま手許にあった本件覚書の写しをメール送信して回答した旨話しており，Fの指示や依頼を受けてではなく，自らの判断により本件覚書の写しを添付したことが窺え，当時の「破産者の代理人」の立場に鑑みて，知情性を認める証拠さえあるのである（N第一回答）。

(ウ) 審理不尽について

平成27年5月11日の虚偽説明罪成立については，特に，従犯たる被告人にとって，同弁護士の知情性は，正に有罪無罪の分水嶺になるばかりか，攻撃防御の要であることに鑑みれば，少なくとも検察官に訴因変更をさせ，同弁護士の知情性に照準を合わせた立証をさせるべきである。従って，これをしていない一審の判断は，事実誤認に加えて，審理不尽であるとも言える。

すなわち，原判決の理由には，法律に精通し，専門的知見を有する弁護士が，身分者である「破産者の代理人」として依頼を受け，依頼者から事情を聞く中で，全く知情性のない道具であり得るのかという経験則に基づく極めて重要な疑義に対し，証拠に基づいた合理的な判示が全くなされておらず，これは，「理由における論理過程が人を納得させるのに不十分な，いわゆる審理不尽の

場合」（刑事訴訟法378条4号。同号に関する団藤重光著「新刑事訴訟法綱要七訂版」524ページ）に該当すると言わざるを得ない。

　　㈑　金1,890万円の使途

　金1,890万円の使途について，本件では，一切解明されていないところであり，この点にも審理不尽がある。

　②　公訴権の濫用

　㈠　N弁護士とUの回答が免責されていることについて

　本件において，平成27年5月11日のN第一回答のみが，犯罪事実（公訴事実兼一審認定事実）である。また，Uは，本件覚書の作成当事者でありながら，起訴されていない。上記H回答は，覚書の内容が事実ではないと説明されたことにより，以後は，「覚書を根拠とした2,000万円を返済したとする回答」は誰からもなされていない。「2,000万円をUに返済した」とする事実は，領収証によって立証されておらず，F回答（供述）のみが唯一の根拠であった。そもそも，覚書は，投資契約内容が記載されているだけで，2,000万円をUに返済したことを証明する文書ではない。まして，被告人の電話教示の内容は，金額不明・当事者不明・日付不明であり，2,000万円返済の質問に対する回答と全く無関係である。T管財人代理は，H回答を得たから，N弁護士に再度質問したところ，H回答の後になされたN第二回答は，虚偽説明につき，未必の故意があった疑念がありながら，一切不問とされた。覚書を作成したUもまた，不問とされ，また，あくまで2,000万円のUへの返済を強弁したN弁護士も免責されている。

　㈡　公訴権の濫用により，本件公訴は，公訴棄却とすべきであること

　本件では，Uへの返済を強弁したN弁護士も免責されているから，被告人に刑事責任を問うのは，著しく不合理で公訴権の濫用である。被告人の電話教示は，金額不明・日付不明・当事者不明の内容で，Hに対してなされたもので，FやN弁護士とは，全く無関係であった。覚書は，日付・当事者・金額を確定して，Hが作成したもので，Hは覚書内容が事実ではないことを平成27年6月15日に回答したから，T管財人はこれを前提にFへ質問し，F回答は，同年9月14日，「覚書を引用せず」，単に「2,000万円をUに返済した」と虚偽回答した内容であり，被告人の電話教示は，F回答とも因果関係が全くない。T管財人は，平成27年6月15日に覚書作成者Hから覚書の内容が事実に反するとの証言を得ていたから，覚書を利用したUとN弁護士を告発せず，当然，被告人をも

告発していない。検察官がUとN弁護士らを不問にしながら，正犯はもとより，従犯とも程遠い被告人を起訴したのは，重大な公訴権の濫用であるといえる（刑訴法378条2号，同法338条4号により公訴棄却判決）。

12　質問検査権行使

行政調査手続においては，行政指導調査が優先されている。質問検査権行使に関する適正手続保障は，次の通りである。

① 　事前に虚偽回答したら犯罪として立件される。質問検査権行使であることが事前に告知されなければならない。

② 　具体的などの年月日の質問かが特定され，それに対する具体的などの年月日の虚偽回答かも特定されなければ，犯罪立件にはならない。

13　二審（東京高等裁判所令和2年5月29日判決）

二審は，被告人の破産法違反の幇助の故意を認定し，控訴を棄却した。控訴判決の日，被告人は死亡し，その後，控訴棄却決定により，刑事事件は終了した。

第22章　輸入事後調査事件

（公正基準）

「売主と買主の特定」と「課税価格」は，売買契約書，仕入書，運賃明細書など明確な書面の記載によって決定する。

（事後調査の実例を参考に解説する。）

第1　関税の課税価格

1　輸入申告と課税要件

外国製品を輸入する場合，税関で輸入申告をしなければならない。外国製品の現実支払価格が課税価格として，関税が賦課される。

2　申告価格

① 契約価格ないし仕入書価格が申告すべき価格である。

② 別払金があれば，加算しなければならない。

3　課税価格

① 課税価格は，現実に支払われた，又は，支払われるべき価格に運賃等の額を加えた価格とする。

② 関税定率法基本通達4-2（3）は，割増金，契約料等の別払金も加算されるとしている。

4　独占販売店契約の場合

① 製品の輸入価格と契約金が別に支払われる場合がある。契約金が製品輸入価格を引き下げるものではないことを立証しないと，別払金に該当すると判定される。

② 類似商品の価格との比較を事後調査において証明しなければならない。

③ 物価変動も考慮し，当該商品の他地域での価格も調査しなければならない。

5　特殊関係

① 特殊関係

関税定率法4条2項4号は，売主・買主間に特殊関係があり，取引価格に影

響を与えていると認められる場合，取引価格を課税価格にできないとしている。

②　特殊関係範囲

特殊関係の範囲は，関税定率法施行令第1条の8第3号により，5％以上の株式所有している場合としている。

③　適正証明

特殊関係が認められた場合，評価申告書を提出して取引価格が課税価格として適正であることを証明しなければいけない。

④　相互役員

相互に事業の取締役その他の役員になっていることも，特殊関係と判断される。

第2　輸入事後調査と帳簿書類の保存等について

1　輸入事後調査

輸入事後調査は，輸入貨物の通関後における税関調査である。輸入貨物に係る輸入（納税）申告が適正に行われているかを事後的に確認し，不適切な申告はこれを是正するとともに，輸入者に対する適正な申告指導を行うことにより，適正な課税を確保することを目的として実施される。

(1)　調査の方法

輸入事後調査は，貨物の輸入通関後，輸入者の事業所などを訪問して，輸入貨物についての契約書，仕入書その他の貿易関係書類や会計帳簿類などを調査し，また，必要な場合には取引先などについても調査を行い，輸入貨物に係る輸入（納税）申告が適正に行われているかを確認する。

(2)　調査対象期間

原則として，調査通知日の前日から過去5年間としている。偽りその他不正の行為により関税を免れた場合は，最大過去7年間を対象とする。

2　帳簿書類

貨物を業として輸入する輸入申告者については，帳簿書類の保存が義務付けられている。

(1)　帳簿の備付け

①　記載事項：品名，数量，価格，仕出人の氏名（名称），輸入許可年月日，許可番号を記載（必要事項が網羅されている既存帳簿，仕入書等に必要項目を追記

したものでも可)

② 保存期間：7年間（輸入許可の日の翌日から起算）

(2) 書類の保存

① 書類の内容：輸入許可貨物の契約書，仕入書（インボイス），運賃明細書，保険料明細書，包装明細書，価格表　※製造者又は売渡人の作成した仕出人との間の取引についての書類，その他輸入の許可を受けた貨物の課税標準を明らかにする書類（※具体例：総勘定元帳，補助台帳，補助簿，振替伝票，決算書類等の経理関係書類や発注関係書類，契約書，往復文書等の貿易関係書類，通関関係書類等の関係書類）

② 保存期間：5年間（輸入許可の日の翌日から起算）

(3) 電子メール等の保存

① 保存すべき場合：

輸出入に係る取引の関係書類（輸出入に係る取引で受領・交付した注文書，契約書，送り状，領収書，見積書など）を電子メールなどでやりとりした場合（電子メールで取引情報を授受した場合，電磁的記録による保存に限らず，印刷して紙で保存する方法も可能。この場合は，電磁的記録を別に保存しておく必要はない）。

② 保存期間：5年間（輸入許可の日の翌日から起算）

(4) 国際宅配便の通関関係書類

国際宅配便を利用して海外から貨物を輸入した場合で，通関関係書類を入手していない場合は，国際宅配便業者から入手し保存しておく。

3　犯則調査等

(1) 犯則調査

「犯則調査」は，事後調査とは別に，不正な手段により故意に関税を免れた納税義務者（輸入者）に対して，正しい税を課すほか，反社会的行為（犯罪行為）に対して刑事責任を追及するため，犯罪捜査に準ずる方法でその事実の解明を行う調査のことをいう。

調査の結果，不正な手段により故意に関税を免れたもの等（犯則）の心証を得たときは，税関長による通告処分又は検察官への告発が行われる。

(2) 滞納整理調査

関税などの滞納整理を行うため納税者の財産などを把握することを目的とした関税法等に基づいた税務調査のことをいう。

第3　関税等の額の計算方法

1　課税標準

　貨物を輸入しようとするときには，原則として関税，内国消費税及び地方消費税が課税される。

　税額を算定するときの基礎となるものを課税標準と呼び，課税標準となる価格を課税価格という。この課税価格を法律の規定に従って決定することを「課税評価」といい，その決定方法には，大きく分けて，仕入書（インボイス）価格に基づいた原則的方法とそれ以外の方法の２つがある。

2　原則的な課税価格の決定方法

　輸入貨物に関する輸入取引がされた場合において，当該輸入取引に関し買手により売手に対し又は売手のために，その輸入貨物について現実に支払われるべき価格（通常はインボイス価格）に，その含まれない限度において，次の費用を加えて，課税価格を計算する。

(1)　輸入貨物が輸入港に到着するまでの運送に要する運賃，保険料その他当該運送に関連する費用（関税定率法第４条第１項第１号）

(2)　輸入貨物に係る輸入取引に関し買手により負担される手数料又は費用のうち，仲介料その他の手数料，その輸入貨物の容器及び包装に要する費用（関税定率法第４条第１項第２号）

(3)　輸入貨物の生産及び輸入取引に関連して，買手により無償で又は値引きをして直接又は間接に提供された物品又は役務のうち，材料，部分品，工具，鋳型，技術，設計等の費用（関税定率法第４条第１項第３号）

(4)　輸入貨物に係る特許権，意匠権，商標権その他これらに類するものの使用に伴う対価で，輸入貨物に係る取引状況その他の事情からみて当該輸入貨物の輸入取引をするために買手により直接又は間接に支払われるもの（関税定率法大４条第１項第４号）

(5)　買手による輸入貨物の処分又は使用による収益で直接又は間接に帰属することとされているもの（関税定率法第４条第１項第５号）

3　原則的な課税価格の決定方法以外の方法

(1)　次のような場合には，上記2. の原則的な課税価格の決定方法以外の方法により，課税価格を決定することとなる。

①　輸入貨物に関する輸入取引に関して，次のような特別な事情がある場合。

イ　買手による輸入貨物の処分又は使用についての制限がある場合（関税定率法第4条第2項第1号）

ロ　輸入貨物の課税価格の決定を困難とする条件が輸入取引に付されている場合（関税定率法第4条第2項第2号）

ハ　買手による輸入貨物の処分又は使用により売手に帰属する収益があり，その額が明らかでない場合（関税定率法第4条第2項第3号）

ニ　特殊関係者間における輸入取引で取引価格がその影響を受けている場合（関税定率法第4条第2項第4号）

②　輸入取引によらない輸入貨物の場合

「輸入取引」とは，本邦に拠点を有する者が買手として貨物を本邦に到着させることを目的として売手との間で行った売買であって，現実にその貨物が本邦に到着することとなったものをいい，通常，現実に貨物を輸入することとなる売買をいう。次のような輸入貨物は，輸入取引によらない輸入貨物となる。

イ　無償貨物

ロ　委託販売のために輸入される貨物

ハ　売手の代理人により輸入され，その後売手の計算と危険負担によって輸入国で販売される貨物

ニ　賃貸借契約に基づき輸入される貨物

ホ　送り人の所有権が存続する貸与貨物

ヘ　同一法人格を有する本支店間の取引により輸入される貨物

ト　本邦で滅却するために，輸出者が輸入者に滅却費用を支払うことにより輸入される貨物

(2)　上記（1）の場合，次の方法により課税価格を決定することとなる。

①　同種又は類似の貨物の取引価格による課税価格の決定方法（関税定率法第4条の2）

②　輸入貨物又は輸入貨物と同種若しくは類似の貨物の国内販売価格の逆算による課税価格の決定方法（関税定率法第4条の3第1項）

③　輸入貨物の製造原価に基づく課税価格の決定方法（関税定率法第4条の3第2項）

④　その他の決定方法（関税定率法第4条の4）

第4　輸入（納税）申告に誤りがあった場合の手続き

輸入貨物にかかる関税，内国消費税及び地方消費税などの税金に関する申告（納税申告）の内容に，計算違いなどによる誤りがあった場合には，次の方法により正しく直す。

1　納めた税金が過大であった場合（更正の請求）

誤って行った申告内容と正しい申告内容などを関税更正請求書に記載し，輸入申告をした税関官署に提出する（更正の請求）。

2　納めた税金が過少であった場合（修正申告，増額更正）

修正申告を行うときは，修正申告書，輸入許可書及び正しい申告価格が分かる資料を添えて，輸入申告を行った税関官署に提出する。

「輸入事後調査の結果について」及び「輸入（納税）申告別不足関税額等一覧表」が送付される。

※上記1.2. の手続ができる期間は，更正の請求，修正申告共に許可の日から5年以内である。

3　延滞税

上記2. の場合，納付すべき税額に対して，法定納期限（通常は輸入の許可の日）の翌日から納付する日まで，延滞税がかかる。

延滞税の計算の際は，納付すべき税額が，10,000円未満の場合には適用されず，10,000円未満の端数がある場合はこれを切り捨てる。

第5　加算税制度の概要について

1　過少申告加算税

輸入（納税）申告後，税関の調査により，修正申告又は更正が行われた場合には，原則として，当該修正申告等により過少申告加算税（納付すべき税額の10％）が課される。

修正申告等により納付すべき税額のうち，当初申告税額と50万円とのいずれか多い額を超える部分については，通常の過少申告加算税（10％）に加えて，さらに5％（加重分）が課される。

修正申告が税関の調査による更正を予知してされたものでない自主的な修正申告である場合には，過少申告加算税は課されない。

2　無申告加算税

輸入（納税）申告が必要とされる貨物について，当該申告が行われずに輸入された貨物で，税関長の決定があった場合，又は当該決定後に更正があった場合には，当該決定等により無申告加算税（15％）が課される。

3　重加算税

過少申告加算税の規定に該当する場合において，輸入者が課税価格等の基礎となる事実の全部又は一部を隠避し又は仮装したところに基づき，輸入（納税）申告していなかったときは，無申告加算税に代え，重加算税（40％）が課される。

第6　輸入事後調査における是正ポイント

1　関税定率法第4条1項本文関係【加工賃の追加支払い等について】

加工賃の追加支払い，遡及値上げによる貨物代金の追加支払い及び売手口銭の別払い，並びに，前払金は，関税定率法第4条第1項の『輸入貨物の課税価格は，当該輸入貨物に係る輸入取引がされた場合において，当該輸入取引に関し買手により売手に対し又は売手のために，当該輸入貨物につき現実に支払われた又は支払われるべき価格』（以下「現実払価格」という）に該当するため，課税価格に含めて輸入申告しなければならない。

2　関税定率法第4条1項第1号関係【運賃等の支払いについて】

船会社等に支払われた運賃等は，関税定率法第4条第1項第1号の『当該輸入貨物が輸入港に到着するまでの運送に要する運賃，保険料，その他当該運送に関連する費用』に該当するため，課税価格に含めて輸入申告しなければならない。

3　関税定率法第4条第1項第2号関係【仲介手数料について】

仲介手数料は，関税定率法第4条1項で『輸入貨物の課税価格は，現実支払価格に，その含まれない限度において次に掲げる運賃等の額を加えた価格（以下「取引価格」という。）とする』と規定し，同項2号で『当該輸入貨物に係る輸入取引に関し買手により負担される手数料又は費用うち次に掲げるもの』として，同号イ『仲介料その他の手数料（買付けに関し当該買手を代理する者に対し，当該買付けに係る業務の対価として支払われるものを除く）』に該当するため，課税価格に含めて輸入申告しなければならない。

4　関税定率法第4条第1項第3号関係【原材料の無償提供について】

原材料は，関税定率法第4条第1項で『輸入貨物の課税価格は，現実支払価格に，その含まれない限度において次に掲げる運賃等の額を加えた価格（以下「取引価格」という。）とする』と規定し，同項3号で『当該輸入貨物の生産及び輸入取引に関連して，買手により無償で又は値引きをして直接又は間接に提供された物品又は役務のうち次に掲げるものに要する費用』として同号イ『当該輸入貨物に組み込まれている材料，部分品又はこれらに類するもの』に該当するため，課税価格に含めて輸入申告しなければならない。

5　関税定率法第4条第1項第4号関係【商標使用料等について】

商標使用料等は，関税定率法第4条第1項で『輸入貨物の課税価格は，現実支払価格に，その含まれない限度において次に掲げる運賃等の額を加えた価格とする』と規定している。同項4号は，『当該輸入貨物に係る特許権，意匠権，商標権その他これらに類するもので，政令で定めるものの使用に伴う対価で，当該輸入貨物に係る取引の状況その他の事情からみて当該輸入貨物の輸入取引をするために買手により直接又は間接に支払われるもの』としている。これをうけて関税定率法施行令第1条の5第5項が『法第4条第1項第4号に規定する政令で定める特許権，意匠権及び商標権に類するものは，実用新案権，著作権及び著作隣接権並びに特別の技術による生産方式その他のロイヤルティ又はライセンス料の支払いの対象となるものとする』規定していることから，これらも，課税価格に含めて輸入申告しなければならない。

6　委託販売契約貨物の課税価格の決定方法

輸入取引（輸入売買）によらないで輸入される貨物の課税価格は，関税定率法第4条の2（同種・類似取引価格による調整課税価格）以下の規定により決定される。

第7　事後調査手続

税関作成の「輸入事後調査手続に関するQ&A」が詳細に手続を解説している。問18及び19の回答は，「調査結果の内容説明手続と修正申告の勧奨」について説明しており，問24の回答は，通関業者，弁護士，弁理士が立会人として認められている。

第23章　差額関税事件（関税事後調査）

（公正基準）

WTO 農業協定 4 条 2 項は，関税法 3 条但書によって国内法律関係に適用される。

インターネットの普及により，世界は一体化し，国内法と国際法の関係を解明しておかなければならない時代となった。韓国の慰安婦判決や徴用工判決でも問題とされた様に，個人の請求権が国際法によって，どの様な影響を受けるかは，本件における争点と共通している。

第1　差額関税事件の問題点

我が国では，憲法98条 2 項が存在するから，条約の国内的効果が認められる。関税暫定措置法（2 条 2 項及び別表第 1 の 3 ）が定める差額関税は，最低輸入価格と可変課徴金として，WTO 農業協定 4 条 2 項によって禁止されている。関税法 3 条但書は，関税条約を国内関税法規に優先して適用するものとしている。従って，WTO 農業協定 4 条 1 項は，国内関税について，直接適用されることに異論はなく，譲許表を定めるが，これは，関税率の上限を規制するものであるが，問題なく国内適用されている。関税暫定措置法による差額関税の賦課は，関税法 3 条但書及び憲法98条 2 項により適用される WTO 農業協定 4 条 2 項違反である。まして，差額関税を脱税したとする刑事事件の立件は，国家による犯罪的行為といえよう。

国内法（関税暫定措置法）が定める差額関税という課税要件は，多国間条約（WTO 農業協定 4 条 2 項）で禁止されており，本件は，かかる国内関税法と関税条約との矛盾抵触の問題である。

韓国の徴用工判決や慰安婦判決も「国内法と国際法」の関係が問われており，グローバル化した世界においては，国内法だけで法律論を議論するのは誤りを導くことになる。条約や複数の行政法が交錯する領域は，先ず優先適用される「準拠法の選択基準」を解明しなければならない。本件における公法の準拠法選択基準は，関税法 3 条但書であり，明文が存在するから，WTO 農業協定 4

条２項は，関税法律関係に直接適用されることは明白である。

第2　事件の概要（東京地方裁判所令和2年3月30日刑事事件判決）

1　ナンソー事件の概要

① 輸入豚肉の流れ

被告人Ｔは，他４名と共謀のうえ，実質的経営者として，ナンソー社等４社の各業務について，Ｒ社等の名義で豚肉を輸入するに当たり，約１年間で570回にわたり，内容虚偽の輸入申告を行うことにより，関税額合計61億5300万円をほ脱したとして起訴された。

ナンソー事件における豚肉の流通経路は，次の通りである。

ナンソー社は，実質的な輸入業者と認定され，61億5300万円を脱税したとされ，被告人Ｔ氏は，その実質的経営者として平成28年６月14日に起訴された。

一審公判手続において，予備的訴因が検察官から主張され，予備的訴因によるほ脱税額は，合計58億7000万円であった。

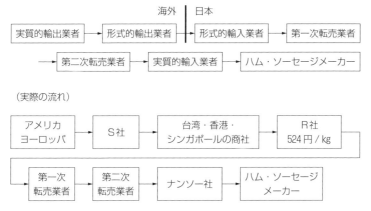

② 賦課処分と刑事処分

差額関税の賦課の仕組みと刑事処分の流れは次の通りである。

2 現行差額関税の仕組み

① 関税に関する法律

㋑ 関税法

関税の確定，納付，徴収及び還付，貨物の輸出入についての関税手続を定める。

㋺ 関税定率法

関税の税率，関税を課す場合における課税標準及び関税の減免，その他関税制度について定める。

㋩ 関税暫定措置法

関税法及び関税定率法の暫定的特例を定める。豚肉の差額関税の課税構成要件を定めている。

② 差額関税

差額関税の根拠法は，関税暫定措置法2条2項及び別表第1の3であり，「輸入価格が従量税適用限度額を超え，分岐点価格までの場合，基準輸入価格と輸入価格との差額」が課税要件とされている。

分岐点価格524円／kgの豚肉が，最も課税額が低くなる。最低輸入価格を設定し，海外の価格変化を遮断する目的で差額関税制度が設定されたものである。

海外の「分岐点価格以下の豚肉」は，差額関税制度により，基準輸入価格でしか国内に入ってこないこととなったが，これは最低輸入価格制度そのもので WTO 農業協定4条2項が禁止する国境措置（輸入制限効果を有する措置）である。

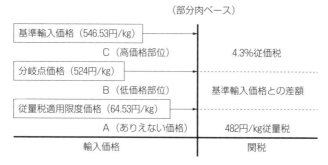

（部分肉ベース）

従量税適用限度価格以上で，分岐点価格以下の豚肉（B）について適用されるのが差額関税である。

　Aについては，482円／kg の従量税が課される。

　Cについては，4.3％の従価税が課される。分岐点価格での輸入が，最も関税額が低い（23円／kg）

　課税当局は，通関価格を524円／kg に調整するコンビネーション輸入を容認して，今日まで推移した。<u>コンビネーション輸入</u>とは，低価格部位と高価格部位をセットとして，輸入する脱法的方法である。我が国では，豚肉は部分肉として輸入されており枝肉輸入は行われていない。

3　WTO 農業協定

　同協定4条2項は，最低輸入価格制度である差額関税を禁止している。同協定の詳細は，外務省 HP で紹介されている。

4　差額関税制度の背景

① 　誰も遵守せず，差額関税を支払っていない。分岐点価格輸入制度の実質となっている。

② 　コンビネーション輸入の形式で，船荷証券のデータをみると300円／kg で海外で仕入れしたものを，日本への転売商社が524円／kg で日本へ輸出している。

③ 　差額関税制度の導入したときの法案説明では，条約を国内法化したとされている。

④ 　セーフガード（関税定率法9条）の発令の場合，「WTO セーフガード協定により，関税措置に限定」されている（5～7条，10条）。WTO 農業協定4条2項による通常の関税によらなければならない。差額関税を課す方法は，セーフガードとして認められない。

5　一審判決

　T氏に対する判決は，次の通りである。

① 　別件（ナリタフーズ事件）の有罪確定前の事件につき，懲役1年，罰金7000万円

② 　別件の有罪確定後の事件につき，懲役2年6か月，罰金1億3000万円

③ 　合計懲役3年6か月，罰金2億円

④ 　T氏以外の被告人4名は，すべて執行猶予判決で控訴せず，確定した。

⑤ 　中間購入者は不起訴であった。但し，実質的輸入者であるにもかかわらず，形式的輸入者と断定され，起訴されたが，執行猶予判決を受けた。

⑥　本件判決は，条約違反をほぼ認めながら，WTO 農業協定 4 条 2 項は直接適用できないとしていた。

⑦　一審判決は，予備的訴因を認容し，売り手は S 社とし，ほ脱関税額は約 58 億 7000 万円と認定した。

⑧　しかし，我が国では，憲法 98 条 2 項と関税法 3 条但書があるから，直接適用可能であると宣言するべきであった。

また，T 氏は，別件の有罪確定後，収監され，服役中の事件については豚肉購入の指示は困難であった。

第 3　関税額の確定（課税要件）と犯罪構成要件

1　課税物件（課税対象）

輸入貨物が課税物件とされている（関税法 3 条本文）。

2　課税要件（差額関税制度）

差額関税の課税要件は，関税暫定措置法 2 条 2 項及び別表第 1 の 3 において，枝肉及び部分肉について定められたもので，「輸入価格が従量税適用限度額を超え分岐点価格までの場合，基準輸入価格と輸入価格との差額」とするものである。

3　関税法 3 条但書

しかし，関税法 3 条但書は，条約による課税要件規定が優先適用されるとしている。優先適用された WTO 農業協定 4 条 2 項は，従量税又は従価税以外の関税（国境措置）を禁止しているから，差額関税は，最低輸入価格かつ可変課徴金として無効であり，従価税と従量税のみ，有効である。

4　税額の確定

関税申告により確定するのを原則とする。無申告などの場合は，税関長の決定により関税額が確定する。ナンソー事件においては，関税決定通知書が送達されている。刑事手続で関税額が確定するわけではない。刑事起訴処分と関税決定通知処分は，法律要件が異なるが，前者は後者の要件を充足することが前提とされているから，前者で無罪を主張するためには，両方を争わなければならない。差額関税の場合，基準輸入価格（546.53 円）と輸入価格との差額に課税される。

5　課税価格（関税定率法4条1項）

関税定率法4条1項は，課税価格を次の通りとする。

「買い手により売り手に対し，支払われる価格に運賃などの額を加えた価格（取引価格）とする。」売主側から出された取引価格（C&F価格）の証明資料がなければ，関税額の確定はできない。この条文の文言からみると，「買主から売主に支払われる価格」が課税価格であるから，「売り手」と「買い手により支払われた価格」の両方が課税要件であり，かつ，公訴事実として特定されるべき構成要件事実である。我が国の豚肉の輸入価格は，すべて524円／kgで申告されている。誰も差額関税を支払っていない。真実の取引価格の証拠は，海外情報であるから，これを把握するのは一般的に困難である。商社が介在するので，売り手を特定するのも，困難であることが多い。国際的商社取引は，買付代理店であることもあり，数量，価格の交渉の有無は決定的要素ではない。

課税価格は，支払価格と運賃等の取引費用の合計であり，文言上は推計が許されていない。直接の証拠を発見できない場合，部分肉の時価立証がなされても，それは，推計課税である。海外旅行で持ち込むお土産は，購入価格の6割程度が課税価格とされている。関税評価額は，移転価格税制における独立企業間価格とは別であり，実現価格である。

6　関税評価制度

1994年関税評価協定が成立しており，これを受けた定率法4条2項但書，定率法基本通達4-19は，代替法による推計を容認している。

7　犯罪構成要件

①　関税法6条（納税義務者）

「貨物を輸入する者」は，関税の納税義務がある。貨物を輸入する者とは，原則として，仕入書（インボイス）に記載されている荷受人のことである。貨物が輸入申告される前に転売された場合は，転得者が輸入者とされる（関税定率法施行令7条2項）。

②　関税定率法4条1項（課税価格）

③　関税暫定措置法2条2項及び別表第1の3（差額関税）

④　関税法110条1項1号（関税免脱罪）

「偽りその他不正の行為により関税を免れた場合」，10年以下の懲役若しくは，千万円以下の罰金に処し，又はこれを併科する。

620

④　同法117条（法人併科）

行為者を罰するほか，法人に対して罰金刑を科するとしている。

⑤　同法110条４項（加重罰金刑）

免脱関税額の10倍が千万円を超える場合，罰金刑は免脱関税額の10倍相当金額以下とすることができる。

免脱関税額の10倍まで罰金を科すことができるとすれば，差額関税の脱税では莫大な罰金刑となり，他の税目の脱税罰金と大きくバランスを欠いている。

⑥　関税法105条等（輸入事後調査）

関税法105条及び105条の２は，事後調査手続を政令委任又は，国税通則法74条の９〜11までを準用している。

| A　貨物輸入取引 |
| B　偽り不正申告対象取引 |

Ｂ取引のみが犯罪として立件される。

第４　WTO農業協定４条２項

1　WTO農業協定４条２項

WTO農業協定４条２項は，「通常の関税に転換することが要求された措置を維持，採用又は，再び採用してはならない」としている。又，WTO農業協定４条２項は，国境措置（輸入制限措置）の全てを「通常の関税」（従価税，従量税又は，それらの組合せ）に転換することを求めている。これは，「輸入制限効果を有する措置」を導入することを禁止するものである。

2　通常関税転換要求措置

WTO農業協定４条２項は，以下の輸入制限効果を有する措置を特定して禁止している。差額関税制度は，最低輸入価格制度に該当する。

①　輸入数量制限
②　可変輸入課徴金
③　最低輸入価格
④　裁量的輸入許可

⑤　国家と貿易企業を通じて維持される非関税措置

⑥　輸出自主規制

⑦　その他，これらに類する通常の関税以外の国境措置（輸入制限措置）

3　通常関税

通常の関税とは，従価税及び従量税のことである。

WTO農業協定4条2項は，市場アクセスを保障するため，「通常関税以外の全ての輸入制限措置を通常関税化しなければならない」とするものである。全ての農産物について，通常関税（従価税及び従量税）による賦課は譲許表に定める範囲で許容されている（同協定4条1項）。

4　関税法3条但書

関税法3条但書（「ただし，条約中に関税について特別の規定があるときは，当該規定による。」）は，関税条約の課税要件規定が国内法による課税要件規定に優先適用されるとしている。これにより，WTO農業協定4条2項が，国内の関税法律関係に適用されることは明白である。同協定4条1項は，関税の最高限度を譲許表として定めているが，これは直接適用されている。関税法3条但書は，「関税」を連結点として，条約の優先適用を定めている。

5　憲法98条2項

憲法98条2項は，国際条約の遵守義務を裁判官を含む国家公務員に課している。

条約の国内的効力とは，条約が国内法の法体系の一つとして法的効力を有することである。条約の直接適用可能性とは，国内立法措置が無くても，裁判規範として適用されることである。WTO農業協定は，憲法98条2項により，国内的効力が認められ，関税法3条但書により，直接適用され，裁判規範とされなければならない。

6　条約違反の差額関税制度が温存された背景

①　農水省小畑課長は，「外国を騙して差額関税制度を残した」ことを講演している。

②　国内産豚肉と輸入豚肉は，市場が二分され，輸入豚肉は，低価格部位として，ハム・ソーセージ用である。

③　TPP発効から10年経過すると，差額関税制度は，廃止となる。現状はコンビネーション輸入の方法で，1kgあたり23円の従価税で輸入可能であ

るが，TPP 発効から10年後は，1 kg あたり50円の従量税となり，約 2 倍
となる。

第5　直接適用可能性（自動執行可能性）と国内的効力

1　憲法98条 2 項と国内的効力

憲法98条 2 項は，「日本国が締結した条約及び確立された国際法規は，これ
を誠実に遵守することを必要とする」。

憲法98条 2 項が存在する以上，日本国が締結した条約は，国内的効力がある
というべきである。

2　関税法 3 条但書

WTO 農業協定 4 条 2 項が，関税について，関税法 3 条但書により，国内関
税法よりも優先適用されることは，明白である。

関税法 3 条但書によって，WTO 農業協定 4 条 2 項が関税法律関係に直接適
用されるとすれば，公法の適用範囲と適用方法の議論が残るだけである。いか
なる法律も，直接適用困難な条文があり，直接適用可能な条文もあり，具体的
な適用可能性が問われる。具体性と明確性は，あらゆる法律の適用可能要件で
ある。

3　直接適用されている条約

① 　国際航空運送規制統一条約（ワルソー条約）
② 　船舶衝突規定統一条約
③ 　海難救助統一条約
④ 　日米租税条約
⑤ 　税務行政執行共助条約（日本，アメリカ，フランス，ドイツ，オーストラリア，
　　カナダ，韓国，ロシア，インドネシア等）

日本が外国に執行共助を求めるのは，条約に基づいて実施されており，既に
海外で11件の取立がなされている。財務省のホームページには，この条約は，
所得税，法人税，消費税，相続税などに直接適用されると記載されている。

4　法解釈問題

憲法98条 2 項の下では，条約の国内的効力は認められ，条約が国内法律関係
に直接適用可能かどうかは，立法政策問題ではなく，客観的な法解釈問題であ
る。関税法 3 条但書は，関税条約を関税法律関係に直接優先適用するという内

容である。

① WTO農業協定4条2項

具体性，明確性要件をクリアしている。譲許表と一体である。

② 条約の法規範性

単なる合意ではなく，多国間条約は，法規範を作成した上で，これを締結・承認し，批准する。国家が条約に拘束されることの同意である批准書が寄託されることもある。

5　チリ・ペルー事件

WTO紛争解決機関のパネルが，WTO農業協定4条2項違反を認定し，拘束力のある具体的な条文として認識されるとの決定がなされた。

6　国内的効力

「条約適用可能性（自動執行可能性）」と「国内的効力」は，別問題である。

① 条約による権利・義務の設定は可能である。WTO農業協定4条1項も2項も，課税要件規定である。

② 条約の国内法律関係への直接適用は可能である（憲法98条2項）。

③ 湾岸戦争後の平和条約により，クウェート国民は，条約による損害賠償請求権が認められた。

④ 韓国徴用工事件では，私人の権利は条約により失権しないとされた。

⑤ 我が国の裁判所は，条約が国内的効力を有するとして，直接適用可能性を問題としなかった。国際航空運送条約や国際民間航空条約などは，直接適用して解釈をなしている。シベリア抑留事件において，東京高裁平成5年3月5日判決は，「国際慣習法を根拠に，具体的な補償請求を国になしうるか，又，国民相互間の法律関係に適用できるかは別に検討するべき」とした。一方，京都指紋押捺国賠償訴訟事件において，大阪高裁平成2年6月19日判決は，「国際人権規約の直接適用可能性」を認めた。

7　アメリカ・ヨーロッパとの違い

① 国内的効力と直接適用可能性

我が国には，憲法98条2項及び関税法3条但書があるから，アメリカやヨーロッパとは異なる。

② WTO協定の紛争解決手段と司法的解決手段の関係

締約国の国民が，自らの権利について，当該締約国に対し，司法的救済を求

めることは何等妨げられない。

③　国際的仲裁機関や国際司法裁判所の存在

これらは国家間の紛争解決機関であり，本件では利用できない。国家の条約違反行為により，権利を侵害された個人が条約を根拠に締約国裁判所で救済を求めることは可能である。イタリア・フェリーニ事件が参考となる。

④　条約と国内法の関係

憲法98条2項の下では，条約は国内法の制定を待たず，その発効と共に自動的に国内的効力を持ち，条約の内容が国内法と抵触する場合，条約は国内法に優位する。しかし，その条約が自動執行力を有するかは，締約国の意思（主観的要件）と規定の明確性及び完全性（客観的要件）を条約の条項ごとに判断する必要があるとされるが，関税については，関税法但書があり，関税条約が直接適用される。

第6　一審判決と憲法判例

1　一票の格差訴訟判決（2011年3月23日最高裁大法廷判決）

「1人別枠方式が，一票格差を助長している。アダムス方式が採用されたが，格差2倍が違憲判断の基準である。違憲状態が長く続くと選挙は違憲無効となるとする判決」である。

格差2.3倍を違憲状態と判断した。「1人別枠方式」を廃止せよと国会に迫った判決である。

一票格差の違憲状態の是正を国会に迫る最高裁は，WTO農業協定違反事件でも国会に強く是正を迫れというべきである。

ナンソー事件は，一票格差事件よりも，明確な憲法違反のケースといえる。

2　違憲法律を適用することは，違憲・違法とする理論の引用

①　憲法・条約・その他法解釈基準を含む公正基準も法律の内容を構成する。
　　公正基準違反も法律違反となる。

②　行政裁量（法規裁量）の逸脱・濫用となる。

③　違憲法を適用することが行政裁量の濫用となる。

④　違憲法による刑事処分は，公訴権の濫用となる。

⑤　違憲法による課税処分は，行政裁量（法規裁量，行政事件訴訟法30条）の濫用となる。

3　公序論（憲法秩序違反）の適用（間接適用論）

① 民法90条（公序良俗）違反の法律行為は無効であるが，公法領域において
も，公序に反する刑罰法の適用は，公訴権の濫用となる。公法領域におけ
る公序違反として，憲法・条約違反の法律適用が典型である。

② 憲法31条は，不適正な内容の法律は無効とすると解釈されている。

③ 尊属殺人事件最高裁大法廷判決は，憲法14条に違反する刑法200条の適
用は，違憲無効とし，普通殺人罪の適用を認めた。ナンソー事件では，差
額関税の部分のみ違憲無効といえば足りる。本件ナンソー事件は，尊属殺
人事件よりも，憲法違反性は強い。

④ 札幌地判平成14年11月11日公衆浴場入浴拒否事件
外国人の公衆浴場入浴拒否について，条約の間接適用を認めた判決であ
る。

⑤ WTO農業協定4条2項は，関税法3条但書によって，関税賦課決定処
分に直接適用されるから，間接適用論は予備的主張である。

4　公法適用準拠法選択（関税法3条但書）

関税法3条但書は，条約と関税法・関税定率法の準拠法選択に関する優先関
係を定める規範である。準拠法の選択は，単位法律関係について包括的に指定
されるもので，関税法3条但書によって，関税法律関係について，条約の優先
適用が包括的に指定されている。法適用通則法42条（公序）に反する外国法は
適用しないとするが，公序に反する内国法を適用しないのは，憲法31条からも
導かれる。裁判官は，一つの法律適用で判決を書こうとする傾向がある。ナン
ソー事件においても，先ず，憲法適合性判断が先行されるべきである。次に，
条約適合性が判断され，更に，関税法3条但書（条約適用優先条項），関税暫定措
置法2条2項（差額関税制度）について順次に法適用するべきである。憲法98条
2項及び関税法3条但書によりWTO農業協定4条2項が順次適用されること
になる。

5　違憲法律の適用制限論

当該法律の違憲部分のみ無効とし，当該法律の合憲部分のみ有効とする判決

がある。徳島公安条例事件（最大判昭和50年9月10日），婚外子認知事件（最大判平成25年9月4日），木更津木材事件判決（東京高裁平成7年11月28日判決）が参考となる。中華人民共和国でも一票格差問題があり，8倍格差があっても法律自体を改正せず，「格差法の運用」で調整しているといわれている。

6 違憲・違法の根拠

① 類似別件ナリタフーズ一審判決の認定

ナリタフーズ事件（東京高等裁判所2010年8月30日判決）は，類似の別件差額関税事件である。同判決は，「制度運用として改善すべき点がある」，「現状の豚肉市場と適合しない」と認定し，差額関税制度の不合理性を認めた。

② 関税暫定措置法2条2項による課税処分（関税決定通知処分）の違法

差額関税制度を規定する法律（関税暫定措置法2条2項）は，憲法98条2項及び関税法3条但書によりWTO農業協定4条2項が適用され，条約違反で無効である。従って，措置法2条2項違反を構成要件とする関税法110条（犯罪構成要件）もWTO農業協定違反となる。

③ 平成19年「経済財政計画の基本方針2007」

平成19年差額関税制度の廃止が閣議決定された。政府は，不合理な制度であることを平成19年当時から認識していたのである。

閣議決定の例としては，「上場会社役員給与額の開示」や「検察庁法改正の決定」がある。法律の委任による閣議決定なのか，立法改正に向けた政策決定なのかが問われる。本件閣議決定は，差額関税制度の条約違反を確認した閣議決定というべきである。

④ 農水省小畑課長の講演録によると，「外国を騙して，差額関税制度を残した」との発言は，差額関税制度が，WTO農業協定4条2項に違反することを日本が認めた証拠である。

7 じん肺訴訟等（国賠訴訟）の引用

① じん肺訴訟に関して，多くの判例は，湿式削岩機・防塵マスク使用の必要性を確認し，通達を変更しないで，漫然とこれを放置した国の不作為の違法を認定した。

② 国の衛生監督責任義務を認定し，これの違法を認めて，国に賠償を命じた。

③ 国の不作為の違法により，被害者の国賠請求を認めた判例は多数ある。

8　事後廃止法による課税ルールの変更

①　豚肉差額関税制度の廃止と事後的更正の請求の可否を検討する必要がある。

差額関税廃止法（事後法）の制定は，差額関税制度が憲法やWTO条約4条2項に違反することを確認している。廃止法は事後法の適用ケースではなく，WTO農業協定4条2項を正しく適用したものというべきである（パチンコ球遊器事件判決参照）。

②　TPP（2016年締結），日欧EPA（2018年締結）では，発効後10年目に従量税50円／kg，従価税無税とされる。差額関税は，形式的にごく一部維持された。しかし，実質的に廃止されたといえる。低価格豚肉の関税は，50円／kg（従量税）とされ，高価格豚肉の関税は，撤廃される。現行は，コンビネーション輸入の方法が多用され，23円／kgの関税が課されているだけであるから，TPP発効は，倍の負担となる。

③　外国豚肉生産者は，日本に対して海外相場の1.5倍で売れるから，差額関税制度の廃止に興味がない。

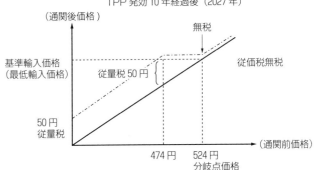

TPP発効後10年目に，差額関税は廃止となり，従量税50円／kg，従価税無税とされる。

9　尊属殺人罪違憲判決

①　ナンソー事件で，最も参考となる先例は，違憲の法律によって，刑事事件が立件された尊属殺人罪違憲大法廷判決である。尊属殺人罪の違憲性（合理的な差別かどうか）よりも，本件のWTO農業協定4条2項違反，憲法

98条2項違反，関税法3条但書違反は，より明確である。

② 昭和48年4月4日，最高裁判所大法廷は，刑法200条の尊属殺人罪は，刑法199条の普通殺人罪の法定刑に対し，著しく不合理な差別的取扱いをするものであり，憲法14条1項に違反し，無効と判示した。

③ 本判決以降，法務省は，尊属殺人について刑法199条を適用するよう通達を出した。最高裁判所判決確定後，尊属殺人罪で受刑中の受刑者に対しては，個別恩赦により刑の減刑がなされた。

④ 上記大法廷判決は，違憲の法律によって刑事事件が立件されたもので，本件ナンソー事件と類似し，最も参考となる。

第7 過去の類似事例

1 三菱商事関税法違反事件

三菱商事が約45億円を脱税したとして追徴課税処分を受けた。しかし，刑事告発は見送られた。

2 協畜事件

脱税額の大きい差額関税事件である。2007年7月2日，東京地裁は，曽我部登元社長に懲役3年，罰金6億円の判決を言い渡した。

判決によると，2002年から2004年の3年間で，合計約119億円の関税を免れたとの認定である。

524円／kgで販売した後に，台湾企業が日本企業へヨーロッパ産豚肉の売買代金の一部を返還する方法による脱税事件であった。ナンソー事件の輸入スキームとは異なる。マリタックス法律事務所は，協畜の弁護をなした。

デーニッシュ・クラウン社の代理人が裏で活動，調整し，国内輸入業者が支払った代金の一部を返還する方式であった。

デーニッシュ・クラウン社 → 台湾企業 → 山水物産 → 協畜 → ハム・ソーセージメーカー

3 ナリタフーズ課税処分取消行政訴訟事件（東京地判平成28年3月17日）

① 訴訟救助決定がなされた。

② 原告代理人は，志賀桜・山下清兵衛弁護士で，国代理人は，今村隆弁護士であった。

③ ナリタフーズ社の土地等について，徴収処分の差押がなされた。

④　一審敗訴で確定し，訴訟救助された訴訟費用2500万円は復活し，未払い
となった。

4　トップコーポレーション差額関税事件

2013年5月21日，東京地裁は，約136億円脱税したとして，柴田謙司・堂谷
邦宏両被告に懲役3年10ヶ月，罰金3億5000万円を言い渡した。

第8　直接適用論

1　具体的要件

WTO農業協定は，憲法98条2項及び関税法3条但書によって，内国関税法
律関係について，直接適用されることは，明白である。しかし，当該条文が裁
判規範として，効力があり，具体性があるかどうかが問われる。憲法25条プロ
グラム規定論が参考となる。

2　譲許表との一体性

WTO農業協定4条2項が，差額関税制度に具体的に適用可能であるかが問
われるが，どのような法律も目的条文など具体的な適用は困難である。しかし，
農業協定4条2項は，譲許表と一体であり，具体的な要件が定められており，
差額関税に適用可能というべきである。WTO農業協定4条2項違反事件につ
いて，WTOパネルは譲許表を超えていない制度でも，自由貿易を阻害する国
境措置はWTO農業協定4条2項違反とした（チリプライスバンド事件パネル判断。
谷口安平意見書5頁）。

3　関税法3条但書

WTOの農業協定4条2項は，憲法98条2項及び関税法3条但書によって，
国内的法律関係に直接適用可能であることは明白である。婚外子認知事件，尊
属殺人事件において，憲法は，無条件に適用されている。

4　国税不服審判所平成20年10月3日裁決（日米租税条約源泉特例事件）

新日米租税条約第30条第2項（a）（ⅰ）（aa）が，ロイヤリティ支払いに適用
されるかどうかを判定したもので，租税条約に基づく届出書を提出していれば，
税率は10％となることが決定されている。所得税法212条第1項は，同法161条
第7号イに規定する使用料の支払いをする者は，支払いの際，所得税を源泉し
なければならないとする。同法213条第1項第1号は，20％の税率を規定して
いる。但し，租税条約実施特例法第3条の2第1項に従い，条約の限度税率で

源泉徴収が行われるとし，租税条約の直接適用を認めている。

5 条約は，憲法98条2項によって，国内的効力が認められているが，条約の当該条文が具体的な法的拘束力を有するかどうかは，当該規定の文言，内容，関連法規との関係など総合的に勘案して解釈される。

今村隆氏は，shall を使った条文は，直接適用を可能とする条文であるという。

行政法が私法法律関係に直接適用されるかは，当該行政法の解釈とされている（建築確認事件，食料管理法事件参照）。関税については，関税法3条但書があるから，WTO農業協定が裁判規範として適用されることに異論はない。

第9 韓国慰安婦事件判決（2021年1月8日）

1 「反人道的犯罪行為については，主権免除を適用できない」とした判決である。国家の強行規範違反については，主権免除は主張できないとする。

2 李溶洙氏（92歳）が当事者尋問に応じた。

同氏は，2021年2月21日，韓国政府に対し，ICJへの提訴を要請した。

しかし，正義連は，日韓併合，竹島問題に波及することを恐れ，ICJ提訴に慎重である。

3 日本国政府は，主権免除を主張して，訴訟に出席していない。

4 韓国慰安婦事件判決では，2015年の慰安婦合意と1965年の請求権協定との関係が問われる。日韓請求権協定第2条は，「国民の請求権問題は，完全かつ最終的に解決された」としている。しかし，同判決は，個人の請求権に同規定が及ばないとした。

5 イタリア人フェリーニ事件（2012年2月3日）では，国際司法裁判所（ICJ）において，ドイツ政府が勝訴している。反倫理的な犯罪について，主権免除は認められないかが争点とされた，強制労働の事件であった。

6 国連は，「真実の究明，金銭賠償，治療，リハビリ，謝罪」が必要とする。「国家による暴力から，どんな国も自由ではない」とする。

7 日本は，国際司法裁判所に提訴する可能性もある。フェリーニ事件（ICJ）では，ドイツ政府の国家免除の主張が認められた。イタリア最高裁判所は，国連国家免除条約12条と欧州国家免除条約11条や慣習国際法を考慮し，ドイツは国家免除を援用できないとした。ICJは，基本的には，国家間紛争の解決機関である。

8　韓国徴用工判決（韓国最高裁2018年10月30日判決）は，1965年の請求権協定は，国民の請求権に及ばないとしている。

9　日韓慰安婦合意

2015年12月28日，日本政府と大韓民国政府間の合意であり，「最終的かつ不可逆的なもの」とされ，この合意に基づき，日本政府は10億円を拠出した。

10　日韓請求権協定

1965年国交正常化の際に締結されたもので，両締約国及びその国民の間の請求権に関する問題は，「完全かつ最終的に解決される」としている。

11　国際司法裁判所への付託

国際司法裁判所へ付託するには，関係国の同意が必要である。捕鯨問題で，日本は敗訴したことがある。韓国の裁判所が判断してはいけないとするのが，主権免除の理論であるとする（名古屋大学水島朋則）。

12　ユーゴスラビア紛争事件

ユーゴ内戦時の性暴力が報告され，国家による性暴力事件には，国際社会の認識の変化があり，国家の性暴力に対しては，近い将来，主権免除は主張できなくなると予想される。

13　国連人権理事会

国連人権委員会は，日本政府に対して，被害者への賠償などの勧告を出している。人種差別撤廃委員会も同様の提言をしている。国際法の解釈も，個人請求権を尊重する傾向がある。

第10　一審判決における弁護人の主張

1　私法取引の事実認定の誤り

① 実質的輸入業者の認定は誤りである。

中間業者が介在するが，各実存する。

中間業者は，実在し，転売益を取得している。

中間業者間に意思の連絡はない。

② 仕入額の認定の証拠が不明確である。

③ T氏不在中の取引であった。

数百件以上の個別取引について，T氏が指示できるわけがない。

2　条約直接適用論

①　WTO 農業協定 4 条 1 項が定める譲許表は直接適用されているが，WTO 農業協定 4 条 2 項も「譲許表と一体の市場アクセス保障規定」であるから，直接適用されるというべきである。

②　本間意見書・川瀬意見書・谷口意見書・松下意見書は，直接適用されるとする。

③　憲法98条 2 項は，裁判官を含む公務員に対して，条約の遵守義務を定める。

3　憲法84条租税法律主義違反

本件関税決定通知処分は，関税法 3 条但書と憲法98条 2 項を無視するもので，憲法84条に違反する。

4　憲法31条及び39条罪刑法定主義違反

本件公訴提起は，犯罪でない行為を立件したもので，憲法31条，39条に違反する。

5　弁護人主張のまとめ

①　差額関税制度及び関税暫定措置法 2 条 2 項は，WTO 農業協定 4 条 2 項に違反し，無効である。

②　立法裁量を逸脱したものとして，憲法31条及び29条に違反し，違憲無効である。

③　本件差額関税制度は，刑罰法規の内容の適正を欠き，また，罪刑法定主義（明確性原則，憲法31条及び39条）に違反し，違憲無効である。

④　財政経済諮問会議において，差額関税制度は，廃止すべきとして，平成19年の経済財政計画の基本方針2007にも盛り込まれ，閣議決定された。かつ，TPP（2016年），日欧 EPA（2018年）及び日米貿易協定（2020年）が成立，発効したことにより，豚肉対日輸出の主要国アメリカ，カナダ，メキシコ，EU などとの関係で，実質的に廃止に至った。

　　日本国政府は，閣議決定された平成19年時点で，差額関税制度は違憲，違法な状態であったということを認識していたことになるから，関税暫定措置法 2 条 2 項を適用して，被告人らを罪に問うことは，違法，違憲である。

⑤　本件差額関税制度は，WTO 農業協定 4 条 2 項に違反し，公訴権濫用で

ある。

以上の5点が無罪の法律解釈論として主張してきた。

第11　一審判決と国際公法

1　課税根拠法の適用範囲制限論

① 憲法98条2項違反

差額関税部分は，憲法98条2項により適用されるWTO農業協定4条2項に違反するから適用できないというべきである。本件起訴は，憲法98条2項に違反している。

② 関税法3条但書

関税条約の課税要件規定は，国内関税法等に優先適用されるとしている。

③ 憲法31条適正手続保障違反

憲法31条は，条約に違反する不適正な内容の法律を無効としている。条約が不適用であっても，憲法31条，法適用通則法42条の準用によって，「法律の不適正」部分は無効であり，適用できないというべきである。

④ 法適用通則法42条（公序）の援用

法適用通則法42条は，公序に反する法律の適用を不可としているが，公法領域においても，憲法秩序に違反する法律の適用は不可というべきである。

⑤ 条約間接適用論

公法領域も，民事法領域と同様に，憲法や条約等に違反する法律は，公序に違反し，無効である。

2　違憲状態による法的責任（一票格差事件最高裁判決の引用）

① 国家の違法行為（不作為）により作出された違憲状態において，行政法責任と刑事法責任は問えないというべきである。

② 一票の格差事件最高裁判決は，違憲状態による選挙は無効に至るとする。

3　個人の請求権と条約（国際人権規約の直接適用論）

① 湾岸戦争事件

条約が国内法律関係に適用される例は，たくさんある。憲法や行政法が私法取引に直接適用されるかは，古くて新しい論点である。湾岸戦争後の平和条約によって，クウェート国民はイラクに対し，直接の賠償請求権を付与された。

② 強制連行国内事件

従軍慰安婦事件や強制連行事件において，個人の請求権は平和条約の直接適用によって失権するかどうかが議論された。

③ 在外邦人選挙権訴訟事件 (平成17年9月14日最高裁大法廷判決)

選挙権を有することを確認し，国の不作為の違法が認定され，1人5000円の慰謝料が認められた。

④ 韓国従軍慰安婦判決 (2021年1月8日判決)

国際人権規約に違反する国家の行為は，主権免除の法理は使えないとした。

4 公訴権濫用論の主張 (違憲の法律適用不可)

① 違法な司法取引により立件された公訴提起は，公訴棄却の理由となる。

② 憲法に違反する刑法 (尊属殺人罪など) による公訴提起も違法である。

③ 軽微な法律違反に対する過大な刑罰を求める起訴は，公訴権の濫用である。

④ 社会において形骸化している法律違反行為で，多くの人々が刑罰による制裁を相当と認めない行為を起訴するのは，公訴権の濫用である。

⑤ 刑訴法338条4号に該当する場合，公訴権濫用として，公訴棄却判決をすることになる。嫌疑なき起訴などは，公訴棄却される。最判昭和55年12月17日決定は，公訴権濫用の場合があるとした。最判平成28年12月19日第一小法廷判決は，公訴棄却の判決をなした。

第12 インターネットを利用し，役務提供する外国法人への消費税課税

1 インターネットを利用したソフトウェア提供取引について，「役務の提供を受ける者の住所等」があれば，消費税が役務提供外国法人に課されることになった。課税対象は，「インターネットを利用したソフトウェア等の配信」である。

2 これは，消費税法の外国法人への適用拡大であり，逆に内国法人のインターネット海外取引は不課税とされた。

3 国内法の適用範囲についても国際的適用範囲条項が存在する。

条約は，憲法98条2項によって，国内的効力が認められており，条約の当該条項か，国内法の法律関係に適用されるかどうか，その法的効果がどうかは，当該条約の法解釈問題である。当該条約の当該条文が，具体的な

法律関係に適用される内容かどうかで決定される。

4　WTO農業協定4条2項は，通常の関税以外の国境措置を禁止する内容であり，譲許表と一体であり，具体的な内容であるから，国内法律関係に直接適用は十分可能である。

第13　各意見書の引用

1　谷口安平意見書

WTO上級委員の経験を語り，条約の直接適用を主張するもの。関税法3条但書により，WTO農業協定4条2項は国内において直接適用されると説く。また，本件豚肉差額関税制度は，最低輸入価格制，可変課徴金に該当することをWTO上級委員会は認定し，異議は無いとする。

2　本間正義意見書

差額関税の廃止を決めた閣議決定を紹介し，条約違反の差額関税制度であると説くもの。諮問会議において，差額関税の問題点が議論されたことを証言している。

3　松下満雄意見書

WTO農業協定4条2項の直接適用可能論を主張するものである。

4　川瀬剛志意見書

谷口，本間，松下意見書を肯定し，WTO農業協定4条2項の直接適用可能論を説くものである。

5　高橋和之意見書

憲法22条及び29条違反を主張するものであるが，条約の直接適用の可否には触れていない。

6　阿部泰隆意見書

国内法の観点から，立法不作為違法論を説くものである。

7　中谷和弘意見書

国内的効力を論ずるもので，国際人権規約との違いを論ずるものである。

第14　参考判例

1　東京地判平成17年4月22日（NTT接続約款認可処分取消請求事件）

接続約款の認可がWTO協定電気通信サービス参照文献文書（Reference

636

Paper) 2.2項（b）に違反しないとした。

2　東京地判平成28年2月25日（関税更正処分取消請求事件）

税関の更正処分による関税課税価格が，WTO協定附随書1A の1994年GATT7条及び関税評価協定に適合していることを審査した。関税評価協定と農業協定4条2項は変わらない。

3　最判平成21年10月29日（グラクソ事件）

租税特措法66条の6第1が，日本・シンガポール租税条約に適合するかについて審査した判決である。

4　MAM事件東京地裁判決（税務調査差止請求事件）

税務調査の権限は，海外に及ばないかどうかを論じた判決である。

5　インターネット外国法人消費税賦課事件

平成27年度インターネット外国法人課税立法は，国際条約との適合性が問われている。外国法人への課税権拡大を実現した課税立法である。

6　シンガポールタックスヘイブン事件（東京地裁平成25年5月29日）

居住者個人へのタックスヘイブン課税処分が取消されたケースである。

7　太田タックスヘイブン事件

海外から帰国した個人に対して，タックスヘイブン税制による国外源泉所得に対する課税処分が有効とされたケースである。

第15　参考文献等

1　文　献

①　「租税条約の自動執行力に関する考察」原武彦

㋑　非居住者や外国法人の国内源泉所得について，条約が直接適用されている。

㋺　外国税額控除について，租税条約により，居住者よりも重税となる非居住者については，憲法を適用して，条約に自動執行力はないとする。

②　子供返還ハーグ条約（国際的な子の奪取の民事上の側面に関する条約）

平成26年4月1日に発効し，返還申立事件は条約に定める特別要件該当性が審理される。

③　人種差別撤廃条約（国際人権ひろば No. 35，2001年1月号）

ブラジル人ポルツ事件静岡地裁判決は，同条約2条（d）に違反した日本人

の行為は，民法709条の不法行為に該当するとした。

④　「OECD モデル租税条約25条３項について」寶村和典税務大学校研究員

国際的二重課税回避について解説し，モデル租税条約の直接適用を分析する。

⑤　国際人権規約適用判例

㋑　大阪地判平成17年５月25日

国際人権（社会権）規約２条１項，９条の裁判規範性を認めた。

㋺　東京地判平成14年６月28日（判時1809号）

国際人権（自由権）規約７条の適用審査をした。

㋩　東京高判平成10年１月21日（判時1654号）

国際人権（自由権）規約10条１項の適用審査をなした。

㋥　札幌地判平成14年11月11日

条約の間接適用を認めた。

⑥　「マルサの実態・差額関税事件」上田二郎（納税者通信2019年〜2020年号）

⑦　「差額関税制度」高橋寛

⑧　「差額関税制度を断罪する」志賀櫻

元東京税関長による差額関税制度の問題点の指摘である。

⑨　「租税訴訟における要件事実論の展開」伊藤・岩崎編集（青林書院）

⑩　「国際法と国内法との関係」齋藤洋著（東洋法学）

⑪　「国際法と国内法の効力関係」加藤隆之著

⑫　「平成12年 WTO 農業交渉の課題と論点」農水省経済局編

⑬　「ガット農業合意と食料農業問題」食料白書

差額関税制度は，最低輸入価格とみなされたとしている。

⑭　「ガット農業交渉50年史」塩飽二郎（元農林水産省審議官）

差額関税制度は WTO 農業協定４条２項で禁止されたとする。

⑮　ビッグジャーナル2014年号

農家を守らない差額関税制度とする。

⑯　「WTO 紛争解決手続における多数国間環境条約の位置づけ」平覚（大阪市立大学）

条約間の抵触について解説する。

2　引用すべき判例

①　尊属殺人罪事件（昭和48年４月４日最大判）

憲法違反の犯罪構成要件により，刑事事件の立件はできないとした。

② 徳島公安条例事件（昭和50年 9 月10日最大判）

国の法律と自治体の条例の適用関係が問われた。

③ 不妊強制手術事件（東京地判令和 2 年 6 月30日）

④ グラクソ事件（最判平成21年10月う29日）

シンガポールとの租税条約の適用審査をなした。

⑤ 関税処分取消請求事件（東京地判平成28年 2 月25日）

⑥ NTT 接続約款事件（東京地判平成17年 4 月22日）

⑦ 上記 1 ⑤のⒾ㋺㋩判例

⑧ 小樽公衆浴場事件判決（札幌地判平成14年11月11日）

自由権規約及び人種差別撤廃条約は，憲法14条 1 項と同様に私法の諸規定の解釈にあたっての基準の一つとなりうるとし，条約の間接適用を示した。

3 ネット記事

① （第21回）「（多分）国際法違反の法律なのに，違反したら，なんで有罪？」川瀬剛志

② 2018.8.1特別号一（日本養豚事業協同組合）

③ 「元徴用工訴訟問題と請求権協定」和仁健太郎大阪大学大学院准教授（国際法学会）

④ 「元徴用工への補償」杉田聡（2019年 8 月22日）

⑤ WTO 農業協定（外務省，平成28年 9 月 5 日）

⑥ WTO 関係用語集ポケット版（農水省，2008年 3 月）

第24章　税理士懲戒事件

（公正基準）

　相続税の課税対象財産は，税務調査によって最終確定される。申告代理をなす税理士は，依頼者から交付された資料以外の資料を収集・調査する権限も義務もない。

　納税者本人による税務申告は，自己責任による税務申告であるから，事前に申告税務相談を受けた税理士には，何等の法的責任もない。

　「故意不真正行為」を理由とする税理士懲戒処分は，税務申告書類の記載ミスだけでなすことはできず，「税理士の責任を問いうる財産隠匿加担」が必要である。

（東京地裁令和4年6月3日判決）

　税理士の調査義務に関する，東京地方裁判所判決に関するケース（本件事件）を取り上げ，税理士懲戒要件について以下検討する。

第1　本件事件の概要

1　重要事実

　本件は，「無償税務相談の責任を問うケース」であり，かつ，「税理士の調査義務の範囲を超えた責任を追求するケース」である。そして税理士の懲戒要件と量定要件は，「税理士の不真正税務書類作成によって隠匿された財産評価額の存在」である。関与税理士が脱税に関与していない場合には，責任を問い得ない懲戒要件とされている。単なる税務相談のミスや脱税に加担していない税理士には法的責任を問えない懲戒要件とされている。

　控訴人の無償税務相談は，Aの本人申告につながり，無申告放置を回避となり，国家への多大な貢献であったが，処分庁は「課税対象財産がすべて申告書に記載されているべきとする誤ったルール」を正しいと思い込み，相続税申告書が完全でなかったとして，懲戒事件を捏造した。親の財産を正確に把握する子供はいないし，被相続人の子供の相続税申告書は，不完全であることは常態である。相続税課税対象は，生前贈与財産や第三者預託財産など，不明財産が

多数あるから，相続人が区々に提出した申告書を集めて，「みなし相続財産」「生前相続財産」などを確定できるのは，本件における重要事実は，次の通りである。

① 生前贈与財産など不明財産の確定は，税務調査手続でのみ行えること。

② 本人申告は，自己責任で行うものであること。

③ 申告の税務代理も，申告書の作成も委任されておらず，無償税務相談であったこと。

④ 「不真正税務書類作成」（税理士法45条1項前段）を理由とする懲戒要件は，「国税の課税標準等又は税額等の計算の基礎となるべき事実の全部又は一部を隠蔽し，又は仮装した」場合であり，調査ミスは，懲戒理由ではないこと（告示Ⅱ「量定の考え方第1の1（1）」）。

⑤ 本件三点セット財産は，Cが支配し，単独隠匿したもので不明財産であったこと。

⑥ MRI社からCが単独で配分された7500万円は，ねずみ講からの分配で，Bは分配を受けておらず，誰も知り得なかったこと。

⑦ 本件三点財産を，隠匿していない者について，査察立件はできなかったこと。

本件事件の概要詳細は極めて重要であり，次の通りである。

本件三点セット財産が，Cの単独支配するものであったこと，特にMRI証券からCが7500万円を取得し，単独で隠匿した争いのない客観的真実の認定が重要である。

2　生前相続対策（相続人不存在の相続）

本件は，日本国籍を有しないAの相続で，配偶者も存在しないケースである。被相続人Aの妻は相当前に亡くなっていたが，BCDの子供達三人は認知されていなかった。Aは，法律上相続人が存在しないで死亡した。預貯金などを除き，経営会社K建設の代表は長男Bとし，K興産は，Cを代表としていた。又，最大の額面であったMRI証券は，A死亡により，Cの単独名義となる旨が契約とされていた。Aは，生前贈与によって，大半の財産を未認知の子供らに権利移転していた。

3　二人の認知訴訟

相続人二人（長男Bと三男D）は，A死亡後，直ちに認知訴訟を提起し，勝訴

判決確定により，BD だけが相続人となった。BD は，弁護士 I に遺産分割執行
手続を依頼した。BD と弁護士 I は，A の自宅等を調査したが，MRI 証券を発
見できなかった。C が代表者であった K 興産への出資金と貸付金も調査不能で
あり，弁護士 I は，BD が支配可能であった預貯金などの全財産について，銀
行を相手に訴訟提起するなどして，遺産分割執行をなした。BD は，弁護士 I
による遺産分割執行が完了した時点で，全取得財産を記載して，本件申告書を
税務署へ本人申告として提出した。この期限内申告書は，訴訟による強制認知
で二人（B と D）だけが法律上の相続人であったときに，税務署へ提出されたも
のである。本件において，M 税理士は，二人（B と D）だけが相続人であったと
きに，B から，弁護士 I がなした分割執行資料の交付を受け，無償の税務申告
相談を受け，税額計算を行って相談に応じた。M 税理士は，弁護士 I がなした
分割執行対象財産全部について税額計算をなしたが，申告書を作成していない。
M 税理士の行為は，無償で税務相談に応じただけである。事件における B によ
る本人申告（本件申告）は，納税義務者の自己責任で行ったものである。

4　弁護士による遺産分割執行

　相続人ではなかった C も，認知訴訟を提起していたが，その確定は，B と D
より遅かった。弁護士 I は，B と D の二人だけから依頼を受け，銀行に対し訴
訟を提起するなどして，二人（B と D）について遺産分割を執行した。M 税理士
は，弁護士 I が遺産分割執行した相続財産のすべてについて，相続税の「本人
申告について，税務相談に応じた。」にすぎない。本人申告は，無申告放置に比
べれば，大きな公益貢献となるから，M 税理士が税務相談にのったことは，国
から賞賛されるべきで，法的責任を問われる理由は微塵もなかった。

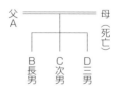

　相続税の「本人申告」とは，本人の「自己責任」で，税務申告するという合
意の下でなされるものである。

5　本件相続財産・非相続財産・隠匿財産

　相続課税対象財産（甲）は，「乙＋みなし相続財産＋ 3 年以内贈与財産」であ

る（課税対象財産）。

　査察については，隠匿財産のみについて立件される（査察対象財産）。

　財産を隠匿していない相続人について，査察立件はできない。

　故意不真正税務書類作成の懲戒理由は，税理士が関与した隠匿財産が存在する場合のみである（税理士の脱税関与財産）。

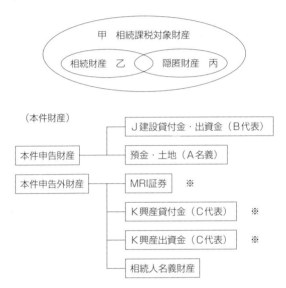

　K興産はCが代表であり，M税理士の相談者Bは，Cと争っており，K興産の資産状況を把握できなかった。本件懲戒理由とされたのは，上記※印の三点財産であるが，いずれもCが支配して，Cが単独で無申告取得したものである。特に，MRI証券は，Cが単独で名義書換えして，7500万円を単独で隠匿したことは争いがない。M税理士は，本件三点財産の隠匿に全く関与していないことも争いがない。査察事件として立件されるのは，隠匿財産についてだけであり，税理士が懲戒されるのは，「税理士の責任を問いうる隠匿財産が存在するとき」だけである。

　懲戒告示IIは，「税理士に対する量定」として，「税理士の責任を問い得る不正所得金額等＝国税の課税標準等又は税額等の計算の基礎となるべき事実の全部又は一部を隠蔽し，又は仮装したところの事実に基づく所得金額」に応じて量定するとしている。すなわち，懲戒告示IIによれば，M税理士が隠匿行為に

加担したときだけ懲戒されるのであり，M税理士は，本件三点財産の所在も知らないし，Cが支配する本件三点財産の隠匿謀議したことも一切ない。M税理士が査察立件されていないことで十分証明されており，争いのない事実である。懲戒告示は，いわゆる「法規化した行政規則」であり，法規として扱われるから，行政庁や裁判所も拘束される（ドイツや我国において確立した理論である）。

6　MRI証券と相続発生日

MRI証券は，Cが隠匿し，相続分割手続によらずに単独名義とし，Cが単独で利得したものであり，これは争いのない事実である。

次男Cは，MRI証券について，下記の通り，A死亡後，BDの相続税申告前に，単独名義にした。BD及びM税理士は，MRI証券の行方やCがなした換金等の処分経緯は全く知らなかった。弁護士IもMRI証券の存在を知らない。

平成12年11月1日	CがK興産の代表者となる
平成17年12月14日	MRI証券をAとCの共有名義とした。
平成18年11月13日	A死亡
平成20年12月8日	CがMRI証券9口を証券の記載手続により，相続分割手続によらず，自己単独名義にして，隠匿した。
平成22年3月3日	BDの認知訴訟確定
平成22年12月27日	弁護士I遺産分割執行完了（BとDの取得財産）
平成22年12月27日	BD相続税本人申告
平成23年2月23日	Cの認知訴訟確定
平成23年12月14日	Cは，MRIの5口分元本7500万円を換金・取得し，4口分元本6000万円を再投資した。4口分は，MRI社破綻により，回収不能となった。

7　遺産分割執行

本件確定申告書は，Cが相続人でなかった時点で，相続人二人であるBとDが，弁護士Iに依頼し，取得可能なものをすべて取得して，分割執行を受けて，本人BDが税務署へ申告したものである。

本件は，BとDだけが相続人であった時に，二人が取得した相続財産のすべてを本人申告したものである。本件確定申告書がBとDによって税務署に提出された時点において，Cは，BDに知らせることなく，すでにMRI証券を単独

で隠匿していたが，その後，Cに対する査察事件の立件がなされた。その後，相当経過した後に，「Cが支配していたMRI証券及びK興産への貸付金及び出資金の三点」と「B・D名義で生前贈与を受けていた若干の財産」について，査察部は，B・C・Dの三名に対し，未分割で修正申告することを強要して査察立件した。

第2　本件申告と査察立件
1　弁護士Iの遺産分割執行
　本件確定申告書は，BとDだけが相続人であったとき，これら両名が，弁護士Iから遺産分割執行を受けた全財産を記載したものである。M税理士は，税務申告書類を作成しておらず，無償で税務相談に応じただけである。本件確定申告書は，査察調査開始前に，BDが取得した全財産を申告しているから，本件査察立件とは無関係である。相続税の査察立件は，税務調査において，相続人が財産を隠匿した時になされる。又，未分割である相続財産は，一人で隠匿できないから，査察立件はできない。更に，相続人の一人が隠匿した財産については，他の相続人について，査察立件することはできない。確定申告後，査察部に強要され，BDが，提出した未分割修正申告書は，当初申告書とも全く無関係である。そして，BとDが査察立件に巻き込まれたことは，本件懲戒事件と無関係である。上記三点の資産は，Cが支配していた財産で，BDは把握していない。M税理士は，Bに対し，Bが把握していたすべての相続財産を記載した相続税額計算資料を提供しただけである。これは，無償の税務相談に該当する。査察対象は，納税義務者の「偽り不正行為」を対象とする。

2　査察立件不能財産
　一般的に下記の財産は査察立件できないし，懲戒対象にできない。
　イ）相続人である子供名義の財産や生前贈与財産
　親から対価なく譲り受けていても，生前贈与の可能性が高く，相続発生前三年以内のものだけが，相続財産に組み込まれるだけである。又，生前贈与財産は，相続財産ではなく，受贈者以外の相続人について，査察立件することはできない。
　ロ）同族会社への貸付金
　親の財産を完全に把握している子供はいない。親の生前に存在した同族会社

への貸付金は，発生原因不明で長く放置されていることが多く，時効消滅している可能性が高い。同族会社への貸付金を評価するには，相続税申告までに同族会社を解散清算して，財産処分して，回収可能性を立証することが多い。これも査察立件できない。

ハ）同族会社への出資金

同族会社に対する出資金は，何十年も前の出資であることが多く，出資の証拠が散逸しており，不明で立件が困難である。出資金は，独自に資産計上せず，当該会社の純資産評価額を相続財産とし，その中に吸収される。

3　Ｃ支配財産

本件三点財産は，Ｃが支配する財産であり，BD はその内容を把握できないから，BD について査察立件できないものであった。しかし，査察部は，真実に反して，本件三点財産についてＢとＤから，未分割相続財産とする内容の虚偽自白調書を作成した。しかし，未分割相続財産について，単独の秘匿はできないから，査察立件できない。まして，M税理士は，本件三点財産の隠匿や分割に全く関与していないことに争いがなく，本件三点財産は，懲戒理由となしえない。懲戒理由となしうるのは「財産隠匿行為に関連した不真正税務書類の作成」であり，「単なる本人申告の税務相談」は懲戒理由となしえない。

第3　懲戒理由

1　査察立件

査察立件は，納税義務者と幇助者による財産隠匿行為を罰するものである。BCD に関する査察立件は，犯則調査手続において，Ｃが MRI 証券を単独隠匿したことが発見されたことによってなされた。本件三点財産は，Ｃが支配していたが，Ｃは全く無申告であった。本件懲戒理由は，当初申告書における三点の財産の評価額の三分の一相当財産（5815万3963円）の記載漏れとされている。M税理士は，その後の修正申告書作成には，全く関与していないし，同修正申告書を基礎とした査察立件は，本件懲戒理由とは，全く無関係である。査察立件は，犯則調査手続において，「申告書の記載は正しい」とする調査作成から開始される。納税義務者が「申告書記載は間違っていたから修正申告したい」と答えると，査察立件はされないことが殆どである。文書等押収・差押からスタートしても，40％は告発されないのは，「故意」（不真正申告の供述）調書が取れ

なければ，査察立件が断念されるからである。そして，査察立件は実務的には犯則調査における「隠匿応答」で決まる。M税理士による税務相談は，相続人らの隠匿応答と全く無関係である。査察事件は，BCDらに対し，相続財産の隠匿行為の責任を問うもので，時点が異なる。本件懲戒事件は，当初のBの本人申告の資料を提供した無償税務相談の責任をM税理士に問うものである。そもそも，MRI証券は，詐欺商品として，1300億円の被害を生み出したものであり（ネットで公開された公知事実），これを懲戒理由にすることは，明白な誤りである。MRI証券は，Cが，密かに，発行会社との契約によって名義書き換えし秘匿したことは，客観的な事実であり，単独で隠匿した財産であるから，固有の相続財産ではなく，又，Bの取得相続財産でもない。この意味からも，MRI証券は，本件懲戒理由となしえない。

2　MRI証券が詐欺商品であったこと

　MRI社の詐欺による被害者の多くは，配当通知書だけで，所得税確定申告して，納税していたが，MRI証券が紙切れとなり，後に，納税額の還付申請をなしたところ，国税庁は，これを認めた。東京地裁や国税庁が，MRI証券（海外投資商品）MRI証券が詐欺商品であると認定していたのである。Cは，MRI証券9口（総額1億3500万円）を全部単独名義にし，そのうち，5口（元本7500万円）を換金したが，4口（元本6000万円）は自己名義にした上で継続したが，東京地裁においてこれらの4口も含め，MRI証券は，詐欺商品であると決定され，4口（総額6000万円）は，当初から資産価値がないと認定された。そもそもMRI証券は，Cが単独で秘匿したから，M税理士の懲戒理由とできない。しかも，C自身も4口（6000万円）を回収していないから，少なくともこの6000万円は，明白に懲戒事由から除外しなければならない。Cが換金した5口（75000万円）は，Cが単独取得し，隠匿したことは争いがないから，これも懲戒理由となしえない。

3　無償税務相談後の本人申告

　本件は，無償で税務相談に応じ，本人が自己責任で申告したケースであり，M税理士は，遺産分割執行に全く関与していない。M税理士は，申告者本人から提供された遺産分割執行資料（弁護士Iの執行結果）に基づき，無償で，相続税額計算資料を作成しただけである。M税理士は税務調査及び犯則調査においても，懲戒対象資産について隠蔽することなく，調査官に本件三点財産を報告し

ている。本件査察事件は，相続税申告期限後の税務調査において，Cが無申告を継続し，かつ，相続財産を否認したことによって立件された。査察立件は，財産隠匿行為を罰するものであり，M税理士は財産隠匿に全く関与していない。

4　本件懲戒処分理由の誤り

相続税の課税価格を圧縮した申告書を作成したとして，税理士法（平成26年法律第10号による改正前のもの。以下同じ）45条1項に基づき，財務大臣から税理士業務の禁止の処分（以下「本件懲戒処分」という。）を受けたケースである。しかし，M税理士が無償で相続税額計算資料を作成したことは，結果的に本人申告につながり，はるかに，国益に資するものであるから，同項の要件を満たさず，また，財務大臣の裁量権の範囲から逸脱し，又はこれを濫用した違法がある。M税理士は，税額計算資料を提供して相談に応じただけで，「税務書類作成」をしておらず，「税務相談」をしたのであるから，本件は，税理士法45条1項の問題ではなく，同条2項の問題で，適用条文に誤りがある。M税理士は，脱税相談に応じていないから，本件懲戒処分は違法である。税理士法45条による不真正税務書類作成等が懲戒事件として立件できるのは，「税理士に責任を問いうる隠匿財産が存在する場合」だけである。

5　懲戒対象資産

本件懲戒対象資産は，「MRI証券とK興産への貸付金及び出資金」の三点であった。この三点は，弁護士Iも把握できず，弁護士Iは，これら以外の相続財産について，訴訟提起するなどして分割執行した。MRI証券は，相続手続によらず，証券の約款に従って，Cが単独で隠匿した（争いのない事実）ものである。K興産に対する貸付金と出資金は，K興産の代表者がCであり，一般的に，会社に対する貸付金と出資金は，当該会社の代表者Cだけが支配できるものであり，本件においても，Cのみが換価できるものであり，BDは全く手が出せないし，その存否を含めて詳細が分からなかったのである。

M税理士は，弁護士Iが遺産分割執行した資料をBから交付を受け，BとDが取得した全ての取得財産について，Aの相談に応じて，相続税額計算資料を作成し，Bに交付したものである。M税理士は，弁護士Iが分割した相続財産の全部について，相続税額計算資料を作成しただけである。これは，相続税申告書作成ではなく，税務相談である。これは，税務署の相談窓口で，メモを示して，相談を受けるのと同じである。税務署員は，相続財産の範囲について，

何等の調査義務がないが，税理士も同様である。

　K興産はCが代表で，BDは，把握できないもので，MRI証券は，Cが単独で隠匿したものである。

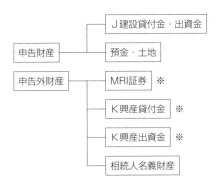

6　無償税務相談

　本件は，亡A（以下「本件被相続人」という。）の相続（以下「本件相続」という。）に係る相続税申告について，長男Bは本人申告をなしたケースである。Bは，海外資産と同族会社への貸付金と出資金（以下本件申告外三点財産という。）について，相続財産として計上しなかった。税理士M税理士は，長男Bに対して，無償税務相談をなした。Dは，Bから更に資料をもらい，勝手に本人申告をした，M税理士とB間においては，相続税申告代理についても相続税申告書作成についても，委任契約はなく，M税理士は無償で税務相談に応じただけであった。M税理士は，BD二人が相続人であったときに，弁護士Iがなした遺産分割執行した全財産について，相続税額を計算しただけである。本件査察立件は，税務調査において，BCDが本件三点財産について，未分割相続財産とする「偽り不正の供述調書」にサインさせられたことによってなされたものである。よって，本件査察立件は，本件申告と無関係である。査察立件は，財産を隠匿した納税義務者についてのみなされるものである。

　親の財産の範囲を完全に知る子供はいないから，査察立件は，査察調査において，虚偽答弁した者だけが立件される。当初本人申告書の記載に応じただけでは，完全である保証はあり得ず，本件査察事件は，査察調査におけるBCDの答弁を理由に立件されている。M税理士は，Bに対して無償税務相談に応じただけで，査察責任と無関係であった。

7 BCD に対する査察立件

BD は，取得財産について，本件相続税申告をなしたが，C は，MRI 証券を隠匿し，無申告であった。査察調査は，申告外財産について実施されたが，※印の三点財産は，C が支配していたものであり，BD のコントロール外の財産であった。M 税理士は，申告外財産について，脱税の責任を問われたことはなく，財産隠匿に関与せず，査察刑事事件として立件されていないから，本件三点財産に関する法的責任を M 税理士に問うことはできない。

第4 関係法令の定め

(1) 税理士法の定め

ア 税理士法44条 (懲戒の種類) の定め

税理士法44条は，税理士に対する懲戒処分は，次の3種とする旨を定めている。

1号 戒告

2号 1年以内の税理士業務の停止

3号 税理士業務の禁止

イ 税理士法45条1項 (故意に不真正税務書類等をした場合の懲戒)

税理士法45条1項は，財務大臣は，税理士が，故意に，真正の事実に反して税務代理若しくは「税務書類の作成」をしたとき，又は「同法36条の規定に違反する行為」をしたときは，1年以内の税理士業務の停止又は税理士業務の禁止の処分をすることができる旨を定めている。

ウ 税理士法45条2項 (相当の注意を怠る行為)

財務大臣は，税理士が相当の注意を怠り，前項に規定する行為をしたときは，戒告又は二年以内の税理士業務の停止の処分をすることができるとしている。

(コメント)

「不真正税務書類作成」と「脱税相談」が懲戒理由であり，45条1項は故意犯を定め，45条2項は不注意犯を定める。本件は，不真正脱税書類作成の故意犯として懲戒されたケースである。

⑵ 「税理士・税理士法人に対する懲戒処分等の考え方」（平成20年財務省告示第104号。平成27年財務省告示第35号による改正前のもの。乙12。以下「本件告示」という。）の定め

ア　量定の判断要素及び範囲

本件告示Ⅰ（総則）第1は，税理士に対する懲戒処分の量刑の判断に当たっては，本件告示Ⅱに定める違反行為ごとの量定の考え方を基本としつつ，①行為の性質，態様，効果等，②税理士の行為の前後の態度，③懲戒処分の処分歴，④選択する処分が他の税理士及び社会に与える影響，⑤その他個別事情を総合的に勘案し，決定するものとし，なお，本件告示Ⅱに定める量定の考え方によることが適切でないと認められた場合には，税理士法に規定する懲戒処分の範囲を限度として，量定を決定することができるものとする旨を定めている。

イ　税理士に対する量定

本件告示Ⅱ（量定の考え方）第1の1 ⑴ は，故意に，真正の事実に反して税務代理若しくは税務書類の作成をしたとき，又は税理士法36条の規定に違反する行為をしたときの税理士に対する懲戒処分の量定は，<u>税理士の責任を問い得る不正所得金額等</u>（国税通則法68条に規定する国税の課税標準等又は税額等の計算の基礎となるべき事実の全部又は一部を<u>隠蔽し，又は仮装したところの事実に基づく所得金額，課税価格</u>はその他これらに類するものをいう。以下同じ。）に応じて，6月以上1年以内の税理士業務の停止又は税理士業務の禁止とする旨を定めている。

（コメント）

不真正税務書類作成故意犯は，不正所得金額等（又は隠匿財産の額）に応じて懲戒するのが量定要件であり，税理士が隠蔽・仮装に関与していなければ懲戒できない。単なる不注意ミスは懲戒できない。

⑶ 税理士の故意懲戒構成要件（税理士法45条1項及び2項）

以下の二種類があるとされている。

①　不真正税務書類作成又は，

②　脱税相談に関する応答行為

⑷ 税理士懲戒の量定要件（財務省告示）

隠蔽・仮装事実に基づく課税価格に応じて量定を決定するとしている。関与税理士が懲戒されるのは，「税理士の責任を問い得る」「隠蔽・仮装事実に基づく課税価格」の発生した場合に限定している。本件において，M税理士は，財

産隠匿に全く関与せず，その責任に問われる行為がなかったことは争いがない。M税理士は，査察立件はされておらず，無償税務や相談に応じただけであることも争いがない。

⑸　**懲戒可能要件**

本件懲戒処分は，M税理士が「故意に不真正税務書類を作成したこと」を懲戒処分理由としている。税務書類とは，納税者が税務署へ申告する書類である。本件では，Bが本人で相続税申告しているから，M税理士は申告書を作成していない。懲戒要件と量定要件を総合した懲戒可能要件は，不真正税務書類作成故意犯の場合，「税理士の責任を問いうる」「隠蔽・仮装課税価格の存在」である。M税理士は隠蔽・仮装行為に全く加担していないから，そもそも懲戒できない。M税理士がBの隠蔽・仮装に加担する意図がなければ，懲戒できない懲戒可能要件となっている。

第5　東京地裁令和4年6月3日判決（本件一審判決）

（判旨）

⑴　**ジョイント・テナンシーについて**

①　**合有**

ジョイント・テナンシーとは，英米法上広く認められている共有の一形態である合有であり，2人以上の者が同一の譲受け又は譲与により，同一の不動産につき取得する財産権をいう。ジョイント・テナンシーが最も一般的に利用されるのは不動産であるが，動産にも創設され，また，国債，社債，株式，契約上の権利，約束手形，抵当権その他有形・無形の財産に創設されるものとされている。

（コメント）

ジョイントテナンシーの一般論の説明として特に問題ない。

⑵　**生存合有者への移転**

ジョイント・テナンシーの性質は，合有者の一人が死亡すると，その持分が相続されず，生存合有者に移転し，結局ただ一人の生存者に帰属する点にあるとされる。ジョイント・テナンシーは，相続されることがなく，相続とは別の方法の作用により所有権が移転するので，遺言によっても変更することはできないとされている。

（コメント）

　本件において，CはMRI証券9口の名義書換をなし，7500万円を単独隠匿した争いのない事実があるが，その私法上の分析がなされていない。Cが単独隠匿した原因は，ジョイントテナンシー説，共有権死因贈与説，ねずみ講不法分配金説が考えられるが，控訴人に責任を問いうる財産ではない。

(3)　成立要件

　ある財産をジョイント・テナンシーとして所有するためには，その創設の際に，

　イ）　全合有者が同時に所有権を取得すること

　ロ）　全合有者が同一の証書によって所有権を取得すること

　ハ）　各自の持分内容が均等であること

　ニ）　各自が財産全体を占有していること

の4つの条件を充足していなければならないとされている。

（コメント）

　日本においても，共有・合有・総有なる所有形態があり，ジョイントテナンシーを契約によって創出することは可能である。又，合有でなく，共有の場合，共有権者が死亡した場合，予め，残存する共有権者が単独所有することを定めておくことも有効である。

(4)　米国法のポリシー

　また，米国法は，ポリシーとしては，ジョイント・テナンシーを好まず，ほとんどの州が制定法によって，ジョイント・テナンシーの成立を制約する方向に向かっており，当事者たちが，特にジョイント・テナンシーを創設する意図を表明していなければ，二人以上の者に対してされた不動産贈与，財産の移転等は共有財産権を創設するものと解することが一般原則であるとされ，ジョイント・テナンシーを創設するためには，書面でその旨を明確にうたうことが必要であるとされている。

（コメント）

　アメリカのジョイントテナンシーは，相続分割手続を回避するために発達したが，我国においても，生前贈与や死因贈与を利用して，相続手続回避が行われている。遺贈や死因贈与が執行者選任をなしておけば，受贈者又は受遺者が単独で所有権移転登記が可能である。被相続人が生前で合意した残存者への権

654

利移転は，ジョイントテナンシーでないとすれば，多くの場合，死因贈与として有効である。我国の判例は，遺言書の方式が不十分でも，被相続人が署名捺印した文書があれば，死因贈与契約と認定されている。

(5) **本件契約書**

本件契約書を子細に見ても，本件 MRI 資産についてジョイント・テナンシーを創設する旨を明示的に定めた規定は見当たらない。ジョイント・テナンシーの特質は，合有者の一人が死亡すると，その持ち分が相続されず，生存合有者に移転する点にあるとされるところ，本件契約書3条3項ただし書の定めは，共有死亡者の法定相続人及び共有生存者の指定により，共有死亡者の法定相続人が，本持分の承継者となる場合があることを認めているから，上記のようなジョイント・テナンシーの特質に照らして，本件契約書が，本件 MRI 資産についてジョイント・テナンシーを創設する旨を定めるものとは解されない。

(コメント)

ネバダ州法の翻訳は，甲8号証及び甲9号証として証拠提出されている。本件商品交換取引法3条は，共有持分が，死因移転するものであり，正にジョイントテナンシーに該当する。1人の権利者の権利が，その者の死亡によって他方権利者に移転することが明文で定められている。共有権の死因贈与契約として，有効である。

(6) **被相続人の確定申告**

本件被相続人は，MRI 社から支払われた配当金を全額自身の所得税の確定申告において雑所得として申告していたことが認められる。

本件 MRI 資産は，本件被相続人と本件二男がジョイント・テナンシーの形態で保有していた財産であるとは認められず，その全部が，本件被相続人が単独で所有していた財産であると認められる。

(コメント)

MRI 社には，AとC名義で届けられ，A死亡によって，Cは，直ちに全部を単独名義に書き換えた。そして，5口分元本7500万円を換金したが，残りの4口分元本6000万円は，MRI 社が破綻し，回収不能となった。以上は客観的事実である。Aの死亡を原因として9口名義を全部Cにし，そのうち5口分7500万円を単独で換金取得した事実があり，その原因はジョイントテナンシー説と共有権死亡贈与説とねずみ講配分金説の三つが考えられる。まず，7500万円を単

独隠匿した事実認定からスタートし，その後に法的分析をするのが，法的三段論法である。

(7)　相続発生時の価値

5口分の投資契約を解約し，出資金の払い戻しを受け，その後，複数回にわたって配当金の支払を受けることができていることからすれば，本件被相続人が死亡した平成20年11月13日（2008年11月13日）の時点で，本件 MRI 資産の資産価値がなかったとは認め難く，原告Mが提出する文書（甲17ないし27）によっても，この点を認めるに足りないから，原告Mの上記主張は採用することができない。

（コメント）

MRI 証券は，東京地方裁判所及びラスベガス連邦裁判所において，詐欺商品と認定されている（MRI弁護団報告書）。MRI 証券は，ねずみ講であり，Cが受領した7500万円はねずみ講配当金である。Cが未回収の6000万円を本件懲戒理由にするなどあってはならない。不法利益は，所得を構成せず，回収し，実現した場合のみ，課税される（無限法超過利息に関する最判昭和46年11月9日）。

(8)　故意について

当該税理士の認識如何によって当該書面が「真正の事実」に反する書面であるか否かの判断が左右されるものではない。

税理士が，入手可能な帳簿，書類等の資料を検討し，職業専門家としての知識と経験による合理的な判断に基づき，それが真正の事実であるとの認識に立った上で，税務書類の作成等をしたのであれば，結果的にそれが真正の事実に反するものであっても，故意を欠くとの評価を受ける場合があり得る。

（コメント）

弁護士が事前に実施した遺産分割の結果に基づき，相談者が取得した財産について無償相談に応じただけである。M税理士はBに対し，将来の税務調査によって，課税対象財産が増加する可能性を予告し，その場合修正申告しなければならないことを説明している（甲第3号証）。

故意不真正税務書類作成犯は，税理士法45条1項と告示Ⅱ第1の1（1）（税理士に対する量定）が定める懲戒要件であるが，「税理士が関与した隠匿財産の存在」を要件としている。

第6　争点に関する法的分析

(1)　本件の基本的構成と懲戒構成要件該当性

本件は，M税理士が，遺産分割執行手続をなした弁護士Iから引き継いだ分割執行財産目録に従い，Bの相談に応じて，相続税計算資料を交付したケースである。その結果，Bの本人申告により，税務署は相続発生を覚知するところになり，税務調査が開始された。Bの全取得財産の税額計算資料を交付したケースであり，Bの脱税をサポートした部分は全くない。相続課税の全財産を正確に把握する子供はいないから，遺産分割について争いがあれば，バラバラ申告せざるを得ない。各自の相続税申告によって租税債権は確定せず，税務調査によって，租税債権は最終的に確定する。M税理士は，税務申告書類を作成しておらず，一審判決は，そもそも懲戒構成要件該当性を誤った。M税理士は，税務相談に応じただけであるが，脱税相談ではないから，M税理士の行為はいずれの懲戒構成要件該当性もない。Bは，弁護士Iが遺産分割執行した全財産を申告したから，真正税務申告書類の作成は存在しないから，M税理士も不真正税務書類作成に関与していない。本件三点セットは，Cが申告するべき財産であった。

(2)　公法上の法律関係

本件は，税理士と依頼者間においての有償私法法律関係はなく，また，税理士と税務署間において，申告代理が無いので，公法上の法律関係も発生しないケースであるから，M税理士は，誰に対しても，具体的な法律上の調査義務を負わない。M税理士は，Bから，無償の税務相談をされただけである。

本件は，税理士の一般的調査義務が問われているので，懲戒権者はそれに関する業界の慣行や経験則について，調査義務の範囲を補完立証が必要である。

(3)　親の財産の範囲

親の財産を正確に知る子供はいない。本件事件は，その原点から考えるべき事件である。M税理士は，Bから提供を受けた資料（弁護士Iの遺産分割執行資料）の範囲で，かつ，Bが取得した相続財産の範囲内で，無償税務相談として，相続税計算資料を作成し，本人に交付した。本件は，特殊なケースであり，BとDは，弁護士Iに遺産分割執行をお願いし，「二人だけの相続人であったときに，把握できる全財産を取得した」。M税理士は，その取得財産の資料をBから受け継いだにすぎない。親の財産を正確に知る子供はいないから，相続人は自己

取得財産のみを申告すれば足りる。相続人は，各自バラバラに相続税申告するのが原則であり，相続人間で争いがあれば，相続財産の全容を正確に知ることは不可能である。

(4)　取得財産の申告・納税義務

相続税法第1条の3第1項1号及び第2条1項は，「その者が取得した財産の全部について，納税義務がある」としている。そもそも，他の相続人が取得した財産については，他の取得相続人が確定申告する義務があり，それ以外の相続人は「取得していない財産」の明細がわからないと申告しようがない。相続税の確定申告は，各相続人がバラバラに申告するのが原則である。バラバラ申告を受理した税務署が，提出された申告書を統一精査して，相続財産の範囲を確定するのが実務である。税理士には，そのような調査権限はない。確定申告書提出時において，詳細不明の財産や他の相続人が隠匿した財産を申告書に記載せず，税務署が調査によって確定するのが実務である。

本件は，確定申告書の提出を受けた税務署が，税務調査によって相続財産を確定することを怠り，その責任をM税理士に押しつける過ちを犯したケースである。特に，MRI証券について，国税庁は，ねずみ講分配金であることを認め，その被害者に対し，納税額の還付をなしているのに，本件では，それを隠して，懲戒理由としている。これは，国家による犯罪的行為である。本件懲戒理由は，MRI証券の三分の一をBが取得したことを重要な量定要素としているが，そもそも，Bは，MRI証券を取得していないし，取得不可能であった。M税理士にその責任を問えないし，懲戒理由と成し得ない。Cが分配金を受けたねずみ講分配金は7500万円（元本）であり，4口元本6000万円は回収不能であったが，懲戒理由として元本合計1億3500万円を量定考慮要素にするのは間違いである。

(5)　税理士の調査義務の範囲

税理士の調査義務は，依頼人の提供資料の範囲に限定される。依頼人を飛び越えて，取引先関係者などに反面調査をすることは，依頼人との信頼を破壊するので，逆に禁止されている。

従って，税理士の申告代理，若しくは，税務書類の作成については，原本を確認する必要はなく，依頼人が提供する資料やコピーの範囲で，専門的に構成して，税務書類を作成すれば足りる。監査法人がなす監査においては，監査の性格上，真実を確かめるため，疑念があれば，原本確認が必要であるが，疑念

がある場合だけ，原本確認が行われている。税理士の税務書類作成は，依頼者提供の資料を専門的に構成して，申告するだけの業務である。本件において，M税理士は，誰からも税務代理権限を付与されておらず，誰からも税務書類の作成を依頼されておらず，作成もしていない。無償の税務相談がなされただけである。東京地方裁判所平成25年1月22日判決は，「税理士は，納税者から提供された資料以上に調査する義務はない」として，税理士を勝訴させている。

(6) 無償行為責任

本件は，税理士が無償で相続税額計算資料を交付した行為の責任を問うものであり，公法上及び私法上のいずれについても，法的責任は一切発生しないというべきである。これは，納税申告書類の作成ではなく，納税申告代理でもなく，単なる「無償税務相談」であった。

本件確定申告書はBとDが取得した全財産が記載されていた。M税理士は，税理士としてなしうることをすべて適正に実行したもので，国から非難されることなどありえない。

M税理士が応じた無償税務相談により，<u>結果として</u>，Bは無申告とせず，自己取得財産の全部を申告したのである。M税理士は，結果的には，国（税務署）に大いに貢献したのである。本件において，批判されるべきは，無申告でMRI証券などを隠匿したCであり，M税理士は，Cの単独隠匿行為と全く無関係なのであるから，懲戒される理由は全くない。本件は，結果的に，国に貢献したケースであり，意図的な申告除外事件ではない。

最判令和2年3月6日は，司法書士に関する事案であるが，契約関係にない取引当事者に対する法的責任は無いと判断している。

(7) MRI証券の除外と懲戒対象資産

MRI証券は，Cが他の誰にも言わずに，単独で契約によって取得した隠匿財産である。MRI証券は，本件ジョイントテナンシー契約書（他の共有者死亡後，発行会社に申請すれば，単独所有となる契約書）を利用して，Cが単独で隠匿した資産であり（争いがない），詐欺商品であった（ネットで大々的に公開された公知事実）。Bにとっては，取得不可能財産であるから，相続税の申告書に記載するべきものではない。

Bの相続税申告時において，Cは，MRI証券の9口を全て処分し，換金額5口分を費消し，4口分は，詐欺商品として回収不能となった。Bの相続税申告

時において，Ｃは９口全部を換金していたから，当初のMRIは，不存在であった。MRI証券９口（元本合計１億3500万円）は，元来相続財産ではなく，Ｃが本件ジョイントテナンシー契約書に基づいて名義書換して，５口を換金取得したが，４口は，回収不能となった。MRI証券９口は，そもそも相続財産ではない。百歩譲って相続財産性があったとしても，Ｃに贈与税をかける対象（死因贈与）であった。又，少なくとも４口は，回収不能であったことは争いのない事実であるから４口分は，相続財産から除外されるべきである。

　申告税額への影響額は，懲戒処分の重要な要考慮要素である。MRI証券は，Ｃが単独で隠匿し，その後，MRI社が破綻し，円に換金できなかった部分は，紙切れとなった。MRI社は，元来詐欺会社であり，1300億円の投資金を集めた後に破綻した。このことは，大々的にネットニュースに流れており，今現在でも確認できる。

　MRI証券は，本件ジョイント・テナンシー契約書で，Ｃが単独で隠匿した資産であるから，これを懲戒処分の理由にすることが間違いである。

　更に，詐欺商品を確実な資産として，懲戒事件を立件したことも誤りである。

　本件懲戒対象資産は，MRI証券とK興産への貸付金及び出資金の三点である。それ以外はない。この三点は，Ｂが本件確定申告書を税務署へ提出した時点において，Ｂが取得した相続財産ではなかった。弁護士Ｉも，この三点を分割執行対象から除外している。

　本件懲戒対象資産の額は，5815万3963円とされている。MRI証券は，懲戒事件においては，１億円と評価されており，その三分の一（3333万3333円）が，Ｂの取得分として，懲戒対象とされた。MRI証券は，被相続人Ａの生前に，Ｃが代表名義人となり，ジョイント・テナンシー契約により，Ｃが単独で取得したものであるから，客観的にＢが取得していないことは明白である。詐欺商品，かつ，「Ｃ単独隠匿資産」であるMRI証券は，懲戒理由にできないものであるから，5815万3963円の内，3333万3333円（約60％）は，そもそも，懲戒対象から除かれなければならない。MRI証券は，そもそも，詐欺商品で，インターネット記事が公表されており，集められた1300億円は消失し，発行会社の代表は，ラスベガス連邦地裁において，2019年５月，懲役50年の実刑判決を受けている。そもそも，MRI証券は詐欺商品であり，かつ，Ｃの単独隠匿財産であるから，これを懲戒の理由などにできないものである。

　Cは，供述調書の中で，MRI証券を単独取得し，9口を全部換金し，4口分を再投資したが，再投資の4口は回収できず，被害者弁護団に参加したことを証言している。

　Bが相続税申告書を提出した時，MRI証券9口はCが単独名義にして，BDに秘匿して換金していた。

　MRI証券の9口が，仮に当初から相続財産であったとしても，Bの相続税申告時において当初証券は存在せず，後日，法定相続分に応じて，清算部分が残るだけである。

⑻　MRI資産の単独隠匿（本件申告前）

　MRI資産は，Cが本件ジョイントテナンシー契約書によって単独で隠匿した。この取得は，相続による取得ではなく，又，贈与による取得でもない。本件ジョイントテナンシー契約書による取得である（争いがない）が，かかる取得利益は，相続税法3条から8条のいずれにも該当しない。しかし，同法9条の「みなし贈与」に該当する。相続人に対する三年以内の生前贈与は，相続財産に加算される（相続税法19条1項）。Cは，相続開始時において，相続人ではなく，MRI証券をみなし贈与で取得した。Cについても，贈与税加算はない。まして，B・DについてMRI証券は加算対象ではない。MRI証券システムは，ねずみ講であったから，Cが回収した7500万円について本件懲戒理由となり得ない。

⑼　J建設の出資金・貸付金（未必の故意の判定）

　故意不真正税務書類作成懲戒要件は，「税理士が相続人の財産隠匿に加担すること」であり，かかる事実認識があったことが故意とされる。

　被相続人Aが設立した同族会社は，J建設とK興産の2社があった。本件においては，J建設とK興産の取扱区別が重要である。J建設については，Bが代表であり，資産保有状況を把握できていたから，貸付金及び出資金は，すべて本人申告している。

　K興産への貸付金及び出資金は，Cが代表であり，BとM税理士には，その存否や詳細は不明であった。同族会社への貸付金及び出資金のすべてが，申告書類に記載されていないのではなく，J建設への貸付金及び出資金は，申告書に記載されており，K興産への貸付金及び出資金と区別している。後者は，Bと争っているCが支配している財産で，M税理士もBも，その把握が困難であった。このような，M税理士もBも把握が困難な「K興産への貸付金及び出資

金」は，本来，K興産の代表者であるCが申告するべきものであり，バラバラに出された申告書を集めて，税務調査において確定されるべき財産であった。Cの無申告の責任や，税務署の税務調査義務の怠慢のつけをM税理士に転嫁するべきではない。J建設の代表者は，Bであったから，同社に対する貸付金と出資金は，把握可能で，当初確定申告書に記載され，Bはその責任を果たしている。この点からも，M税理士は，不真正税務申告書類を作成していないし，そのような故意などなかったことは明白である。

本件において，甲3号証及び甲4号証は，本件三点財産について将来明確になったら修正申告する必要があることを明示している。

(10)　相続人間の争い

本件は，被相続人Aは，経営会社の二社の代表をBとCに変更し，最大の金額であったMRI証券についても，A死亡時にC単独所有となるように対策していた。BDは，A死亡後，直ちに認知訴訟を提起し，Cが支配する財産の取得を諦めて，弁護士Iに取得できる全財産の確保を要請したケースである。

当初申告時において，Bが取得した財産は，すべて申告されている。本件確定申告後，相続人となったCが取得したMRI証券は，相続財産ではなく，本件ジョイントテナンシー契約書によってCが取得したものであり，Cは無申告であった。Cが隠匿したMRI証券について，M税理士がいささかでも責任を問われるべきではない。誰からも申告の税務代理も税務書類の作成も受任していないM税理士が，申告書記載内容について法的責任を問われることはありえない。

本件三点は，Bが把握できず，コントロール外であったが，かかる事実は争いのないものである。MRI証券は，Cが単独で名義書換えをなし，K興産に対する貸付金と出資金は，K興産の代表者であるCだけが換価支配できるものであった。

(11)　未分割財産と税務調査義務

相続税申告は，各相続人が独自に提出するのが原則で，相続財産の範囲と相続税額を確定するのは，税務調査によって行われる。査察立件は，不十分な申告書についてなされた質問検査権行使に対して，「正しい」と答えた納税義務者のみが対象とされる。査察立件は，税務署に申告書を提出した際の事実関係で立件されるわけではない。

　M税理士は，ＢとＤの二人だけが相続人のときに，無償税務相談として，相続税額計算資料をＢに交付した。M税理士は，弁護士Ｉによる遺産分割手続が完了した資料を基礎とし，Ｂが取得した相続財産すべてを網羅した税額計算資料を作成しただけである。ＢとＤが認知された相続人であり，この二人だけで遺産分割協議が完了した。本件は，BD の分割協議完了後にＣが判決で認知されたものであり，民法910条に該当する珍しいケースである。本件は，ＢとＤのみが相続人であったときに，ＢとＤが取得相続財産をすべて税務申告したケースであり，BD が確知できない MRI 証券等を申告書に記載しなかったのは，当然である。

　本件においても，Ｃが何を取得したのか，Ｂは全く把握できず，本件確定申告書が提出された後，相当経過してから，犯則税務調査によって，全体の相続財産が判明した。親の全財産を知る子供はいないから，又，生前贈与財産は相続税調査で発見されるのであり，相続税調査は課税対象財産が増加する手続といえる。

⑿　分割済み取得財産の申告

　ＢとＤによって出された当初確定申告は，２人だけが相続人のときに，弁護士Ｉによって確保された全取得財産が記載された。遺産分割協議に関与した弁護士によって，遺産分割され，預貯金は二分の一にして，ＢとＤの個人に分割執行された。

　かかる分割済みの遺産は，後で未分割扱いすることは，民法910条によって禁止されている。

　そもそも，未分割財産は，単独取得できない状態であるから，査察立件は，不可能である。しかし，本件申告の相当後になって，本件査察事件において，Ｂ，Ｄらの本来の名義であった財産も，未分割財産として修正申告をさせ，刑事事件の立件がなされた。相続人らは，相互に裁判所で争う関係であったから，未分割財産について，一緒に隠匿することはありえず，刑事事件として立件できないものであった。

　相続税について，未分割財産について，１人で隠匿は困難であるから，刑事事件として，本来立件は困難である。未分割財産について，査察事件の立件は困難であり，税務調査手続において，「偽り不正の回答」がなされた場合にのみ，査察立件が可能である。

MRI証券は，Cが単独で隠匿したことに争いはない。

MRI証券を発行した会社は，少なくとも，2013年4月26日に，金融商品取引業の登録が取り消され，倒産している（ネットによるウィキペディア記事その他多数のネット記事参照）。

⒀　弁護士による遺産分割執行の先行

最高裁判所令和2年3月6日第二小法廷判決は，司法書士の調査義務に関するものであるが，「弁護士によって，取引内容が既に決定されていたこと，また，依頼者から具体的な調査の依頼を受けていなかったこと」を理由として，非依頼者である原告に対して，「登記申請人の本人性について一般的な調査義務はない」と判示した。依頼者に対する調査義務がない事項について，非依頼者にも調査義務がないのは当然であるが，一般的な調査義務もなく，誰に対しても法的責任はないとしたものである。

これを本件にあてはめれば，B取得の財産は，弁護士Ｉによって分割執行され，M税理士は，Bから，分割執行財産資料の交付を受け，相続税額計算資料を作成したもので，B以外の他の相続人及び第三者が取得，又は，支配した財産やBが把握できなかった財産について，何等の責任を追及されるべきではない。

M税理士は，Bに対し，無償税務相談をなしただけであり，その結果，Bは申告時点でBが取得した全財産について，本人申告をなした。

⒁　相続財産の確定（相続税法55条）

親の財産を正確に把握する子供はいない。本件は，法律上の相続人が不存在の状態でAは死亡し，生前にBCDに，主要な相続対策（生前贈与や経営会社の代表変更）を済ませていた。BCDは不仲で争っていたから，相続税申告はバラバラに行うことになった。相続税申告は，各相続人がバラバラに自己取得の財産について申告するのが原則であり，所轄税務署が全申告書を総合し，税務調査において課税対象財産を確定することになる。相続税法55条は，相続税申告後，遺産分割がなされたときは，分割後申告書の提出義務を定めている。

⒂　懲戒構成要件該当性と量定要件該当性

M税理士の行為は，不真正税務申告書類を作成しておらず，Bの相談に応じただけである。しかも，無申告を助言することなく，Bは本人申告をしたから脱税相談ではありえない。M税理士の行為は，不真正税務申告書類作成や，脱

税相談のいずれにも該当しない。

⒃　量定要件

M税理士は，次男CのMRI隠匿行為に関与していない。又，本件貸付金と出資金の仮装隠蔽にも関与していないことは争いがない。税理士懲戒処分は，不真正税務申告書作成によって「税理士に責任を問いうる不正所得全額等が発生した場合」に限られている。M税理士は，本件三点セットの隠匿に全く関与していない。相談してきたBも本件三点セットを支配できなかった。

量定要件は，税理士の責任を問いうる隠蔽仮装の財産が存在することを要件としている。

第7　最判令和2年3月6日

1　事案の概要

本件土地について，AからBへ売り渡し，更にBからXに対し転売し，更にXからCへ転々売した。BXCは，本件土地の所有権移転登記を中間省略する合意をした。Aの本人確認は，O弁護士が担当した。ところが，法務局は，所有権移転登記を拒否したので，Y司法書士は，登記申請を取り下げた。

2　判　旨

「棄却差戻判決。契約関係のない当事者に対する法的責任も，説明義務もない。」

3　補足意見（草野耕一裁判官）

第三者が契約関係にない司法書士から注意喚起を受けられるとする期待は，原則として，法的に保護されない。

4　法的判断

弁護士によって確定された転売方式を前提として機械的に登記申請した司法書士には，最終買主に対して，法的責任はない。

第8　東京地裁平成25年1月22日

1　事案の概要

X社は，利益を過大に不正経理（粉飾決算）したが，Y税理士は不正経理を是正しなかった。

2　裁判所の判断
①　委任業務の範囲
会計顧問業務の内容は，契約当事者間の合意により個別に決定される。

原始資料から仕訳を行う業務までを委任業務に含める旨の合意が成立していたと推認することはできない。

②　注意義務
本件会計顧問契約には，個別取引の実在性，個別資産あるいは負債の実在性等を原始資料に当たって精査すべき義務は含まれていなかったものというべきである。

3　法的判断
不正是正義務が問題となる場合，原始資料を直接確認する業務を受任していなければ，税理士には不正是正義務はないことになる。

第9　税理士の調査義務の結論
1　税務調査の役割
税務申告の際，不明な所得金額，不明な課税価格が存在することは，通常である。不良貸付債権や不明相続財産について，関与税理士がどう対応するべきかについて，明確な指針が必要である。親の財産を正確に知る子供はいないし，相続財産の範囲を正確に把握できる税理士はいない。相続税申告の依頼を受けた税理士は，依頼者から提供された資料に基づいて申告する義務があるだけである。本件は，委任がないから，申告代理関係は発生せず，M税理士には，いかなる法的責任もない。相続税申告は，相続税租税債権確定の端緒にすぎない。申告後の税務調査における質問検査権行使に対する回答によって相続税債権が最終確定されるのであり，税理士が税務調査において，積極的に真実解明に努力したかどうかで「故意」の認定がされるべきである。税務申告書類は，依頼者から付与された資料に基づく暫定内容であり，税務調査によって事実の確定と相続税債権の確定がなされる。

2　自己責任申告
M税理士は，Bの無償税務相談に応じ，その後，Bが自己責任による申告をしたものである。税理士には，特段の契約がない限り，資料収集責任がないし，かつ，資料の真否確認義務もない（前記東京地判平成25年1月22日参照）。

3 弁護士の遺産分割執行

本件，Bの本人申告は，弁護士Iの遺産分割執行した対象資産の全部についてなされた。M税理士には，それ以外の遺産を調査する権利も義務もない（前記東京地判平成25年1月22日参照）。

4 仮装・隠蔽行為

相続税申告について，査察事件の立件は，「相続人の1人が相続財産を隠匿した場合」と「相続人全員で相続財産を隠匿した場合」に限定される。相続財産を隠匿していない他の相続人について，刑事立件はできない。又，相続財産が未分割で，遺産分割紛争状態にあるときも，刑事立件はできない。「生前贈与財産」や「遺贈財産」や「みなし相続財産」について，隠匿していない相続人が刑事責任を問われることはない。相続人Bは，本件三点セット財産の支配権がなく隠匿することはありえなかった。本件三点セットは，Cのみが支配する財産であった。まして，M税理士は，財産隠匿に関与しておらず，この三点セットで懲戒される理由はない。

著者代表

1. 氏名（ふりがな） ： 弁護士・税理士　山下清兵衛（やましたせいべえ）

2. 主な専門分野等

　租税訴訟及び行政訴訟を専門とし，法科大学院制度スタート時から，租税法及び公法（憲法・行政法）の専任教授として活動してきた。多くの税務調査事件，犯則調査事件及び行政事件の代理・弁護の経験がある。行政手続に法律家が関与することが，法の支配の実現になると考え，法律家の行政手続関与事業と士業ネットワーク構築事業の推進に積極的に参加している。

3. これまでの主な活動又は著書，論文等

【主要業績】著書　　　　※「　　」は論文，『　　』は共著を表す。

「租税訴訟における司法権の独立」（東洋大学比較法研究所発行「比較法」第39号，平成14年3月），「現行憲法下における公正な三権の確立」（「比較法」第41号　平成16年3月），「租税刑事弁護（上）（下）」（財経詳報社　平成16年11月，12月），『実務　行政訴訟法講義』（民事法研究会　平成19年2月），『租税争訟［改訂版］』（青林書院　平成21年2月）「行政許認可手続きと紛争解決の実務と書式」（編集代表・民事法研究会　平成22年7月），「行政訴訟ハンドブック」（東弁協　平成25年2月），「租税訴訟ハンドブック」（東弁協　平成28年1月），『行政手続ハンドブック』（東弁協，令和元年6月），「子会社株式評価損の損金算入」（税務弘報　令和元年7月），『改正行政不服審査法と不服申立実務』（日弁連　令和2年1月）「税務調査拒否事件と告知・弁明・防御の機会付与—具体的事前警告の法理──説明勧奨手続の重要性」（租税訴訟学会発行「租税訴訟」第14号，令和3年6月），『行政事件実務体系』（民事法研究会　令和3年6月発行），「未実現利益・不確実価値に対する課税について（総則6項の歯止め）」（租税訴訟学会発行「租税訴訟」第15号，令和4年6月），『税務調査ハンドブック』（東弁協　令和4年12月発行予定）

【活動】

（現在）　事業創造大学院大学特任教授・第二東京弁護士会公法研究会代表幹事・実務公法学会副会長・租税訴訟学会副会長・行政手続学会理事長・日弁連税制委員会委員・日弁連行政問題対応センター委員・日弁連弁護士業務改革委員会IT小委員会委員・第二東京弁護士会憲法委員会委員

（過去）　大宮法科大学院専任教授（憲法・行政法・租税法）・桐蔭法科大学院客員教授（租税法）・國學院大學法科大学院客員教授（憲法・行政法）・一橋大学法科大学院講師（行政訴訟特別講座）・東洋大学大学院講師（行政法）・立正大学講師（行政法）・中央大学法科大学院講師（行政法）・東洋大学法科大学院講師（租税法）・TKC補佐人講座講師

日弁連司法制度調査会税制部会（現税制委員会）会長・日弁連行政訴訟センター委員長・日弁連税務専門研修PT事務局長・日弁連公益法人課税PT座長・第二東京弁護士会税法研究会代表幹事，日弁連人権擁護委員会納税者権利憲章制定検討小委員会委員・日弁連弁護士業務改革委員会行政小委員会委員　等

（令和5年4月末日現在）

税務調査ハンドブック

令和5年10月30日　初版発行

著　者　行政手続学会
　　　　税務調査研究会
　　　　代表　山下清兵衛
　　　　長島　　弘　　松嶋　　洋
　　　　山下功一郎　　田代　浩誠
　　　　西潟　理深　　丸地　英明
　　　　今川　正顕
発行者　宮　本　弘　明

発行所　株式会社　財経詳報社
　　　　〒103-0013　東京都中央区日本橋人形町1-7-10
　　　　電　話　03（3661）5266（代）
　　　　ＦＡＸ　03（3661）5268
　　　　http://www.zaik.jp
　　　　振替口座　00170-8-26500

印刷・製本　創栄図書印刷
Printed in Japan
ISBN　978-4-88177-604-9